2024 일반기업

법인결산과 세무조정 실무

일반기업회계기준 주요 계정과목별
회계처리와 세무실무

공인회계사 이 항 수
세 무 사 황 정 원

경제법륜사

머리말

2024년도는 2023년도에 비해 그다지 많은 법인세법 및 회계기준의 변경은 없었던 한 해입니다. 그러나 매년 많은 관련 법규의 개정과 새로운 유권해석이 나와 실무자님들이 회계처리와 세무조정을 어려워하는 것을 볼 때마다 안타까운 마음만 앞설 뿐이며 저자 본인도 40년에 가까운 실무경험을 하고 있으나 매년 많은 개정에 어려움을 겪기는 마찬가지입니다.

이에 오랜기간 동안 실무자님들과 함께 해왔던 저자로서는 이러한 어려움을 조금이나마 덜고자 1999년부터 '계정과목별 결산 및 세무조정 체크포인트'라는 이름의 저서를 출간하고 있었으며 올해부터는 주요 계정과목별 회계처리와 세무실무라는 명칭으로 출간하게 되었습니다.

저자는 올해도 법인세법 해설서인 '법인결산과 세무조정실무'를 집필하고 있으며 많은 강의와 상담을 통해 실무자들과 함께 주요 쟁점들을 검토하고 있습니다.

본 저자는 실무자님들의 결산 및 세무조정을 앞두고 계정과목별로 회계와 세무에 대한 체크리스트(checklist) 성격의 저서를 출간하면 실제 업무수행에 있어 많은 도움이 될 것으로 생각하여 본 저서를 집필하게 되었습니다.

본 저서의 특징은 다음과 같습니다.

첫째, 일반기업회계기준상의 재무제표작성 순서대로 계정과목별 회계와 세무처리에 대하여 주요 내용 위주로 요약정리하였습니다. 물론 지면상의 문제로 많은 사례를 첨부할 수는 없었으나 주요 내용을 망라하여 그 내용이 누락되는 경우를 방지하도록 하였습니다.

둘째, 실무상 중요한 사업결합(합병, 분할 등)에 대하여 자세한 회계처리 및 적격·비적격합병 구분에 따른 완벽한 세무조정을 설명하였습니다.

셋째, 일반기업회계기준의 주요 내용에 대한 자세한 회계처리에 대한 설명 및 관련 세무조정에 대해 집중검토하였습니다.

넷째, 일반기업회계기준 제8장(지분법)과 제22장(법인세회계)에 대하여는 자세한 설명 및 계산사례를 첨부하여 충분한 이해가 되도록 설명하였다.

다섯째, 근로자퇴직급여 보장법의 주요내용(퇴직급여 중간정산의 금지, 개인퇴직연금제도의 시행 등)에 대한 상세한 회계처리 및 원천징수와 세무조정에 대하여 사례위주로 설명하였다.

여섯째, 2012년 4월 15일부터 시행되는 상법의 주요내용(자기주식의 취득, 자본잉여금의 배당금 지급가능 등)에 대한 회계처리 및 세무상 처리방법에 대한 상세한 설명을 하였습니다.

일곱째, 기업회계에 따른 회계처리에 대해 발생하는 중요한 세무조정에 대하여「이항수와 함께하는 결산점검지침」으로 요약하여 설명하였으니 특히 유의깊게 검토하시기 바랍니다.

여덟째, 당기에 주요 문제시되는 다음 사항 등에 대하여는 사례위주로 충분한 설명을 하였습니다.

1. 유통업체 납품에 따른 수익인식과 반품가능조건부 판매의 회계처리
2. 퇴직연금가입에 따른 회계 및 세무처리
3. 내용연수변경에 대한 감가상각내용
4. 법인세전자신고시 제출서류 및 서면신고자료 내용
5. 상속세 및 소득세법상 주식평가방법
6. 개발비상각에 대한 세무조정
7. 이연법인세에 대한 계산사례
8. 합병에 대한 과세 및 영업권 처리

상기의 내용과 같이 본 저서는 실무자들이 실지 결산 및 세무조정 업무수행시 주요내용에 대한 누락이 없도록 검토할 수 있는 checklist의 역할을 담당할 수 있게 집필된 것이므로 너무 상세한 내용은 가급적 제외하였음을 알려드립니다.

또한 상기 네번째 내용에 대하여는 기존의 해설서보다도 훨씬 자세하고 사례위주로 회계 및 세무처리 내용을 설명하였으므로 동 내용은 checklist가 아닌 해설서의 역할을 담당하도록 하였습니다.

본 저서가 저자의 집필의도에 얼마나 접근했는지는 독자 여러분의 판단에 맡기고 부족한 내용에 대한 많은 질책과 격려가 있기 바라며, 내년에는 더욱 충실한 내용으로 찾아뵐 것을 약속드립니다.

2024년 4월 역삼동 사무실에서

이 항 수

목 차

개정세법

I. 법인세법 개정내용

1. 비영리법인 수익사업 범위 현행화(법인령 3)

종 전	개 정
□ 비영리법인의 수익사업 범위에서 제외하는 사업	□ 한국표준산업분류 개정내용 반영
ㅇ 축산업(축산관련 서비스업 포함)·조경관리 및 유지 서비스업 외의 농업	ㅇ 축산업(축산관련 서비스업 포함)외의 농업
ㅇ 연금 및 공제업 중 다음 각 목*의 하나에 해당하는 사업 * 1) 국민연금사업 2) 특별법 및 인·허가 받은 단체의 기금조성 및 급여사업 3) 중소기업퇴직연금기금 운용사업	ㅇ 연금 및 공제업 → 연금업이나 공제업

2. 신탁세제 합리화(법인법 5, 소득법 2의3, 법인령 3의2)

종 전	개 정
□ 신탁소득 과세방식	□ 과세체계 정비
ㅇ (원칙) 수익자 과세 ㅇ (예외) 일정요건 하에서 수탁자 또는 위탁자 과세	ㅇ (좌 동)
-(수탁자 과세) ①~③에 모두 해당하는 경우 수탁자 과세 선택 가능	-①~③에 모두 해당하는 경우 수탁자 과세 적용
① ㉮~㉰에 해당하는 경우 * ㉮ 수익자가 특별히 정해지지 않거나 없는 경우(목적신탁) ㉯ 「신탁법」에 따른 수익증권발행신탁 ㉰ 유한책임신탁(사업신탁)	① (좌 동)
② 수익자가 2 이상일 것	<삭 제>
③ 위탁자가 신탁재산을 실질적으로 지배·통제하지 않을 것	③ (좌 동)
-(위탁자 과세) ①~③ 중 어느 하나에 해당하는 경우	-(좌 동)
① 수익자가 특별히 정해지지 않은 경우	<삭 제>

종 전	개 정
② 수익자가 부존재하는 경우	<삭 제>
③ 위탁자가 신탁재산을 실질적으로 통제하는 경우	③ (좌 동)

〈적용시기〉 2024.1.1. 이후 신탁계약을 체결하는 분부터 적용

〈경과조치〉 종전 수익자 과세 적용 신탁재산은 종전 규정 적용, 개정 이후 수탁자 과세 적용 시부터 개정규정 적용

3. 이월결손금 공제한도 적용제외 대상 추가(법인령 10)

종 전	개 정
□ 이월결손금 공제한도	□ 공제한도 예외 대상 추가
o (원칙) 각 사업연도 소득의 80% o (예외) 각 사업연도 소득의 100% - 중소기업 - 회생계획·기업개선계획 등을 이행 중인 법인 - 유동화전문회사 등	o (좌 동)
<추 가>	- 조특법 74 중 수익사업 소득을 전액 고유목적사업준비금으로 손금산입하는 비영리내국법인* * [조특법 74 ①] (1) 학교법인·산학협력단 등 (2) 사회복지법인 (3) 국립대학병원 등 (7) 국제경기대회 조직위원회 (8) 고유목적사업등 지출액 중 장학금 비중이 80% 이상인 「공익법인법」상 공익법인 (9) 공무원연금공단 등 [조특법 74 ④] 지방 소재 비영리의료법인

〈적용시기〉 2024.1.1. 이후 개시하는 사업연도의 과세표준을 신고하는 분부터 적용

4. 임원 · 직원 출산 · 양육 지원금액 손금 · 필요경비 인정 근거 마련(법인령 19 3의2호, 소득령 55 ① 6의2호)

종 전	개 정
□ 손비 및 필요경비의 범위	□ 임원 · 직원 출산 · 양육 지원금을 손비 및 필요경비에 추가
o 판매한 상품 · 제품에 대한 원료의 매입가액 · 부대비용 o 인건비	o (좌 동)
<추 가>	o 임원 · 직원에게 지급하는 출산 · 양육 지원금 * 임원 · 직원에게 공통 적용되는 지급기준에 따른 것에 한함

〈적용시기〉 2024.2.29.이 속하는 사업연도에 지출하는 분부터 적용

5. 공익목적 기부금 손금산입을 위한 공익법인 지정 특례(법인령 39)

종 전	개 정
□ 공익법인 지정방식 변경 · 시행	□ 공익법인 인정을 위한 지정방식 보완
o (대 상) - ① 2018.2.13.전에 인 · 허가 받은 학술연구 · 장학 · 기술진흥 · 문화 · 예술 · 환경보호운동단체 - ② 2018.2.13.전에 舊「법인세법 시행규칙」 별표 6의2에 따라 지정된 단체	o (좌 동)
o (지정방식 · 인정기간) - 2020.12.31.까지는 별도 지정절차없이 지정기부금단체로 인정 - 2021년 이후에는 별도 지정 · 고시를 통해 공익법인으로 인정	o (좌 동)
- ①, ②에 해당하는 단체로서 2022. 3.31. 까지 공익법인으로 지정 · 고시*되는 경우 2021년 이후 공익법인으로 인정 * (신청기한) 2022.2.3.	- ①, ②에 해당하는 단체로서 2023. 2.31. 까지 공익법인으로 지정 · 고시*되는 경우 2021년 이후 공익법인으로 인정 * (신청기한) 2023.10.10.

6. 신협공제 책임준비금 손금산입 대상에 포함(법인령 57)

종 전	개 정
□ 보험사업 또는 공제사업 관련 책임준비금 범위 ㅇ 해약환급액 －수산업협동조합, 무역보험공사, 새마을금고, 건설공제조합, 중소기업협동조합, 신용협동조합의 보험·공제사업의 해약환급액 ㅇ 보험금지급준비금 ㅇ 계약자배당준비금 －수산업협동조합 공제사업 －새마을금고 공제사업 <추 가>	□ 계약자배당준비금에 신협 추가 ㅇ (좌 동) －신용협동조합 공제사업

〈적용시기〉 2024.2.29.이 속하는 사업연도 분부터 적용

7. 잉여금의 자본전환 시 과세범위 합리화(법인령 12)

종 전	개 정
□ 상법상 자본준비금 자본 전입 시 과세 제외 ㅇ (예외) ①~④를 자본전입하는 경우에는 익금산입 ① 채무의 출자전환 시 채무면제이익 ② 자기주식 등 소각이익 (소각당시 시가가 취득가를 초과하지 아니하는 경우로서 소각일로부터 2년 지난 후 전입하는 금액 제외) ③ 적격합병 시 합병차익 중 피합병법인의 다음 금액(합병차익 한도) －자산평가이익 －의제배당대상 자본잉여금 (1% 재평가적립금 등) －이익잉여금 ④ 적격분할 시 분할차익 중 분할법인의 다음 금액(분할차익 한도) －자산평가이익	□ 과세되는 의제배당 범위 확대 ㅇ (좌 동)

종 전	개 정
-분할감자차익(1% 재평가 적립금 등) <추 가>	⑤ 상환주식*의 주식발행액면 초과액** 중 이익잉여금으로 상환된 금액 * 회사의 이익으로 소각하기로 예정되어 있는 주식 ** 발행가액 - 액면가액

〈적용시기〉 2024.1.1. 이후 자본에 전입하는 분부터 적용

8. 자본준비금 등 감액배당 시 과세범위 합리화(법인법 18, 법인령 17)

종 전	개 정
□ 자본준비금 등 감액배당 시 익금불산입 (주식의 장부가액 한도)	□ 익금불산입 범위 조정
ㅇ (예외) ①~④에 해당하는 경우 익금산입 (자본잉여금 중 의제배당과세 대상과 일치)	ㅇ ⑤ 추가
① 채무의 출자전환 시 채무면제이익 ② 자기주식 등 소각이익 (소각당시 시가가 취득가를 초과하지 아니하는 경우로서 소각일로부터 2년 지난 후 전입하는 금액 제외) ③ 적격합병 시 합병차익 중 피합병법인의 다음 금액(합병차익 한도) -자산평가이익 -피합병법인 이익잉여금 -의제배당대상 자본잉여금(1% 재평가 적립금 등)	ㅇ (좌 동)
<추 가>	-합병차익에 포함된 3% 재평가적립금 : 다음의 금액을 한도로 함 • 합병차익 - (㉮ - ㉯) ㉮ 피합병법인의 자본금과 의제배당비과세 자본준비금(3% 재평가적립금 제외)의 합계액 ㉯ 합병법인의 자본금 증가액
④ 적격분할 시 분할차익 중 분할법인의 다음 금액(분할차익 한도) -자산평가이익 -분할감자차익(1% 재평가적립금 등)	ㅇ (좌 동)

종 전	개 정
<추 가>	–분할차익에 포함된 3% 재평가적립금 : 다음의 금액을 한도로 함 • 분할차익 – (㉮ – ㉯) ㉮ 분할법인의 자본금 감소액과 의제배당비과세 자본준비금(3% 재평가적립금 제외)의 감소액 ㉯ 분할신설법인의 자본금 ⑤ 상환주식의 주식발행초과금 중 이익잉여금으로 상환된 금액 ㅇ ③·④에 따른 감액배당 시 배당순서 –3% 재평가적립금 * 3% 재평가적립금 중 합병법인의 증가한 자본금에서 피합병법인의 자본금과 의제배당대상 외 자본잉여금의 합계액을 차감한 금액을 자본에 전입된 금액 –이익잉여금, 과세대상 자본잉여금 –비과세대상 자본잉여금 ㅇ 상법 459 ②에 따라 승계한 준비금이 있는 경우에도 그 승계가 없는 것으로 보아 계산 ㅇ 합병·분할차익의 일부를 자본에 전입하는 경우 피합병법인 등의 3% 재평가적립금이 먼저 자본에 전입된 것으로 보아 그 전입 후 남은 금액만 합병·분할차익에 포함하여 계산

〈적용시기〉 2024.1.1. 이후 감액배당하는 분부터 적용

9. 자본잉여금 감액배당 시 장부가액 계산방법 명확화(법인령 72)

종 전	개 정
□ 자산의 취득가액 조정 <신 설>	□ 자본준비금 감액배당 시 장부가액 계산방법 규정 ㅇ 자본준비금 감액배당 시 장부가액 : 종전 장부가액 –감액배당 받은 금액 중 과세되지 않는 금액

〈적용시기〉 2024.2.29. 이후 감액배당 하는 분부터 적용

10. 수입배당금 익금불산입 규정 합리화(법인법 18의2)

종 전	개 정
□ 수입배당금 익금불산입 대상 o 이익의 배당금 또는 잉여금의 분배금 o 배당금 또는 분배금으로 의제하는 금액(의제배당소득)	o (좌 동)
□ 다음의 수입배당금액은 익금불산입 대상에서 제외	□ 수입배당금 중 법인세 과세되지 않은 금액은 익금산입
① 배당기준일 전 3개월 이내 취득한 주식등의 수입배당금 ② 지급배당 소득공제를 받은 유동화전문회사, 신탁재산 등으로부터 받은 배당금 ③ 법인세 비과세·면세·감면 법인으로부터 받은 배당금	o (좌 동)
<추 가>	④ 유상감자 시 주식 취득가액 초과 금액 및 자기주식이 있는 상황에서 자본잉여금의 자본전입으로 인해 발생하는 이익 - 유상감자에 따른 의제배당금액* * 주식등 취득가액을 초과하여 수취하는 감자대가 - 자기주식 보유 법인의 잉여금 자본 전입 시 발생하는 의제배당금액(증가한 지분비율 상당 주식가액) ⑤ 3% 재평가적립금(합병·분할차익 중 승계된 금액 포함)을 감액하여 받은 배당

〈적용시기〉 2024.1.1. 이후 배당받는 분부터 적용

11. 주택도시보증공사 회계기준 변경에 따른 손익인식기준 규정

(1) 주택도시보증공사 회계기준 변경에 따른 손익인식 방법(법인령 11·19)

종 전	개 정
□ IFRS17 적용법인 수익의 범위	□ 주택도시보증공사의 책임준비금 감소 금액 추가
o 보험감독회계 수익인식에 따라 보험회사의 책임준비금이 감소한 금액	o (좌 동)

종 전	개 정
<추 가>	o 주택도시보증공사가 보험계약국제회계기준 수익인식에 따라 책임준비금이 감소한 금액
□ IFRS17 적용법인 손비의 범위 o 보험감독회계 비용인식에 따라 보험회사의 책임준비금이 증가한 금액	□ 주택도시보증공사의 책임준비금 증가 금액 추가
<추 가>	o 주택도시보증공사가 보험계약 국제회계기준 수익인식에 따라 책임준비금이 증가한 금액

〈적용시기〉 2024.1.1. 이후 과세표준을 신고하는 분부터 적용

(2) 주택도시보증공사 손익인식 기준(법인령 70)

종 전	개 정
□ 보험계약 관련 손익인식기준	□ 주택도시보증공사의 손익인식기준 규정
o (원칙) 실제 보험료 · 보증료 등이 수입된 날 등 현금주의에 따라 손익인식	o (좌 동)
o (예외) 「보험업법」에 따른 보험회사의 경우 회계상 수익 · 비용으로 인식한 사업 연도에 손익 인식	o 주택도시보증공사도 예외 적용대상에 추가

〈적용시기〉 2024.1.1. 이후 과세표준을 신고하는 분부터 적용

(3) 구상채권상각충당금 손금산입 적용대상에서 주택도시보증공사 제외(법인령 63 · 19의2)

종 전	개 정
□ 구상채권상각충당금 손금산입	□ 적용대상 조정
o (대상) 신용보증사업을 하는 내국법인 중 시행령으로 정하는 법인	o (좌 동)
-주택도시보증공사 포함	<삭 제>
o (손금산입) 충당금적립금의 Max[1%, 구상채권발생률]	o (좌 동)
o (귀속시기) 구상채권상각 충당금을 손비로 계상한 경우	o (좌 동)
□ 대위변제금액 손금불산입 o 주택도시보증공사 대위변제금액 중 해당 사업연도에 손비로 계상한 금액은 구상채권으로 보아 손금불산입	<삭 제>
<신 설>	□ 종전 충당금적립금 세무조정

종 전	개 정
	o 손금불산입 유보액과 구상채권상각충당금 적립금 간 차액은 2023.1.1.이 속하는 사업연도와 그 다음 4년간 균등분할 손금 산입

〈적용시기〉 2024.1.1. 이후 과세표준을 신고하는 분부터 적용

(4) 주택도시보증공사의 회계기준 변경에 따른 전환손실 산출 시 계산방식 규정 (법인칙 부칙 4)

전환손실은 2023사업연도 책임준비금에서 2022사업연도에 손금산입한 미경과보험료적립금을 뺀 금액에 다음의 계산식을 적용하여 산출한 금액

• 전환손실 계산식 : ① + ② − ③

① 2023사업연도에 변경된 회계기준에 따라 계상된 책임준비금 : ㉮

> ㉮ 할인율 변동으로 인해 발생하는 책임준비금 평가액 변동분 및 2022사업연도에 손금산입한 미경과보험료적립금

② 2022사업연도에 익금산입한 미경과보험료적립금 : ㉯

> ㉯ 직전 사업연도 익금에 산입되는 자산이었으나, 회계기준 전환 이후 책임준비금 산출에 반영되는 항목(미상각신계약비, 보험약관대출 미수수익 등) 및 재보험자산

③ 2022사업연도에 손금산입한 미경과보험료적립금 : ㉰ + ㉱

> ㉰ 직전 사업연도 손금에 산입되는 기타 부채였으나, 회계기준 전환 이후 책임준비금 산출에 반영되는 항목(보험미지급금 등)
> ㉱ 최초적용사업연도 개시일 현재 보험계약자산 및 재보험계약자산의 합계액

12. 해외자회사 파견 임직원 인건비에 대한 손금 인정범위 확대(법인령 19)

종 전	개 정
□ 해외현지법인 파견 임직원 인건비에 대한 손금인정 요건	□ 손금인정 범위 및 요건 개선
o 중소·중견기업	o 내국법인
o 직·간접적으로 100% 출자한 해외현지법인	o (좌 동)
o 내국법인이 지급한 인건비가 내국법인 및 해외출자법인이 지급한 인건비 합계액의	o (좌 동)

종 전	개 정
50% 미만인 경우	
<추 가>	ㅇ 해외현지법인 파견 임직원의 근로소득세를 내국법인이 원천징수하여 납부하는 경우 * 소득세법상 거주자에 해당하고 소득세로 납부한 경우에 한정

〈적용시기〉 2024.1.1.이 속하는 사업연도에 지급하는 분부터 적용

13. 징벌적 손해배상금 범위의 현행화(법인령 23)

종 전	개 정
□ 손해배상금 관련 비용의 손금불산입	□ 징벌적 손해배상금 범위 현행화
ㅇ (대상) 다음 법률 또는 외국 법령에 따라 손해액을 초과하여 지급하는 손해배상금	ㅇ 시행령 [별표1]에 의한 법률 또는 이와 유사한 그 밖의 법률의 규정 또는 외국 법령에 따라 손해액을 초과하여 지급하는 손해배상금
「가맹사업법」 「신용정보법」 「개인정보 보호법」 「제조물 책임법」 「공익신고자 보호법」 「파견법」 「기간제법」 「하도급법」 「대리점법」	ㅇ (좌 동)
<추 가>	「남녀고용평등법」 「상표법」 「농수산물품질법」 「식물신품종법」 「대규모유통업법」 「실용신안법」 「상생협력법」 「자동차관리법」 「공정거래법」 「중대재해처벌법」 「디자인보호법」 「축산계열화법」 「부정경쟁방지법」 「특허법」 「산업기술보호법」 「환경보건법」
ㅇ (손금불산입액) 실제 발생한 손해액을 초과하는 배상금	ㅇ (좌 동)
– 다만, 실손해액이 불분명한 경우는 손해배상금의 2/3	– 실손해액이 불분명한 경우 손금불산입액 = A × $\frac{B-1}{B}$ A : 지급한 손해배상금 B : 실제 발생한 손해액 대비

종 전	개 정
	손해배상액의 배수 상한

〈적용시기〉 2024.1.1. 이후 지급하는 손해배상금부터 적용

14. 업무용승용차 손금산입 시 전용번호판 부착요건 추가(법인령 50의2, 법인칙 27의2)

종 전	개 정
□ 업무용승용차 손금산입 요건 o 업무전용보험가입 <추 가>	□ 손금산입 요건 강화 o (좌 동) o 국토교통부장관이 정하는 기준*에 따른 법인업무용 자동차번호판 부착 * 자동차 등록번호판 등의 기준에 관한 고시(국토부) –(대상) 취득가액 8,000만원 이상 –(요건) 연녹색 전용번호판 부착 –(시행시기) 2024.1.1. 이후 등록 및 대여한 자동차부터 적용

〈적용시기〉 2024.1.1.이 속하는 사업연도 분부터 적용

15. 국고보조금 등으로 취득한 사업용자산가액의 손금산입 범위 확대(법인령 64)

종 전	개 정
□ 국고보조금으로 취득한 자산가액 손금산입	□ 대상법률 추가
o 다음의 법률에 따라 보조금을 지급받아 사업용자산 취득시 보조금 상당액 손금산입 –「농어촌 전기공급사업촉진법」, 「전기사업법」, 「사회기반시설 민간투자법」, 「철도공사법」, 「농어촌정비법」, 「도시 및 주거환경정비법」, 「산업재해보상보험법」, 「환경정책기본법」	o (좌 동)
<추 가>	–「산업기술혁신촉진법」

〈적용시기〉 2024.1.1. 이후 개시하는 사업연도 분부터 적용

16. 진행기준 적용 토지개발사업의 손익인식시기 보완(법인령 68 ⑦, 법인칙 33)

종 전	개 정
□ 손익의 귀속사업연도 ㅇ 상품 등 판매 : 인도일 ㅇ 상품 등 외의 자산 양도 : 대금청산일, 소유권 이전등기일, 인도일, 사용수익일 중 빠른 날 ㅇ 건설등 용역 제공 : 작업진행률 기준 * (예외) 중소기업의 1년 이내 건설, 인도기준 계상시 인도기준 허용, 작업진행률 계산 곤란시 인도기준	□ 토지개발사업의 손익인식 기준 보완 ㅇ (좌 동)
<신 설>	ㅇ 프로젝트금융투자회사인 토지개발사업*자가 토지개발 수익·비용을 작업진행률에 따라 계상시 – 완공 전 양도된 토지의 매각 수익에 작업진행률 기준 적용 * 사업완공 전 양도한 토지 수익의 작업진행률 적용이 허용되는 토지개발사업의 범위 ① 「도시개발법」에 따른 도시개발사업 ② 「산업입지법」에 따른 산업단지개발사업 ③ 「택지개발촉진법」에 따른 택지개발사업 ④ 「혁신도시법」에 따른 혁신도시개발사업

〈적용시기〉 2024.2.29. 이후 토지를 양도하는 분부터 적용

17. 무상할당 받은 배출권 취득가액 명확화(법인령 72)

종 전	개 정
□ 자산의 취득가액 ㅇ 매입가액에 취득세·등록세 등 부대비용을 가산한 금액 ㅇ 제조·생산 등으로 취득한 자산은 원재료비·노무비·운임 등의 합계액 ㅇ 「온실가스배출권거래법」상 무상 할당받은 배출권은 '0'원	□ 배출권 거래 관련 취득가액 규정 명확화 ㅇ (좌 동)
<신 설>	ㅇ 「대기관리권역법」에 따라 무상 할당받은 배출권은 '0'원

종 전	개 정
o 별도로 정하는 것 외에는 취득 당시의 시가	o (좌 동)

18. 무증자합병 관련 합병법인 주식가액 조정규정 명확화(법인령 72 ⑤)

종 전	개 정
□ 자산의 취득가액 조정 <신 설>	□ 무증자합병 관련 규정 명확화 o 무증자합병*시 합병법인 주식의 가액 조정 * 법인세법 제44조 제3항 제2호에 해당하는 경우(동일한 내국법인이 발행주식총수를 소유하고 있는 서로 다른 법인 간에 합병하는 경우)로서 합병법인의 주식을 지급하지 않은 경우 : 합병법인 종전 주식의 가액 + 소각된 피합병법인 주식의 가액 − 현금 등 지급액

19. 유동화전문회사 등 소득공제 및 법인과세 신탁재산에 대한 소득공제 적용확대

(법인법 51의2 · 75의14)

종 전	개 정
유동화전문회사 등 소득공제 및 법인과세 신탁재산에 대한 소득공제 적용 시 배당을 받은 주주등 및 수익자가 그 배당에 대한 법인세 등이 비과세되는 경우에는 소득공제를 미적용. 단, 조특법 100의15의 동업기업과세특례적용 동업기업의 경우 동업자에 대하여 법인세 등이 과세시는 소득공제 적용	동업기업과세특례적용 동업기업의 동업자가 조특법 100의15 ③에 의한 상위 동업기업에 해당되어 배당에 대한 법인세가 비과세되는 경우에는 상위 동업기업의 동업자에 대하여 법인세 등이 과세되는 경우에도 소득공제 적용

〈적용시기〉 2023.12.31.이 속하는 사업연도부터 적용

20. 유동화전문회사 등 및 법인과세 신탁재산 소득공제의 신청절차 보완

(법인령 56의3 · 120의4)

종 전	개 정
□ 배당을 받은 주주등 · 수익자가 동업기업인 경우 소득공제 신청 방법	□ 배당을 받은 동업기업의 동업자가 상위 동업기업인 경우 신청 방법 보완
o 소득공제신청서와 함께 배당을 받은 동업기업의 동업기업과세특례적용 및 동업자과세여부 확인서 첨부	o (좌 동)
<신 설>	- 동업자 전부 또는 일부가 상위 동업기업인 경우에는 상위 동업기업의 동업기업과세특례적용 및 동업자과세여부 확인서 첨부

〈적용시기〉 2024.1.1. 이후 소득공제를 신청하는 분부터 적용

21. 외국납부세액 공제대상에 한-러 조세조약 위반 초과외국납부세액분 포함

(소득령 117, 법인령 94)

종 전	개 정
□ 외국납부세액 공제대상 세액	□ 러시아가 조세조약을 위반하여 제한세율을 초과 과세한 세액 포함
o 외국에서 납부하였거나 납부할 외국소득(법인)세액(가산세 제외) - 조세조약에 따른 비과세 · 면제 및 제한세율을 초과하여 과세한 세액은 제외	o (좌 동)
<단서 추가>	- 단, 러시아가 비우호국과 조세조약 이행을 중단하여 제한세율을 초과하여 과세한 세액 포함

〈적용시기〉 2023.8.8. 이후 납부했거나 납부할 외국법인세액부터 적용

22. 연결법인 간 양도손익 이연대상 자산 범위 합리화(법인령 120의18 ①)

종 전	개 정
□ 연결법인 간 양도손익 이연대상 자산 범위	□ 양도손익이연자산 범위에 국외자산 추가

종 전	개 정
ㅇ 양도시점에 국내에 소재하는 자산 - 유형고정자산 및 무형고정자산 - 매출채권, 대여금 등 채권 - 자본시장법상 금융투자상품 - 토지와 건축물 <추 가>	ㅇ (좌 동) - (좌 동) ㅇ 외국법인의 주식등(보유 주식등을 전부 양도하는 경우에 한정)

〈적용시기〉 2024.2.29. 이후 자산을 양도하는 분부터 적용

23. 연결법인 해산 시 연결법인 변경신고 기한 합리화(법인법 76의12)

종 전	개 정
□ 연결대상법인 변경 시 변경 신고기한	□ 해산 시 신고기한 추가
ㅇ 중간예납기간 종료일 또는 사업연도 종료일 중 빠른 날로부터 1개월 이내 <추 가>	ㅇ (좌 동) ㅇ 변경신고 사유가 발생한 날로부터 1개월 이내

〈적용시기〉 2024.1.1. 이후 변경신고 사유가 발생한 분부터 적용

24. 연결법인 간 결손금 공제 정산기준 신설(법인법 76의19, 법인령 120의17 ④ · 120의22 · 120의26, 법인칙 60의5)

연결집단 결손 시 연결법인별 세액배분 기준을 신설함

(연결모법인이 결손금을 배분받은 연결법인으로부터 정산금을 받아 결손금을 지급한 연결법인에게 지급)

(1) 연결집단의 각 연결사업연도 법인별 세액을 모든 연결법인 간 소득 · 결손금 크기에 비례하여 배분(① × ②)

① 연결법인별 소득금액 또는 공제된 결손금

② 연결사업연도 결손 시 연결세율(A)

$$(A) = \frac{|\text{연결사업연도 결손금} \times \text{법인세율}|}{\text{연결법인의 연결조정 후 개별소득금액 및 개별결손금의 합계액}}$$

(2) 연결산출세액이 있는 경우

① 결손금을 공제한 연결법인의 산출세액

= (연결법인별 연결조정 과세표준상당액 × 조정 연결세율)

- 연결법인별 연결조정 과세표준상당액
  : 각 연결법인의 연결조정 후 소득 − 각 연결법인의 연결조정 후 소득에서 공제된 해당 법인의 이월결손금등
- 연결조정 과세표준상당액 :
  연결법인별 연결조정 과세표준상당액의 합계액
- 조정 연결산출세액 :
  연결조정 과세표준상당액에 대해 법 제55조 제1항의 세율을 적용하여 계산된 금액
- 조정 연결세율
  : 조정 연결산출세액 ÷ 연결조정 과세표준상당액

② 결손금을 지급한 연결법인의 산출세액

$$= (\text{연결산출세액} - \text{조정 연결산출세액}) \times \frac{\text{해당 연결법인의 결손금}^{*}}{\text{연결집단 전체 결손금}^{*}}$$

* 연결소득금액 및 연결과세표준 계산 시 공제된 결손금 중 해당 법인 자신의 소득에서 공제한 이월결손금 제외

③ 결손금 공제·지급이 동시에 이루어진 연결법인의 산출세액 :

①의 금액 + ②의 금액

(3) 연결산출세액이 없는 경우

① 연결모법인에 지급하는 정산금

= (연결법인별 연결조정 과세표준상당액 × 조정 연결세율)

② 연결모법인으로부터 배분받는 정산금

$$= \text{조정 연결산출세액} \times \frac{\text{해당 연결법인의 결손금}^{*}}{\text{연결집단 전체 결손금}^{*}}$$

* 이월결손금 및 다른 법인의 소득에서 공제되지 않은 결손금은 제외

(4) 정산금을 0으로 할 수 있는 경우

① 완전자법인만으로 연결납세를 적용하는 경우

② 연결법인 외 주주가 동의하는 경우

(5) 완전지배 여부 판단 시 발행주식총수에서 제외 가능한 주식

① 우리사주조합을 통하여 근로자가 취득한 주식

② 우리사주조합이 보유한 주식

③ 주식매수선택권의 행사에 따라 발행되거나 양도된 주식(제3자에게 양도한 주식 포함)

〈적용시기〉 2024.1.1. 이후 개시하는 사업연도 분부터 적용

25. 연결모법인 합병 시 구분경리 예외적용 명확화(법인법 113)

종 전	개 정
□ 합병 시 구분경리 생략 허용 범위 ※ 연결납세의 경우 구분경리 생략규정 없음	□ 연결모법인 합병 시 구분경리 생략 가능 명확화
ㅇ 중소기업 간 합병 시 ㅇ 동일사업을 하는 법인 간 합병 시	ㅇ 연결모법인이 중소기업인 경우 포함 ㅇ 연결모법인이 동일사업을 하는 법인을 합병하는 경우 포함

26. 가상자산 거래내역 등의 제출기한 명확화(법인법 120의4)

종 전	개 정
□ 가상자산 거래내역 등 제출기한 ㅇ 거래가 발생한 날이 속하는 분기의 종료일의 다음다음달 말일까지	□ 제출기한 명확화 ㅇ (분기별 거래명세서) 분기 종료일의 다음다음달 말일 ㅇ (연간 거래집계표) 연도 종료일의 다음다음달 말일

27. 현금영수증 발급의무 위반 신고대상자 명확화(법인령 159의2)

종 전	개 정
□ 현금영수증 발급의무 위반 신고 시 위반자 및 제출서류	□ 발급의무 위반자 명확화
ㅇ (현금영수증 발급의무 위반자) 현금영수증가맹점	ㅇ (현금영수증 발급의무 위반자) 현금영수증가맹점 또는 현금영수증을 발급해야 하는 내국법인
ㅇ 증명서류 제출 시 포함사항 - 신고자 성명	ㅇ (좌 동) - (좌 동)

종 전	개 정
– 현금영수증가맹점 상호	– 현금영수증가맹점 또는 현금영수증을 발급해야 하는 내국법인의 상호
– 현금영수증 발급이 거부 되거나 사실과 다르게 발급 받은 일자 거래내용 및 금액	– (좌 동)

28. 농수산물 중·시장도매인에 대한 계산서 보고불성실 가산세 특례 적용기한 연장(소득령 147의6, 법인령(제15970호, 1998.12.31.) 부칙 14, 법인령(제18706호, 2005.2.19.) 부칙 14)

종 전	개 정
□ 농수산물 중·시장도매인*에 대한 계산서 등 제출불성실 가산세 특례 * 「농수산물유통 및 가격안정에 관한 법률」에 따른 중도매인·시장도매인	□ 가산세 특례 기한 연장 및 계산서 발급비율 조정
o 연도별 계산서 발급비율*에 미달하는 부분에 대해서만 가산세 부과 * 해당 사업연도의 총매출액 대비 계산서 발급·제출액의 비율	o (좌 동)
o 계산서 발급비율(%)	o 계산서 발급비율(%) 조정

종 전:

사업연도 / 지역		2019	2020~2021	2022~2023
중도매인	서울	85	90	95
	서울 외	65	70	75
시장도매인(법인)		85	90	95

개 정:

사업연도 / 지역		2019	2020~2021	2022~2023	2024~2025	2026
중도매인	서울	85	90	95		
	서울 외	65	70	75	80	85
시장도매인(법인)		85	90	95		

종 전	개 정
o 적용기한 : 2023.12.31.까지	o 2026.12.31.까지

〈적용시기〉 2024.1.1.이 속하는 사업연도 분부터 적용

29. 금형 감가상각 내용연수 변경(법인칙 별표5)

종 전	개 정 안
□ 자산별 기준내용연수	□ 금형에 대해 자산별 기준내용연수 적용
o 차량 및 운반구, 공구, 기구 및 비품 : 5년	o 차량 및 운반구, 공구, 기구 및 비품, 금형* : 5년

종 전	개 정 안
	* 종전에는 업종별 기준내용연수 적용
o 선박 및 항공기 : 12년 o 연와조, 블록조, 콘크리트조, 토조, 토벽조, 목조 등의 모든 건물과 구축물 : 20년 o 철골 · 철근콘크리트조, 연와석조 등의 모든 건물과 구축물 : 40년	o (좌 동)

〈적용시기〉 2024.4.1.이 속하는 사업연도부터 적용

30. 업종별 감가상각 내용연수표 현행화(법인칙 별표6)

종 전	개 정 안
□ 업종별 자산의 기준내용연수 및 내용연수 범위표	□ 한국표준산업분류 개정* 반영 (개정 전 · 후 각 업종의 기준내용연수는 동일) * 11차 개정 시행일 : 2024.7.1.
o 방송업 : 5년(4년~6년)	o 방송업 → 방송 및 영상 · 오디오물 제공 서비스업
o 보험 및 연금업 : 5년(4년~6년)	o 보험 및 연금업 → 보험업
o 담배제조업 : 12년	o (좌 동)
<단서 신설>	- 다만, 니코틴이 함유된 전자담배 기기용 용액 제조*는 한국표준산업분류 개정전과 동일하게 8년 적용 * 표준산업분류 제11차 개정으로 중분류 "화학물질 및 화학제품 제조업"(기준내용연수 8년) → "담배제조업"(12년)으로 이동

〈적용시기〉 2024.7.1.이 속하는 사업연도부터 적용

31. 농어촌특별세 유효기간 10년 연장(농특법 부칙 2)

종 전	개 정
□ 농어촌특별세 유효기간	□ 유효기간 연장
o 2024.6.30.	o 2034.6.30.

32. 농어촌특별세 비과세 대상 확대 · 정비(농특령 4 ⑦)

종 전	개 정
□ 농어촌특별세 비과세 범위	□ 농어촌특별세 비과세 대상 조정
o 국가 및 지방자치단체 o 농어업인, 농어업인 조합 o 중소기업, 창업중소기업 등에 대한 감면 o 서민주택 · 저축 등 감면 o 비영리 공익법인에 대한 감면 o 형식적인 소유권의 취득 · 등록에 대한 지방세 감면 등	o (좌 동)
o 그 밖의 정책목적에 의한 감면 - R&D세액공제 · 유턴기업 지방이전 세액감면 등 -「지방세특례제한법」 제31조 제3항 · 제73조 제2항	o 비과세 대상 추가 및 정비 -(좌 동) <삭 제>
<추 가>	- 전공대학* 및 관련 산학협력단에 대한 취득세 감면 *「평생교육법」에 따라 전문대학 졸업자와 동등한 학력 · 학위가 인정되는 평생교육시설 - 도심 공공주택 복합사업 등*에 따른 현물보상에 대한 취득세 감면 *「공공주택 특별법」에 따른 도심 공공주택 복합사업, 「도시재생법」에 따른 혁신지구재생사업

〈적용시기〉 2024.1.1. 이후 취득세를 감면받는 분부터 적용

II. 조세특례제한법 개정내용(법인세법 관련)

1. 중소기업 독립성 요건 중 외국법인의 자산총액 계산방법 명확화(조특령 2, 조특칙 2)

종 전	개 정
□ 중소기업의 실질적 독립성 기준	□ 최다출자자인 외국법인의 자산총액 계산방법 명확화
ㅇ 자산총액 5천억원 이상인 법인(외국법인 포함)이 주식 등의 30% 이상을 소유한 경우로서 최다출자자가 아닌 중소기업	ㅇ (좌 동)
<추 가>	- 외국법인이 최다출자자인 경우 자산총액 원화 환산 기준일·방법* 규정 * 자산총액이 외화로 표시된 경우, 해당 과세연도 종료일 현재의 매매기준율로 환산한 원화 표시금액
ㅇ 특정 기준의 평균매출액 등을 충족하는 관계기업	ㅇ (좌 동)

2. R&D 세액공제 대상 인건비 범위 합리화(조특령 별표6)

종 전	개 정
□ R&D 세액공제 대상 인건비	□ 공제 대상 인건비 범위 합리화
ㅇ 퇴직소득, 퇴직급여충당금, 퇴직연금부담금 등 제외 대상만 규정	ㅇ 4대 사회보험* 보험료의 사용자 부담분을 인건비 범위에 명시 * 국민연금, 건강보험, 고용보험, 산재보험

〈적용시기〉 2024.2.29.이 속하는 사업연도 분부터 적용

3. 중소기업 특별세액감면 적용 업종명 명확화(조특법 7)

종 전	개 정
□ 중소기업 특별세액감면 대상 업종	□ 표준산업분류 상 업종명과 일치
ㅇ (업종) 작물재배업 등 48개 업종 - 작물재배업, 축산업, 어업 등	ㅇ (좌 동) - (좌 동)

종 전	개 정
- 그 밖의 과학기술서비스업	- 기타 과학기술서비스업

4. 알뜰주유소 전환 중소기업 세액감면 특례 적용기한 종료(조특법 7)

<table>
<tr><th>종 전</th><th>개 정</th></tr>
<tr><td>

□ 중소기업 특별세액감면

ㅇ 도·소매업 감면율

구 분	소기업*	중기업
수도권	10%	0%
지 방		5%

* (도·소매업) 매출액 50억원 이하

- 일반주유소가 2022년 중 알뜰주유소로 전환 시 해당 알뜰주유소의 사업에서 2022~2023 발생 소득에 감면율 + 10%p 적용

구 분	소기업	중기업
수도권	10% ➜ 20%	0% ➜ 10%
지 방		5% ➜ 15%

</td><td>

□ 알뜰주유소 전환 특례 적용기한 종료

ㅇ (좌 동)

- 적용기한 종료

</td></tr>
</table>

5. R&D비용 세액공제 중 신성장·원천기술 범위 확대(조특령 별표7)

<table>
<tr><th>종 전</th><th>개 정</th></tr>
<tr><td>

□ 신성장·원천기술 대상

ㅇ 13개 분야* 258개 기술

* ① 미래차, ② 지능정보, ③ 차세대S/W ④ 콘텐츠, ⑤ 전자정보 디바이스, ⑥ 차세대 방송통신, ⑦ 바이오·헬스, ⑧ 에너지·환경, ⑨ 융복합소재, ⑩ 로봇, ⑪ 항공·우주, ⑫ 첨단 소재·부품·장비, ⑬ 탄소중립

<신 설>

<추 가>

</td><td>

□ 신성장·원천기술 대상 확대

ㅇ 14개 분야 270개 기술

- (분야) 방위산업 신설

- (기술) 신규 15개, 확대 8개

▪ (신규) 15개

</td></tr>
</table>

<table>
<tr><th>종 전</th><th>개 정</th></tr>
<tr><td></td><td>
신규 기술 추가

분 야	세부기술
에너지·환경(3개)	대형원전 제조기술 등
로봇(1개)	Non-coding 교시기술
첨단소부장(5개)	나노실리콘 음극재 제조기술 등
탄소중립(3개)	암모니아 발전 기술 등
방위산업(3개)	추진체계 기술 등

▪ (확대) 8개

현행 기술 범위 확대

분 야	세부기술
미래형자동차(1개)	자율주행 사고원인 규명기술 → 운행기록 추가
바이오·헬스(2개)	혁신형 신약 후보 물질 발굴기술 → 제조기술 추가 등
에너지·환경(2개)	친환경 원전해체 기술 → 후행 핵주기 기술로 확장 등
로봇(1개)	협동기반 차세대 제조로봇 기술 → 안전등급 기준 등 추가
탄소중립(2개)	바이오매스 유래 에너지 생산기술 → 항공유 추가 등
</td></tr>
</table>

〈적용시기〉 2024.1.1. 이후 발생하는 연구개발비부터 적용

6. R&D비용 세액공제 중 국가전략기술 범위 확대(조특령 별표7의2)

<table>
<tr><th>종 전</th><th>개 정</th></tr>
<tr><td>□ 국가전략기술 대상
ㅇ 7개 분야 62개 기술*
* ① 반도체 22개, ② 이차전지 9개,
③ 백신 7개, ④ 디스플레이 5개,
⑤ 수소 6개, ⑥ 미래형이동수단 5개,
⑦ 바이오의약품 8개
<추 가></td><td>□ 국가전략기술 대상 확대
ㅇ 7개 분야 66개 기술

-(기술) 신규 4개, 확대 1개</td></tr>
</table>

<table>
<tr><th>종 전</th><th>개 정</th></tr>
<tr><td></td><td>

▪ (신규) 4개

신규 기술 추가

<table>
<tr><th>분 야</th><th>세부기술</th></tr>
<tr><td>디스플레이
(1개)</td><td>OLED 화소형성 · 봉지 공정 장비 및 부품 기술</td></tr>
<tr><td rowspan="3">수소
(3개)</td><td>수소 가스터빈(혼소 · 전소) 설계 및 제작 기술 등</td></tr>
<tr><td>수소환원제철 기술</td></tr>
<tr><td>수소 저장 효율화 기술</td></tr>
</table>

▪ (확대) 1개

현행 기술 범위 확대

<table>
<tr><th>분 야</th><th>세부기술</th></tr>
<tr><td>반도체
(1개)</td><td>차세대 메모리반도체 설계 · 제조기술
→ HBM 등 추가</td></tr>
</table>

</td></tr>
</table>

〈적용시기〉 2024.1.1. 이후 발생하는 연구개발비부터 적용

7. 국가전략기술 등 해외 위탁 R&D 세액공제 적용 범위 확대(조특칙 7)

<table>
<tr><th>종 전</th><th>개 정</th></tr>
<tr><td>

□ 신성장 및 국가전략기술위탁(재위탁) R&D 세액공제 적용 범위

ㅇ (원칙) 국내소재기관 위탁(재위탁)만 공제 적용*

* (대상기관) ① 비영리법인, ② 산촉법상 전문생산기술연구소 등 기업 설립 연구기관, ③ 전담부서 등 · 국외기업 부설 연구기관, ④ 연구산업진흥법상 연구산업 영위기업 또는 국외소재 영리목적 R&D 기업

ㅇ (예외) 해외소재기관 위탁(재위탁) 시 공제 적용

– 신성장 · 원천기술 바이오 · 화합물의약 분야 임상1 · 2 · 3상 시험

</td><td>

□ 해외소재기관 위탁 R&D 세액공제 예외적용 대상 추가

ㅇ (좌 동)

</td></tr>
</table>

종 전	개 정
–국가전략기술 백신 분야 비임상, 임상1·2·3상 시험	
<추 가>	–국가전략기술 바이오의약품 분야 비임상, 임상1·2·3상 시험

〈적용시기〉 2023.7.1. 이후 지출하는 분부터 적용

8. R&D 관련 출연금 등의 과세특례 적용기한 연장(조특법 10의2)

종 전	개 정
□ 연구개발 관련 출연금 등의 과세특례	□ 적용기한 연장
ㅇ (대상) R&D 관련 정부 출연금을 받은 내국인 ㅇ (내용) 출연금 수령시 익금불산입, 연구개발비 지출 및 관련 자산 취득시 익금산입	ㅇ (좌 동)
ㅇ (적용기한) 2023.12.31.	ㅇ 2026.12.31.

9. 기술 이전·대여소득 과세특례 적용기한 연장(조특법 12)

종 전	개 정
□ 기술 이전·대여소득 세액감면	□ 적용기한 연장
ㅇ (대상) 중소·중견기업 ㅇ (내용) 특허권등 기술 이전 소득의 50%, 대여 소득의 25% 세액감면	ㅇ (좌 동)
ㅇ (적용기한) 2023.12.31.	ㅇ 2026.12.31.

10. 지역특구 세액감면 적용기한 연장(조특법 12의2·64·99의9·121의8·121의9·121의17·121의20~22)

종 전	개 정
□ 지역특구 세액감면 제도	□ 적용기한 연장
ㅇ (감면대상) 특구 내 창업기업 등에 대해 일정기간 동안 소득·법인세 감면	ㅇ (좌 동)

<table>
<tr><th>종 전</th><th>개 정</th></tr>
<tr><td>
ㅇ (감면적용 특구) 위기지역 등 13개 특구
<table>
<tr><th>구 분</th><th>내 용</th></tr>
<tr><td>위기지역</td><td>5년 100%+2년 50%</td></tr>
<tr><td>농공단지</td><td rowspan="2">5년 50%</td></tr>
<tr><td>중소기업특별지원지역</td></tr>
<tr><td>연구개발특구</td><td rowspan="12">3년 100%
+2년 50%
(사업시행자는
3년 50%+2년
25%)</td></tr>
<tr><td>제주첨단과학기술단지</td></tr>
<tr><td>제주투자진흥지구</td></tr>
<tr><td>기업도시</td></tr>
<tr><td>지역개발사업구역</td></tr>
<tr><td>여수해양박람회특구</td></tr>
<tr><td>새만금지구*</td></tr>
<tr><td>아시아문화중심도시</td></tr>
<tr><td>금융중심지</td></tr>
<tr><td>첨단의료복합단지</td></tr>
<tr><td>국가식품클러스터</td></tr>
</table>
* 새만금지구 창업기업 세액감면은 2025년말 종료
</td><td></td></tr>
<tr><td>ㅇ (적용기한) 2023.12.31.</td><td>ㅇ 2025.12.31.</td></tr>
</table>

11. 기술혁신형 M&A에 대한 세액공제 확대

(1) 기술혁신형 M&A에 대한 주식등 취득기간 확대(조특법 12의4, 조특령 11의4)

종 전	개 정
□ 내국법인이 기술혁신형 중소기업의 주식등 인수 시 과세특례	□ 주식등의 취득기간 확대
ㅇ (과세특례) 취득한 주식등의 매입가액 중 기술가치금액에 대해 10% 세액공제 ㅇ (지분율 요건) 주식등을 취득한 사업연도의 종료일 현재 피인수 법인 지분의 50%(경영권 인수시 지분 30%) 초과 취득	ㅇ (좌 동)
ㅇ (취득기간) 주식등 최초취득일부터 해당 사업연도 종료일까지	ㅇ 최초취득일부터 해당 사업연도의 다음 사업연도 종료일*까지 * 최초 취득일이 속하는 사업연도 내 지분율요건 충족시 해당 사업연도 종료일까지

〈적용시기〉 2024.1.1. 이후 주식등을 취득하는 분부터 적용
인수법인이 주식등을 최초 취득한 날이 2024.1.1. 전인 경우에는 종전규정에 따름

(2) 기술혁신형 M&A에 대한 세액공제 적용 시 기술가치금액 상향(조특령 11의3 ③ · 11의4 ④)

종 전	개 정
□ 기술혁신형 중소기업의 합병 또는 주식 인수 시 과세특례	□ 세액공제 범위 확대
o (과세특례) '기술가치금액'의 10%를 합병 · 인수법인의 법인세에서 공제 o (기술가치금액*) Max(①, ②) * 주식 취득의 경우 지분비율 반영	o (좌 동)
-① : 특허권 등 평가액 합계 -② : 양도가액 - (피합병 · 인수법인의 순자산시가 × 130%)	-(좌 동) -양도가액 - (피합병 · 인수법인의 순자산시가 × 120%)

〈적용시기〉 2024.2.29. 이후 합병 또는 인수하는 분부터 적용

(3) 주식등 취득기간 확대 관련 세액공제 요건 명확화(조특령 11의4)

종 전	개 정
□ 기술혁신형 중소기업 주식취득에 대한 세액공제가 적용되는 기술가치금액 산정방식 : ① 또는 ②	□ 법 개정에 따른 기술가치금액 산정방식 정비
① 평가기관 평가금액 × 취득일이 속하는 사업연도의 종료일 현재 지분비율	① 평가기관 평가금액 × 기준충족사업연도*의 종료일 현재 지분비율 * 취득 주식등이 출자총액의 50%(경영권 확보시 30%)기준을 최초로 충족하는 사업연도
② 매입가액 - 피인수법인의 순자산시가 × 취득일이 속하는 사업연도의 종료일 현재 지분비율	② 매입가액 - 피인수법인의 순자산시가 × 기준충족사업연도의 종료일 현재 지분비율

〈적용시기〉 2024.1.1. 이후 주식등을 취득하는 분부터 적용

12. 벤처기업 출자에 대한 세액공제 특례 관련 중복지원 배제조항 정비(조특령 12의2 ①)

종 전	개 정
□ 벤처기업 등에 대한 출자 시 법인세 세액공제 적용 제외 법인 * 벤처기업등 출자 관련 주식양도차익 및 배당소득 비과세(조특법 13)가 적용되는 내국법인 제외	□ 제외대상 추가
① 벤처투자회사	① 벤처투자회사 및 창업기획자
② 신기술사업금융업자 ③ 벤처기업출자유한회사 ④ 기금운용법인등	o (좌 동)

〈적용시기〉 2024.2.29. 이후 출자하는 분부터 적용

13. 민간벤처모펀드를 통한 벤처기업 등 출자시 양도차익 비과세(조특법 13 ①, 조특령 12 ③)

종 전	개 정
□ 벤처기업 등* 출자시 양도차익 비과세 * 창업자, 벤처기업, 신기술사업자, 신기술창업전문회사	□ 적용대상 확대
o (적용대상) ① 창투사, 창업기획자, 신기술사업금융업자가 벤처기업등에 출자하여 취득한 주식 ② 창투사, 창업기획자, 벤처기업출자유한회사, 신기술사업금융업자가 창투조합을 통하여 벤처기업 등에 출자하여 취득한 주식 ③ 기금운용법인등이 창투조합 등을 통하여 벤처기업 등에 출자하여 취득한 주식	
<추 가>	④ 창투사, 신기술사업금융업자 및 민간재간접벤처투자조합의 공동운용사인 자산운용사 및 증권사(벤처투자촉진법 63의2 ① 3호 집합투자업자 및 ③의 공동으로 업무집행조합원이 된 법인)가 민간재간접벤처투자조합*을 통하여 벤처기업 등에 출자하여 취득한 주식 * 민간재간접벤처투자조합 : 벤처투자조합(중소기업창업투자회사 등이 벤처투자를 목적

종 전	개 정
	으로 결성한 조합)에 출자하는 것을 주된 목적으로 결성하는 조합
ㅇ (적용기한) 2025.12.31.	ㅇ (좌 동)

〈적용시기〉 2024.1.1. 이후 과세표준을 신고하는 경우부터 적용

14. 민간벤처모펀드 출자에 대한 세액공제 특례 허용(조특법 13의2)

종 전	개 정
□ 내국법인이 벤처기업 등에 대한 출자 시 법인세 세액공제	□ 민간재간접벤처투자조합을 통한 출자시 세액공제 신설
1. (공제대상) ①~②를 통해 취득한 주식등 ① 벤처기업 등에 대한 직접출자 ② 벤처투자조합 등을 통한 간접출자 <추 가>	1. ①~③을 통해 취득한 주식등 ① (좌 동) ② (좌 동) ③ 민간재간접벤처투자조합을 통한 간접출자
2. (출자방법) 설립시 자본금 납입 또는 7년 내 유상증자(구주매입 제외)	2. (좌 동)
3. (공제액) (1) 1.의 (①, ②를 통한 취득) 출자가액의 5% <신 설>	3. 민간재간접벤처투자조합 투자시 세액공제 적용 (1) (좌 동) (2) 1.의 (③을 통한 취득) ㉮ + ㉯ ㉮ 출자 시 투자금액*의 5% ㉯ 주식등 취득가액의 직전 3년 평균 대비 증가분의 3% * Max(출자가액, 모펀드 투자액의 60%)

〈적용시기〉 1. 2024.1.1. 이후 세액공제 신청을 하는 경우부터 적용

2. 상기 3. (2) ㉯의 개정규정은 민간재간접벤처투자조합을 통하여 주식등을 취득한 사업연도의 다음 사업연도의 세액공제분부터 적용

15. 통합투자세액공제 중 신성장 사업화시설 범위 확대(조특칙 별표6)

<table>
<tr><th>종 전</th><th>개 정</th></tr>
<tr><td>□ 통합투자세액공제 대상 신성장 사업화시설
o 13개 분야* 181개 시설
* ① 미래차, ② 지능정보, ③ 차세대S/W ④ 콘텐츠, ⑤ 전자정보 디바이스, ⑥ 차세대 방송통신, ⑦ 바이오 · 헬스, ⑧ 에너지 · 환경, ⑨ 융복합소재, ⑩ 로봇, ⑪ 항공 · 우주, ⑫ 첨단 소재 · 부품 · 장비, ⑬ 탄소중립</td><td>□ 신성장 사업화시설 확대
o 14개 분야 185개 시설</td></tr>
<tr><td><신 설>
<추 가></td><td>–(분야) 방위산업 신설
–(시설) 신규 7개, 확대 4개
• (신규) 7개
신규 시설 추가
<table>
<tr><th>분 야</th><th>사업화시설</th></tr>
<tr><td>에너지 · 환경 (3개)</td><td>친환경 후행 핵주기 기술 관련 시설, 대형원전 제조기술 관련 시설, 혁신 제조공법 기술 관련 시설</td></tr>
<tr><td>방위산업 (3개)</td><td>추진체계 기술 관련 시설, 군사위성체계 기술 관련 시설, 유무인복합체계 기술 관련 시설</td></tr>
<tr><td>탄소중립 (1개)</td><td>암모니아 발전시설</td></tr>
</table>
• (확대) 4개
현행 시설 범위 확대
<table>
<tr><th>분야</th><th>사업화시설</th></tr>
<tr><td>바이오 · 헬스 (2개)</td><td>혁신형 신약 / 개량신약 제조시설 → 원료 개발 · 제조시설 추가</td></tr>
<tr><td>에너지 · 환경 (1개)</td><td>SMR(Small Modular Reactor) 제조시설 → 일체화 원자로 모듈 제조시설 등 추가</td></tr>
<tr><td>탄소중립 (1개)</td><td>바이오매스 유래 에너지 생산시설 → 항공유 생산시설 추가</td></tr>
</table>
</td></tr>
</table>

〈적용시기〉 2024.1.1. 이후 개시하는 과세연도부터 적용

16. 통합투자세액공제 중 국가전략기술 사업화시설 범위 확대(조특칙 별표6의2)

<table>
<tr><th>종 전</th><th>개 정</th></tr>
<tr><td>□ 통합투자세액공제 대상 국가전략기술 사업화시설
ㅇ 7개 분야 50개 시설*
* ① 반도체 20개, ② 이차전지 9개, ③ 백신 3개, ④ 디스플레이 5개, ⑤ 수소 6개, ⑥ 미래형이동수단 3개, ⑦ 바이오의약품 4개

<추 가></td>
<td>□ 국가전략기술 대상 확대
ㅇ 7개 분야 54개 시설

-(시설) 신규 4개, 확대 1개
▪(신규) 4개
신규 시설 추가
<table>
<tr><th>분 야</th><th>사업화시설</th></tr>
<tr><td>디스플레이 (1개)</td><td>OLED 화소형성·봉지 공정 장비 및 부품 제조 시설</td></tr>
<tr><td>수소 (3개)</td><td>수소 가스터빈(혼소·전소) 설계 및 제작 기술 관련 시설, 수소환원제철 기술 관련 시설, 수소 저장 효율화 기술 관련 시설</td></tr>
</table>
▪(확대) 1개
현행 시설 범위 확대
<table>
<tr><th>분 야</th><th>사업화시설</th></tr>
<tr><td>반도체 (1개)</td><td>차세대 메모리반도체 설계·제조시설 → HBM(고대역폭메모리) 등 추가</td></tr>
</table>
</td></tr>
</table>

〈적용시기〉 2024.1.1. 이후 개시하는 과세연도부터 적용

17. 영상콘텐츠 투자 세제지원 확대

(1) 영상콘텐츠 제작비용 세액공제 확대(조특법 25의6)

<table>
<tr><th>종 전</th><th>개 정</th></tr>
<tr><td>□ 영상콘텐츠* 제작비용 세액공제
* 드라마·애니메이션·다큐멘터리 등 TV프로그램, 영화, OTT콘텐츠
ㅇ 공제율
- 대/중견/중소 : 3/7/10%</td>
<td>□ 세액공제 확대

ㅇ 공제율 상향 및 추가공제 신설
-(기본공제율)</td></tr>
</table>

종 전	개 정
<신 설>	대/중견/중소 : 5/10/15% -(추가공제율*) 대/중견/중소 : 10/10/15% * 국내 제작비 비중이 일정 비율 이상인 콘텐츠 등에 적용(시행령에서 규정 다음(2))

〈적용시기〉 2024.1.1. 이후 발생하는 제작비용부터 적용

(2) 영상콘텐츠 제작비용 추가공제 요건 규정(조특령 22의10 신설, 조특칙 13의9 신설)

영상콘텐츠 제작비용 세액공제 추가공제 요건(①, ② 모두 충족)

① 전체 촬영제작 비용(제작부문비, 촬영비, 조명비 등) 중 국내지출 비중이 80% 이상

② 다음 중 3개 이상 충족

㉮ 작가 · 스태프 인건비(극본 및 시나리오 등 집필자, 연출 · 촬영 · 편집 · 조명 · 미술 스태프 인건비) 중 내국인 지급비율 80% 이상

㉯ 배우 출연료(주연 · 조연 · 단역, 스턴트맨, 성우 등 출연료) 중 내국인 지급비율 80% 이상

㉰ 후반제작비용(편집 · 사운드 · 특수효과 비용 등) 중 국내지출 비중 80% 이상

㉱ 주요 IP* 중 3개 이상 보유** : IP 공동보유 시 수익분배비율 50% 이상

* 「저작권법」에 따른 방송권, 전송권, 공연권, 복제권, 배포권, 2차적저작물작성권 등 6개 저작재산권

** 국내 IP의 소유권자를 기준으로 판단

③ 여러 과세연도 기간동안 연속하여 방송 · 제공되는 영상콘텐츠의 추가공제 요건 판단 기준

㉮ 각 과세연도 제작비용 또는 ㉯ 전체 제작비용에 대하여 요건 충족여부 판단 및 공제세액 계산

18. 문화산업전문회사 출자에 대한 법인세 세액공제 특례 신설(조특법 25의7 신설, 조특령 22의11)

문화산업전문회사 출자를 통해 영상콘텐츠 제작에 투자한 금액에 대한 법인세 세액공제

(1) (적용대상) 중소·중견기업(「문화산업진흥 기본법」에 따른 문화산업전문회사에 출자한 기업)

(2) (공제대상) 문화산업전문회사 출자액 중 영상콘텐츠 제작에 사용된 비용
　① (대상 콘텐츠) 영화, TV프로그램, OTT콘텐츠
　② (제외비용) 기업업무추진비, 광고·홍보비, 인건비 중 퇴직급여충당금 등

(3) (공제대상금액) : ① × ②
　① 문화산업전문회사에 출자한 금액
　② 영상콘텐츠 제작비용(조특령 22의10 ②의 영상콘텐츠)/ 문화산업전문회사의 총출자금액

(4) (공제율) 3%

(5) (공제시기) 최초 방송·상영 또는 제공일과 문화산업전문회사 청산일 중 더 빠른 날이 속하는 사업연도

(6) (적용기한) 2025.12.31.까지 출자한 경우

(7) (중복지원 적용대상 배제) 제작비용 세액공제 적용 내국법인(제작사)은 문화산업전문회사 출자 세액공제 대상에서 제외

(8) (출자금액·비용의 판단시점) 동 조세특례가 적용되는 사업연도의 종료일

〈적용시기〉 2024.1.1. 이후 출자하는 분부터 적용

19. 근로소득증대세제 계산방법 보완(조특령 26의4)

종 전	개 정
□ 근로제공기간이 1년 미만인 상시근로자에 대한 임금 계산	□ 임금 계산방법 합리화
ㅇ (환산식) (1년 미만 근로한 상시근로자의 근로소득금액 또는 임금) ÷ (해당과세연도 근무제공월수) × 12	ㅇ (좌 동)
ㅇ (적용대상) 근로소득금액, 평균임금	ㅇ 근로소득금액

〈적용시기〉 2024.1.1. 이후 과세표준을 신고하는 분부터 적용

20. 에너지절약시설에 대한 가속상각 특례 적용기한 연장(조특법 28의4)

종 전	개 정
□ 에너지절약시설에 대한 가속상각 특례 o (지원내용) 기준내용연수의 50% (중소·중견기업 75%) 범위 내에서 신고한 내용연수 적용 o (대상자산) 에너지절약시설 o (적용기간) 2023.1.1.~2023.12.31. 취득분	□ 적용기한 연장 o ~2024.12.31 취득분

21. 출산전후휴가자에 대한 통합고용세액공제 상시근로자 수 계산방법 보완(조특령 26의8 ⑦)

종 전	개 정
□ 상시근로자 수 계산방법 o 정규직 근로자* : 1명 * 근로소득세 원천징수 사실이 확인되지 않는 근로자, 특수관계인 등 제외 - 출산휴가자*와 대체인력을 각각 1명으로 계산 * 4대보험료를 납입하는 출산휴가자는 상시근로자 수에 포함(보험료 납입의무가 없는 육아휴직자는 제외) o 1개월간 근로시간이 60시간 이상인 단시간근로자 : 0.5명 o 일정요건*을 갖춘 상용형 시간제 근로자 : 0.75명 * ① 시간제근로자를 제외한 상시근로자 수가 전년도 대비 감소하지 않을 것 ② 계약기간이 정해져 있지 않을 것 ③ 상시근로자와 시간당 임금, 복리후생 등에서 차별이 없을 것 ④ 시간당 임금이 최저임금의 130% 이상	□ 상시근로자 수 계산방법 보완 o (좌 동) - 정규직근로자 전환 및 육아휴직 복귀자에 대한 세액공제 적용 시 출산전후휴가 사용 중인 근로자는 상시근로자 수와 청년등 상시근로자 수에서 제외함 o (좌 동) o (좌 동)

〈적용시기〉 2024.1.1. 이후 과세표준을 신고하는 분부터 적용

22. 정규직 근로자 전환기업 세액공제 적용기한 연장(조특법 29의8 ③)

종 전	개 정
□ 정규직 전환 세액공제	□ 적용기한 연장
○ (대상) 중소・중견기업	○ (좌 동)
○ (요건) ①과 ②를 모두 충족 ① 2022.6.30. 현재 비정규직 근로자를 2023.12.31.까지 정규직으로 전환 ② 전년대비 상시근로자 수 유지	○ (요건) ①과 ②를 모두 충족 ① 2023.6.30. 현재 비정규직 근로자를 2024.12.31.까지 정규직으로 전환 ② (좌 동)
○ (공제금액) 정규직 전환인원당 중소 1,300만원, 중견 900만원 ○ (사후관리) 정규직 전환 후 2년 내 근로관계 종료 시 공제세액 추징	○ (좌 동)
○ (적용기한) 2023.12.31.	○ 2024.12.31.

23. 고용유지 중소・중견기업 세액공제 적용기한 연장(조특법 30의3)

종 전	개 정
□ 고용유지 세액공제	□ 적용기한 연장
○ (대상) 중소기업, 위기지역* 중견기업 * 고용위기지역, 고용재난지역, 산업위기대응특별지역 ○ (요건) 근로시간 단축*을 통해 고용유지 * 시간당 임금이 감소하지 않으면서 1인당 임금총액은 감소 ○ (공제금액) ㉠ + ㉡ ㉠ 임금감소액 × 10% ㉡ 임금보전액* × 15% * 시간당 임금이 105%를 초과하여 상승한 경우 그 증가분 ※ 해당 기업의 상시근로자에 대해서도 임금감소분의 50% 소득공제(1,000만원 한도)	○ (좌 동)
○ (적용기한) 2023.12.31.	○ 2026.12.31.

24. 소비성서비스업 세부범위 구체화(조특칙 17 신설)

종 전	개 정
□ 소비성서비스업 중 "그 밖에 오락·유흥 등을 목적으로 하는 사업"	□ 세부범위 신설
<신 설>	① 무도장 운영업 ② 기타 사행시설 관리 및 운영업(「관광진흥법」 제5조 또는 「폐광지역개발 지원에 관한 특별법」 제11조에 따라 허가를 받은 카지노업 제외) ③ 유사의료업 중 안마를 시술하는 업 ④ 마사지업

25. 사업전환 무역조정지원기업에 대한 과세특례 적용기한 종료(조특법 33)

종 전	개 정
□ 무역조정지원기업* 과세특례 * FTA 발효로 매출액·생산량이 급감하는 등 피해를 받은 기업으로서 산업통상자원부 장관이 지정한 기업 o (적용요건) ① + ② ① 업종전환을 위해 사업용고정자산 양도 ② 1년 내에 전환사업의 사업용고정자산 취득 o (과세특례) 양도차익 3년 거치 3년 분할익금산입 o (적용기한) 2023.12.31.	□ 적용기한 종료

26. 재무구조개선계획에 대한 과세특례 적용기한 연장(조특법 34·39·40·44)

종 전	개 정
□ 재무구조개선계획* 이행에 대한 과세특례 * ① 기업구조조정촉진법에 따른 경영정상화계획, ② 채권은행자율협의회와의 특별약정, ③ 「금융산업구조조정에 관한 법률」의 적기시정조치, ④ 법원이 인가한 회생계획	□ 적용기한 연장

종 전	개 정
① 금융채무 상환을 위해 자산 양도 시 -자산양도차익 4년 거치 3년 분할 익금산입 ② 주주(법인)가 채무를 인수·변제 시 -(주주) 채무 인수·변제금액 손금산입 -(해당법인) 채무면제이익 4년 거치 3년 분할익금산입 ③ 주주(법인)가 자산을 증여 시 -(주주) 증여자산가액 손금산입 • 자산 양도 후 양도대금 증여 시 양도차익 익금불산입 -(해당법인) 자산수증이익 4년 거치 3년 분할익금산입 ④ 금융기관으로부터 채무를 면제받는 경우 -(금융기관) 면제한 채무금액 손금산입 -(해당법인) 채무면제이익 4년 거치 3년 분할익금산입	
o (적용기한) 2023.12.31.	o 2026.12.31.

27. 지주회사의 설립 등에 대한 과세특례 적용기한 연장(조특법 38의2)

종 전	개 정
□ 지주회사 설립·전환을 위한 주식 현물출자에 대한 과세특례	□ 적용기한 연장
① 과세이연	
-(특례) 현물출자로 취득한 지주회사 주식 처분시까지 과세이연	-(좌 동)
-(적용기한) 2023.12.31.	-2026.12.31.
② 분할납부	
-(특례) 4년 거치 3년 분할 과세	-(좌 동)
-(적용기한) 2024.1.1.~2026.12.31.	-2027.1.1.~2029.12.31.

28. 금융기관의 자산 · 부채 인수에 대한 법인세 과세특례 적용기한 연장(조특법 52)

종 전	개 정
□ 금융기관이 부실금융기관의 부채를 인수*하고 예금보험공사로부터 보전받을 경우 * 「금융산업의 구조개선에 관한 법률」의 적기시정 조치 중 계약이전 결정 등에 따른 인수	□ 적용기한 연장
o (과세특례) 순부채액*을 손금산입 * 이전받은 부채가액 － 이전받은 자산가액	
o (적용기한) 2023.12.31.	o 2026.12.31.

29. 공공기관의 혁신도시 등 이전 시 법인세 등 감면 적용기한 연장(조특법 62)

종 전	개 정
□ 공공기관이 혁신도시 등으로 본사를 이전* 하는 경우 과세특례 * 「혁신도시 조성 및 발전에 관한 특별법」에 따른 이전	□ 적용기한 연장
o (과세특례) 종전 부동산에 대한 양도차익을 5년 거치 5년 분할익금산입	
o (적용기한) 2023.12.31.	o 2026.12.31.

30. 농업회사법인 법인세 감면기한 연장 및 대상소득 합리화(조특령 65)

종 전	개 정
1. 감면기한 : 2023.12.31.	1. 2025.12.31.
2. 농업회사법인의 법인세 감면 소득 범위	2. 감면소득 범위 합리화
o 식량작물재배업소득 : 전액 o 그 외 작물재배업 소득 : 50억원 × 소득률 o 작물재배업 외 소득 : 5년간 50% 감면 －농업식품기본법에 따른 축산업 · 임업 소득 －농어업경영체법에 따른 농업회사법인 부대사업 소득 * ① 영농에 필요한 자재 생산 · 공급 ② 영농에 필요한 종자생산 · 종균배양	o (좌 동)

종 전	개 정
③ 농산물 구매·비축 ④ 농업기계 등 장비 임대·수리·보관 ⑤ 소규모 관개시설 수탁·관리	
- 농어업경영체법에 따른 농산물 유통·가공·판매 및 농작업 대행 소득	- 수입 농산물의 유통·판매소득은 제외

〈적용시기〉 2024.1.1. 이후 수입 농산물을 유통·판매하는 분부터 적용

31. 영농조합법인 등의 농어업경영체 등록 요건 규정 및 과세특례 적용기한 연장

(조특법 66~68)

종 전	개 정
□ 영농·영어조합법인, 농업회사법인에 대한 법인세 면제 등	□ 농어업경영체 등록 요건 규정 및 과세특례 적용기한 연장
o (대상) 농어업경영체법에 따른 영농·영어조합법인, 농업회사법인	o 농어업경영체법에 따라 농어업경영정보를 등록한 영농·영어조합법인, 농업회사법인
o (과세특례) - (법인세) 소득 종류별*로 전액 또는 한도 내 면제 * (식량작물재배업) 전액 면제 (식량작물 외 작물재배업, 어로어업, 그 외 사업소득) 일정 한도 내 - (배당소득세) 조합원·출자자 배당소득에 대한 소득세 면제 및 분리과세 - (양도소득세) 농어업인이 각 법인에 현물출자시 세액감면 또는 이월과세	o (좌 동)
o (적용기한) 2023.12.31.	o 2026.12.31.

〈적용시기〉 (법인세·배당소득세) 2024.1.1. 이후 개시하는 사업연도 분부터 적용
(양도소득세) 2024.1.1. 이후 현물출자하는 분부터 적용

32. 영어조합법인의 양식업 소득에 대한 법인세 면제 한도 상향(조특령 64)

종 전	개 정
□ 영어조합법인에 대한 법인세 면제 범위	□ 양식업 소득에 대한 법인세 면제 한도 상향

종 전	개 정
o (어로어업소득) 3,000만원 × 조합원수 × (사업연도 월수 ÷ 12)	o (어로어업 또는 양식어업 소득) 3,000만원 × 조합원수 × (사업연도 월수 ÷ 12)
o (어로어업 외 소득) 1,200만원 × 조합원수 × (사업연도 월수 ÷ 12)	o (어로어업 · 양식어업 외 소득) 1,200만원 × 조합원수 × (사업연도 월수 ÷ 12)

〈적용시기〉 2024.1.1. 이후 개시하는 사업연도 분부터 적용

33. 공익사업을 위한 수용 등에 따른 공장 및 물류시설 이전에 대한 과세특례기한 연장(조특법 85의7 · 85의9)

종 전	개 정
1. 공익사업의 시행으로 공장이 수용됨에 따라 공장 및 물류시설의 대지와 건물을 양도시 양도차익을 익금불산입하고 5년 후 5년간 균등익금산입	1. (좌 동)
2. 적용기한 : 2023.12.31.	2. 2026.12.31.

34. 착한 임대인 세액공제 적용기한 연장(조특법 96의3)

종 전	개 정
□ 상가임대료 인하 임대사업자의 임대료 인하액 세액공제	□ 적용기한 연장
o (공제액) 임대료 인하액의 70% (종합소득금액 1억원 초과시 50%) o (임대인) 「상가임대차법」상 부동산임대업 사업자등록을 한 임대사업자 o (임차인*) 「소상공인기본법」상 소상공인, 임대차 계약기간이 남은 폐업 소상공인 * 단, 2021.6월 이전부터 계속 임차한 경우에 한함	o (좌 동)
o (적용기한) 2023.12.31.	o 2024.12.31.

35. 감염병 예방 조치에 따른 소상공인 손실보상금 익금불산입 특례 신설
(조특법 99의13, 조특령 99의12)

손실보상금에 대한 과세특례

(1) (대상) 내국인이 「소상공인 보호 및 지원에 관한 법률」에 따라 감염병 예방을 위한 집합 제한 및 금지 조치*로 인해 지급받은 손실보상금

* 운영시간의 전부 또는 일부를 제한하는 조치, 이용자의 밀집도를 낮추기 위한 조치로서 손실보상 심의위원회가 심의·의결한 조치

(2) (특례) 손실보상금 익금불산입

(3) (신청) 과세표준신고시 손실보상금익금불산입명세서를 함께 제출

〈적용시기〉 2024.1.1. 이후 받는 손실보상금 분부터 적용

36. 상용근로소득 간이지급명세서 제출 세액공제 적용기간 유예(조특법 104의5)

종 전	개 정
□ 상용근로소득 간이지급명세서 제출에 대한 세액공제	□ 적용기간 유예
o (적용대상) 상시고용인원 등을 고려하여 대통령령으로 정하는 소규모사업자 및 이를 대리하는 세무대리인 o (공제금액) 기재된 소득자 수 등을 고려하여 대통령령으로 정하는 금액 o (공제한도) 연간 300만원(세무회계법인 600만원), 최소공제액 1만원	o (좌 동)
o (적용기간) 2024.1.1.~2025.12.31.	o 2026.1.1.~2027.12.31.

37. 동업기업 과세특례 적용범위 합리화 및 하위 동업기업 소득금액의 배분산식 신설(조특법 100의15·16·18, 조특령 100의15·100의18)

종 전	개 정
1. 동업기업 과세특례*의 중복 적용 제한 * 동업기업(법인)은 법인세를 부과하지 않고 동업자(주주)에게 법인소득을 배분하여 동업자에게 법인소득 과세	1. 예외 신설

종 전	개 정
ㅇ 동업기업 과세특례를 적용 받는 기업의 주주는 동업기업 과세특례 적용 배제	ㅇ (좌 동)
<신 설>	-(예외) 기관전용 사모집합 투자기구 동업기업 과세 특례 허용* * [최초 출자자(과세) → 모펀드(상위 동업기업, 비과세) → 자펀드(하위 동업기업, 비과세)] 허용
2. 동업자의 납세의무	2. 예외 신설
ㅇ 동업기업으로부터 배분받은 소득에 대해 소득·법인세 납세의무 부담	ㅇ (좌 동)
<신 설>	-(예외) 동업자인 동업기업은 납세의무 제외
<신 설>	3. 하위 동업기업의 소득금액 또는 결손금에 대한 상위 동업기업의 동업자군별 배분대상 소득금액(결손금)의 계산 A × B × C A : 하위 동업기업의 동업자군별 소득금액 및 결손금 B : 하위 동업기업에 대한 상위 동업기업의 손익배분비율 C : 상위 동업기업의 동업자군별 손익배분비율 하위 동업기업이 상위 동업기업에 상위 동업기업이 상위 동업기업의 동업자에게 결손금배분시에도 동일하게 적용
<신 설>	4. 동업기업 과세특례 중복 제한*의 예외 적용대상 * 동업기업 과세특례를 적용 받는 기업의 주주에 대해서는 동업기업 과세특례 적용 배제 ㅇ 법인만을 사원으로 하는 기관전용 사모집합투자기구에 한하여 적용

〈적용시기〉 2023.12.31.이 속하는 사업연도부터 적용

〈적용신청 특례〉 2023년·2024년에 과세특례를 적용받으려는 기업은 2024.12.31.까지 관할 세무서장에게 신청하여야함

38. 프로젝트금융투자회사 소득공제 신청절차 보완(조특령 104의28)

종 전	개 정
□ 배당을 받은 주주 등이 동업기업인 경우 프로젝트금융투자회사 소득공제 신청 방법	□ 신청 방법 보완
o 소득공제신청서와 함께 배당을 받은 동업기업의 동업기업과세특례적용 및 동업자과세여부 확인서 첨부	o (좌 동)
<신 설>	- 동업자 전부 또는 일부가 상위 동업기업인 경우에는 상위 동업기업의 동업기업과세특례적용 및 동업자과세여부 확인서 첨부

〈적용시기〉 2024.1.1. 이후 소득공제를 신청하는 분부터 적용

39. 투자상생협력세제 과세 합리화

(1) 임금증가금액 산정기준 합리화(조특령 100의32 ⑨)

종 전	개 정
□ 상시근로자 임금증가금액	□ 상시근로자 수, 임금증가액 산정기준 일원화
o 임금증가금액 산정방식 ① 고용 증가없음 : 임금증가액 ② 고용·임금 모두 증가 : 기존근로자 임금증가액* × 1.5 + 신규근로자 임금증가액** × 2 ③ 청년 및 당기 정규직 전환근로자 수 증가시 추가 공제 : 해당 임금증가액 × 2 (②, ③ 중복 산입 불가) o 상시근로자 수 - 해당 사업연도의 매월 말 기준 상시근로자 수의 평균 * 근로소득증대세액공제(조특법 26의4)규정 준용	o (좌 동)
o 임금증가금액 - 직전사업연도 대비 해당 사업연도의 임금*지급액 증가액	o 산정방식 구체화 - (좌 동)

종 전	개 정
* 소득세법상 근로소득 <신 설>	-사업연도별 임금지급액은 매월 말 기준 상시근로자에 지급한 임금의 합계액

〈적용시기〉 2024.1.1. 이후 개시하는 사업연도 분부터 적용

(2) 미환류소득 과세시 기업소득 범위 정비(조특령 100의32 ④)

종 전	개 정
□ 미환류소득* 에 대한 법인세 과세시 기업소득 산정방법 : 각 사업연도 소득 + 가산항목 - 차감항목 ※ 미환류소득 : Ⓐ 또는 Ⓑ를 선택하여 산정 Ⓐ 투자포함방법 = [기업소득 × 70% - (투자액 + 임금증가액 + 상생협력 출연금액 × 300%)] Ⓑ 투자제외방법 = [기업소득 × 15% - (임금증가액 + 상생협력 출연금액 × 300%)]	□ 기업소득 산정시 차감항목 합리화
ㅇ (기업소득 가산항목) 국세환급금 이자 익금불산입액, 기부금 한도초과이월액의 손금산입액 등 ㅇ (기업소득 차감항목) -법인세 등 납부할 세금 -법령상 의무적립금 -이월결손금 -기부금 손금한도초과액 등	ㅇ (좌 동)
-외국기업지배지주회사의 외국 자회사 수입배당금액으로서 익금에 산입한 금액	<삭 제>

〈적용시기〉 2024.1.1. 이후 개시하는 사업연도 분부터 적용

40. 금융기관의 신용회복목적회사 출연 시 손금산입 허용(조특법 104의11)

종 전	개 정
□ 신용회복목적회사(국민행복기금)* 출연 금액 손금산입 * 국민행복기금 : 저신용자에 대한 부실채권 매입, 금리・만기 등 조정, 지급보증 등 사업 수행	□ 적용대상 확대
o (적용대상) 한국자산관리공사 <추 가>	o (좌 동) －금융기관
o (적용기한) 2024.12.31.	o (좌 동)

〈적용시기〉 2024.1.1. 이후 신고하는 분부터 적용

41. 신용회복목적회사에 대한 과세특례 적용기한 연장(조특법 104의12)

종 전	개 정
□ 신용회복목적회사* 지원 과세특례 * 국민행복기금 : 저신용자에 대한 부실채권 매입, 금리・만기 등 조정, 지급보증 등 사업 수행	□ 적용기한 연장
o (과세특례) 손실보전준비금 계상 및 손금산입 －손실발생시 준비금과 상계 －상계되지 않은 준비금은 적립 15년 후 환입(익금산입)	
o (적용기한) 2023.12.31.	2026.12.31.

42. 해외자원개발투자 세액공제 도입(조특법 104의15・127, 조특령 104의15)

종 전	개 정
<신 설> o 2013년 종료된 해외자원 개발투자 세액공제를 재도입	□ 해외자원개발투자 세액공제 o (공제대상) ① 광업권・조광권 취득 투자 ② 광업권・조광권 취득을 위한 외국법인에 대한 출자 ③ 내국인의 외국자회사에 대한

종 전	개 정
	해외직접투자 ㅇ (공제율) 투자 또는 출자액의 3% ㅇ (적용기한) 2026.12.31. ㅇ (세액공제 대상 출자 또는 투자범위) －(출자) 출자비율 10% 이상 또는 임직원 파견을 동반하는 경우로서 ①, ② 모두 충족한 외국법인에 출자 ① 광업권 또는 조광권 소유, ② 광구 개발·운영 목적 설립 －(투자) 외국자회사*에 대한 다음의 투자 * 내국인이 발행주식총수 등의 100%를 직접 출자한 외국법인에 한정 ▪ 내국인*의 외국자회사 증자에 참여하는 투자 ▪ 내국인*의 상환기간 5년 이상 금전대여 투자 ▪ 다른 해외자원개발사업자가 내국인*과 공동으로 상환기간 5년 이상으로 금전을 대여하는 투자 * 외국자회사의 발행주식총수 등의 100%를 보유한 내국인 ㅇ (추징세액 범위) ① + ② ① (세액공제액 상당액) －투자자산 또는 출자지분 이전·회수한 경우 : 세액공제액 × $\frac{\text{이전·회수된 투자자산 또는 출자지분}}{\text{총 투자자산 또는 출자지분}}$ －광업권 또는 조광권을 취득하지 못한 경우 : 세액공제액 전액 ② (이자상당가산액) 추징대상 일수* × 이자율** * 세액공제 신청일 다음날부터 추징사유 발생일 사업연도 과세표준 신고일 ** 1일 10만분의 22

종 전	개 정
□ 국가 등의 보조금 등을 통한 세제지원 배제 o (대상 세제지원) - 통합투자세액공제 - 상생협력 시설투자 세액공제 <추 가>	□ 배제 대상 세제지원 추가 o 배제 대상 추가 o (좌 동) - 해외자원개발투자 세액공제

〈적용시기〉 2024.1.1. 이후 투자 또는 출자하는 분부터 적용

43. 해외진출 기업의 국내복귀(리쇼어링) 세제지원 강화(조특법 104의24, 조특령 104의21, 조특칙 47의2)

종 전	개 정
□ 해외진출기업 국내복귀시 소득·법인세 감면	□ 감면 폭·기간 확대 및 업종요건 완화
o (감면대상) 2년 이상 경영한 국외사업장을 국내로 이전·복귀하는 기업	o (좌 동)
o (감면내용) ① 완전복귀 또는 수도권 밖으로 부분 복귀하는 경우 : 5년 100% + 2년 50% ※ (완전복귀) 국외사업장 양도·폐쇄 (부분복귀) 국외사업장 축소·유지	o 감면 폭 및 기간 확대 ① 7년간 100% + 3년간 50%
② 수도권 안으로 부분 복귀하는 경우 : 3년 100% + 2년 50%	② (좌 동)
o (업종요건) 국외사업장과 국내 이전·복귀사업장 간 업종 - 시행령에서 한국표준산업분류에 따른 세분류 동일 규정 <추 가>	o 업종요건을 법률에 규정 - 법률로 상향입법 - 한국표준산업분류에 따른 동일 대분류 내에서 관련 위원회*의 업종 유사성 확인을 받는 경우도 허용 * 「해외진출기업의 국내복귀 지원에 관한 법률」에 따른 국내복귀기업지원위원회
□ 세액감면 신청시 제출필요 서류 ① 국외에서 2년 이상 계속하여 사업장 경영 여부 증명서류 ② 완전복귀의 경우, 국외사업장 양도·폐쇄 증	□ 업종 유사성 확인시 필요서류 추가 o (좌 동)

종 전	개 정
명 서류 ③ 국외사업장 축소 후 복귀시, 산업부 장관이 확인한 생산량 축소 확인서 사본 ④ 국외사업장 축소 후 복귀시, 산업부 장관이 확인한 생산량 축소 확인서 사본	
<추가>	⑤ 업종 유사성 확인*을 받은 경우 해당 내용을 산업부 장관이 통보한 서류 사본 * 「해외진출기업의 국내복귀 지원에 관한 고시」에 따라 국내복귀기업지원위원회에서 업종 유사성이 있음을 확인
ㅇ (적용기한) 2024.12.31.	ㅇ (좌 동)

〈적용시기〉 2024.1.1. 이후 국내에서 창업하거나 사업장을 신설 또는 증설하는 분부터 적용

44. 용역제공자에 관한 과세자료 제출에 대한 세액공제 적용기한 연장(조특법 104의32)

종 전	개 정
□ 용역제공자에 관한 과세자료 제출 세액공제	□ 적용기한 연장
ㅇ (대상) 과세자료를 국세정보통신망을 통해 제출하는 사업자 ㅇ (공제액) 제출인원 1명당 300원 ㅇ (공제한도) 연간 200만원	ㅇ (좌 동)
ㅇ (적용기한) 2023.12.31.	ㅇ 2026.12.31.

45. 해외건설자회사 대여금에 대한 대손충당금 손금산입 특례 신설(조특법 104의33 신설, 조특령 104의30)

(1) (적용대상) 해외건설자회사를 둔 국내건설모회사(해외건설촉진법 2조 5호)

(2) (적용요건) ①~④까지 모두 해당하는 경우

① 국내건설모회사가 해외건설자회사(지분율 90% 이상)에 2022.12.31. 이전에 지급한 대여금(이자 포함)

② 회수기일 이후 5년 이상 경과

③ 해외건설자회사의 사업(공사 또는 운영자금)에 사용했을 것

④ 해외건설자회사의 완전자본잠식(순자산 〈 0) 등 대여금 회수가 현저히 곤란하다고 인정되는 경우

(3) (손금한도) (요건을 충족하는 대여금의 기말채권잔액 － 해외건설자회사의 해당 차입금 외 순자산 장부가액*) × 손금산입 비율**

* 자산총액 － 해당 차입금을 제외한 부채총액

** 연도별 손금산입 비율 : 매년 10% 상향

연 도	2024년	2025년	2026년	～	2033년 이후
비율	10%	20%	30%	～	100%

(4) (해외건설자회사 요건)

－「해외건설촉진법」에 따른 현지법인

－국내건설모회사가 출자지분의 90% 이상* 보유

* 대여금을 지급한 법인이 물적분할로 신설된 경우 분할존속법인인 지주회사가 출자지분의 90% 이상 보유하는 해외건설사 포함

(5) (특례가 인정되는 채권의 범위)

－대여금 및 그 이자

－국내건설모회사가 해외건설자회사로 파견한 임직원의 임금을 지급하여 발생한 채권

(6) (회수가 곤란하다고 인정되는 범위) ① 또는 ②

① 직전 10년 동안 계속해서 자본잠식*인 경우

* 누적 결손금이 순자산 시가보다 큰 경우이거나, 순자산 평가금액이 0보다 작은 경우

② ①에 준하는 경우로서 해외채권추심기관으로부터 회수불가능 확인을 받은 경우

(7) (신청절차 및 제출서류)

－과세표준 신고와 함께 대손충당금 특례 적용신청서를 납세지 관할세무서장에 제출

〈적용시기〉 2024.1.1. 이후 개시하는 사업연도에 대손충당금을 손금에 산입하는 분부터 적용

46. 외국인투자 세액감면 대상 업종명 개정(조특령 116의2 ⑤)

종 전	개 정
□ 경제자유구역·새만금사업지역 내 외국인투자에 대한 소득·법인세 감면 대상 업종	□ 표준산업분류 상 업종명과 일치

종 전	개 정
ㅇ 투자금액 100만달러 이상 　-신성장·원천기술 관련 연구개발업 ㅇ 투자금액 500만달러 이상 　-복합물류터미널사업 등	ㅇ (좌 동)
ㅇ 투자금액 1,000만달러 이상 　-제조업, 전기통신업 등 　-그 밖의 과학기술서비스업	ㅇ (좌 동) 　-(좌 동) 　-기타 과학기술 서비스업

47. 제주투자진흥지구 입주기업 세액감면 대상 업종 확대(조특령 116의15 ①)

종 전	개 정
□ 제주투자진흥지구 입주기업 소득·법인세 감면 대상 업종	□ 세액감면 대상 업종 확대
ㅇ 투자금액 2천만달러 이상 　-관광호텔업·수상관광호텔업 　-국제회의시설업, 종합유원시설, 관광식당업, 마리나업 등	ㅇ (좌 동)
ㅇ 투자금액 500만달러 이상	ㅇ 대상 확대
-문화산업, 노인복지시설, 국제학교, 청소년수련시설, 교육원, 의료기관 등 　-궤도사업, 신·재생에너지를 이용한 전기생산업 등	-(좌 동)
-식료품제조업 　　▪ 동물성 및 식물성 유지 제조업, 곡물가공품·전분 및 전분제품 제조업, 기타 식품 제조업, 동물용 사료 및 조제식품 제조업 제외	-(좌 동) 　　▪ (삭 제)
-음료제조업 　　▪ 알코올 음료 제조업 제외	-(좌 동) 　　▪ (삭 제)

〈적용시기〉 2024.2.29. 전에 식료품제조업 또는 음료제조업을 경영하기 위한 시설을 새로 설치한 경우에는 종전의 규정에 따름

48. 평화경제특구 창업기업 등 세액감면 신설(조특법 121의17·121의19, 조특령 116의21)

종 전	개 정
□ 지역특구 세액감면 제도	□ 평화경제특구 창업기업 세액감면 신설
ㅇ (감면내용) 특구 내 창업 또는 사업장 신설 기업 등에 대해 일정 기간 소득·법인세를 감면	ㅇ (좌 동)
ㅇ (감면적용 특구) - 기업도시, 지역개발사업구역 등	ㅇ (좌 동)
<추 가>	- 평화경제특구(평화경제특별구역의 지정 및 운영에 관한 법률 제8조)
ㅇ (감면율) 3년 100% + 2년 50% (사업시행자는 3년 50% + 2년 25%)	ㅇ (좌 동)
ㅇ (적용기한) 2025.12.31.	ㅇ (좌 동)

〈적용시기〉 2024.1.1. 이후 평화경제특구에 창업 또는 사업장을 신설(기존 사업장 이전은 제외)하는 기업부터 적용

49. 평화경제특구 창업기업 세액감면 세부사항 규정(조특령 116의21 등)

종 전	개 정
□ 기업도시개발구역 등 창업기업 등에 대한 세액감면	□ 적용지역 확대
ㅇ (적용지역)	ㅇ (적용지역)
① 기업도시개발구역 ② 지역개발사업구역 등 ③ 여수해양박람회특구 ④ 새만금투자진흥지구	ㅇ (좌 동)
<추 가>	⑤ 평화경제특구
ㅇ (창업기업 투자·고용요건) - (연구개발업) 투자금액 5억원, 상시근로자 10명 이상 - (물류·유통업) 투자금액 10억원, 상시근로자 15명 이상 - (제조업 등) 투자금액 20억원, 상시근로자 30명 이상 ㅇ (개발사업 투자요건) 총개발사업비 500억원 이상	ㅇ (좌 동)

〈적용시기〉 2024.1.1. 이후 창업 또는 사업장을 신설하는 분부터 적용

50. 지역개발사업구역 창업기업 등의 세액감면 추징사유 합리화(조특법 121의19)

종 전	개 정
□ 지역개발사업구역·지역활성화지역 창업기업 세액감면액 추징사유	□ 추징사유 합리화
o 「지역개발지원법」에 따른 지정해제 <단서 신설>	o 예외사유 신설 – 다만, 공사·개발사업 완료에 따른 지정해제 시는 추징 제외
o 투자·고용 요건 미달 o 폐업 또는 신설 사업장 폐쇄	o (좌 동)
o 추징사유 추가	o 평화경제특구 지정해제, 평화경제특구에서 제외된 경우 및 평화경제특구에 창업한 기업이 폐업하거나 신설한 사업장을 폐쇄한 경우

〈적용시기〉 2024.1.1. 이후 결정·경정하는 분부터 적용
평화경제특구관련 추징규정은 2024.1.1. 이후 평화경제특구에 창업 또는 사업장을 신설하는 기업부터 적용

51. 사업재편계획에 대한 과세특례 적용기한 연장(조특법 121의26~31·117)

종 전	개 정
□ 「기업활력 제고를 위한 특별법」에 따라 승인받은 사업재편계획 이행에 대한 과세특례 ① 금융채무 상환을 위해 자산양도 시 – 자산양도차익 4년 거치 3년 분할익금산입 ② 주주(법인)가 채무를 인수·변제 시 – (주주) 채무 인수·변제금액 손금산입 – (해당법인) 채무면제이익 4년 거치 3년 분할익금산입 ③ 주주(법인)가 자산을 증여 시 – (주주) 증여자산가액 손금산입 ▪ 자산 양도 후 양도대금 증여 시 양도차익 익금불산입 – (해당법인) 자산수증이익 4년 거치 3년	□ 적용기한 연장

종 전	개 정
분할익금산입 ④ 금융기관으로부터 채무를 면제받는 경우 -(금융기관) 면제한 채무금액 손금산입 -(해당법인) 채무면제이익 4년 거치 3년 분할익금산입 ⑤ 지배주주가 주식 전부를 다른 내국법인의 주식과 교환 시 -주식양도차익 과세를 교환주식 처분 시까지 이연 -증권거래세 면제 ⑥ 합병후 중복자산을 처분 시 -자산양도차익을 3년 거치 3년 분할익금산입 o (적용기한) 2023.12.31.	 o 2026.12.31.

52. 기회발전특구 창업기업 등 세액감면 신설(조특법 121의33 · 132 ① 4호, 조특령 116의36, 조특칙 8의3)

(1) (대상) 기회발전특구* 내 창업(사업장 신설 포함)기업

* 「지방분권균형발전법」에 따른 기회발전특구

(2) (감면율) 소득발생 과세연도부터 5년간
100% + 이후 2년간 50% 소득 · 법인세 감면

(3) (감면한도)
-투자누계액 50% + 상시근로자수 × 1,500만원(청년 · 서비스업 2,000만원)

(4) (최저한세) 50% 감면기간만 적용

(5) (적용기한) 2026.12.31.

(6) (감면대상 업종) 제조업, 연구개발업, 기타 과학기술 서비스업 등

(7) (투자누계액의 정의)
-감면받는 해당 과세연도까지의 사업용 자산*에 대한 투자 합계액

* 해당 사업에 주로 사용하는 사업용 유형자산, 건설 중인 자산, 무형자산(영업권, 상표권, 특허권, 광업권 등)

(8) (상시근로자 · 청년상시근로자의 범위)
-(상시근로자) 「근로기준법」에 따라 근로계약을 체결한 내국인 근로자

▪ 근로계약기간이 1년 미만인 근로자, 단시간 근로자, 임원 및 최대주주 등은 제외

－(청년 상시근로자) 상시근로자 중 15～34세(병역이행기간은 연령에서 빼고 계산)인 근로자

(9) (상시근로자 · 청년상시근로자의 수 계산방법)

$$\frac{\text{해당 사업연도의 매월말 현재 (청년)상시근로자 수의 합}}{\text{해당 사업연도의 개월 수}}$$

(10) (서비스업 정의)

－농 · 임 · 어업, 광업, 제조업, 전기 · 가스 · 증기 및 수도사업, 건설업, 소비성 서비스업을 제외한 사업

(11) (상시근로자의 수 감소 시 추징세액 계산방법)

－고용인원에 따른 추가 감면한도*를 적용하는 경우로서 추가 감면한도를 적용받아 감면받은 세액 중 감소한 인원에 해당하는 세액을 납부

* 청년, 서비스업 상시근로자 2,000만원, 그 외 상시근로자 1,500만원

(12) (감면 신청방법)

－과세표준신고와 함께 세액감면신청서를 납세지 관할 세무서장에게 제출

〈적용시기〉 2024.1.1. 이후 기회발전특구에 창업 또는 사업장을 신설하는 기업부터 적용

53. 기회발전특구 부동산 대체 취득 시 과세특례 신설(조특법 121의34)

수도권 기업의 기회발전특구* 내 부동산 대체 취득 시 과세특례

* 인구감소지역 · 접경지역이 아닌 수도권과밀억제권역 제외

(1) (요건) ① & ② & ③

① 3년 이상(중소기업 2년) 사업 영위

② 수도권 내 사업용 부동산을 2026.12.31.까지 양도

③ 기회발전특구 내 사업용 부동산 대체취득*

* 가. 기회발전특구 내 사업용 부동산을 취득하여 사업 개시한 날부터 2년 내 수도권 내 사업용 부동산 양도하거나
나. 수도권 내 사업용 부동산을 양도한 날부터 3년 내 기회발전특구 내 사업용 부동산을 취득하여 사업 개시

(2) (과세특례) 기회발전특구 내 사업용 부동산 처분 시까지 과세이연

〈적용시기〉 2024.1.1. 이후 수도권 내 사업용 부동산을 양도하는 분부터 적용

54. 금 · 스크랩 등 사업자 세액공제 적용기한 종료(조특법 122의4)

종 전	개 정
□ 금사업자와 스크랩등사업자의 수입금액 증가에 대한 세액공제 o (적용대상) 금거래계좌나 스크랩등거래계좌를 사용하는 금사업자 및 스크랩등* 사업자 * 구리와 철의 웨이스트 및 스크랩 등 o (공제액) ①, ② 중 큰 금액 ① 산출세액 × $\frac{1}{2} \times \frac{\text{매입자납부익금·손금}^{*}\text{증가분}}{\text{전체 익금·손금}}$ ② 산출세액 × $\frac{\text{매입자납부익금·손금}^{*}\text{의 5\%}}{\text{전체 익금·손금}}$ * 매입자납부 익금 · 손금 : 금거래계좌 및 스크랩등거래계좌를 사용하여 결제받은 익금 또는 손금 o (적용기한) 2023.12.31.	□ 적용기한 종료

55. 전통시장에서 지출하는 기업업무추진비 손금산입 한도 확대(조특법 136 ⑥, 조특령 130 ⑦)

종 전	개 정
□ 기업업무추진비 손금산입 한도 o 기본한도 -(일반기업) 1,200만원 -(중소기업) 3,600만원 o 수입금액별 한도 <table><tr><th>수입금액 구간</th><th>한 도</th></tr><tr><td>100억원 이하</td><td>0.3%</td></tr><tr><td>100억원 초과 500억원 이하</td><td>0.2%</td></tr><tr><td>500억원 초과</td><td>0.03%</td></tr></table>	□ 손금산입 한도 확대 o (좌 동)
o 추가 한도 ① 문화 기업업무추진비 특례	o 추가 한도 특례 신설

종 전	개 정
–(한도) 문화 기업업무추진비는 ‘기본한도 + 수입금액별 한도’의 20% 추가 –(적용기한) 2025.12.31.	–(좌 동)
<신 설>	② 전통시장 기업업무추진비 특례 –(한도) 전통시장 기업업무 추진비(신용카드등사용금액)는 ‘기본한도 + 수입금액별 한도’의 10% 추가 * 다만, 조특령 29 ③에 의한 호텔업 및 여관업(관광숙박업 제외), 일반유흥주점업 · 무도유흥주점업 등 소비성 서비스업종 지출액은 제외 –(적용기한) 2025.12.31.

〈적용시기〉 2024.1.1. 이후 신고하는 분부터 적용

2024년 일반기업회계기준 개정내용

I. 제2장 「재무제표의 작성과 표시 I」 개정(부채의 유동 · 비유동 분류)

1. 개정 배경

일반기업회계기준 제2장에 따라 부채를 유동 · 비유동으로 분류할 때, 부채의 결제를 연기할 수 있는 권리가 무엇인지 불명확하고 부채의 결제의 의미와 방식에 대한 규정이 모호하여 실무에 혼란이 있었음

2. 개정 개요

(1) 개정이유

종전 일반기업회계기준 제2장에서는 다음의 관련규정이 불명확함

① 부채의 결제를 연기할 수 있는 '무조건의 권리'를 요구하는 문단 2.22와 1년을 초과하여 '상환할 수 있고 기업이 그러한 의도'가 있는 것을 언급한 문단 2.25 간의 관계와 관련된 지침이 없음

- 보고기간 후 1년 이내 차입약정 상의 특정조건(이하 '약정사항')을 준수해야 결제를 연기할 수 있는 부채의 경우
  - 채무자의 약정사항 준수를 전제 조건으로 하기 때문에 결제를 연기할 수 있는 '무조건의 권리'를 가지고 있다고 보기는 어려우므로, 문단 2.22에 따라 유동부채로 분류된다고 볼 수 있음
  - 만약 기업이 약정사항을 준수할 수 있고 그러한 의도가 있다고 판단한 경우, 문단 2.25에 따라 비유동부채로 분류된다고도 볼 수 있음

② 또한, 약정사항을 준수해야 부채의 결제를 연기할 수 있는 경우, 해당 부채의 유동 · 비유동 분류를 판단할 때, 그 약정사항을 준수해야하는 시점에 대한 실무상 혼란이 있음

③ 부채 결제의 의미와 방식에 대한 구체적인 지침이 없어 실무상 다양한 회계처리가 발생할 수 있음

(2) 개정 개요

① '부채의 결제를 연기할 수 있는 권리'의 명확화

② '약정사항이 있는 비유동부채'에 대한 공시 요구

③ '부채의 결제의 의미와 방식'의 명확화

(3) 부채의 유동·비유동 분류 규정의 개정 및 신설

개정 내용	문 단
부채의 유동·비유동 분류 원칙에서 '무조건'이라는 단어를 삭제	2.22(3)
채무자가 보고기간종료일로부터 1년을 초과하여 부채 상환을 연기할 수 있는 권리와 의도를 모두 보유해야한다는 내용을 삭제	2.25
장기차입약정의 약정사항을 위반하여 즉시 상환이 요구되는 채무가 유동부채로 분류되는 사유에 대하여 명확히 함	2.26
부채를 분류할 때 권리의 행사 가능성과 경영진의 의도나 기대에 의해 영향을 받지 않는다는 것을 명확히 함	2.27의2
약정사항이 존재하는 부채의 유동·비유동 분류를 판단할 때, 그 약정 준수 시점을 고려하도록 규정을 신설함	2.22의2, 3
부채의 결제를 연기할 수 있는 기업의 권리와 관련된 보고기간 후 사건의 주석 공시 사항 구체화	2.28
기업이 부채의 결제를 연기하기 위하여 보고기간종료일부터 1년 이내 약정사항 준수해야 하는 부채의 경우 약정사항 준수 여부를 판단하는 구체적인 기준을 추가하고 관련 공시정보를 요구	2.28의2
'결제'라는 용어의 의미를 명확히 함	2.28의3
계약상대방의 전환권에 대한 내용을 문단 2.22에서 문단 2.28의4로 옮기고 그 적용범위를 규정	2.28의4

(4) 과거 질의회신 검토

기준원에서 다루었던 질의회신 중 일반기업회계기준 제2장의 주요 개정 사항과 관련된 내용을 파악하였으며, 개정 내용과 상충되는 질의회신은 없음

구 분	과거 질의회신
① 부채의 결제를 연기할 수 있는 권리 명확화	1. 조기상환청구권이 있는 전환사채 또는 신주인수권부사채 • GKQA06 – 046 : 조기상환청구권이 있는 해외전환사채의 회계처리(2017.11.20.) • GKQA02 – 136 : 조기상환청구권이 있는 신주인

구 분	과거 질의회신
	수권부사채의 회계처리(2002.8.16.) →1년 이상 부채의 결제를 연기할 수 있는 무조건 권리가 없으므로 유동부채 분류로 회신하였고, 개정내용과 일관됨 2. 당사자 간 합의로 매년 갱신되는 차입금 • 신속처리 질의 2건 →1년 이상 부채의 결제를 연기할 수 있는 무조건 권리가 없으므로 유동부채 분류로 회신하였고, 개정내용과 일관됨
② 약정사항이 있는 비유동부채에 대한 공시 요구	없음
③ 부채결제의 의미와 방식의 명확화	없음

II. 제22장「법인세 회계」개정(필라2 모범규칙제정에 따른)

1. 개정 배경

필라2 모범규칙을 시행하기 위하여 제정된 세법에 따라 생기는 법인세(필라2 법인세=글로벌최저한세) 회계처리의 불확실성을 해소하고, 정보이용자에게 관련 정보를 제공하기 위하여 제22장을 개정함.

〈필라2 모범규칙〉

2021년 12월, 경제협력개발기구(OECD)가 경제의 디지털화로 생기는 세금 문제 해결을 목표로 하는 Pillar 2 Model Rules(필라2 모범규칙)을 발표함에 따라 각 국가들이 해당 규칙 적용에 필요한 사항을 규정하기 위하여 관련 법률 제개정을 예정하고 있으며,

1. 필라2 모범규칙은 대규모 다국적 연결실체가 사업을 하는 각 국가에서 생기는 초과이익에 대하여 총세액이 적어도 15%(최저한세)가 되도록 하는 것으로 최저한세 적용에 따른 추가 세액을 지배기업 소재지 관할국에 납부하도록 하는 것이 주요 골자임.
2. 우리나라는 국제조세조정에 관한 법률(제61・62・63・64・65・66・67・68・69・70・71・72・73・74・75・76・77・80・81・82・83・84・87조)에 글로벌최저한세를 신설하여 2024.1.1. 이후 개시하는 사업연도 분부터 적용하도록 하여 필라2 모범규칙에 해당하는 법인세규정이 제정되었음.

2. 주요 내용

(1) 이연법인세 자산・부채의 인식・공시에 대한 예외

① 필라2 모범규칙을 시행하기 위하여 확정된 세법(필라2 법률) 따라 생기는 법인세(필라2 법인세)와 관련되는 이연법인세 자산・부채를 인식・공시하지 아니하는 예외 규정을 둔다(문단 22.2의3).

② 해당 예외 규정을 적용하였다는 사실을 공시한다(문단 22.62⑴).

(2) 법인세비용 인식시기의 예외

필라2 법인세를 발생기간에 신뢰성 있게 추정할 수 없는 경우에는 해당 세액을 신고・납부해야 하는 회계연도에 비용으로 인식하고 문단(22.46의1) 해당 예외 규정을 적용하였다는 사실과 신고・납부 기간을 공시한다(문단 22.62⑶).

(3) 당기법인세비용 별도 공시

당기 법인세비용으로 인식하는 필라2 법인세는 다른 법인세비용과 구분하여 별도로 공시한다(문단 22.62⑵).

(4) 시행일과 경과규정

① 이연법인세 인식・공시 예외 규정(문단 22.2의3)과 예외 규정 적용 사실 공시(문단 22.62⑴) : 개정안 공표 즉시 시행. 일반기업회계기준 5장(회계정책, 회계추정의 변경과 오류)에 따라 소급 적용한다.

② 법인세비용 인식 예외 규정(문단 22.46의1)과 나머지 공시(문단 22.62⑵・⑶)는 2024년 1월 1일 이후 최초로 시작되는 회계연도부터 적용한다.

3. 일반기업회계기준 개정 규정과 K－IFRS 개정 규정의 비교

① 이연법인세 예외 규정과 예외 규정 적용 사실 공시, 당기법인세비용 별도 공시 규정은 동일하다.

② 일반기업회계기준에 법인세비용 인식시기의 예외 규정을 추가한다.

③ K－IFRS의 필라2 법률 (실질적) 제정～시행 전 기간 공시는 일반기업회계기준에 반영하지 아니한다.

기업회계와 법인세의 신고 · 실무

제 1 부

제1장 기업회계

I. 의의 · 목적

기업은 상품, 제품 및 서비스 등을 제공함으로써 이윤을 얻고자 여러 경영활동을 끊임없이 지속적으로 하며, 이러한 경영활동에 대한 기업 외부의 다양한 정보이용자의 공통된 정보욕구를 충족시키기 위해 "재무제표" 등을 작성하게 된다. 이를 "재무보고"라 하는데, 즉 재무보고는 기업 외부의 다양한 정보이용자의 경제적 의사결정을 위해 경영자가 기업실체의 재무상태, 경영성과, 이익잉여금처분(또는 결손금처리), 현금흐름 및 자본변동에 관한 재무정보를 제공하는 것을 말한다(재무회계개념체계 6). 재무보고는 다음과 같은 방법을 통하여 기업 외부의 정보이용자에게 정보를 제공한다(재무회계개념체계 7 · 8 · 9).

1. 재무제표

가장 핵심적인 재무보고 수단으로서 재무상태표, 손익계산서, 현금흐름표, 자본변동표로 구성되며, 주석을 포함한다. 중요한 회계방침이나 자원(자산) 및 의무(부채)에 대한 대체적 측정치에 대한 설명 등과 같은 주석은 재무제표가 제공하는 정보를 이해하는 데 필수적인 요소로서 회계기준에 따라 작성된 재무제표의 중요한 부분으로 인정된다.

2. 재무보고의 기타 수단

주석 외의 공시사항, 경영자 분석 및 전망, 기업실체의 사회 · 환경적 영향에 대한 설명, 그리고 경영자의 주주에 대한 서한과 같이 '재무제표'를 제외한 수단에 의해서도 재무정보가 제공될 수 있다.
일반기업회계기준 제2장 「재무제표의 작성과 표시 Ⅰ」은 재무보고의 가장 핵심적 수단인 "재무제표"에 대한 작성과 표시에 관한 일반적으로 인정된 회계기준을 정하는 데 그 목적이 있다(문단 2.1).

II. 기업회계기준의 체계

한국채택국제회계기준(K－IFRS)
일반기업회계기준
특수분야회계기준
질의회신(금융감독원 · 한국회계기준원)

1. 재무회계 개념체계

재무보고의 목적
기업실체 외부의 다양한 이해관계자의 경제적 의사결정을 위해 경영자가 기업실체의 경제적 자원과 의무, 경영성과, 현금흐름, 자본변동 등에 관한 재무정보를 제공 ① 투자 및 신용의사결정에 유용한 정보의 제공 ② 미래현금흐름예측에 유용한 정보의 제공 ③ 재무상태, 경영성과, 현금흐름 및 자본변동에 관한 정보의 제공 ④ 경영자의 수탁책임 평가에 유용한 정보의 제공
회계정보의 질적특성
• 이해가능성, 목적적합성과 신뢰성, 비교가능성, 회계정보의 제약요인
재무제표
• 재무제표의 기본가정 : 재무제표를 작성 · 공시하는데 있어 기초가 되는 것으로 기업실

체를 둘러싼 환경으로부터 도출된 것임(환경적 가정 또는 회계의 공준)
① 기업실체 ② 계속기업 ③ 기간별 보고

- 발생주의 회계
- 재무제표 종류 : 재무상태표, 손익계산서, 현금흐름표, 자본변동표
- 재무제표의 상호관련성
- 재무제표 정보의 특성과 한계

재무제표의 기본요소

- 재무상태표 : 자산, 부채, 자본
- 손익계산서 : 포괄이익, 수익, 비용
- 자본변동표 : 소유주의 투자, 소유주에 대한 분배, 포괄이익
- 현금흐름표 : 영업활동 · 투자활동 · 재무활동 현금흐름

재무제표 기본요소의 인식

① 기본요소의 정의 충족 ② 미래경제적효익의 발생가능성 ③ 측정의 신뢰성

재무제표 기본요소의 측정

- 측정속성의 종류 : 취득원가와 역사적 현금수취액, 공정가치, 기업특유가치(사용가치), 상각후가액, 순실현가능가치와 이행가액
- 측정속성의 선택 : 목적적합성과 신뢰성의 관점에서 선택
- 현재가치의 측정 : 명목현금흐름 · 현금흐름 기대치 · 확실성등가액으로 측정된 현금흐름을 할인하는 방법으로 측정

2. 한국채택국제회계기준(K-IFRS)

다음의 어느 하나에 해당하는 회사는 「한국채택국제회계기준」을 적용하여 재무제표 및 연결재무제표를 작성하여야 한다(외감법 5, 외감령 6).

① 주권상장법인. 다만, 「자본시장과 금융투자업에 관한 법률 시행령」 제11조 제2항에 따른 코넥스시장에 주권을 상장한 법인은 제외한다.

② 해당 사업연도 또는 다음 사업연도 중에 주권상장법인이 되려는 회사. 다만, 코넥스시장에 주권을 상장하려는 법인은 제외한다.

③ 「금융지주회사법」에 따른 금융지주회사. 다만, 같은 법 제22조에 따른 전환대상자는 제외한다.

④ 「은행법」에 따른 은행

⑤ 「자본시장과 금융투자업에 관한 법률」에 따른 투자매매업자, 투자중개업자, 집합투자업자, 신탁업자 및 종합금융회사

⑥ 「보험업법」에 따른 보험회사

⑦ 「여신전문금융업법」에 따른 신용카드업자

저자주

1. 비상장법인도 K-IFRS의 적용이 강제되거나(예 : 상장지배기업의 비상장종속기업) 또는 이를 선택할 수 있으며, 일단 선택하면 매기 계속 적용하여야 한다.
2. K-IFRS는 "중소기업 회계처리 특례"를 두고 있지 않다.

3. 일반기업회계기준

위 '2.'의 K-IFRS 적용대상이 아닌 법인으로서 비상장법인이 이에 해당된다.

주) 「주식회사 등의 외부감사에 관한 법률」의 적용대상 기업 중 「중소기업기본법」에 의한 중소기업만 중소기업회계처리특례를 적용할 수 있으며, 다음의 기업은 제외함.

1. 「자본시장과 금융투자업에 관한 법률」에 따른 다음의 기업
   ① 상장법인
   ② 증권신고서 제출법인
   ③ 사업보고서 제출대상법인
2. 일반기업회계기준 제3장 '재무제표의 작성과 표시 Ⅱ(금융업)'에서 정하는 금융회사
3. 일반기업회계기준 제4장 '연결재무제표'에서 정의하는 연결실체에 중소기업이 아닌 기업이 포함된 경우의 지배기업

4. 중소기업회계기준

외부감사대상이 아닌 주식회사를 적용대상으로 하며(2013.2.1. 법무부고시 제2013-29호), 유한회사 등 다른 형태의 회사는 자율적 판단 하에 적용할 수 있다.

주) 1. 중소기업회계기준에 구체적 규정이 없는 경우 일반기업회계기준을 준용함.
2. 이 기준은 2014.1.1. 이후 최초로 시작되는 회계연도부터 적용(2013.1.1. 이후 최초로 시작되는 회계연도부터 적용 가능)
3. 경과조치 : 이 기준의 최초 적용연도 전에 발생한 거래 · 사건 등으로 인하여 재무제표에 표시되는 항목은 그 직전연도말의 장부금액을 최초 장부금액으로 봄[종전 회계기준에 따른 기타포괄손익누계액(해외사업환산손익, 현금흐름위험회피 파생상품평가손익은 제외)은 이익잉여금으로 재분류함]. 다만, 특정 항목이 실질을 반영하지 못하는 경우 최초 장부금액을 수정하고 그에 따른 영향은 기초이익잉여금(적절하다면 자본의 다른 항목)에 반영함.

III. 재무제표

1. 구성

재무제표는 재무상태표, 손익계산서, 현금흐름표, 자본변동표 및 주석으로 구분하여 작성하며, 다음의 사항을 각 재무제표의 명칭과 함께 기재한다(문단 2.16).

① 기업명

② 보고기간종료일 또는 회계기간

③ 보고통화 및 금액단위

재무제표 이용자에게 오해를 줄 염려가 없는 경우에는 금액을 천원이나 백만원 단위 등으로 표시할 수 있다(실 2.4).

이때 재무제표의 이용자의 의사결정에 유용할 것으로 판단되어 재무제표에 첨부하는 명세서 등은 재무제표와 명확히 구별되도록 한다(실 2.2).

2. 양식

재무제표는 일반기업회계기준에 예시된 양식을 참조하여 이해하기 쉽도록 간단하고 명료하게 작성한다(문단 2.15).

3. 항목의 표시

① 계정과목명

일반기업회계기준에 예시된 계정과목보다 내용을 잘 나타내는 계정과목명이 있을 때는 그 계정과목명을 사용할 수 있다(문단 2.15).

② 구분 및 통합 표시

재무제표 항목은 일반기업회계기준에서 정한 바와 별도로 해당 항목의 금액과 성격이 해당 기업에 중요한가를 판단하여 다음과 같이 구분 또는 통합 표시하고(문단 2.11), 항목의 표시는 재무제표의 기간별 비교가능성을 제고하기 위하여 매기 동일하게 하여야 한다(문단 2.13).

가. 해당 항목이 본문이나 주석 모두에 중요한 경우

재무제표의 본문이나 주석에 그 내용을 가장 잘 나타낼 수 있도록 구분하여 표시한다(문단 2.9).

나. 해당 항목이 본문이나 주석 모두에 중요하지 않은 경우
성격이나 기능이 유사한 항목과 통합하여 표시할 수 있다(문단 2.9).

다. 해당 항목이 본문에는 중요하지 않으나 주석에서는 중요한 항목인 경우
재무제표 본문에는 통합하여 표시하고 해당 항목의 세부 내용을 주석으로 기재한다(문단 2.10).

라. 일반기업회계기준에서 구분표시하도록 정한 항목이나 중요하지 않은 경우
일반기업회계기준에서 재무제표의 본문이나 주석에 구분하여 표시하도록 정한 항목이라 할지라도 그 성격이나 금액이 중요하지 아니한 것은 유사한 항목으로 통합하여 표시할 수 있다(문단 2.11).

4. 비교표시

재무제표의 기간별 비교가능성을 제고하기 위하여 전기 재무제표의 모든 계량정보는 당기와 비교하는 형식으로 표시하고, 전기 재무제표의 비계량정보가 당기 재무제표를 이해하는 데 필요한 경우에는 이를 당기의 정보와 비교하여 주석에 기재한다(문단 2.12).

IV. 일반기업회계기준

1. 일반기업회계기준의 체계

제1장 목적, 구성 및 적용
제2장 재무제표의 작성과 표시 Ⅰ
제3장 재무제표의 작성과 표시 Ⅱ(금융업)
제4장 연결재무제표
제5장 회계정책, 회계추정의 변경 및 오류
제6장 금융자산 · 금융부채
　　제1절 공통사항
　　제2절 유가증권
　　제3절 파생상품

제4절 채권 · 채무조정
제7장 재고자산
제8장 지분법
제9장 조인트벤처 투자
제10장 유형자산
제11장 무형자산
제12장 사업결합
제13장 리스
제14장 충당부채, 우발부채 및 우발자산
제15장 자본
제16장 수익
제1절 수익인식
제2절 건설형 공사계약
제17장 정부보조금의 회계처리
제18장 차입원가자본화
제19장 주식기준보상
제20장 자산손상
제21장 종업원급여
제22장 법인세회계
제23장 환율변동효과
제24장 보고기간 후 사건
제25장 특수관계자 공시
제26장 기본주당이익
제27장 특수활동
제1절 농림어업
제2절 추출활동
제28장 중단사업
제29장 중간재무제표
제30장 일반기업회계기준의 최초채택
제31장 중소기업 회계처리 특례
제32장 동일지배거래
제33장 온실가스배출권과 배출부채
시행일 및 경과규정
용어의 정의
일반기업회계기준의 제정에 대한 회계기준위원회의 의결

2. 목적

일반기업회계기준은 주식회사 등의 외부감사에 관한 법률의 적용대상기업 중 한국채택국제회계기준에 따라 회계처리하지 아니하는 기업의 회계와 감사인의 감사에 통일성과 객관성을 부여하기 위하여 동 기업의 회계처리 및 보고에 관한 기준을 정함을 목적으로 한다(문단 1.1).

3. 구성

일반기업회계기준은 주제별로 별도의 장으로 구성되어 있으며, 각 장은 본문(적용보충기준 포함)과 부록(결론도출근거, 실무지침 및 적용사례)으로 구성되어 있다. 일반기업회계기준의 적용 및 해석의 일관성을 위하여 필요한 경우에는 일반기업회계기준해석 등을 제정할 수 있다(문단 1.2).

4. 적용

일반기업회계기준은 주식회사 등의 외부감사에 관한 법률의 적용대상기업 중 한국채택국제회계기준에 따라 회계처리하지 아니하는 기업(비상장법인 등)의 회계처리에 적용된다. 다만, 중요하지 않은 항목에 대해서는 이 기준을 적용하지 아니할 수 있으며 주식회사 등의 외부감사에 관한 법률의 적용대상이 아닌 기업의 회계처리에 준용할 수 있다(문단 1.3).

5. 시행일

이 일반기업회계기준은 2011년 1월 1일부터 시행한다.

이 일반기업회계기준은 시행일 이후 최초로 개시하는 회계연도부터 적용한다.

Key Point

현재 우리나라의 회계는 한국채택국제회계기준(K－IFRS)과 일반기업회계기준으로 이원화되어 있습니다. 본 교재는 대다수의 실무자님들을 위해 결산시 계정과목별로 반드시 검토하여야 하는 내용과 이에 따른 세무조정사항 및 세액공제・감면규정을 설명하고자 합니다.

본 교재의 회계처리에 대한 설명은 대다수의 기업이 적용하고 있는 일반기업회계기준을 대상으로 하고자 합니다.
실지로 양 회계기준이 큰 차이가 없으므로 본 교재의 내용에 따른 회계처리와 세무교정을 습득하시면 결산업무에 많은 도움이 될 것으로 판단되오니 저와 함께 열심히 해주시기를 부탁드립니다.

V. 결산절차

결산절차를 법인종류별로 요약해 보면 다음과 같다.

1. 주식회사 등의 외부감사에 관한 법률 적용대상 법인

(1) 대상법인

다음의 어느 하나에 해당하는 회사는 재무제표를 작성하여 회사로부터 독립된 외부의 감사인(재무제표 및 연결재무제표의 감사인은 동일하여야 한다.)에 의한 회계감사를 받아야 한다(외감법 4, 외감령 5).

1. 주권상장법인
2. 해당 사업연도 또는 다음 사업연도 중에 주권상장법인이 되려는 회사
3. 그 밖에 직전 사업연도 말의 자산, 부채, 종업원수 또는 매출액 등의 기준에 해당하는 회사. 다만, 해당 회사가 유한회사인 경우에는 본문의 요건 외에 사원 수, 유한회사로 조직변경 후 기간 등을 고려하여 정하는 기준에 해당하는 유한회사에 한정한다.
   1) "직전 사업연도 말의 자산, 부채, 종업원 수 또는 매출액 등의 기준에 해당하는 회사"란 다음의 어느 하나에 해당하는 회사를 말한다.
      ① 직전 사업연도 말의 자산총액이 500억원 이상인 회사
      ② 직전 사업연도의 매출액(직전 사업연도가 12개월 미만인 경우에는 12개월로 환산하며, 1개월 미만은 1개월로 본다. 이하 같다)이 500억원 이상인 회사
      ③ 다음 각 목의 사항 중 2개 이상에 해당하는 회사
      가. 직전 사업연도 말의 자산총액이 120억원 이상

나. 직전 사업연도 말의 부채총액이 70억원 이상

다. 직전 사업연도의 매출액이 100억원 이상

라. 직전 사업연도 말의 종업원(「근로기준법」 제2조 제1항 제1호에 따른 근로자를 말하며, 다음의 어느 하나에 해당하는 사람은 제외한다. 이하 같다)이 100명 이상

- 「소득세법 시행령」 제20조 제1항 각 호의 어느 하나에 해당하는 사람
- 「파견근로자보호 등에 관한 법률」 제2조 제5호에 따른 파견근로자

2) 유한회사는 1) ① 또는 ②에 해당하거나 ③ 각 목의 사항 및 직전 사업연도 말의 사원(「상법」 제543조 제2항 제1호에 따른 정관에 기재된 사원을 말한다. 이하 같다)이 50명 이상인 경우 중 3개 이상에 해당하는 유한회사를 말한다. 다만, 2019년 11월 1일 이후 「상법」 제604조에 따라 주식회사에서 유한회사로 조직을 변경한 유한회사는 같은 법 제606조에 따라 등기한 날부터 5년간 제1항에 따른다.

(2) 결산절차

① 재무제표의 종류(외감법 2 · 2호, 외감령 2)

재무상태표, 손익계산서 또는 포괄손익계산서, 자본변동표, 현금흐름표, 주석이 있으며 이는 연결F/S의 경우에도 동일하다.

② 재무제표의 작성(상법 447)

이사는 매 결산기에 재무제표(대차대조표, 손익계산서, 이익잉여금처분계산서)와 부속명세서를 작성하여 이사회 승인을 얻어야 한다.

③ 결산 확정절차

* 결산 확정절차 : 재무제표의 작성(이사) → 이사회 승인 → 내부 및 외부감사인의 감사 → 본지점 비치 → 정기 주주총회 승인

제출자	제출처	제출서류	제출기한 등	근거법령
이 사	이사회	재무제표, 영업보고서	(이사회 승인)	상법 447 · 447의 2
이 사	내부감사인	재무제표, 영업보고서	정기 주총일 6주간 전	상법 447의 3
회 사	외부감사인	재무제표	정기 주총일 6주간	외감법 6,

제출자	제출처	제출서류	제출기한 등	근거법령
			전	외감령 8 ①
내부감사인	이사	감사보고서	재무제표를 받은 날로부터 4주 내(=정기 주총일 2주간 전)	상법 447의 4
외부감사인	회사(감사, 감사위원회 포함)	감사보고서	정기총회 1주일 전	외감법 23 ①, 외감령 27 ① 1호
이 사	본점/지점	재무제표, 영업보고서, 감사보고서(내부, 외부)	정기 주총일 1주간 전부터 본점 5년, 지점 3년간 비치	상법 448 ①
이 사	정기 주주총회	재무제표	(정기 주주총회 승인)	상법 449 ①
		영업보고서	(정기 주주총회 보고)	상법 449 ②
회 사	증권선물위원회	정기총회의 승인을 받은 재무제표	정기총회 종료 후 2주일 이내	외감법 23 ③, 외감령 27 ⑤
외부감사인	증권선물위원회, 한국공인회계사회	감사보고서	정기총회 종료 후 2주일 이내	외감법 23 ①, 외감령 27 ③
이 사	–	대차대조표	(공고)	상법 449 ③

저자주

재무제표 승인절차

현행 상법과 주식회사 등의 외부감사에 관한 법률에 규정된 재무제표에 대한 승인절차를 도표로 나타내어 보면 다음과 같다.

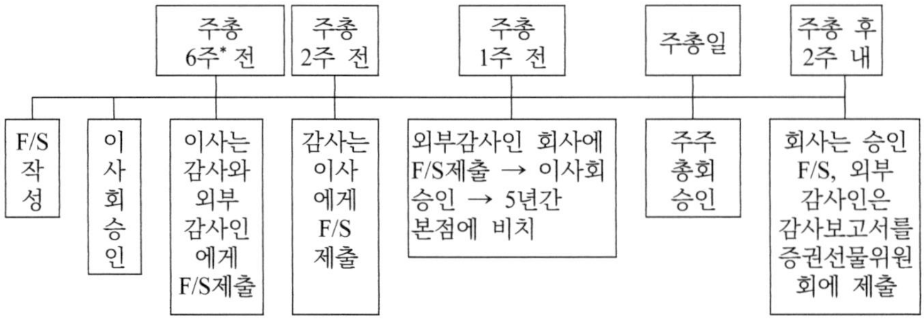

* 1. 연결재무제표 경우의 제출기한
① K－IFRS 적용법인 : 주총 4주 전
② K－IFRS 미적용법인 : 사업연도종료일 후 90일(자산총액 2조원 이상 : 70일) 이내
2. 회사의 재무제표 작성책임
주권상장법인 및 직전 사업연도말 자산총액이 1천억원 이상인 회사 및 금융회사는 외부감사인에게 재무제표를 제출하기 전에 증권선물위원회에 재무제표를 제출하여야 함(외감법 6, 외감령 8)

④ 재무제표의 비치 및 공시(외감법 23 ⑤ · ⑥, 상법 448 · 449)

구분	기 한	비 고
비치	정기총회 1주간 전부터 본점 5년, 지점 3년간	영업보고서, 감사보고서 함께 비치
공시	정기총회 승인 후 지체없이	감사인 명칭과 감사의견 병기

* 회사가 공고 또는 통지를 해태하거나 부정한 공고 또는 통지를 한 경우, 장부 또는 서류를 갖추어 두지 아니한 경우 500만원 이하의 과태료를 부과당한다(상법 635).

(3) 법인세신고 · 납부절차(법법 60)

구 분	내 용
신고납부기한	사업연도종료일이 속하는 달의 말일부터 3개월 이내[주3)]
납세지	본점 관할세무서
첨부서류[주1)]	가. 기업회계기준을 준용하여 작성한 재무상태표, 포괄손익계산서, 이익잉여금처분계산서(결손금처리계산서), 현금흐름표(주식회사 등의 외부감사에 관한 법률 대상법인만 첨부) 나. 세무조정계산서[주2)] 다. 기타 부속서류
분납	1천만원 초과시 납부기간 경과 후 1개월(중소기업은 2개월) 이내
지방소득세 법인세분	가. 기한 각 사업장 소재지 시 · 군별로 안분계산하여 해당 사업연도종료일로부터 4월 내 신고 · 납부 나. 제출서류 납부서와 안분계산내역 기타 필요한 사항이 기재된 명세서

주1) '가.', '나.'의 서류를 제출하지 않은 경우에는 무신고로 간주되어 가산세를 부과당한다.
주2) 외부감사대상법인이 전자신고시에는 대표자가 서명날인한 신고서를 서면으로 관할세무서장에게 제출하여야 한다(법령 97).
주3) 성실신고확인서 제출대상법인은 4개월로 한다.

2. 「주식회사 등의 외부감사에 관한 법률」 적용제외 법인

(1) 재무제표의 종류 및 작성(상법 447)

이사는 매 결산기에 대차대조표, 손익계산서, 이익잉여금처분계산서(결손금처리계산서)와 부속명세서를 작성하여 이사회 승인을 얻어야 한다.

(2) 결산 확정

* 결산 확정절차 : 재무제표의 작성(이사) → 이사회 승인 → 내부감사인의 감사 → 본지점 비치 → 정기 주주총회 승인

제출자	제출처	제출서류	제출기한 등	근거법령
이 사	이사회	재무제표, 영업보고서	(이사회 승인)	상법 447·447의2
이 사	내부감사인	재무제표, 영업보고서	정기 주총일 6주간 전	상법 447의3
내부감사인	이사	감사보고서	재무제표를 받은 날로부터 4주 내(=정기 주총일 2주간 전)	상법 447의4
이 사	본점/지점	재무제표, 영업보고서, 감사보고서	정기 주총일 1주간 전부터 본점 5년, 지점 3년간 비치	상법 448 ①
이 사	정기 주주총회	재무제표	(정기 주주총회 승인)	상법 449 ①
		영업보고서	(정기 주주총회 보고)	상법 449 ②
이 사	-	대차대조표	(공고)	상법 449 ③

(3) 재무제표의 비치 및 공시(상법 448·449)

구분	기 한	비 고
비치	정기총회 1주간 전부터 본점 5년, 지점 3년간	영업보고서 함께 비치
공시	정기총회 승인 후 지체없이	

* 회사가 공고 또는 통지를 해태하거나 부정한 공고 또는 통지를 한 경우, 장부 또는 서류를 갖추어 두지 아니한 경우 500만원 이하의 과태료를 부과당한다(상법 635).

제2장 법인세의 신고 · 납부

I. 신고 · 납부절차

법인세의 확정신고 · 납부하는 절차를 요약하면 다음과 같다.

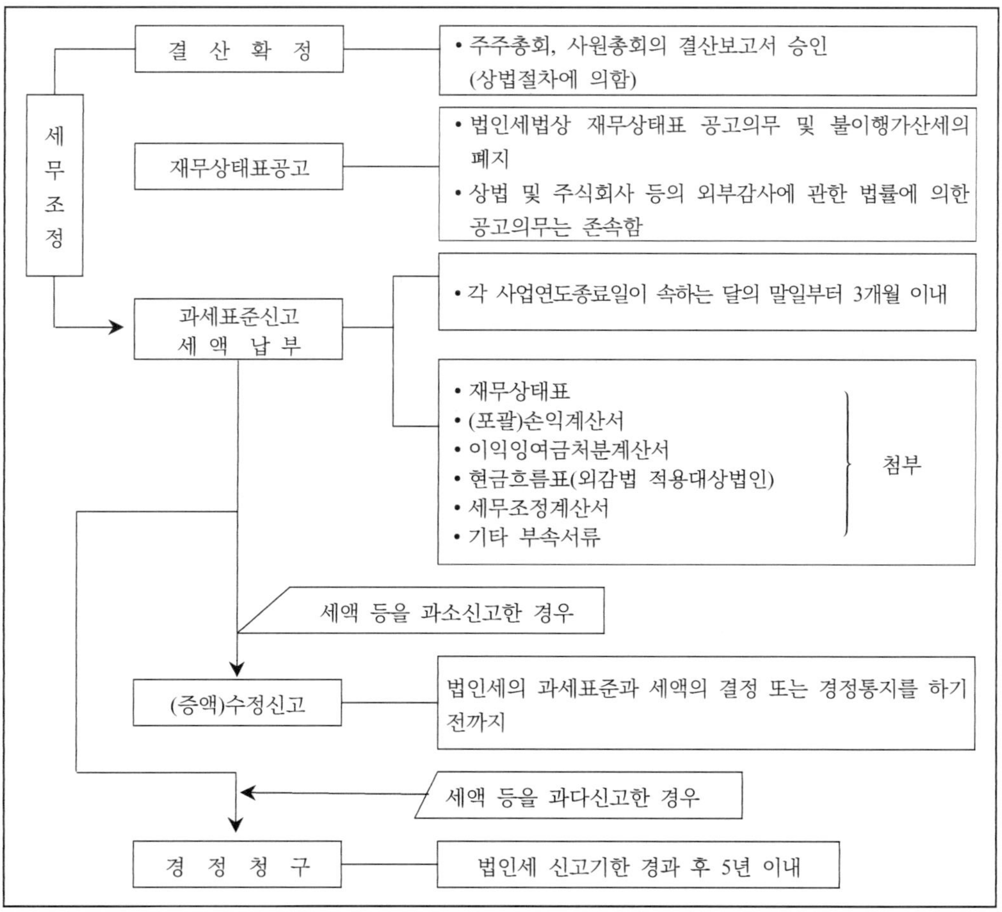

1. 결산확정

결산확정이란 법인이 상법 및 기업회계기준에 따라 결산을 완료하여 작성된 재무제표를 정기주주총회 또는 사원총회에서 승인을 받는 것을 말한다.

2. 재무상태표의 공고

재무상태표 등 재무정보는 인터넷 등을 통하여 쉽게 접할 수 있으며 재무상태표의 공고에 따른 법인의 부담을 경감하고자 2001.12.31.이 속하는 사업연도분부터 재무상태표의 공고의무 및 동 의무의 불이행에 대한 가산세규정을 폐지하였다.
그러나 상법 및 주식회사 등의 외부감사에 관한 법률상의 재무상태표 공고의무는 계속 존속하므로 공고 여부에 대하여 유의하여야 할 것이다.

3. 법인세의 신고 · 납부기한

법인은 각 사업연도종료일이 속하는 달의 말일부터 3개월(성실신고확인서제출시는 4개월) 이내에 관할세무서(본점 · 주사무소 담당세무서)에 법인세를 신고 · 납부하여야 한다(법법 60 ①).

(1) 신고기한의 연장

① 신고기한의 연장은 법적사유(국기법 6 ①, 국기령 2 ①)에 해당되는 경우 관할세무장이 법인의 신청 또는 직권에 의하여 연장할 수 있음.

② 공휴일, 토요일에 신고기한이 도래하는 경우 그 다음 정상근무일까지 신고기한을 연장함(국기법 5 ①).

③ 장부 및 증명서류 소실시 신고기한연장은 가능하나, 아래 '4.'의 '①~③'의 필수서류 미첨부시 적법한 신고로 보지 아니하되 가산세는 감면함(통칙 60－0…2).

(2) 외부감사 미종결로 결산 확정이 되지 아니한 경우

주식회사 등의 외부감사에 관한 법률 제4조에 따라 감사인에 의한 감사를 받아야 하는 내국법인이 해당 사업연도의 감사가 종결되지 아니하여 결산이 확정되지 아니하였다는 사유로 신고기한 종료일 3일 전까지 [별지 제65호의2 서식] 「신고기한 연장신청서」를 납세지 관할세무서장에게 제출한 경우에는 그 신고기한을 1개월의 범위에서 연장할 수 있으며, 별도 승인을 필요로 하지 아니한다(법법 60 ⑦ · ⑧, 법령 97 ⑫).

- 이자상당액의 가산 납부(법법 60 ⑧, 법령 97 ⑬) : 신고기한이 연장된 내국법인
- 기한 연장일수* × 연 1천분의 35

  * 기한 연장일수 : 신고기한의 다음날부터 신고 및 납부가 이루어진 날(연장기한까지 신고납부가 이루어진 경우에만 해당) 또는 연장된 날까지의 일수

4. 법인세신고시 반드시 제출해야 할 서류

법인세신고는 '법인세과세표준 및 세액신고서[별지 제1호 서식]'에 다음 서류를 첨부하여야 한다(법법 60 ②).

① 기업회계기준을 준용하여 작성한 개별 내국법인의 재무상태표와 포괄손익계산서

② 기업회계기준을 준용하여 작성한 개별 내국법인의 이익잉여금처분(결손금처리) 계산서

③ 세무조정계산서([별지 제3호 서식] '법인세과세표준 및 세액조정계산서'를 말함)

④ 기업회계기준에 의하여 작성한 현금흐름표(외감법 대상법인에 한정함)

⑤ 세무조정계산서 부속서류(법칙 82 ① 4호~56호 및 60호) : 재무제표('① 및 ②')의 부속서류를 포함하며(법칙 82 ① 56호), 부속서류 중 해당 사항이 없는 서류는 작성하지 아니함.

⑥ 표준재무제표{[별지 제3호의2 (1)~(4) 서식] 표준재무상태표, [별지 제3호의3 (1) 및 (2) 서식] 표준손익계산서, [별지 제3호의3 (3) 서식] 표준손익계산서 부속명세서, [별지 제3호의3 (4) 서식] 이익잉여금처분계산서(결손금처리계산서) : 법칙 82 ① 3호의2 및 3호의3}

⑦ [별지 제24호 서식] 경비 등의 송금명세서(법칙 79 10호)

⑧ 전산조직운용명세서[전자기록의 보전방법 등에 관한 고시(국세청고시 제2023-8호, 2023.5.1.) : 전산조직을 이용하여 장부와 증명서류를 작성한 법인]

주) 국제회계기준을 적용하는 법인은 반드시 표준재무제표를 제출하여야 하나, 국제회계기준 미적용 법인은 국세정보통신망(www.hometax.go.kr)을 이용하여 전자신고를 하는 경우 재무제표, 기능통화 재무제표, 원화재무제표 및 표시통화재무제표의 제출에 갈음하여 표준재무제표(표준재무상태표 · 표준손익계산서 및 표준손익계산서 부속명세서)를 제출할 수 있음(법령 97 ⑪).

5. 기타 주요 제출서류(세무조정과 관련 없는 서류)

(1) 합병 · 분할로 해산하는 법인의 제출서류

내국법인이 합병 또는 분할로 해산하여 법인세 신고를 하는 경우 합병법인 등(합병법인 · 분할신설법인 또는 분할합병의 상대방법인)은 다음 서류를 첨부하여야 한다(법법 60 ④, 법령 97 ⑦ · ⑧).

① 합병등기일 또는 분할등기일 현재의 피합병법인 등(피합병법인 · 분할법인 또는 소멸한 분할합병의 상대방법인)의 재무상태표와 합병법인 등이 그 합병 또는 분할에 의하여 승계한 자산 및 부채의 명세서

② 합병법인 등의 본점 등의 소재지, 대표자의 성명, 피합병법인 등의 명칭, 합병등기일 또는 분할등기일, 그 밖에 필요한 사항이 기재된 서류

(2) 해외직접투자를 한 법인의 제출서류

해외직접투자(외국환거래법 3 ① 18호)를 한 내국법인은 사업연도 종료일 이후 6개월까지 다음 서류를 납세지 관할세무서장에게 제출하여야 한다(국조법 58).

① '외국환거래법 제3조 ① 18호 가목'의 해외직접투자를 한 내국법인 : [국조법 별지 제47호 서식] 「해외현지법인 명세서」

> 1. 외국법인(외국 법령에 따라 설립된 법인, 설립 중인 법인을 포함)의 경영에 참가하기 위한 투자비율(공동으로 취득하는 경우에는 전체의 투자비율을 말함)이 10% 이상인 투자
> 2. 투자비율이 10% 미만인 경우로서 해당 외국법인과 다음의 하나에 해당하는 관계를 수립하는 것
>   가. 임원의 파견
>   나. 계약기간이 1년 이상인 원자재 또는 제품의 매매계약의 체결
>   다. 기술의 제공 · 도입 또는 공동연구개발계약의 체결
>   라. 해외건설 및 산업설비공사를 수주하는 계약의 체결
> 3. '1. 또는 2.'에 따라 이미 투자한 외국법인의 지분을 추가로 취득하는 것
> 4. '1.~3.'의 규정에 따라 외국법인에 투자한 내국법인이 해당 외국법인에 대하여 상환기간을 1년 이상으로 하여 금전을 대여하는 것

② '①'에 해당하는 법인 중 다음에 해당하는 내국법인 : [국조법 별지 제47호 서식] 해외현지법인 명세서 및 [국조법 별지 제48호 서식] 해외현지법인 재무상황표

가. 피투자법인 지분율의 10% 이상을 소유하고 그 투자금액이 1억원 이상

나. 국제조세조정에 관한 법률 제27조 특정외국법인의 유보소득의 배당간주에

따라 특정외국법인 지분율의 10% 이상을 직접 또는 간접으로 소유하고 있는 내국법인

③ 상기 '② 나.'에 해당 법인이 해당거래건별손실금액이 단일 사업연도 50억원 이상이거나 최초손실방생사업연도부터 5년까지 누적손실금액이 100억원 이상인 내국법인 : [국조법 별지 제49호 서식] 손실거래명세서

④ 외국환거래법 제3조 제1항 제18호 나목의 해외직접투자를 한 내국법인 : [국조법 별지 제50호 서식] 해외영업소 설치현황표

> 외국에서 영업소를 설치·확장·운영하거나 해외사업 활동을 하기 위하여 자금을 지급하는 행위

⑤ 외국환거래법 제3조 제1항 제19호에 따른 자본거래로서 외국에 있는 부동산이나 이에 관한 권리(해외부동산 등)를 취득하여 보유하고 있거나 처분(해외부동산 등 물건별 취득가액 또는 처분가액이 2억원 이상인 경우로 한정)하거나 해외부동산 등을 투자운용(임대)한 사실이 있는 내국법인 : [국조법 별지 제51호 서식]「해외부동산 취득·보유·투자운용(임대) 및 처분명세서」

가. 취득·처분가액의 계산

- 취득가액 : 법법 41에 따른 취득가액
- 처분가액 : 소법 118의3에 따른 양도가액

이때 외화의 원화환산은 외화의 수령·지급일의 기준환율 또는 재정환율을 적용하여 계산

나. 과태료(한도 1억원)

- 취득·보유시 미신고 : 취득가액의 10%
- 운용(임대)소득 미신고 : 운용(임대)소득의 10%
- 처분시 미신고 : 처분가액의 10%

⑥ 과태료의 부과(상기 '⑤'는 제외)

피투자법인 지분율의 10% 이상을 직접 또는 간접으로 소유한 법인이 상기의 자료를 제출하지 아니하거나 거짓된 자료를 제출하는 경우, 상기의 자료제출·보완요구를 받고도 정당한 사유없이 요구일부터 60일 이내에 해당 자료를 제출하지 아니하거나 거짓된 자료를 제출하는 경우 납세지 관할세무서장은 5천만원 이하의 과태료를 부과·징수한다(국조법 63, 국조령 별표).

[별표] 과태료의 부과기준

위반행위	과태료 금액
법인세 신고기한까지 '해외현지법인 명세서 등'을 미제출 또는 허위로 제출한 경우	건별 1,000만원
요구일부터 60일 이내에 '해외현지법인 명세서 등'을 미제출 또는 허위로 제출한 경우	건별 1,000만원

주1) 납세지 관할세무서장은 위반 정도, 횟수, 위반행위의 동기 및 그 결과 등을 고려하여 위 금액의 1/2 범위에서 과태료를 증감할 수 있음(국조령 103 ⑤)

주2) 해외영업소 설치현황표도 2019년부터 과태료부과대상에 포함됨

[국제조세조정에 관한 법률 시행규칙 별지 제47호 서식] (2021.3.16. 개정) (앞쪽)

① 성명/모법인명	해외현지법인 명세서	③ 거주자 과세기간/모법인 사업연도
		. . . ~ . . .
② 주민등록번호/ 모법인 사업자등록번호		④ 해외현지법인 사업연도
		. . . ~ . . .

Ⅰ. 해외현지법인 명세서 제출 현황(총계)

구분	제출대상 법인 수				⑨ 제출 법인 수	⑩ 미제출 법인 수 (⑧－⑨)
	⑤ 전기 말 가동법인 수	⑥ 해당 사업연도 중 신설 법인 수	⑦ 해당 사업연도 중 청산(지분양도) 법인 수	⑧ 제출대상 법인 수(⑤＋⑥)		
특수관계						
기 타						

Ⅱ. 제출대상 해외현지법인 (해외현지법인별로 작성)

1. 해외현지법인 기본사항 : [ ] 거주자가 직접 투자한 해외현지법인/국내 모법인의 자회사
[ ] 해외현지법인의 자회사 이하/국내 모법인의 손회사 이하

⑪ 해외현지법인명				⑫ 해외현지기업 고유번호	
⑬ 거주지국		⑭ 투자일	. . .	⑮ 현지납세자번호	
⑯ 해외현지법인 소재지					
⑰ 업종 (업종코드)	( )	⑱ 직원 수 (모법인 파견 직원 수)	( )	⑲ 현지법인 전화번호	

2. 해외현지법인 투자 명세

가. 해외현지법인에 대한 투자 현황 (단위: %, 원)

⑳ 해외현지법인의 주주명 (주주의 거주지국)	출 자 명 세				대부투자 명세	
	㉑ 출자금액	㉒ 주식수	㉓ 지분율	㉔ 배당금수입	㉕ 대여금	㉖ 대부수입이자
(거주자 본인 성명 / 주주명) (한국)						
( ) ( )						
( )						
( )						
소액주주 소계						
계						

나. 해외현지법인이 10% 이상 직접 소유한 자회사 현황 (단위: %, 원)

㉗ 자회사명	㉘ 업종	㉙ 소재지 (국가 & 도시명)	㉚ 출자일	㉛ 현지법인 의 출자금액	㉜ 지분율	㉝ 당기순손익
			. . .			
			. . .			
			. . .			

다. 청산(지분양도) 여부 (단위 : 원)

㉞ 청산(지분양도)일		㉟ 청산 유형		㊱ 회수 금액		㊲ 주거래은행 신고 여부	[ ]여 [ ]부

「국제조세조정에 관한 법률」 제58조 및 「국제조세조정에 관한 법률 시행령」 제98조에 따라 해외현지법인 명세서를 제출합니다.

년 월 일

제출인 (서명 또는 인)

세무서장 귀하

210mm×297mm[백상지 80g/㎡ 또는 중질지 80g/㎡]

(3) 주식 등 변동상황명세서

주식이동을 통한 상속·증여세의 탈루 방지 및 양도소득세의 과세자료로의 활용 등을 위해 사업연도 중에 주식 또는 출자지분의 변동사항이 있는 내국법인은 법인세 신고기한까지 [별지 제54호 서식] 주식 등 변동상황명세서와 [별지 제54호 서식 부표] 주식·출자지분 양도명세서를 납세지 관할세무서장에게 제출하여야 한다(법법 119, 법령 161).

1) 변동 : 매매·증자·감자·상속·증여 및 출자 등에 의하여 주주·출자자·지분비율·보유주식액면총액 및 보유출자총액 등이 변동되는 것을 말함(법령 161 ⑦).
2) 신설법인의 경우 해당 설립일이 속하는 사업연도 중에 주식 및 출자지분 변동상황이 없었더라도 법인세 과세표준신고기한 내에 이를 제출하여야 함.

주) 법인설립당시 주주명부를 제출하고 최초 사업연도에 주주의 변동이 없으면 미제출시에도 가산세 없음.

3) 주식 등 변동상황명세서 : 주식 및 출자지분의 실제소유자를 기준으로 작성(법령 161 ⑥)

단, 유가증권시장상장법인 및 코스닥시장상장법인의 소액주주가 소유하는 주식 및 이외 법인의 보유주식 액면금액(출자총액)의 합계액이 500만원 이하인 주주 등에 대하여는 제출의무가 면제된다.

> 소액주주 : 보유주식 액면금액의 합계액이 3억원에 미달하고 주식의 시가 합계액이 100억 원 미만인 주주

4) 제출불성실에 대한 가산세(법법 75의2 ②, 법령 120 ②)

> 미제출, 누락제출 및 불분명하게 제출한 주식(출자지분)의 액면금액(출자가액) × 1%

- 명의신탁 주식에 대해 수탁자 명의로 주식 등 변동상황명세서를 제출한 후 해당 주식의 명의신탁을 해지하여 실제 소유자 명의로 환원하는 경우 그 명의신탁일이 속하는 사업연도의 주식 등 변동상황명세서를 수정하여 제출해)야 하며, 명의신탁 사업연도에 주식변동상황명세서 제출 불성실가산세를 적용함(서면법령법인-123, 2016.2.29.).

5) 소득세법상 양도소득세 대주주의 범위(소령 157 ④)

소득세법상 양도소득세 과세시 대주주의 범위는 다음 ①~④와 같다.

이때 ①~③의 경우에는 주식양도일의 직전 사업연도 종료일 현재 주주 1인 및 법인세법시행령 제43조 제8항 제1호에 따른 특수관계인(주주 1인 등)의 소유주식 합계가 최대주주에 해당하는 경우에는 주주 1인 및 다음 관계에 있는 자의 주식을 합하여 다음 ①~③기준 해당 여부를 판단한다.

그러므로 최대주주에 해당하지 않는 경우에는 주주 1인 본인이 소유한 주식만을 기준으로 대주주 여부를 판단한다.
가. 국세기본법시행령 제1조의2 제1항 각 호(친족관계)
나. 국세기본법시행령 제1조의2 제3항 제1호(경영지배관계)

또한 ④의 주권비상장법인의 대주주 해당여부 판단시 주주 1인 등의 소유주식 합계가 최대주주인 경우에는 상기 가.~바. 보유주식을 합하여 ④기준 해당여부를 판단하고 최대주주가 아닌 경우에는 다음 관계에 있는 자의 주식을 합하여 ④기준 해당여부를 판단한다.
가. 직계존비속
나. 배우자(사실혼 포함)
다. 국세기본법시행령 제1조의2 제3항 제1호에 해당하는 자(경영지배관계)

그리고 ①~④ 규정 적용시 무의결권 우선주도 주식 수에 포함된다(재산세과-765, 2009.11.19.; 조심 2017서592, 2017.3.22.).

① 유가증권(코스피)시장 : (주식양도일의 직전 사업연도 종료일 현재기준, 이하 ②~④ 같음)지분율 1% 이상 또는 시가총액 50억원 이상
② 코스닥시장 : 지분율 2% 이상 또는 시가총액 50억원 이상
③ 코넥스시장 : 지분율 4% 이상 또는 시가총액 50억원 이상
④ 비상장주식 : 지분율 4% 이상 또는 시가총액 50억원 이상
⑤ 주식 양도소득세 세율
- 중소기업(상기 '①~④' 모두 해당. 서면부동산-1413, 2018.5.24.) : 대주주 20%(2020.1.1. 이후는 과세표준 3억원 초과금액은 25%), 이외 10%
- 중소기업 외 법인 : 대주주 20%(과세표준 3억원 초과금액은 25%), 대주주 1년 미만 보유시는 30%, 이외 20%

Expert Opinion Summary

주식보유지분 확인을 위한 정보공개 청구

대부분의 비상장법인의 경우 명의개서대리인을 두고 있지 않고 상법상의 주주총회도 정상적으로 개최되지 않는 경우가 대부분입니다
그러므로 실지로 법인의 주주임에도 본인이 해당법인의 주식을 몇 주나 보유하고 있는 지를 입증하기가 어려워 회사 및 대주주를 상대로 하는 권리행사에 어려움을 겪고 있습니다.
이 경우 다음과 같이 관할 세무서에 정보공개 청구를 통해 확인할 수 있으며 국세청

hometax site(로그인 → 세금신고 → 상속세신고 → 신고도움자료조회 → 비상장주식 보유내역조회)에서도 확인이 가능하다.

〈정보공개 청구 절차〉

공공기관의 정보공개에 관한 법률 시행규칙 별지 제1호의2 서식 「정보공개 청구서」상 청구 내용에 주식보유 현황을 파악하고자 하는 법인명과 확인대상연도의 주식 등 변동상황명세서상 청구인의 주식보유현황이라 기재하여 해당법인의 관할 세무서 법인세과에 제출하시면 10일 이내에 답변을 받으실 수 있습니다.

■ 공공기관의 정보공개에 관한 법률 시행규칙 [별지 제1호의2서식] (2021.6.23. 개정) 정보공개시스템(www.open.go.kr)에서도 청구할 수 있습니다.

정보공개 청구서

※ 색상이 어두운 칸은 신청인(대리인)이 작성하지 않습니다.

<table>
<tr><td>접수번호</td><td>접수일</td><td>처리기간</td></tr>
</table>

<table>
<tr><td rowspan="4">청구인</td><td>성명(법인 · 단체명 및 대표자 성명)</td><td>생년월일(성별)
( )</td></tr>
<tr><td>여권 · 외국인등록번호(외국인의 경우 작성)</td><td>사업자(법인 · 단체)등록번호</td></tr>
<tr><td>주소(소재지)</td><td>전화번호(또는 휴대전화번호)</td></tr>
<tr><td>전자우편주소</td><td>팩스번호</td></tr>
<tr><td>청구 내용</td><td colspan="2"></td></tr>
<tr><td>공개 방법</td><td colspan="2">[ ]열람 · 시청 [ ]사본 · 출력물 [ ]전자파일 [ ]복제 · 인화물 [ ]기타( )</td></tr>
<tr><td>수령 방법</td><td colspan="2">[ ]직접 방문 [ ]우편 [ ]팩스 전송 [ ]정보통신망 [ ]전자우편 등( )</td></tr>
<tr><td rowspan="3">수수료</td><td colspan="2">[ ]감면 대상임 [ ]감면 대상 아님</td></tr>
<tr><td colspan="2">감면 사유</td></tr>
<tr><td colspan="2">※「공공기관의 정보공개에 관한 법률 시행령」 제17조 제3항에 따라 수수료 감면 대상에 해당하는 경우에만 적으며, 감면 사유를 증명할 수 있는 서류를 첨부하시기 바랍니다.</td></tr>
</table>

「공공기관의 정보공개에 관한 법률」 제10조 제1항 및 같은 법 시행령 제6조 제1항에 따라 위와 같이 정보의 공개를 청구합니다.

년 월 일

청구인 (서명 또는 인)

[별지 제54호 서식] (2021.3.16. 개정)

주식등변동상황명세서

(앞쪽)

1. 제출법인 기본사항

① 법 인 명		② 사 업 자 등 록 번 호		③ 대 표 자 성 명	
④ 상 장 변 경 일		⑤ 합 병 · 분 할 일		⑥ 사 업 연 도	. . . ~ . . .
⑦ 주 권 상 장 여 부	(1) 유가증권시장상장 (2) 코스닥 (3) 그 외(비상장 등)	⑧ 무 액 면 주 식 발 행 여 부	(1) 여 (2) 부		

2. 자본금(출자금) 변동상황

⑨ 일자	⑩ 원인코드	증가(감소)한 주식의 내용 ⑪ 종류	⑫ 주식수 (출자좌수)	⑬ 주당 액면가액	⑭ 주당발행 (인수)가액	⑮ 증가(감소) 자본금	⑨ 일자	⑩ 원인코드	증가(감소)한 주식의 내용 ⑪ 종류	⑫ 주식수 (출자좌수)	⑬ 주당 액면가액	⑭ 주당발행 (인수)가액	⑮ 증가(감소) 자본금
⑯ 기 초							. .						
. .							. .						
. .							. .						
. .							. .						
. .							⑰ 기 말						

3. 자본금(출자금) 세부 변동 내역

⑱ 일련번호	주주 · 출자자 ⑲ 구분	⑳ 성 명 (법인명)	㉑ 주민등록 번호 (사업자번호)	㉒ 거주 지국	㉓ 거주지 국코드	기 초 ㉔ 주식수 (출자 좌수)	㉕ 지분율	변동상황(주식수·출자좌수) 증가주식수(출자좌수) ㉖ 양수	㉗ 유상 증자	㉘ 무상 증자	㉙ 상속	㉚ 증여	㉛ 전환 사채 등 출자전환	㉜ 명의 신탁 등 실명전환	㉝ 기타	감소주식수(출자좌수) ㉞ 양도	㉟ 상속	㊱ 증여	㊲ 감자	㊳ 명의 신탁 등 실명전환	㊴ 기타	기 말 ㊵ 주식수 (출자 좌수)	㊶ 지분율	㊷ 지배주주와의 관계코드
01	합 계																							
02	제출의무 면제주주 소계																							
03																								
04																								
05																								
06																								
07																								
08																								
09																								
10																								

지배주주와의 관계코드 본인(00) 배우자(01) 자(02) 부모(03) 형제자매(04) 손(05) 조부모(06) 02~06의 배우자(07) 01~07이외의 친족(08) 기타(09) 특수관계법인(10)

4. 주식발행법인의 자기주식 보유현황 : 보유여부 (1) 여 (2) 부

㊸ 자기주식 수(주)		㊹ 소각 목적 자기주식수		㊺ 소각 목적 외 자기주식수	

「법인세법」 제60조 · 제119조, 같은 법 시행령 제97조 · 제161조에 따라 위와 같이 주식등변동상황명세서를 제출합니다.

년 월 일

대표자 : (서명 또는 인)

세무서장 귀하

297㎜×420㎜[백상지 80g/㎡ 또는 중질지 80g/㎡]

(4) 특수관계인간 거래명세서

각 사업연도에 부당행위계산 부인 적용대상인 특수관계인(법령 87)과 거래가 있는 법인은 법인세 신고와 함께 [별지 제52호 서식] 특수관계인간 거래명세서를 납세지 관할세무서장에게 제출해야 한다(이는 협력의무로서 미제출시 가산세 없음). 다만, 국제조세조정에관한법률 제16조에 따라 납세지 관할세무서장에게 그 내역을 제출한 국제거래의 내역은 제외할 수 있다(법령 90 ①).

■ 법인세법 시행규칙[별지 제52호서식(갑)] (2019.3.20. 개정) (앞쪽)

사 업 연 도	. . . ~ . . .	특수관계인간 거래명세서(갑) (매출 및 매입거래 등)	법 인 명	
			사업자등록번호	

1. 매출거래 등 (단위 : 원)

거래상대방		③계	유형자산		⑥ 무형자산	⑦ 용역	⑧ 금전대부	⑨ 기타
①법인명 (상호 또는 성명)	②사업자등록 번호(또는 주민 등록번호)		④재고자산	⑤기타				
합 계								

2. 매입거래 등 (단위 : 원)

거래상대방		⑫계	유형자산		⑮ 무형자산	⑯ 용역	⑰ 금전대부	⑱기타
⑩법인명 (상호 또는 성명)	⑪사업자등록 번호(또는 주민 등록번호)		④재고자산	⑤기타				
합 계								

「법인세법 시행령」 제90조 제1항에 따라 위와 같이 특수관계인간 거래명세서를 제출합니다.

년 월 일

신청인 (서명 또는 인)

세무서장 귀하

210mm×297mm[백상지 80g/㎡ 또는 중질지 80g/㎡]

(5) 해외금융계좌신고서

해외금융계좌를 보유한 내국법인 중에서 해당 연도의 매월 말일 중에 어느 하루의 보유계좌 잔액(보유계좌가 여러 개인 경우에는 각 해외금융계좌 잔액을 합산)이 5억원을 초과하는 자는 다음 연도 6월 1일부터 30일까지 납세지 관할세무서장에게 [국조칙 별지 제45호 서식] 해외금융계좌신고서를 제출하여 해외금융계좌정보를 신고하여야 한다(국조법 53 ①, 국조령 92).

해외금융계좌의 명의자와 실질적 소유자가 다른 경우에는 명의자 및 실질적 소유자는 해당 계좌를 각각 보유한 것으로 본다(국조법 53 ②).

이때 실질적 소유자는 해당 계좌의 명의와는 관계없이 해당 해외금융계좌와 관련한 거래에서 경제적 위험을 부담하거나 이자·배당 등의 수익을 받거나 해당 계좌를 처분할 권한을 가지는 등 해당 계좌를 사실상 관리하는 자(내국법인이 외국법인의 의결권있는 주식의 100퍼센트를 특수관계인 보유분을 포함하여 직접 또는 간접으로 소유한 경우 그 내국법인을 포함하되, 해당 외국법인이 우리나라와 조세조약을 체결하고 시행하는 국가에 소재하는 경우에는 그렇지 않다(국조법 94 ①·②).

[별지 제45호 서식] (2023.3.20. 개정) (제1쪽)

신고대상 연도	해외금융계좌 신고서	신고구분	[ ] 정기 [ ] 수정 [ ] 기한 후	신고인 유형	[ ] 거주자 [ ] 내국법인
년					

1. 신고인 인적사항

① 성 명(법인명)	(한글)	② 주민등록번호(사업자등록번호)	
	(영문)	③ 여권번호	
④ 주 소(소재지)		⑤ 전화번호	

2. 해외금융계좌 보유 현황

⑥ 총 신고계좌 수	보유계좌 잔액의 연중 매월 말일의 최고금액	
	⑦ 기준일	⑧ 금액
개	. . .	원

3. 해외금융계좌별 명세 (단위: 현지 통화, 원)

보유계좌 일련번호 (1)	⑨ 계좌관련자정보	[ ] 없음, [ ] 공동명의계좌, [ ] 외국법인(100% 소유), [ ] 명의자와 실소유자가 다른 계좌			
	⑩ 금융회사명			⑪ 계좌종류	
	⑫ 계좌번호			⑬ 표시 통화	
	⑭ 계좌 명의자			⑮ 현지기업고유번호	
	⑯ 기준일 잔액	(외화)		⑰ 개설일	. . .
		(원화)		⑱ 해지일	. . .
	⑲ 금융회사 소재지	국가	지역[주(州), 성(省) 등]	도시	그밖의 상세 주소

위 신고인은 「국제조세조정에 관한 법률」 제53조 및 제55조에 따라 위 내용을 신고하며, 위 내용을 충분히 검토하였고 신고인이 알고 있는 사실 그대로를 정확하게 적었음을 확인합니다.

년 월 일

신 고 인 (서명 또는 인)

세무서장 귀하

대리인	성명(상호)		사업자등록번호(주민등록번호)		전화번호	

210㎜×297㎜[백상지(80g/㎡) 또는 중질지(80g/㎡)]

(6) 국제거래명세서 및 국제거래정보통합보고서 제출의무(국조법 16・60, 국조령 36・100, 국조칙 26)

1) 국외특수관계인과 국제거래가 있는 내국법인과 외국법인의 국내사업장(이하 '납세의무자')은 국제거래명세서를 사업연도 종료일 이후 6개월까지 제출하여야 하며 일정요건의 납세의무자는 국제거래정보통합보고서(통합기업보고서, 개별기업보고서, 국가별보고서)를 사업연도 종료일이 속하는 달의 말일부터 12개월 이내에 납세지 관할 세무서장에게 제출하여야 한다(국조법 16 ①). 이때 납세지 관할 세무서장은 납세의무자가 부득이한 사유로 제출연장신청을 받은 경우에는 1년의 범위에서 제출기한의 연장을 승인할 수 있다(국조법 16 ③).

2) 국제거래명세서 제출 면제

국외특수관계인과의 재화거래금액 합계 5억원 이하, 용역거래금액 합계 1억원 이하, 무형자산거래금액 합계 1억원 이하인 경우

3) 과태료부과(국조령 100 ②)

자료제출의무 불이행에 대한 과태료

① 국제거래명세서* 전부・일부를 미제출 또는 거짓 제출하는 경우 국외특수관계인별 500만원

② 국제거래정보통합보고서** 전부・일부를 미제출 또는 거짓 제출하는 경우 보고서별 3,000만원

* 해당 법인과 국외특수관계인별로 작성

** 개별・통합기업보고서, 국가별보고서 등 총 3건

③ 과태료 한도 : ①+②가 1억원 이내

(7) 외국법인 연락사무소 현황자료 제출 의무(법법 94의2, 법령 133의2)

1) 제출내용 : 외국법인 연락사무소(국내에서 수익을 발생시키는 영업활동을 영위하지 않고 비영업적 기능만을 수행) 기본사항, 외국 본사현황 및 국내 다른 지점 현황, 국내거래처 현황 등

① 비영업적 기능의 정의

- 업무연락, 시장조사, 연구개발활동, 정보수집 등

② 현황자료 범위

- 작성 기준일 : 매년 12.31.
- 제출내역 : 다음 사항을 포함하는 외국법인 연락사무소 현황신고서
  - 연락사무소 기본 현황, 임차 현황, 직원 현황, 운영자금 현황
  - 외국법인 본사 현황, 국내 거래현황, 국내 투자법인, 지점, 계약대리점 현황
  - 기타 연락사무소의 현황과 관련된 사항으로서 기획재정부령으로 정하는 사항

2) 제출시기 : 다음연도 2월 10일

(8) 외국법인의 국제내부거래 자료 제출(법령 130 ④)

1) 제출내용 : 외국법인의 내부거래 자료

① 내부거래 : 외국법인의 국내사업장과 국외 본점 및 다른 지점 간 거래

② 제출서류 : 내부거래명세서, 경비배분계산서 등

2) 제출시기 : 사업연도 종료일부터 6개월 이내

6. 지출증명서류 합계표(별지 제77호 서식)

2017.1.1. 이후 개시하는 사업연도부터 직전사업연도 수입금액이 30억원 이상인 법인이 법인 및 개인사업자에게 재화 및 용역대금지출시 수취한 지출증명서류(신용카드 매출전표 등, 현금영수증, 세금계산서, 계산서)에 대해 지출증명서류합계표를 작성 · 보관해야 한다(법령 158 ⑥).

■ 법인세법 시행규칙 [별지 제77호서식] (2021.10.28. 개정)

(앞쪽)

사업연도	. . . ~ . . .	지출증명서류 합계표 [ ]일반법인, [ ]금융·보험·증권업 법인	법 인 명	
			사업자등록번호	

1. 표준재무상태표 계정과목별 지출증명서류 수취금액

계정과목			지출증명서류 수취금액						⑩ 수취제외대상금액	⑪ 차이 (③－④－⑩)
① 코드	② 과목명	③ 금액	④ 계 (⑤+⑥+⑦+⑧+⑨)	신용카드 등		⑦ 현금영수증	⑧ 세금계산서	⑨ 계산서		
				⑤ 법인	⑥ 개인					
⑫ 소 계										

2. 표준손익계산서 계정과목별 지출증명서류 수취금액

계정과목			지출증명서류 수취금액						㉒ 수취제외대상금액	㉓ 차이 (⑮－⑯－㉒)
⑬ 코드	⑭ 과목명	⑮ 금액	⑯ 계 (⑰+⑱+⑲+⑳+㉑)	신용카드 등		⑲ 현금영수증	⑳ 세금계산서	㉑ 계산서		
				⑰ 법인	⑱ 개인					
㉔ 소 계										

3. 표준손익계산서부속명세서(제조·공사원가 등) 계정과목별 지출증명서류 수취금액

계정과목				지출증명서류 수취금액						㉟ 수취제외대상금액	㊱ 차이 (㉘－㉙－㉟)
㉕ 구분	㉖ 코드	㉗ 과목명	㉘ 금액	㉙ 계 (㉚+㉛+㉜+㉝+㉞)	신용카드 등		㉜ 현금영수증	㉝ 세금계산서	㉞ 계산서		
					㉚ 법인	㉛ 개인					
㊲ 소 계											

4. 합계금액

㊳ 합계(1+2+3)									

210mm×297mm[백상지 80g/㎡ 또는 중질지 80g/㎡]

II. 국세부과제척기간 및 수정신고와 경정청구

1. 국세부과제척기간

(1) 상속증여세 이외 국세

국세부과제척기간이란 아래의 기간 종료 후에는 해당 국세를 부과할 수 없는 기간을 말하며, 해당 국세의 과세표준과 세액에 대한 신고기한 또는 신고서 제출기한의 다음날부터 기산한다(국기법 26의2, 국기령 12의3).

① 원칙 : 5년(역외거래시 7년)

② 무신고 : 7년(역외거래시 10년)

③ 사기 기타 부정행위* : 10년

④ 역외거래** 수반되는 부정행위 : 15년

⑤ 뇌물·알선수재·배임수재로 인한 소득(기타소득)에 대한 형사판결이 확정된 경우 : 확정판결일부터 1년

* 사기 기타 부정행위는 다음 '2. ⑵ ②' 참조

** 역외거래란 국제조세조정에 관한 법률 제2조 제1항 제1호에 따른 국제거래 및 거래당사자 양쪽이 거주자(내국법인과 외국법인의 국내사업장을 포함)인 거래로서 국외에 있는 자산의 매매·임대차, 국외에서 제공하는 용역과 관련된 거래를 말함

(2) 상속증여세

① 원칙 : 10년

② 무신고, 허위·누락, 사기 기타 부정행위 : 15년

(3) 조세범처벌법상 조세포탈 등에 대한 규정(조세범처벌법 3 ①·②)

사기나 그 밖의 부정한 행위로써 조세를 포탈하거나 조세의 환급·공제를 받은 자는 2년 이하의 징역 또는 포탈세액, 환급·공제받은 세액의 2배 이하에 상당하는 벌금에 처한다(정상에 따라 징역형과 벌금형 병과). 다만, 다음 각 호의 어느 하나에 해당하는 경우에는 3년 이하의 징역 또는 포탈세액 등의 3배 이하에 상당하는 벌금에 처한다.

① 포탈세액 등이 3억원 이상이고, 그 포탈세액 등이 신고·납부하여야 할 세액(납세의무자의 신고에 따라 정부가 부과·징수하는 조세의 경우에는 결정·고

지하여야 할 세액을 말함)의 100분의 30 이상인 경우

② 포탈세액 등이 5억원 이상인 경우

중/점/사/항/ 사기 기타 부정행위(국기령 12의2, 조세범처벌법 3 ⑥)

1. 사기나 그밖의 부정한 행위란 다음에 해당하는 행위로서 조세의 부과와 징수를 불가능하게 하거나 현저히 곤란하게 하는 적극적 행위를 말한다.
   ① 이중장부의 작성 등 장부의 거짓 기장
   ② 거짓 증빙 또는 거짓 문서의 작성 및 수취
   ③ 장부와 기록의 파기
   ④ 재산의 은닉, 소득・수익・행위・거래의 조작 또는 은폐
   ⑤ 고의적으로 장부를 작성하지 아니하거나 비치하지 아니하는 행위 또는 계산서, 세금계산서 또는 계산서합계표, 세금계산서합계표의 조작
   ⑥ 조세특례제한법 제5조의2 제1호에 따른 전사적 기업자원 관리설비의 조작 또는 전자세금계산서의 조작
   ⑦ 그밖에 위계(僞計)에 의한 행위 또는 부정한 행위

2. 사기 기타 부정행위 관련 사례
   ① 사기 기타 부정한 행위란 조세의 부과징수를 불가능하게 하거나 또는 현저히 곤란하게 하는 위계 기타 부정한 적극적인 행위를 말하는 것이므로 어떤 다른 행위를 수반함이 없이 단순히 세법상의 신고를 하지 아니하거나 허위의 신고를 함에 그치는 것은 사기 기타 부정한 행위에 해당하지 아니하는 것인바, 처분청의 조사대상자 선정 과정이나 결과에서도 알 수 있듯이 실적이 없는 청구법인이 인건비를 배우자, 장모, 외국인 명의로 계상한 것은 조세에 관한 전문가가 아니더라도 잘못된 것으로 판단할 수 있는 사항이며 세무조사 전에 이미 청구법인이 가공으로 인건비를 계상한 사실을 확인한 사항으로 세무조사 없이도 과세할 수 있었던 사항으로 사기 기타 부정한 방법으로 조세의 부과징수를 불가능하게 하거나 또는 현저히 곤란하게 한 것으로 보기는 어려우므로 10년의 부과제척기간을 적용하여 과세한 처분은 잘못이 있다고 판단된다. 국세기본법 제47조의3 및 같은 법 시행령 제27조에서 부당과소신고가산세를 일반과소신고가산세와 달리 이중장부의 작성 등 허위기장이나 허위증빙 등의 작성 및 수취, 장부와 기록의 파기, 재산 은닉이나 소득・수익・행위・거래의 조작 등, 사기 그 밖에 부정한 행위 등 적극적인 방법에 의한 악의적인 신고의무위반에 대하여 가산세를 중과하도록 규정하고 있는 점을 감안할 때 청구법인의 경우 단순히 장부에 가공경비를 계상한 것으로서 이중장부를 작성한 것으로 볼 수 없어 부당과소신고가산세를 부과하는 것은 가혹하므로 일반과소신고가산세를 적용하는 것이 타당하다고 하겠다(조심 2016중256, 2016.6.23.).
   ② 신용불량자 등재로 인해 타인명의 사업자등록 및 세무신고에 대해 타인명의소득을 실사업자소득에 합산 추징시 사기・기타부정행위에 해당하지 않음(조심 2014서5789, 2016.12.16.)
   ③ 상장법인 대주주가 회사임원에게 명의신탁한 주식을 양도한 후 무신고한 것은 사

기 · 기타부정행위 해당 함(조심 2016서3481, 2016.12.28.)

④ 실물거래 없이 전자세금계산서를 교부받은 후 VAT신고시 매입처별세금계산서합계표에 이를 기재하여 제출하는 경우 조세범처벌법 제10조 제3항 제3호에 따라 처벌할 수 없음(기획재정부 조세법령운용과-525, 2016.9.29.)

⑤ 사적경비 또는 증빙 없는 가공비용을 계상하여 소득을 과소신고한 행위는 부정과소신고가산세 적용 대상에 해당하지 않음(조심 2016중1490, 2016.11.8.)

⑥ 청구인은 쟁점금액의 매출신고 누락행위가 '사기 기타 그 밖의 부정한 행위'에 해당되지 아니하므로 부과제척기간 10년 및 부당과소신고가산세를 적용하여 과세한 처분은 부당하다고 주장하나, 차명계좌를 이용하여 대금을 수령하고 무신고한 행위는 원칙적으로 납세자가 조세의 부과징수를 불가능하게 하거나 또는 현저하게 곤란하게 하는 위계 기타 부정한 적극적인 행위를 한 것으로 보이고, 청구인은 자신의 예금계좌 개설에 제한이 없는 상황에서 단지 이용 편의상 차명계좌를 사용한 것 외에는 차명계좌를 개설하여 대금을 지급받아야 할 특별한 이유를 제시하지 못하고 있는 점, 청구인이 2010년부터 2014년까지 총 1,400여 차례의 거래를 통해 약 ○○○원의 매출과 ○○○원을 매입을 누락하면서 세금계산서를 전혀 수수하지 않아 수입금액 과소신고가 수년간에 걸쳐 계속적 · 반복적으로 이루어진 점, 회계장부 등의 조작행위가 없더라도 매출액을 누락한 채 매출처별세금계산서합계표를 허위로 작성하여 부가가치세를 신고하는 행위는 부가가치세를 포탈할 의도를 적극적으로 드러내는 행위라고 봄이 타당한 점(조심 2016중3479, 2016.12.19., 같은 뜻임) 등에 비추어 청구인의 행위는 부정한 행위에 해당한다(조심 2017중532, 2017.4.26.).

⑦ 청구법인이 가공의 인건비를 장부에 계상한 것은 조세범처벌법 제3조 제6항 제1호 및 제4호의 장부의 거짓 작성, 소득의 조작 또는 은폐의 행위에 해당한다고 볼 수 있는 점, 국세기본법 부칙 제2조에서 2011.12.31. 법률 제11124호로 개정된 국세기본법 제1항 제1호의 시행시기는 2012.1.1. 이후 최초로 법인세법 제67조에 따라 처분하는 금액부터 적용한다고 규정하고 있고, 2006년 귀속 이후의 소득금액변동통지에 대한 부과제척기간이 2012.1.1. 현재 만료되지 아니하여 소급입법에 해당하지 아니하는 점 등에 비추어 처분청이 쟁점인건비 계상을 부정행위로 보아 10년의 국세부과제척지간을 적용하여 법인세를 과세하고 소득금액변경통지한 이 건 처분은 잘못이 없음(조심 2017중310, 2017.4.4.)

⑧ 실제수입금액을 기록한 엑셀자료, 수기장부등이 보관되어 있는 경우 매출액을 누락 신고하여도 사기 기타 부정행위에 해당되지 않는다(조심 2016부3578, 2017.8.7.).

⑨ 법인의 수입금액을 대표이사 개인사업자의 사업용계좌로 입금하여 수입금액을 누락하고 신고를 하지 않은 행위는 조세의 부과 · 징수를 불가능하게 하는 위계 기타 부정한 적극적인 행위를 하였다 보기 어려워 부당 · 과소신고 가산세를 적용하여 과세처분한 것은 잘못이 있음(조심 2017부2963, 2017.9.27.)

⑩ 단순히 세법상의 신고를 하지 않거나 허위의 신고를 함에 그치는 것은 사기 기타 부정한 행위(제척기간 10년)에 해당하지 않음(서울행법 2017구단10657, 2018.2.7.)

⑪ 필요한 장부와 증빙서류가 없고 사기기타 부정한 방법으로 신고 누락한 대부업 소득

에 대해 10년의 부과제척기간을 적용하여 추계조사결정한 부과처분은 정당함(부산지법 2017구합21860, 2018.4.5.)

⑫ 직원명의 차명계좌로 입금하고 이체하여 매출누락한 것은 사기 · 부정에 해당함(서울고법 2017누87113, 2018.10.5.)

⑬ 법인이 대표이사 지인의 명의 차명계좌를 사용하여 무자료매출과 과다매입자료를 통하여 부가가치세를 면탈한 것은 사기 기타 부정한 행위에 해당되어 국세부과제척기간을 10년으로 적용하는 것이 타당함(서울행법 2019구합53631, 2019.11.5.)

⑭ 쟁점계좌는 청구인의 배우자 계좌로서 금융조사를 통해 쉽게 발견될 수 있고, 청구인이 개인사업장을 운영하던 때부터 종전계좌를 사업용으로 계속 사용하여 온 점, 청구인들이 쟁점계좌를 통해 수수한 거래대금에 대한 신고를 누락한 행위가 사기나 그 밖의 부정한 행위에 해당한다고 보기 어려움. 그러므로 10년의 부과제척기간 및 부정과소신고가산세를 적용한 것은 잘못됨(조심 2019전3818, 2020.3.23.).

⑮ 숙박업을 영위하고 있는 사업자가 장모와 종업원의 계좌를 이용하여 매출액을 누락한 행위는 사기 기타 부정한 행위에 해당하므로 10년의 부과제척기간이 적용됨(청주지법 2020구합6384, 2021.1.14.).

⑯ 판결은 청구법인들의 명목상 대표자들이 실제 근로를 제공하고 보수를 받아는 지 여부를 다툰 것이 아니라 명목상 대표자들의 보수명목으로 계상한 인건비가 허위의 비용에 해당하는 지 및 당해 행위를 사기 기타 부정한 행위로 볼 수 있는 지 여부에 대하여 다툰 것으로서 동 부분에 대하여 무죄를 선고받았다 하더라도 청구법인들의 대표자가 실질적으로 직무를 수행하지 아니한 명목상 대표자라는 사실관계는 변경되지 않는다는 점 등에 비추어 쟁점판결을 후발적 경정청구사유로 보기 어려워 청구법인의 법인세 등의 경정청구를 거부한 것은 정당함(조심 2021부936, 2021.5.10.).

가. 내 용

청구법인의 실질소유자인 청구인이 명목상의 대표자를 선출하여 인건비를 지급한 건에 대하여 과세관청이 이를 손금불산입하고 청구인에 대한 배당으로 소득처분하여 법인세 및 소득세를 부과하고 청구인을 조세범처벌법위반으로 고발한 건에 대하여 대법원의 청구인에 대한 형사처벌판결에서 조세범처벌법상 사기 기타 부정한 행위로 법인세를 포탈한 것으로 볼 수 없다는 대법원의 판결에 의하여 청구법인이 법인세 등의 후발적 경정청구를 제기한 것에 대하여 조세심판원이 해당 대법원판결은 법인세 등 부과가 소급적으로 완전 소멸하지 않고 해당 행위가 조세범처벌법위반에 해당하지 않음만을 판결한 것이어서 이는 법인세 등의 후발적 경정청구사유에 해당되지 않아 경정청구를 거부한 것은 타당하다는 조세심판원의 결정사례임.

나. 대법원의 판결사유

대법원은 그 대표이사들이 비록 명목상으로 선임된 이사라고 하더라도 그 보수상당의 소득의 실질적인 귀속주체가 달라지는 것에 불과하므로 이를 사기 기타 부정한 행위로 법인세를 포탈한 것으로 볼 수 없다고 판시한 것임(대법원 2020.

5.14. 선고, 2020도2600 판결).

⑰ 청구인은 쟁점법인의 실질적 대표자로서 법인의 자금을 본인 등의 명의로 계좌이체(회계처리는 예금으로 계상)하여 자금을 횡령하고 가공의 가수금(차입금계정)을 계상하여 가수금의 상환처리로 법인자금을 횡령하였다는 이유로 기소되어 법원에서 특정경제범죄 및 가중처벌 등에 관한 법률위반을 이유로 처벌되었다. 과세관청은 관련 형사판결 등을 근거로 쟁점법인에게 익금산입 상여처분과 손금산입 (−)유보의 소득처분을 하였고 상여처분금액을 근로소득금액과 합산하여 소득세를 부과하였는데 청구인은 이 경우 국세부과제척기간 5년이 경과하여 부과대상이 아니라 주장하고 과세관청은 사기 기타의 부정행위로 보아 10년의 부과제척기간을 주장하였는데 조세심판원은 이를 5년의 부과제척기간을 적용하여야 한다고 결정함(조심 2020서7871, 2021.4.23.).

⑱ 법인이 가지급금을 지급하고도 장부상에 가지급금이 아닌 가공자산으로 계상하게 되면 과세관청으로서는 세무조사를 실시하지 않는 이상 가지급금의 존재를 쉽게 알기 어려워 보이는 점 등에 비추어 청구법인이 대표이사들에게 쟁점금액을 지급하고도 가지급금이 아닌 가공자산으로 계상한 행위는 사기나 그 밖의 부정한 행위에 해당한다고 할 것임(조심 2021중1725, 2021.5.18.).

⑲ 사실과 다른 매입세금계산서(실물거래없이 이루어진 가공거래)의 수령에 대해 과세관청은 당연 매입세액불공제하고 국세부과제척기간을 10년을 적용하여 부당과소신고가산세 40%를 적용한 과세건에 대하여 대법원에서는 국세부과제척기간이 10년이 적용되는 국세기본법상 "사기 기타 부정한 행위"란 조세의 부과와 징수를 불가능하게 하거나 현저히 곤란하게 하는 위계 기타 부정한 적극적인 행위를 말하므로 가공거래에 의해 수령한 세금계산서상의 금액은 법인세법상 "사기 기타 부정한 행위"에 해당됨이 타당하다고 판결하였다. 단, 부가가치세 부과처분에 대하여는 납세자가 사실과 다른 세금계산서를 교부받아 매입세액의 공제 또는 환급을 받은 경우, 그러한 행위가 국세기본법상의 사기 기타 부정한 행위로써 국세를 포탈하거나 환급・공제받은 경우에 해당하여 10년의 부과제척기간이 적용되기 위해서는 납세자에게 사실과 다른 세금계산서에 의하여 매입세액의 공제 또는 환급을 받는다는 인식 외에 사실과 다른 세금계산서를 발급한 자가 그 세금계산서의 매출세액을 제외하고 부가가치세의 과세표준 및 납부세액을 신고・납부하거나 그 세금계산서상의 매출세액 전부를 신고・납부한 후 경정청구를 하여 이를 환급받는 등의 방법으로 그 세금계산서상의 부가가치세 납부의무를 면탈함으로써 납세자가 그 매입세액의 공제를 받는 것이 결과적으로 국가의 조세수입감소를 가져오게 될 것이라는 점에 대한 인식이 있어야 한다고 판결하여 납세자에게 10년의 부과제척기간을 적용하기 위해서는 첫째, 세금계산서의 발급자가 해당 세금계산서상의 매출세액을 제외하고 부가가치세를 신고・납부하는 등으로 해당 부가가치세 납부의무를 면탈하여야 하고 둘째, 세금계산서를 교부받은 자가 그에 대한 인식이 있어야 함을 분명히 한 판결이다. 그러므로 해당 거래에서 부가가치세에 대하여는 5년의 부과제척기간이 적용되어야 한다(대법원 2022두32825, 2022.5.26.; 대법원 2017두72256, 2021.12.30.; 대법원 2013두19516, 2014.2.27.).

⑳ 사실과 다른 세금계산서를 수취하거나 존재하지 않는 인건비를 지급한 것처럼 증빙자료를 작성하여 이를 기초로 법인세를 허위로 신고하는 것은 조세의 부과와 징수를 불가능하게 하거나 현저히 곤란하게 하는 적극적 행위(제척기간 10년 적용)에 해당함(부산고법 2022누21719, 2023.4.14.; 대법원 2023두41123, 2023.7.13.).

2. 수정신고

* 증액수정신고의 경우를 '수정신고'라 하고, 감액수정신고를 '경정청구'라 한다.

법인세 신고서를 법정신고기한 내에 제출한 자가 다음에 해당하는 경우 관할세무서장이 해당 법인세의 과세표준과 세액을 결정 · 경정하여 통지하기 전으로서 국세부과제척기간(국기법 26의2 ①)이 끝나기 전까지 수정신고 당시의 관할세무서에 법인세 수정신고서를 제출할 수 있다(국기법 45).

① 법인세과세표준신고서에 기재된 과세표준과 세액이 법인세법에 의하여 신고하여야 할 과세표준과 세액에 미달하는 때

② 법인세과세표준신고서에 기재된 환급세액 또는 결손금액이 법인세법에 의하여 신고하여야 할 환급세액 또는 결손금액을 초과하는 때

③ 국고보조금, 공사부담금 및 토지재평가차액상당액을 익금과 손금에 동시에 산입하지 아니한 불완전신고의 경우(경정청구를 할 수 있는 경우를 제외)

주) 국세기본법시행규칙 [별지 제16호 서식] 「과세표준수정신고서 및 추가자진납부계산서」를 사용

주/요/해/석/

1. 재무제표를 수정한 경우

   적법절차에 따라 결산을 확정해 과세표준신고를 한 후에는 당초 확정된 재무제표를 정정해 수정신고하거나 경정청구할 수 없음(서삼 46019-10364, 2001.9.27.).

2. 계정 오류 및 소득처분 오류 등

   수정신고는 과세표준이나 세액 산정의 직접적인 근거가 되는 사항에 대한 오류 등이 있는 때에 한하여 할 수 있는 것이므로, 당초 신고한 과세표준이나 세액의 변동을 초래하지 않는 계정상의 단순한 오류 및 소득처분 오류 등은 수정신고를 할 수 없는 것임(징세-955, 2009.2.17.; 징세 46101-108, 1999.9.21.).

(1) 수정신고에 따른 추가자진납부

세법에 따라 과세표준신고액에 상당하는 세액을 자진납부하는 국세에 관하여 제45조에 규정된 과세표준수정신고서를 제출하는 납세자는 이미 납부한 세액이 과세표준수정신고액에 상당하는 세액에 미치지 못할 때에는 그 부족한 금액과 가산세를 추가하여 납부하여야 한다(국기법 46 ①).

과세표준신고서를 법정신고기한까지 제출하였으나 과세표준신고액에 상당하는 세액의 전부 또는 일부를 납부하지 아니한 자는 그 세액과 가산세를 세무서장이 고지하기 전에 납부할 수 있다(국기법 46 ③).

(2) 과소신고가산세 및 납부지연가산세

① 일반과소신고가산세

과소신고납부세액×10%

과소신고납부세액은 세액공제 · 감면, 기납부세액, 당초신고세액 등을 차감한 후 가산세 가산 전 금액을 말하며 세법에 따른 이자상당액 가산액이 있는 경우 그 금액은 제외

② 부정과소신고가산세(부정한 방법으로 과소신고한 경우)

$$\text{Max}\begin{cases}\text{과소신고납부세액} \times 40\%(\text{국제거래에서 발생한 경우는 } 60\%)\\ \text{수입금액(부정과소신고관련분)} \times 0.14\%\end{cases}$$

과소신고납부세액 등 중에 부정행위로 인한 과소신고납부세액 등과 그 외의 과소신고납부세액등이 있는 경우로서 부정과소신고납부세액과 일반과소신고납부세액을 구분하기 곤란한 경우 부정과소신고납부세액은 다음 계산식에 따라 계산한 금액으로 한다(국기령 27의2 ③).

$$\text{과소신고납부세액세액 등} \times \frac{\text{부정행위로 인하여 과소신고한 과세표준}}{\text{과소신고한 과세표준}}$$

③ 납부지연가산세(가. + 나.)

$$\text{가. 미(과소)납부세액} \times \frac{22^{*}}{100{,}000} \times \text{법정납부기한일의 다음 날부터 납부일까지의 일수(납세고지일부터 납세고지서에 따른 납부기한까지의 기간은 제외)}$$

* 2022.2.15. 이후부터 적용. 이전의 기간에는 25/100,000 적용

나. 미(과소)납부세액 × $\frac{3}{100}$ (국세를 납세고지서에 따른 납부기한까지 완납하지 아니한 경우에 한정)

사례

1. 기본자료

① ㈜수진의 2023사업연도(1.1.~12.31.)에 대한 세무조사시 다음의 적출내용발생

가. 대손요건을 구비하지 못한 대손금손금불산입액 1억원(일반과소신고해당)

나. 2023.12.1. 현금매출누락(대표이사귀속 · 38% 세율적용) 2.2억원 익금산입액(부당과소신고해당)

② '①'에 대한 납세고지일 : 2026.8.31.(동일자 납부완료)

③ ㈜수진의 2023년 자진신고내용

가. 과세표준 30억원

나. 산출세액 5.5억원

다. 결정세액 5억원(세액공제 · 감면세액 0.5억원)

2. 세무조사에 따른 소득금액변동내용

① 손금불산입 · 대손금(채권) · 1억원 · 유보

② 익금산입 · 매출누락 · 2.2억원 · 상여

손금산입 · 매출누락부가세 · 0.2억원 · △유보*

* 2026년 부가세납부시 비용계상하고 손금불산입하여 유보정리

3. '2.' 반영 후 과세표준 등

① 과세표준 33억원

② 산출세액 6.07억원

③ 추가납부세액 0.57억원(6.07 − 5.5 = 0.57)

4. 가산세 등 계산

(1) 법인세법

① 일반과소신고가산세

$$0.57억원 \times \frac{1억원}{3억원} \times 10\% = 1,900,000원$$

② 부정과소신고가산세

$$0.57억원 \times \frac{2억원}{3억원} \times 40\% = 15,200,000원$$

③ 납부지연가산세

$$0.57억원 \times \frac{22}{100,000} \times 884(2024.4.1.\sim2026.8.31.) = 11,085,360원$$

④ 법인세법상 추가납부 본세 및 가산세 정리

가. 본세 : 57,000,000원

나. 가산세 : 28,185,360원

다. 법인지방소득세 : (57,000,000+28,185,360)×10%=8,518,536원

라. 총액 : 93,703,896원

(2) 부가가치세법

① 본세

200,000,000×10%=20,000,000원

② 세금계산서미교부가산세

200,000,000×2%=4,000,000원

③ 부정과소신고가산세

20,000,000×40%=8,000,000원

④ 납부지연가산세

20,000,000×22/100,000×946(2024.1.26.~2026.8.31.)=4,162,400원

⑤ 총액 : 36,162,400원

(3) 소득세법

① 근로소득세

220,000,000×38%=83,600,000원

② 개인지방소득세

83,600,000×10%=8,360,000원

③ 총액 : 91,960,000원

---

(3) 수정신고에 따른 가산세 감면

수정신고서의 제출시기에 따라 과소신고가산세(국기법 47의3)를 다음과 같이 감면(납부불성실가산세는 감면안됨)한다(국기법 48 ② 1호).

① 법정신고기한이 지난 후 1개월 이내에 수정신고한 경우 : 90% 감면

② 법정신고기한이 지난 후 1개월 초과 3개월 이내에 수정신고한 경우 : 75% 감면

③ 법정신고기한이 지난 후 3개월 초과 6개월 이내에 수정신고한 경우 : 50% 감면

④ 법정신고기한이 지난 후 6개월 초과1년 이내에 수정신고한 경우 : 30% 감면

⑤ 법정신고기한이 지난 후 1년 초과 1년6개월 이내에 수정신고한 경우 : 20% 감면

⑥ 법정신고기한이 지난 후 1년6개월 초과 2년 이내에 수정신고한 경우 : 10% 감면

주1) 과세표준과 세액을 경정할 것을 미리 알고(=세무공무원이 조사에 착수한 것을 알고) 과세표준수정신고서를 제출한 경우는 가산세를 감면하지 아니한다(국기령 29).

주2) 2015.1.1. 이후 수정신고를 하는 분부터 납부를 하지 않아도 가산세 감면이 적용된다.

주3) 지방세도 2016.1.1. 이후 수정신고분부터 납부를 하지 않아도 가산세감면이 적용된다(지기법 54).

Key Point

세법상 가산세는 국세기본법에서 규정하고 있는 모든 세목에서 공통으로 적용되는 신고불성실 및 납부지연가산세와 각 세법에서 규정하는 각종 가산세로 구분되어집니다. 특히 신고불성실가산세는 과소신고납부세액에 10%가 적용되는 일반과소신고와 40%가 적용되는 부정과소신고로 구분되는데 이의 구체적인 구분이 국세기본법에는 규정되어 있지 않고 있습니다.

그러므로 실무자님들은 세무조사시 및 수정신고시 일반과소신고로 분류될 수 있도록 노력하셔야 하며 수정신고시 가산세감면규정은 신고불성실가산세에만 적용됨에도 유의하시기 바랍니다.

특히 2015사업연도부터 신고불성실가산세 계산대상이 산출세액에서 과소신고납부세액으로 변경되었고 납부를 하지 않아도 신고불성실가산세의 감면이 적용되도록 개정되었음에 유의하시기 바랍니다.

3. 경정청구

(1) 일반적인 경우

법인세 신고서를 법정신고기한 내에 제출한 자가 다음에 해당하는 경우 법정신고기한 경과 후 5년 이내에 최초 신고 및 수정신고한 법인세의 과세표준과 세액의 결정·경정을 관할세무서장에게 청구할 수 있다(국기법 45의2 ①).

① 법인세과세표준신고서에 기재된 과세표준과 세액이 법인세법에 의하여 신고하여야 할 과세표준과 세액을 초과하는 때

② 법인세과세표준신고서에 기재된 환급세액 또는 결손금액이 법인세법에 의하여 신고하여야 할 환급세액 또는 결손금액에 미달하는 때

주) 결정·경정으로 인하여 증가된 과세표준 및 세액에 대하여는 해당 처분이 있음을 안 날(처분의 통지를 받은 때에는 그 받은 날)부터 90일 이내(법정신고기한이 지난 후 5년 이내에 한함)에 한하여 경정을 청구할 수 있다.

(2) 후발적 사유의 경우

최초의 신고·결정 또는 경정에 있어서 과세표준 및 세액의 계산근거가 된 거래 또는 행위 등이 그에 관한 소송에 대한 판결(판결과 동일한 효력을 가지는 화해 기타 행위를 포함한다)에 의하여 다른 것으로 확정된 때 또는 결정 또는 경정으로 인하여 해당 결정·경정의 대상이 되는 과세기간 외의 과세기간에 대하여 최초에 신

고한 국세의 과세표준 및 세액이 세법에 의하여 신고하여야 할 과세표준 및 세액을 초과할 때 및 다음의 사유 발생시 법정신고기한 경과 후 5년 이내에 경정청구를 할 수 없는 경우에는 그 사유가 발생한 것을 안 날부터 3개월 이내에 청구가 가능하다(국기법 45의2 ②, 국기령 25의2).

후발적 사유에 의한 경정청구제도는 납세의무성립 후 일정한 후발적 사유의 발생으로 인하여 과세표준 및 세액의 산정기초에 변동이 생긴 경우 납세자로 하여금 그 사실을 증명하여 감액을 청구할 수 있도록 함으로써 납세자의 권리규제를 확대하기 위하여 도입된 제도이다(조심 2015중1347, 2015.7.2.; 대법원 2008두10133, 2010.12.9.).

① 최초의 신고 · 결정 또는 경정에서 과세표준 및 세액의 계산 근거가 된 거래 또는 행위 등이 그에 관한 심사청구, 심판청구, 「감사원법」에 따른 심사청구에 대한 결정이나 소송에 대한 판결(판결과 같은 효력을 가지는 화해나 그 밖의 행위를 포함한다)에 의하여 다른 것으로 확정되었을 때

② 소득이나 그 밖의 과세물건의 귀속을 제3자에게로 변경시키는 결정 또는 경정이 있을 때

③ 조세조약에 따른 상호합의가 최초의 신고 · 결정 또는 경정의 내용과 다르게 이루어졌을 때

④ 결정 또는 경정으로 인하여 그 결정 또는 경정의 대상이 된 과세표준 및 세액과 연동된 다른 세목(같은 과세기간으로 한정)이나 연동된 다른 과세기간(같은 세목으로 한정)의 과세표준 또는 세액이 세법에 따라 신고하여야 할 과세표준 또는 세액을 초과할 때

⑤ ①부터 ④까지와 유사한 사유로서 다음의 어느 하나의 사유가 해당 국세의 법정신고기한이 지난 후에 발생하였을 때

  ㉠ 최초의 신고 · 결정 또는 경정을 할 때 과세표준 및 세액의 계산 근거가 된 거래 또는 행위 등의 효력과 관계되는 관청의 허가나 그 밖의 처분이 취소된 경우

  ㉡ 최초의 신고 · 결정 또는 경정을 할 때 과세표준 및 세액의 계산 근거가 된 거래 또는 행위 등의 효력과 관계되는 계약이 해제권의 행사에 의하여 해제되거나 해당 계약의 성립후 발생한 부득이한 사유로 해제되거나 취소된 경우

  ㉢ 최초의 신고 · 결정 또는 경정을 할 때 장부 및 증거서류의 압수, 그 밖의 부득이한 사유로 과세표준 및 세액을 계산할 수 없었으나 그 후 해당 사유가

소멸한 경우

후발적 사유에 의한 경정청구(국세기본법 집행기준 45의 2－0－2)

후발적 사유로 인정한 사례	후발적 사유로 인정하지 아니한 사례
① 당초 상속세 결정에 있어서 과세표준 및 세액의 계산근거가 된 공시지가가 관할구청에 의하여 경정결정되어 수정된 경우 ② 상속개시일 이후 피상속인의 연대보증 채무의 확정 ③ 노동부의 훈련비용 환수조치 ④ 퇴사함에 따라 약정된 근로제공기간의 미경과로 권리제한부 주식부여가 취소되는 경우 ⑤ 내국법인의 국내원천소득에 대한 외국정부로부터 외국납부세액의 변동 ⑥ 장기할부매매계약 체결 후 계약해지 ⑦ 최초에 신고하거나 결정 또는 경정한 과세표준 및 세액의 계산근거가 된 거래 또는 행위 등에 대하여 분쟁이 생겨 그에 관한 판결에 의하여 다른 것으로 확정된 때에는, 납세의무자는 국세부과권의 제척기간이 경과한 후라도 경정청구를 할 수 있음(대법원 2005두7006, 2006.1.26.)	① 과세관청의 회신 또는 질의회신 ② 형사사건에 대한 확정판결 ③ 심사청구에 대한 결정 ④ 국민건강보험법에 의하여 보건복지부로부터 부당이득금 반환의 행정처분을 받는 것 ⑤ 판결(조정권고안)의 직접적인 영향을 받지 않는 신고내용 ⑥ 다른 사업연도의 부과처분에 대한 확정판결 ⑦ 합병전 합병법인에 대한 행정소송 판결 ⑧ 보증채무에 대한 이행통지 ⑨ 파기환송, 준비서면의 제출 또는 소의 취하 ⑩ 법률개정에 따른 조세감면의 확대 ⑪ 다른 당사자의 별개의 행위에 관한 소송에 대한 판결(수원지방법원 2008구합5187, 2008.12.3.) ⑫ 신고 당시의 사실관계를 바탕으로 그 손금 귀속시기만을 달리 본 피고의 손금귀속방법이 위법하다고 판단하여 부과처분을 취소한 이 사건 확정판결은 법 제45조의2 제2항 제1호 소정의 판결에 포함되지 않는다(대법원 2006두10023, 2008.7.24.). ⑬ 조세심판원의 결정(조세법령운용과－309, 2022.3.23.)

Key Point

후발적 사유에 의한 경정청구는 국세기본법시행령 제25조의 2 제2호(계약이 해제권의 행사에 의해 해제되거나 부득이한 사유 발생으로 해제 · 취소된 경우)에 의한 경우가 발생되는 경우가 많으며, 최근 이에 대한 대법원의 판결은 다음과 같다.

1. 사업상의 정당한 사유로 당초의 매매대금이나 용역대금을 감액한 경우도 후발적 사유에 해당(대법원 2011두1245 판결, 2013.12.26. 선고)
   (1) 사안개요
      ① 원고는 2004년 쟁점토지를 A에게 매도하였는데, 장래 쟁점토지의 용도변경이 이루어질 것을 기대하고 매매대금을 1,460억원으로 약정하였다.
      ② 그러나 용도변경의 성사 여부가 불투명해지자 원고는 2004.11.30. A와 매매대금

을 1,100억원으로 하되, 추후 용도변경이 성사될 경우 1,460억원을 기준으로 매매대금을 사후 정산하기로 약정하였다. 이에 따라 원고는 1,100억원을 지급받고 쟁점토지에 대하여 A의 앞으로 소유권 이전등기를 마쳤다.

③ 원고는 쟁점토지에 대한 용도변경이 불가능하다고 보고, 2005.3.22. A와 매매대금을 1,030억원으로 감액하기로 합의하고, 2005.3.28. 실제로 70억원을 A에게 반환하였다(2004사업연도 이후 법인세 신고 전에 발생됨).

④ 원고는 2005.3.31. 쟁점토지의 양도가액을 1,030억원으로 하여 2004사업연도 법인세 과세표준을 신고하였다. 그러나 피고는 쟁점토지의 양도가액을 1,460억원이라고 판단하여 법인세를 부과하였다.

⑵ 판결

대법원은 "소득의 원인이 되는 권리가 확정적으로 발생하여 과세요건이 충족됨으로써 일단 납세의무가 성립하였다 하더라도 일방적 후발적 사유의 발생으로 말미암아 소득이 실현되지 아니하는 것으로 확정되었다면, 당초 성립하였던 납세의무는 그 전제를 상실하여 원칙적으로 그에 따른 법인세를 부과할 수 없고, 여기에서 말하는 후발적 사유에는 사업장의 정당한 사유로 당초의 매매대금이나 용역대금을 감액한 경우도 포함된다고 봄이 타당하다"고 판시하였다.

따라서 특별한 사정이 없는 한 그 감액분을 당초의 매매대금이나 용역대금에 대한 권리가 확정된 사업연도의 소득금액에 포함하여 법인세를 과세할 수는 없으며, 쟁점토지 매매대금의 70억원 감액은 원고가 매매계약 해제 등으로 인한 불이익을 피하기 위한 것으로써 사업상 정당한 사유가 있었다고 보이므로, 위 감액분 70억원을 익금에 산입한 처분의 위법 여부를 판단해야 한다는 취지로 원심을 파기 환송하였다.

2. APT분양 후 진행률에 의하여 법인세 신고·납부 후 계약이 해제권의 행사(수계약자의 계약조건 미이행)에 의해 해제되거나 쌍방합의에 의한 계약 해제가 부득이한 사유로 입증되는 경우에는 후발적 사유에 의한 경정청구가 가능함. 이때 납세의무자가 계약해제일이 속하는 사업연도에 소득금액을 차감하는 방식으로 법인세를 신고하여 왔다면 후발적 사유에 해당되지 않음(대법원 2012두10611 판결, 2014.3.13. 선고).

3. 후발적 사유에 의한 경정청구 제외대상

① 법인세법 등에서 계약 해제일 연도소득으로 별도 규정하고 있는 경우

상기 '2.'의 경우 법인세법시행령 제69조 제3항이 2012.2.2. 신설되어 작업진행률에 의한 익금 또는 손금이 공사계약의 해약으로 인하여 확정된 금액과 차액이 발생된 경우에는 그 차액을 해약일이 속하는 사업연도의 익금 또는 손금에 산입하도록 하고 있다.

② 상품판매 등에서 반품발생시 기업회계에 따라 반품연도소득에서 차감하여 신고하는 경우

③ 대손금제도

국세기본법 시행규칙 [별지 제16호 서식] (2017.3.15. 개정) (앞 쪽)

과세표준수정신고서 및 추가자진납부계산서				처리기간 즉 시
신고인	① 성 명		② 주민등록번호 –	③ 사업자등록번호
	④ 주소(거소) 또는 영 업 소		⑤ 전화번호	
	⑥ 상 호			

신 고 내 용			
⑦ 법 정 신 고 일		⑧ 최초신고일	
⑨ 수 정 신 고 사 유			

구 분	최 초 신 고	수 정 신 고
⑩ 세 목		
⑪ 과 세 표 준		
⑫ 산 출 세 액		
⑬ 가 산 세 액		
⑭ 공제 및 감면세액		
⑮ 납 부 할 세 액		
⑯ 기 납 부 세 액		
⑰ 자 진 납 부 세 액		
⑱ 추가 자진납부세액		

「국세기본법 시행령」 제25조 및 제26조에 따라 위와 같이 신고하고

이에 따라 원을 추가로 자진납부합니다.

년 월 일

신고인 (서명 또는 인)

세무서장 귀하

구비서류 : 최초신고서사본 및 자진납부계산서(수정된 내용을 함께 기입합니다)	수 수 료
※ 이 용지는 무료로 배부합니다.	없 음

위임장	신고인의 위임을 받아 대리인이 과세표준수정신고 및 추가자진납부계산서를 제출하는 경우 아래 사항을 적어 주시기 바랍니다.					
	위임자 (신고인)	대리인				
		구분	성명	사업장 소재지	사업자등록 번호(전자우편)	전화번호 (휴대전화번호)
	(서명 또는 인)	세무사 공인회계사 변호사	(서명 또는 인)	(㊞)		

접수증(과세표준수정신고 및 추가자진납부계산서)			
성명		주소	
첨부서류 1. 최초 신고서 사본 ( ) 2. 자진납부계산서 ( )			접수자 접수일자인

210㎜×297㎜(백상지 80g/㎡(재활용품))

국세기본법 시행규칙 [별지 제16호의2 서식] (2023.3.20. 개정) (앞쪽)

과세표준 및 세액의 결정(경정)청구서	처리기간 2개월

청구인	① 성 명		② 주민등록번호	③ 사업자등록번호
			–	
	④ 주소(거소) 또는 영업소		⑤ 전화번호	
	⑥ 상 호			

신고내용

⑦ 법정 신고일		⑧ 최초신고일		
⑨ 결정(경정)청구이유				
구 분	최 초 신 고		결 정(경 정) 청 구	
⑩ 세 목				
⑪ 과세표준금액				
⑫ 산 출 세 액				
⑬ 가 산 세 액				
⑭ 공제 및 감면세액				
⑮ 납부할세액				
⑯ 국세환급금 계좌신고	거래은행	은행 지점	계좌번호	
⑰ 환급받을 세액				

「국세기본법」 제45조의2, 같은 법 시행령 제25조의3, 「소득세법」 제118조의15 및 같은 법 시행령 제178조의11에 따라 위와 같이 신고합니다.

년 월 일

청구인 (서명 또는 인)

세무서장 귀하

첨부서류	결정(경정)청구 사유 증명자료	수수료 없음

위임장	신청인의 위임을 받아 대리인이 경정청구를 하는 경우 아래 사항을 적어 주시기 바랍니다.					
	위임자(청구인)		(서명 또는 인)			
	대리인	사업장	상호	사업자등록번호	사업장 소재지	전자우편
			(서명 또는 인)		(㊥)	
		수행자	구분	성명	생년월일	(휴대)전화번호
			[ ]세 무 사 [ ]공인회계사 [ ]변 호 사			

접수증(과세표준 및 세액의 결정(경정)청구서)

성 명		주 소	
구비서류	결정(경정)청구사유 증명자료 [ ]		접수자
			접수일인

210㎜×297㎜(백상지(80g/㎡) 또는 중질지(80g/㎡))

III. 과세표준과 세액계산의 절차

법인세법 시행규칙 [별지 제3호 서식] (2024.3.22. 개정) (앞쪽)

사 업 연 도	. . . ~ . . .	법인세 과세표준 및 세액조정계산서	법 인 명	
			사업자등록번호	

구분	항목		코드	금액
① 각 사업연도 소득계산	⑩ 결산서상 당기순손익		01	
	소득조정 금 액	⑩ 익 금 산 입	02	
		⑩ 손 금 산 입	03	
	⑭ 차가감소득금액 (⑩+⑩−⑩)		04	
	⑯ 기부금한도초과액		05	
	⑯ 기부금한도초과이월액 손금산입		54	
	⑩ 각 사업연도소득금액 (⑭+⑯−⑯)		06	
② 과세표준 계산	⑩ 각사업연도소득금액 (⑩=⑩)			
	⑩ 이 월 결 손 금		07	
	⑩ 비 과 세 소 득		08	
	⑪ 소 득 공 제		09	
	⑫ 과 세 표 준 (⑩−⑩−⑩−⑪)		10	
	⑲ 선박표준이익		55	
③ 산출세액 계산	⑬ 과 세 표 준(⑫+⑲)		56	
	⑭ 세 율		11	
	⑮ 산 출 세 액		12	
	⑯ 지 점 유 보 소 득 (「법인세법」 제96조)		13	
	⑰ 세 율		14	
	⑱ 산 출 세 액		15	
	⑲ 합 계(⑮+⑱)		16	
④ 납부할 세액 계산	⑳ 산 출 세 액(⑳=⑲)			
	㉑ 최저한세 적용대상 공제감면세액		17	
	㉒ 차 감 세 액		18	
	㉓ 최저한세 적용제외 공제감면세액		19	
	㉔ 가 산 세 액		20	
	㉕ 가 감 계(㉒−㉓+㉔)		21	
	기납부세액 / 기한내납부세액	㉖ 중간예납세액	22	
		㉗ 수시부과세액	23	
		㉘ 원천납부세액	24	
		㉙ 간접투자회사등의 외국납부세액	25	
		㉚ 소 계 (㉖+㉗+㉘+㉙)	26	
	기납부세액	㉛ 신고납부전가산세액	27	
		㉜ 합 계(㉚+㉛)	28	
	⑬ 감면분추가납부세액		29	
	⑭ 차감납부할세액 (㉕−㉜+⑬)		30	

구분	항목		코드	금액
⑤ 토지 등 양도소득에 대한 법인세 계산	양도 차익	⑮ 등 기 자 산	31	
		⑯ 미 등 기 자 산	32	
	⑰ 비 과 세 소 득		33	
	⑱ 과 세 표 준 (⑮+⑯−⑰)		34	
	⑲ 세 율		35	
	⑭ 산 출 세 액		36	
	⑭ 감 면 세 액		37	
	⑭ 차 감 세 액 (⑭−⑭)		38	
	⑭ 공 제 세 액		39	
	⑭ 동업기업 법인세 배분액 (가산세 제외)		58	
	⑭ 가 산 세 액 (동업기업 배분액 포함)		40	
	⑭ 가 감 계(⑭−⑭+⑭+⑭)		41	
	기납부세액	⑭ 수시부과세액	42	
		⑭ ( ) 세 액	43	
		⑭ 계 (⑭+⑭)	44	
	⑮ 차감납부할세액(⑭−⑭)		45	
⑥ 미환류 소득 법인세	⑯ 과세대상미환류소득		59	
	⑯ 세 율		60	
	⑯ 산 출 세 액		61	
	⑯ 가 산 세 액		62	
	⑯ 이 자 상 당 액		63	
	⑯ 납부할세액(⑯+⑯+⑯)		64	
⑦ 세 액 계	⑮ 차감납부할 세액계 (⑭+⑮+⑯)		46	
	⑮ 사실과 다른 회계처리 경정 세액공제		57	
	⑮ 분납세액계산범위액 (⑮−㉔−⑬−⑭−⑮+㉛)		47	
	⑮ 분 납 할 세 액		48	
	⑮ 차 감 납 부 세 액 (⑮−⑮−⑮)		49	

210mm×297mm[백상지 80g/㎡ 또는 중질지 80g/㎡]

Key Point

법인세는 기업이 자진하여 신고 · 납부하는 세금입니다. 법인세법에는 별지 제1호부터 제83호까지 약 200여개의 별지서식이 있으며 약 40여개의 법인세 관련서식이 조세특례제한법에 규정되어 있는 바 이를 서식순서별로 철한 것을 세무조정계산서라 합니다.
별지 서식 중 법인세계산절차를 나타내는 서식은 제3호 서식 「법인세과세표준 및 세액조정계산서」이며 여러분들은 특히 이 서식을 잘 이해하셔야 됩니다. 앞으로 설명에서 별지 3호 서식의 각 란들이 어떤 의미이며 몇 호의 서식에서 제3호 서식으로 대체되는지를 유의깊게 검토하시기 바랍니다.

1. 결산서상 당기순손익

이는 결산확정된 손익계산서의 법인세비용차감 후 당기순이익(또는 당기순손실)을 말한다. 여기서 주의할 것은 절대로 법인세비용차감 전 순이익을 상기란에 기입하면 안된다는 것이다. 즉 '1'에는 당기순이익을 기재하고 법인세비용차감전순이익과 당기순이익의 차이인 법인세비용은 '2. 세무조정' 중 익금산입 · 손금불산입에 첫 번째로 손금불산입하여야 한다(소득처분은 기타사외유출).

2. 세무조정(별지 제15호 서식 「소득금액조정합계표」)

(1) 기업회계상 당기순이익에 세무조정사항을 가감하여 세무회계상 과세소득을 산정하는 절차를 말한다.

(2) 소득금액조정합계표[별지 제15호 서식]의 익금산입 및 손금불산입 합계는 ⑩②익금산입란에, 손금산입 및 익금불산입 합계는 ⑩③손금산입란에 기재한다. 다만, 기부금에 대한 세무조정에 있어 특례 · 일반기부금 한도초과액은 소득금액조정합계표에 나타나지 않지만, 손금불산입기부금의 손금불산입 및 특례 · 일반기부금 중 어음기부와 같은 귀속시기의 차이는 세무조정사항에 해당된다.

(3) 소득처분 : 세무조정사항에 대해 소득의 귀속자를 결정하는 것을 말한다.

① 익금산입 · 손금불산입

가. 유보 - [별지 제50호 서식] 「자본금과 적립금조정명세서(을)」

나. 배당 · 상여 · 기타소득

다. 기타사외유출

라. 기타

마. 임시유보 · 출자의 증가 · 이전소득 배당

② 손금산입 · 익금불산입

가. 유보(△유보) - [별지 제50호 서식] 「자본금과 적립금조정명세서(을)」

나. 기타

다. 출자의 증가(△출자의 증가)

3. 차가감소득금액

손익계산서상 당기순손익 + 익금산입 · 손금불산입금액 - 손금산입 · 익금불산입금액

4. 기부금한도초과액 계산([별지 제21호 서식] 「기부금조정명세서」)

[별지 제3호 서식]을 작성할 때 기부금과 관련하여 주의해야 할 사항은 다음과 같다.

① 특례 · 일반기부금한도초과액은 절대로 세무조정사항들의 양식인 소득금액조정합계표[별지 제15호 서식]에 계상되지 않음에 유의하여야 한다.

② 손금불산입 기부금은 이미 '2. 세무조정' 중 손금불산입에 포함되어 있다.

③ 기부금이월공제금액의 손금산입금액은 '2. 세무조정'에서 반영되는 것이 아니라 [별지 제3호 서식]의 ⑯기부금한도초과이월액손금산입란에 기재하여 각사업연도소득금액 계산시 차가감소득금액에서 차감하는 것이다.

5. 각사업연도소득금액(△인 경우 결손금) = 차가감소득금액 + 기부금한도초과액 - 기부금이월공제액

6. 이월결손금([별지 제50호 서식] 「자본금과 적립금조정명세서(갑)」)

(1) 각 사업연도개시일 전 15년(2019년 이전 발생분은 10년) 이내에 개시한 사업연도에서 발생한 결손금을 말한다.

* 결손금은 각사업연도소득금액이 (-)금액을 말함.

⑵ 2023.1.1. 이후 개시 사업연도부터 각 사업연도 소득금액의 80%(외국법인도 동일)를 한도로 공제된다(중소기업은 전액 공제).

⑶ 해당 사업연도에 공제되는 이월결손금은 전년도 세무조정계산서 [별지 제50호(갑) 서식] '⑯ 기한 내 금액'이 된다.

7. 비과세소득([별지 제6호 서식] 「비과세소득명세서」)

(1) 법인세법상 비과세소득

① 1981.12.31. 이전에 주택은행이 발행한 국민주택채권의 이자와 할인액

② 1982.12.31. 이전에 발행된 산업부흥채권, 징발보상채권, 전신전화채권, 국민주택채권, 지하철 · 도로 · 상수도공채, 토지개발채권의 이자와 할인액

③ 공익신탁의 신탁재산에서 생기는 소득

(2) 조세특례제한법상 비과세소득

① 중소기업창업투자회사 등이 설립 후 7년 이내인 중소기업창업자 등에게 출자한 주식 또는 출자지분 및 코덱스시장 상장 후 2년 이내인 기업에 출자 및 지분을 인수하여 취득하는 주식 등을 양도함으로써 발생하는 양도차익 및 2025년말까지 지급받는 배당소득(조특법 13 ① · ④) 등

② 중소기업창업투자회사 등이 소재 · 부품 · 장비 관련 중소기업에 2025.12.31.까지 출자함으로써 취득한 주식의 양도차익 및 배당소득에 대한 비과세(조특법 13의4)

③ 외국법인(국내사업장은 제외)이 계약기간 1년 이상의 정기외화예금에 2013.1.1.~2015.12.31.까지 가입하는 경우의 이자소득(조특법 21의2, 일몰 종료)

8. 소득공제([별지 제7호 서식] 「소득공제조정명세서」)

(1) 유동화전문회사 배당소득공제 등(법법 51의2 ①)

(2) 프로젝트금융투자회사에 대한 소득공제(조특법 104의31)

9. 과세표준금액 = 각사업연도소득금액 − 이월결손금 − 비과세소득 − 소득공제

10. 각사업연도소득에 대한 세율

과세표준금액이 2억원까지 9%, 2억원 초과 200억원까지 19%, 200억 초과 3천억원까지 21%, 3천억원 초과 24%

11. 산출세액합계 = 각사업연도소득에 대한 법인세 + 토지 등 양도소득에 대한 법인세* + 미환류소득에 대한 법인세

* 1. 비사업용토지 및 주택의 양도시 양도차익에 대하여 10% ~ 20% 세율(미등기 토지 등은 40%)을 적용하여 추가과세함(중소기업은 2016년부터 과세)
2. 2009.3.16.~2012.12.31.까지 국내소재주택과 비사업용토지를 양도하거나 같은 기간 중 취득하여 추후 양도하는 경우에는 양도소득에 대한 법인세과세를 배제함
3. 비영리내국법인도 납부의무가 있음

12. 결정세액과 납부세액의 구분

(1) 결정세액 : 해당 사업연도의 법인세로 확정된 금액

① 산출세액* − 최저한세 적용대상 공제감면세액

* 산출세액에는 각사업연도소득에 대한 산출세액만을 말하며 법인세법 제55조의 2에 의한 토지 등 양도소득에 대한 법인세와 조특법 제100조의32에 의한 투자 · 상생협력촉진에 대한 법인세는 제외됨에 유의

② 최저한세 = [과세표준 + 조세특례제한법상 연구개발관련 출연금 등 익금불산입액 및 중소기업, 중견기업 및 대기업의 신고조정 감가상각비손금산입액 + 조세특례제한법상 공장 · 본사지방이전양도차익의 익금불산입 + 조세특례제한법상 비과세] × 세율*

* 세율적용
1. 중소기업 : 7%
2. 중소기업이 최초로 중소기업에 해당하지 아니하게 된 경우
   (1) 중소기업에 해당하지 아니하게 된 사업연도부터 3년간 : 8%
   (2) 그 다음 2년간 : 9%
3. 중소기업 이외
   ① 과세표준 100억원 이하분 : 10%
   ② 과세표준 100억원 초과 1천억원 이하분 : 12%
   ③ 과세표준 1천억원 초과분 : 17%

③ 차감세액 = 상기 '①'과 '②' 중 큰 금액

차감세액이 '①'로 결정된 경우에는 아무 문제 없으나 '②'로 결정된 경우, 즉 최저한세에 해당된 경우에는 회사가 조세특례제한법상의 각종 감면 등의 혜택을

너무 많이 받았다는 것을 의미하므로 각종 감면 등의 금액을 차감하여 신고하여야 한다. 차감하는 방법으로는 감가상각비손금산입액 등을 감소시켜 산출세액을 크게 하는 방법과 최저한세 적용대상 공제감면세액에 해당하는 조세특례제한법상 감면 · 세액공제 등의 금액을 감소시키는 방법이 있다. 방법의 선택은 회사가 하는 것으로 세액공제 및 감면 등을 차감하면 될 것이다. 최저한세 적용시 [별지 제3호 서식] 작성에 있어 가장 중요한 점은 산출세액에 최저한세 적용으로 새로이 계산한 산출세액이 기재된다는 것이다. 결론적으로 최저한세가 적용되는 경우에는 익금산입 · 손금산입금액, 각사업연도소득금액, 과세표준금액 등이 전부 수정되어 산출세액이 재계산되며, 재계산된 산출세액에서 최저한세 적용대상 공제감면세액을 차감하면 비로소 차감세액의 계산이 이루어진다.

④ 결정세액 = 차감세액 − 최저한세 적용제외 공제감면세액 + 가산세 + 감면분추가납부세액

(2) 납부세액 : 해당 사업연도의 법인세신고시 납부하는 금액

납부세액 = 결정세액 − 기납부세액(원천납부금액 + 중간예납금액 + 수시부과세액)

13. 최저한세 적용대상 공제감면세액 : 최저한세가 적용되는 조세특례제한법상 세액감면 · 세액공제합계액([별지 제8호 서식] 「공제감면세액 및 추가납부세액합계표(갑)」)

14. 차감세액 : 최저한세 적용금액([별지 제4호 서식] 「최저한세조정계산서」)

조세특례제한법상 각종 감면 후의 법인세액(아래 '①에서 ⑥' 적용 후 법인세액)과 각종 감면 전 과세표준(아래 '①에서 ④' 적용 전 과세표준)에 세율을 곱하여 계산한 세액 중 많은 금액이 차감세액이 된다.

① 조세특례제한법상 공장 · 법인본사 지방이전양도차익 등의 익금불산입
② 조세특례제한법상 중소기업 등 감가상각비 손금산입
③ 조세특례제한법상 모든 비과세
④ 조세특례제한법상 소득공제
⑤ 조세특례제한법상 세액공제(중소기업의 연구및인력개발비세액공제는 제외)
⑥ 조세특례제한법상 감면세액 중 대부분

15. **최저한세 적용제외 공제감면세액 : 최저한세적용에서 제외되는 세액감면 · 세액공제금액**([별지 제8호 서식] 「공제감면세액 및 추가납부세액합계표(갑)」)

16. **가산세액 : 가산세액계산서상 가산세액**([별지 제9호 서식] 「가산세액계산서」)

종 류	적용대상	가산세액
무기장가산세주1) (법법 75의3)	장부와 관계있는 중요한 증명서류의 비치 · 기장의무 위반	Max [① 산출세액주2)×20% ② 수입금액×7/10,000주3)]
무신고가산세 (국기법 47의2)	일반무신고가산세	Max [① 무신고납부세액×20% ② 수입금액×7/10,000]
	부당무신고가산세주4)	Max [① 무신고납부세액×40% ② 부당무신고수입금액×14/10,000]
과소신고가산세주5) (국기법 47의3)	일반과소신고가산세	일반과소신고납부세액주6)×10%
	부당과소신고가산세	Max [① 부정과소신고납부세액주7)×40%(국제거래시는 60%) ② 부당무신고수입금액×14/10,000]
납부지연가산세 (국기법 47의4)	미납부 · 미달납부한 경우	미(과소)납부세액×기간주8)×22/100,000 + 미(과소)납부세액×3/100
환급불성실가산세 (국기법 47의4)	초과환급받은 경우	초과환급세액×기간주9)×22/100,000
원천징수불성실가산세 (국기법 47의5)	원천징수세액의 미납 · 부족납부	Min [① 미납(부족)세액×기간×22/100,000 + 미납(부족)세액×3% ② 미납(부족)세액×10%]
업무용승용차 관련비용 명세서 미제출 · 불성실 제출가산세(법법 74의2)	명세서의 미제출 · 부실기재	미제출 · 부실기재 업무용승용차 관련비용 손금산입액×1%
성실신고확인서미제출 가산세(법법 75)	사업연도 종료일부터 4개월 이내에 성실신고확인서를 제출하지 아니한 경우	Max [① 법인세산출세액×5% ② 수입금액×0.02%]
증명서류 수취 불성실 가	지출증명서류 이외의 증명서류	미수취 등 금액 중 손금으로 인정

종 류	적용대상	가산세액
산세[주10](법법 75의5)	수취 또는 사실과 다른 증명서류 및 허위 증명서류 수취	되는 금액×2%
주식등변동상황명세서 불성실가산세[주11] (법법 75의2)	명세서의 미제출 · 부실기재	미제출 등 주식 액면가액×1%
지급명세서제출불성실 가산세[주12] (법법 75의7)	지급명세서의 미제출 · 부실기재 · 사실과 다른 기재	미제출(부실 · 사실과 다른 기재) 지급금액×1%(제출기한 경과 후 3월 이내에 제출시 : 0.5%)
근로소득간이지급명세서가산세(법법 75의7)	① 미제출 · 지연제출	미제출시 지급금액×0.25% (제출기한 경과 후 1월 이내 제출시 0.125%)
	② 불분명 · 사실과 다른 기재	불분명 · 사실과 다른 기재금액×0.25%
계산서 등 불성실 가산세[주13] (법법 75의8)	① 계산서지연발급 · 미발급 · 기재불성실 ② 가공 · 위장계산서 발급 및 수취	공급가액×1%(미발급, 위장 및 가공발급 및 수취는 2%)
	③ 매출 · 매입처별계산서합계표의 미제출 · 기재불성실 ④ 매입처별세금계산서합계표의 미제출 · 기재불성실	공급가액×0.5%(제출기한 경과 후 1월 이내에 제출시 : 0.3%)
	⑤ 전자계산서 미발급 등[주14]	
기부금영수증불성실 가산세[주15] (법법 75의4)	비영리내국법인이 • 기부금영수증을 사실과 다르게 발급 • 기부법인별 발급내역을 미작성 · 미보관	• 사실과 다르게 발급된 금액×5% • 미작성 · 미보관 금액×2/1,000[주16]
신용카드불성실 가산세[주17] (법법 75의6 ①)	신용카드가맹점이 • 신용카드에 의한 거래를 거부 • 사실과 다르게 발급	건별 발급거부금액 등×5% (건별 계산금액이 5천원에 미달시 : 5천원)
현금영수증불성실 가산세[주18] (법법 75의6 ②)	• 현금영수증가맹점에의 미가입 • 현금영수증 발급거부 · 사실과 달리 발급	• 미가맹 사업연도의 수입금액×1%×비율[주19] • 건별 발급거부금액 등×5% (건별 계산금액이 5천원에 미달시 : 5천원)

주1) 무기장가산세
비영리내국법인에 대하여는 적용하지 아니한다.

주2) 산출세액
토지 등 양도소득에 대한 법인세액 및 미환류소득에 대한 법인세액을 제외한다.

주3) 수입금액×7/10,000
산출세액이 없는 경우에는 수입금액×7/10,000을 적용한다.

주4) 부당한 방법으로 무신고한 과세표준
납세자가 국세의 과세표준 또는 세액 계산의 기초가 되는 사실의 전부 또는 일부를 은폐하거나 가장하는 것에 기초하여 국세의 과세표준 또는 세액의 신고의무를 위반하는 것으로서 다음 중 어느 하나에 해당하는 방법을 말한다(국기령 27 ②).
① 이중장부의 작성 등 장부의 거짓기록
② 거짓증명 또는 거짓문서("거짓증명 등"이라 함)의 작성
③ 거짓증명 등의 수취(거짓임을 알고 수취한 경우만 해당한다)
④ 장부와 기록의 파기
⑤ 재산의 은닉이나 소득·수익·행위·거래의 조작 또는 은폐
⑥ 그밖에 국세를 포탈하거나 환급·공제받기 위한 사기 그밖의 부정한 행위
한편, 동 '부당한 방법' 개념은 국세기본법상의 가산세 및 감면규정(국기법 47 내지 49)에 공통적으로 적용되는 개념이다.

주5) 무신고가산세를 적용하는 경우에는 과소신고가산세를 적용하지 않는다.

주6) 과소신고납부세액은 세액공제·감면, 기납부세액, 당초신고세액 등을 차감한 후 가산세 가산 전 금액을 말한다. 일반과소신고납부세액은 과소신고납부세액에서 부당과소신고납부세액을 차감한 금액을 말한다.

주7) 부정과소신고납부세액은 다음과 같이 계산한다.

$$\text{과소신고납부세액} \times \frac{\text{부정행위 과소신고 과세표준}}{\text{과소신고 과세표준}}$$

주8) 기간
① 납부기한의 다음날부터 납부일까지의 기간(납세고지일부터 납세고지에 따른 납부기한까지의 기간은 제외)
② 미(과소)납부세액×3/100 가산세는 국세를 납세고지서에 따른 납부기한까지 완납하지 아니한 경우에 한함

주9) 기간
환급받은 날의 다음날부터 납부일까지의 기간(납세고지일부터 납세고지에 따른 납부기한까지의 기간은 제외)

주10) 증명서류 수취 불성실가산세
① 산출세액이 없는 경우에도 징수한다.
② 손금에 산입하지 아니한 기업업무추진비(법법 25 ②)에 대하여는 동 규정을 적용하지 아니한다(법령 120 ④).
③ 의무위반의 종류별로 5천만원(비중소기업 : 1억원)을 한도로 한다(고의로 위반시는 제외).

주11) 주식등변동상황명세서 불성실가산세
① 산출세액이 없는 경우에도 징수한다.
② 의무위반의 종류별로 5천만원(비중소기업 : 1억원)을 한도로 한다(고의로 위반시는 제외).

주12) 지급명세서제출 불성실가산세
① 산출세액이 없는 경우에도 징수한다.
② 의무위반의 종류별로 5천만원(비중소기업 : 1억원)을 한도로 한다(고의로 위반시는 제외).

주13) 계산서 등 불성실가산세
① 산출세액이 없는 경우에도 징수한다.
② 매출·매입처별계산서합계표 관련가산세가 적용되는 경우
→ 계산서 미발급·기재불성실가산세는 적용하지 아니한다.
③ 부가가치세법 제22조 제2항부터 제5항까지의 규정에 따라 가산세가 부과되는 부분을 제외한다.
④ 의무위반의 종류별로 5천만원(비중소기업 : 1억원)을 한도로 한다(고의로 위반시는 제외).
⑤ 지출증명서류 미수취가산세와 중복시는 지출증명서류 미수취가산세만 부과한다.

주14) 면세사업자의 전자계산서 발급 및 전송의무화 및 가산세

① 전자계산서 발급 및 전송 의무화

2015.7.1. 이후 면세 재화・용역공급분부터 다음의 사업자는 전자세금계산서를 발급하고 전송의 의무화 되었다(법 121 ①・⑦).

가. 법인사업자

나. 개인사업자 중 다음의 자

- 전자세금계산서 의무발급대상* 사업자로서 면세사업 겸업자
  - * 직전연도 사업장별 연간공급가액(면제공급가액 포함) 3억원 이상인 자
- 직전과세기간 사업장별 총수입금액(과세 + 면세공급자가액)이 3억원 이상인 자

② 전자계산서 관련 가산세(2016.1.1. 이후 공급분부터 적용)

가. 전자계산서 미발급 가산세

- 공급가액×2%
- 다만, (종이)계산서를 발급한 경우는 공급가액×1%

나. 지연(미)전송 가산세

- 공급가액×가산세율

가산세율		2016	2017	2018	2019	2020
지연전송	법인, 개인겸업자	0.1	0.5	0.5	0.5	0.3
	일정규모이상 개인	–	0.1	0.1	0.5	0.3
미전송	법인, 개인겸업자	0.3	1	1	1	0.5
	일정규모이상 개인	–	0.3	0.3	1	0.5

주15) 기부금영수증 불성실가산세

① 산출세액이 없는 경우에도 징수한다.

② 의무위반의 종류별로 각각 5천만원(비중소기업 : 1억원)을 한도로 한다(고의로 위반시는 제외).

주16) 미작성・미보관 금액×1/1,000

상속세및증여세법(78 ③・⑤) 규정에 의해 가산세가 부과되는 경우에는 적용하지 아니한다.

주17) 신용카드불성실가산세

① 산출세액이 없는 경우에도 징수한다.

② 2007.7.1. 이후 최초로 재화 또는 용역을 공급하는 분부터 적용한다.

주18) 현금영수증불성실가산세

① 산출세액이 없는 경우도 징수한다.

② 2007.7.1. 이후 가입의무를 이행하지 아니하는 현금영수증가맹점가입대상자부터 적용한다.

주19) 비율

다음 산식에 따른 비율을 말한다(법령 120 ⑬).

$$\frac{\text{소득세법 시행령 [별표 3의 2]에 따른 소비자상대업종 영위 요건에 해당하는 날부터 3개월이 지난 날의 다음 날부터 가맹한 날의 전일까지의 일수(둘 이상의 사업연도에 걸친 경우는 각 사업연도별로 적용)}}{\text{가맹하지 아니한 사업연도의 일수}}$$

17. 중간예납세액

① 사업연도개시일로부터 6개월간의 중간예납기간에 대해 납부한 세액으로 이는 법인세납부세액 계산시 결정세액에서 공제된다. 이때 직전사업연도 법인세의 1/2기준으로 계산한 중간예납세액이 50만원 미만인 중소기업의 경우에는 중간예납의무가 면제된다(법법 63).

② 내국법인이 직전 사업연도에 중소기업으로서 직전 사업연도의 결손 등이 발생한 경우를 포함하여 법인세법 제63조의2 제1항 제1호의 계산식에 따라 계산된 법인세로서 확정된 산출세액(가산세를 포함하며 비사업용토지 등에 대한 법인세 및 미환류소득에 대한 법인세는 제외)이 30만원 미만인 경우에는 당해 사업연도의 법인세 중간예납세액을 납부할 의무가 없음(사전법령법인-439, 2019.8.29.)

18. 원천납부세액([별지 제10호 서식(갑)] 「원천납부세액명세서」)

(1) 소득세법상 이자소득금액 : 14%(단, 비영업대금이익은 25%)

(2) 투자신탁의 이익 : 14%

19. 감면분 추가납부세액 = 감면받았던 법인세본세 + 이자추징액([별지 제8호 서식 부표 6] 「추가납부세액계산서」)

(1) 조세특례제한법상 공제감면세액에 대한 추가납부세액

① 투자세액공제받은 자산을 2년(특정 건물과 구축물은 5년) 이내에 처분(임대 포함)한 경우

② 이자추징기간 : 공제감면세액의 과세표준신고일의 다음날부터 추징사유발생 사업연도의 과세표준신고일까지

③ 이자율 : 1일 10만분의 22

(2) 법인세법

① 기공제 원천납부세액 추가납부

② 신고기간 연장에 따른 이자상당가산액

③ 업무무관부동산 지급이자손금부인에 따른 증가세액

업무무관부동산이 있는 법인은 양도한 날이 속하는 사업연도 이전에 종료한 각 사업연도의 업무무관비용 및 지급이자를 손금불산입시 다음 '가.', '나.' 중 임의로 선택하여 양도한 날이 속하는 사업연도에 추가납부한다.

가. 종전 사업연도 과세표준 등을 다시 계산함에 따라 산출되는 결정세액 - 종전 사업연도 결정세액(가산세 제외)

나. (종전 사업연도 과세표준 + 지급이자손금불산입액) × 세율 − 종전 사업연도 산출세액(가산세 제외)

④ 이자추징기간 : 사업연도종료일기준

20. 차감납부할세액 = 결정세액 − 기납부세액(원천징수세액 + 중간예납세액 + 수시부과세액)

21. 분납

납부세액이 1천만원을 초과하는 경우에 다음 금액을 납부기한 경과일로부터 1개월(중소기업은 2개월) 이내에 분납할 수 있다. 단, 가산세와 감면분 추가납부세액은 분납할 수 없다(법기통 64 − 0…3).

(1) 납부세액이 2천만원 이하시 : 1천만원 초과액

(2) 납부세액이 2천만원 초과시 : 50% 이하의 금액

사례 2 분납

납부할 법인세	납부기한까지 납부할 세액	분납세액
① 900만원	900만원	−
② 1,500만원	1,000만원 이상	500만원 이하
③ 2,600만원	1,300만원 이상	1,300만원 이하
④ 1,400만원 (증명서류 수취 불성실 가산세 150만원 포함)	1,150만원 이상	250만원 이하[주1)]
⑤ 3,000만원 (증명서류 수취 불성실 가산세 300만원 포함)	1,650만원 이상	1,350만원 이하[주2)]

주1) • 분납대상세액 : 1,400만원 − 150만원 = 1,250만원
• 분납세액 : 250만원 이하

주2) • 분납대상세액 : 3,000만원 − 300만원 = 2,700만원
• 분납세액 : 2,700만원 × 50% = 1,350만원 이하

IV. 세무조정

1. 기업회계와 법인세법의 관계

(1) 기업회계와 법인세법의 개념

기업회계는 불특정다수인 이해관계자의 의사결정에 도움을 주기 위하여 목적타당성과 신뢰성을 갖춘 유용한 회계정보를 제공하는 것을 목적으로 하는 데 반하여, 법인세법은 국가의 재정수요를 충당하기 위하여 세법규정에 따라 부담능력에 맞는 공평과세를 실현하면서 적정한 과세소득과 세액을 산정하는 것을 목적으로 한다.

(2) 법인세법상 순자산증가설 및 권리의무확정주의

우리나라의 법인세법은 사업활동을 통한 경상적이고 계속적 · 반복적으로 발생하는 매출 등의 수익뿐만 아니라 자산수증이익 · 유형자산처분이익 등 모든 우발적 · 임시적 항목을 포괄적으로 망라하여 순자산을 증가시키면 "＋소득(＝익금)"으로 보고, 매출원가 · 각종 경비 · 이자 및 재해손실 등 순자산을 감소시키면 "△소득(＝손금)"으로 하여 "익금(순자산의 증가)－손금(순자산의 감소)＝소득(자산의 순증가분)"을 법인세의 과세대상으로 한다.

따라서 영리법인의 과세소득에 대하여 포괄주의에 입각한 순자산증가설(純資産增加設)의 입장을 취함으로써 해당 소득이 어떤 원천에서 발생되었든 계속적 발생이든 우발적 발생이든 결과적으로 그 법인의 순자산을 증가시키면 과세소득에 포함시키고 있다.

1) 익금

익금(益金)이란 자본 또는 출자의 납입 및 세법에서 익금불산입으로 규정하는 것을 제외하고 그 법인의 순자산을 증가시키는 거래로 인하여 발생하는 이익 또는 수익(이하 '수익'이라 함)의 금액을 말한다(법법 15 ①).

① 기업회계기준에 의하면 자본거래로 인한 순자산증가액은 수익으로 계상하지 아니하나, 법인세법은 순자산증가설에 의하므로 법인세법상 익금불산입항목으로 규정하지 아니한 자본거래(예 : 자기주식처분이익)는 익금에 포함된다.

② 익금은 기업회계상 수익과 유사한 개념이나 법인세법은 익금을 포괄적으로 인식

할 뿐 기업회계와 같이 익금을 매출액, 영업외수익, 자본잉여금 등으로 구분하지 아니한다.

③ 법인세법상 익금규정은 개념규정이고, 세무조정이 기업회계상 당기순손익에서 출발하므로 법인이 익금항목(예 : 이자수익)을 손익계산서상의 수익으로 계상한 경우에는 세무조정이 불필요하다. 그러나 법인이 익금항목(예 : 자기주식처분이익)을 장부에 수익으로 계상하지 아니하였거나 자본잉여금으로 계상한 경우에는 이를 익금산입으로 세무조정하여야 한다. 또한 익금불산입항목을 장부에 수익으로 계상한 경우에는 이를 익금불산입으로 세무조정하여야 한다.

2) 손금

손금(損金)이란 자본 또는 출자의 환급, 잉여금의 처분 및 세법에서 손금불산입으로 규정하는 것을 제외하고 그 법인의 순자산을 감소시키는 거래로 인하여 발생하는 손실 또는 비용(이하 '손비'라 함)의 금액을 말한다(법법 19 ①).

① 손금은 기업회계상 비용과 유사한 개념이나 법인세법은 손금을 포괄적으로 인식할 뿐 기업회계와 같이 매출원가, 판매비와관리비, 영업외비용 등으로 구분하지 않는다.

② 법인세법상 손금에 관한 규정은 개념규정이기 때문에 손금항목이라 하더라도 그 금액이 전액 해당 사업연도의 비용이라는 의미는 아니다. 따라서 손금을 기업회계기준에 의거하여 자산취득원가, 매출원가(제조원가, 건설원가), 판매비와관리비 등으로 적정하게 배분하여야 한다.

③ 법인세법상 손금불산입항목에 해당하는 경우 법인이 이를 해당 연도의 손금으로 계상하면 전액 손금부인하며, 이를 자산으로 계상하면 세무상 이를 자산으로 보지 아니하므로 자산을 감액하는 세무조정을 하여야 한다.

3) 권리의무확정주의

① 법인세법상 각 사업연도의 익금 · 손금의 기간귀속(=귀속사업연도)은 그 익금 · 손금이 확정된 날이 속하는 각 사업연도로 하며, 이를 권리의무확정주의라 한다(법법 40 ①).

② "확정"이란 권리의 실현 또는 의무의 이행이 가능하다고 인정될 수 있는 상태를 의미하며, 따라서 권리의무확정주의란 수취할 권리가 확정된 특정수익과 이행하여야 할 의무가 확정된 특정비용을 그 사업연도의 익금과 손금으로 하는 것이다.

(3) 기업회계와 세무회계의 차이

일반적으로 기업회계라고 할 때에는 재무회계를 지칭하며, 세무회계라고 할 때에는 법인세회계를 말한다.

그러므로 기업회계와 세무회계의 차이라고 하면 재무회계의 결산상 당기순이익(net income)과 법인세회계의 각사업연도소득(taxable income)간의 차이를 말하는 것으로, 계산구조적인 측면에서 양자간의 차이를 살펴보면 다음과 같다.

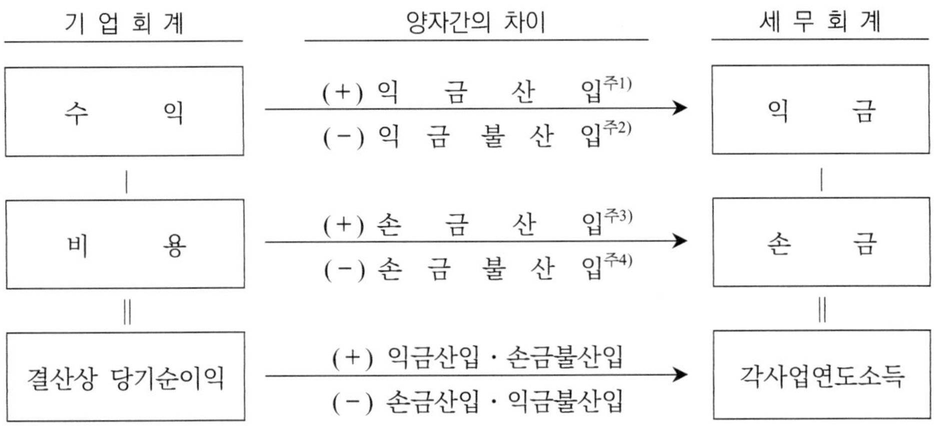

주1) 익 금 산 입 : 기업회계상 수익으로 계상하지 않았으나 세무회계상 익금에 해당하는 것
주2) 익금불산입 : 기업회계상 수익으로 계상하였으나 세무회계상 익금에 해당하지 않는 것
주3) 손 금 산 입 : 기업회계상 비용으로 계상하지 않았으나 세무회계상 손금으로 인정하는 것
주4) 손금불산입 : 기업회계상 비용으로 계상하였으나 세무회계상 손금으로 인정하지 않는 것

차이의 유형

구 분	내 용	사 례
일시적 차이	일정기간이 경과하면 그 차이가 해소되는 유형으로 세무조정금액은 유보로 소득처분	• 손익의 귀속시기 차이 • 자산과 부채에 관련된 세무조정 사항 등
영구적 차이	그 차이가 영구적으로 해소되지 않는 유형으로 세무조정금액은 사외유출로 소득처분	• 기부금 · 기업업무추진비의 손금한도 초과액 • 벌금 등의 손금불산입액 등

2. 세무조정

세무조정이란 기업회계와 세무회계의 차이를 규명하고 이를 기업회계상의 당기순이익에 가감하여 세무회계상의 과세소득인 각사업연도소득금액을 도출하는 과정

을 말하는데, 기업회계와 세무회계의 차이를 조정하는 방법으로 결산조정과 신고조정이 있다.

(1) 결산조정

결산조정이란 특정 손비항목에 대하여 기업이 결산과정에서 이를 장부상 비용으로 계상한 경우에 한해서만 손금으로 인정하는 조정방법을 말한다.

법인세법에서 결산조정을 강제하고 있는 이유는 특정 손비항목을 과세소득 계산시 손금으로 인정하여 주는 대신에 그 금액만큼을 장부에 비용계상하도록 강제함으로써 기업의 결산상 당기순이익을 감소시켜 회사외부로 유출되는 것을 막기 위한 것이다. 특정 손비항목을 장부상 비용으로 계상하게 되면 기업회계와 세무회계 사이에 차이가 발생하지 않기 때문에 결산조정은 엄밀한 의미에서 볼 때 결산절차에 관한 것이지 세무조정은 아니다. 그러나 장부상 비용으로 계상되지 않는 경우에는 세무회계상 전혀 손금으로 인정되지 않는다는 점에서 결산조정사항은 세무조정에 직접적인 영향을 미치는 매우 중요한 사항이다.

법인세법은 일부 손금항목에 대해서만 결산조정을 강제하고 있는데 그 내용은 다음과 같다(법기통 19－19…42).

유형구분	결산조정사항
자산의 상각비	① 감가상각비[주1)] ② 무형자산상각비
자산의 평가손실	① 재고자산의 평가손실[주2)] ② 유형자산의 평가손실[주3)] ③ 매도가능증권평가손실[주4)]
대 손 금	① 회수불능채권의 대손금[주5)]
충당금의 설정	① 퇴직급여충당금 ② 대손충당금 ③ 구상채권상각충당금
준비금의 설정	① 법인세법상 준비금

주1) ① K－IFRS를 적용하는 기업 및 감가상각의제시의 감가상각비, 조세특례제한법상 서비스업,에너지절약시설의 감가상각비 신고조정 손금산입, 일시상각충당금 및 조세특례제한법상 준비금의 손금산입은 예외적으로 신고조정을 허용하고 있다. 이들은 과세유예를 위하여 세법에서 특설한 규정인데 기업회계기준에서는 비용으로 인정하지 않고 있기 때문에, 기업회계와 세무회계의 차이를 해소하기 위하여 예외적으로 신고조정을 허용하고 있는 것이다.

② 2016.1.1. 이후에 취득한 업무용승용차는 내용연수 5년 · 정액법을 적용한 상각범위액보다 장부상 감가상

각비계상액이 적은 경우에는 차액을 신고조정으로 손금산입하여야 한다(법법 27의 2, 법령 50의 2).

주2) 파손・부패 등의 사유로 정상가격으로 판매할 수 없는 재고자산의 평가차손을 말한다. 재고자산의 평가방법의 차이는 신고조정사항에 해당한다.

주3) 천재・지변 등으로 인한 유형자산의 평가차손과 시설개체・시설낙후로 인한 생산설비의 폐기손실을 말한다.

주4) 중소기업 창업투자회사 등이 보유한 창업자 등의 주식에 대한 평가손실을 말한다.

주5) 대손금의 손금산입은 원칙적으로 결산조정사항이다. 그러나 소멸시효가 완성된 채권에 대해서는 반드시 그 소멸시효 완성일이 속하는 사업연도의 대손금으로 손금산입하여야 하므로 회사가 결산조정하지 않은 경우에는 신고조정으로 손금산입하여야 하며, 소멸시효 완성 후의 사업연도소득금액 계산시에는 손금산입할 수 없다는 점을 유의하여야 한다.

중/점/사/항/

1. 결산조정의 의미

상기 결산조정항목을 보면 모두 현금지출을 수반하지 않는 손금에 관계된 사항임을 알 수 있다. 법인세법상 손금에 대한 세무조정은 회사가 비용으로 계상한 금액에서 법인세법상 손금해당액(손금한도액)을 차감한 금액에 대하여 이루어진다.

회사장부계상액 − 손금한도액 = ┌ ⊕인 경우 손금불산입
└ ⊖인 경우 ┌ 손금산입가능 : 신고조정사항
└ 손금산입불능 : 결산조정사항

즉 결산조정사항이란 비용에 대하여 세무상 한도액범위 내에서 장부에 계상한 금액을 손금으로 인정되는 것이며 한도미달액을 세무조정을 통해 손금산입할 수 없는 항목을 말한다.

2. 법인세법상의 표현

법인세법상의 결산조정은 다음과 같이 표현하고 있다.

법인이 …를 손비로 계상한 경우(때)에는 … 이를 손금에 산입한다. 또는 법인이 …를 손비로 계상한 경우에 한하여 등의 표현을 하고 있다.

3. 열거주의 개념

결산조정사항은 손금해당액 중 특정 손비항목에만 적용되는 열거주의적인 개념이다. 그러므로 결산조정사항에 해당하지 않는 것은 신고조정사항에 해당되므로 당기 손금해당액을 장부에 비용으로 계상하지 않은 경우에는 세무조정을 통해 손금산입이 이루어져야 한다.

4. 결산조정의 적용사례

(1) 감가상각비

① 회사계상액 50,000,000원(회사는 K−IRFS 적용 기업이 아님)

② 세무상한도액 100,000,000원

③ 한도미달액 △50,000,000원

④ 세무조정 : 없음

(감가상각비는 결산조정사항이므로 회사계상액이 한도액에 미달하여도 세무조정시 손금산입할 수 없음)

(2) 이자비용

① 2024.7.1. 1년만기 차입금 1억원 차입(이자율 10%, 이자는 6개월에 5%씩 지급하기로 약정)

② 2024.12.31. 회사는 자금사정으로 이자 5,000,000원을 지급하지 못함

③ 2024.1.1.~2024.12.31. 회사결산시 이자비용계상액 없음(회사가 기업회계기준을 위배하여 미지급금 5,000,000원 계상누락)

④ 세무조정 : 손금산입 · 이자비용 · 5,000,000원 · △유보
(지급의무가 확정된 이자비용은 결산조정사항에 해당하지 않으므로 당기 손금해당액인 5,000,000원을 세무조정시 손금산입한다. 이때 회사는 이자지급 사업연도인 2025년에 이자비용으로 10,000,000원을 계상할 것이므로 2024년에 손금산입한 5,000,000원을 손금불산입하여 유보를 정리한다)

5. 결산 · 신고조정 잘못 적용시 발생문제점

(1) 사례
상기 '4. (2)'의 경우에서 회사가 세무조정에서 손금산입을 실시하지 못한 경우

(2) 발생문제점(귀속시기 적용)
추후 세무조사시 상기 사항 적출시에는 2025년에 회사가 계상한 이자비용 5,000,000원을 손금불산입하여 법인세를 추징하고 동액을 2024년의 손금으로 귀속시켜 법인세를 경정한다. 즉 2024년은 경정에 따른 2.9%의 경정환급금을 지급하고 2025년에 대하여는 과소신고 및 납부지연가산세를 부과함에 유의하여야 한다.

(3) 가산세 및 국세환급금

① 수입금액을 귀속시기 이전에 앞당겨 신고한 경우 가산세 부과 여부
법인이 손익의 귀속사업연도 적용착오로 법인세과세표준과 세액을 앞당겨 신고 · 납부한 데 대하여 과다하게 신고한 사업연도와 과소신고한 사업연도의 법인세과세표준과 세액을 동시에 경정하는 경우에도 과소하게 신고한 사업연도에 있어서는 과소신고 및 미납부가산세를 부과함(법인 46012-2423, 2000.12.21.).

② 종전에는 이월결손금 공제기간의 조정이나 조세감면의 조정 등 세부담경감을 위한 소득조절인 경우를 제외하고는 가산세를 징수하지 아니하였으나(법인 46022-859, 1996.3.18.), 국세환급가산금을 납부일의 다음날부터 기산하도록 한 재정경제부의 해석(재경부 조세 46019-246, 2000.10.19.)에 맞추어 가산세를 부과하는 것으로 변경함. 변경된 해석은 해석변경일(2000.12.21.) 이후 법인세과세표준 신고납부기한이 종료되는 분부터 적용(재경부 법인 46012-203, 2001.11.24.)

(2) 신고조정

신고조정이란 세무상 익금이나 손금에 해당하는 사항이 회사의 장부에 수익이나 비용으로 계상되지 아니한 경우에 이를 세무조정계산서에서 익금산입이나 손금산입으로 조정하거나 또는 세무상 익금이나 손금으로 보지 않는 사항이 회사의 장부상 수익이나 비용으로 계상되어 있는 경우에 이를 세무조정계산서에서 익금불산입이나 손금불산입으로 조정하는 것을 말한다.

결산조정과 신고조정의 비교

내 용	결산조정대상	신고조정대상
손금산입방법	회사장부에 비용으로 계상하여야만 손금으로 인정	장부에 비용으로 계상하거나 세무조정시 손금산입하는 경우 모두 인정
법인세신고기한 후 경정청구(수정신고) 가능 여부	경정청구(수정신고)대상에서 제외됨(법인 46012 - 2607, 1994.9.13.)	경정청구(수정신고)대상에 해당됨
추후 손금인정 여부	해당 사업연도에 비용으로 계상하지 않은 금액은 그 이후 사업연도에 결산상 비용으로 계상하면 손금으로 인정	해당 사업연도의 손금을 결산상 비용으로 계상하지 않고 세무조정시에도 손금산입을 누락하면 그 이후 사업연도의 손금으로 인정되지 아니함

(3) 외부세무조정과 자기세무조정

독립된 외부인인 세무사(세무사법에 따라 등록한 공인회계사 및 변호사를 포함)가 세무조정계산서를 작성하는 경우를 외부세무조정이라 하는데, 외부세무조정 대상은 다음과 같으며(법법 60 ⑨), 자기세무조정이란 세무조정을 법인이 스스로 행하여 세무조정계산서를 직접 작성하는 경우로서 외부세무조정대상이 아닌 법인이 할 수 있다.

외부세무조정 대상법인(법령 97의2)

1. 직전 사업연도 수입금액 70억원 이상인 법인 및 주식회사의외부감사에관한법률 제2조에 따라 외부의 감사인에 의한 회계감사를 받아야 하는 법인
2. 직전 사업연도의 수입금액이 3억원 이상인 법인으로서 법 제29조 [고유목적사업준비금의 손금산입] · 제30조[책임준비금 등의 손금산입] · 제45조 [합병시 이월결손금 등 공제제한] 또는 조세특례제한법에 따른 조세특례(같은법 제104조의8 [전자신고에 대한 세액공제]에 따른 조세특례는 제외)를 적용받는 법인
3. 직전 사업연도의 수입금액이 3억원 이상인 법인으로서 해당 사업연도 종료일 현재 법인세법 및 조세특례제한법에 따른 준비금 잔액이 3억원 이상인 법인

4. 해당 사업연도 종료일부터 2년 이내에 설립된 법인으로서 해당 사업연도 수입금액이 3억원 이상인 법인
5. 직전 사업연도의 법인세 과세표준과 세액에 대하여 추계결정 또는 경정(법 66 ③ 단서)받은 법인
6. 해당 사업연도 종료일부터 소급하여 3년 이내에 합병 또는 분할한 합병법인, 분할법인, 분할신설법인 및 분할합병의 상대방법인
7. 국외에 사업장을 가지고 있거나 법 제57조 제5항에 따른 외국자회사를 가지고 있는 법인
8. 정확한 세무조정을 위하여 세무사가 작성한 세무조정계산서를 첨부하려는 법인

주) 1. 조세특례제한법 제72조에 따른 당기순이익 과세 적용법인은 외부세무조정 대상에서 제외함.
 2. 위 '1.~3.'을 적용할 때에 해당 사업연도에 설립된 법인인 경우에는 해당 사업연도의 수입금액을 1년으로 환산한 금액을 직전 사업연도의 수입금액으로 봄.

V. 소득처분

1. 소득처분의 개념 및 유형

기업회계상 당기순이익과 세무회계상 각사업연도소득의 차이인 세무조정사항에 대해 소득의 귀속을 결정하는 절차를 소득처분이라 한다. 세무조정에 의하여 발생된 소득이 법인 내부에 남아 있으면 유보라는 소득처분을 함으로써 법인의 세무상 순자산을 계산하게 되고, 이로써 사업연도소득과 청산소득 계산에 적정화를 기할 수 있다. 또한 세무조정에 의하여 발생된 소득이 사외유출된 경우에는 출자자 · 임원 · 사용인 및 기타의 자 중 누구에게 귀속되는가를 파악하여 귀속자에 대한 소득세를 부과함으로써 조세부담의 공평을 기할 수 있는 것이다. 기업회계상 당기순이익 부분에 대하여는 주주총회에서 잉여금처분을 하므로 세무상 소득처분은 세무조정사항만을 대상으로 한다.

당기순이익 → 주주총회에서 잉여금처분

± 세무조정사항 → 법인세법상 소득처분

각사업연도소득금액

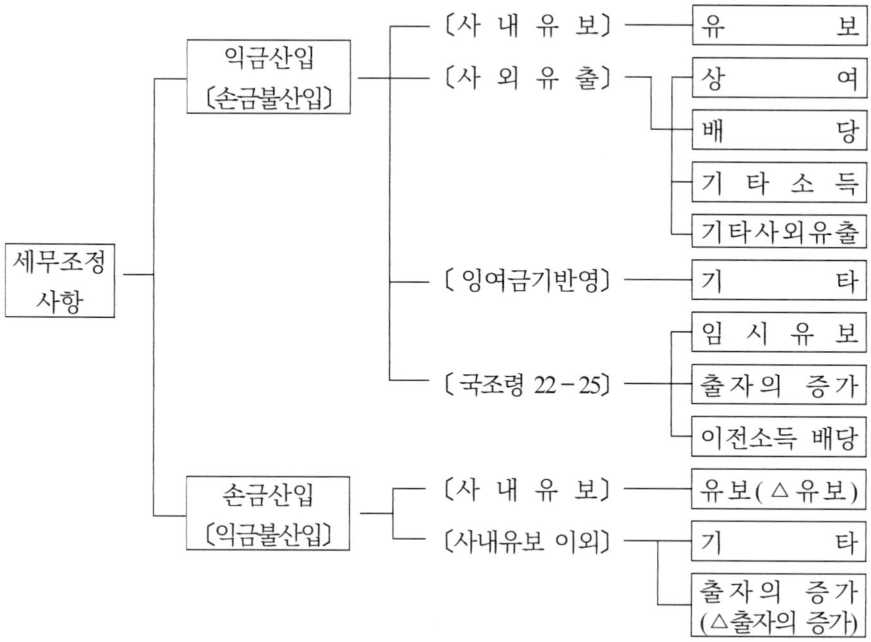

앞서 세무조정은 [별지 제15호 서식](소득금액조정합계표)에 취합된다고 설명한 바 있는데 동 서식의 일부내용은 다음과 같다.

익금산입 및 손금불산입			손금산입 및 익금불산입		
① 과 목	② 금 액	③ 처 분	④ 과 목	⑤ 금 액	⑥ 처 분

즉, 소득처분이란 상기 서식 중 '③'과 '⑥'의 처분란에 소득처분의 종류인 유보, 상여, 배당, 기타소득, 기타사외유출, 기타 등의 내용을 기입하는 것이다.

Key Point

여러분들이 세무조정의 소득처분에 있어 가장 주요한 내용은 유보의 소득처분입니다. 유보는 기업회계와 세무회계의 자산·부채의 차이 또는 손익귀속시기의 차이를 말하는데 이는 반드시 일정기간이 경과하면 그 차이는 소멸되어 없어지게 됩니다. 그러므로 (±)유보는 미래에 반대의 세무조정으로 발생되므로 이를 [별지 제50호 서식(을)] 「자본금과 적립금조정명세서(을)」에 기입하여 관리하여야 합니다.

자본금과적립금조정명세서(을)

① 과 목	② 기초잔액	당기 중 증감		⑤ 기말잔액
		③ 감 소	④ 증 가	

해당 사업연도의 세무조정을 수행하는 경우 반드시 전년도의 (±)유보잔액을 계정과목별로 확인하시어 올해 유보금액의 조정여부를 검토하시기 바랍니다. 이와 함께 앞으로 계정과목별 회계처리에 따른 세무조정시 유보의 소득처분에 대하여 앞으로 어떤 경우에 유보의 추인(반대의 세무조정을 의미)이 일어나는 지에 대해 충분히 이해하시기 바랍니다.

2. 유보

유보 · △유보는 세무조정에 의하여 재무상태표상의 자산과 부채가 세무상의 자산과 부채와 차이가 발생하는 경우에 행해지는 소득처분이다. 즉 유보 · △유보는 기업회계상 자산의 과소 · 과대계상 · 부채의 과대 · 과소계상을 통해 자본이 과소 · 과대계상되어 있는 경우 세무조정을 통해 자산을 증가 · 감소시키고 부채를 감소 · 증가시켜 자본을 증가 · 감소시키는 세무조정의 소득처분을 말하며 그 금액이 기업외부에 유출되지 않고 기업내부에 남아 있는 것을 말한다.

기업회계상 자산(부채)가액±유보금액 = 세무회계상 자산(부채)가액

소득처분시 유보(또는 △유보)는 기업회계상 자산 · 부채와 세무회계상의 자산 · 부채와의 차이를 나타내는 것이다. 이는 당기와 당기 이후의 기업회계와 세무회계의 소득금액의 차이로 나타나지만 다른 의미로는 세무상 장부가액을 유보를 통해 구할 수 있게 된다. 법인세법에서 장부가액이란 의미는 특별한 언급이 없는 한 세무상의 가액을 말하므로 세무조정시 이를 고려하여야 한다.

① 재고자산평가손실손금불산입
② 감가상각비한도초과액
③ 퇴직급여충당부채한도초과액
④ 대손충당금한도초과액
⑤ 대손금요건불비손금불산입
⑥ 유가증권평가손익
⑦ 파생상품평가손익
⑧ 외화자산 · 부채평가손익
⑨ 미수수익익금불산입
⑩ 선급비용손금불산입

⑪ 일시상각충당금손금산입 등

이상에서 살펴본 바와 같이 유보는 기업회계상 자산 · 부채와 세무상의 자산 · 부채의 차이를 나타내는 것이므로 추후 사업연도 세무조정시 이월된 유보금액을 검토하여 익금불산입(손금산입) 또는 익금산입(손금불산입)으로 세무조정한다. 이러한 유보금의 변동사항은 자본금과 적립금조정명세서(을)[별지 제50호 서식(을)]에서 계속적으로 관리하게 된다.

중/점/사/항/

1. 소득금액조정합계표([별지 제15호 서식])
   유보, △유보의 구분없이 모두 유보로 표시한다.
2. 자본금과 적립금조정명세서(을)([별지 제50호 서식(을)])
   (1) 전기이월 유보금액의 추인

유보의 추인	당기 감소란에 (+)로 표시
△유보의 추인	당기 감소란에 △로 표시

   (2) 당기발생 유보금액

유보의 발생	당기 증가란에 (+)로 표시
△유보의 발생	당기 증가란에 △로 표시

3. 작성사례
   (1) 2024년 세무조정
   ① 감가상각비한도초과 손금불산입 · 7,500,000 · 유보
   ② 정기예금미수수익 익금불산입 · 3,000,000 · △유보
   (2) 2025년 세무조정
   ① 감가상각비손금추인 손금산입 · 2,500,000 · 유보
   ② 미수수익만기수령 익금산입 · 3,000,000 · 유보
   (3) 2024년 [별지 제50호(을)] 서식 작성

[별지 제50호 서식(을)] (99.5.24. 개정) (앞쪽)

사업연도	. . . . . .	자본금과 적립금조정명세서(을)	법인명	

※관리번호 - 사업자등록번호 - -
※ 표시란은 기입하지 마십시오.

세무조정유보소득 계산

①과목 또는 사항	②기초잔액	당기중증감		⑤기말잔액 (익기초현재)	비고
		③감소	④증가		
감가상각비			7,500,000	7,500,000	
미수수익			△3,000,000	△3,000,000	
합계			4,500,000	4,500,000	

⑷ 2025년 [별지 제50호(을)] 서식 작성

①과목 또는 사항	②기초잔액	당기중증감		⑤기말잔액 (익기초현재)	비고
		③감소	④증가		
감가상각비	7,500,000	2,500,000		5,000,000	
미수수익	△3,000,000	△3,000,000		-	
합계	4,500,000	△500,000		5,000,000	

3. 사외유출

익금산입 및 손금불산입으로 인한 세무조정사항이 사외로 유출된 경우는 귀속자에 따라 주주면 배당, 임직원이면 상여, 법인의 소득이나 개인사업자의 소득을 구성하면 기타사외유출, 그 이외는 기타소득으로 처분한다.

세무조정사항이 사외유출된 경우 세무상의 자산·부채와 장부상의 자산·부채가 일치하게 되므로 유보와는 달리 그 이후 사업연도의 세무조정에는 영향을 미치지 아니하나, 그 소득의 귀속자에게 소득세를 과세하게 되므로 법인에게는 법인세가, 귀속자에게는 소득세가 이중으로 부과되게 된다.

(1) 상여

각사업연도소득금액 계산상의 익금산입 또는 손금불산입으로 생긴 세무조정이 사외에 유출되어 직원 또는 임원에 귀속되었음이 분명한 경우는 해당 귀속자에게, 귀속이 불분명한 경우(기타사외유출로 처분하는 경우 제외)에는 대표자에게 귀속시켜 이를 잉여금처분에 의한 상여(인정상여)로 보게 된다.

1) 사례

① 임원상여금 한도초과액(급여지급기준 초과액)

② 가지급금인정이자

③ 증명불비경비

④ 임원퇴직금 한도초과액

⑤ 정관에 기재되지 아니한 발기인의 보수

⑥ 채권자불분명사채이자 및 지급받는 자가 불분명한 채권·증권의 이자와 할인

액 중 원천징수세액 이외의 금액

⑦ 귀속이 불분명한 매출누락

⑧ 추계결정시 당기순이익과 과세표준과의 차이

⑨ 임원 및 직원에 대한 저가양도 및 고가양수

⑩ 업무무관기업업무추진비 중 임직원사용액

⑪ 임직원의 골프 관련 비용 법인부담액

2) 사후관리

① 해당 법인 : 소득세 원천징수의무 발생

법인은 다음의 인정상여 지급의제일에 소득세를 원천징수하여 지급의제일 다음 달 10일까지 정부에 납부하여야 한다.

가. 신고조정시에 처분된 상여 : 법인세과세표준 신고기일

나. 결정 또는 경정시에 처분된 상여 : 소득금액 변동통지받은 날

② 귀속자(임원 · 직원) : 근로소득으로 종합소득세 과세

상여처분금액은 귀속자의 근로제공연도의 근로소득에 포함하여 종합소득에 합산하여 확정신고하여야 한다.

중/점/사/항/ 인정상여

1. 소득의 구분

법인세법상 인정상여로 소득처분된 금액은 소득세법 제20조에 의거 근로소득에 해당된다.

> 제20조【근로소득】① 근로소득은 해당 과세기간에 발생한 다음 각호의 소득으로 한다.
> 1. 근로를 제공함으로써 받는 봉급 · 급료 · 보수 · 세비 · 임금 · 상여 · 수당과 이와 유사한 성질의 급여
> 2. 법인의 주주총회 · 사원총회 또는 이에 준하는 의결기관의 결의에 따라 상여로 받는 소득
> 3. 법인세법에 따라 상여로 처분된 금액
> 4. 퇴직함으로써 받는 소득으로서 퇴직소득에 속하지 아니하는 소득

2. 근로소득의 귀속시기

해당 임원이나 직원이 근로를 제공한 날이 속하는 연도의 근로소득에 해당된다(소령 49 ① 1호). 이는 인정상여처분사례가 발생한 연도를 말한다.

3. 원천징수

회사는 인정상여처분자에 대해 '2.'의 귀속연도에 대한 연말정산을 다시 실시하여 추가계

산소득금액을 연말정산수정신고와 함께 납부하고 동액을 인정상여처분자로부터 회수하여야 한다(소통 135－192…3). 이 경우 해당 소득금액의 귀속사업연도소득에 대한 국세부과제척기간이 만료되면 원천징수의무도 소멸한다(서일－1079, 2004.8.5.).

4. 가산세 여부

'3.'의 연말정산수정신고기한(12월법인의 경우 4.10.을 의미)까지 수정신고 · 납부분에 대하여는 가산세가 부과되지 않으나 그 이후의 신고 · 납부분에 대하여는 가산세가 부과된다.

5. 종합소득세와의 연결

(1) 법인세신고조정시에 처분된 상여

연말정산수정신고내역이 종합소득신고기일 이전에 파악되므로 새로 계산된 근로소득금액을 기초로 타소득과 합산하여 종합소득세를 신고 · 납부한다.

(2) 법인세 결정 · 경정시 처분된 상여

소득금액변동통지서를 받은 날이 속하는 달의 다음 다음달 말일까지 새로 계산된 근로소득금액을 기초로 '2.'의 귀속연도에 대한 종합소득세수정신고를 하여야 한다(소령 134 ①).

6. 사례(가지급금인정이자)

(1) 자료

① ㈜수진 사업연도 : 2024.1.1.～2024.12.31.

② 대표이사 이수진 해당 가지급금인정이자 익금산입액 100,000,000원

③ 2024년 대표이사 근로소득 200,000,000원(인정이자금액 제외분)

(2) 세무조정 및 원천징수 등

① 세무조정

익금산입 · 인정이자 · 100,000,000 · 상여

② 원천징수

- 근로소득귀속시기 : 2024년
- 원천징수납부일 : 2025.4.10.
- 원천징수납부액 : 100,000,000원×38%＝38,000,000원

인정이자금액가산 후의 근로소득금액이 소득세율 38% 적용구간이므로 38% 적용

③ 특별징수

2025.4.10. 개인지방소득세 3,800,000원도 함께 납부

[별지 제55호 서식] (2011.2.28. 개정)

<table>
<tr><td rowspan="2">사업
연도</td><td rowspan="2">2024. 1. 1.
~
2024.12.31.</td><td rowspan="2">소득자료 [인정상여]
[인정배당] 명세서
[기타소득]</td><td>법인명</td><td>㈜수진</td></tr>
<tr><td>사업자등록번호</td><td></td></tr>
</table>

<table>
<tr><td rowspan="2">①소득
구분</td><td rowspan="2">②소득
귀속연도</td><td rowspan="2">③배당·상여 및
기타소득금액</td><td rowspan="2">④원천징수할
소득세액</td><td rowspan="2">⑤원천
징수일</td><td rowspan="2">⑥신고
여부</td><td colspan="2">소득자</td><td rowspan="2">⑨
비고</td></tr>
<tr><td>⑦성명</td><td>⑧주민등록번호</td></tr>
<tr><td>1</td><td>2024</td><td>100,000,000</td><td>38,000,000</td><td>2025.3.31.</td><td>여</td><td>이수진</td><td>660607－
1018313</td><td></td></tr>
<tr><td></td><td></td><td></td><td></td><td></td><td></td><td></td><td></td><td></td></tr>
<tr><td></td><td></td><td></td><td></td><td></td><td></td><td></td><td></td><td></td></tr>
<tr><td></td><td></td><td></td><td></td><td></td><td></td><td></td><td></td><td></td></tr>
<tr><td></td><td></td><td></td><td></td><td></td><td></td><td></td><td></td><td></td></tr>
<tr><td>계</td><td></td><td>100,000,000</td><td>38,000,000</td><td colspan="4"></td><td></td></tr>
</table>

작 성 방 법

1. "소득금액조정합계표(별지 제15호 서식)"의 ③소득처분란 중 배당 · 상여 및 기타소득을 소득자별로 구분하여 원천징수할 세액을 산출하여 적습니다.

2. ①소득구분란의 경우 인정상여는 1, 인정배당은 2, 기타소득은 3으로 적습니다.

3. ②소득귀속연도란은 인정상여 · 인정배당 · 기타소득의 귀속사업연도를 적습니다.

4. ⑤원천징수일란은 해당 소득에 대한 원천징수일을 적습니다.

5. ⑥신고여부란은 해당 소득에 대해 원천징수이행상황신고서를 통해 신고한 경우에는 "여", 신고하지 않은 경우에는 "부"를 적습니다. 다만, 연말정산을 통하여 원천징수한 경우에는 ④원천징수할 소득세액란에 세액을 "0", ⑥신고여부란은 "여", ⑨비고란에는 "연말정산 원천징수필"로 적습니다.

210mm×297mm[일반용지 70g/㎡(재활용품)]

(2) 배당

각사업연도소득금액 계산상의 익금산입 또는 손금불산입으로 생긴 세무조정이 사외에 유출되어 개인출자자(직원과 임원 제외)*에 귀속되었음이 분명한 경우(기타사외유출로 처분되는 경우 제외)는 그 해당 출자자에 귀속시켜 이를 잉여금처분에 의한 배당(인정배당)으로 본다.

* 직원과 임원이 해당 법인의 주주인 경우에는 소득처분이 상여와 배당이 동시에 해당되는데 이 경우에는 상여가 우선 적용된다. 또는 내국법인이 주주인 경우에는 배당과 기타사외유출이 동시에 해당되며 이때에는 기타사외유출로 소득처분한다(법기통 67－106…2).

1) 사례

① 출자자가 부담할 출연금을 부담한 경우

② 출자자에 대한 가지급금인정이자

③ 출자자에 대한 손금불산입기부금(법기통 67－106…6)

④ 출자자에 대한 저가양도 및 고가양수

2) 사후관리

① 해당 법인 : 소득세 원천징수의무 발생
상여처분과 동일

② 귀속자(주주) : 배당소득으로 종합소득세 과세
배당처분금액은 해당 법인의 해당 사업연도 결산확정일을 귀속자의 배당소득 귀속시기로 하여 종합소득에 합산과세(금융소득이 2,000만원 초과시) 해당시 종합소득세를 신고・납부하여야 한다.

3) 소득처분

귀속자가 개인주주인 경우에는 배당으로 소득처분하나 법인주주에 대하여는 기타사외유출로 소득처분한다.

(3) 기타소득

각사업연도소득금액 계산상의 익금산입 또는 손금불산입으로 생긴 세무조정소득이 사외에 유출되어 출자자・직원・임원 이외의 자에게 귀속되었음이 분명한 경우(기타사외유출로 처분되는 경우 제외)에는 그 귀속자에 대한 기타소득으로 처분한다.

1) 사례

① 출자자의 친족이 사용하는 사택의 유지관리비

② 출자자・직원・법인・사업영위 개인 이외의 개인에 대한 가지급금인정이자

③ 외국에 있는 자회사인 현지법인에 대한 소득처분

2) 사후관리

① 해당 법인 : 소득세 원천징수의무 발생
상여처분과 동일

② 귀속자(기타개인) : 기타소득으로 종합소득세 과세
기타소득처분금액은 해당 법인의 해당 사업연도 결산확정일을 귀속자의 기타소득 귀속시기로 하여 종합소득에 합산하여 확정신고하여야 한다.

> 제출서식 : [별지 제55호 서식]
> 세무조정시 상여・배당・기타소득으로 처분된 금액이 발생하면 회사는 [별지 제55호 서식] 소득자료 {인정상여 / 인정배당 / 기타소득} 명세서를 제출하여야 한다.

결산점검 *Check-list*

2024년 세무조정시 상여・배당・기타소득 처분에 대하여

1. (인정)상여

① 대상 : 소득처분이 임・직원(개인주주가 임・직원인 경우 포함)

② 귀속(수입)시기 : 2024년

③ 지급시기 : 2025.3.31.

④ 소득세계산 : 2024년 연말정산대상 근로소득에 합산하여 세액계산하여 2025.4.10. 3월분 원천세납부시 함께 납부

⑤ 근로소득 이외의 소득이 있는 경우
2025년 5월 31일까지 다른 소득과 근로소득을 합산하여 종합소득세 신고・납부하여야 함

2. (인정)배당

① 대상 : 소득처분이 개인주주인 경우

② 귀속(수입)시기 : 2025년

③ 지급시기 : 2025.3.31.

④ 원천징수 : 2025.4.10. (인정)배당금액의 14%(지방소득세 1.4% 별도) 원천징수 신

고 · 납부

⑤ 종합소득세 신고 · 납부
금융소득(이자 · 배당소득)이 2천만원 초과하는 경우에는 2026.5.31.까지 다른 소득금액에 (인정)배당금액을 포함하여 종합소득세 신고 · 납부하여야 함.
이때 10%의 배당가산액(Gross − up)을 적용해야 함에 유의

3. 기타소득

① 대상 : 소득처분이 임직원 및 개인주주의 친족인 경우
② · ③ : 상기 '2.'와 동일
④ 원천징수 : 2025.4.10. 기타소득금액의 20%(지방소득세 2% 별도) 원천징수 신고 · 납부
⑤ 종합소득세 신고 · 납부
기타소득금액이 3백만원 이상인 경우 2026.5.31.까지 다른 소득금액에 기타소득을 포함하여 종합소득세 신고 · 납부하여야 함.

(4) 기타사외유출

사외유출된 부분의 귀속자가 법인이거나 사업을 영위하는 개인으로써 유출된 금액이 해당 법인의 각사업연도소득을, 개인의 경우는 사업소득을 구성하는 경우에는 이를 기타사외유출로 한다.

한편, 다음의 세무조정사항은 조세정책목적에서 비용의 한도를 규제하거나 익금에 산입하는 항목이므로 그 소득의 귀속자가 따로 있다고 볼 수 없으므로 기타사외유출로 소득처분한다.

1) 사례(법정사유처분)

① 법인세 및 법인지방소득세와 농어촌특별세
② 벌금 및 과료
③ 법에서 정하는 공과금
④ 간주임대료의 익금산입액
⑤ 기부금의 손금불산입액
⑥ 기업업무추진비의 손금불산입액
⑦ 업무무관자산의 취득 · 보유 및 가지급금에 대한 차입금이자의 손금불산입액
⑧ 채권자가 분명하지 않은 사채의 이자로서 손금불산입되는 금액 중 동 이자에 대한 원천징수세액에 상당하는 금액
⑨ 수령자가 분명하지 않는 채권 등의 이자로서 손금불산입되는 금액 중 동 이자

에 대한 원천징수세액에 상당하는 금액

⑩ 귀속자가 불분명하여 대표자에게 상여처분한 경우에 있어서 해당 법인이 그 처분에 따른 소득세 등을 대납하고 이를 손비로 계상하거나 그 대표자와의 특수관계가 소멸될 때까지 회수하지 아니함에 따라 익금에 산입한 금액

⑪ 자본거래로 인하여 주주 등인 법인이 특수관계인인 다른 주주 등에게 이익을 분여한 경우로서 귀속자에게 상속세및증여세법에 의하여 증여세가 과세되는 금액

2) 사후관리

① 해당 법인 : 사후관리 없음

② 귀속자 : 소득의 귀속자가 법인 또는 개인사업자인 경우에는 법인세와 종합소득세가 과세되며 법정사유처분인 경우에는 납세의무 없음

(5) 기타

기타란 익금산입(또는 손금불산입) 및 손금산입(또는 익금불산입)으로 인한 세무상의 소득이 법인의 잉여금으로 계상되어 있어 사후관리가 불필요한 경우에 행하는 소득처분이다.

1) 사례

① 익금산입 · 기타의 경우

가. 자본잉여금으로 계상한 자기주식처분이익을 익금산입하는 경우

나. 미처분이익잉여금 계상시 전기이월이익잉여금에 가산한 전기오류수정이익을 익금산입하는 경우

다. 기타포괄손익누계액으로 계상한 매도가능증권평가이익을 익금산입하는 경우

라. 기타포괄손익누계액으로 계상한 유형자산재평가잉여금을 익금산입하는 경우

② 손금산입 · 기타의 경우

가. 국세 · 지방세 과오납금 환급금이자

나. 일반내국법인의 수입배당금액의 익금불산입액

2) 사후관리 : 없음

(6) 국제조세조정에 관한 법률상 소득처분

국조법 제6조(정상가격에 의한 신고 및 경정청구), 제9조(정상원가 분담액 등에 의

한 결정 및 경정), 제12조(체약상대국의 과세조정에 대한 대응조정) 및 제15조(사전승인 방법의 준수 등)에 따라 내국법인의 익금에 산입된 금액이 국외특수관계인으로부터 내국법인에 반환된 것임이 확인되지 아니하는 경우의 소득처분은 다음과 같다(국조법 13, 국조령 22~25).

① 임시유보

국조령 제22조에 따른 반환여부를 확인하기 전까지의 소득처분

② 출자의 증가

국제거래의 상대방인 국외특수관계인이 내국법인이 출자한 법인에 해당하는 경우

③ 이전소득 배당

국제거래의 상대방인 국외특수관계인이 내국법인의 주주에 해당하는 경우 및 이에 해당하지 않는 경우

사례 2

1. 수진㈜ 제10기 사업연도(2024.1.1.~2024.12.31.)

2. 전기로부터 이월된 세무상 유보금액의 기초잔액

(1) 대손충당금	10,000,000원
(2) 퇴직급여충당부채	20,000,000원
(3) 감가상각비	50,000,000원
(4) 대손금부인액	5,000,000원
(5) 제품평가감	3,000,000원
(6) 진행기준적용 매출차액	△6,000,000원
(7) 정기예금미수수익	△5,000,000원

3. 전기분 자본금과 적립금조정명세서(갑)상의 기말잔액

(1) 자본금	500,000,000원
(2) 재평가적립금	200,000,000원
(3) 이익준비금	100,000,000원
(4) 임의적립금	50,000,000원
(5) 배당금	100,000,000원
(6) 이월손익금	30,000,000원
(7) 손익미계상 법인세 등	
① 법인세	5,280,000원
② 법인지방소득세	528,000원

4. 당기 세무조정

(1) 익금산입

① 법인세비용	61,325,000원	(기타사외유출)
② 기업업무추진비한도초과	24,675,000원	(기타사외유출)
③ 대손충당금한도초과	12,000,000원	(유보)
④ 퇴직급여충당부채한도초과	5,000,000원	(유보)
⑤ 인정상여	10,000,000원	(상여)
⑥ 제품평가감부인액	5,000,000원	(유보)
⑦ 전기분 정기예금미수수익	3,000,000원	(유보)
⑧ 진행기준적용 매출차액	3,000,000원	(유보)
⑨ 기부금한도초과액	7,000,000원	(기타사외유출)

(2) 손금산입

① 전기대손충당금 손금추인	10,000,000원	(유보)
② 전기감가상각비 손금추인	20,000,000원	(유보)
③ 전기제품평가감 손금추인	3,000,000원	(유보)
④ 정기예금미수수익	4,000,000원	(유보)
⑤ 국세환급이자	1,000,000원	(기타)

5. 당기 중 자본금증가액 200,000,000원

동 자본금증가액은 액면금액기준 증자분으로서 해당 증자와 관련하여 신주발행비 5,000,000원이 발생하였다.

6. 손익계산서상 당기순이익 190,000,000원

7. 당기 손익미계상 법인세 등

(1) 법인세 3,000,000원

(2) 법인지방소득세 300,000원

8. 선납법인세

(1) 중간예납세액 20,000,000원

(2) 원천징수세액 10,000,000원

9. 조세특례제한법상 공제 · 감면은 없다.

10. 가산세는 없다.

11. 수진㈜은 법인세를 분납하고자 한다.

12. 당기 이익잉여금 처분내용

(1) 처분일 : 2025.3.20.

(2) 이익잉여금처분계산서

과 목	금 액	
Ⅰ. 미처분이익잉여금		220,000,000
1. 전기이월미처분이익잉여금	30,000,000	
2. 당기순이익	190,000,000	
Ⅱ.임의적립금 이입액		–
계(Ⅰ+Ⅱ)		220,000,000
Ⅲ. 이익잉여금처분액		160,000,000
1. 이익준비금	10,000,000	
2. 배당금	90,000,000	
3. 임의적립금	60,000,000	
Ⅳ. 차기이월미처분이익잉여금		60,000,000

■ 법인세법 시행규칙 [별지 제1호서식] (2023.3.20. 개정) 홈택스(www.hometax.go.kr)에서도 신고할 수 있습니다.

법인세 과세표준 및 세액신고서

※ 뒤쪽의 신고안내 및 작성방법을 읽고 작성하여 주시기 바랍니다. (앞쪽)

①사업자등록번호	123－81－45678		②법인등록번호		
③법인명	수진㈜		④전화번호		
⑤대표자성명	이수진		⑥전자우편주소		
⑦소재지					
⑧업태		⑨종목		⑩주업종코드	
⑪사업연도	2024.1.1. ～ 2024.12.31.		⑫수시부과기간	. . . ～ . . .	

⑬법인구분	①내국 2.외국 3.외투(비율 %)					⑭조정구분	①외부 2. 자기
⑮종류별구분	중소기업	일반: 중견기업	일반: 상호출자제한기업	일반: 그외기업	당기순이익과세	⑯외부감사대상	1. 여 ②부
						⑰신고구분	①정기신고
영리법인 상장법인	11	71	81	91			2. 수정신고(가.서면분석, 나.기타)
영리법인 코스닥상장법인	21	72	82	92			3. 기한후 신고
영리법인 기타법인	㉚	73	83	93			4. 중도폐업신고
비영리법인	60	74	84	94	50		5. 경정청구
⑱법인유형별구분				코드		⑲결산확정일	2025.3.20.
⑳신고일	2025.3.31.					㉑납부일	
㉒신고기한 연장승인	1. 신청일					2. 연장기한	

구분	여	부	구분	여	부
㉓주식변동	1	②	㉔장부전산화	①	2
㉕사업연도의제	1	②	㉖결손금소급공제 법인세환급신청	1	②
㉗감가상각방법(내용연수)신고서 제출	1	②	㉘재고자산등평가방법신고서 제출	1	②
㉙기능통화 채택 재무제표 작성	1	②	㉚과세표준 환산시 적용환율		
㉛동업기업의 출자자(동업자)	1	②	㉜한국채택국제회계기준(K－IFRS)적용	1	②
㊼기능통화 도입기업의 과세표준 계산방법			㊽미환류소득에 대한 법인세 신고	1	②
㊾성실신고확인서 제출	1	2			

구분	법인세: 법인세	법인세: 토지 등 양도소득에 대한 법인세	법인세: 미환류소득에 대한 법인세	법인세: 계
㉝수입금액	(10,560,980,000)			
㉞과세표준	283,000,000			
㉟산출세액	36,600,000			36,600,000
㊱총부담세액	36,600,000			36,600,000
㊲기납부세액	30,000,000			30,000,000
㊳차감납부할세액	6,600,000			6,600,000
㊴분납할세액				－
㊵차감납부세액				6,600,000

㊶조정반번호	I－1334	㊸조정자	성명	이 항 수
㊷조정자관리번호	T－39061		사업자등록번호	
			전화번호	508－6674

국세환급금 계좌 신고	㊹예입처	은행 (본)지점
	㊺예금종류	
	㊻계좌번호	예금

신고인은 「법인세법」 제60조 및 「국세기본법」 제45조, 제45조의2, 제45조의3에 따라 위의 내용을 신고하며, 위 내용을 충분히 검토하였고 신고인이 알고 있는 사실 그대로를 정확하게 적었음을 확인합니다.

2025년 3 월 31 일

신고인(법 인) 수진(주) (인)

신고인(대표자) 이수진 (서명)

세무대리인은 조세전문자격자로서 위 신고서를 성실하고 공정하게 작성하였음을 확인합니다.

세무대리인 이항수 (서명 또는 인)

세무서장 귀하

붙임 서류	1. 재무상태표 2. (포괄)손익계산서 3. 이익잉여금처분(결손금처리)계산서 4. 현금흐름표(「주식회사 등의 외부감사에 관한 법률」 제2조에 따른 외부감사의 대상이 되는 법인의 경우만 해당합니다), 5. 세무조정계산서	수수료 없 음

210mm×297mm[백상지 80g/㎡ 또는 중질지 80g/㎡]

[별지 제3호 서식] (2024.3.22. 개정) (앞쪽)

사업연도	2024. 1. 1. ~ 2024. 12. 31.	법인세 과세표준 및 세액조정계산서	법인명	
			사업자등록번호	

구분	항목		코드	금액
① 각 사업연도 소득계산	(101) 결산서상 당기순손익		01	190 000 000
	소득조정 금액	(102) 익금산입	02	124 000 000
		(103) 손금산입	03	38 000 000
	(104) 차가감소득금액 ((101)+(102)-(103))		04	276 000 000
	(105) 기부금한도초과액		05	7 000 000
	(106) 기부금한도초과이월액 손금산입		54	
	(107) 각 사업연도소득금액 ((104)+(105)-(106))		06	283 000 000
② 과세표준 계산	(108) 각 사업연도소득금액 ((108)=(107))			283 000 000
	(109) 이월결손금		07	
	(110) 비과세소득		08	
	(111) 소득공제		09	
	(112) 과세표준 ((108)-(109)-(110)-(111))		10	283 000 000
	(159) 선박표준이익		55	
③ 산출세액 계산	(113) 과세표준((112)+(159))		56	283 000 000
	(114) 세율		11	
	(115) 산출세액		12	36 600 000
	(116) 지점유보소득 (「법인세법」 제96조)		13	
	(117) 세율		14	
	(118) 산출세액		15	
	(119) 합계((115)+(118))		16	36 600 000
④ 납부할 세액계산	(120) 산출세액((120)=(119))			36 600 000
	(121) 최저한세 적용대상 공제감면세액		17	
	(122) 차감세액		18	
	(123) 최저한세 적용제외 공제감면세액		19	
	(124) 가산세액		20	
	(125) 가감계((122)-(123)+(124))		21	36 600 000
	기납부세액 - 기한내납부세액	(126) 중간예납세액	22	20 000 000
		(127) 수시부과세액	23	
		(128) 원천납부세액	24	10 000 000
		(129) 간접투자회사등의 외국납부세액	25	
		(130) 소계 ((126)+(127)+(128)+(129))	26	30 000 000
		(131) 신고납부전가산세액	27	
		(132) 합계((130)+(131))	28	30 000 000
	(133) 감면분추가납부세액		29	
	(134) 차감납부할세액 ((125)-(132)+(133))		30	6 600 000
⑤ 토지 등 양도소득에 대한 법인세 계산	양도차익	(135) 등기자산	31	
		(136) 미등기자산	32	
	(137) 비과세소득		33	
	(138) 과세표준 ((135)+(136)-(137))		34	
	(139) 세율		35	
	(140) 산출세액		36	
	(141) 감면세액		37	
	(142) 차감세액((140)-(141))		38	
	(143) 공제세액		39	
	(144) 동업기업 법인세 배분액 (가산세 제외)		58	
	(145) 가산세액 (동업기업 배분액 포함)		40	
	(146) 가감계((142)-(143)+(144)+(145))		41	
	기납부세액	(147) 수시부과세액	42	
		(148) (　　　) 세액	43	
		(149) 계 ((147)+(148))	44	
	(150) 차감납부할세액((146)-(149))		45	
⑥ 미환류소득 법인세	(161) 과세대상 미환류소득		59	
	(162) 세율		60	
	(163) 산출세액		61	
	(164) 가산세액		62	
	(165) 이자상당액		63	
	(166) 납부할세액((163)+(164)+(165))		64	
⑦ 세액계	(151) 차감납부할 세액계 ((134)+(150)+(166))		46	6 600 000
	(152) 사실과 다른 회계처리 경정 세액공제		57	
	(153) 분납세액계산범위액 ((151)-(124)-(133)-(145)-(152)+(131))		47	
	(154) 분납할 세액		48	6 600 000
	(155) 차감납부세액 ((151)-(152)-(154))		49	6 600 000

210mm×297mm[백상지 80g/㎡ 또는 중질지 80g/㎡]

[별지 제15호 서식] (2022.3.18. 개정) (앞 쪽)

사업연도	2024. 1. 1. ~ 2024.12.31.	소득금액조정합계표	법 인 명	수진㈜
			사업자등록번호	

익금산입 및 손금불산입				손금산입 및 익금불산입			
①과목	②금액	③소득처분		④과목	⑤금액	⑥소득처분	
		처분	코드			처분	코드
법인세비용	61 325 000	기타사외유출	500	대손충당금	10 000 000	유보	100
기업업무추진비 한도초과	24 675 000	〃	500	감가상각비	20 000 000	〃	100
대손충당금 한도초과	12 000 000	유보	400	제품평가감	3 000 000	〃	100
퇴직급여충당부채한도초과	5 000 000	〃	400	미수수익	4 000 000	〃	100
인정상여	10 000 000	상여	100	국세환급이자	1 000 000	기타	200
제품평가감	5 000 000	유보	400				
미수수익	3 000 000	〃	400				
진행기준적용 매출차액	3 000 000	〃	400				
합계	124 000 000			합계	38 000 000		

→ 별지 제3호 서식 (102)로 대체

→ 별지 제3호 서식 (103)으로 대체

■ 법인세법 시행규칙 [별지 제50호서식(갑)] (2022.3.18. 개정) (앞쪽)

사 업 연 도	2024. 1. 1. ~ 2024.12.31.	자본금과 적립금조정명세서(갑)	법 인 명	수진(주)
			사업자등록번호	

Ⅰ. 자본금과 적립금 계산서

①과목 또는 사항		코드	②기초잔액	당기중증감		⑤기 말 잔 액	비 고
				③감 소	④증 가		
자본금 및 잉여금 등의 계산	1. 자 본 금	01	500,000,000		200,000,000	700,000,000	
	2. 자 본 잉 여 금	02	200,000,000	5,000,000		195,000,000	
	3. 자 본 조 정	15					
	4. 기타포괄손익누계액	18					
	5. 이 익 잉 여 금	14	280,000,000	100,000,000	190,000,000	370,000,000	
		17					
	6. 계	20	980,000,000	105,000,000	390,000,000	1,265,000,000	
7. 자본금과 적립금명세서 (을)+(병) 계		21	77,000,000	27,000,000	18,000,000	68,000,000	
손익 미계상 법인세 등	8. 법 인 세	22	5,280,000	5,280,000	3,000,000	3,000,000	
	9. 지 방 소 득 세	23	528,000	528,000	300,000	300,000	
	10. 계 (8+9)	30	5,808,000	5,808,000	3,300,000	3,300,000	
11. 차 가 감 계(6+7－10)		31	1,051,192,000	126,192,000	404,700,000	1,329,700,000	

Ⅱ. 이월결손금 계산서

1. 이월결손금 발생 및 증감내역

⑥사업연도	이월결손금					감소내역				잔액		
	발생액			⑩소급공제	⑪차감계	⑫기공제액	⑬당기공제액	⑭보전	⑮계	⑯기한 내	⑰기한경과	⑱계
	⑦계	⑧일반결손금	⑨배분한도초과결손금(⑨=㉕)									
계												

2. 법인세 신고 사업연도의 결손금에 동업기업으로부터 배분한도를 초과하여 배분받은 결손금(배분한도 초과결손금)이 포함되어 있는 경우 사업연도별 이월결손금 구분내역

⑲법인세 신고 사업연도	⑳동업기업 과세연도 종료일	㉑손금산입한 배분한도 초과 결손금	㉒법인세 신고 사업연도 결손금	배분한도 초과결손금이 포함된 이월결손금 사업연도별 구분			
				㉓합 계 (㉓=㉕+㉖)	배분한도 초과결손금 해당액		㉖법인세 신고 사업연도 발생 이월결손금 해당액 (⑧일반결손금으로 계상) (㉑≥㉒의 경우는 "0", ㉑ < ㉒의 경우는 ㉒－㉑)
					㉔이월결손금 발생 사업연도	㉕이월결손금 (㉕=⑨) ㉑과㉒ 중 작은 것에 상당하는 금액	

Ⅲ. 회계기준 변경에 따른 자본금과 적립금 기초잔액 수정

㉗과목 또는 사항	㉘코드	㉙전기말 잔액	기초잔액 수정		㉜수정후 기초잔액 (㉙+㉚－㉛)	㉝비 고
			㉚증가	㉛감소		

210mm×297mm[일반용지 70g/㎡(재활용품)]

* 서식상 '6. 계'와 기업회계상 자본총계

'⑤기말잔액'란은 표준F/P의 자본금 등과 일치하도록 규정하고 있다. 또한 표준F/P도 자본총계는 일반기업회계기준과 같이 이익잉여금을 처분하기 전의 내용을 반영하므로 자본금 등 각 과목의 기초금액, 기말금액 및 변동내용은 기업회계와 일치한다.

[별지 제50호 서식(을)] (1999.5.24. 개정) (앞 쪽)

사 업 연 도	2023. 1. 1. ~ 2023.12.31.	자본금과 적립금조정명세서(을)	법인명	수진㈜

※ 관리번호 □□-□□ 사업자등록번호 □□□-□□-□□□□□

※표시란은 기입하지 마십시오.

세무조정유보소득 계산

①과목 또는 사항	②기초잔액	당기 중 증감		⑤기말잔액 (익기초 현재)	비 고
		③감 소	④증 가		
대손충당금	10,000,000	10,000,000	12,000,000	12,000,000	
퇴직급여충당부채	20,000,000		5,000,000	25,000,000	
감가상각비	50,000,000	20,000,000		30,000,000	
대손금	5,000,000			5,000,000	
제품평가감	3,000,000	3,000,000	5,000,000	5,000,000	
진행기준적용매출차액	△6,000,000	△3,000,000		△3,000,000	
미수수익	△5,000,000	△3,000,000	△4,000,000	△6,000,000	
합 계	77,000,000	27,000,000	18,000,000	68,000,000	

22226－84011일 → [별지 제50호 서식(갑)] ①의 7.로 대체 210㎜×297㎜

99.4.1. 개정승인 (신문용지 54g/㎡(재활용품))

VI. 전자신고

상세한 내용은 「홈택스 이용에 관한 규정」(국세청고시 제2020－39호, 2020.12.30.)을 참조하며, 외부감사대상 법인이 법인세 과세표준과 세액을 전자신고하는 때에는 그 신고서에 대표자가 서명날인하여 서면으로 납세지 관할세무서장에게 제출하여야 한다(법령 97 ① 후단).

(1) 전자신고란 해당 법인 또는 세무대리인이 과세표준신고서 등 [규정 별표 1] 「전자신고 이용 제출대상 신고서류」를 법정신고기간(공휴일 포함)의 매일 06시부터 24시까지 국세정보통신망(www.hometax.go.kr)에 의하여 신고하는 것을 말한다(국기법 2 19호, 규정 2 2호, 14).

(2) 전자신고가 곤란한 관련 서류의 제출 : 전자신고가 곤란한 관련서류는 [규정 별지 제2호] 「전자신고 외 첨부서류제출」에 해당 서류를 편철하여 다음 기한 내에 납세지 관할세무서장에게 직접 제출하거나 우편으로 발송하여야 한다(규정 11).

1. 제출기한이 10일 이내에서 연장되는 경우(국기법 5의2 ③)에는 그 연장된 제출기한*
   * 법인세 전자신고시 제출기한을 연장하는 서류 고시(국세청고시 제2022－1호, 2022.2.1.) : 다음 법인은 전자신고하는 법인세과세표준 및 세액신고와 관련한 서류 중 기업회계기준을 준용하여 작성한 재무상태표 · 포괄손익계산서 및 이익잉여처분계산서(또는 결손금처리계산서)의 부속서류(결산보고서 및 부속명세서를 말함)의 제출기한을 10일 연장하며, (별지 제1호서식) "법인세 전자신고에 따른 제출기한 연장서류 제출"에 의하여 제출하거나 국세청 홈택스를 통해 전자제출하여야 한다.

   ㉠ 「주식회사 등의 외부감사에 관한 법률」 제2조의 규정에 해당하는 법인
   ㉡ 주식회사 이외의 법인으로서 직전 사업연도말의 자산총액(비영리법인은 수익사업부문의 자산총액)이 100억원 이상인 법인
   ㉢ '㉠ · ㉡' 외의 법인으로서 해당 사업연도의 수입금액이 30억원 이상인 법인
2. 그밖의 경우에는 각 세법에서 규정한 제출기한

(3) 그밖의 사항

1. 전자신고를 한 경우에는 신고서가 정상적으로 전송 · 접수되었는지를 확인하여야 하며, 접수증을 출력하여 보관하여야 한다(규정 13).
2. 전자신고 이용대상자가 같은 신고기간에 같은 납세자의 전자신고내용을 변경하여 다시 전자신고하는 경우에는 최종 전자신고한 내용이 정당하게 신고된 것으로 본다(규정 15 ①).
3. 전자신고한 후 같은 신고서를 서면으로 제출하는 경우에는 신고서 상단 우측여백에 "전자신고필"이라고 표시하여야 한다(규정 15 ②).

4. 전자 신고 후 신고서를 정정하여 서면으로 세무서에 제출하는 경우에는 신고서 상단 우측여백에 "전자신고 내용변경"이라고 표시하여야 한다(규정 15 ③).
5. 전자신고 이용대상자가 전자신고 후 신고내용에 변경사유가 발생하여 신고기한 내에 제5조 제3항에 따라 서면으로 변경신고 한 경우 등, 전자신고서에 대한 삭제사유가 발생한 경우에는 법정신고기한 후 2일 이내(토요일, 공휴일, 근로자의 날은 산정에서 제외)]에 [규정 별지 제3호] 「전자신고자료 삭제요청서」서식으로 전자신고 자료의 삭제를 요청할 수 있다(규정 16).

[별지 제1호 서식]

법인세 전자신고에 따른 제출기한 연장 서류 제출

수 신 : 세무서장
참 조 : 법인납세과장(재산법인납세과장 또는 세원관리과장)

법인세 과세표준 및 세액을 전자신고 함에 따라 전자적으로 제출할 수 없는 재무상태표 · 포괄손익계산서 및 이익잉여금처분계산서(또는 결손금처리계산서)의 부속서류를 붙임과 같이 제출합니다.

아 래

1. 인적사항

○ 법 인 명 :	○ 사업자등록번호 :
○ 대 표 자 :	○ 법인등록번호 :
○ 전화번호 :	○ 소 재 지 :

2. 첨부서류
- ○
- ○
- ○

20 . . .

제 출 자 : (서명 또는 인)

사용자ID :

사업자등록번호 :

법 인 명 : (인)

VII. 성실신고 확인대상

1. 성실신고 확인대상 법인

2018.1.1. 이후 개시하는 사업연도부터 다음의 어느 하나에 해당하는 내국법인은 법인세 과세표준과 세액을 신고할 때 세무사 등이 확인하고 작성한 성실신고확인서를 납세지 관할 세무서장에게 제출하여야 한다. 다만 외감법 제4조에 따라 회계감사를 받은 내국법인은 이를 제출하지 아니할 수 있다(법 60의2 ①).

(1) 다음 요건을 모두 갖춘 내국법인(영 97의4 ②, 영 39 ③)

① 해당 사업연도 종료일 현재 내국법인의 제43조 제7항에 따른 지배주주등이 보유한 주식등의 합계가 해당 내국법인의 발행주식총수 또는 출자총액의 100분의 50을 초과할 것

② 해당 사업연도에 부동산 임대업을 주된 사업으로 하거나 다음 각 목의 금액 합계가 기업회계기준에 따라 계산한 매출액(가목부터 다목까지에서 정하는 금액이 포함되지 아니한 경우에는 이를 포함하여 계산한다)의 100분의 50 이상일 것

가. 부동산 또는 부동산상의 권리의 대여로 인하여 발생하는 소득의 금액(「조세특례제한법」 제138조 제1항에 따라 익금에 가산할 금액을 포함한다)

나. 「소득세법」 제16조 제1항에 따른 이자소득의 금액

다. 「소득세법」 제17조 제1항에 따른 배당소득의 금액

③ 해당 사업연도의 상시근로자 수가 5명 미만일 것

(2) 사업용고정자산을 현물출자하여 법인으로 전환한 내국법인

① 소득세법 제70조의2 제1항에 따른 성실신고확인대상사업자가 사업용고정자산의 현물출자 및 사업의 양도 · 양수 등의 방법에 따라 내국법인으로 전환한 내국법인(사업연도 종료일 현재 법인으로 전환한 후 3년 이내의 내국법인으로 한정. 영 97의4 ③). 이때 성실신고확인대상사업자는 해당 내국법인의 설립일이 속하는 연도 또는 직전 연도에 소득세법 제70조의2에 따른 성실신고확인대상사업자에 해당하는 경우로 한다.

② ①에 따라 전환한 내국법인이 그 전환에 따라 경영하던 사업을 ①에서 정하는

방법으로 인수한 다른 내국법인(①에 따른 전환일부터 3년 이내인 경우로서 그 다른 내국법인의 사업연도 종료일 현재 인수한 사업을 계속 경영하고 있는 경우로 한정)

2. 성실신고확인자

성실신고확인서는 세무사(공인회계사 포함), 세무법인 또는 회계법인(이하 세무사 등)이 과세표준금액의 적정성을 확인하고 작성하여야 한다(영 97의4 ①).

3. 성실신고확인서의 제출

위 '1.'에 따른 내국법인이 성실신고확인서를 제출하는 경우에는 법인세 과세표준과 세액을 각 사업연도 종료일이 속하는 달의 말일부터 4개월 이내에 납세지 관할 세무서장에게 신고하여야 한다(법 60의2 ②).
납세지관할 세무서장은 제출된 성실신고확인서에 미비한 사항 또는 오류가 있을 때에는 보정할 것을 요구할 수 있다(법 60의2 ③).

4. 제출서류

「별지 제63호의16 ⑴ 서식」 성실신고확인서
「별지 제63호의16 ⑵ 서식」 성실신고 확인결과 주요항목 명세서
「별지 제63호의16 ⑶ 서식」 성실신고 확인결과 특이사항 기술서
「별지 제63호의16 ⑷ 서식」 성실신고 확인결과 사업자 확인사항

[별지 제63호의 16 서식(1)] (2018.3.21. 신설)

사 업 연 도	. . ~ . . .	성실신고확인서	법 인 명	
			사업자등록번호	

1. 성실신고확인대상법인			
① 법인명		② 사업자등록번호	- -
③ 대표자성명		④ 법인등록번호	-
⑤ 업 종	(주업종코드 :)		
⑥ 소재지			

2. 성실신고확인자(세무사, 공인회계사, 세무법인, 회계법인)			
⑥ 상 호		⑦ 사업자등록번호	- -
⑧ 성 명		⑨ 관 리 번 호	-
⑩ 소재지			

3. 확인내용

위 성실신고확인대상 법인의 비치·기록된 장부와 증명서류에 의하여 계산한 수입금액, 비용의 계상 등 과세표준과 세액에 대하여「법인세법」제60조의2 제1항에 따라 성실하게 확인하였음을 확인합니다.

년 월 일

성실신고확인자 (서명 또는 인)

신고인은「법인세법」제60조의2 제1항에 따라 위 성실신고확인자로부터 성실신고확인을 받고 그 확인서를 제출합니다.

년 월 일

성실신고확인대상 법인 (서명 또는 인)

세무서장 귀하

첨부 서류	1. 성실신고 확인결과 주요항목 명세서 2. 성실신고 확인결과 특이사항 기술서 3. 성실신고 확인결과 법인사업자 확인사항

210mm×297mm[백상지 80g/㎡ 또는 중질지 80g/㎡]

VIII. 법인세의 납부

1. 납부기한 및 납부방법

법인세 과세표준의 신고기한 내에 국세징수법에 의한 납부서에 의해 한국은행(국고수납대리점 포함) 또는 체신관서에 자진납부하여야 한다(법법 64 ① 후문).
세액의 납부시 국고금단수(=끝자리수)계산법에 의해 원단위를 절사하고 납부한다.

(1) 납부기한의 연장

신고기한 연장사유와 동일한 사유에 해당되는 경우 연장가능하며, 관할세무서장은 납부세액상당의 납세담보의 제공을 요구할 수 있음(국기법 6 ②, 국기령 2 ②).

(2) 국세전자납부

① 국고금 출납사무를 취급하는 금융회사 등 또는 신용카드회사를 통하여 인터넷, 전화통신장치(ARS), 자동입출금기(ATM) 등 전자매체에 의한 계좌이체 납부가 능하다(국징령 9 ①).

② 전자납부는 국세정보통신망(www.hometax.go.kr)에서 공인인증서를 통하여 본인 확인절차를 거친 자가 이용할 수 있으며, 국세정보통신망에 저장된 납부정보를 금융결제원의 인터넷지로시스템과 연계하여 납세자가 계좌이체방식으로 금융결제원의 인터넷 지로시스템 이용시간 동안 납부 가능하다(홈택스 이용에 관한 규정 23~25).

(3) 신용카드 등에 의한 납부

신고 또는 고지세액에 대하여는 국세납부대행기관(금융결제원)을 통하여 신용카드·직불카드, 통신과금서비스 등으로 납부할 수 있으며, 이 경우 승인일을 납부일로 본다[국기법 46의2, 국기령 26의2, 국세징수사무처리규정(국세청훈령 제2531호, 2022.11.8.)].

2. 분납

자진납부세액(토지 등 양도소득에 대한 법인세 및 미환류소득에 대한 법인세 포함)*이 1천만원을 초과하는 경우에는 다음에 해당하는 금액을 납부기한이 경과한 날로부터 1개월[중소기업(조특령 2)의 경우에는 2개월] 이내에 분납할 수 있다(법법 64 ②, 법령 101 ②).

① 납부세액이 2천만원 이하인 때 : 1천만원을 초과하는 금액

② 납부세액이 2천만원을 초과하는 때 : 납부세액의 50% 이하의 금액

* 자진납부세액 = (법인세 산출세액 + 토지 등 양도소득에 대한 법인세) + 미환류소득에 대한 법인세 − [해당 사업연도 감면세액 + 기납부세액] ⇒ 따라서 가산세와 공제감면분 추가납부세액은 분납대상이 아님(통칙 64−0…3).

IX. 농어촌특별세의 신고 · 납부

1. 농어촌특별세의 납부의무 있는 법인

조세특례제한법에 의하여 다음의 감면혜택을 받는 법인은 법인세를 신고 · 납부하는 때에 법인세의 납세지에 농어촌특별세를 신고 · 납부하여야 한다(농특법 3 · 6 · 7).

① 세액공제, 세액면제 또는 감면

② 비과세 및 소득공제

③ 조합법인 등에 대한 법인세 특례세율의 적용

2. 법인세에 대한 농어촌특별세의 과세표준과 세율

(1) 세액공제 · 면제 · 감면을 받는 경우

세액공제 · 면제 또는 감면받은 금액* × 세율(20%)

* 최저한세의 적용으로 감면배제된 금액을 제외

• 세액공제액을 다음 사업연도 이후 이월하여 공제하는 경우 해당 사업연도에 실제로 공제받은 세액에 대하여 농어촌특별세를 부과함(법인 46012 − 1047, 1996.4.12.).

(2) 비과세 · 소득공제를 받는 경우

$$\left(\boxed{\text{각 사업연도 소득의 과세표준 + 비과세 · 소득공제금액}} \times \boxed{\text{법인세율}} - \boxed{\text{각 사업연도 소득의 과세표준}} \times \boxed{\text{법인세율}} \right) \times \boxed{\text{세율 (20\%)}}$$

(3) 조합법인 등 당기순이익과세법인

$$\left(\boxed{\text{조합법인 등 과세표준}} \times \boxed{\text{일반 법인세율}} - \boxed{\text{조합법인 등 과세표준}} \times \boxed{\text{9\% 또는 12\% (조특법 72)}} \right) \times \boxed{\text{세율 (20\%)}}$$

3. 농어촌특별세의 비과세

다음의 감면혜택에 대하여는 농어촌특별세가 과세되지 않는다.

(1) 세액면제 · 감면

① 창업중소기업 · 창업벤처중소기업 등 세액감면(조특법 6)
② 중소기업 특별세액감면(조특법 7)
③ 중소기업 기술이전소득세액감면(조특법 12 ①)
④ 연구개발특구 입주 첨단기술기업 등에 대한 세액감면(조특법 12의2)
⑤ 공공차관도입에 따른 법인세 감면(조특법 20)
⑥ 외국법인의 국제금융거래 이자소득에 대한 법인세 면제(조특법 21)
⑦ 수도권 밖으로 공장을 이전하는 기업에 대한 세액감면(조특법 63)
⑧ 수도권 밖으로 본사를 이전하는 법인에 대한 세액감면(조특법 63의2)
⑨ 농공단지입주기업 세액감면(조특법 64)
⑩ 영농조합법인에 대한 법인세 면제(조특법 66)
⑪ 영어조합법인에 대한 법인세 면제(조특법 67)
⑫ 농업회사법인에 대한 법인세 면제(조특법 68)
⑬ 위기지역 창업기업에 대한 법인세 감면(조특법 99의9)
⑭ 해외진출기업의 국내복귀에 대한 법인세 감면(조특법 104의24)
⑮ 외국인투자기업에 대한 법인세 감면(조특법 121의2)

(2) 세액공제

① 연구 · 인력개발비 세액공제(조특법 10)

② 고용유지중소기업 세액공제(조특법 30의3)

③ 중소기업 고용증가인원 사회보험료 세액공제(조특법 30의4)

④ 전자신고세액공제(조특법 104의8)

[별지 제2호 서식] (2024.3.22. 개정)

농어촌특별세 과세표준 및 세액신고서

※ 뒤쪽의 신고안내 및 작성방법을 읽고 작성하여 주시기 바랍니다. (앞쪽)

1. 신고인 인적사항

①소 재 지					
②법 인 명	수진(주)		③대 표 자 성 명	이수진	
④사업자등록번호	123－81－45678	⑤사업연도	2024.1.1.~2024.12.31.	⑥전 화 번 호	

2. 농어촌특별세 과세표준 및 세액 조정내역

⑦과 세 표 준	100,000,000주1)	
⑧산 출 세 액	20,000,000	
(미납세액, 미납일수, 세율) ⑨가 산 세 액	(, , 2.2/10,000)	
⑩총 부 담 세 액	20,000,000	
⑪기 납 부 세 액		
⑫환 급 예 정 세 액		
⑬차 감 납 부 할 세 액	20,000,000	
⑭분 납 할 세 액	10,000,000주2)	
⑮차 감 납 부 세 액	10,000,000	
⑯충 당 후 납 부 세 액		
⑰국 세 환 급 금 충 당 신 청	환 급 법 인 세	
	충당할 농어촌특별세	

신고인은 「농어촌특별세법」 제7조에 따라 위의 내용을 신고하며, 위 내용을 충분히 검토하였고 신고인이 알고 있는 사실 그대로를 정확하게 적었음을 확인합니다.

2025년 3월 31일

신고인(대표자) 이수진 (서명 또는 인)

세무대리인은 조세전문자격자로서 위 신고서를 성실하고 공정하게 작성하였음을 확인합니다.

세무대리인 이항수 (서명 또는 인)

세무서장 귀하

210mm×297mm[백상지 80g/㎡ 또는 중질지 80g/㎡]

주1) 고용창출투자세액공제 1억원

주2) 농어촌특별세의 분납

① 농어촌특별세액이 500만원 초과 1천만원 이하인 경우 : 500만원 초과금액

② 농어촌특별세액이 1천만원을 초과하는 경우 : 100분의 50 이하금액

* 법인세가 1,000만원을 초과하지 아니하여 분납하지 못하는 경우에도 농어촌특별세액이 500만원을 초과하는 경우에는 분납할 수 있다.

X. 법인지방소득세의 신고 · 납부

Key Point

1. 지방세법의 구성

지방세법은 다음과 같이 지방세법, 지방세기본법, 지방세징수법 및 지방세특례제한법으로 구성된다.

(1) 지방세법

지방세법은 지방자치단체가 과세하는 지방세 각 세목의 과세요건 및 부과징수, 그밖에 필요한 사항을 규정한다(지법 1).

(2) 지방세기본법(제정 2010.3.31. 법률 제10219호)

지방세기본법은 지방세에 관한 기본적 사항과 부과 · 징수에 필요한 사항 및 위법 또는 부당한 처분에 대한 불복절차와 지방세 범칙행위에 대한 처벌에 관한 사항 등을 규정함으로써 지방세에 관한 법률관계를 확실하게 하고, 공정한 과세를 추구하며, 지방자치단체 주민의 납세의무의 원활한 이행에 기여함을 목적으로 한다(지기법 1).

(3) 지방세징수법(제정 2016.12.27. 법률 제14476호)

지방세징수법은 지방세 징수에 필요한 사항을 규정함으로써 지방세수입을 확보함을 목적으로 한다.

(4) 지방세특례제한법(제정 2010.3.31. 법률 제10220호)

지방세특례제한법은 지방세 감면 및 특례에 관한 사항과 이의 제한에 관한 사항을 규정하여 지방세 정책을 효율적으로 수행함으로써 건전한 지방재정 운영 및 공평과세 실현에 이바지함을 목적으로 한다(지특법 1).

2. 개인 · 법인지방소득세의 독립세방식으로의 전환

2013년까지는 거주자가 부담하는 소득세와 법인이 부담하는 법인세에 대해 10%의 지방소득세가 부과 · 징수되었는데 2014.1.1. 이후 최초로 사업연도(과세기간)가 시작되어 납세의무가 성립하는 분부터는 독립세방식으로 전환되었습니다. 이는 2014년부터 지방소득세의 계산이 소득세 및 법인세의 결정세액에 10%를 곱하여 계산하는 것이 아니라 지방세법 자체의 세액계산절차에 의해 개인과 법인에 대한 지방소득세가 산출됨을 의미합니다.

3. 법인지방소득세계산시 세액감면 · 공제적용 여부

(1) 법인세법상 결정세액의 계산

= 법인세산출세액 − 세액감면 · 공제 + 가산세

2013년 까지는 법인세결정세액의 10%를 법인지방소득세로 부과 · 징수됨

(2) 2014년 이후 법인지방소득세의 계산

법인지방소득세 산출세액[(법인세법상 과세표준 − 외국법인세액) × 0.9% ~ 2.4%]

− 세액감면 · 공제(지방세특례제한법상)

+ 가산세(지방세법 103의30 및 지방세기본법상)

= 법인지방소득세 부담세액

현재 지방세특례제한법에는 법인지방소득세에 대한 세액감면 · 공제에 대한 규정이 없습니다(개인지방소득세에 대한 세액공제 · 감면규정은 있음). 그러므로 2014년부터 2013년과는 달리 법인세과세표준의 0.9%~2.4%를 법인지방소득세로 부담하여야 하며 법인세에 대한 세액공제 · 감면액에 대하여는 지방세법상 혜택을 주지 않는다는 것에 유의하여야 합니다.

1. 법인지방소득세의 납세의무자

법인세법에 따른 법인세납세의무자는 지방소득세의 납부의무가 있다(지법 86 ①). 내국법인 및 외국법인의 법인지방소득은 다음 각 호와 같이 구분하고, 법인의 종류에 따른 소득의 범위는 법인세법 제3조에서 정하는 바에 따른다(지법 87 ③, 지법 103의31 ⑤).

① 각 사업연도의 소득

② 청산소득

③ 양도소득

④ 미환류소득

2. 사업연도

법인지방소득세의 사업연도는 법인세의 사업연도와 일치한다(지법 88 ②).

3. 법인종류별 납세의무

<table>
<tr><th colspan="2">구 분</th><th>각사업연도소득</th><th>토지 등 양도소득</th><th>청산소득</th><th>미환류소득</th></tr>
<tr><td rowspan="2">내국법인</td><td>영리법인</td><td>국내외 모든 소득</td><td rowspan="4">과세</td><td>과세</td><td>과세</td></tr>
<tr><td>비영리법인</td><td>국내외 수익사업소득</td><td rowspan="3">과세 제외</td><td rowspan="4">과세제외</td></tr>
<tr><td rowspan="2">외국법인</td><td>영리법인</td><td>국내 원천소득</td></tr>
<tr><td>비영리법인</td><td>국내 수익사업소득</td></tr>
<tr><td colspan="2">국가, 지방자치단체 등</td><td colspan="3">과세 제외(단, 외국정부 및 외국지방자치단체는 비영리법인으로 보아 과세)</td></tr>
</table>

4. 법인지방소득세(내국법인)의 계산절차

각 사업연도의 소득금액	(법인세법상 각 사업연도의 소득금액임)
- 이월결손금	(법인세법상 금액임)
- 비과세소득	(〃)
- 소득공제	(〃)
= 법인세법상 과세표준금액	
- 외국법인세액	
= 각 사업연도의 소득에 대한 법인지방소득세 과세표준	
× 세율	(0.9%～2.4%)
= 각 사업연도의 소득에 대한 법인지방소득세 산출세액	
+ 토지 등 양도소득에 대한 법인지방소득세 산출세액	(토지 등 양도소득이 있으면 토지 등 양도소득의 1%(미등기 자산은 4%)를 산출세액에 합산)
+ 기업의 미환류소득에 대한 법인지방소득세 산출세액	(미환류소득에 대한 법인세액의 10%를 산출세액에 합산)
- 세액감면 및 세액공제	(지방세특례제한법에 따른 세액감면 및 세액공제[주1)])
+ 가산세	(지방세법 제103조의 30 및 지방세기본법에 따른 가산세)
= 법인지방소득세 총부담세액	
- 기납부세액	(지방세법 제103조의 26에 따른 수시부과세액, 지방세법 제103조의 29에 따른 특별징수세액[주2)])
= 법인지방소득세 자진납부세액	

주1) 현행 지방세특례제한법에는 세액감면 및 세액공제의 규정이 없어 법인세과세표준의 0.9%～2.4%를 법인지방소득세로 납부하게 된다.

주2) 법인세법에 따른 원천징수의무자가 법인세를 원천징수(이자소득 등)하는 경우 원천징수하는 법인세의 10% 해당금액을 법인지방소득세로 특별징수하는 것을 말함. 단, 이는 2015.1.1. 이후 원천징수대상소득을 지급하는 분부터 시행한다.

(1) 법인지방소득세의 과세표준

① 내국법인의 각 사업연도의 소득에 대한 법인지방소득세의 과세표준은 「법인세법」 제13조에 따라 계산한 법인세의 과세표준(「조세특례제한법」 및 다른 법률에 따라 과세표준 산정과 관련된 조세감면 또는 중과세 등의 조세특례가 적용되는 경우에는 이에 따라 계산한 법인세의 과세표준)과 동일한 금액으로 한다(지법 103의19 ①).

② ①에도 불구하고 내국법인의 각 사업연도의 소득에 대한 법인세 과세표준에 국외원천소득이 포함되어 있는 경우로서 「법인세법」 제57조에 따라 외국납부세액

공제를 하는 경우에는 같은 조 제1항에 따른 외국법인세액(이하 "외국법인세액"이라 한다)을 이 조 제1항에 따른 금액에서 차감한 금액을 법인지방소득세 과세표준으로 한다. 이 경우 해당 사업연도의 과세표준에 「법인세법」 제57조 제2항 단서에 따라 손금에 산입한 외국법인세액이 있는 경우에는 그 금액을 이 조 제1항에 따른 금액에 가산한 이후에 전단의 규정을 적용한다(지법 103의19 ②).

③ ②에 따라 차감하는 외국법인세액이 해당 사업연도의 ①에 따른 금액을 초과하는 경우에 그 초과하는 금액은 해당 사업연도의 다음 사업연도 개시일부터 15년 이내에 끝나는 각 사업연도로 이월하여 그 이월된 사업연도의 법인지방소득세 과세표준을 계산할 때 차감할 수 있다(지법 103의19 ③).

④ 법 제103조의19 제2항에 따라 「법인세법」 제57조 제1항에 따른 외국법인세액(이하 "외국법인세액"이라 한다)을 차감한 금액을 법인지방소득세 과세표준으로 하려는 내국법인은 법 제103조의23에 따라 법인지방소득세의 과세표준과 세액을 납세지 관할 지방자치단체의 장에게 신고할 때 행정안전부령으로 정하는 바에 따라 외국법인세액 과세표준 차감 명세서를 함께 제출해야 한다(지령 100의10 ①).

⑤ 내국법인은 외국정부의 국외원천소득에 대한 법인세의 결정 · 통지의 지연, 과세기간의 상이 등의 사유로 법 제103조의23에 따라 법인지방소득세의 과세표준과 세액을 신고할 때 제1항에 따른 외국법인세액 과세표준 차감 명세서를 제출할 수 없는 경우에는 외국정부의 국외원천소득에 대한 법인세결정통지를 받은 날부터 3개월 이내에 제1항에 따른 외국법인세액 과세표준 차감 명세서에 지연사유에 대한 증명서류를 첨부하여 제출할 수 있다(지령 100의10 ②).

⑥ ⑤의 규정은 외국정부가 국외원천소득에 대하여 결정한 법인세액을 경정함으로써 외국법인세액에 변동이 생긴 경우에 준용하며 외국법인세액의 변동으로 환급세액이 발생하면 「지방세기본법」 제60조에 따라 충당하거나 환급할 수 있다(지령 100의10 ③ · ④).

⑦ 외국법인세액의 범위

가. 직접외국법인세액

내국법인의 국외 발생소득에 대해 직접 외국정부(지방정부 포함)에 납부한 법인세액

나. 간접외국법인세액

국내모회사가 외국자회사로부터 받는 수입배당금이 있는 경우 해당금액에 부과된 외국법인세액(법법 18의4에 따라 익금불산입 규정이 적용된 경우에는 이를 적용하지 않는다)

다. 간주외국법인세액

내국법인이 외국에서 국외원천소득에 대한 법인세를 감면받은 경우 조세조약에 따라인정되는 감면세액 상당액

⑧ 법인지방소득세 과세표준의 계산방법

법인세 과세표준 - 외국법인세액=법인지방소득세 과세표준

가. 외국법인세액을 법인세 각 사업연도 소득금액에서 차감하는 것이 아니라 과세표준금액에서 차감하는 것임.

나. 법인세 세무조정시 손금불산입 또는 익금산입된 외국법인세액을 법인세 과세표준금액에서 차감하는 것임.

다. 법인세 외국납부세액공제액을 계산시 한도액 규정에 해당되어 한도액 해당액을 외국납부세액공제를 적용한 경우에도 법인지방소득세 과세표준 계산시에는 당해 사업연도에 발생한 외국법인세액 전액을 공제하는 것에 유의하여야 함.

(2) 세율

① 표준세율(지법 103의20 ①)

과세표준	세 율
2억원 이하	과세표준의 1,000분의 9
2억원 초과 200억원 이하	2백만원 + (2억원을 초과하는 금액의 1,000분의 19)
200억원 초과 3천억원 이하	3억9천8백만원 + (200억원을 초과하는 금액의 1,000분의 21)
3천억원 초과	6,558백만원 + (3천억원을 초과하는 금액의 1,000분의 24)

이는 법인세 세율의 10%에 해당하는 세율이다.

② 탄력세율

2017.1.1. 이후부터는 지방자치단체장은 조례로 세율을 표준세율의 50% 범위에서 가감할 수 있다(지법 103의20 ②).

(3) 산출세액

내국법인의 각 사업연도의 소득에 대한 법인지방소득세는 법인지방소득세 과세표준에 법인지방소득세 세율을 적용하여 계산한 금액(토지 등 양도소득에 대한 법인지방소득세 세액, 투자·상생협력 촉진을 위한 법인지방소득세 세액이 있으면 이

를 합한 금액으로 한다)을 그 세액으로 한다(지법 103의21 ①).

사업연도가 1년 미만인 경우에는 다음과 같이 계산한다(지법 103의21 ②).

$$\text{사업연도가 1년 미만인 경우 법인지방소득세 산출세액} = \left\{\left(\text{법인세 과세표준} \times \frac{12}{\text{사업연도 월수}}\right) \times \text{세율}\right\} \times \frac{\text{사업연도 월수}}{12}$$

(4) 세액감면 · 공제

법인지방소득세에 대한 세액감면 및 공제에 대한 내용은 지방세특례제한법에서 규정하는 것을 따라야 하며 법인지방소득세 산출세액을 초과할 수 없다(지법 103의22 ① · ②).

현재 지방세특례제한법에는 개인지방소득세에 대한 세액감면 · 공제규정은 있으나 법인지방소득세에 대한 세액감면 · 공제규정은 없음에 유의하여야 한다.

(5) 분할납부

납부할 세액이 100만원을 초과하는 내국법인은 다음에 따라 그 납부할 세액의 일부를 납부기한이 지난 후 1개월(「조세특례제한법」 제6조 제1항에 따른 중소기업의 경우에는 2개월) 이내에 분할납부할 수 있다(지법 103의23 ④, 지령 100의13 ③).

① 납부할 세액이 100만원 초과 200만원 이하인 경우 : 100만원을 초과하는 금액

② 납부할 세액이 200만원을 초과하는 경우 : 해당 세액의 100분의 50 이하의 금액

(6) 특별징수세액 정산제도

법인지방소득세 총결정세액계산시 공제되는 특별징수세액에 있어 특별징수된 납세자와 확정신고시 납세지가 다른 경우 특별징수세액은 신고지 관할 지방자치단체장에게 납부하는 법인지방소득세로 본다. 환급세액이 발생하는 경우 본점 소재지 관할지방자치단체장은 납세자에게 일괄환급하고 지방자치단체간에 정산한다(지법 103의62).

5. 납세지

법인지방소득세의 납세지는 다음과 같다(지법 89 ①).

(1) 원칙

법인세법 제9조에 따른 납세지(본점 또는 주사무소 관할)

(2) 연결납세의 경우

연결집단의 각 연결법인이 둘 이상의 지방자치단체에 있는 경우에는 각 연결법인의 납세지는 법인세법 제9조 제1항의 납세지

(3) 사업장이 둘 이상의 지방자치단체에 있는 경우

그 사업장의 소재지(안분계산하여 납부)

(4) 사업장을 이전한 경우

해당 법인의 사업연도 종료일 현재 그 사업장 소재지(지령 87 ①)

사례 3 법인세와 법인지방소득세의 납세지

1. 사업연도 : 2024.1.1.～2024.12.31.
2. 2025.2.10.에 본점을 부산 해운대구에서 서울 중구로 이전하였다.

해답

1. 법인세의 납세지 : 2025.3.31.까지 이전 후 서울 본점 관할세무서(중부세무서)에 신고・납부
2. 법인지방소득세(법인세분)의 납세지 : 2025.4.30.까지 부산(이전 전 사업장)의 관할 지방자치단체인 해운대구에 신고・납부

6. 법인지방소득세의 안분

(1) 안분계산방법

둘 이상의 지방자치단체에 법인의 사업장이 있는 경우 또는 각 연결법인의 사업장이 있는 경우에는 다음의 기준에 따라 법인지방소득세를 안분하여 그 소재지를 관할하는 지방자치단체의 장에게 각각 신고납부하여야 한다(지법 89 ②, 지령 88).

$$\text{사업장별 법인지방소득세} = \text{법인지방소득세 산출세액}^{주1)} \times \left\{ \frac{\text{관할 지자체 안 종업원수}^{주2)}}{\text{법인의 총 종업원수}} + \frac{\text{관할 지자체 안 건축물 연면적}^{주3)}}{\text{법인의 총 건축물 연면적}} \right\} \div 2$$

주1) 지방자치단체장이 지방세법 제103조의20 제2항에 따라 법인지방소득세의 세율을 표준세율에서 가감한 경우 납세의무자는 다음의 계산식에 따라 산출한 금액을 법인지방소득세에서 가감하여 납부하여야 한다(지령 88 ③).

$$\text{지방세법 제103조의19에 따른 과세표준} \times \text{지방세법 제103조의20 제1항의 세율} \times \text{안분율} \times \left\{ \frac{\text{해당지방자치단체의 법인지방소득세 세율}}{\text{법인지방소득세 표준세율}} - 1 \right\}$$

주2) 종업원수는 해당 법인의 사업연도 종료일 현재의 「지법 74조 8호」의 종업원의 수를 말한다(지령 88 ②).

"종업원"이란 사업소에서 근무하거나 사업소로부터 급여를 지급받는 임직원 및 다음의 종사하는 사람을 말한다.

① 지법 78조의2에 따른 급여의 지급 여부와 상관없이 사업주 또는 그 위임을 받은 자와의 계약에 따라 해당 사업에 종사하는 사람을 말하며 국외근무자는 제외 함.

② ①에 따른 계약은 그 명칭·형식 또는 내용과 상관없이 사업주 또는 그 위임을 받는 자와 한 모든 고용계약으로 하고, 현역 복무 등의 사유로 해당 사업소에 일정 기간 사실상 근무하지 아니하더라도 급여를 지급하는 경우에는 종업원으로 봄.

주3) 건축물 연면적은 해당 법인의 사업연도 종료일 현재 사업장으로 직접 사용하는 건축법 제2조 제1항 제2호에 따른 건축물(이와 유사한 형태의 건축물 포함한다)의 연면적으로 하되, 구조적 특성상 연면적을 정하기 곤란한 기계장치 또는 시설(수조·저유조·저장창고·저장조·송유관·송수관 및 송전철탑만 해당한다)의 경우에는 그 수평투영면적으로 한다(지령 88 ②).

2015년부터 특별징수세액이 있는 경우 이를 상기의 안분금액에서 차감하고 지방세기본법에 의한 가산세액을 가산하여 납부하여야 한다.

(2) 특별시·광역시 안에서 둘 이상의 구에 사업장이 있는 경우의 납부방법

같은 특별시·광역시 안의 둘 이상의 구에 사업장이 있는 법인은 해당 특별시·광역시에 납부할 법인지방소득세를 본점 또는 주사무소의 소재지(연결법인의 경우에는 모법인의 본점 또는 주사무소)를 관할하는 구청장에게 일괄하여 신고·납부하여야 한다. 다만, 특별시·광역시 안에 법인의 본점 또는 주사무소가 없는 경우에는 행정안전부령으로 정하는 주된 사업장의 소재지를 관할하는 구청장에게 신고·납부한다(지령 88 ④).

7. 법인지방소득세의 확정신고와 납부

(1) 과세표준 및 세액의 신고

법인세법 제60조에 따른 신고의무가 있는 내국법인은 각 사업연도의 종료일이 속하는 달의 말일부터 4개월 이내에 그 사업연도의 소득에 대한 법인지방소득세의 과세표준과 세액을 납세지 관할지방자치단체의 장에게 신고하여야 한다(지법 103의23 ①).

둘 이상의 지방자치단체에 법인의 사업장이 있는 경우에는 본점 소재지를 관할하는 지방자치단체의 장에게 다음 '(2)'의 첨부서류를 제출할 수 있다. 이 경우 법인의 각 사업장 소재지 관할 지방자치단체의 장에게도 이를 제출한 것으로 본다(지법 103의23 ⑤).

(2) 제출서류

과세표준 및 세액의 신고를 할 때에는 행정안전부령이 정하는 법인지방소득세 과세표준 및 세액신고서[지칙 별지 제43호 서식]에 다음 서류를 첨부하여야 한다(지법 103의23 ②, 지령 100의12, 지칙 48의4).

1. 행정안전부령이 정하는 법인지방소득세 과세표준 및 세액조정계산서[지칙 별지 제43호의2 서식]
2. 기업회계기준을 준용하여 작성한 개별 내국법인의 재무상태표 · 포괄손익계산서 및 이익잉여금처분계산서(또는 결손금처리계산서)
3. 지방자치단체별 안분내역 등이 포함된 법인지방소득세 안분명세서. 단, 하나의 특별자치시, 특별자치도, 시, 군 또는 자치구에만 사업장이 있는 법인의 경우는 제외[지칙 별지 제44호의6 서식]
4. 법인세법시행령 제97조 제5항에 따른 다음의 서류
   (1) 행정안전부령으로 정하는 바에 따라 작성한 다음 각호의 세무조정계산서 부속서류 중 해당 법인과 관련된 서류
      ① 소급공제 지방소득세 환급신청서[지칙 별지 제43호의9 서식]
      ② 공제감면세액 및 추가납부세액 합계표[지칙 별지 제43호의3 서식]
      ③ 법인세 지방소득세 가산세액명세서[지칙 별지 제43호의4 서식]
      ④ 법인지방소득세 특별징수세액명세서(갑)(을)[지칙 별지 제43호의5 서식]
      ⑤ 이자소득만 있는 비영리법인의 법인지방소득세 과세표준[지칙 별지 제43호의6 서식]
   (2) 기업회계기준에 따라 작성한 현금흐름표(주식회사의 외부감사에 관한 법률 제2조에 따라 외부감사의 대상이 되는 법인만 해당한다)
   (3) 기업회계기준에 따라 원화 외의 통화를 기능통화로 채택한 경우 원화를 표시통화로 하여 기업회계기준에 따라 기능통화재무제표를 환산한 재무제표(이하 "표시통화재무제표"라 한다)
   (4) 기업회계기준에 따라 원화 외의 통화를 기능통화로 채택한 법인이 원화 외의 기능통화를 채택하지 아니하고 계속하여 기업회계기준을 준용하여 원화로 재무제표를 작성할 경우에 작성하여야 할 재무제표(이하 "원화재무제표"라 한다)
   (5) 합병 또는 분할한 경우 다음 각 목의 서류[합병법인 · 분할신설법인 또는 분할합병의 상대방법인(이하 "합병법인 등"이라 한다)만 해당한다]
      ① 합병등기일 또는 분할등기일, 현재의 피합병법인 등의 재무상태표와 합병법인 등이 그 합병 또는 분할로 승계한 자산 및 부채의 명세서
      ② 합병법인 등의 본점 등의 소재지, 대표자의 성명, 피합병법인 등의 명칭, 합병

등기일 또는 분할등기일, 그밖에 필요한 사항이 기재된 서류

상기 신고서에는 법인세법 제112조의 규정에 의한 기장에 따라 같은법 제14조부터 제54조까지의 규정에 의하여 계산한 각 사업연도의 소득에 대한 법인지방소득세의 과세표준과 세액(지방세법 제103조의31에 따른 토지 등 양도소득 및 기업의 미환류소득에 대한 법인지방소득세를 포함한다)과 그밖에 필요한 사항을 적어야 한다(지령 100의12 ①).

신고서에 상기 첨부서류 중 '1.～3.'의 서류를 첨부하지 아니하면 무신고로 보아 가산세부과대상에 해당된다(수익사업을 하지 않는 비영리내국법인은 제외). 납세지 관할 지방자치단체장은 제출된 신고서 또는 그밖의 서류에 미비한 점이 있거나 오류가 있는 경우에는 보정을 요구할 수 있다(지법 103의23 ⑥ · ⑦).

법인은 전자신고를 통하여 법인지방소득세 과세표준 및 세액을 신고할 수 있다. 이 경우 재무제표 제출은 표준대차대조표, 표준손익계산서, 표준손익계산부속명세서를 제출하는 것으로 갈음할 수 있다(지령 100의12 ⑥).

(3) 납부세액

내국법인은 상기 '4.'에서 계산한 각 사업연도에 대한 법인지방소득세를 과세표준 및 세액의 신고기한까지 납세지 관할지방자치단체에 납부하여야 한다(지법 103의23 ③).

(4) 법인지방소득세의 안분신고 및 납부

① 안분신고서의 제출

법인지방소득세를 신고하려는 내국법인은 법인지방소득세 안분신고서(일반법인)[지칙 별지 제43호의7 서식]에 법인지방소득세의 총액과 상기 '6. (1)'에 따른 본점 또는 주사무소와 사업장별 법인지방소득세의 안분계산내역 등을 적은 명세서를 첨부하여 해당 지방자치단체의 장에게 서면으로 제출하여야 한다. 다만, 지방세기본법 제142조에 따른 지방세정보통신망에 전자신고를 한 경우에는 이를 제출한 것으로 본다(지령 100의13 ①, 지칙 48의5 ①).

② 납부

내국법인은 상기 '(3)'에 따라 법인지방소득세를 납부할 때에는 법인지방소득세 납부서[지칙 별지 제14호 서식] 및 영수증[지칙 별지 제43호의 8 서식]에 따라 해당 지방자치단체에 납부하여야 한다(지령 100의13 ②, 지칙 48의5 ②).

8. 법인지방소득세 수정신고 등

(1) 법인세법에 따른 신고내용을 수정신고하는 경우

법인지방소득세 과세표준 및 세액의 신고를 한 내국법인이 국세기본법에 따라 법인세법에 따른 신고내용을 수정신고하는 경우에는 납세지를 관할하는 지방자치단체의 장에게도 수정신고와 함께 법인세의 수정신고 내용을 입증하는 서류를 제출하여야 한다(지법 103의24 ①, 지령 100의14).

이때 추가납부세액이 발생하는 경우에는 다음 '10.'에 의한 가산세를 납부하여야 한다.

(2) 법인지방소득세의 납세지 또는 사업장별 안분세액에 오류가 있는 경우

법인지방소득세 과세표준 및 세액의 신고를 한 내국법인이 신고납부한 법인지방소득세의 납세지 또는 지방자치단체별 안분세액에 오류가 있음을 발견한 경우에는 지방세법 제103조의25에 따라 지방자치단체의 장이 보통징수의 방법으로 부과고지를 하기 전까지 관할 지방자치단체의 장에게 수정신고(지기법 49·50) 및 경정 등의 청구(지기법 51)를 할 수 있다(지법 103의24 ②).

이 경우에는 지방세기본법 제54조 또는 제55조에 따른 과소신고·납부불성실가산세가 부과되지 않는다(지법 103의24 ③).

(3) 환급세액이 발생하는 경우

상기에 따른 수정신고 및 경정 등의 청구를 함에 있어서 환급세액이 발생하는 경우 지방세환급가산금(지기법 62)을 지급하지 않는다(지법 103의24 ④).

(4) 둘 이상의 지방자치단체에 사업장이 있는 경우

① 둘 이상의 지방자치단체에 사업장이 있는 법인은 신고한 과세표준에 대하여 본점 또는 주사무소의 소재지를 관할하는 지방자치단체의 장에게 일괄하여 지방세기본법 제50조에 따른 경정 등의 청구를 할 수 있다. 이 경우 본점 또는 주사무소의 소재지를 관할하는 지방자치단체의 장은 해당 법인이 청구한 내용을 다른 사업장의 소재지를 관할하는 지방자치단체의 장에게 통보하여야 한다(지법 103의24 ⑤).

② 둘 이상의 지방자치단체에 사업장이 있는 법인이 사업장 소재지를 관할하는 지

방자치단체의 장에게 각각 신고납부하지 아니하고 하나의 지방자치단체의 장에게 일괄하여 과세표준 및 세액을 확정신고한 경우 그 법인에 대해서는 ⑵를 적용하지 아니하되, ⑶을 적용한다(지법 103의24 ⑥).

9. 특별징수의무

법인세법 제73조에 따른 원천징수의무자가 내국법인으로부터 법인세를 원천징수하는 경우에는 원천징수하는 법인세(조세특례제한법 및 다른 법률에 따라 조세감면 또는 중과세 등의 조세특례가 적용되는 경우에는 이를 적용한 법인세)의 100분의 10에 해당하는 금액을 법인지방소득세로 특별징수하여야 한다(지법 103의29 ①). 특별징수의무자는 특별징수한 지방소득세를 그 징수일이 속하는 달의 다음 달 10일까지 관할 지방자치단체에 납부하여야 하고 특별징수의무자가 징수하였거나 징수하여야 할 세액을 납부기한까지 납부하지 아니하거나 과소납부한 경우에는 지방세기본법 제56조의 특별징수납부 등 불성실신고가산세를 부과한다(지법 103의29 ②·③·④). 이 경우 법인지방소득세의 특별징수에 관하여 이 법에 특별한 규정이 있는 경우를 제외하고는 법인세법에 따른 원천징수에 관한 규정을 준용한다(지법 103의29 ⑤). 특별징수의무자가 징수한 특별징수세액을 납부서[지칙 별지 제42호 서식]로 납부하여야 한다.

특별징수의무자는 납세의무자별로 법인지방소득세 특별징수명세서[지칙 별지 제42호의4 서식]를 특별징수일이 속하는 해의 다음 해 2월 말일까지 특별징수의무자 소재지 관할 지방자치단체의 장에게 제출하여야 한다. 이 경우 특별징수의무자 소재지 관할 지방자치단체의 장은 특별징수의무자의 소재지와 납세의무자의 사업장 소재지가 다른 경우 납세의무자의 사업장 소재지 관할 지방자치단체의 장에게 해당 지방법인소득세 특별징수명세서를 통보하여야 한다(지령 100의19 ②).

특별징수의무자는 법인지방소득세 특별징수명세서를 다음의 어느 하나에 해당하는 방법으로 제출하여야 한다.

① 출력하거나 디스켓 등 전자적 정보저장매체에 저장하여 인편 또는 우편으로 제출
② 지방세기본법 제2조 제1항 제28호에 따른 지방세정보통신망으로 제출

특별징수의무자는 납세의무자로부터 법인지방소득세를 특별징수한 경우에는 그 납세의무자에게 법인지방소득세 특별징수영수증[지칙 별지 제42호의4 서식]

을 발급(원천징수영수증에 특별징수내역이 포함된 경우에는 예외)하여야 한다.

그리고 다음 해 2월 말일까지 법인지방소득세 특별징수명세서(지칙 별지 제42호의 4 서식)를 특별징수의무자 관할지방자치단체장에게 인편 · 우편 또는 지방세정보통신망을 통해 제출하여야 한다.

10. 가산세

(1) 지방세기본법상 가산세

1) 무신고가산세(지기법 53)

① 일시적인 경우 : 산출세액 × 20%

② 사기나 부정한 행위로 무신고의 경우 : 산출세액 × 40%

2) 과소신고가산세 · 초과환급신고가산세(지기법 54)

① 일시적인 경우 : 과소신고분 · 초과환급신고분 세액 × 10%

② 사기나 부정한 행위로 과소신고 · 초과환급신고의 경우 : 과소신고분 · 초과환급신고분 세액 × 40%

3) 납부지연가산세(지기법 55)

① 납부하지 아니한 세액, 과소납부분 세액 및 초과환급세액 × 납부기한(환급받은 날)의 다음 날부터 자진납부일 또는 납세고지일까지의 기간 × $\frac{22}{100,000}$

(한도액 : 미납부세액, 과소납부분세액 및 초과환급세액의 75%)

* 2022.6.7. 이후부터 22/100,000 적용, 이전 기간은 25/100,000 적용(이하 4)도 동일)

② 납세고지서에 따른 납부기한까지 납부하지 아니한 세액 또는 과소납부분 세액(지방세관계법에 따라 가산하여 납부하여야 할 이자상당액이 있는 경우 그 금액을 더하고, 가산세는 제외한다)×3%

③ 다음 계산식에 따라 납세고지서에 따른 납부기한이 지난 날부터 1개월이 지날 때마다 계산한 금액(부과기간은 6개월을 초과할 수 없음)

납부하지 아니한 세액 또는 과소납부분 세액(지방세관계법에 따라 가산하여 납부하여야 할 이자상당액이 있는 경우 그 금액을 더하고, 가산세는 제외)	×	1월 1만분의 66

④ '①'에도 불구하고 「법인세법」 제66조에 따라 법인세 과세표준 및 세액의 결정 · 경정으로 「상속세 및 증여세법」 제45조의 3부터 제45조의 5까지의 규정에 따른 증여의제이익이 변경되는 경우(부정행위로 인하여 법인세의 과세표준 및 세액을 결정 · 경정하는 경우는 제외한다)에 해당하여 「소득세법」 제88조 제2호에 따른 주식등의 취득가액이 감소됨에 따라 양도소득에 대한 지방소득세를 과소납부하거나 초과환급받은 경우에는 '①'의 가산세를 적용하지 아니한다.

4) 특별징수납부 등 불성실가산세(지기법 56)

① 특별징수의무자가 징수하여야 할 세액을 법정납부기한까지 납부하지 아니하거나 과소납부한 경우에는 납부하지 아니한 세액 또는 과소납부분 세액의 100분의 50(1. 및 2.에 따른 금액을 합한 금액은 100분의 10)을 한도로 하여 다음의 계산식에 따라 산출한 금액을 합한 금액을 가산세로 부과한다. 이 경우 3.의 가산세를 부과하는 기간은 60개월(1개월 미만은 없는 것으로 본다)을 초과할 수 없다.

1. 납부하지 아니한 세액 또는 과소납부분 세액×3%
2. 납부하지 아니한 세액 또는 과소납부분 세액×법정납부기한의 다음 날부터 자진납부일 또는 납세고지일까지의 일수×22/100,000
3. 다음 계산식에 따라 납세고지서에 따른 납부기한이 지난 날부터 1개월이 지날 때마다 계산한 금액

납부하지 아니한 세액 또는 과소납부분 세액 × 1월 1만분의 66

② ①을 적용할 때 납세고지서별 · 세목별 세액이 30만원 미만인 경우에는 ① 3.의 가산세를 적용하지 아니한다.

(2) 지방세법상 가산세

납세지 관할 지방자치단체의 장은 납세지 관할 세무서장이 법인세법 제76조에 따라 법인세 가산세를 징수하는 경우에는 그 징수하는 금액의 100분의 10에 해당하는 금액을 법인지방소득세 가산세로 징수한다. 다만, 법인세법 제76조 제1항에 따

라 징수하는 가산세의 100분의 10에 해당하는 법인지방소득세 가산세와 지방세기본법 제53조 또는 제54조에 따른 가산세가 동시에 적용되는 경우에는 그 중 큰 가산세액만 적용하고, 가산세액이 같은 경우에는 지방세기본법 제53조 또는 제54조에 따른 가산세만 적용한다(지법 103의30 ①).

지방세법 시행규칙[별지 제43호서식] (2023.12.29. 개정)

법인지방소득세 과세표준 및 세액신고서

※ 뒤쪽의 작성방법을 참고하시기 바라며, 색상이 어두운 란은 신청인이 적지 않습니다. (앞쪽)

접수번호	접수일자	관리번호

①사업자등록번호		②법인등록번호	
③법인명		④전화번호	
⑤대표자성명		⑥전자우편	
⑦소재지			
⑧업태	⑨종목	⑩주업종코드	
⑪사업연도	. . . ~ . . .	⑫수시부과기간	. . . ~ . . .

⑬법 인 구 분		1. 내국 2.외국 3.외투(비율 %)				⑭조 정 구 분	1. 외부 2. 자기
⑮종 류 별 구 분	중소기업	일반 중견기업	일반 상호출자제한기업	일반 그외기업	당기순이익 과세	⑯외부감사대상	1. 여 2. 부
영리법인 상 장 법 인	11	71	81	91		⑰신 고 구 분	1. 정기신고
영리법인 코스닥 상장법인	21	72	82	92			2. 수정신고(가. 서면분석, 나. 기타)
영리법인 기 타 법 인	30	73	83	93			3. 기한후 신고
비 영 리 법 인	60	74	84	94	50		4. 중도폐업신고
							5. 경정청구
⑱법 인 유 형 별 구 분			코드			⑲결 산 확 정 일	
⑳신 고 일						㉑납 부 일	
㉒신고기한 연장승인	1. 신청일					2. 연장기한	

구 분	여	부	구 분	여	부
㉓주식변동	1	2	㉔장부전산화	1	2
㉕사업연도의제	1	2	㉖결손금소급공제 환급신청	1	2
㉗동업기업의 출자자(동업자)	1	2	㉘미환류소득에 대한 법인지방소득세 신고	1	2

□ 법인별 세액의 계산

구 분	법인지방소득세: 각 사업연도 소득에 대한 법인지방소득세	토지 등 양도소득에 대한 법인지방소득세	미환류소득에 대한 법인지방소득세	계
㉙수 입 금 액	(		)	
㉚과 세 표 준				
㉛표 준 산 출 세 액				
㉜총 부 담 세 액				
㉝기 납 부 세 액				
㉞차 감 납 부 할 세 액				
㉟경정·수정신고 등 가감액				
㊱납 부 할 총 세 액(㉞+㉟)				
㊲분 납 할 세 액		㊳신고기간 이내 납부할 세액(㊱-㊲)		

□ 안분율의 계산

㊴본점/지점여부	1. 단일사업장 2. 지점 있는 법인의 본점 3. 지점	㊵특·광역시 주사업장 여부	1. 여 2. 부
㊶해당사업장	명칭	소재지	연락처
㊷안분율의 계산			

구분	종업원 수(명)	건축물 연면적(㎡) 계	건물	기계장치	시설물	안분율(소수점8자리)
법인전체						
시군구내						
비율(%)						

□ 납세지별 세액의 계산

㊸납세지별 산출세액						㊹납세지별 세액공제·감면액	
㊺납세지별 가산세액						㊻납세지별 추가납부세액	
합계	무(과소)신고	납부지연	지방세법 제103조의30에 따른 가산세	동업기업 가산세 배분액	기타	㊼납세지별 기납부세액: 특별징수납부세액	
						㊼납세지별 기납부세액: 수시부과세액 및 예정신고납부세액	
						㊽ 납세지별 경정·수정신고 등 가감액	
㊾탄력세율적용 조정세액						㊿해당 납세지에 납부할 세액	
51 해당 납세지에 분납할 세액						52 신고기간 이내 해당 납세지에 납부할 세액(㊿-51)	

환급금 계좌 (환급세액을 계좌로 받는 경우)	53 금융기관명	54 예금주	
	55 계좌번호		

신고인은 「지방세법」 제103조의23, 제103조의24 및 「지방세기본법」 제49조부터 제51조까지에 따라 위의 내용을 신고하며, 위 내용을 충분히 검토하였고 신고인이 사실 그대로를 정확하게 적었음을 확인합니다.

년 월 일

신고인(법 인) (인)

신고인(대표자) (서명 또는 인)

특별자치시장 · 특별자치도지사 · 시장 · 군수 · 구청장 귀하

신고안내

법인지방소득세는 사업연도종료일이 속하는 달의 말일부터 4개월 이내에 납세지 관할 지방자치단체에 신고납부해야 합니다.

210mm×297mm[백상지 80g/㎡(재활용품)]

지방세법시행규칙 [별지 제42호의4 서식] (2016.12.30. 개정)

[ ] 법인지방소득세 특별징수명세서
[ ] 법인지방소득세 특별징수영수증

[ ] 소득자 보관용
[ ] 발행자 보관용
[ ] 발행자 보고용

※ 아래의 작성방법을 읽고 작성하여 주시기 바라며, [ ]에는 해당되는 곳에 √표를 합니다.

접수번호	접수일	관리번호

징수의무자	①법인명(상호)	①-1영문법인명(상호)	②성명(대표자)	③사업자등록번호
	④법인(주민)등록번호	⑤소재지 또는 주소		

※ 특별징수의무자가 사업자가 아닌 개인인 경우에는 ①과 ①-1 란을 생략하고 ②란부터 적습니다.

소득자	⑥법인명	⑦사업자등록번호	⑦-1비거주자 생년월일	⑧소득자구분코드		
	⑨주 소	⑩거주구분 1 내국법인 2 외국법인	⑪ 거주지국	⑪-1 거주지국코드	⑫ 계좌번호(발행번호)	⑬신탁이익 여부 1 여 2 부

지 급 명 세

⑭지급일			⑮귀속연월		⑯과세구분	⑰소득의종류	⑱조세특례등	⑲금융상품코드	⑳유가증권표준코드(유가증권발행사업자등록번호)	㉑채권이자구분	㉒지급대상기간	㉓이자율 등	㉔지급액(소득금액)	㉕세율(%)	특별징수세액			
연	월	일	연	월											㉖소득세	㉗법인세	㉘법인지방소득세	㉙특별징수지(특별징수세액 납부지자체)

위의 특별징수세액을 정히 영수(지급)합니다.

년 월 일

징수(보고)의무자 (서명 또는 인)

시장·군수·구청장 귀하

작 성 방 법

※ ①~㉘ 「소득세법 시행규칙」 별지 제23호 서식의 작성방법을 준용하여 적습니다.
※ ㉙ 특별징수지(특별징수세액 납부지자체) : 법인지방소득세를 특별징수하여 납부한 시·군·구 명칭을 적습니다.
(예시 : ㅇㅇ도 ㅇㅇ시 ㅇㅇ구)
※ 색상이 어두운 난은 적지 않습니다.

210mm×297mm(백상지(80g/㎡)

제3장 중소기업의 범위

Key Point

결산확정(주주총회에서의 재무제표승인을 의미) 후 법인세의 계산시 가장 먼저 하여야 할 것은 해당법인이 세법상 중소기업에 해당되느냐를 검토하는 것입니다. 이는 별지 제51호 서식 「중소기업 등 기준검토표」를 작성하면서 해당법인이 중소기업, 중견기업, 일반기업 중 어느 기업에 해당되는지를 파악하여 중소기업과 중견기업에 부여된 세무상 혜택을 인지하여 세무조정 및 세액공제 · 감면을 계산하여야 하기 때문입니다.
중소기업의 범위는 중소기업기본법상 중소기업과 세법상(조특령 2) 중소기업으로 구분됩니다. 어떤 규정도 반드시 무슨 법에 의한 중소기업이라 언급하고 있으므로 여러분들은 이를 구분하실 수 있어야 합니다. 대부분은 두 가지 법상 동일하게 판단되지만 아닐 수도 있기 때문입니다. 소득세법상 비상장 중소기업의 주식양도차익은 세율이 10%(대주주는 20%, 25%)로 저율과세되며 중소기업에 취직한 청년 등은 소득세를 감면해주고 있는데 이때 중소기업은 세법상 중소기업이 아닌 중소기업기본법상 중소기업을 말합니다. 또한 기업회계에서도 중소기업은 회계처리의 특례를 적용받을 수 있는데 이것도 중소기업기본법상 중소기업입니다. 반면 법인세계산시의 세무상 혜택은 세무상 중소기업의 경우에만 적용됩니다. 여러분들은 지금부터 설명하는 양법상 차이에 대한 분명한 이해를 하시기 바라며 특히 2015년부터 새로이 적용되는 관계기업의 경우 독립성기준검토(규모기준적용시 지배 · 종속기업 합산) 규정에 대한 완벽한 이해와 서식작성 실무에 대해 정확한 처리를 하시기 바랍니다.

I. 중소기업의 범위와 세제지원

조세특례제한법은 다음의 요건을 모두 갖추어야 중소기업으로 보고 있는바, 그 요건을 요약하면 다음과 같다.

중소기업판정기준

1. 소비성서비스업을 주된 사업으로 영위하지 않을 것
2. 해당연도 매출액이 업종별로 중소기업기본법시행령 [별표 1]의 규모기준 이내일 것 (중소기업기본법은 직전 3년 평균 매출액을 기준으로 함)
3. 실질적인 독립성이 공시대상 기업집단에 속하지 않는 회사이며, 중소기업기본법시행령 제3조 제1항 제2호에 적합할 것
4. 중소기업 졸업기준(중소기업기본법도 자산총액만을 졸업기준으로 함)
   다음에 해당하는 법인은 중소기업에서 제외한다.
   • 자산총액 : 5,000억원 이상

1. 중소기업 해당사업

중소기업이 되기 위한 첫 번째 요건은 다음의 소비성서비스업을 주된 사업으로 영위하지 않는 것이다(조특령 2 ① 4호).

소비성서비스업의 범위(조특령 29 ③)
① 호텔업 및 여관업(관광숙박업은 제외)
② 주점업(외국인전용유흥음식점업 및 관광유흥음식점업은 제외)

2 이상의 서로 다른 사업을 영위하는 경우 사업별 수입금액(기업회계기준에 따라 작성한 손익계산서상의 매출액 : 서이－108, 2005.1.14.)이 큰 사업을 주된 사업으로 본다(조특령 2 ③).

2. 규모기준(매출액기준)

중소기업기준을 판정함에 있어서 '매출액'이라 함은 기업회계기준에 의하여 작성한 당해 사업연도 손익계산서상의 매출액으로 한다. 다만, 창업 · 분할 · 합병의 경우에는 그 등기일의 다음날(창업의 경우에는 창업일)이 속하는 사업연도의 매출액을 연간매출액으로 환산한 금액으로 한다(조특칙 2 ④).
매출액이 업종별로 중소기업기본법 시행령 [별표 1]에 따른 규모기준("평균매출액 등"은 "매출액"으로 봄) 이내 이어야 한다(조특령 2 ① 1호).

중소기업기본법시행령 [별표 1]상 중소기업의 규모기준(2017.10.17.)

해당 기업의 주된 업종	분류기호	규모 기준
1. 의복, 의복액세서리 및 모피제품 제조업	C14	평균매출액등 1,500억원 이하
2. 가죽, 가방 및 신발 제조업	C15	
3. 펄프, 종이 및 종이제품 제조업	C17	
4. 1차 금속 제조업	C24	
5. 전기장비 제조업	C28	
6. 가구 제조업	C32	
7. 농업, 임업 및 어업	A	평균매출액등 1,000억원 이하
8. 광업	B	
9. 식료품 제조업	C10	
10. 담배 제조업	C12	
11. 섬유제품 제조업(의복 제조업은 제외한다)	C13	
12. 목재 및 나무제품 제조업(가구 제조업은 제외한다)	C16	
13. 코크스, 연탄 및 석유정제품 제조업	C19	
14. 화학물질 및 화학제품 제조업 (의약품 제조업은 제외한다)	C20	
15. 고무제품 및 플라스틱제품 제조업	C22	
16. 금속가공제품 제조업 (기계 및 가구 제조업은 제외한다)	C25	
17. 전자부품, 컴퓨터, 영상, 음향 및 통신장비 제조업	C26	
18. 그 밖의 기계 및 장비 제조업	C29	
19. 자동차 및 트레일러 제조업	C30	
20. 그 밖의 운송장비 제조업	C31	
21. 전기, 가스, 증기 및 공기조절 공급업	D	
22. 수도업	E36	
23. 건설업	F	
24. 도매 및 소매업	G	
25. 음료 제조업	C11	평균매출액등 800억원 이하
26. 인쇄 및 기록매체 복제업	C18	
27. 의료용 물질 및 의약품 제조업	C21	

해당 기업의 주된 업종	분류기호	규모 기준
28. 비금속 광물제품 제조업	C23	
29. 의료, 정밀, 광학기기 및 시계 제조업	C27	
30. 그 밖의 제품 제조업	C33	
31. 수도, 하수 및 폐기물 처리, 원료재생업 (수도업은 제외)	E(E36 제외)	
32. 운수업 및 창고업	H	
33. 정보통신업	J	
34. 산업용기계 및 장비수리업	C34	평균매출액등 600억원 이하
35. 전문, 과학 및 기술 서비스업	M	
36. 사업시설관리 및 사업지원 및 임대 서비스업 (임대업은 제외)	N(N76 제외)	
37. 보건업 및 사회복지 서비스업	Q	
38. 예술, 스포츠 및 여가 관련 서비스업	R	
39. 수리(修理) 및 기타 개인 서비스업	S	
40. 숙박 및 음식점업	I	평균매출액등 400억원 이하
41. 금융 및 보험업	K	
42. 부동산업	L	
43. 임대업	N76	
44. 교육 서비스업	P	

비고 :

1. 해당 기업의 주된 업종의 분류 및 분류기호는「통계법」제22조에 따라 통계청장이 고시한 한국표준산업분류에 따른다.
2. 위 표 제19호 및 제20호에도 불구하고 자동차용 신품 의자 제조업(C30393) 철도 차량 부품 및 관련 장치물 제조업(C31202) 중 철도 차량용 의자 제조업 항공기용 부품제조업(C31322) 중 항공기용 의자 제조업의 규모 기준은 평균매출액등 1500억원 이하로 한다.

중간예납기간 실적을 기준으로 중간예납세액을 계산하는 경우 조세특례제한법에 따라 세액감면 등의 특례를 적용받는 중소기업에 해당하는지를 판단할 필요가 있는 경우에 업종별 매출액은 중간예납기간의 매출액을 연간 매출액으로 환산한 금액으로 한다(규칙 51 ⑤).

상기 기준적용시 매출액은 기업회계기준에 따라 작성된 해당연도의 손익계산서상 매출액(중소기업기본법 적용시는 직전 3개년의 평균매출액을 적용)을 말한다. 다만, 창업·분할·합병의 경우 그 등기일의 다음날(창업의 경우에는 창업일)이 속하는 과세연도의 매출액을 연간 매출액으로 환산한 금액을 말한다(조특칙 2 ④).
법인이 2 이상의 서로 다른 사업을 영위하는 경우 주된 사업을 기준으로 중소기업 해당 여부를 판정함에 있어서 매출액은 해당 법인이 영위하는 사업 전체의 매출액을 기준으로 하여 판정한다(조특통 4－2…1).
이때 합병 시 합병법인의 중소기업판정 시 매출액 판정은 상기 시행규칙을 적용하지 않고 해당 사업연도의 전체 매출액으로 한다는 과세관청의 해석이 있으므로 유의하여야 한다. 단, 이는 2019.9.4. 이후 신고납부하는 분부터 적용된다(기준－2019－법령해석법인－0527, 2019.9.4.; 사전법령법인－139, 2020.3.2.).
이에 대한 심판원의 결정은 과세관청의 유권해석은 행정관청 내부의 지침에 불과하여 법원이나 국민을 구속하는 법규적 효력이 없다 할 것이고(대법원 2007.6.14. 선고 2005두12718) 유권해석의 적용시기는 종전 해석(서이 46012－10830, 2001.12.18.)을 신뢰한 납세자가 유권해석의 적용으로 인해 불리한 처분을 받을 수 있는 경우를 방지하고자 정한 것으로 볼 수 있는 점 등에 비추어 합병등기일의 다음 날이 속하는 과세연도가 1년에 미달하지 아니하는 합병존속법인의 경우에는 손익계산서상의 매출액에 따라 중소기업기준을 적용하는 것이 타당하다고 결정하였다(조심 2022인 6630, 2023.4.6.).

3. 중소기업졸업기준

자산총액이 5천억원 이상인 경우에는 중소기업으로 보지 아니한다(조특령 2 ① 본문 단서). 이 기준을 졸업기준이라 한다.
이때 자산총액이라 함은 당해 사업연도종료일 현재 기업회계기준에 따라 작성한 재무상태표상의 자산총액으로 한다(조특칙 2 ⑤).

4. 독립성 기준

소유 및 경영의 실질적인 독립성이 다음 각 호의 어느 하나에 해당하지 아니하는 기업이어야 한다(조특령 2 ① 3호, 다음 ②·③은 중기령 3 ① 2호).

① 「독점규제 및 공정거래에 관한 법률」 제31조 제1항에 따른 공시대상기업집단에 속

하는 회사 또는 같은 법 제33조에 따라 공시대상기업집단의 국내 계열회사로 편입·통지된 것으로 보는 회사

② 당해 사업연도종료일 현재 자산총액이 5천억원 이상인 법인이 주식 등의 100분의 30 이상을 직접적 또는 간접적으로 소유한 최다출자자인 기업

③ 관계기업에 속하는 기업의 경우에는 「중소기업기본법 시행령」 제7조의4에 따라 산정한 매출액이 「조세특례제한법 시행령」 제2조 제1항 제1호에 따른 중소기업기준(위 'Ⅱ.'의 규모기준)에 맞지 아니하는 기업

1. 공시대상기업집단(독점규제및공정거래에관한법률 31 ①)에 속하는 회사가 아닐 것

주) 공시대상기업집단 : 공정거래위원회가 지정하는 계열사 자산총액이 5조원 이상인 기업집단

2. 당해 사업연도 종료일 현재 자산총액이 5천억원 이상인 법인(외국법인을 포함하되, 비영리법인 및 중소기업창업투자회사 등 아래 '3-중점사항'의 용어해설 3에 해당하는 자는 제외함)이 주식 등(상법 제370조에 따른 의결권 없는 주식은 제외하며, 이하 같음 : 중소기업기본법 시행령 2 4호)의 30% 이상을 직접 또는 간접적으로 소유한 경우로서 최다출자자인 기업이 아닐 것

주) 2015.6.30. 중소기업기본법 시행령 제3조 제1항 제2호 나목에 개정되어 자산총액이 5천억원 이상인 비영리법인이 최다출자자인 경우에도 중소기업에 포함됨.

① 최다출자자 : 해당 기업의 의결권 있는 주식 등을 소유한 법인(또는 개인)이 단독 또는 주식 등을 소유한 법인의 임원(또는 주식 등을 소유한 개인의 친족)과 합산하여 해당 기업의 주식 등을 가장 많이 소유한 자를 말함 → 사외이사는 임원으로 보지 아니함

가. 임원 및 친족 등의 합산규정은 간접소유비율계산 및 소유비율 30% 이상 판정시는 적용되지 않음

나. A법인이 B법인 주식 25%, A법인의 임원이 B법인 주식 75% 소유한 경우 : B법인은 A법인의 종속기업에 해당되지 않음

② 주식 등 간접소유비율의 계산 : 국제조세조정에 관한 법률 시행령 제2조 제2항을 준용한다.

가.

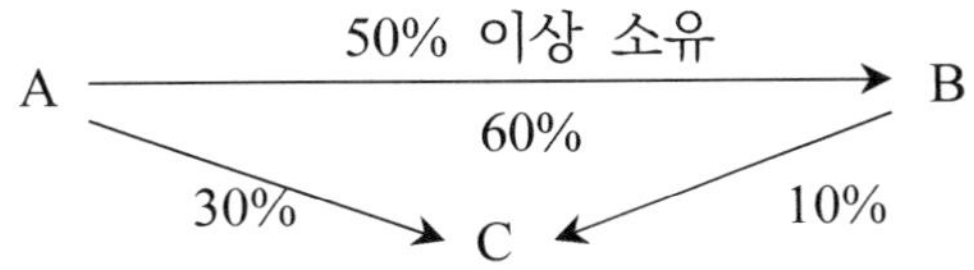

: A의 C에 대한 소유비율 30%(직접) + 10%(간접) = 40%

나.

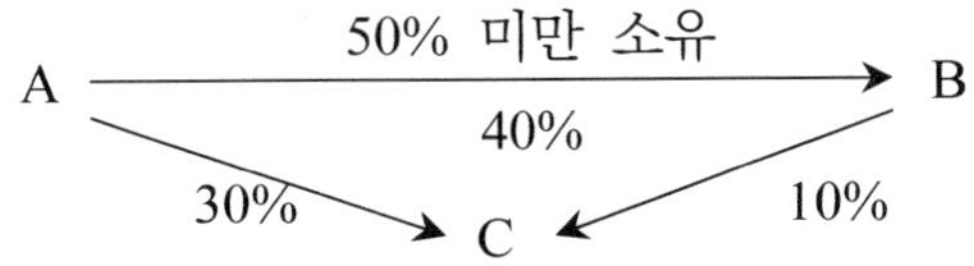

: A의 C에 대한 소유비율 30%(직접) + 10%×40% = 34%

③ 외국법인의 자산총액을 원화로 환산할 경우 : 당해 사업연도 종료일 현재 매매 기준율 적용(조특령 2)

주) 조세특례제한법은 중소기업기본법과는 달리 주식의 소유와 관련하여 자본시장과 금융투자업에 관한 법률에 따른 집합투자기구를 통하여 간접소유한 경우를 제외함.

3. 관계기업에 속하는 기업의 경우에는 중소기업기본법 시행령 제7조의4에 따라 관계기업간에 합산하여 산정한 매출액이 위 'Ⅱ의 규모기준(지배기업과 종속기업 중 매출액이 큰 기업의 주된 업종을 지배기업과 종속기업 각자의 주된 업종으로 규모기준을 적용)'을 초과하는 기업이 아닐 것

(1) 관계기업의 판정

관계기업이란 외부감사대상기업이 다른 국내기업을 지배함으로써 지배 · 종속의 관계에 있는 기업의 집단을 말한다. 그러므로 지배기업이 외부감사대상기업에 한정됨에 따라 외국법인이 모회사인 경우는 외부감사대상기업이 아니므로 제외되며, 외국법인이 자회사인 경우도 관계기업 기준을 적용하지 아니한다.

그리고, 지배 · 종속의 관계란 지배기업이 다른 국내 기업을 아래와 같이 지배하는 경우 지배기업과 그 다른 국내기업(종속기업)의 관계를 말한다.

① 자회사

② 모회사가 자회사와 공동 소유하는 자회사

③ 손자회사

④ 개인 최다출자자 등이 자회사와 공동 소유하는 손자회사

⑤ 주권상장법인으로서 연결재무제표작성대상법인과 그 연결재무제표에 포함되는 기업

(2) 관계기업(지배기업＋종속기업)의 평균매출액 등 산정(중기령 별표 2)

① 형식적 지배(지배기업이 50% 미만 소유)

가. 지배기업의 전체 평균매출액 등

지배기업의 평균매출액 등＋종속기업 평균매출액 등 × 지배기업 지분율

나. 종속기업의 전체 평균매출액 등

종속기업의 평균매출액 등＋지배기업 평균매출액 등 × 지배기업 지분율

② 실질적 지배(지배기업이 50% 이상 소유)

지배기업 · 종속기업 모두

지배기업 평균매출액 등+종속기업 평균매출액 등

Expert Opinion Summary

관계기업 해당 사례

1. 지배기업이 종속기업을 실질적 지배하는 경우
   ① A법인은 B법인 주식을 80% 보유
   ② A법인 업종 : 운수업(기준매출액 800억원)
   B법인 업종 : 예술, 스포츠 및 여가관련 서비스업(기준매출액 600억원)
   ③ A법인 당기매출액 : 700억원
   B법인 당기매출액 : 400억원
   ④ 관계기업매출액 : A, B법인 모두 1,100억원(700+400), 주업종 : 운수업
   ⑤ A, B법인 모두 기준매출액을 초과하므로 중소기업 해당안됨(유예기간 고려하지 않음 전제)

2. 지배기업이 종속기업을 형식적 지배하는 경우
   1) 지배기업매출액이 종속기업매출액을 초과하는 경우
      ① A법인은 B법인 주식을 40% 보유
      ② A법인 업종 : 운수업(기준매출액 800억원)
      B법인 업종 : 예술, 스포츠 및 여가관련 서비스업(기준매출액 600억원)
      ③ A법인 당기매출액 : 700억원
      B법인 당기매출액 : 400억원
      ④ 관계기업매출액 : 주업종은 운수업
      A법인=700억원+400억원×40%=860억원
      B법인=400억원+700억원×40%=680억원
      ⑤ A법인은 기준매출액 800억원을 초과하므로 중소기업 해당안됨
      B법인은 기준매출액 800억원을 초과하지 않으므로 중소기업 해당됨
   2) 지배기업매출액이 종속기업매출액보다 적은 경우
      ① A법인은 B법인 주식을 40% 보유
      ② A법인 업종 : 운수업(기준매출액 800억원)
      B법인 업종 : 예술, 스포츠 및 여가관련 서비스업(기준매출액 600억원)
      ③ A법인 당기매출액 : 300억원
      B법인 당기매출액 : 500억원
      ④ 관계기업매출액 : 주업종은 예술, 스포츠 및 여가관련 서비스업
      A법인=300억원+500억원×40%=5000억원
      B법인=500억원+300억원×40%=620억원
      ⑤ A법인은 기준매출액 600억원을 초과하지 않으므로 중소기업 해당됨
      B법인은 기준매출액 600억원을 초과하므로 중소기업 해당안됨

3. 지배기업이 지배기업의 최대출자자인 개인(친족포함)과 합산하여 종속기업의 최대출자자인 경우
   ① A법인(외감법 대상법인)이 B법인(국내법인) 주식을 20% 보유
   A법인의 개인최다출자자 갑(A법인주식 60% 보유)이 B법인주식 20% 보유

갑의 친족인 을이 B법인주식 15% 보유
② A법인 업종 : 운수업(기준매출액 800억원)
B법인 업종 : 예술, 스포츠 및 여가관련 서비스업(기준매출액 600억원)
③ A법인 당기매출액 : 700억원
B법인 당기매출액 : 600억원
④ 관계기업 매출액 : 주업종은 운수업
A법인=700억원+600억원×20%=820억원
• 관계기업매출액 계산시는 지배기업의 직접 투자 지분율만 합산함
B법인=600억원+700억원×20%=740억원
⑤ A법인은 기준매출액 800억원을 초과하므로 중소기업 해당안됨
B법인은 기준매출액 800억원을 초과하지 않으므로 중소기업 해당됨

③ 지배기업의 또 다른 종속기업매출액 합산 여부

B법인은 A법인의 지배회사(A법인 주식의 33% 지분보유 최대주주)에 해당됨. C법인은 B법인이 100% 지분을 보유하고 있음.

당해연도 A법인의 중소기업판정시 관계기업 매출액산정시 A법인의 지배기업인 B법인이 100% 지분을 보유한 C법인의 매출액을 포함하여야 하는 지에 대해 중소기업기본법 시행령 제3조의2에 의한 지배 또는 종속관계가 성립되지 않으면 관계기업에 해당하지 않는 것임(이 사례에서 C법인의 매출액을 합산하지 않는다는 의미임)(사전법규법인-44, 2023.5.2.; 서면법인-21910, 2016.5.3.)

(3) 평균매출액등의 산정기준

① 중소기업기본법 : 직전 3개 사업연도의 평균매출액
② 조세특례제한법 : 당해 사업연도의 매출액

(4) 지배・종속관계 판단시점

① 중소기업기본법 : 직전 사업연도 종료일 현재를 기준(중기령 3의2 ①)
② 조세특례제한법 : 당해 사업연도 종료일 현재를 기준(조특령 2 ④, 조특칙 2 ⑧)

중/점/사/항/ 중소기업기본법상 용어 해설

1. 관계기업 : 외부감사대상기업(주식회사의 외부감사에 관한 법률 2 참조)이 다른 국내기업을 지배함으로써 지배・종속의 관계(중소기업기본법 시행령 3의 2)에 있는 기업의 집단을 말한다(중소기업기본법 시행령 2 3호).
2. 지배・종속관계 : 지배 또는 종속의 관계란 직전 사업연도말일 현재 지배기업이 종속기업

을 다음 중 어느 하나와 같이 지배하는 경우의 관계를 말한다. 다만, 주권상장법인으로서 연결재무제표를 작성하여야 하는 기업(주식회사의 외부감사에 관한 법률 1의2 2호 및 같은 법 시행령 1의3 참조)과 그 연결재무제표에 포함되는 국내기업은 지배기업과 종속기업의 관계로 본다(중소기업기본법 시행령 3의2 ①).

① 지배기업이 단독으로 또는 그 지배기업과의 관계가 다음 중 어느 하나에 해당하는 자와 합산하여 종속기업의 주식등을 30% 이상 소유하면서 최다출자자인 경우
  ⓐ 단독으로 또는 친족과 합산하여 지배기업의 주식 등을 30% 이상 소유하면서 최다출자자인 개인
  ⓑ 'ⓐ'의 친족[배우자(사실상 혼인관계에 있는 자를 포함), 4촌 이내의 혈족 및 3촌 이내의 인척을 말함]
    * A기업이 B기업의 주식을 직접 10% 보유하고 A기업의 상기 ⓐ, ⓑ에 해당하는 개인이 B기업의 주식을 60% 보유한 경우 A · B기업은 관계기업에 해당되나 매출액을 합산시는 A기업의 B기업 지분율 10%만 적용하여 합산함

② 지배기업이 자회사(지배기업과의 관계가 '①'에 해당하는 종속기업을 말함)와 합산하거나 지배기업과의 관계가 '①-ⓐ 또는 ⓑ'에 해당하는 자와 공동으로 합산하여 종속기업의 주식등을 30% 이상 소유하면서 최다출자자인 경우
③ 자회사가 단독으로 또는 다른 자회사와 합산하여 종속기업의 주식 등을 30% 이상 소유하면서 최다출자자인 경우
④ 지배기업과의 관계가 '①-ⓐ 또는 ⓑ'에 해당하는 자가 자회사와 합산하여 종속기업의 의결권 있는 주식 등을 30% 이상 소유하면서 최다출자자인 경우

5. 중소기업 적용유예

(1) 중소기업의 유예기간을 적용하는 경우

중소기업의 해당 여부를 판정함에 있어서 중소기업이 그 규모가 확대되는 등으로 다음에 해당하는 사유로 중소기업에 해당하지 아니하게 된 경우에는 최초로 그 사유가 발생한 날이 속하는 사업연도와 그 다음 3개 사업연도까지는 중소기업으로 보고, 해당 기간(이를 "유예기간"이라 한다)이 경과한 후에는 사업연도별로 앞에서 설명한 업종기준, 규모기준 및 독립성 기준 등의 중소기업 적용요건에 따라 중소기업 해당 여부를 판정한다(조특령 2 ② 본문).

(2) 중소기업의 유예기간을 적용하지 아니하는 경우

중소기업이 다음 각호의 어느 하나의 사유로 규모가 확대되는 등 중소기업에 해당하지 아니하게 된 경우에는 유예기간을 적용하지 아니하고 유예기간 중에 있는 기

업에 대해서는 해당 사유가 발생한 날(아래 ②는 합병일)이 속하는 사업연도부터 유예기간을 적용하지 아니한다(조특령 2 ② 단서).

① 중소기업이 중소기업기본법에 의한 중소기업 외의 기업과 합병하는 경우
② 중소기업이 유예기간 중에 있는 기업과 합병하는 경우
③ 실질적인 독립성이 중소기업기본법 시행령 제3조 제1항 제3호의 규정(관계기업제도에 해당되는 경우는 제외)에 적합한 기업 외의 기업에 해당하는 경우
④ 창업일이 속하는 사업연도종료일부터 2년 이내의 사업연도종료일 현재 중소기업기준을 초과하는 경우

6. 중소기업에 대한 세제지원

현행 세법상 중소기업에 해당되면 법인세법과 조세특례제한법에서 규정하고 있는 다음과 같은 세제상의 혜택을 누릴 수 있다.

(1) 법인세법상 지원

내 용	중소기업	일반법인
이월결손금 공제한도(법법 13)	한도 없음	각 사업연도 소득금액의 80%
기업업무추진비 손금한도 (법법 25)	손금한도 = ① + ②	
	① 36백만원 ② 수입금액 0.03~0.3%	① 12백만원 ② 좌동
결손금소급공제(법법 72)	직전 사업연도로 소급공제 가능	해당 없음
법인세분납기간(법법 64 ②)	납부기한이 지난 날부터 2개월 이내	납부기한이 지난 날부터 1개월 이내
핵심인력성과보상기금 손금산입(법령 19 · 20호)	손금산입(연구인력개발비 세액공제 대상에 해당)	해당 없음 (중견기업은 해당)
외상매출금 대손처리특례 (법령 19의2 ① 9호)	1. 부도발생일 이전의 외상매출금은 부도발생일로부터 6개월 이상 지난 경우 대손처리 가능 2. 거래일로부터 2년이 경과한 외상매출금 및 미수금은 대손처리 가능	1. 소멸시효완성 및 회수불능 입증시 대손처리 2. 해당 없음
직원에 대한 주택구입 · 전세	업무무관가지급금 제외	업무무관가지급금 해당됨

내 용	중소기업	일반법인
자금 대여금(법칙 44)		

(2) 조세특례제한법상 지원내용 요약

내 용	중소기업	일반법인
중소기업의 IT화 사업지원(조특법 5의2)	중소기업이 중기청 등으로부터 정보화를 위한 출연금 등을 지원받아 투자하는 경우 일시상각충당금의 손금산입 허용	해당 없음
창업중소기업에 대한 세액감면(조특법 6)	1. 창업 후(벤처기업 확인을 받은 후) 최초로 소득이 발생한 연도와 그 후 4년간 50% 감면(고용증가시 최대 50% 추가감면) ① 2024.12.31. 이전에 수도권과밀억제권역 외 지역에서 창업한 중소기업 ② 2024.12.31.까지 벤처기업으로 확인받은 중소기업 2. 청년 및 신성장서비스업 창업중소기업은 3년간 75%, 그후 2년간 50% 감면(2018.5.29. 이후 청년창업중소기업은 5년간 100%, 수도권과밀억제권역내 창업도 50% 감면)	해당 없음
중소기업에 대한 특별세액감면(조특법 7)	제조업 등을 영위하는 중소법인의 제조업소득 등에 대하여 산출세액의 5~30% 감면(감면한도 1억원)	해당 없음
상생결제 지급금액세액공제(조특법 7의4)	상생결제제도 지급금액 × 0.1%～0.2%	해당 없음 (중견기업은 해당)
상생협력 투자세액공제(조특법 8의3 ③)	수탁업체 설치시설 투자금액의 7%	투자금액의 1% (중견기업은 3%)
연구및인력개발비 세액공제(조특법 10)	① 선택 ┌ 총발생액 × 25% 　　　　└ 증가발생분 × 50% ② 신성장 R&D비용은 30%~40%	①, ② 중 선택(중견기업은 ① 8%) ① 일반연구 · 인력개발비

내 용	중 소 기 업	일 반 법 인
	③ 국가전략기술 R&D비용은 40%~50% ④ 핵심인력성과보상기금부담액 세액공제대상에 해당	×{0%+ 일반연구·인력개발비 / 매출액 × 50%} (한도 : 일반연구 · 인력개발비 × 2%) ② 증가발생분 × 25%(중견기업은 40%) ③ 신성장R&D비용은 20% ~30% ④ 국가전략기술 R&D비용은 30%~40%
중소기업기술이전 · 대여소득 세액감면(조특법 12 ①)	특허권 등 기술이전 · 대여소득에 대해 2026.12.31.까지 50% · 25% 감면	해당없음(중견기업은 중소기업과 동일)
성과공유 중소기업 경영성과급 세액공제(조특법 19)	경영성과급의 15%	해당없음
통합투자세액공제(조특법 24)	① 기본공제 일반투자분 10% ② 신성장사업화시설 투자분 12% ③ 국가전략기술 투자분 25%	① 1%(중견기업은 5%) ② 대기업 3%, 중견기업 6% ③ 대기업 15%, 중견기업 15%
신성장기술 사업화시설투자 세액공제(조특법 25의5)	투자금액의 10%	투자금액의 5% (중견기업은 7%)
영상콘텐츠 제작비용세액공제(조특법 25의6)	제작비용의 10%	제작비용의 3% (중견기업은 7%)
에너지절약시설 감가상각비손금산입특례(조특법 28의4)	에너지절약시설의 2024.1.1.~2024.12.31. 취득분에 대해 기준내용연수의 75% 범위 내에서 신고내용연수 적용하여 상각범위액과 장부계상액의 차액을 신고조정으로 손금산입	기준내용연수의 50% 범위 내에서 적용(중견기업은 중소기업과 동일)
특성화고 등 졸업자 병역이행 후 복직기업 세액공제(조특법 29의2)	복직 후 인건비의 30%	해당없음 (중견기업은 15%)
근로소득 증대기업 세액공제(조특법 29의4)	1. [해당연도 평균임금 − 직전연도 평균임금 × (1 + 직전 3년 평균임금 증가율*)] × 직전연도	1. 5%(중견기업은 10%) 2. 5%(중견기업은 10%)

내 용	중 소 기 업	일 반 법 인
	근로자수 × 20% * 직전 3년 평균임금증가율 대신 3.2%를 적용할 수 있음(중소기업만 적용) 2. 정규직전환 근로자 추가공제 정규직전환 근로자 임금증가분 합계액 × 20%	
고용을 증대시킨 기업에 대한 세액공제(조특법 29의7)	1. 고용증가시 1인당 상시근로자 : 700~770만원 청년정규직 · 장애인 · 60세 이상 : 1,100~1,300만원 2. 공제기간 : 3년	1. 해당없음(중견기업은 450만원) 400~500만원(중견기업은 800~900만원) 2. 2년(중견기업은 3년)
통합고용세액공제 (조특법 29의8)	1. 기본공제 (1) 고용증가시 1인당 상시근로자 : 850~950만원 청년정규직 · 장애인 · 60세 이상 · 경력단절여성 : 1,450~1,550만원 (2) 공제기간 : 3년 2. 추가공제(고용증가시 적용) (1) 정규직전환 · 육아휴직복귀자 인원×1,300만원 (2) 공제기간 : 2년	1. (1) 해당없음(중견기업 : 450만원) 400만원(중견기업 : 800만원) (2) 2년(중견기업 : 3년) 2. (1) 해당없음(중견기업은 900만원) (2) −(중견기업은 1년)
고용유지 중소기업 세액공제(조특법 30의3)	상시근로자 1인당 시간당 임금이 감소하지 않은 경우 임금감소액의 10%와 임금보전액의 15%를 세액공제	해당 없음 (위기지역 중견기업은 적용)
고용증가인원 사회보험료 세액공제(조특법 30의4)	청년 및 경력단절여성 고용증가인원 × 사회보험료 × 100%, 청년외고용증가인원 × 사회보험료 × 50%(신성장서비스업은 75%) 2년간 공제	해당 없음
수도권 밖으로 공장을 이전하는 기업에 대한 세액감면(조특법 63)	1. 2년 이상 수도권과밀억제권역에서 공장을 영위한 기업의 이전 2. 수도권과밀억제권역 밖으로 이전	1. 3년 이상 2. 수도권 밖으로 이전

내 용	중 소 기 업	일 반 법 인
농공단지 입주기업 등에 대한 세액감면(조특법 64)	농공단지 또는 지방중소기업 특별지원지역입주기업 등 입주시 최초 소득발생연도와 그 후 3년간 법인세 50% 감면	농공단지 안에서 농어촌 소득원개발사업을 영위하는 내국인은 최초 소득발생 연도와 그 후 3년간 법인세 50% 감면
중소기업 공장이전 양도차익 분할과세(조특법 85의8)	2년 이상 사업영위공장을 수도권과밀억제권역 밖 이전시 및 3년 이상 운영공장을 동일 산업단지내로 이전시 양도차익에 대해 5년거치 5년균등익금산입	해당 없음
위기지역 창업기업 법인세감면(조특법 99의9)	고용 또는 산업위기지역 내 창업기업은 5년간 100%, 2년간 50% 감면 한도 : 없음	한도 : 투자누계액×50% +상시근로자수×1,500만원(청년 및 서비스업 상시근로자는 2,000만원)
감염병 특별재난지역 소재 중소기업 법인세감면(조특법 99의11)	감염병 특별재난지역 소재 중소기업에 대해 2020년 법인세 30%(소기업 60%) 감면 한도 : 2억원)	해당없음
수도권과밀억제권역 안의 투자에 대한 조세감면 배제(조특법 130)	1990.1.1. 이후 수도권과밀억제권역 안에 새로이 사업장을 설치하거나 종전 사업장을 이전하여 설치하는 경우에도 대체투자에 대하여는 각종 투자세액공제 가능(고용창출투자세액공제는 배제, 증설투자도 대부분 세액공제 허용)	1990.1.1. 이후 수도권과밀억제권역 안에 새로이 사업장을 설치하거나 종전 사업장을 이전하여 설치하는 경우 일부분 투자세액공제 배제
최저한세(조특법 132)	①·② 중 많은 금액 ① 각종 감면 후의 세액 ② 감면 전의 과세표준 × 7% (유예기간 경과 후 3년간 8%, 이후 2년간 9%)	①·② 중 많은 금액 ① 각종 감면 후의 세액 ② 감면 전의 과세표준 100억 이하 10%, 1,000억 이하 12%, 1,000억 초과 17%
최대주주의 주식할증평가 적용배제(상증법 63 ③)	할증률 0%	할증률 20%(중견기업*은 0%) * 직전 3년 평균매출액이 5,000억 미만인 법인

7. 소기업과 중기업의 구분

(1) 중소기업기본법

① 중소기업은 소기업과 중기업으로 구분한다(중기법 2 ②).

② 소기업은 중소기업 중 해당기업이 영위하는 주된 업종별 평균매출액 등(관계기업 매출액 합산하지 않음. 서면법인 - 5783, 2016.12.9.)이 별표 3의 기준에 맞는 기업으로 하며 중기업은 중소기업 중 소기업을 제외한 기업으로 한다(중기령 8).

주) 상기 소기업의 구분기준은 2016.1.1.부터 시행
중소기업기본법 시행령 [별표 3] (2017.10.17. 개정)

주된 업종별 평균매출액 등의 소기업 규모 기준(제8조 제1항 관련)

해당 기업의 주된 업종	분류기호	규모 기준
1. 식료품 제조업	C10	평균매출액등 120억원 이하
2. 음료 제조업	C11	
3. 의복, 의복액세서리 및 모피제품 제조업	C14	
4. 가죽, 가방 및 신발 제조업	C15	
5. 코크스, 연탄 및 석유정제품 제조업	C19	
6. 화학물질 및 화학제품 제조업(의약품 제조업은 제외한다)	C20	
7. 의료용 물질 및 의약품 제조업	C21	
8. 비금속 광물제품 제조업	C23	
9. 1차 금속 제조업	C24	
10. 금속가공제품 제조업(기계 및 가구 제조업은 제외한다)	C25	
11. 전자부품, 컴퓨터, 영상, 음향 및 통신장비 제조업	C26	
12. 전기장비 제조업	C28	
13. 그 밖의 기계 및 장비 제조업	C29	
14. 자동차 및 트레일러 제조업	C30	
15. 가구 제조업	C32	
16. 전기, 가스, 증기 및 공기조절 공급업	D	
17. 수도업	E36	
18. 농업, 임업 및 어업	A	평균매출액등 80억원 이하 평균매출액등 80억원 이하
19. 광업	B	
20. 담배 제조업	C12	
21. 섬유제품 제조업(의복 제조업은 제외한다)	C13	
22. 목재 및 나무제품 제조업(가구 제조업은 제외한다)	C16	
23. 펄프, 종이 및 종이제품 제조업	C17	
24. 인쇄 및 기록매체 복제업	C18	
25. 고무제품 및 플라스틱제품 제조업	C22	
26. 의료, 정밀, 광학기기 및 시계 제조업	C27	
27. 그 밖의 운송장비 제조업	C31	
28. 그 밖의 제품 제조업	C33	
29. 건설업	F	
30. 운수 및 창고업	H	
31. 금융 및 보험업	K	
32. 도매 및 소매업	G	평균매출액등

해당 기업의 주된 업종	분류기호	규모 기준
33. 정보통신업	J	50억원 이하
34. 수도, 하수 및 폐기물 처리, 원료재생업(수도업은 제외)	E(E36 제외)	평균매출액등 30억원 이하
35. 부동산업	L	
36. 전문 · 과학 및 기술 서비스업	M	
37. 사업시설관리 및 사업지원 및 임대서비스업	N	
38. 예술, 스포츠 및 여가 관련 서비스업	R	
39. 산업용 기계 및 장비수리업	C34	평균매출액등 10억원 이하
40. 숙박 및 음식점업	I	
41. 교육 서비스업	P	
42. 보건업 및 사회복지 서비스업	Q	
43. 수리(修理) 및 기타 개인 서비스업	S	

비고 : 1. 해당 기업의 주된 업종의 분류 및 분류기호는 「통계법」 제22조에 따라 통계청장이 고시한 한국표준산업분류에 따른다.
2. 위 표 제27호에도 불구하고 철도 차량 부품 및 관련 장치물 제조업(C31202) 중 철도 차량용 의자 제조업 항공기용 부품 제조업(C31322) 중 항공기용 의자 제조업의 규모 기준은 평균매출액등 120억원 이하로 한다.

(2) 조세특례제한법

중소기업 특별세액감면 적용시 소기업이란 중소기업 중 매출액이 업종별로 중소기업기본법 시행령 [별표 3]을 준용하여 산정한 규모 기준 이내인 기업을 말한다. 이 경우 평균매출액등은 매출액으로 본다(조특령 6 ⑤).

8. 중견기업판정기준

조세특례제한법은 다음의 요건을 모두 갖추어야 중견기업으로 보고 있다(조특령 6의4 ①).

(1) 중소기업에 해당하지 않을 것

(2) 다음의 어느 하나 해당 업종을 주된 사업으로 영위하지 않을 것

① 소비성서비스업

② 중견기업성장촉진및경쟁력강화에관한특별법시행령 제2조 제2항 제2호의 업종

가. 금융업

나. 보험 및 연금업

다. 금융 및 보험관련 서비스업

③ 둘 이상의 서로 다른 사업영위시 주된 업종의 판정은 수입금액이 큰 사업으로 함.

(3) 상호출자제한기업집단 또는 채무보증제한기업집단에 속하지 아니하며 자산총액

10조원 이상 법인이 해당 기업 지분의 30% 이상을 직접·간접 소유하면서 최다출자자인 기업이 아닐 것(중견기업성장촉진및경쟁력강화에관한특별법시행령 2 ② 1호)

(4) 직전 3년 평균매출액(관계기업매출액 합산하지 않음. 서면법인 - 20575, 2015.4.6., 합병시 피합병법인 매출액 합산하지 않음. 서면법령법인 - 579, 2020.10.19.)이 다음과 같을 것

① 연구인력개발비세액공제 : 5천억원 이하(조특령 9)

② 특허권 등 이전소득 감면 및 ① 제외 투자세액공제 : 3,000억원 이하(조특령 10 등)

(5) 공공기관·지방공기업에 아닐 것

II. 중소기업 회계처리특례(일반기업회계기준 제31장)

1. 적용대상

구 분	내 용
적용대상	중소기업기본법에 의한 중소기업
적용 제외	• 상장법인 • 증권신고서 제출법인 • 사업보고서 제출대상법인 • 금융업을 영위하는 법인 • 연결실체에 중소기업이 아닌 회사가 포함된 경우의 지배회사

2. 회계처리와 재무제표 표시

특례적용항목	특례 회계처리(항목별 선택 가능)
시가가 없는 파생상품 평가	계약시점 후 평가에 관한 회계처리를 아니할 수 있음
시장성 없는 지분증권 평가	취득원가를 장부금액으로 할 수 있음. 다만, 손상차손누계액(제6장 제2절 문단6.AB 준용)이 있는 경우에는 취득원가에서 이를 차감
지분법적용대상 지분증권 평가	관계기업이나 공동지배기업에 대하여는 지분법적용 안함 지분법을 적용하지 아니하는 경우에는 해당 투자자산의 장부금액은 다음 중 선택 • 취득원가. 다만, 손상차손누계액이 있는 경우에는 이를 차감 • 공정가치로 측정한 금액

특례적용항목	특례 회계처리(항목별 선택 가능)
장기연불조건의 매매거래 및 장기금전 대차거래 등의 채권 · 채무평가	명목금액을 F/P가액으로 할 수 있음
주식결제형 주식기준보상거래	• 부여한 지분상품이 실제로 행사(예 : 주식선택권의 부여)되거나 발행(예 : 주식의 부여)되기까지는 별도의 회계처리를 아니할 수 있음 • 행사시 회계처리 －신주발행의 경우 : 행사가격과 신주의 액면가액의 차액을 주식발행 초과금으로 처리 －자기주식 교부의 경우 : 행사가격과 자기주식의 장부가액의 차액을 자기주식처분손익으로 처리
현금결제형 주식기준보상거래	• 주식기준보상에 관한 기업회계기준에 따라 회계처리 • 부채는 매 보고기간종료일과 최종결제일에 내재가치로 측정가능
거래상대방 선택 주식기준보상거래	• 주식기준보상에 관한 기업회계기준에 따라 회계처리 • 복합금융상품 중 부채요소만을 인식할 수 있으며 부채요소는 매 보고기간종료일과 최종결제일에 내재가치로 측정가능
수익인식 - 단기용역매출 · 건설형공사계약	완성기준을 적용 가능
수익인식 - 장기할부매출	할부금회수기일이 도래한 날에 실현되는 것으로 할 수 있음
유 · 무형자산의 내용연수 · 잔존가액 결정	법인세법의 규정 인정
부동산장기할부 처분이익	할부금회수기일이 도래한 날 실현되는 것으로 할 수 있음
법인세비용	법인세법 등에 의하여 납부하여야 할 금액으로 할 수 있음 －법인세비용차감전순손익 · 법인세비용 계정과목 → 법인세차감전순손익 · 법인세 등 계정과목으로 기재
중단사업부문 정보	주석기재 아니할 수 있음
특례적용항목의 선택적 적용 여부	특례적용항목별로 선택 적용 가능
특례적용 중단시 회계처리	중소기업이 이를 적용하지 아니하고자 하거나 중소기업에 해당하지 않게 되는 이유 등으로 인하여 이를 적용할 수 없게 되는 경우 : 소급법 적용(회계정책의 변경)

3. 질의회신(2018.10.10.)

일반기업회계기준 제31장 중소기업 회계처리 특례를 적용하던 기업이 해당 특례 적용대상 중소기업의 범위에서 제외되어 관계기업투자주식에 대해 더는 특례 규정(원가법)을 적용할 수 없는 경우는 제5장 문단 5.9(1)에서 규정하는 '회계정책의 변경' 사유에 해당하므로 제5장에 따라 새로운 회계정책(지분법)을 소급하여 적용함. 다만, 문단 5.12에 따라 회계정책의 변경에 따른 누적효과를 합리적으로 결정하기 어려운 경우에는 회계정책의 변경을 전진적으로 처리하여 그 효과가 당기와 당기 이후의 기간에 반영되도록 함.

재무상태표

제 2 부

제1장 재무상태표의 의의

I. 의 의

1. 의의

"재무상태표"는 일정시점 현재 기업이 보유하고 있는 경제적 자원인 자산과 경제적 의무인 부채, 그리고 자본에 대한 정보를 제공하는 재무보고서이다(문단 2.17).

2. 유용성

재무상태표는 다음과 같은 유용한 정보를 제공한다(문단 2.17).

① 정보이용자들이 기업의 유동성, 재무적 탄력성, 수익성과 위험 등을 평가하는데 유용한 정보를 제공한다.

② 다른 재무제표와 함께 기업가치의 평가에 유용한 정보를 제공한다.

3. 한계점

재무상태표는 '2.'의 유용성에도 불구하고 다음과 같은 한계점이 있다.

① 재무상태표에 나타난 자산과 부채의 가액만으로 기업실체의 가치를 직접 평가할 수 없다.

② 재무상태표는 불확실성이나 비용 대 효익의 고려 등으로 인해 모든 자산과 부채를 나타내지 않을 수 있다.

II. 기본요소

재무상태표의 기본요소는 자산, 부채 및 자본이다(문단 2.18).

1. 자산

① 정의

"자산"은 과거의 거래나 사건의 결과로서 현재 기업실체에 의해 지배되고 미래에 경제적 효익을 창출할 것으로 기대되는 자원이다.

② 인식기준

자산은 상기 '①'의 정의를 충족하는 동시에 해당 항목에 내재된 미래의 경제적 효익이 기업실체에 유입될 가능성이 매우 높고 또한 그 측정속성에 대한 가액이 신뢰성 있게 측정될 수 있다면 재무상태표에 인식한다.

③ 구분

자산은 성격과 기능 및 유동성에 따라 다음과 같이 구분한다(문단 2.18 (1)).

Ⅰ. 유동자산
　1. 당좌자산
　2. 재고자산
Ⅱ. 비유동자산
　1. 투자자산
　2. 유형자산
　3. 무형자산
　4. 기타 비유동자산

2. 부채

① 정의

"부채"는 과거의 거래나 사건의 결과로 현재 기업실체가 부담하고 있고 미래에 자원의 유출 또는 사용이 예상되는 의무이다.

② 인식기준

부채는 상기 '①'의 정의를 충족하는 동시에, 기업실체가 현재의 의무를 미래에 이행할 때 경제적 효익이 유출될 가능성이 매우 높고 그 금액을 신뢰성 있게 측정할 수 있을 때 재무상태표에 인식한다.

③ 구분

부채는 성격과 기능 및 유동성에 따라 다음과 같이 구분한다(문단 2.18 ⑵).

Ⅰ. 유동부채 Ⅱ. 비유동부채

3. 부채의 유동성과 비유동성 구분(2023.12.13. 개정)

다음과 같은 부채는 유동부채로 분류한다(문단 2.22).

⑴ 기업의 정상적인 영업주기 내에 상환 등을 통하여 소멸할 것이 예상되는 매입채무와 미지급비용 등의 부채

⑵ 보고기간종료일로부터 1년 이내에 상환되어야 하는 단기차입금 등의 부채

⑶ 보고기간종료일로부터 1년을 초과하여 부채의 결제를 연기할 수 있는 권리를 가지고 있지 않은 부채

그 밖의 모든 부채는 비유동부채로 분류한다.

보고기간종료일로부터 1년을 초과하여 부채의 결제를 연기할 수 있는 기업의 권리는 실질적이어야 하고, 문단 2.22의3~2.27에서 설명한 바와 같이 보고기간종료일 현재 존재해야 한다(문단 2.22의2).

보고기간종료일로부터 1년을 초과하여 부채의 결제를 연기할 수 있는 기업의 권리는 기업이 차입 약정 상의 특정 조건(이하 '약정사항')을 준수하는지 여부에 좌우될 수 있다(문단 2.22의3).

⑴ 만약 기업이 보고기간종료일 이전에 약정사항을 준수하도록 요구받는다면, 이러한 약정사항은 문단 2.22(3)를 적용할 때 보고기간종료일 현재 그러한 권리가 존재하는지 여부에 영향을 미친다. 비록 약정사항의 준수 여부가 보고기간 후에만 평가되더라도(예: 약정사항은 보고기간종료일 현재 기업의 재무상태를 기초로 하지만, 약정사항의 준수 여부는 보고기간 후에만 평가되는 경우), 이러한 약정사항은 보고기간종료일 현재 그러한 권리가 존재하는지 여부에 영향을 미친다.

⑵ 만약 기업이 보고기간 후에만 약정사항을 준수하도록 요구받는다면(예: 기업의 보고기간종료일로부터 6개월 후 재무상태에 기초한 약정사항), 이러한 약정사항은 문단 2.22(3)를 적용할 때 보고기간종료일 현재 그러한 권리가 존재하는지 여부에 영향을 미치지 않는다.

부채는 1년을 기준으로 유동부채와 비유동부채로 분류한다. 다만, 정상적인 영업주기 내에 소멸할 것으로 예상되는 매입채무와 미지급비용 등은 보고기간종료일로부터 1년 이내에 결제되지 않더라도 유동부채로 분류한다. 이 경우 유동부채로 분류한 금액 중 1년 이내에 결제되지 않을 금액을 주석으로 기재한다. 당좌차월, 단기차입금 및 유동성장기차입금 등은 보고기간종료일로부터 1년 이내에 결제되어야 하므로 영업주기와 관계없이 유동부채로 분류한다. 또한 비유동부채 중 보고기간종료일로부터 1년 이내에 자원의 유출이 예상되는 부분은 유동부채로 분류한다(문단 2.23).

보고기간종료일로부터 1년 이내에 상환되어야 하는 채무는, 보고기간종료일과 재무제표가 사실상 확정된 날 사이에 보고기간종료일로부터 1년을 초과하여 상환하기로 합의하더라도 유동부채로 분류한다(문단 2.24).

보고기간종료일로부터 1년 이내에 상환기일이 도래하더라도, 보고기간종료일 현재 기존의 차입약정에 따라 보고기간종료일로부터 1년을 초과하여 부채를 연장할 권리가 있는 경우에는 비유동부채로 분류한다. 만약 기업에 그러한 권리가 없다면, 차환가능성을 고려하지 않고 유동부채로 분류한다(문단 2.25).

장기차입약정의 약정사항을 위반하여 채권자가 즉시 상환을 요구할 수 있는 채무는, 보고기간종료일과 재무제표가 사실상 확정된 날 사이에 채권자가 상환을 요구하지 않기로 합의하더라도 유동부채로 분류한다. 그 이유는 보고기간종료일 현재 기업이 보고기간종료일로부터 1년을 초과하여 결제를 연기할 수 있는 권리를 가지고 있지 않기 때문이다(문단 2.26).

부채의 분류는 기업이 보고기간종료일로부터 1년을 초과하여 부채의 결제를 연기할 권리의 행사 가능성에 영향을 받지 않는다. 부채가 문단 2.22의 비유동부채로 분류되는 기준을 충족한다면, 비록 경영진이 보고기간종료일로부터 1년 이내에 부채의 결제를 의도하거나 예상하더라도, 또는 보고기간종료일과 재무제표가 사실상 확정된 날 사이에 부채를 결제하더라도 비유동부채로 분류한다. 그러나 그러한 상황 중 하나에 해당하는 경우, 부채가 기업의 재무상태에 미치는 영향을 재무제표이용자가 이해할 수 있도록 결제 시기에 대한 정보를 공시할 필요가 있을 수 있다(문단 2.27의2).

보고기간종료일과 재무제표가 사실상 확정된 날 사이에 발생한 다음과 같은 사건은 주석으로 기재한다(문단 2.28).

(1) 유동으로 분류된 부채를 장기채무로 차환한 경우(또는 만기연장)
(2) 장기차입약정 위반으로 유동으로 분류된 부채에서 해당 위반사항이 해소된 경우
(3) 장기차입약정 위반으로 유동으로 분류된 부채에서 해당 위반을 해소할 수 있도록 보고기간종료일로부터 1년을 초과하는 유예기간을 채권자로부터 획득한 경우
(4) 비유동으로 분류된 부채를 결제한 경우

문단 2.22~2.27을 적용할 때, 차입 약정으로 인해 발생한 부채의 결제를 연기할 수 있는 기업의 권리가 보고기간종료일로부터 1년 이내에 약정사항을 준수하는지 여부에 좌우될 때, 기업이 그 부채를 비유동으로 분류하는 경우가 있을 수 있다(문단 2.22의3 참조). 이러한 상황에서 보고기간종료일로부터 1년 이내에 부채가 상환될 수 있는 위험을 재무제표이용자가 이해할 수 있도록 기업은 다음의 정보를 주석에 공시한다(문단 2.28의2).

(1) 약정사항에 관한 정보(약정사항의 성격 및 기업이 약정사항을 준수해야 하는 시점 포함)와 관련 부채의 장부금액
(2) 기업이 약정사항을 준수하기 어려울 수 있음을 나타내는 사실과 상황이 있다면 그 내용(예를 들어, 기업이 잠재적 위반을 피하거나 완화하기 위해 보고기간 중 또는 보고기간 후 조치를 취한 사실). 그러한 사실과 상황에는 보고기간종료일 현재 기업의 상황을 기초로 평가한다면 약정사항이 준수되지 않았을 것이라는 사실도 포함될 수 있다.

부채를 유동 또는 비유동으로 분류할 때, 부채의 결제란 부채를 소멸시키기 위해 계약 상대방에게 다음 (1) 또는 (2)를 이전하는 것을 말한다(문단 2.28의3).

(1) 현금이나 그 밖의 경제적 자원(예: 재화나 용역)
(2) 기업 자신의 지분상품(문단 2.28의4가 적용되지 않는 경우)

계약 상대방의 선택에 따라 기업이 자신의 지분상품을 이전하여 부채를 결제할 수 있는 조건은 부채의 유동·비유동 분류에 영향을 미치지 아니한다(문단 2.28의4).

시행일
이 개정 내용은 2024.1.1. 이후 최초로 시작되는 회계연도부터 적용하되, 조기 적용할 수도 있다.

경과규정
이 개정 내용은 2024.1.1. 이후 최초로 시작되는 회계연도부터 일반기업회계기준 제5장 '회계정책, 회계추정의 변경 및 오류'에 따라 소급적용한다.

4. 자본

① 정의
"자본"은 기업실체의 자산 총액에서 부채 총액을 차감한 잔여액 또는 순자산으로서 기업실체의 자산에 대한 소유주의 잔여청구권이며, 주식회사의 경우 소유주는 주주인 바 "주주지분"이라고도 한다.

② 인식기준
"자본"은 자산 총액에서 부채 총액을 차감한 금액으로 "계산"되어지는바, 별도의 인식기준이 없다.

③ 구분
자본은 분배 또는 사용에 대한 법적 제한이나 기타 사용목적 등 원천별로 다음과 같이 구분한다(문단 2.18 (3)).

Ⅰ. 자본금
Ⅱ. 자본잉여금
Ⅲ. 자본조정
Ⅳ. 기타포괄손익누계액
Ⅴ. 이익잉여금(또는 결손금)

III. 기본구조

1. 기본구조

재무상태표의 기본구조는 다음과 같다(일반기준 제2장 적용사례 1).

Ⅰ. 유동자산	Ⅰ. 부채
1. 당좌자산	1. 유동부채
2. 재고자산	2. 비유동부채
Ⅱ. 비유동자산	Ⅱ. 자본
1. 투자자산	1. 자본금
2. 유형자산	2. 자본잉여금
3. 무형자산	3. 자본조정
4. 기타 비유동자산	4. 기타포괄손익누계액
	5. 이익잉여금(또는 결손금)

2. 표시

(1) 분류기준

재무상태표는 자산을 성격과 기능 및 유동성에 따라 구분하고, 부채를 성격 및 유동성에 따라 구분하며, 자본을 그 원천별로 구분하여 표시한다.

(2) 배열기준

자산과 부채는 유동성이 큰 항목부터 배열하는 것을 원칙으로 한다(문단 2.19).

(3) 이해가능성 제고

표시와 분류방법은 기업의 재무상태를 쉽게 이해할 수 있도록 결정되어야 한다. 따라서 업종의 특수성 때문에 필요하거나 다른 기업회계기준에서 달리 정하고 있는 경우에는 표시항목의 명칭과 배열순서를 다르게 할 수 있다(문단 실 2.6).

(4) 구분과 통합 표시

자산, 부채, 자본 중 중요한 항목은 재무상태표 본문에 별도 항목으로 구분하여 표시한다. 중요하지 않은 항목은 성격 또는 기능이 유사한 항목에 통합하여 표시할 수 있으며, 통합할 적절한 항목이 없는 경우에는 기타항목으로 통합할 수 있다(문단 2.34). 다만, 다음의 항목은 반드시 개별 표시한다(문단 2.35부터 2.40).

1. 현금및현금성자산	2. 보통주자본금
3. 우선주자본금	4. 주식발행초과금
5. 자기주식	6. 매도가능증권평가손익
7. 해외사업환산손익	8. 현금흐름위험회피 파생상품평가손익
9. 법정적립금	10. 임의적립금
11. 미처분이익잉여금(또는 미처리결손금)	

(5) 총액표시

자산과 부채는 상계하여 표시하는 것이 관련 거래나 사건의 본질을 보다 잘 반영할 수 있는 극히 예외적인 경우를 제외하고 일반적으로 상계표시는 정보이용자들의 거래에 대한 이해를 오도할 가능성이 높기 때문에 원칙적으로 상계하여 표시하지 않으나, 일반기업회계기준 제2장 외의 다른 장에서 요구하거나 허용하는 경우에는 예외로 한다(문단 2.41).

중/점/사/항/ 자본거래의 이득과 손실 상계표시

다음과 같은 자본거래에 대한 이득과 손실은 상계할 수 있다(문단 15.3, 15.9, 15.11).

1. 주식발행초과금과 주식할인발행차금
2. 감자차익과 감자차손
3. 자기주식처분이익과 자기주식처분손실

(6) 부가항목 가감표시

일반기업회계기준 제2장 외의 다른 장에서 달리 정하는 경우를 제외하고는 자산이나 부채의 가감항목을 해당 자산이나 부채에서 직접 가감하여 표시할 수 있다(문단 2.43). 이에 해당하는 것이 매출채권에 대한 대손충당금과 전환사채의 상환할증금 및 전환권조정이 있다. 따라서 다음의 항목은 반드시 별도 표시하여야 한다.

① 재고자산의 평가충당금

② 유형자산의 감가상각누계액과 손상차손누계액

③ 무형자산의 상각누계액과 손상차손누계액을 별도 표시하는 경우 해당 감가상각

누계액과 손상차손누계액

④ 자산의 취득에 충당할 정부보조금·공사부담금 등

⑤ 사채의 사채할인발행차금 또는 사채할증발행차금

⑥ 전환사채의 사채발행차금

⑦ 신주인수권부사채의 사채발행차금

⑧ 퇴직급여충당부채, 퇴직연금미지급금, 퇴직연금예치금 및 퇴직연금운용자산

⑨ 상품권할인액

3. 주석사항

일반기업회계기준 제2장「재무제표의 작성과 표시 I」“재무상태표”에서 언급하고 있는 재무상태표 관련 주석사항에는 다음과 같은 것이 있다.

① 유동자산으로 분류한 금액 중 1년 이내에 실현되지 않을 금액

② 유동부채로 분류한 금액 중 1년 이내에 결제되지 않을 금액

③ 보고기간종료일과 재무제표가 사실상 확정된 날 사이에 발생한 다음과 같은 사건

가. 장기채무로의 차환(또는 만기연장)

나. 차입약정 위반의 해소

다. 차입약정 위반을 해소할 수 있도록 보고기간종료일로부터 1년을 초과하는 유예기간을 획득

④ 자산, 부채 및 자본항목을 통합 표시한 경우 세부내용

⑤ 법정적립금과 임의적립금의 세부내용

⑥ 법령 등에 따라 이익배당이 제한되어 있는 이익잉여금의 내용

⑦ 자산 및 부채항목에 부가되는 항목을 직접 가감하여 표시한 경우 해당 금액

4. 일반기업회계기준에 따른 재무상태표 양식

일반기업회계기준 제2장「재무제표의 작성과 표시 I」에 따른 재무상태표 양식은 다음과 같다.

재 무 상 태 표

제×기 20××년 ×월 ×일 현재
제×기 20××년 ×월 ×일 현재

기업명 (단위 : 원)

자산			부채		
자 산			**부 채**		
유동자산[주1]		×××	**유동부채**[주14]		×××
당좌자산		×××	단기차입금	×××	
현금및현금성자산[주2]	×××		매입채무	×××	
단기금융상품[주3]	×××		당기법인세부채	×××	
매출채권[주4]	×××		미지급비용	×××	
선급비용	×××		이연법인세부채	×××	
이연법인세자산	×××		기타[주15]	×××	
기타[주5]	×××		**비유동부채**		×××
재고자산		×××	사채	×××	
상품	×××		신주인수권부사채	×××	
제품	×××		전환사채	×××	
재공품	×××		장기차입금	×××	
원재료	×××		퇴직급여충당부채	×××	
기타	×××		장기제품보증충당부채	×××	
비유동자산		×××	이연법인세부채	×××	
투자자산		×××	기타[주16]	×××	
투자부동산	×××		**부 채 총 계**		×××
장기금융상품[주6]	×××		**자 본**		
지분법적용투자주식	×××		**자본금**		×××
장기대여금	×××		보통주자본금	×××	
기타[주7]	×××		우선주자본금	×××	
유형자산		×××	**자본잉여금**		×××
토지	×××		주식발행초과금	×××	
설비자산[주8]	×××		기타자본잉여금[주17]	×××	
(−) 감가상각누계액	×××		**자본조정**		×××
건설중인자산[주9]	×××		(−)자기주식	×××	
기타[주10]	×××		기타자본조정[주18]	×××	
무형자산[주11]		×××	**기타포괄손익누계액**		×××
영업권	×××		매도가능증권평가손익	×××	
산업재산권	×××		지분법자본변동	×××	
개발비	×××		현금흐름위험회피 파생상품평가손익	×××	
기타[주12]	×××		**이익잉여금(또는 결손금)**[주19]		×××
기타비유동자산		×××	법정적립금[주20]	×××	
이연법인세자산	×××		임의적립금[주21]	×××	
기타[주13]	×××		미처분이익잉여금(또는 미처리결손금)	×××	
			자 본 총 계		×××
자 산 총 계		×××	**부채 및 자본 총계**		×××

주1) 유동자산으로 분류한 금액 중 1년 이내에 실현되지 않을 금액은 주석기재한다(문단 2.21).
주2) 통화 및 타인발행수표 등 통화대용증권과 당좌예금, 보통예금 및 큰 거래비용 없이 현금으로 전환이 용이하고 이자율 변동에 따른 가치변동의 위험이 경미한 금융상품으로서 취득당시 만기일(또는 상환일)이 3개월 이내인 것을 말한다(문단 2.35).
주3) 기업이 여유자금의 활용 목적으로 보유하는 단기예금, 단기매매증권, 단기대여금 및 유동자산으로 분류되는 매도가능증권과 만기보유증권 등의 자산을 포함한다(문단 실 2.26). 통합표시한 경우 단기투자자산의 세부내역은 주석 기재한다(문단 2.34).
주4) 대손충당금은 해당 자산에서 직접 차감하여 표시할 수 있으며 이 경우 가감한 금액을 주석 기재한다(문단 2.43).
주5) 별도 구분표시하지 않는 당좌자산으로 한다. 만약 상기 예시와 같이 당좌자산을 구분표시하는 경우 '기타'에는 미수수익, 미수금, 선급금 등이 포함될 수 있으며(문단 실 2.27), 통합표시한 경우 세부내역은 주석 기재한다(문단 2.34). 다만, 기타 항목이 중요한 경우 개별표시한다(문단 실 2.27).
주6) 비유동자산으로 분류되는 매도가능증권과 만기보유증권으로 하며(문단 실 2.31), 통합표시한 경우 세부내역은 주석 기재한다(문단 2.34). 다만, 금액이 중요하지 않은 경우 '기타'로 공시한다(문단 실 2.31).
주7) 별도 구분표시하지 않는 투자자산으로 한다. 만약 상기 예시와 같이 투자자산을 구분표시하는 경우 '기타'에는 설비확장 및 채무상환 등에 사용할 특정목적의 예금이 포함될 수 있으며, 통합표시한 경우 세부내역은 주석 기재한다(문단 2.34).
주8) 생산 및 판매활동을 위해 보유하고 있는 건물, 구축물과 기계장치로 하며(문단 10.46), 통합표시한 경우 세부내역은 주석 기재한다(문단 2.34).
주9) 유형자산을 취득하기 위하여 지출한 계약금 및 중도금도 '유동자산 중 당좌자산'의 '선급금'이 아닌 '비유동자산 중 유형자산'의 '건설중인자산'으로 계상하여야 함에 유의한다.
주10) 별도 구분표시하지 않는 유형자산으로 한다. 만약 상기 예시와 같이 유형자산을 구분표시하는 경우 '기타'에는 차량운반구, 선박, 비품, 공기구 등 기타자산이 포함될 수 있으며(문단 10.46), 통합표시한 경우 세부내역은 주석 기재한다(문단 2.34).
주11) 상각누계액과 손상차손누계액을 별도 표시할 수 있으며(문단 10.47), 직접 차감하여 표시하는 경우 해당 내역을 주석 기재한다(문단 2.43).
주12) 별도 구분표시하지 않는 무형자산으로 한다. 만약 상기 예시와 같이 무형자산을 구분표시하는 경우 '기타'에는 라이선스와 프랜차이즈, 저작권, 컴퓨터소프트웨어, 임차권리금, 광업권, 어업권 등이 포함될 수 있으며, 통합표시한 경우 세부내역은 주석 기재한다(문단 2.34). 다만, 기타 항목이 중요한 경우 개별표시한다.
주13) 별도 구분표시하지 않는 기타비유동자산으로 한다. 만약 상기 예시와 같이 기타비유동자산을 구분표시하는 경우 장기매출채권, 보증금, 장기선급비용, 장기미수수익, 장기선급금 및 장기미수금 등이 포함될 수 있으며, 통합표시한 경우 세부내역은 주석 기재한다(문단 2.34). 다만, 기타 항목이 중요한 경우 개별표시한다.
주14) 유동부채로 분류한 금액 중 1년 이내에 결제되지 않을 금액은 주석 기재한다(문단 2.23).
주15) 별도 구분표시하지 않는 유동부채로 한다. 만약 상기 예시와 같이 유동부채를 구분표시하는 경우 미지급금, 선수금, 선수수익, 예수금, 유동성장기부채, 단기충당부채 등이 포함될 수 있으며, 통합표시한 경우 세부내역은 주석 기재한다(문단 2.34).
주16) 다른 항목으로 분류하기 어려운 성격의 비유동부채를 모두 통합한 금액으로 한다. 만약 상기 예시와 같이 비유동부채를 구분표시하는 경우 장기미지급금, 장기선수금, 장기선수수익 등이 포함될 수 있으며, 통합표시한 경우 세부내역은 주석 기재한다(문단 2.34). 다만, 기타 항목이 중요한 경우 개별표시한다.
주17) 자기주식처분이익, 감자차익 등이 포함되며(문단 2.30), 통합표시한 경우 세부내역은 주석 기재한다(문단 2.34).
주18) 주식할인발행차금, 주식매수선택권, 출자전환채무, 감자차손 및 자기주식처분손실 등이 포함되며(문단 2.31), 통합표시한 경우 세부내역은 주석 기재한다(문단 2.34).
주19) 이익잉여금 중 법령 등에 따라 이익배당이 제한되어 있는 내용을 주석 기재한다(문단 2.40).
주20) 상법 등의 법령의 규정에 의해 적립한 금액으로 하며, 세부내용을 주석 기재한다(문단 2.40).
주21) 세부내용을 주석기재한다(문단 2.40).

제2장 금융자산

Key Point

금융상품(Financial Instrument)의 용어는 2011년 K－IFRS가 본격적으로 도입되면서부터 사용되고 있습니다. 사실 우리가 이미 과거회계기준에서 사용하던 내용인데 이를 학문적으로 우리에게 의미를 제공하고 있습니다.
금융상품은 금융자산과 금융부채로 구분되며 각각 인식, 측정, 후속측정이라는 세 가지 기준을 제시하고 있는데 과거에는 이러한 용어를 사용하지 않아 많은 분들이 낯설어 하고 계십니다.
1. 인식 : 금융자산 · 부채과목의 전표일자 → 계약당사자가 될 때 인식
2. 측정 : 금융자산 · 부채과목의 전표금액 → 최초인식시 공정가치로 측정
 ① 활성시장 있는 경우 : 고시가격
 ② 활성시장 없는 경우 : 평가기법 적용 평가금액(대부분은 미래현금흐름의 현재가치)
3. 후속측정 : 금융자산 · 부채과목의 보고기간말 평가
 ① 대다수 유가증권 : 공정가치법 적용 → 평가손익은 당기손익 또는 기타포괄손익
 ② '①' 이외 금융자산 · 부채 : 유효이자율법을 적용한 상각후원가법 적용
일반기업회계기준에서는 상기의 K－IFRS 내용을 그대로 준용하고 있습니다. 다만 임차(임대)보증금과 사용이 제한되어 있는 대여금에 대하여는 이를 적용하지 않고 명목가액으로 처리함에 유의하시기 바랍니다.
여러분들은 상기와 같은 회계처리가 적용되는 금융자산 · 부채가 있는지를 파악하시고 원가법을 적용하고 있는 법인세법과의 차이에 대한 세무조정을 하시기 바랍니다.

I. 금융상품의 범위

금융상품은 거래당사자에게 금융자산과 금융부채(또는 자본)를 동시에 발생시키는 계약을 말한다. 금융자산은 현금, 소유지분에 대한 증서 및 현금(또는 다른 금융자산)

을 수취하거나 유리한 조건으로 금융자산을 교환할 수 있는 계약상의 권리이며 금융부채는 현금(또는 다른 금융자산)을 지급하거나 불리한 조건으로 금융자산을 교환해야 하는 계약상의 의무이다.

금융상품 중 '소유지분에 대한 증서'의 예로서는 투자주식, 출자금 등을 들 수 있으며 '금융자산 · 부채'의 예로는 매출채권, 대여금, 투자채권, 매입채무, 차입금, 사채, 선도거래, 선물, 옵션, 스왑, 신용파생상품 등을 들 수 있다. 그러나 선급비용, 선급금, 선수수익, 선수금은 현금이나 다른 금융자산의 수취 · 지급이 아닌 재화 또는 용역의 수취 · 제공을 가져오게 되므로 금융상품이 아니다(실 6.1).

저자주

금융자산의 분류

1. 현금
2. 소유지분에 대한 증서 20% 미만(투자주식, 출자금 등)
   ① 단기매매증권(파생상품 포함)
   ② 매도가능증권(지분상품)
3. 현금 등 금융자산을 수취하거나 유리한 조건으로 금융자산을 교환할 수 있는 계약상의 권리
   ① 외상매출금 ② 받을어음
   ③ 미수금 ④ 미수수익
   ⑤ 단(장)기 예금(정기예금 등) ⑥ 대여금
   ⑦ 보증금(임차보증금, 영업보증금 등)
   ⑧ 채무상품(매도가능증권, 만기보유증권)

II. 금융자산의 최초인식

금융자산은 금융상품의 계약당사자가 되는 때에만 재무상태표에 인식한다(문단 6.4).

관련 시장의 규정이나 관행에 의하여 일반적으로 설정된 기간 내에 해당 금융상품을 인도하는 계약조건에 따라 금융자산을 매입하거나 매도하는 정형화된 거래의 경우 매매일에 해당 거래를 인식한다(실 6.2).

III. 금융자산의 최초측정

금융자산은 최초인식시 공정가치로 측정한다. 다만, 최초인식 이후 공정가치로 측정하고 공정가치의 변동을 당기손익으로 인식하는 금융자산[예 : 단기매매증권, 파생상품(현금흐름위험회피회계에서 위험회피수단으로 지정되는 경우는 제외)]이 아닌 경우 해당 금융자산의 취득과 직접 관련되는 거래원가는 최초인식하는 공정가치에 가산(취득관련 거래원가를 자산으로 계상하라는 의미임)한다(문단 6.12).

예를 들어 매도가능증권(금융자산)의 취득과 직접 관련되는 증권거래수수료 등 거래원가는 최초 인식하는 공정가치에 가산하여 자산으로 회계처리한다.

최초인식시 금융상품의 공정가치는 일반적으로 거래가격(자산의 경우에는 제공한 대가의 공정가치, 부채의 경우에는 수취한 대가의 공정가치)이다. 장기연불조건의 매매거래, 장기금전대차거래 또는 이와 유사한 거래에서 발생하는 채권·채무로서 명목금액과 공정가치의 차이가 유의적인 경우에는 이를 공정가치로 평가한다. 한편, 제공하거나 수취한 대가에 금융상품이 아닌 다른 것에 대한 대가가 포함되었다면 그 금융상품의 공정가치는 시장가격으로 평가하되 시장가격이 없는 경우에는 평가기법(현재가치평가기법 포함)을 사용하여 공정가치를 추정한다(문단 6.13).

1. 측정의 정의

측정은 재무상태표와 손익계산서에 인식되고 평가되어야 할 재무제표요소의 화폐금액을 결정하는 과정을 말한다.

2. 측정기준 : 최초인식시의 공정가치

취득원가 = 최초인식시의 공정가치 + 취득시 거래원가*

* 단기매매증권의 거래원가는 당기비용으로 처리한다. 이는 법인세법에서도 당기 손금으로 인정하여 세무조정이 발생하지 않는다.

3. 적용제외

금융자산의 인식·측정·후속측정은 기본적으로 K－IFRS의 내용을 준용한 것으로 일반 비상장법인이 적용시 어려움이 있어 금융자산 중 임차보증금과 대여금 중 사용이 제한되어 있는 금액에 대하여는 상기 규정을 적용하지 않고 명목가액으로 처리한다.

IV. 금융자산의 후속 측정

금융자산은 다음을 제외하고는 유효이자율법을 이용한 상각후원가로 측정한다(문단 6.14).

⑴ 일반기업회계기준 제6장 제2절~제4절에서 규정하고 있는 유가증권, 파생상품 및 채권·채무조정. 이에 대하여는 각 절의 규정을 적용한다.

⑵ 당기손익인식지정항목. 이러한 금융자산은 일반기업회계기준 제6장 제2절 「유가증권」 문단 6.30~6.31의 단기매매증권의 후속측정방법을 준용하여 측정한다. 다음의 항목을 당기손익인식항목으로 지정할 수 있다.

㈎ 공정가치로 평가하여 공정가치 변동을 당기손익에 반영하지 않는다면, 분리하여야 하는 파생상품을 포함하는 복합계약

㈏ 벤처캐피탈, 뮤추얼펀드, 기타 이와 유사한 기업이 소유하는 유가증권

사례

1. 2024.1.1. 관계회사에 대한 장기대여금 ₩1,000,000이 지급되었다.
   만기는 2025.12.31.이며 약정이자율은 3%(이자는 12.31.에 지급)이며 시장이자율은 10%이다.

2. 최초인식시 공정가치(미래현금흐름의 현재가치)

2024.1.1.	2024.12.31.	2025.12.31.

$$\frac{₩30{,}000}{1.1} + \frac{₩1{,}030{,}000}{1.1^2}$$

$$= 27{,}272 + 851{,}240$$

$$= ₩878{,}512$$

3. 2024.1.1. 회계처리

(차) 장기대여금	878,512	(대) 현금	1,000,000
기업업무추진비	121,488		

4. 유효이자율법에 의한 상각후원가

일자	기초가액	유효이자	액면이자	상각액	기말가액
2024.12.31.	878,512	87,851	30,000	57,851	936,363
2025.12.31.	936,363	93,637	30,000	63,637	1,000,000
				121,488	

5. 2024.12.31. 회계처리

(차) 장기대여금	57,851	(대) 이자수익	87,851
현금	30,000		

6. 세무조정(법인세법은 발생원가로 장기대여금을 측정함)

손금불산입・장기대여금(기업업무추진비)・121,488・유보

익금불산입・장기대여금(이자수익)・57,851・유보

제3장 당좌자산

당좌자산은 유동자산으로 분류되는 자산 중 재고자산에 속하지 아니하는 자산을 말한다.

I. 현금및현금성자산

1. 정의

"현금및현금성자산"은 통화 및 타인발행수표 등 통화대용증권과 당좌예금, 보통예금 및 큰 거래비용 없이 현금으로 전환이 용이하고 이자율 변동에 따른 가치변동의 위험이 경미한 금융상품으로서 취득당시 만기일(또는 상환일)이 3개월 이내인 것을 말한다.

(1) 현금및현금성자산, 단기금융상품, 유가증권의 계정분류

현금및현금성자산	단기금융상품	유가증권*
통화대용증권, 당좌예금, 보통예금, 현금성자산(단기금융상품 및 유가증권 중에서 조건을 충족)	정기예금, 정기적금, 사용이 제한된 예금, 양도성예금증서, 금전신탁, 어음관리계좌, 신종기업어음(CP), 중개어음, 표지어음 등	주식, 채권, 수익증권, 자사주펀드, 투자일임자산 등

* 계정과목표시는 단기매매증권 · 매도가능증권 · 만기보유증권으로 구분됨.

(2) 현금성자산의 정의

현금성자산이란 현금의 단기적 운용을 목적으로 한 유동성이 높은 유가증권으로서 첫째, 큰 거래비용이 없이 현금으로 전환이 용이하고, 둘째, 이자율 변동에 따른 가치변동의 위험이 경미할 것 등의 조건을 충족하는 것(다만, 상환조건이 없는 주식 등은 제외한다)을 말하며, 그 예는 다음과 같다.

① 취득당시의 만기가 3개월 이내에 도래하는 채권

② 취득당시의 상환일까지의 기간이 3개월 이내인 상환우선주

③ 환매채(3개월 이내의 환매조건)

2. 기업회계

(1) 계정과목분류의 정확성

① 현금및현금성자산 : 당좌예금 · 보통예금 · 현금등가물

② 단기금융상품 : 정기예금 · 정기적금 · CP 등

③ 유가증권(실지계정과목은 단기매매증권 · 매도가능증권 · 만기보유증권으로 분류) : 주식 · 채권 · 수익증권 등

(2) 현금성자산 구분

취득당시에 만기(상환일)이 3월 이내에 도래하는 유가증권 및 단기금융상품을 말하므로 보고기간종료일 현재 만기(상환일)를 기준으로 구분하는 것이 아니다.

(3) 외화예금 외화환산

① 적용환율 : 보고기간종료일의 적정한 환율

실무상으로는 대부분의 회사가 외국환거래법에 의한 기준환율 또는 재정환율을 적용한다.

② 환산손익처리 : 전액 영업외손익의 외화환산손익으로 처리

③ 외화채권을 회수하여 외화예금으로 입금하는 경우

기업회계에서는 외화예금입금일의 환율로 외화차손익을 인식하여야 하나 법인세법에서는 외화예금의 가액을 당초 외화채권의 장부상 원화금액으로 하여 외화차손익을 인식하지 않으므로(법인-359, 2011.5.23.) 세무조정이 발생된다.

(4) 현금실사시 현금과부족액

보고기간종료일에 현금실사하여 과부족액은 원인규명하고 영업외손익으로 처리한다.

(5) 당좌예금과 당좌차월의 상계금지

은행별 당좌예금과 당좌차월의 잔액은 회계연도말에 서로 상계처리하지 않고 총액으로 표기한다. 즉 당좌예금잔액은 '현금및현금성자산'으로, 당좌차월잔액은 '단기차입금'으로 분류한다.

(6) 선일자수표

선일자수표를 발행하면 당좌예금의 감소가 아닌 지급어음으로 처리해야 되며, 보유하고 있는 선일자수표도 받을어음으로 처리한다.

(7) 은행계정조정표작성

회계연도말 현재 회사의 당좌예금잔액과 은행측의 잔고차이를 확인하는 표를 말한다.

① 은행측의 잔액
(+) 은행측 미기입예금
(−) 기발행 미인출수표

② 회사장부상 잔액
(+) 거래처 입금처리
(−) 차월이자 미계상액

(8) 어음 · 수표수불명세서 작성

전기이월미사용매수＋당기수령매수＝당기사용매수(결제용)＋폐기매수＋담보 · 견질제공매수＋당기말 미사용매수

중/점/사/항/ 화폐성 · 비화폐성자산 · 부채

- 화폐성자산 : 현금및현금성자산, 매출채권, 미수금, 대여금 등
- 화폐성부채 : 차입금, 외상매입금, 지급어음, 미지급금, 사채, 퇴직급여충당부채, 전환사채, 신주인수권부사채 등
- 비화폐성자산 : 선급비용, 재고자산, 지분상품(타법인주식 등), 유형자산, 무형자산 등
- 비화폐성부채 : 선수금, 예수금, 순손익 등

II. 단기금융상품

1. 정의

금융기관이 취급하는 정기예금 · 정기적금 · 사용이 제한되어 있는 예금 및 기타 정형화된 상품 등으로 단기적 자금운용목적으로 소유하거나 기한이 1년 내에 도래하는 것으로 하고, 사용이 제한되어 있는 예금에 대해서는 그 내용을 주석으로 기재한다.

2. 기업회계

(1) 계정과목분류의 정확성

정기예금 · 정기적금 · 양도성예금증서 · 금전신탁 · 신종기업어음(CP) · 중개어음 · 표지어음 등이 이에 해당하며 실지 F/P상 표시는 단기금융상품으로 표시된다.

(2) 장 · 단기구분

보고기간종료일로부터 만기가 1년 이내에 도래하는 것만 해당되며, 1년 이후에 도래하는 것은 장기금융상품으로 처리한다.

(3) 사용제한 여부

담보제공 등으로 사용이 제한된 예금 등 중 만기가 1년 이내면 단기금융상품으로 처리하고 사용제한내역을 주석으로 기재한다.

(4) 미수수익계상

① 정기예금

$$\text{원금} \times \text{약정이율} \times \frac{\text{보유일수}}{365} = \text{미수수익계상액}$$

② 정기적금

$$(\text{만기수령액} - \text{불입총액}) \times \frac{m \times (m+1)/2}{n \times (n+1)/2} - \frac{\text{전기까지}}{\text{미수수익계상액}} = \text{당기 미수수익계상액}$$

* n : 총불입횟수
  m : 기불입횟수

(5) 선급법인세 처리

① 이자수령시 원천징수당한 금액(원천징수세율 14% 또는 25%)과 특별징수된 금액(원천징수세액의 10%)은 선급법인세로 처리하여 법인세비용 계상시 차감하여 미지급법인세를 계상한다.

(차) 보통예금	×××	(대) 이자수익	×××
선급법인세	×××		

② 금전신탁 등의 금융상품은 이자지급약정일에 예금원본에 산입하는 경우가 발생하며, 이때 원천징수영수증발행 없이 통장상으로만 원천징수 후 차감금액만을 입금처리되므로 원천징수 해당액을 선급법인세로 계상함에 유의하여야 한다.

주1) 금융기관에서 수령하는 이자소득은 14%, 비영업대금의 이익(계열회사간의 자금 대여시 수령하는 이자 등)은 25%의 원천징수세율이 적용됨

주2) 법인지방소득세 특별징수
2015.1.1. 이후 발생 소득분부터 상기 '주1)'의 원천징수에 10%의 법인지방소득세가 특별징수됨

3. 법인세법

(1) 금융기관 이외 법인이 계상한 미수수익 : 익금불산입(△유보처분)

금융기관 이외의 법인의 수입이자의 귀속시기는 소득세법시행령 제45조에 따른 수입시기에 해당하는 날이 속하는 사업연도로 하여(법령 70 ① 1호) 실제로 이자가 수입된 기일에 익금산입하도록 규정하고 있다.

소득세법시행령 제45조【이자소득의 수입시기】

① 무기명의 채권 등의 이자 : 그 지급을 받은 날
② 기명의 채권 등의 이자 : 약정에 의한 지급일
③ 채권・어음(소득세법시행령 제190조 제1호의 어음을 포함) 기타 증권의 이자 : 약정에 의한 상환일. 다만, 기일 전에 상환하는 때에는 그 상환일

④ 보통예금·정기예금·적금 또는 부금의 이자
- 실제로 지급받는 날
- 원본에 전입하는 뜻의 특약이 있는 이자 : 그 특약에 의하여 원본에 전입된 날
  다만, 개인연금저축의 이자소득은 해당 저축의 중도해약일 또는 연금 외의 형태로 지급받는 날
- 해약으로 인하여 지급되는 이자 : 그 해약일
- 계약기간을 연장하는 경우 : 그 연장하는 날
- 정기예금연결정기적금의 경우 : 해약되거나 저축기간이 만료되는 날

⑤ 통지예금의 이자 : 인출일
⑥ 채권 또는 증권의 환매조건부매매차익 : 약정에 의한 해당 채권 또는 증권의 환매수일 또는 환매도일
다만, 기일 전에 환매수 또는 환매도하는 경우에는 그 환매수일 또는 환매도일
⑦ 저축성보험의 보험차익 : 보험금 또는 환급금의 지급일
다만, 기일 전에 해지하는 경우에는 그 해지일
⑧ 직장공제회초과반환금 : 약정에 의한 공제회반환금의 지급일
⑨ 비영업대금의 이익 : 약정에 의한 이자지급일
다만, 이자지급일의 약정이 없거나 약정에 의한 이자지급일 전에 이자를 지급받는 경우에는 그 이자지급일
⑩ 중도매도하는 채권 등의 보유기간이자상당액 : 해당 채권 등의 매도일 또는 이자 등의 지급일

4. 미수수익 계상시 익금불산입

일반기업회계기준에서는 이자수익의 계상에 있어 발생주의를 강제하고 있어 예·적금, 채권 등에 대하여 반드시 현금미회수분에 대한 미수수익을 계상하도록 하고 있다. 그러나 법인세법에서는 실지로 이자가 수입된 기일에 익금산입을 규정하고 있으므로 세무조정에 의하여 익금불산입의 조정을 하여야 한다. 이때 원천징수대상이 아닌 이자소득을 미수수익으로 계상한 경우에는 이를 계상한 연도의 익금으로 보아 익금불산입의 조정을 하지 않음에 유의하여야 한다.

5. 비영업대금의 이익

① 특수관계인에 대한 대여금의 이자

법인세법상 특수관계인에 대한 가지급금에 대하여는 인정이자의 문제가 발생

한다. 그러나 인정이자의 과세 여부와는 별도로 약정에 의한 이자는 약정일이 속하는 연도의 이자소득에 해당되어 약정일 전에 미수이자 계상금액은 익금불산입된다(법인 46012－3731, 1999.10.14.).

② 특수관계인이 아닌 자에 대한 대여금의 이자

법인세법상 비영업대금의 이익에 대하여는 약정에 의한 이자지급일이므로 회사가 기간경과분에 대한 미수이자를 계상하였다 하더라도 약정에 의한 이자지급일에 해당되지 않는다면 세무조정에 의해 익금불산입된다.

6. 금융기관이 계상한 미수수익 : 원천징수제외 이자금액에 대하여는 미수수익 계상 허용

금융기관의 수입이자에 대하여는 이자 등이 실제로 수입된 날을 귀속시기로 하며(현금주의), 선수입이자 등은 제외한다. 그러나 원천징수되는 이자 이외의 이자금액에 대하여 장부상 미수수익을 계상한 경우 미수이자계상이 허용된다(법령 70 ① 1호). 이는 익금불산입의 세무조정을 하지 않고 해당사업연도의 익금에 해당된다는 의미이다.

결산점검 *Check-list*

1. 예금이자 미수수익계상

예금이자에 대한 익금귀속시기는 이자를 실제로 지급받는 날(만기일) 또는 해약일이 속하는 사업연도이다. 그러므로 결산일 현재 미수수익계상된 금액은 익금불산입하고 만기시 익금산입의 세무조정을 하여야 한다.

① 미수수익계정

기초 (익금불산입 · △유보)	10,000	감소	2,000
증가	4,000	기말	12,000
	14,000		14,000

② 세무조정(기말 △유보잔액 12,000)

익금산입 · 미수수익 · 2.000 · 유보

익금불산입 · 미수수익 · 4,000 · △유보

③ 간편법

미수수익 전기이월액 중 당기 회수액을 건별로 파악하지 않고 총액으로 세무조정을 하는 방법이 많이 사용된다.

> 익금산입 · 미수수익 · 10,000(기초잔액) · 유보
> 익금불산입 · 미수수익 · 12,000(기말잔액) · △유보
>
> 2. 가지급금인정이자의 귀속시기
>
> (1) 이자율 및 이자지급시기의 약정이 없는 경우
> 해당 사업연도의 익금에 해당되어 인정이자금액보다 결산상 이자수익이 과소계상시 익금산입하고 상여 등으로 소득처분
>
> (2) 이자율 및 이자지급시기의 약정이 있는 경우
> 약정상 이자지급일이 내년 이후라면 올해는 무조건 익금불산입 · △유보처분하고 해당연도에 익금산입 · 유보 및 인정이자과소계상분을 익금산입하여야 함

7. 임원을 피보험자로 하는 보장성보험 보험료

내국법인이 퇴직기한이 정해지지 않아 퇴직시점을 예상할 수 없는 임원(대표이사 포함)을 피보험자로, 법인을 계약자와 수익자로 하는 보장성보험에 가입하여 사전에 해지환급금을 산정할 수 없는 경우, 법인이 납입한 보험료 중 만기환급금에 상당하는 보험료 상당액은 자산으로 계상하고, 기타의 부분은 이를 보험기간의 경과에 따라 손금에 산입한다(기획재정부 법인세제과－306, 2015.4.20.).

피보험자인 대표이사의 퇴직기한이 정해지지 않아 사전에 해지환급금을 산정할 수 없어 만기환급금에 상당하는 보험료 상당액이 없는 경우에는 내국법인이 납입한 해당 보험료를 보험기간의 경과에 따라 손금에 산입하는 것이며 상기 보장성보험의 해약으로 지급받는 해약환급금은 해약일이 속하는 사업연도의 소득금액 계산시 익금에 산입한다(서면법인－1779, 2018.7.18.).

III. 유가증권

유가증권에 대하여는 일반기업회계기준 제6장 제2절에 규정되어 있다.

1. 정의 및 F/P상 표시

유가증권은 재산권을 나타내는 증권을 말하며, 지분증권과 채무증권이 포함된다.

(1) 지분증권

회사, 조합 또는 기금 등의 순자산에 대한 소유지분을 나타내는 유가증권(보통주, 우선주, 수익증권 또는 자산유동화출자증권)과 일정금액으로 소유지분을 취득하거나 처분할 수 있는 권리(신주인수권, 콜옵션 또는 풋옵션)를 나타내는 유가증권 등을 말한다.

(2) 채무증권

발행자에 대해 금전을 청구할 수 있는 권리를 표시하는 유가증권 등(국채, 공채, 사채, 전환사채, 자산유동화채권 등)을 말한다.

(3) 재무상태표상 표시

유동자산에 해당하는 단기매매증권, 매도가능증권 및 만기보유증권은 단기투자자산으로 투자자산에 해당하는 매도가능증권 및 만기보유증권은 장기투자증권으로 표시할 수 있다. 반면 지분증권으로만 구성되는 지분법적용투자주식은 반드시 비유동자산의 투자자산으로 분류된다.

2. 분류

유가증권의 취득목적과 보유의도 및 능력에 따라 유가증권을 단기매매증권, 매도가능증권 및 만기보유증권으로 분류하고 이를 다시 보유기간에 따라 유동자산 및 비유동자산으로 분류한다.

(1) 단기매매증권

① 단기간 내의 매매차익을 목적으로 취득
② 매수와 매도가 적극적이고 빈번하게 이루어지는 것
③ 단기적 이익목적으로 운용되는 증권포트폴리오에 포함된 유가증권도 포함됨
따라서 지분증권의 경우 시장성이 없는 유가증권은 단기매매증권이 될 수 없으며 ELS 등의 파생금융상품도 단기매매증권에 해당된다.

(2) 만기보유증권

만기가 확정된 채무증권으로 원금 및 이자의 상환금액과 상환시기가 약정에 의해

정해지고(변동이자율 조건부 포함) 만기까지 보유할 적극적인 의도와 능력이 있는 경우의 채무증권을 말한다.

① 일반적인 채무증권 또는 채무증권보유자가 중도상환권이 있는 경우
만기까지 보유할 적극적 의도와 능력이 있는 경우에 한하여 가능하다.

구 분	내 용
만기까지 보유할 적극적 의도가 없는 경우	① 만기까지 보유 여부가 불분명한 경우 ② 이자율, 유동성, 투자가능성 등의 변화가 발생할 경우에는 만기 이전에 매도할 의도가 있는 경우 ③ 채무증권 발행자가 상각후취득원가보다 현저하게 낮은 금액으로 중도상환권을 행사 가능
만기까지 보유할 능력이 없는 경우	① 재무자원이 부족한 경우 ② 법적인 제약으로 만기까지 보유할 수 없는 경우 단, 채무증권의 발행자가 중도상환권 있는 경우 제외

② 채무증권발행자가 중도상환권이 있는 경우

구 분	분 류
만기 또는 중도상환시점까지 적극적 의도와 능력이 있고, 장부금액(상각후취득원가)의 대부분을 회수할 수 있는 경우	만기보유증권 분류 가능
그 외	분류 불가능

(3) 매도가능증권

단기매매증권이나 만기보유증권으로 분류되지 아니한 유가증권을 말한다. 그러므로 시장성이 있는 지분증권은 취득목적 등에 의해 단기매매증권 또는 매도가능증권으로 분류할 수 있으며 매도가능증권으로 분류시 의결권있는 지분율이 20% 이상인 경우에는 매도가능증권이 아닌 지분법적용투자주식으로 분류하여야 한다.

3. 단기매매증권

(1) 최초인식

단기매매증권의 계약당사자가 되는 때에만 재무상태표에 자산으로 인식한다(문단 6.21, 6.4). 유가증권시장 또는 코스닥시장에서는 매매계약 체결 후 일정일 이후

(예 : 현재 3일째)에 결제가 이루어지는데, 이 경우 주식매매거래의 인식시점은 매매일로 본다.

(2) 최초측정

단기매매증권은 최초 인식시 공정가치로 측정한다(문단 6.28, 6.12).

다만, 단기매매증권의 취득과 관련하여 발생하는 거래원가는 당기비용으로 회계처리한다. 이는 법인세법에서도 인정되어 별도의 세무조정이 발생하지 않는다.

(3) 후속측정(=기말평가) 및 손익

보유기간 중 결산일이 도래하면 단기매매증권을 공정가치로 평가하여야 하며 미실현보유손익은 당기손익항목으로 처리한다.

여기서 공정가치란 시장성있는 단기매매증권의 경우 시장가격을 말하며 시장가격은 결산일 현재 종가로 한다.

① 결산일 공정가치 〉장부상 금액 : 단기매매증권평가이익(영업외수익)
  익금불산입 · 단기매매증권 · △유보

② 결산일 공정가치 〈 장부상 금액 : 단기매매증권평가손실(영업외비용)
  손금불산입 · 단기매매증권 · 유보

4. 매도가능증권

(1) 분 류

지분법적용투자주식(의결권있는 지분율의 20% 이상 보유)이나 만기보유증권이나 단기매매증권으로 분류되지 아니하는 유가증권은 매도가능증권으로 분류한다.

(2) 최초인식 및 최초측정

기본적으로 상기 '3.'의 단기매매증권의 최초인식 및 최초측정과 동일하다. 단, 매도가능증권의 취득과 직접 관련되는 거래원가는 최초 인식시점의 공정가치에 가산하여 매도가능증권으로 처리한다.

(3) 채무증권의 취득시

국 · 공채를 발행일 이후에 취득할 경우에 기일 경과분 이자에 해당하는 금액은 지급한 대가에서 차감하여 미수수익으로 계상하고, 나머지 금액을 그 유가증권의 취득원가로 한다.

(차) 미수수익	×××	(대) 보통예금	×××
매도가능증권	×××		

(4) 후속측정 및 손익

공정가치로 평가하여야 하며 미실현보유손익은 기타포괄손익누계액으로 처리한다. 다만, 시장성이 없는 매도가능증권의 공정가치를 신뢰성있게 측정할 수 없는 경우에는 취득원가로 평가한다(문단 6.30). 그러므로 비상장법인의 경우에도 공정가치를 신뢰성 있게 측정할 수 있는 경우에는 반드시 공정가치(평가기법을 적용하여 산출)를 측정하여 평가손익을 계상하여야 한다.

(5) 지분증권인 경우

① 결산일 공정가치 > 장부상 금액 : 1,000 가정

(차) 매도가능증권	1,000	(대) 매도가능증권평가이익 (⊕기타포괄손익누계액)	780
		이연법인세부채	220*

* 해당법인적용 법인세세율 20% 가정 + 법인지방소득세 2%(미래예상세율 22%)

- 익금산입 · 매도가능증권평가이익 · 780 · 기타
  이연법인세부채 · 220 · 유보
- 손금산입 · 매도가능증권 · 1,000 · △유보

② 결산일 공정가치 < 장부상 금액 : 1,000 가정

(차) 매도가능증권평가손실 (⊖기타포괄손익누계액)	780	(대) 매도가능증권	1,000
이연법인세자산	220		

- 손금산입 · 매도가능증권평가손실 · 780 · 기타
  이연법인세자산 · 220 · △유보
- 익금산입 · 매도가능증권 · 1,000 · 유보

③ 매각시(상기 '①' 전제, 취득가액 9,000, 매각가액 11,000)

(차) 보통예금	11,000	(대) 매도가능증권	10,000
매도가능증권평가이익	780	매도가능증권처분이익	2,000
이연법인세부채	220	(영업외수익)	

• 익금산입 · 매도가능증권 · 1,000 · 유보

• 손금산입 · 매도가능증권평가이익 · 780 · 기타

이연법인세부채 · 220 · △유보

(6) 채무증권인 경우

① 먼저 유효이자율법을 적용한 상각후원가법

매도가능증권의 장부상 금액이 만기시 수령금액과 차이가 발생하는 경우 차이금액에 대하여 유효이자율법을 적용하여 이자수익 또는 이자비용을 인식하고 매도가능증권금액을 증가 또는 감소시켜 만기금액으로 일치시키는 방법을 상각후원가법이라 한다.

(차) 보통예금	500	(대) 이자수익	810
매도가능증권	310		

• 익금불산입 · 매도가능증권 · 310 · △유보

② 공정가치법 적용

'①'을 적용한 장부금액과 결산일 현재의 유효이자율로 미래이자 및 원금의 현금흐름을 할인한 현재가치(공정가치)금액을 비교하여 평가손익을 상기 '(5)'처럼 기타포괄손익으로 인식하고 세무조정을 실시한다.

중/점/사/항/ 시장성없는 주식과 관련한 일반기업회계기준 내용

1. 최초측정

일반기업회계기준에 명시적인 규정은 없지만 취득원가로 측정할 수 있을 것으로 판단된다.

2. 후속측정

공정가치를 신뢰성있게 측정할 수 없는 경우에는 취득원가로 평가한다(문단 6.30).
이때, '매도가능증권 중 시장성이 없는 지분증권의 공정가치를 신뢰성있게 측정할 수 없는 경우'란 가치평가의 기초자료가 부족하거나 자료의 객관성이 부족한 경우로서 미래가치 추정에 불확실성이 매우 높다고 판단되는 다음의 기업 등을 예로 들 수 있다(실 6.58).

① 설립 후 7년이 경과하지 않은 기업

② 최초투자 후 5년이 경과하지 않았고 기업가치가 크게 변할 만한 특별한 사건(영업환경

또는 영업실적의 중요한 변화, 중요한 기술개발 등)이 발생하지 않은 기업
③ 자산규모 120억원 미만 등으로 외감대상이 아닌 기업
④ 현금흐름 추정이 어렵고 업종, 규모 등이 유사한 비교대상회사가 존재하지 않는 기업
⑤ 채권금융기관에 의한 구조조정기업
⑥ 평가자가 정당한 의무를 다했음에도 피평가기업의 내부정보 등 평가기초자료를 입수하지 못한 기업 등

3. 손상여부 판단

보고기간 말마다 회수가능액을 분석하여 손상여부를 판단하여야 한다. 손상차손이 발생한 객관적인 증거가 있는 경우에는 회수가능액과 장부금액의 차이금액을 손상차손으로 인식한다. 여기서 회수가능액은 유가증권발행자의 순자산을, 자산별로 시장가격, 공시지가 또는 감정금액 등을 적용하여 평가한 공정가치를 말한다(문단 6.A13).
손상차손을 인식할 때, 미래의 기대현금흐름에 의한 평가가 사실상 어렵기 때문에 회수가능액은 다른 사용가능한 정보를 이용하여 합리적으로 추정하여야 한다. 이 경우 유가증권발행기업의 자산에 대한 시장가격, 토지의 공시지가, 감정가액, 기타 추정회수금액 등 사용가능한 정보를 이용하여 평가한 공정가치로 회수가능액을 추정한다(실 6.60).

4. 추후에 공정가치가 측정가능하게 된 경우

취득원가로 평가된 지분증권의 공정가치가 측정가능하게 된 경우에는 공정가치로 평가하고 장부금액과 공정가치의 차이는 기타포괄손익누계액으로 처리한다(실 6.A6).

5. 상속세및증여세법상 평가방법의 인정 여부

상속세및증여세법 등 타 법률에 의한 가치평가의 경우에는 평가목적이 상이하고 회사의 특성을 고려하지 않고 일률적인 할인율 또는 가중치를 적용하는 단점이 있어 이를 일반기업회계기준에 부합하는 목적적합하고 신뢰성있는 공정가치 평가방법으로 인정하지 않는다(실 6.33).

Key Point

실무자 여러분들 중에 기타포괄손익에 대한 이해가 부족하신 분들이 계시리라 봅니다. 이제 저와 함께 기타포괄손익에 대해 살펴보도록 하겠습니다.
포괄손익(Comprehensive Income) : 주주와의 자본거래가 아닌 거래로서 기업의 순자산(자본=자산−부채)이 변동되는 금액을 말함

= 당기순손익(Net Income) ± 기타포괄손익(Other Comprehensive Income)

당기순손익	기타포괄손익
→실현된 손익으로 배당금재원사용	→미실현된 손익으로 배당금재원사용불가 임시계정으로 추후 처분이나 손상발생시 당기손익으로 대체
↓	↓
누적금액은 F/P상 이익잉여금	누적금액은 F/P상 기타포괄손익누계액

F/P(재무상태표)		CIS(포괄손익계산서)*
자산	부채	
	자본 1. 자본금 2. 자본잉여금 3. 자본조정 4. 기타포괄손익누계액 5. 이익잉여금	수 익 - 비 용 = 당기순이익 → 5. 이익잉여금 ± 기타포괄손익 → 4. 기타포괄손익누계액 = 포괄손익

* 일반기업회계기준에서는 주석으로 작성기재

일반기업회계에서는 다음 5가지의 기타포괄손익이 발생합니다.

① 매도가능증권평가손익
② 지분법자본변동
③ 재평가잉여금
④ 현금흐름위험회피파생상품평가손익
⑤ 해외사업환산손익

법인세법에서는 상기의 미실현평가손익을 인정하지 않으므로 (+)기타포괄손익이 발생시는 익금산입 · 기타포괄손익 · 기타 및 손금산입 · 해당자산 · △유보의 세무조정을 실시하고 (−) 기타포괄손익 발생시는 손금산입 · 기타포괄손익 · 기타 및 익금산입 · 해당자산 또는 부채 · 유보의 세무조정을 하시면 됩니다.

(7) 전환사채 취득시 회계처리(질의회신 2017.5.8.)

1) 사례 1

① 질의

A사(이하 '회사')는 코스닥 상장사(이하 'B'사)가 발행한 사모전환사채*를 액면가액에 취득하였는데,

- 취득시 자산의 외부평가가액이 전환사채 취득대가를 크게 초과하는 상황**

* 전환사채는 보통주로 전환할 수 있는 전환권과 사채의 조기상환을 청구할 수 있는 조기상환청구권(풋옵션)을 포함

** 청약일 기준으로 전환가가 결정되고, 납입일 시점 주가가 크게 상승하여 주가를 기초변수로 하는 전환권의 가치도 급증

회사의 전환사채 최초인식과 관련한 올바른 회계처리는?

② 회신

보다 신뢰성 있는 자산의 공정가치를 우선 인식하되, 이를 식별할 수 없는 경우 공정가치를 기준으로 거래가격을 안분하여 인식하며, 본 건의 경우에는 취득가액을 일반사채와 전환권의 평가가액 비율로 안분하여 인식하는 것임

2) 사례 2

① 질의

A사(이하 '회사')는 코스닥 상장사(이하 "C"사)가 발행한 사모전환사채*를 액면가액에 취득

- A사는 전환사채 일부에 대한 전환사채 매입청구권(콜옵션)을 개인에게 매도

* 전환사채는 보통주로 전환할 수 있는 전환권과 사채의 조기상환을 청구할 수 있는 조기상환청구건(풋옵션)을 포함)

회사의 전환사채 취득과 콜옵션 매도와 관련한 올바른 회계처리는?

② 회신

콜옵션부채는 별도 금융상품으로 인식하고, 전환사채는 사례 1과 같이 처리하는 것이 타당

(8) 회사(유한책임사원)가 투자한 사모단독펀드가 회사의 주식을 취득한 경우 회계처리(질의회신 2020.6.15.)

① 사실관계

회사는 해외펀드(SPC, 이하 '펀드')에 단독 유한책임사원(LP)으로 투자(100억원)하였으며, 펀드는 투자금 전액(100억원)으로 회사의 주식을 취득함

② 질의

투자자인 회사는 질의의 사모단독펀드를 어떻게 회계처리 하여야 하는지?

③ 회신

사모단독펀드에 대한 투자가 펀드의 구성자산인 회사(유한책임사원)의 자기주식을 직접 보유한 것과 경제적 실질이 명백하게 다르지 않다면, 회사는 펀드의 구성자산을 직접보유(자기주식으로 처리)하는 것으로 회계처리 함

중/점/사/항/ 금융위원회의 비상장주식에 대한 공정가치 평가 가이드라인(2020.1.21.)

1. 회계기준상 비상장주식의 평가 원칙
   일반기업회계기준 및 K-IFRS상 비상장주식은 원칙적으로 공정가치로 평가하도록 규정(제한된 특정상황에서만 원가로 측정가능)하고 있다.
2. 금융위원회는 2020년 비상장주식을 원가로 측정할 수 있는 구체적 사례를 제시하였다.
   (1) 원가로 측정 가능한 조건
   다음을 모두 충족하는 경우 원가로 측정이 가능함
   ① 공정가치로 측정해야 하는 경우(K-IFRS 1109호 B5.2.4)가 아닌 때 또는 피투자기업으로부터 공정가치 측정을 위한 충분한 정보를 얻을 수 없는 경우
   ② 과거 또는 당기에 가치변동에 대한 명확한 증거(피투자기업의 유의적인 재무적 어려움, 채무불이행이나 연체 같은 계약위반, 파산 등)가 없는 경우
   (2) (상기 '(1)'의 조건이 충족된다는 전제하에) 원가로 측정가능한 구체적인 사례
   ① 다음 중 하나에 해당하는 경우
   가. 피투자기업의 직전 사업연도 말 자산총액이 120억원 미만인 경우
   나. 피투자기업이 설립된지 5년이 경과하지 않는 경우
   다. 투자기업이 비상장주식을 취득한 시점부터 2년이 경과하지 않은 경우
   ② 다만, 정상적인 투자가 아닌 방법으로 제3자 등으로부터 비상장주식을 취득시 원가를 공정가치로 사용할 수 없음
   ③ 그 외, 비상장주식 금액이 투자기업의 재무제표 작성을 위한 중요성 판단기준에 미달하는 경우 원가로 측정할 수 있음
   (3) 기업의 관련 문서화 내용
   기업은 원가가 공정가치의 적절한 추정치라고 판단시 다음의 내용을 문서화해야함
   ① 비상장주식의 가치변동 여부에 대해 확인한 방법 및 판단근거
   ② 상기 '2)' 기준 적용시 공정가치평가를 위해 피투자회사로부터 얻을 수 없었던 정보의 내용 및 그 이유
   ③ 투자금액이 재무제표 중요성에 대한 판단기준에 미달시 그 판단근거의 설명

5. 만기보유증권

(1) 분 류

만기가 확정된 채무증권으로서 상환금액이 확정되었거나 확정이 가능한 채무증권을 만기까지 보유할 적극적인 의도와 능력이 있는 경우에는 만기보유증권으로 분류한다.

만기가 확정되었고 상환금액이 확정되었거나 확정이 가능하다는 것은 원금 및 이자의 상환금액과 상환시기가 약정에 의하여 정해져 있음을 말한다. 변동이자율조

건부로 발행된 채무증권도 만기보유증권으로 분류할 수 있다.

(2) 최초인식 및 최초측정

기본적으로 상기 '3.'의 단기매매증권의 최초인식 및 최초측정과 동일하다. 단, 만기보유증권의 취득과 직접 관련되는 거래원가는 최초 인식시점의 공정가치에 가산하여 만기보유증권으로 처리한다.

(3) 후속측정 및 손익

만기보유증권은 상각후원가로 평가하여 재무상태표에 표시한다. 만기보유증권을 상각후원가로 측정할 때에는 장부금액과 만기액면금액의 차이를 상환기간에 걸쳐 유효이자율법에 의하여 상각하여 취득원가와 이자수익에 가감한다(문단 6.28).

(차) 만기보유증권	×××	(대) 이자수익	×××

• 익금불산입 · 만기보유증권 · △유보

만기보유증권으로 분류된 채무증권은 매도가능증권과 달리 상각후원가법 적용 후에 공정가치로 평가하지 않음에 유의하여야 한다.

6. 손상차손 및 환입

유가증권으로부터 회수할 수 있을 것으로 추정되는 금액(회수가능액)이 취득원가(또는 상각후취득원가)보다 작고 손상이 불필요하다는 명백한 반증이 없는 한, 손상차손의 발생에 대한 객관적 증거가 있는 경우 손상차손을 인식한다(문단 6.32).

① 손상차손 발생의 객관적 증거 사례

가. 당좌거래 정지처분을 받은 경우, 청산 중이거나 1년 이상 휴업 중인 경우, 완전자본잠식상태에 있는 경우 등 재무상태가 심각하게 악화된 경우

나. 이자지급과 원금상환의 지연과 같은 계약의 실질적 위반이나 채무불이행이 있는 경우

다. 회사정리절차개시 · 화의개시절차신청이 있거나 정리 · 화의절차가 진행 중인 경우와 같이 재무적 곤경과 관련한 경제적 또는 법률적 이유로 당초 차입조건의 완화가 불가피한 경우

라. 유가증권발행자의 파산가능성이 높은 경우

마. 손상차손을 인식하였으며 그때의 손상사유가 계속 존재하는 경우

바. 시장성을 상실한 경우

사. 표시이자율 또는 유효이자율이 시장이자율보다 비정상적으로 높거나 낮은 채무증권을 법규나 채무재조정협약 등에 의해 취득한 경우

아. 기업구조조정촉진법에 의한 관리절차를 신청하였거나 진행 중인 경우

② 손상차손 및 환입의 처리

구 분	회수가능액의 평가	손상차손 인식액	손상차손의 회복
만기보유증권	기대현금흐름을 취득 당시 유효이자율로 할인한 현재가치	장부금액 －회수가능액	손상이 없었을 경우 회복일 현재 상각후취득원가를 한도로 당기이익으로 인식
매도가능증권 중 취득원가로 평가하는 지분증권	지분증권발행자의 자산을 자산별로 시가, 공시지가 또는 감정가액 등을 적용하여 평가한 공정가치	장부금액 －회수가능액	손상이 없었을 경우 회복일 현재 취득원가를 한도로 당기이익으로 인식
매도가능증권 중 채무증권	기대현금흐름을 유사한 유가증권의 현행 시장이자율로 할인한 현재가치	상각후취득원가 －회수가능액 －기인식한 손상차손	기인식한 손상차손액을 한도로 회복된 금액을 당기이익으로 인식하며 그 외의 금액은 기타포괄손익누계액으로 처리
매도가능증권 중 공정가치로 평가하는 지분증권	공정가치	취득원가 －공정가치 －기인식한 손상차손	기인식한 손상차손액을 한도로 회복된 금액을 당기이익으로 인식

③ 관련 미실현보유손익의 처리

평가손실이 있는 경우	평가이익이 있는 경우
평가손실을 우선 손상차손으로 대체, 손상차손에 미달하는 금액은 장부금액을 감액	손상차손액과 평가이익을 장부금액에서 감액

7. 양도

유가증권에 대한 통제를 상실했을 때 양도한 것으로 보아 F/P에서 제거한다. 이때 유가증권에 대한 통제는 양수자가 매수한 유가증권의 효익을 획득할 수 있는 때 상실된 것으로 본다(문단 6.34의2, 실 6.A7의4).

(1) 단가산정

개별법(채권에 한함), 총평균법, 이동평균법, 기타 합리적인 방법을 적용한다.

(2) 종목구분

<table>
<tr><th>구 분</th><th colspan="2">회계처리</th></tr>
<tr><td>보통주와 우선주</td><td colspan="2">별개 종목으로 회계처리</td></tr>
<tr><td rowspan="2">유상신주 발행시</td><td>신·구주 구분 거래</td><td>회계연도 중에는 별개 종목으로 회계처리하고, 지분증권 발행기업의 회계연도 종료시 동일종목으로 보아 1주당 장부금액을 산정. 단, 배당기산일을 회계연도 초일로 한 경우 동일종목으로 회계처리</td></tr>
<tr><td>그 외</td><td>동일종목으로 회계처리</td></tr>
<tr><td>무상신주 발행시
(무상증자, 주식배당 등)</td><td colspan="2">자산의 증가로 보지 않아 회계처리 없음. 다만, 구주의 장부금액을 신·구주의 주식수에 비례하여 1주당 장부금액을 수정</td></tr>
</table>

(3) 처분손익

유가증권 처분손익 = 양도대가 - 양도 유가증권 장부금액 - 새로 인수한 채무 공정가치±미실현보유손익

8. 기타

(1) 배당금수익의 회계처리

배당금을 받을 권리와 금액이 확정되는 시점(주식발행회사의 주주총회일)에 인식한다.

(2) 교환거래시 회계처리

유가증권을 양도하고 다른 자산을 교환으로 취득한 경우 교환으로 취득하는 자산의 공정가치를 취득자산의 취득원가로 한다. 한편, 회사가 보유하고 있는 비상장주식과 해외증권시장에 상장되어 있는 주식을 교환하는 경우 해외증권시장의 상장주식은 거래일의 공정가치를 취득가액으로 하고 지급한 비상장주식과의 차액은 처분손익으로 한다.

(3) 매도가능증권의 자전거래 회계처리

거래시스템 또는 경쟁제한적 시장상황에 의하여 제3자가 개입할 여지가 없거나 제3자가 개입하였더라도 공정가치로 거래되는 것을 기대하기 어려운 상황 때문에 매매가격이 일치하는 등 거래당사자간에 실질적인 경제적효익의 이전이 없는 유가증권의 매매거래("경쟁제한적 자전거래"라 함)는 이를 매매거래로 보지 아니하고 해당 유가증권을 계속 보유하고 있는 것으로 본다(실 6.54의 2).

(4) 해외투자주식 평가시 환율적용

시장성 있는 해외투자주식을 시가로 평가하는 경우에는 보고기간종료일 현재의 환율을 적용하여 평가한다.

구 분	내 용
원 칙	• 외화표시 비화폐성자산을 공정가치로 평가하는 경우에는 현행환율로 환산하여야 함 • 적용대상 : 유가증권, 투자주식(지분법대상 제외), 투자채권(만기보유채권 제외)
평가손익처리	• 평가손익 = 가격변동 + 환율변동분 • 평가손익은 일반기업회계기준 제6장 제2절에 따라 처리
처분손익	• 보고기간종료일 이후의 환율변동분을 포함하여 처분손익으로 계상

(5) 감자법인주식보유 투자자 회계 처리

감자를 하더라도 주주별로 비례적으로 하므로 주주의 당사에 대한 청구권은 변동이 없으므로 거래가 발생하지 않은 것으로 보아 손익을 인식하지 않고 감자환급금액을 유가증권에서 차감한다.

단, 100% 감자 및 불균등감자의 경우에는 현금수취액과 장부금액의 차이를 투자손익으로 인식하여야 한다.

9. 법인세법

(1) 평가방법 및 신고

① 평가원칙(원가법)

- 주식 : 총평균법, 이동평균법
- 채권 : 총평균법, 이동평균법, 개별법

단, 자본시장과금융투자업에관한법률에 따른 투자회사 등이 보유한 법인세법시행령 제73조 제2호 다목의 규정에 의한 집합투자재산의 평가는 시가법에 의하며(법령 75 ③), 자기주식을 취득하고 별도로 자사주펀드에 의해 자기주식을 취득한 경우 취득가액은 총평균법에 의하여 계산한다(법인 46012－635, 2001.4.14.).

② 외국자회사 수입배당금을 익금불산입한 경우의 취득가액 계산(법령 72 ②)

내국법인이 외국자회사를 인수하여 취득한 주식등으로서 그 주식등의 취득에 따라 내국법인이 외국자회사로부터 받은 법 제18조의4 제1항에 따른 수입배당금액이 다음의 요건을 모두 갖춘 경우에 해당하는 주식등은 해당 주식등의 매입가액에서 다음의 요건을 모두 갖춘 수입배당금액을 뺀 금액

가. 내국법인이 외국자회사의 의결권 있는 발행주식총수 또는 출자총액의 100분의 10(「조세특례제한법」 제22조에 따른 해외자원개발사업을 하는 외국법인의 경우에는 100분의 5) 이상을 최초로 보유하게 된 날의 직전일 기준 이익잉여금을 재원(財源)으로 한 수입배당금액일 것

나. 법법 제18조의4 제1항에 따라 익금에 산입되지 않았을 것

③ 신고기한

• 최초신고 : 법인세신고기한까지 신고
• 변경신고 : 변경사업연도종료일 이전 3월까지 신고

④ 무신고 · 임의변경시

• 무신고 : 총평균법으로 평가한 가액
• 임의변경 : Max[신고한 방법, 총평균법]

(2) 평가손익 세무조정

사례 1 단기매매증권

1. 자료

(1) 갑회사는 2024.1.5. 을회사 주식 100주를 주당 @1,000에 취득하였다.
(2) 2024.12.31. 동 주식의 1주당 시가는 @1,200이다.
(3) 2025.7.1. 갑회사는 동 주식을 1주당 @1,500에 처분하였다.
(4) 동 주식은 단기매매증권에 해당된다.

2. 회계처리

① 2024.1.5. (취득시)

(차) 단기매매증권	100,000	(대) 현금및현금성자산	100,000

② 2024.12.31. (평가시)

(차) 단기매매증권	20,000	(대) 단기매매증권평가이익 (영업외수익)	20,000

③ 2025.7.1. (처분시)

(차) 현금및현금성자산	150,000	(대) 단기매매증권	120,000
		단기매매증권처분이익 (영업외수익)	30,000

3. 세무조정

법인세법에서는 유가증권의 평가는 원가법만 인정하고 있으므로 다음의 세무조정이 발생한다.

① 2024년

익금불산입 · 단기매매증권 · 20,000 · △유보

② 2025년

익금산입 · 단기매매증권 · 20,000 · 유보

구 분		세무조정
평가	평가이익 인식	익금불산입 · 단기매매증권 · △유보
	평가손실 인식	손금불산입 · 단기매매증권 · 유보
처 분		관련 유보(또는 △유보)금액을 손금산입(또는 익금산입)

사례 2 매도가능증권(주식)

1. 자료

영화상사㈜는 장기보유목적으로 다음과 같이 주식을 취득하였다.

(1) 갑회사 주식과 관련한 내용

① 2024.1.3. 동사는 상장회사인 갑회사의 주식 1,000주(지분율 10%)를 주당 20,000원에 취득하였으며, 동 취득과 관련하여 매입부대비용 400,000원을 지급하였다.

② 2024.12.31. 현재 갑회사 주식의 종가는 주당 22,000원이다.

③ 2025.3.31. 동사는 갑회사로부터 주식배당 50주(주당 액면금액 5,000원)을 받았다.

④ 2025.12.31. 현재 갑회사 주식의 종가는 주당 18,000원이다.

(2) 을회사 주식과 관련한 내용

① 2024.8.31. 동사는 코스닥상장법인인 을회사의 주식 500주를 주당 10,000원에 취득

하였다.

② 2024.12.31. 현재 을회사 주식의 종가는 주당 8,000원이다.

③ 2025.5.15. 동사는 을회사의 주식 100주를 주당 8,000원에 추가 취득하였다.

④ 2025.10.30. 동사는 을회사의 주식 200주를 주당 12,000원에 매각하였으며, 동 주식의 매각과 관련하여 수수료 36,000원을 지급하였다.

⑤ 2025.12.31. 현재 을회사 주식의 종가는 주당 4,000원으로 하락하였는바, 을회사 주가의 하락은 회복될 가능성이 없다고 판단된다.

(3) 동사는 주식의 단가산정과 관련하여 이동평균법을 적용하고 있으며, 세무서에 신고한 방법도 이동평균법이다.

(4) 2025년 이후의 미래예상세율은 22%로 한다.

2. 회계처리와 세무조정

법인세법상 유가증권의 평가는 원가법만 인정되므로 기업회계상 매도가능증권의 평가 및 손상차손에 대한 세무조정은 다음과 같다.

구 분		세무조정
평 가	평가이익 인식	익금산입 · 매도가능증권평가이익 · 기타 익금불산입 · 매도가능증권 · △유보
	평가손실 인식	손금산입 · 매도가능증권평가손실 · 기타 손금불산입 · 매도가능증권 · 유보
손상차손인식		손금불산입 · 매도가능증권 · 유보
손상차손환입 인식		익금불산입 · 매도가능증권 · △유보
처 분		• 관련 유보(또는 △유보)잔액을 손금(또는 익금)산입 • 관련 미실현보유손익을 익금(또는 손금)산입

(1) 2024년

1) 회계처리

① 2024.1.3.

(차) 매도가능증권(갑)	20,400,000	(대) 현금및현금성자산	20,400,000

② 2024.8.31.

(차) 매도가능증권(을)	5,000,000	(대) 현금및현금성자산	5,000,000

③ 2025.12.31.

(차) 매도가능증권(갑)	1,600,000주1)	(대) 매도가능증권평가이익 (기타포괄손익누계액)	1,248,000
		이연법인세부채	352,000*

* 1,600,000×22%＝352,000

(차) 매도가능증권평가손실 (기타포괄손익누계액)	780,000	(대) 매도가능증권(을)	1,000,000 주2)
이연법인세자산	220,000*		

* 1,000,000×22% = 220,000

주1) 1,000주×@22,000 - 20,400,000 = 1,600,000원

주2) 500주×@8,000 - 5,000,000 = (-)1,000,000원

2) 세무조정

① 갑주식

익금산입 · 매도가능증권평가이익 · 1,248,000 · 기타

• 이연법인세부채 · 352,000 · 유보

익금불산입 · 매도가능증권 · 1,600,000 · △유보

② 을주식

손금산입 · 매도가능증권평가손실 · 780,000 · 기타

• 이연법인세자산 · 220,000 · △유보

손금불산입 · 매도가능증권 · 780,000 · 유보

⑵ 2025년

1) 회계처리

① 2025.3.31.

없음. 단 주식수와 종목 등에 대하여 비망기록을 한다.

② 2025.5.15.

(차) 매도가능증권(을)	800,000	(대) 현금및현금성자산	800,000

③ 2025.10.30.

(차) 현금및현금성자산	2,364,000[주3)]	(대) 매도가능증권(을)	1,600,000[주4)]
		매도가능증권평가손실	260,000[주5)]
		이연법인세자산	73,333[주6)]
		매도가능증권처분이익	430,667

주3) 200주×@12,000 - 36,000 = 2,364,000원

주4) (500주×@10,000 - 1,000,000 + 800,000)×200주/600주 = 1,600,000원

주5) 780,000×200주/600주 = 260,000원

주6) 220,000×200주/600주 = 73,333원

④ 2025.12.31.

(차) 매도가능증권평가이익	1,248,000[주8)]	(대) 매도가능증권(갑)	3,100,000[주7)]
이연법인세부채	352,000		
매도가능증권평가손실	1,170,000[주8)]		
이연법인세자산	330,000		
(차) 매도가능증권손상차손	2,266,667[주9)]	(대) 매도가능증권평가손실	520,000[주9)]
(영업외비용)		이연법인세자산	146,667
		매도가능증권(을)	1,600,000[주9)]

주7) 1,050주×@18,000 - 22,000,000 = 3,100,000원

주8) 평가 전 매도가능증권평가이익 잔액 1,248,000원과 이연법인세부채 352,000원을 먼저 상계한 후 매도가능증권평가손실을 추가로 인식한다.

주9) 손상차손 인식액
= 취득원가 - 전기까지 이미 인식한 손상차손

=(5,000,000+800,000)×400주/600주−400주×@4,000
=2,266,667원

주10) 손상차손액이 평가손실잔액보다 크므로 우선 평가손실액을 손상차손으로 대체한 후 차액을 유가증권 장부가액에서 차감한다.

2) 세무조정

① 주식배당(2025.3.31.)

주식배당은 법인세법상 의제배당에 해당되므로 액면가액을 익금산입하며, 수입배당금 익금불산입 규정에 의해 수입배당금의 30%를 익금불산입한다.

익금산입 · 주식배당 · 250,000 · 유보
익금불산입 · 수입배당금 · 75,000 · 기타

② 주식매각(2025.10.30.)

익금산입 · 매도가능증권평가손실 · 333,333 · 기타
손금산입 · 매도가능증권 · 333,333 · △유보

③ 평가(2025.12.31.)

가. 갑주식

손금산입 · 매도가능증권평가이익 · 1,600,000 · 기타
손금산입 · 매도가능증권평가손실 · 1,500,000 · 기타
익금산입 · 매도가능증권 · 3,100,000 · 유보

나. 을주식

익금산입 · 매도가능증권평가손실 · 666,667 · 기타
익금산입 · 매도가능증권 · 1,600,000* · 유보

* 2,266,667−666,667=1,600,000

사례 3 만기보유증권의 평가

1. 자료

2024.1.1. 보아㈜는 다음과 같은 조건의 회사채를 9,519,634원에 취득하였다.

- 액면금액 : 10,000,000원
- 표시이자율 : 10%
- 만기 : 2026.12.31.
- 이자지급조건 : 매년말 후급
- 원금상환방법 : 만기 일시상환
- 유효이자율 : 12%

2. 회사채의 유효이자율법에 의한 상각표

연도	①기초 사채금액	②유효이자 (=이자수익) [①×12%]	③현금이자수익 [액면금액×10%]	④상각액 [②−③]	⑤기말 미상각잔액	⑥기말 사채금액 [①+④]
2024	9,519,634	1,142,356	1,000,000	142,356	338,010	9,661,990
2025	9,661,990	1,159,439	1,000,000	159,439	178,571	9,821,429

연도	①기초 사채금액	②유효이자 (=이자수익) [①×12%]	③현금이자수익 [액면금액×10%]	④상각액 [②-③]	⑤기말 미상각잔액	⑥기말 사채금액 [①+④]
2026	9,821,429	1,178,571	1,000,000	178,571	–	10,000,000
계	–	3,480,366	3,000,000	480,366	–	–

3. 회계처리(만기보유증권으로 분류)

구 분	회 계 처 리
2024.1.1.	(차) 만기보유증권(투자자산) 9,519,634 (대) 현 금 9,519,634
2024.12.31.	(차) 만기보유증권(투자자산) 142,356 (대) 이자수익 1,142,356 현 금 1,000,000
2025.12.31.	(차) 만기보유증권(투자자산) 159,439 (대) 이자수익 1,159,439 현 금 1,000,00 (차) 만기보유증권(유동자산)* 9,821,429 (대) 만기보유증권(투자자산) 9,821,429
2026.12.31.	(차) 만기보유증권(투자자산) 178,571 (대) 이자수익 1,178,571 현 금 11,000,000 (대) 만기보유증권(유동자산) 10,000,000

* 보고기간 종료일로부터 1년 이내에 만기가 도래하므로 유동자산으로 분류함(평가손익은 기타포괄손익).

4. 세무조정

매도가능증권 또는 만기보유증권으로 분류된 채무증권의 세무조정은 앞서 설명한 지분증권의 경우와 거의 동일하다. 다만, 액면금액과 취득가액이 상이한 경우 그 차액을 유효이자율법에 의해 상각하여 이자수익과 장부가액에 가감하는 회계처리(상각후원가법)를 하게 되는데, 동 회계처리는 법인세법상 인정되지 않으므로 다음과 같이 세무조정한다.

구 분	세 무 조 정
액면금액 〉 취득가액(할인취득)	익금불산입 · 매도가능증권(또는 만기보유증권) · △유보
액면금액 〈 취득가액(할증취득)	익금산입 · 매도가능증권(또는 만기보유증권) · 유보

또한 액면이자에 대해 발생주의에 따라 미수이자를 계상한 경우에도 동 금액은 익금불산입하여 △유보로 소득처분하고, 이자수령시 익금산입하여 유보로 소득처분한다. 법인세법에서는 유가증권을 원가법으로 평가하므로 기준서에 의해 상각하여 평가증한 금액 전부를 익금불산입하고 만기시 익금으로 추인한다.

2024년 : 익금불산입 · 만기보유증권 · 142,356 · △유보
2025년 : 익금불산입 · 만기보유증권 · 159,439 · △유보
2026년 : 익금산입 · 만기보유증권 · 301,795 · 유보

5. '3.'의 회계처리를 매도가능증권으로 분류한 경우

① 2024.12.31. 현재 유효이자율 11%
② 2024.12.31. 현재 상각후원가법 적용 후 장부가액 9,661,990

③ 2024.12.31. 현재 공정가치

2024.12.31.		2025.12.31.		2026.12.31.

$$\frac{1{,}000{,}000}{1.11} + \frac{11{,}000{,}000}{1.11^2}$$

$$= 900{,}901 + 8{,}927{,}846$$

$$= 9{,}828{,}747$$

④ 회계처리

(차) 매도가능증권	166,757	(대) 매도가능증권평가이익 (기타포괄손익)	166,757*

* 9,828,747－9,661,990＝166,757

⑤ 세무조정

익금산입 · 매도가능증권평가이익 · 166,757 · 기타

손금산입 · 매도가능증권 · 166,757 · △유보

(3) 유가증권평가손실의 인정

법인세법상 유가증권의 평가원칙은 원가법이나 다음의 경우에는 평가손실을 손금으로 인정한다.

① 내국법인이 보유하는 주권상장법인, 특수관계가 없는 비상장법인(지분율 5% 이하 및 취득가액 10억원 이하의 보유주식을 뜻함)이 발행한 주식 등의 발행법인에게 부도가 발생하거나 중소기업창업투자회사 · 신기술사업금융업자가 보유하는 창업자 · 신기술사업자가 발행한 주식 등의 발행법인에게 부도가 발생한 경우 또는 채무자회생및파산에관한법률에 따른 회생계획인가의 결정을 받았거나 기업구조조정촉진법에 따른 부실징후기업이 된 경우의 해당 주식 등 : 해당 주식 등 발행법인별로 그 보유주식총액을 사업연도종료일 현재 시가(주식 등 발행법인별로 보유주식총액의 시가평가액이 1천원 이하인 경우에는 1천원)로 평가하여 장부가액을 감액한다(법령 78 ② · ③ 3호).

② 주식 등 발행법인이 파산한 경우 : 사업연도종료일 현재 시가(시가평가액이 1천원 이하인 경우 1천원)로 평가하여 장부가액을 감액한다(법령 78 ③ 4호).
파산선고일이 속하는 사업연도에 손금산입되며 폐업의 경우에는 인정되지 않는다(서이 46012－10856, 2003.3.21.).

③ 상기 이외의 유가증권평가손실은 손금산입될 수 없으며 유가증권을 처분하거나

주식발행법인이 해산하여 잔여재산의 분배가 완료된 때에 손금에 산입된다(서이-352, 2006.2.15.). 해외현지법인에 대하여는 해산 및 청산절차를 거쳐 투자액을 회수할 수 없는 것으로 확정될 때 손금에 산입된다(서이-1402, 2005.8.31.).

④ 파산신청 당시 자본잠식상태인 미국 소재 주식발행법인이 청산을 목적으로 미국 파산법 chapter 11에 따른 자발적 파산신청을 하여 「법인세법」 제42조 제3항 제4호에 해당하는 경우 「법인세법」 제42조 제3항 및 같은법 시행령 제78조 제3항에 따라 해당법인 주식을 파산한 사업연도 종료일 현재의 시가로 평가한 가액으로 감액하고 그 감액한 금액은 당해 사업연도의 손금으로 계상할 수 있는 것임(법인세제과-404, 2015.5.27.)

⑤ 주식을 발행한 해외현지법인이 일정기간 영업활동을 계속하지 않아 해당 국가의 법률에 따라 기업등록이 말소된 후 자체적으로 청산절차를 이행하지 않은 경우 해외현지법인의 발행주식을 보유한 내국법인은 해외현지법인이 해당 국가의 법률에 따라 청산이 종료되고 배분가능한 잔여재산가액이 없는 것으로 확인되는 때에 해당 주식가액을 손금에 산입하는 것임(사전-2015-법령해석법인-0057, 2015.6.11.)

⑥ 법인이 보유한 유가증권의 평가손실은 법인세법 시행령 제78조 제3항의 규정에 해당하는 경우를 제외하고는 원칙적으로 손금에 산입하지 않는 것으로 그 처분손실은 실제 유가증권을 처분하여 손익이 실현되거나 주식 발행법인이 해산하여 잔여재산의 분배가 완료된 때에 손금에 산입하는 것이며(조심 2014부4299, 2014.12.4.) 파산선고일에 잔여재산의 분배가 완료되는 것은 아니며 국세청의 집행기준 19의2-19의2-2(파산의 범위 및 대손금 처리)에서 파산이란 채무자회생 및 파산에 관한 법률에 따라 법원이 파산폐지결정하거나 파산종결 결정하여 공고한 경우를 말한다라고 해석하고 있는 점 등을 비추어 파산법인의 주식에 대한 평가손실을 기본통칙 42-78-4(주식 등을 발행한 법인이 파산한 경우 당해 주식가액의 처리)에서 규정하고 있는 파산선고일이 속하는 사업연도의 손금으로만 산입하여야 하는 것은 아님. 즉, 파산선고일과 파산종결일 중 선택할 수 있는 것임(조심 2018서3374, 2019.6.11.)

⑦ 내국법인이 자회사를 흡수합병함에 있어 내국법인이 보유하고 자회사의 주식(포합주식)에 대하여 합병신주를 교부하지 않고 소각하는 경우 내국법인이 합병등기일 전에 포합주식과 관련하여 익금불산입(유보)한 금액은 합병법인의 각 사업연도 소득금액계산시 해당 금액을 익금산입(유보) 및 익금불산입(기타)하는 것임(사전법령법인-636, 2019.12.3.).

⑧ 내국법인의 완전자회사(A, B) 간에 합병을 하는 경우 합병법인(A)이 합병신주를 교부하지 않는 방식으로 피합병법인(B)을 흡수합병하는 경우, 합병 전 완전모회사인 내국법인이 피합병법인 주식평가와 관련하여 손금불산입(유보)한 금액은 손금산입함(사전법령법인 - 170, 2020.3.30.)

⑨ 자본잠식상태에 있지 아니한 내국법인의 완전자회사(피합병법인)가 해당 내국법인의 다른 완전자회사(합병법인)에 무증자합병(합병비율 1 : 0)됨에 따라(피합병법인의 주식을 시가보다 낮게 평가한 경우에 해당), 해당 내국법인이 보유한 피합병법인 주식이 전부 소멸된 경우에는 피합병법인 주식의 세무상 장부가액은 합병법인 주식의 장부가액에 가산하는 세무조정을 하여야 함(사전법규법인 - 1013, 2023.1.27.).

(4) 무증자합병 관련 규정 명확화

무증자합병*시 합병법인 주식의 가액 조정은 다음과 같다(법령 72 ⑤).

* 법인세법 제44조 제3항 제2호에 해당하는 경우(동일한 내국법인이 발행주식총수를 소유하고 있는 서로 다른 법인 간에 합병하는 경우)로서 합병법인의 주식을 지급하지 않은 경우

> 합병법인 종전 주식의 가액 + 소각된 피합병법인 주식의 가액 - 현금 등 지급액

IV. 매출채권

1. 기업회계

(1) 매출채권 양도액의 회계처리

① 양도에 대한 판단기준

유가증권이 아닌 금융자산의 양도(자산 일부의 양도를 포함한다)의 경우에 다음 요건을 양도자가 모두 충족하는 경우에는 양도자가 금융자산에 대한 통제권을 이전한 것으로 보아 매각거래로, 이외의 경우에는 금융자산을 담보로 한 차입거래로 본다(문단 6.5).

가. 양도인은 금융자산 양도 후 해당 양도자산에 대한 권리를 행사할 수 없어야

한다. 즉 양도자산이 양도인과 분리됨에 따라 양도인이 파산 또는 법정관리 등에 들어갈지라도 양도인 및 양도인의 채권자는 금융자산에 대한 권리를 행사할 수 없어야 한다.

나. 양수인은 금융자산 양도 후 양수한 자산을 처분(양도 및 담보제공 등)할 자유로운 권리를 갖고 있어야 한다.

다. 양도인은 금융자산 양도 후에 효율적인 통제권을 행사할 수 없어야 한다.

② 회계처리

가. 매각거래 : 금융자산의 양도로 양수인에게 이전되는 자산에 대하여는 장부가액과 처분가액과의 차이를 당기손익으로 인식하여야 하며, 매각거래와 관련하여 신규로 취득(부담)하는 자산(부채)은 공정가치로 평가하여 동 처분손익에 가감하여야 한다(문단 6.6).

(차) 현 금	×××	(대) 매출채권	×××
매출채권처분손실	×××		

나. 차입거래 : 금융자산의 이전이 담보거래에 해당하는 경우에는 해당 금융자산을 담보제공자산으로 별도 표시하여야 한다(문단 6.8).

(차) 현 금	×××	(대) 단기차입금	×××
이자비용	×××		

③ 세무처리

법인세법에서는 자산유동화, 받을어음 할인거래에 대하여 원칙적으로는 매각거래로 처리하며 예외로 차입거래로 회계처리한 경우 차입거래도 인정하고 있다(법령 71). 그러므로 회계처리에 따른 세무조정은 발생하지 않는다.

(2) 대손충당금설정

① 일반기업회계기준의 내용

회수가 불확실한 금융자산(“유가증권” 적용대상 금융자산은 제외)은 합리적이고 객관적인 기준에 따라 산출한 대손추산액을 대손충당금으로 설정한다(문단 6.17의 2).

가. 대손추산액에서 대손충당금잔액을 차감한 금액을 대손상각비로 계상한다. 이 경우 상거래에서 발생한 매출채권에 대한 대손상각비는 판매비와 관리비로 처리하고, 기타 채권에 대한 대손상각비는 영업외비용으로 처리한다.

나. 회수가 불가능한 채권은 대손충당금과 상계하고 대손충당금이 부족한 경우 에는 그 부족액을 대손상각비로 처리한다.

② 설정대상채권

매출채권, 장・단기대여금, 미수금, 미수수익, 회사채 등(사모사채 등) 등 대손 가능성이 있는 모든 수취채권이 대상채권이 된다.

③ 대손추산방법

가. 개별적으로 채권의 대손추산액을 산출하는 방법

나. 과거의 평균대손율에 의하여 산출하는 방법 등 합리적이고 객관적인 기준 에 따라 대손추산액을 산출해야 한다.

④ 회계처리

가. 최초설정시

(차) 대손상각비	×××	(대) 대손충당금	×××
(상거래 발생분 : 판매비와관리비)			
기타의 대손상각비	×××		
(영업외비용)			

나. 대손발생시

(차) 대손충당금	×××	(대) 채　권	×××
대손상각비	×××		
(충당금잔액 부족시)			

다. 결산시(보충법적용)

- 당기 대손설정액 = 대손추산액 − 대손충당금잔액
- 당기 대손환입액 = 대손충당금잔액 − 대손추산액

⑤ 제각된 채권이 회수시

상각채권추심이익이 아닌 대손충당금을 다시 회복시킨다.

(차) 현　금	×××	(대) 대손충당금	×××

⑥ 대손충당금의 가감표시

매출채권에 대한 대손충당금 등은 해당 자산이나 부채에서 직접 가감하여 표시 할 수 있다. 이때 가감한 금액은 주석으로 기재하여야 한다.

즉 다음의 방법을 선택적용할 수 있다.

총액주의			순액표시	
매출채권	10,000		매출채권	9,000
(−)대손충당금	1,000	9,000		

(3) 회계처리시 유의사항

1) 계정과목분류

① 외상매출금・받을어음계정의 사용

회사관리목적으로 외상매출금・받을어음계정을 모두 사용해도 되며 외부에 공표하는 재무상태표에는 매출채권으로 통합표시해야 된다.

② 미수금계정과의 구분

상거래 이외의 거래에서 수령한 어음은 미수금으로 계상한다.

2) 매출채권의 양도・할인구분

① 매각・차입거래구분

차입거래로 구분시는 차입금으로 처리되어 회계연도말에 부채비율이 증가하게 되므로 매각거래와 차입거래를 분명히 구분해야 한다.

② 선급비용계상 여부

매각거래 회계처리시 종전에 이자비용으로 처리하던 비용을 매출채권처분손실로 계상하므로 회계연도말에 기간미경과분을 선급비용으로 계상할 수 없다.

3) 대손추산방법

개별적인 추산방법 또는 과거대손경험률을 사용하는 방법을 적용하여 대손추산액을 산출하며 각각의 방법을 같이 사용하여도 된다.

4) 보충법 적용

대손충당금설정은 보충법을 적용하며 총액법을 사용하지 않는다.

5) 부도어음의 처리

회계연도말 부도어음에 대하여 회수불능 판단시는 대손으로 처리하고 회수가능 판단시는 매출채권(장기로 판명시는 장기매출채권)으로 처리한다.

즉 부도어음의 계정과목을 사용하지 않고 거래발생시의 계정과목(매출채권 등)을 계속 사용하므로 계정재분류의 문제가 발생하지 않는다.

6) 대손처리된 채권의 회수처리

상각채권추심이익이 아닌 대손충당금을 회복(증가)하는 처리를 한다.

(4) 채권매입 후 채무조정 약정 체결에 따른 장부금액 변동 회계처리(한국회계기준원 질의회신, 2023.11.7.)

① 질의

[질의1] 채무조정 약정 후 장부금액 이상으로 회수할 경우의 회계처리는?

[질의2] 채권을 취득 후, 추후 채무조정 약정이 체결되어 채권에 대한 계약상 현금흐름이 변동될 경우 회계처리는?

② 회신

해당 채권의 매입 거래와 채무조정 거래가 별도의 거래로서, 회사가 채권 매입 계약을 체결하여 관련 권리를 취득할 때 최초로 해당 금융자산을 인식하는 회사의 회계처리가 타당함을 전제함

- 귀 질의 1의 경우, 미래 예상 현금흐름의 금액 또는 시점이 손상차손을 인식할 때의 추정과 달라짐으로써 발생된 현재가치의 변동분은 일반기업회계기준 제6장 '금융자산 · 금융부채' 문단 실6.151에 따라 당기손익(대손상각비 등)으로 인식함
- 귀 질의 2의 경우, 채권의 매입금액이 공정가치라면 해당 채권을 매입금액으로 최초 인식하고, 매입금액이 공정가치가 아니라면 일반기업회계기준 제6장 문단 6.13에 따라 해당 채권을 공정가치로 최초로 인식하되 그 차이를 당기손익으로 인식함
  - 후속적으로 채무조정 약정에 따라 약정 현금흐름이 변동되는 경우, 해당 조건변경에 따른 효과를 해당 기준서 제6장 문단 6.98과 실6.150에 따라 당기손익(대손상각비 등)으로 인식
  - 추가로 채무조정 후 미래 예상 현금흐름을 고려하여 동 기준서 제6장 문단 6.17의2에 따라 대손충당금을 추가로 설정할 것을 고려 필요

2. 법인세법

(1) 대손금

1) 대손사유(법령 19의2 ①)

① 소멸시효가 완성된 다음의 채권

가. 외상매출금 및 미수금으로서 상법상의 소멸시효가 완성된 것
시효는 해당 매출거래의 발생사실이 관련 증빙서류 등에 의하여 객관적으로 확인되는 날부터 시작한다.

나. 어음법에 따른 소멸시효가 완성된 어음(만기일로부터 3년)

다. 수표법에 따른 소멸시효가 완성된 수표(제시기간 경과 후 6개월)

라. 대여금 및 선급금으로서 민법상의 소멸시효가 완성된 것

1. 상법상 상사채권의 소멸시효
   - ① 운송 및 운송주선수수료의 소멸시효 완성 : 1년(상법 121, 122, 147)
   - ② 창고업의 창고사용료 : 1년(상법 166)
   - ③ 보험금액의 청구권과 보험료 또는 적립금의 반환청구권 : 2년(상법 662)
   - ④ 보험료의 청구권 : 1년(상법 662)
   - ⑤ 운송인의 송하인 또는 수하인에 대한 채권 : 1년(상법 814)
   - ⑥ 해상여객운송 수수료 : 1년(상법 826)
   - ⑦ 선박소유자의 용선자 또는 수하인에 대한 채권 : 2년(상법 840)
   - ⑧ 정기용선계약에 관하여 발생한 채권 : 2년(상법 846)
   - ⑨ 공동해손으로 인한 채권 : 1년(상법 875)
   - ⑩ 상기 사항 외의 상행위로 인한 채권 : 5년(상법 64) → 다른 법률에 단기시효가 있는 경우 시효단축. 따라서 민법상 시효(1년, 3년)를 적용
2. 민법상 소멸시효
   - ① 채권은 10년간 행사하지 아니하면 소멸시효가 완성한다(민법 162).
   - ② 민법상 3년의 단기 소멸시효(민법 163) : 다음의 채권은 3년간 행사하지 아니하면 소멸시효가 완성한다.
     - ㉠ 이자, 부양료, 급료, 사용료 기타 1년 이내의 기간으로 정한 금전 또는 물건의 지급을 목적으로 한 채권
     - ㉡ 의사, 조산원, 간호사 및 약사의 치료, 근무 및 조세에 관한 채권
     - ㉢ 도급받은 자, 기사 기타 공사의 설계 또는 감독에 종사하는 자의 공사에 관한 채권

㉣ 변호사, 변리사, 공증인, 공인회계사 및 법무사에 대한 직무상 보관한 서류의 반환을 청구하는 채권

㉤ 변호사, 변리사, 공증인, 공인회계사 및 법무사의 직무에 관한 채권

주) 부동산임대료 미수금의 소멸시효는 3년, 세무사(감정평가사 포함) 수수료 미수금의 소멸시효는 5년을 적용함(서이－1275, 2004.6.18.). 최근 대법원에서 세무사의 직무에 관한 채권은 상사채권에 해당하지 않아 민사채권의 소멸시효 10년이 적용된다 판결함(대법원 2021다3111, 2022.8.25.)

㉥ 생산자 및 상인이 판매한 생산물 및 상품의 대가

㉦ 수공업자 및 제조업자의 업무에 관한 채권

③ 민법상 1년의 단기소멸시효(민법 164) : 다음의 채권은 1년간 행사하지 아니하면 소멸시효가 완성한다.

㉠ 여관, 음식점, 대석, 오락장의 숙박료, 음식료, 대석료, 입장료, 소비물의 대가 및 체당금의 채권

㉡ 의복, 침구, 장구, 기타 동산의 사용료의 채권

㉢ 노역인, 연예인의 임금 및 그에 공급한 물건의 대금채권

㉣ 학생 및 수업자의 교육, 의식 및 유숙에 관한 교주, 숙주, 교사의 채권

④ 판결 등에 의하여 확정된 채권의 민법상 소멸시효 : 판결에 의하여 확정된 채권, 파산절차에 의하여 확정된 채권 및 재판상의 화해, 조정 기타 판결과 동일한 효력이 있는 것에 의하여 확정된 채권은 단기의 소멸시효에 해당하는 것이라도 판결확정당시에 변제기가 도래한 채권의 경우에는 그 소멸시효를 10년으로 한다(민법 165).

⑤ 소멸시효의 중단사유(민법 168) : 청구, 압류 또는 가압류・가처분, 승인

㉠ 청구 : 소제기

㉡ 승인 : 채무를 인정하는 채무자의 행위(일부 변제, 지불각서 수령 등)

- 내국법인이 동일 거래처 간 계속적인 거래로 다수의 채권・채무관계가 발생하였고, 채무자인 해당 거래처가 거래 종료 이후에도 채무의 일부를 변제한 경우에는 기존의 모든 채무에 대하여 승인한 것으로서 변제후 채무전액에 대하여 소멸시효 중단의 효력이 생기는 것임(사전－2017－법령해석법인－0205, 2017.6.7.)

㉢ 채무자 회생 및 파산에 관한 법률 제32조에 따라 파산절차에 참여한 경우

⑥ 외상매출금 등 소멸시효의 중단사유 및 기산일은 「민법」의 규정을 따르며(법인 22601－1360, 1985.5.7.), 소멸시효의 기산일은 해당 채권의 권리를 행사할 수 있는 때부터이고(민법 166) 따라서 해당 매출채권의 발생사실이 관련 증명서류 등에 의해 객관적으로 확인되는 날부터 소멸시효를 기산하는 것이다(법인 46012－523, 1999.2.8.). 또한 판결에 의해 확정된 외상매출금의 소멸시효는 판결확정일부터 10년이다(국심 96경2035, 1997.2.5.).

⑦ 시효이익의 포기 : 발생한 채권에 대하여 당초 소멸시효가 완성되어 손금에 산입한 후, 채무자의 정당한 시효이익 포기로 익금산입대상인 해당 채권에 대하

여 다시 법인세법 시행령 제19조의 2 제1항 제1호에 따라 회수할 수 없는 사유에 해당하는 경우에는 해당 사유가 발생한 사업연도의 소득금액을 계산할 때 손금에 산입하는 것이며, 이때 해당 채권의 소멸시효 완성 여부는 민법의 규정에 따라 판단하는 것임(서면법규과 - 5, 2013.1.3.).

채무자가 소멸시효완성 후 채무를 승인하였다면 시효완성사실을 알고 그 이익을 포기한 것이라고 추정할 수 있을 것(대법원 2009다100098판결, 2010.3.11.)이며, 그때부터 새로이 소멸시효가 진행됨(대법원 2009다14340판결, 2009.7.9.).

중/점/사/항/

1. 채권의 임의포기

매출채권에 대하여 채무자의 변제능력이 있음에도 불구하고 강제집행 등 채권의 회수조치를 강구하지 아니하고 소멸시효가 완성되었다 하여 대손금으로 계상한 경우에는 대손금으로 보지 아니하고 채권을 임의로 포기한 것으로 보아 기업업무추진비 또는 기부금으로 보며(법인 46012 - 2409, 2000.12.19.), 약정에 의하여 채권의 전부 또는 일부를 포기하는 경우에도 이를 대손금으로 보지 아니하며 기부금 또는 기업업무추진비로 본다. 다만, 특수관계인과의 거래에서 발생한 채권을 조기회수하기 위해 채권의 일부를 포기시 동 채권포기액은 대손금으로 손금산입할 수 없으나(서이 46012 - 11289, 2003.7.8.), 특수관계인 외의 자와의 거래에서 발생한 채권으로서 채무자의 부도발생 등으로 장래에 회수가 불확실한 어음·수표상의 거래 등을 조기에 회수하기 위하여 해당 채권의 일부를 불가피하게 포기한 경우 동 채권의 일부를 포기하거나 면제한 행위에 객관적으로 정당한 사유가 있는 때에는 동 채권포기액을 손금에 산입한다(서이 46012 - 11194, 2002.6.12.; 법인 46012 - 1217, 1999.4.1.).

이때 정당한 사유에 해당하는지의 여부는 채권의 일부를 포기하게 된 부득이한 사유가 있었는지, 다른 채권자들과 동일한 기준에 의한 포기인지의 실질내용에 따라 판단할 사항이며(법인 46012 - 1610, 2000.7.20.), 채무자의 재무상황 및 영업환경 등을 고려하여 일부 채권의 포기는 이에 해당하지 못할 것으로 판단된다.

채권포기의 정당성		세무처리
정당성이 인정되는 경우		대손금(손금산입)
정당성이 인정되지 않는 경우	업무 관련	기업업무추진비*
	업무무관	기부금*

* 한도범위 내에서는 손금산입되지만, 한도초과액은 손금불산입된다.

2. 법원판결에 따른 채권의 소멸시효 10년 적용

법원판결에 따라 채무자회생및파산에관한법률의 회생계획인가결정받은 외상매출채권은 민법에 따라 10년의 소멸시효가 적용된다. 단 이전에 대손금이 확정되는 경우에는 확정연도의 손금으로 인정된다(법인세과 - 512, 2013.9.26.).

3. 소멸시효완성채권

(1) 소멸시효 완성 및 회수노력의 입증 여부

현행 법인세법의 규정으로는 소멸시효가 완성되면 당연히 손금인정이 되어야 하나, 과세관청에서는 채권의 회수를 위하여 조치를 취하였음에도 불구하고 회수가 안되는 채권에 대하여는 소멸시효 완성시 대손처리를 인정하고 있다. 따라서 실무자들은 소멸시효의 완성만을 기다리지 말고 채권회수 노력을 함께 입증해야 손금인정됨에 유의해야 한다.

(2) 귀속시기

소멸시효가 완성된 채권은 완성된 사업연도에 장부상 대손처리하거나 세무조정시 신고조정으로 손금산입하여야 한다. 만일 이를 하지 아니한 경우에는 그 다음 사업연도에 절대로 손금으로 인정되지 않음에 유의하여야 한다.

즉 대손처리는 회사가 하고 싶은 사업연도에 손금산입이 되는 것이 아니라 법이 규정한 귀속시기에 반드시 손금산입이 되어야 하는 것이다.

만일 이를 놓친 경우에는 경정청구(신고기한부터 3년 이내)기간 이내에 경정청구를 통해야만 손금인정이 가능하다.

(3) 신고조정에 의한 세무조정의 가능

소멸시효가 완성되고 충분히 회수노력을 입증할 수 있는 채권에 대해 장부상 대손으로 처리하지 않은 경우에는 이를 세무조정시 손금산입하여야 하므로 연말 현재 채권잔액에 대하여 소멸시효가 완성된 채권이 있는지에 대해 검토하여야 한다.

기업회계상으로는 당연히 소멸시효가 완성된 채권에 대하여는 대손처리하는 것이 타당하나, 만일 외감법대상이 아닌 법인의 경우에는 장부상으로는 채권으로 계속 계상하고 세무조정시에 이를 손금산입하면 공표이익의 감소없이 세금을 줄일 수 있는 방법이 될 것이다.

② 채무자의 파산・강제집행・형의집행・사업의 폐지・사망・실종・행방불명으로 인하여 회수할 수 없는 채권

채무자의 파산*이란 채무자회생및파산에관한법률에 따라 법원이 파산폐지 결정하거나 파산종결 결정하여 공고한 경우를 말한다(통칙 19의2－19의2…1 ①).

채무자의 파산 등의 사유로 인한 대손처리시 주의할 점은 파산 등의 사유만으로 대손처리가 되는 것이 아니라 그로 인하여 채권을 회수할 수 없었음을 객관적으로 입증하여야 한다는 것이다.

＊채무자의 파산이란 법원의 파산선고를 받은 경우를 말함(법기통 34－62…1).

이때 유의할 점은 파산선고만으로 대손사유가 되는 것이 아니라 파산관재인이 최후 배당액을 결정・통지함으로써 채권자의 채권액에서 배당결정액을 공제한 잔액이 확정되는 시점에 대손금으로 인정된다는 뜻이다.

그러나 채무자의 파산폐지 또는 파산종결 공고일 이전에 관계서류 등에 의하여 해당 채권자의 회수불능금액이 객관적으로 확인되는 경우에 대손금으로 손금산입이 가능하다(사전법령법인-725, 2020.1.28.).

③ 금융회사의 채권 중 감독기관으로부터 대손승인을 받은 채권

법인세법시행령 제61조 제2항 각호 외의 부분단서의 규정에 의한 금융회사의 채권(제61조 제2항 제13호에 따른 여신전문금융회사 중 신기술사업금융업자의 경우에는 신기술사업자에 대한 것에 한한다) 중 다음 각목의 1에 해당하는 채권으로서 대손으로 계상한 것

가. 금융감독원장이 기획재정부장관과 협의하여 정한 대손처리기준에 따라 금융기관이 금융감독원장으로부터 대손금으로 승인받은 것

나. 금융감독원장이 '가.'의 기준에 해당한다고 인정하여 대손처리를 요구한 채권으로서 금융기관이 대손금으로 계상한 것

④ 부도발생일로부터 6월 이상 지난 어음 등의 채권

가. 대상

부도발생일로부터 6월 이상 지난 어음 또는 수표상의 채권 및 외상매출금(중소기업의 외상매출금으로서 최초 부도발생일 이전에 확정된 외상매출금을 말함)(법인 46012-827, 1999.3.6.)으로서 채무자 재산에 대한 저당권설정이 없는 경우 대손인정(단, 1,000원은 공제)

이때 배서받은 어음으로 배서인에 대해 어음법 제43조상의 소구권을 행사할 수 있는 어음에 대하여도 대손처리 가능(법기통 19의2-19의2…7)

나. 부도발생일

부도어음 등의 지급기일을 말함. 단, 지급기일 전에 금융회사로부터 부도확인받은 경우에는 부도어음확인일을 말함(법령 19의2 ②).

동일거래처의 어음 중 일부만 부도확인받은 경우 나머지 어음도 대손금인정됨(법인 46012-158, 1998.1.20.).

지급기일이 지난 후 제시하여 부도확인받은 경우에도 지급기일을 부도발생일로 봄(법인세제과-595, 2006.8.24.).

다. 부도발생일로부터 6월이 지난 날

부도발생일로부터 6월이 지난 날이란 6월이 되는 날의 다음날을 의미

부도발생일이 1999.6.30.인 경우 2000.1.1.이 속하는 사업연도에 대손가능(부

가 46015－864, 1999.4.1.)

라. 저당권설정

저당권설정하고 있어도 부도발생 후 6월이 지나면 저당권담보된 채권최고액 초과금액은 대손가능(법인 46012－1421, 1999.4.15.)

마. 회사정리절차 · 화의절차 개시

부도발생일로부터 6월이 지난 어음 등은 회사정리법 · 화의법에 의한 인가결정과 관계없이 대손금으로 계상한 사업연도에 대손가능(법인 46012－1913, 1997.7.11.).

중/점/사/항/

1. 압류재산 이외의 다른 재산이 없는 경우

채무자의 파산 · 강제집행 · 형의 집행 · 사업의 폐지 · 사망 · 실종 · 행방불명으로 인하여 채권회수를 위하여 채무자의 재산을 압류하였으나 압류한 자산의 시가가 채권액에 현저히 미달하고 압류한 재산 외의 재산이 없으며 보증인 등으로부터 구상권의 행사도 불가능한 경우에는 압류자산의 시가를 초과하는 금액은 손금산입된다. 이때 압류자산의 시가란 법원에서 해당 자산을 경매하기 위해 감정인 등으로부터 평가받은 가액 중 선순위채권의 가액(객관적으로 확인가능한 실제 채권가액)을 차감한 금액으로 한다(법인 46012－1459, 1998.6.2.).

2. 직원이 공금을 횡령한 경우

직원이 법인의 공금을 횡령한 경우로서 동 직원과 그 보증인에 대하여 횡령액의 회수를 위하여 법에 의한 제반절차를 취하였음에도 회수할 수 없는 경우에는 대손금으로 처리할 수 있으며, 대손처리된 금액에 대하여는 직원에 대한 근로소득으로 보지 아니한다(법기통 19의2－19의2…6). 이때 대손금 귀속시기는 횡령액을 회수할 수 없음이 객관적으로 인정되거나 소멸시효가 완성되는 사업연도에 손금산입한다(서이 46012－10477, 2002.3.13.; 법인 46012－1086, 1999.3.25.).

3. 임원이 공금을 횡령한 경우

법인이 해당 법인의 임원이 횡령한 법인자금을 장부상 회수할 금액으로 계상하고 있는 경우 동 금액은 "업무와 관련 없이 지급한 가지급금 등"에 해당되지 아니하며, 법인이 이를 회수하기 위하여 법령 등에 의한 모든 절차를 취하였음에도 해당 임원의 사망 · 실종 · 행방불명 등으로 회수할 수 없음이 객관적으로 입증되는 금액에 대하여는 법인세법 제34조 제2항의 규정에 의해 해당 사업연도의 소득금액 계산시 이를 손금에 산입할 수 있는 것이나, 이에 해당하는지의 자금횡령과 관련된 정황 및 자금회수와 관련하여 법인이 취한 제반조치 등에 의하여 사실 판단하여야 한다(서이 46012－10477, 2002.3.13.).

법인의 대표이사(지배주주)가 가공자산의 계상 등을 통하여 법인의 자금을 사외에 유출시켜 자신에게 귀속시킨 경우로서 동 인출금액에 대하여 회수할 것임이 객관적으로 입증되지 아니하는 경우에는 해당 대표이사의 법인자금 인출행위가 형법상 횡령에 해당한다 하더라도 이를 익금산입하고 상여로 처분하여야 한다(서이-87, 2005.1.12.).

4. 임직원 횡령액의 세무상 처리 요약

법인의 실질적 경영자인 대표이사 등이 법인의 자금을 횡령한 경우 횡령을 묵인하거나 추인하였다고 볼 수 있으므로 특별한 사정이 없는 한 처음부터 회수를 전제로 한 것이 아니어서 지출시 사외유출에 해당함. 그러나 횡령주체인 대표이사 등의 법인 내에서의 실질적인 지위 및 법인에 대한 지배 정도, 횡령행위에 이르게 된 경위 및 횡령 이후의 법인의 조치 등을 통하여 그 대표이사 등의 의사를 법인의 의사와 동일시하거나 대표이사 등과 법인의 경제적 이해관계가 사실상 일치하는 것으로 보기 어려운 경우에는 지출 자체를 사외유출로 보지 아니함. 이러한 사실은 주장하는 법인이 입증해야 함(대법원 2002두9254, 2004.4.9., 대법원 2007두23323, 2008.11.13.).

① 횡령액을 사외유출로 보는 경우

이는 대표이사 등의 의사와 법인의 의사가 동일하거나 경제적 이해관계가 일치하는 경우를 말함.

- 횡령액을 자산으로 계상시
  손금산입 · △유보
  손금불산입 · 상여
- 회수불능시 비용으로 처리시
  손금불산입 · 유보

② 횡령액을 유보로 보는 경우

이는 대표이사 등의 의사를 법인의 의사로 볼 수 없는 경우를 말함.

- 횡령액을 자산으로 계상시
  세무조정 없음
- 회수불능시 비용으로 처리시
  손금인정

법인의 실질적 경영자의 횡령금이 대법원 확정판결에 사외에 유출되지 않은 것으로 결정되어 해당 법인이 손해배상채권 등 자산으로 계상하고 있는 경우의 동 금액에 대해서는 법인세법 기본통칙 제19의2-19의2…6【사용인이 횡령한 금액의 대손처리】 규정을 준용하여 세무처리하는 것임(법인세과-806, 2010.9.14.)

⑤ 정비사업조합 설립인가 등의 취소에 따른 채권*손금산입(조특법 104의26)

* 시공사 등이 추진위원회 또는 조합에 대여한 추진비용(조합임원 연대보증)

가. 시공사 등 : 채권포기*시 해당금액의 손금산입 인정

* 도시및주거환경정비법에 따라 채권확인서를 제출하여 채권을 전부 포기하는 경우 또는 채권포기 확인서를 세무서장에게 제출하여 채권을 전부 포기하는 경우

나. 조합 등 : 채무면제이익은 익금 또는 증여로 보지 않음

⑥ 그 밖의 채권

가. 민사집행법 제102조에 따라 채무자의 재산에 대한 경매가 취소된 압류채권

나. 물품의 수출 또는 외국에서의 용역제공으로 발생한 채권으로서 무역에 관한 법령에 따라 한국무역보험공사로부터 회수불능이 확인된 채권

- 채무자의 파산 · 행방불명 등으로 채권회수가 불가능함을 현지 거래은행 · 상공회의소 · 공공기관 또는 무역보험법 53 ③에 따라 채권추심업을 수행하기로 한국무역보험공사와 협약을 체결한 해외채권추심기관 등이 확인
- 분쟁 발생으로 중재기관 · 법원 등이 채권금액을 감면하기로 결정하거나 경비로 하기로 확정
- 채무자의 지급거절 등으로 채권금액 회수가 불가능하거나, 거래당사자 간 합의로 채권금액을 감면하는 경우로서 현지 거래은행 · 상공회의소 · 공공기관 또는 무역보험법 53 ③에 따라 채권추심업을 수행하기로 한국무역보험공사와 협약을 체결한 해외채권추심기관 등이 확인

다. 채무자 회생 및 파산에 관한 법률에 따른 회생계획인가의 결정 또는 법원의 면책결정에 따라 회수불능으로 확정된 채권

라. 회수기일이 6개월 이상 지난 채권 중 채권가액이 30만원 이하(채무자별 채권가액의 합계액을 기준으로 함)의 소액채권

마. 재판상 화해 및 화해권고결정에 따라 회수불능으로 확정된 채권(법칙 10의4)

- 민사소송법에 따른 화해
- 민사소송법에 따른 화해권고결정
- 민사조정법에 따른 결정 및 조정

바. 「서민의 금융생활 지원에 관한 법률」에 따른 채무조정을 받아 신용회복지원협약에 따라 면책으로 확정된 채권(2019.7.1. 이후 면책확정된 채권부터 적용)

사. 중소기업의 외상매출금 및 미수금으로서 회수기일이 2년 이상 지난 외상매출금 등. 다만, 특수관계인과의 거래로 인하여 발생한 외상매출금 등은 제외함(2020.1.1. 이후 개시 사업연도부터 적용하며 결산조정항목임).

이때 회수기일이 거래처 등과 합의하여 변경된 경우에는 변경된 회수기일을 말하며, 회수기일이 2년 이상 지난 외상매출금은 채무자의 무재산 등 회

수불능 사실에 대한 입증이 없더라도(채무자가 사업을 계속 영위하는지 여부와도 상관없이) 대손요건을 충족하는 것으로 본다(서면법인－4044, 2020.11.30.; 기준법령법인－209, 2020.10.21.; 서면법인－0073, 2021.2.8.).

2) 대손처리 제외채권

① 부가가치세매출세액 미수금으로서 대손세액공제를 받은 금액(법령 19 8호)

(차) 대손충당금	×××	(대) 매출채권	×××
부가세예수금 (매출세액)	×××		

법인세법상 대손처리를 한 후 부가가치세법상 대손세액공제를 받은 경우에는 대손세액공제를 받은 과세연도에 익금에 산입한다(법인 46012－2144, 1997.8.4.).

② 채무보증으로 인한 구상채권(법법 19의2 ② 1호)

단, 다음의 채무보증은 대손이 가능하다(법령 19의2 ⑥).

- 독점규제및공정거래에관한법률 제10조의2 제1항 각호의 1에 해당하는 채무보증
- 법인세법시행령 제61조 제2항에 해당하는 금융회사가 행한 채무보증
- 법률에 따라 신용보증사업을 영위하는 법인이 행한 채무보증
- 대・중소기업상생협력촉진에관한법률에 따른 위탁기업이 수탁기업협의회의 구성원인 수탁기업에 대하여 행한 채무보증
- 해외자원개발 사업법에 따른 해외자원개발사업자가 해외자원개발사업과 직접 관련하여 해외에서 설립된 법인에 대하여 행한 채무보증
- 해외건설 촉진법에 따른 해외건설사업자가 해외자원개발을 위한 해외건설업과 직접 관련하여 해외에서 설립된 법인에 대해 행한 채무보증

③ 특수관계인에 대한 가지급금(법법 19의2 ② 2호)

이때 대손금을 손금에 산입할 수 없는 특수관계인에 대한 업무무관 가지급금인지 여부는 대여시점을 기준으로 판단하여야 한다(2020.12.31. 이전 대여분은 대손사유가 발생할 당시를 기준으로 판단함. 대법원 2014두2266, 2017.12.22. 및 대법원 2014.7.24. 선고 2012두6247 판결).

3) 대손금의 손금귀속시기

① 대손사유 발생(결산조정이 원칙이나, 신고조정을 허용)시 손금산입항목(법령 19의2 ③ 1호)

가. 적용대상 대손금

- 상법에 따른 소멸시효(3년)가 완성된 외상매출금 및 미수금
- 어음법에 따른 소멸시효(3년)가 완성된 어음
- 수표법에 따른 소멸시효(6월)가 완성된 수표
- 민법에 따른 소멸시효(10년)가 완성된 대여금 및 선급금
- 채무자회생및파산에관한법률에 따른 회생계획인가의 결정 또는 법원의 면책결정에 따라 회수불능으로 확정된 채권
- 민사집행법 제102조에 따라 채무자의 재산에 대한 경매가 취소된 압류채권
- 면책채권

나. 신고조정에 의한 손금산입가능

상기에 해당하는 대손항목은 그 대손사유가 발생한 날이 속하는 사업연도의 대손으로 인정되며, 회사가 장부에 대손처리를 하지 아니한 경우에도 세무조정시 신고조정에 의한 손금산입이 가능하다(법인 46012-804, 1998.4.1.).

또한 대손사유가 발생한 날이 속하는 사업연도에 손금산입하지 못한 경우에도 국세기본법 제45조의2에 의하여 경정청구가 가능하다(서이 46012-10868, 2002.4.25.). 그리고 법인이 보유하고 있는 어음상의 채권으로서 소멸시효가 완성될 때까지 회수하지 못한 채권은 그 소멸시효가 완성된 날이 속하는 사업연도에 대손금으로 손금산입하는 것으로서 그 후의 사업연도의 손금에 산입할 수 없는 것이나, 소멸시효가 완성된 날이 속하는 사업연도가 국세기본법 제26조의2의 규정에 의한 국세부과의 제척기간이 만료되지 아니한 경우에는 납세지관할세무서장이 이를 해당 사업연도의 손금에 산입하여 법인세과세표준 및 세액을 경정할 수 있다(통칙 19의2-19의2…10 후단).

다. 내국법인이 채권 전액을 기업회계기준에 따른 충당금설정법으로 대손상각 처리하였으나, 법인세법상 대손요건 미비로 손금불산입한 경우로서, 그 후 사업연도에 대손사유가 발생한 경우에는 해당 사유가 발생하는 사업연도에 세무조정으로 손금에 산입할 수 있는 것임(서면법규과-471, 2014.5.9.)

② 대손사유가 발생하여 장부상 손금계상(결산조정)시 손금산입항목(법령 19의2 ③ 2호)

가. 적용대상 대손금

- 채무자의 파산, 강제집행, 형의 집행, 사업의 폐지, 사망, 실종 또는 행방불명으로 회수할 수 없는 채권
  - ㈀ 회수가능판단일과 소멸시효완성일 중 빠른 날이 속하는 사업연도에 장부에 계상하면 되고 소멸시효완성일 전까지는 법인의 판단에 따라 대손가능함.
  - ㈁ 파산은 파산선고받은 것으로 법원의 파산종결결정일까지는 대손으로 인정안됨. 단, 파산채권확정결과 배당가능성이 전혀 없는 경우에는 대손으로 인정됨.
- 부도발생일로부터 6월 이상 지난 수표 또는 어음상의 채권 및 외상매출금(중소기업의 외상매출금으로서 부도발생일 이전의 것에 한한다). 다만, 해당 법인이 채무자의 재산에 대하여 저당권을 설정하고 있는 경우를 제외
- 중소기업의 외상매출금 및 미수금으로서 거래일로부터 2년이 경과한 채권
- 재판상 화해 등 확정판결과 같은 효력을 가지는 것으로서 회수불능으로 확정된 채권(민사소송법상 화해 등)
- 해외채권으로 회수불능으로 확인된 채권
- 회수기일을 6월 이상 지난 채권 중 채권가액이 30만원 이하의 채권
- 법인세법시행령 제61조 제2항 각호 외의 부분 단서에 따른 금융회사의 채권(제61조 제2항 제13호에 따른 여신전문금융회사 중 신기술사업금융업자의 경우에는 신기술사업자에 대한 것에 한한다) 중 다음의 1에 해당하는 채권
  - ㈀ 금융감독원장이 기획재정부장관과 협의하여 정한 대손처리기준에 따라 금융기관이 금융감독원장으로부터 대손금을 승인받은 것
  - ㈁ 금융감독원장이 '㈀'의 기준에 해당한다고 인정하여 대손처리를 요구한 채권으로서 금융기관이 대손금으로 계상한 것
- 중소기업창업지원법에 의한 중소기업창업투자회사의 창업자에 대한 채권으로서 중소벤처기업부장관이 기획재정부장관과 협의하여 정한 기준에 해당한다고 인정한 것

나. 결산조정에 의한 손금산입만 인정

상기에 해당하는 대손항목은 그 대손사유가 발생하여 장부에 손금으로 계상한 날이 속하는 사업연도의 대손으로 인정되며 장부에 대손처리를 하지 아니한 경우에는 세무조정시 신고조정에 의한 손금산입을 할 수 없다.

해당 사유가 발생하여 손금으로 계상하여야 할 사업연도에 대손금을 장부에 계상하지 않고 다음 사업연도 이후에 대손처리시 원칙적으로 손금불산입됨(손익귀속시기의 임의조절 불허). 이 경우 손금불산입된 금액을 해당 채권의 소멸시효 완성연도에 손금으로의 추인여부에 대한 논란이 있어 과세당국의 권한있는 유권해석이 요구되며, 저자의 견해로는 손금추인함이 타당하다고 보여진다.

- 내국법인이 보유하고 있는 채권이 법인세법시행령 제19조의2 제1항 제8호에 따른 "채무자의 파산으로 회수할 수 없는 채권"에 해당하는 경우로서, 채무자가 파산한 날이 속하는 사업연도에 손비로 계상하지 아니하고 그 다음 사업연도(채권의 소멸시효 완성 전)에 손비로 계상한 경우, 대손금은 동조 제3항 제2호에 따라 손비로 계상한 날이 속하는 사업연도의 손금에 산입하는 것임(사전법규법인-949, 2021.11.30.)

Expert Opinion Summary

결산조정항목 대손금의 귀속시기

「법인세법」상 대손금 손금요건이 영 19의2 ① 8호의 채무자의 파산, 강제집행, 형의 집행, 사업의 폐지, 사망, 실종 또는 행방불명으로 회수할 수 없는 채권에 해당하면 영 19의2 ③ 2호에 의해 해당 사유가 발생하여 손금으로 계상한 날이 속하는 사업연도의 손금에 해당(결산조정)된다.

결산조정항목의 대손금 손금산입에 있어 유의할 점은 다음과 같다.

1. 회수불능 사유가 확정된 연도에 장부상 대손계상된 경우 손금으로 인정됨.
2. 회수불능 사유가 확정된 연도 이전에 장부상 대손계상된 경우 손금불산입(유보) 처리하고 확정된 연도에 손금산입의 조정을 하여야 손금으로 인정됨.
3. 1 · 2.의 처리를 하지 않고 회수불능 사유가 확정된 연도에 장부상 대손계상하지 않은 경우에는 확정연도 이후의 사업연도에 장부상 대손계상한 경우 손금으로 인정됨.
4. 단, 3.의 경우 회수불능 사유가 확정된 사업연도에 대손계상하지 않고 추후 장부상 대손계상한 경우 그 이전에 소멸시효가 완성된 경우에는 세무조정 등으로 손금산입해야 함.

(2) 대손충당금

1) 대손충당금 설정대상채권(법령 61 ①)

① 외상매출금

② 금전소비대차계약 등에 의해 타인에게 대여한 금액

③ 어음상의 채권 · 미수금 · 기타 기업회계기준에 의한 대손충당금 설정대상채권

2) 설정대상 제외채권(법법 19의2 ②)

① 부당행위계산부인규정에 의한 시가초과액에 상당하는 채권(법령 61 ① 3호)

② 채무보증으로 인하여 발생한 모든 법인의 구상채권(求償債權, 법법 19의2 ② 1호) : 본 규정은 채무보증에 의한 과도한 차입을 억제하여 기업재무구조의 건실화를 유도하기 위한 것이며, 구상채권의 처분손실도 손금에 불산입한다(법령 19의2 ⑦).

그러나 다음의 불가피한 채무보증은 예외로 한다(법령 19의2 ⑥).

㉠ 공정거래법에서 허용되는 채무보증(독점규제및공정거래에관한법률 10의 2 ①, 같은법 시행령 17의5 ①・② 참조)

㉡ 은행 등 금융회사 등이 행한 채무보증

㉢ 법률에 의하여 신용보증사업을 영위하는 법인(신용보증기금・공제조합 등)이 행한 보증

㉣ 대기업의 중소기업에 대한 지원성격을 갖는 대・중소기업상생협력촉진에관한법률에 따른 위탁기업이 수탁기업협의회의 구성원인 수탁기업에 대하여 행한 채무보증

㉤ 건설업・전기 통신업을 영위법인이 특수관계인 외의 자에게 건설사업과 관련하여 행한 채무보증

㉥ 해외자원개발사업자(해외자원개발을 하는 해외건설업사업자 포함)가 해외자원개발사업과 직접 관련하여 해외 현지법인에 행한 채무보증

③ 특수관계인(법령 52 ①)에 대한 업무무관가지급금 등 : 업무무관 자금대여액(아래 은행 등 금융기관의 경우 주된 수익사업으로 볼 수 없는 자금대여액을 포함)은 금전소비대차계약의 유무에 관계없이 설정대상에서 제외되며, 해당 업무무관가지급금의 처분손실도 손금에 불산입한다(법법 19의2 ② 2호, 28 ① 4호, 법령 19의2 ⑦)

3) 대손충당금 손금산입한도(법령 61 ②)

• 설정대상채권잔액×1% • 설정대상채권잔액×대손실적률	중 큰 금액

① 채권잔액

장부가액의 합계액 + 당기말 현재 대손금손금부인누계액

② 대손실적률

$$\frac{\text{해당 사업연도의 대손금손금용인액}}{\text{직전 사업연도종료일 현재의 채권잔액}}$$

4) 대손충당금 시부인계산

회사계상액 − 세무상 손금산입한도액 = (+) 손금불산입 · 대손충당금 · 유보
(−) 세무조정 없음(결산조정사항)

① 회사계상액

재무상태표상 대손충당금계정의 기말잔액(당기 설정액이 아님)

② 전기의 대손충당금한도초과액

총액법을 적용하여 전기의 대손충당금한도초과액은 당기에 손금산입된다.

주요해석

1. 내국법인이 대손금으로 비용처리하였으나 대손요건을 구비하지 못하여 손금불산입(유보)한 상황에서 이후 해당 채권을 특수관계없는 제3자인 추심전문업자에게 양도하는 경우 종전에 손금불산입금액은 손금산입됨(법규법인 2013−464, 2014.1.29.)
2. 신용조사보고서 인정 여부
   신용정보회사의 신용조사서에 채무자의 재산이 없음을 확인한 사실만으로는 대손요건에 해당되지 않는다(서이−1999, 2006.10.2.).

5) 대손요건을 구비하지 못한 채권의 대손처리시 세무조정

상기의 세무상 대손요건을 구비하지 못한 채권을 장부상 대손처리시는 대손충당금과 상계처리하든 대손상각비로 처리하든 세무조정시 손금불산입하고 추후 대손요건 구비시 손금산입하여 정리한다.

사례 · 4 대손금 세무조정

1. 대손요건 불비 대손발생액을 당기비용 처리시

(1) 회계처리

(차) 대손상각비	1,000	(대) 외상매출금	1,000

(2) 세무조정

손금불산입 · 대손금(외상매출금) · 1,000 · 유보

2. 대손요건 불비 대손발생액을 대손충당금과 상계처리시

(1) 회계처리

(차) 대손충당금	1,000	(대) 외상매출금	1,000

(2) 세무조정

익금산입* · 대손금(외상매출금) · 1,000(유보)

* 대손요건 불비액을 대손충당금과 상계처리시 익금산입하는 것은 법인세법상 대손충당금은 총액법을 적용하므로 대손충당금과 상계한 금액만큼 장부상 환입액이 감소하기 때문이다.

사례 5 대손충당금과 대손금의 세무조정 및 서식작성

1. 사업연도 : 2024.1.1.~2024.12.31.

2. 기말매출채권 등 내역

① 대여금 : 410,000,000(대표이사에 무상대여한 200,000,000 포함)
② 외상매출금 : 2,640,000,000(부가가치세 240,000,000 포함)
계 : 3,050,000,000

3. 대손충당금 계정내역

① 장부상 기초충당금 20,300,000(세무상 전기부인액 300,000 포함)
② 2024.6.30. ㈜모두랑의 강제집행으로 계상한 대손금과 상계된 충당금 4,000,000 (이 중 대손요건미비 대손금 1,000,000 포함)
③ 당기 추가계상 14,200,000(전기이월 대손충당금잔액 16,300,000을 당기 손금산입할 금액에 충당하고 잔액만 추가계상한 것임) : 3,050,000,000×1%(회사의 대손추산율)=30,500,000(대손추산액)

4. 전기말 세무상 채권잔액 2,000,000,000

해답

1. 설정대상채권액 계산

대 여 금	210,000,000	(특수관계인에 대한 무상대여는 업무무관가지급금으로서 제외)
외상매출금	2,641,000,000	(대손요건미비 대손금 1,000,000 포함)
	2,851,000,000	

주) 대손금의 세무조정 후 대손충당금의 세무조정을 하는 것임. 왜냐하면 대손요건 미비로 손금불산입된 금액을 먼저 계상하여 이를 대손충당금설정대상 채권잔액에 가산하여야 하기 때문임.

2. 한도액 및 한도초과액의 계산

① 한도액=2,851,000,000 × 1%*=28,510,000
② 회사계상액=16,300,000+14,200,000=30,500,000(대손충당금 장부상 기말잔액)
③ 한도초과액 1,990,000

$$* \text{ MAX}\begin{cases}1.\ \text{대손실적률} = \dfrac{3{,}000{,}000}{2{,}000{,}000{,}000} = 0.15\% \\ 2.\ 1\%\end{cases}$$

3. 환입액(보충액)의 계산 : 회사는 보충법을 적용

세무상 환입대상금액 = 장부상 충당금 기초잔액 20,300,000 – 세무상 충당금부인누계액 300,000 – 당기 대손금상계액 4,000,000 = 16,000,000

세무상 환입대상금액	16,000,000	초과보충액 300,000
회사보충액	16,300,000	

주) 1. 초과보충(= 과다환입)의 경우 충당금부인누계액범위 내에서 손금에 산입함 : 회사보충액이란 기초충당금 중 당기 미사용분의 기말 충당분을 말하는 것으로 보충법의 경우 과다환입발생의 원인이 세무상 충당금부인누계액에 있기 때문에 손금산입하는 것임.

2. 과소환입의 경우 익금에 산입함.

4. 세무조정내용 요약

① 당기계상 대손금 중 대손요건미비 대손금 1,000,000 손금불산입(유보)

② 한도초과액 1,990,000 손금불산입(유보)

③ 초과보충액 300,000 손금산입(△유보)

5. 특수관계에 있는 대표이사 무상대여금 : 가지급금에 대한 별도의 세무조정을 요함

■ 법인세법 시행규칙 [별지 제34호서식] (2024.3.22. 개정) (앞쪽)

사업연도	2024. 1. 1. ~ 2024.12.31.	대손충당금 및 대손금조정명세서	법인명	㈜수진
			사업자등록번호	114－86－68986

1. 대손충당금조정

구분	① 채권잔액 (㉑의 금액)	② 설정률			③ 한도액 (①×②)	회사계상액			⑦ 한도초과액 (⑥－③)
						④ 당기계상액	⑤ 보충액	⑥ 계	
손금 산입액 조정	2,851,000,000	(ㄱ) 1(2) / 100 (✓)	(ㄴ) 실적률 ( )	(ㄷ) 적립기준 ( )	28,510,000	14,200,000	16,300,000	30,500,000	1,990,000

구분	⑧ 장부상 충당금 기초잔액	⑨ 기중 충당금 환입액	⑩ 충당금 부인 누계액	⑪ 당기 대손금 상계액 (㉗의 금액)	⑫ 당기 설정충당금 보충액	⑬ 환입할 금액 (⑧－⑨－⑩－⑪－⑫)	⑭ 회사 환입액	⑮ 과소환입·과다환입(△) (⑬－⑭)
익금 산입액 조정	20,300,000		300,000	4,000,000	16,300,000	△300,000		△300,000

구분	⑯ 계정과목	⑰ 채권잔액의 장부가액	⑱ 기말 현재 대손금 부인누계	⑲ 합계 (⑰＋⑱)	⑳ 충당금 설정제외 채권	㉑ 채권잔액 (⑲－⑳)	비고
채권 잔액	대여금	410,000,000		410,000,000	200,000,000	210,000,000	
	외상매출금	2,640,000,000	1,000,000	2,641,000,000		2,641,000,000	
	계	3,050,000,000	1,000,000	3,051,000,000	200,000,000	2,851,000,000	

2. 대손금조정

㉒ 일자	㉓ 계정과목	㉔ 채권명세	㉕ 대손사유	㉖ 금액	대손충당금상계액			당기 손비계상액			비고
					㉗ 계	㉘ 시인액	㉙ 부인액	㉚ 계	㉛ 시인액	㉜ 부인액	
2024. 6.30.	외상매출금	㈜모두랑	강제집행	4,000,000	4,000,000	3,000,000	1,000,000				대손요건 미비 대손금 1,000,000
계				4,000,000	4,000,000	3,000,000	1,000,000				

3. 한국채택국제회계기준 등 적용 내국법인에 대한 대손충당금 환입액의 익금불산입액의 조정

㉝ 대손충당금 환입액의 익금불산입 금액	익금에 산입할 금액		㊱ 차액 Min[㉝, Max(0,㉞－㉟)]	㊲ 상계 후 대손충당금 환입액의 익금불산입 금액(㉝－㊱)	비고
	㉞ 「법인세법」 제34조 제1항에 따라 손금에 산입해야 할 금액 Min(③, ⑥)	㉟ 「법인세법」 제34조 제3항에 따라 익금에 산입해야 할 금액 Max[0, (⑧－⑩－⑪)]			

210mm×297mm[백상지 80g/㎡ 또는 중질지 80g/㎡]

주) '④'란 : 대손금 회수시 상각채권추심이익이 아닌 대손충당금의 증가로 회계처리시 이를 당기계상액에 포함기재

- 익금산입 : 회수금액(유보)
- 손금산입 : 대손충당금 증가액(△유보) → 당기계상액으로 보아 시부인

(3) 해외건설자회사 대여금에 대한 대손충당금 손금산입 특례(조특법 104의33 신설, 조특령 104의30)

1) (적용대상) 해외건설자회사를 둔 국내건설모회사(해외건설촉진법 2조 5호)

2) (적용요건) ①~④까지 모두 해당하는 경우

① 국내건설모회사가 해외건설자회사(지분율 90% 이상)에 2022.12.31. 이전에 지급한 대여금(이자 포함)

② 회수기일 이후 5년 이상 경과

③ 해외건설자회사의 사업(공사 또는 운영자금)에 사용했을 것

④ 해외건설자회사의 완전자본잠식(순자산 〈 0) 등 대여금 회수가 현저히 곤란하다고 인정되는 경우

3) 손금한도 (요건을 충족하는 대여금의 기말채권잔액 − 해외건설자회사의 해당 차입금 외 순자산 장부가액*) × 손금산입 비율**

* 자산총액 − 해당 차입금을 제외한 부채총액
** 연도별 손금산입 비율 : 매년 10% 상향

연도	2024년	2025년	2026년	~	2033년 이후
비율	10%	20%	30%	~	100%

4) (해외건설자회사 요건)

① 「해외건설촉진법」에 따른 현지법인

② 국내건설모회사가 출자지분의 90% 이상* 보유

* 대여금을 지급한 법인이 물적분할로 신설된 경우 분할존속법인인 지주회사가 출자지분의 90%이상 보유하는 해외건설사 포함

5) (특례가 인정되는 채권의 범위)

① 대여금 및 그 이자

② 국내건설모회사가 해외건설자회사로 파견한 임직원의 임금을 지급하여 발생한 채권

6) (회수가 곤란하다고 인정되는 범위) ① 또는 ②

① 직전 10년 동안 계속해서 자본잠식*인 경우

* 누적 결손금이 순자산 시가보다 큰 경우이거나, 순자산 평가금액이 0보다 작은 경우

② ①에 준하는 경우로서 해외채권추심기관으로부터 회수불가능 확인을 받은 경우

7) (신청절차 및 제출서류)

과세표준 신고와 함께 대손충당금 특례 적용신청서를 납세지 관할세무서장에 제출

〈적용시기〉 2024.1.1. 이후 개시하는 사업연도에 대손충당금을 손금에 산입하는 분

부터 적용

결산점검 Check-list

1. 소멸시효완성채권에 대한 경정청구

소멸시효가 완성된 채권의 경우에는 해당 사업연도의 손금으로 산입하여야 하며 신고조정에 의한 손금산입도 허용된다.

(1) 자료

① 2021.7.1. 발생채권 1억원(VAT 무시)

② 2024.12.31.까지 회수되지 아니함.

(2) 원칙적인 회계처리 및 세무조정

① 2024년 회계처리

(차) 대손충당금 100,000,000 (대) 외상매출금 100,000,000

② 세무조정

없음

(3) '(2)'의 회계처리를 하지 않은 경우

손금산입・외상매출금(대손금)・100,000,000・△유보

(4) '(3)'의 세무조정을 2024년에 하지 않은 경우

2025년 이후에 이를 장부상 대손처리시는 귀속시기의 잘못으로 손금불산입하여야 한다. 그러므로 2024사업연도에 대한 경정청구(2030.3.31.까지 가능)를 실시하여 2024년분 법인세액을 20,000,000(1억원×20%)원 환급받고 추후 장부상 대손처리시 이를 손금불산입하여야 한다.

2. 대손금입증서류 구비 여부

실무상 대다수의 대손금은 소멸시효완성시 이루어진다. 이는 법인세법상 대손요건에 해당되어 당연 손금인정되어야 하나 과세관청에서는 이의 실질적인 회수노력을 입증하는 서류제출을 요구하고 있는 실정이다.

이에 대해 과세관청의 공식적인 입장은 소멸시효완성으로 대손처리시는 입증서류제출을 요구하고 있지 않으나 실지 세무조사시에는 회수노력이 입증되지 않는 경우에는 임의채권포기에 해당된다고 보아 기업업무추진비로 간주하여 손금불산입처분하고 있는 경우도 빈번히 발생한다.

이는 회사가 실지로는 채권회수 후 장부상으로만 대손처리하는 것을 방지하고자 하는 당연한 조사절차로 파악되는바 회사에서는 소멸시효완성시까지 발생하는 다양한 내용 등을 기록하고 보관하여 입증하는 것이 필요할 것이다.

3. 채권포기시 정당한 사유입증

거래처에 대한 채권포기시 정당한 사유가 있는 경우에는 이를 손금에 산입한다 하고 있으나 실무상 인정되는 경우는 부도 등에 의한 사유발생시 채권을 조기회수하기 위해 일부채권을 포기하는 아주 예외적인 사례만 이에 해당되므로 실지로는 거의 채권포기는 기업업무추진비로 간주됨에 유의하여야 한다.

4. 임원 및 직원의 횡령금액에 대한 처리

① 직원의 횡령금액

실지 회수불가능한 경우 손금인정되고 근로소득에도 해당되지 않음

② 임원의 횡령금액(임원의 의사와 법인의 의사가 동일하다고 보는 경우)

손금불산입되고 상여로 소득처분되어 원천징수의무 발생

5. 대손요건을 구비하지 못한 채권의 대손처리시 세무조정

(차) 대손충당금	100,000	(대) 매출채권	100,000

익금산입 · 매출채권 · 100,000 · 유보

(차) 대손상각비	100,000	(대) 매출채권	100,000

손금불산입 · 매출채권 · 100,000 · 유보

상기 두 경우 모두 익금산입(손금불산입)하고 추후 대손요건 구비시 손금으로 추인한다.

V. 대여금

1. 단기대여금

금전소비대차계약에 의하여 대여한 금전채권 중 회수기한이 1년 내에 도래하는 대여금을 말한다.

(1) 금전소비대차계약

원금, 이자율, 이자지급시기, 상환기일 등을 기재한 약정서를 말한다.

(2) 회수기한

보고기간종료일 현재 회수기한이 1년 내에 도래분은 단기대여금으로, 1년 후에 도래분은 장기대여금으로 처리(대여금 중 분할회수분의 처리에 유의)한다.

(3) 계정과목 사용 및 F/P상 표시

관계회사나 주주 · 임원 · 종업원에 대한 대여금도 별도계정과목을 사용하지 않고 단기대여금에 포함하고 동 내용은 주석으로 기재한다.

(4) 어음대여시의 회계처리

관계회사 등에 자금융통을 위하여 어음을 대여하고 이를 관계회사가 금융기관으로부터 할인하여 자금을 차입하는 경우 어음대여회사 및 관계회사의 회계처리

① 어음대여회사

회계처리 않는다(단, 타인에 대한 지급보증으로 주석기재).

이는 기업회계기준의 일반원칙 중 실질우선의 원칙에 입각하여 거래의 법적 형식에 불구하고 자금의 실질적인 사용 및 이자부담을 하지 않는다면 어음대여회사는 회계처리를 하지 않는다.

② 어음차입회사

(차) 현 금	×××	(대) 단기차입금	×××
		(금융기관에 대한 차입금처리)	

③ 금융기관

(차) 단기대여금	×××	(대) 현 금	×××
(어음차입회사에 대한 대여금처리)			

(5) 원천징수세율 : 25%

대여금에 대한 이자지급시는 이를 비영업대금의 이익으로 분류되어 25%의 원천징수세율(법인지방소득세 특별징수 2.5% 별도)이 적용된다.

2. 미수수익 계상

① 회계연도말 현재 약정에 의한 이자수령시기가 도래하지 않은 대여금에 대하여 다음과 같이 미수수익을 계상하여 이자수익으로 처리한다.

$$\text{미수수익계상액} = \text{대여금액} \times \text{약정이자율} \times \frac{\text{대여일수}}{365}$$

② 약정에 의한 이자지급시기가 경과한 금액에 대하여는 미수금으로 처리한다.

3. 기업회계기준상 채권 · 채무의 현재가치평가

(1) 의의

미래현금흐름의 현재가치란 미래의 현금흐름액을 추정하고, 그 추정금액에 화폐의 시간적 가치를 반영한 할인율을 적용하여 현재가치로 환산한 금액을 말한다.

화폐는 동일한 금액이라 할지라도 시점에 따라 그 가치가 다르게 된다. 이를 화폐의 시간적 가치라 한다. 화폐의 시간적 가치에는 미래가치와 현재가치가 있다. 미래가치란 현재의 일정금액을 미래의 일정시점에서 계산한 가치를 말하며 미래가치를 구하는 것을 복리계산이라고 한다. 이는 원금이 미래의 특정시점까지 또는 특정기간의 이자를 포함하여 원금과 이자의 합계액이 얼마가 되는지를 계산하는 것이다.

현재가치란 미래에 발생할 일정금액을 현재의 시점에서 평가한 가치이다. 현재가치는 항상 미래가치보다 작아지기 때문에 현재가치를 구하는 것을 할인이라 하고 할인할 때 사용하는 이자율을 할인율이라고 한다. 이는 미래의 특정시점 또는 기간에 걸쳐 수취하거나 지급하기로 되어 있는 현금이 현재의 현금성자산으로 계산하면 얼마가 될 것인지를 계산하는 것이다.

미래현금흐름의 현가를 계산하기 위해서는 미래현금흐름액, 미래현금흐름의 발생시점과 할인율의 세 가지 요소를 모두 알아야 한다. 미래현금흐름의 현재가치를 구하는 일반적인 공식은 다음과 같다.

현재가치를 구하는 일반적인 공식

$$P_0 = \sum_{t=1}^{n} \frac{Rt}{(1+r)^t}$$

P_0 : 현재시점에서의 현재가치
Rt : t기의 현금흐름액
r : 할인율
n : 기간

1원의 현재가치 : $PV_{(t,\ r)} = \dfrac{1}{(1+r)^t}$ — t : 기간, r : 이자율

연금의 현재가치 : (매기 1원의 연금) $PV_{(t,\ r)} = \dfrac{1-(1+r)^{-t}}{r}$ — t : 기간, r : 이자율

(2) 중소기업 회계처리에 관한 특례

주권상장법인, 금융감독위원회 등록법인 및 금융업을 영위하는 법인을 제외한 중소기업의 경우에는 장기연불조건의 매매거래 및 장기금전대차거래 등에서 발생하는 채권·채무는 명목상 가액을 재무상태표가액으로 할 수 있다.

4. 특수관계 이외 자에 대한 자금대여시 이자수익에 대한 회계 및 세무처리

(1) 회계처리

① 이자율 및 이자지급시기의 약정이 있는 경우

약정에 따라 이자수익처리하며 회계연도말에 기간경과분에 대해 미수수익 계상. 단, 회수가 불확실한 채권에 대하여는 미수수익 계상하지 않고 현금수취시 계상한다.

② 약정이 없는 경우

이자수익을 계상하지 않는다.

(2) 세무처리

① 원칙

이는 법인세법상 비영업대금의 이익에 해당되어 약정에 의한 이자지급일이 속하는 사업연도의 익금에 해당된다.

② 예외

이자지급일의 약정이 없거나 약정에 의한 이자지급일 전에 이자를 지급받는 경우에는 그 이자지급일 사업연도의 익금에 해당된다.

(3) 세무조정

① 약정에 의해 회계연도말에 미수수익 계상시

익금불산입·미수수익·△유보

② 회수가 불확실하고 이자지급일에 이자가 지급되지 않아 이자수익을 계상하지 않은 경우

익금산입·이자수익·유보

5. 법인세법상 가지급금인정이자

(1) 의의

① 법인세법 제52조 제1항의 규정에 의한 특수관계인에게 명칭 여하에 불구하고 해당법인의 업무(해당법인의 목적사업이나 영업내용을 기준으로 판단)와 관계없이 금전을 대여한 것을 가지급금이라 한다(법령 53 ①).

> 업무무관가지급금의 범위(집행기준 28－53－2)
>
> ① 업무무관가지급금이란 명칭여하에 관계없이 해당 법인의 업무와 관련이 없는 자금의 대여액(금융기관 등의 주된 수익사업으로 볼 수 없는 자금의 대여액을 포함한다)을 말하는 것으로서, 지급이자 손금불산입 대상은 특수관계인에 대한 대여금만 해당된다.
>
> ② 업무무관 가지급금에는 순수한 의미의 대여금뿐만 아니라 채권의 성질상 대여금에 준하는 것도 포함되고 적정한 이자율에 따라 이자를 받는 경우도 포함되며, 그 가지급금의 업무관련성 여부는 해당 법인의 목적사업이나 영업내용 등을 기준으로 객관적으로 판단한다.
>
> ③ 법인이 특수관계 있는 자와의 거래에서 발생된 외상매출금 등의 회수가 지연되는 경우로서 해당 매출채권이 실질적인 소비대차로 전환된 것으로 인정되는 때에는 업무와 관련없는 가지급금으로 본다. 다만, 거래상대방의 자금사정 등으로 불가피하게 그 회수가 지연되는 등 매출채권의 회수가 지연되는 데 정당한 사유가 있다고 인정되는 경우에는 해당 매출채권의 지연에 따른 연체료 상당액을 받기로 한 경우에도 해당 매출채권이 업무와 관련없는 가지급금으로 전환된 것으로 보지 아니한다.
>
> ④ 자금대여를 주업으로 하지 아니하는 법인이 특수관계인에게 당좌대월이자율에 따라 이자를 수수하기로 약정하고 자금을 대여한 경우에도 해당 대여금은 업무와 관련없는 가지급금에 해당한다.
>
> ⑤ 내국법인이 해외현지법인의 시설 및 운영자금을 대여한 경우에 그 자금의 대여가 사실상 내국법인의 영업활동과 관련된 것인 때에는 이를 업무무관가지급금 등으로 보지 아니한다.

② 법인세법 제19조의2 제2항 제2호에 따라 대손금으로 손금산입할 수 없는 특수관계인에 대한 업무무관가지급금인지 여부는 대여행위 당시를 기준으로 판단하여야 한다.

(2) 가지급금으로 보지 않는 것 등(법칙 28 ①·44 등)

① 소득세법상 이익처분에 의한 배당소득이나 상여금을 처분결정일로부터 3월이 되는 날까지 지급하지 않아 지급시기의제에 해당되어 그 미지급소득에 대한 소득세를 법인이 납부하고 이를 가지급금으로 계상한 경우, 이 경우에는 다음 금액을 한도로 한다.

$$\text{한도액} = \text{종합소득총결정세액} \times \frac{\text{미지급소득금액}}{\text{종합소득금액}}$$

② 정부의 허가를 받아 국외에 자본을 투자한 내국법인이 해당 국외투자법인에 종사하거나 종사할 자의 여비・급료・기타비용을 대신 부담하고 이를 가지급금 등으로 계상한 금액(그 금액을 실지로 환부받을 때까지의 기간에 상당하는 금액에 한함)

③ 법인이 해당 법인 주식취득에 소요되는 금액을 근로자복지기본법 제2조 제4호에 따른 우리사주조합 또는 그 조합원에게 대여한 금액(상환할 때까지의 기간에 상당하는 금액에 한함)

④ 국민연금법에 의하여 근로자가 지급받은 것으로 보는 퇴직금전환금(해당 근로자가 퇴직할 때까지의 기간에 상당하는 금액에 한함)

⑤ 귀속이 불분명하여 대표자에게 상여처분한 금액에 대한 소득세를 법인이 납부하고 이를 가지급금으로 계상한 금액(특수관계가 소멸될 때까지의 기간에 상당하는 금액에 한함)

⑥ 직원에 대한 월정급여액의 범위 내에서의 일시적인 급여가불금

⑦ 직원에 대한 경조사비 또는 학자금(자녀의 학자금을 포함)의 대여액

⑧ 조특령 제2조에 따른 중소기업의 직원에 대한 주택구입・전세자금대여액

⑨ 해외현지법인의 시설・운영자금대여가 사실상 해당 내국법인의 영업활동과 관련된 것인 때에는 가지급금 제외. 단, 해외현지법인의 사업 또는 영업활동이 해당 내국법인의 경영에 관련되는 정도 등을 고려하여 사실판단함(법인 46012－1282, 2000.5.31.).

⑩ 금융기관부실자산등의효율적처리및한국자산관리공사의설립에관한법률에 의한 한국자산관리공사가 출자총액의 전액을 출자하여 설립한 법인에 대여한 금액

⑪ 내국법인이 상법(2011.4.14. 법률 제10600호로 개정된 것) 제341조에 따라 주주로부터 자기주식을 취득하여 소각하는 경우 해당 자기주식을 취득하기 위하여 지급한 금액은 법인세법시행령 제53조의 업무와 관련이 없는 자금의 대여액에 해당되지 아니하는 것임(법규법인 2013－422, 2013.11.28.).

⑫ 「법인세법」상 가지급금에 대한 인정이자 및 지급이자 손금불산입은 업무와 무관하게 지급된 가지급금에 대하여 적용되는 것이므로 업무와 관련하여 지급된 금전에는 적용되지 아니하며, 이러한 업무관련성의 판단은 해당 법인의 목적사업이나

영업내용 등을 기준으로 객관적으로 판단하여야 하는바(대법원 1992.11.10. 선고, 91누8302 판결 참조), 특수관계인에 대한 대여금이 자금을 대여한 법인의 매출이나 수익의 증대에 직접적이고 상당한 수준으로 기여한다면 업무와 관련성이 있다고 볼 수 있을 것이나, 대여금이 자금을 대여한 법인의 매출이나 수익 증대에는 별다른 기여를 하지 못하고 주로 자금지원을 받는 특수관계인의 순수한 운전자금으로 사용되었다면 그러한 대여금은 업무무관가지급금으로 보아야 하므로 반대로 해석하면 대여금이 자금을 대여한 법인의 매출이나 수익 증대에 기여할 목적이고 공사비 등 제조원가에 대한 자금으로 사용되었다면 업무관련성이 있다 할 것이다(대법원 2013.9.12. 선고, 2013두11451 판결 참조).

③ 임원이 「근로자퇴직급여 보장법」에 따라 확정기여형퇴직연금제도에서 중도인출하는 경우 업무무관 가지급금으로 보지 않는 것이다(서면법인-3001, 2021.11.16.).

④ 청구법인이 특수관계법인에게 제품을 공급하고 계상한 매출채권에 대하여 장기간 회수가 이루어지지 않은 것에 대하여 과세관청이 이를 무이자대여금으로 보아 이에 상응하는 인정이자를 계산하여 익금에 산입한 처분은 타당하나 이를 업무무관 가지급금으로 보아 지급이자를 손금불산입한 처분은 잘못이 있다고 조세심판원은 결정했다(조심 2022중8050, 2023.7.31.).

중/점/사/항/ 가지급금 관련 사항정리

1. 가지급금 판정시 유의점

⑴ 특수관계인에 대한 지출일 것

가지급금은 특수관계인에 대한 자금대여시에만 지급이자부인대상에 해당하므로 특수관계인 이외의 자금대여시에는 가지급금에 해당하지 않는다.

이때 법인이 대표자의 친족에게 무상으로 금전을 대여한 때에는 동 금액을 대표자에게 대여한 것으로 보아 가지급금에 해당된다(법기통 52-88…2).

⑵ 업무와 관련없는 자금대여의 판단

특수관계인에 대한 자금대여라도 해당 법인의 업무와 관련한 자금대여인 경우에는 지급이자부인대상에 해당하지 않고 업무와 관련없는 자금대여인 경우에만 지급이자부인대상에 해당된다.

2. 가지급금과 관련된 세무조정

⑴ 업무무관가지급금에 대한 지급이자손금불산입(법령 53 ②)

가지급금이란 특수관계인에 대한 자금의 대여액을 말하며 그중 업무와 무관하게 지출된 가지급금에 대한 지급이자를 다음과 같이 손금불산입한다. 그러므로 업무와 관련있게 지출된 가지급금에 대하여는 지급이자손금불산입대상에서 제외된다.

$$손금불산입액 = 지급이자 \times \frac{업무무관부동산 \cdot 동산과\ 가지급금의\ 가액}{총차입금}$$

⑵ 가지급금인정이자 계산(법령 88 ①)

가지급금의 업무 관련 유무와 관련없이 세무상 수령해야 될 이자액을 인정이자라 하며 회사가 인정이자만큼을 이자수익으로 계상하지 않은 경우에 세무조정으로 익금산입하여야 한다. 또한 가지급금에 대하여 인정이자의 계산이 적용된 경우에도 지급이자손금불산입대상의 가지급금에 해당된다.

⑶ 대손충당금 설정대상채권 해당 여부 및 대손금 손금인정 여부

① 업무와 관련 유무, 이자수령유무에 관계없이 특수관계인에 대한 가지급금에 대하여는 대손충당금 설정대상채권에서 제외되며 대손금으로 손금인정되지 않는다.

② 법인이 특수관계법인에게 업무와 관련없이 대여한 금액이 채무자회생및파산에관한법률에 따른 면책결정에 의하여 회수불능으로 확정되어 대손금으로 결산서에 계상한 경우 법인세법 제19조의 2 제2항의 규정에 따라 이를 손금불산입하고 같은법 시행령 제106조의 규정에 따라 귀속자에게 소득처분하는 것이며, 이 경우 법원의 면책결정에 의하여 회수불능으로 확정된 시점 이후부터는 가지급금인정이자 규정을 적용하지 않는다(법인세과－256, 2010.3.18.).

⑷ 채권처분손실이 발생한 경우

해당 채권의 처분손실은 손금인정이 되지 않는다(법령 19의2 ⑦).

3. 가지급금인정이자의 의미

가지급금인정이자의 규정은 법인세법상 부당행위계산부인 규정의 일부임에 특히 유의하여야 한다.

즉 인정이자는 특수관계인에게 자금을 대여한 경우(업무 관련 유무 상관 없음) 법인세법상 반드시 받아들여야 하는 수입이자(시가의 개념임)를 뜻하는 것이다. 그러므로 회사가 수령하는 이자금액이 법인세법상의 인정이자보다 적은 경우에는 부당행위계산부인 규정에 해당되어 차액을 익금산입의 세무조정을 하여야 하는 것이다.

인정이자 해당액 − 회사수입이자계상액 = (+) : 익금산입 · 인정이자
(−) : 세무조정 없음

단, 상기 공식의 차액금액이 3억원 이상이거나 시가(인정이자 해당액)의 5%에 상당하는 금액 이상인 경우에 한해 익금산입의 세무조정을 실시한다.

4. 가지급금의 판단

① 법인세법상 가지급금에 대한 인정이자 및 지급이자 손금불산입은 업무와 무관하게 지급된 가지급금에 대하여 적용되는 것이므로 업무와 관련하여 지급된 금전에는 적

용되지 아니하며, 이러한 업무관련성의 판단은 해당 법인의 목적사업이나 영업내용 등을 기준으로 객관적으로 판단하여야 하는바(대법원 91누8302 판결, 1992.11.10. 선고 참조), 특수관계인에 대한 대여금이 자금을 대여한 법인의 매출이나 수익의 증대에 직접적이고 상당한 수준으로 기여한다면 업무와 관련성이 있다고 볼 수 있을 것이나, 대여금이 자금을 대여한 법인의 매출이나 수익 증대에는 별다른 기여를 하지 못하고 주로 자금지원을 받는 특수관계인의 순수한 운전자금으로 사용되었다면 그러한 대여금은 업무무관가지급금으로 보아야 하므로 반대로 해석하면 대여금이 자금을 대여한 법인의 매출이나 수익 증대에 기여할 목적이고 공사비 등 제조원가에 대한 자금으로 사용되었다면 업무관련성이 있다 할 것이다(대법원 2013두11451 판결, 2013.9.12. 선고 참조).

② 청구법인이 특수관계자에게 골프장 조성공사비 명목으로 지급한 쟁점금액은 업무와 관련이 없는 대여금으로 보이지 아니하고, 특수관계자로부터의 공사수주나 특수관계자의 공사비용 충당목적으로 쟁점금액을 대여한 것으로 보이는 점 등에 비추어 쟁점금액은 업무무관가지급금에는 해당하지 아니한다고 보이나 그와 관련된 인정이자는 익금산입함이 타당함(조심2015서5063, 2016.8.16.).

③ 특수관계회사의 유동성위기를 모면하게 하거나 재무구조를 개선하고 시장의 지위를 강화하기 위한 자금대여는 적정이자를 받았다 할지라도 업무무관가지급금에 해당함(서울행법 2015구합72276, 2017.4.28.)

④ 쟁점대여금의 업무관련성 여부는 대여자금의 사용 용도 등을 기준으로 구체적이고 객관적인 증빙을 토대로 판단하여야 하는데, 청구법인은 이를 입증할 수 있는 원자재 및 시설장치 구매 내역, 현지 금융기관의 결제 현황 등을 제시하지 못하고 있으므로 청구법인이 제시한 추상적인 자료만으로는 쟁점대여금이 업무관련성이 있다고 단정하기 어려움(조심 2016중3137, 2017.1.20.)

5. 가지급금으로 보지 아니하는 주택 임차보증금의 무상대여금액

① 회사가 종업원에게 임차보증금을 저리 또는 무상으로 대여한 후 종업원 명의로 임대차계약을 체결하는 경우는 소득세법상 사택의 범위에 해당하지 않아 법인세법상 가지급금에 해당하고 인정이자여부를 검토하여야 한다(재소득-72, 2008.4.25.).

② 사택이 없는 지역에 사택의 임차보증금을 종업원에게 무상대여하여 조업원이 임대차계약을 체결한 경우에는 사택의 제공과 동일하다고 보아 가지급금 인정이자의 문제가 발생하지 않는다(대법원 2004두7993, 2006.5.11.).

③ 그러나 상기 '②'의 경우에도 현재 과세관청은 법인세법상 부당행위계산부인규정은 적용하지 않지만 소득세법상 자금의 무상대여로 보아 인정이자금액 해당액을 근로소득으로 보아 과세하고 있음에 유의하여야 한다(조심 2012부4579, 2012.12.17.).

④ 내국법인의 직원이 거주할 주택임차시 법인의 임차보증금 기준금액은 법인이 부담하고 임차보증금 기준초과금액은 직원이 부담하여 법인과 직원을 공동임차인으로 하는 임대차계약서를 작성하는 경우 해당 임차주택은 법인세법 시행규칙 제42조의3에 따른 임차사택에 해당하는 것으로 해당 내국법인이 부담한 임차보증금은 법인세법 제52조의 부

당행위계산부인규정을 적용하지 아니하는 것임(법규법인 2011－0440, 2011. 10.27.)
⑤ 2020년부터 조특령 제2조에 의한 중소기업의 직원에 대한 주택구입 · 전세자금대여액은 가지급금으로 보지 않는다.

(3) 가지급금인정이자

특수관계인에게 금전을 무상 또는 낮은 이율로 대여한 경우에는 시가, 즉 인정이자 또는 인정이자와의 차액을 법인의 각사업연도소득금액 계산에 있어서 익금에 산입한다.

1) 인정이자의 계산

$$\text{인정이자} = \text{가지급금적수} \times \text{인정이자율} \times \frac{1}{365}\left(\text{윤년은 } \frac{1}{366}\right)$$

① 가지급금적수

가지급금적수계산은 가지급금잔액으로 남아 있는 매일매일의 금액의 누적합계액으로 계산하여야 하므로 가지급금이 발생한 초일은 산입하고 회수된 날은 제외한다(재경부법인 46012－99, 2001.5.18.).

또한 가지급금을 계산함에 있어서 동일인에 대한 가지급금과 가수금이 함께 있는 경우에는 이를 상계한다. 그러나 다음의 하나에 해당할 때는 상계하지 않는다(법령 53 ③, 법칙 28 ②).

가. 가지급금과 가수금이 발생할 때 상환기간 · 이자율 등에 대한 약정이 있어 서로 상계할 수 없는 경우

나. 가지급금과 가수금이 사실상 동일인의 것이라고 볼 수 없는 경우

② 인정이자율

인정이자 계산시 적용되는 시가인 이자율은 다음과 같이 적용한다(법령 89 ③).

가. 원칙

가중평균차입이자율을 적용한다.

$$\text{가중평균 차입이자율} = \frac{\Sigma\left(\text{자금 대여시점 현재 각각의 차입금 잔액(특수관계인으로부터의 차입금은 제외)} \times \text{차입당시의 각각의 이자율}\right)}{\text{해당 차입금 잔액의 총액}}$$

대여자 가중평균차입이자율 ←→ 대여금리 →정상거래 ←→ 차입자 가중평균차입이자율

중/점/사/항/

"(대여자의 가중평균차입이자율과 대여금리) 〉(차입자의 가중평균차입이자율)[주)]"인 경우 해당 사업연도의 가중평균차입이자율이 없는 것으로 보므로 당좌대출이자율을 시가로 한다.

주) 특수관계인으로부터의 차입금은 제외하고 산출한 이자율을 말함.

차입자 가중평균차입이자율 ←→ 대여금리 → 당좌대출이자율이 시가 ←→ 대여자 가중평균차입이자율

1. 대여법인 A / 차입법인 B

가중평균차입이자율 4% — 대여금리 5% — 가중평균차입이자율 6%

① A법인 : 시가(4%)보다 높은 이율(5%)로 대여하였으므로 부당행위대상 아님
② B법인 : 시가(6%)보다 낮은 이율(5%)로 차입하였으므로 부당행위대상 아님

2. 대여법인 A / 차입법인 B

가중평균차입이자율 3.5% — 대여금리 4% — 가중평균차입이자율 3%

법인세법시행령 제89조 제3항 제1호 및 동법 시행규칙 제43조 제3항 제3호에 의해 상기의 경우는 가중평균차입이자율의 적용이 불가능한 경우에 해당되어 해당 대여금 또는 차입금에 한정하여 당좌대출이자율을 시가로 하여야 한다.

① A법인 : 시가(4.6%)보다 낮은 이율(4%)로 대여하였으므로 0.6%만큼 인정이자해당액을 익금산입하여야 함
② B법인 : 시가(4.6%)보다 낮은 이율(4%)로 차입하였으므로 부당행위대상 아님

주)1. 법인이 변동금리로 차입한 경우에는 차입당시의 이자율로 차입금을 상환하고 변동된 이자율로 동 금액을 다시 차입한 것으로 보며, 차입금이 채권자가 불분명한 사채 또는 매입자가 불분명한 채권(債券)·증권의 발행으로 조달된 차입금에 해당하는 때에는 해당 차입금의 잔액은 가중평균차입이자율 계산을 위한 잔액에 포함하지 아니함(규칙 43 ⑥).

2. ① 현재가치할인차금이 발생하는 자산의 장기할부조건 취득 및 지급이자를 구분계상하는 연지급수입의 경우 가중평균차입금이자율 산정시 해당 채무금액은 차입금 잔액에 포함되지 않으며(서이-1811, 2007.10.9.), 또한 법인의 대여시점 현재 각각의 차입금 잔액에는 대한주택공사가 국민주택기금으로부터 차입한 금액 및 동 공사가 국가를당사자로하는계약에관한법률에 따라 수취하는 계약보증금·하자보수보증금은 포함되지 않는 것임(서이-1876, 2007.10.17.).

② '가중평균차입이자율'을 계산함에 있어 신주인수권부사채를 할인발행할 경우 사채할인발행차금 상당 이자는 차입당시의 차입금에 대한 이자율의 계산에 포함하는 것이며, 상환할증금에 상당하는 이자와 전환권조정에 상당하는 이자는 동 이자율의 계산에 포함하지 않는 것임(법인-1232, 2009.11.5.).

나. 예외

다음 중 어느 하나에 해당하는 경우에는 당좌대출이자율을 적용한다.

현행 당좌대출이자율은 연간 4.6%(2016.3.7. 이후부터 적용. 공포일 이전 종전의 당좌대출 이자율로 이자수수 약정을 체결한 대여금의 경우에는 약정기간 만료일까지는 종전 이자율 6.9% 적용)이다.

㉠ 가중평균차입이자율의 적용이 불가능한 경우로서 다음 중 하나에 해당하는 사유가 있는 경우에는 해당 대여금 또는 차입금에 한정하여 당좌대출이자율을 적용한다.

- 특수관계인이 아닌 자로부터 차입한 금액이 없는 경우
  이후 차입금이 발생한 경우에는 가중평균차입이자율의 적용이 가능함(법인세과－1090, 2009.9.30.)
- 차입금 전액이 채권자가 불분명한 사채 또는 매입자가 불분명한 채권·증권의 발행으로 조달된 경우
- 산출된 가중평균차입이자율과 대여금리가 해당 대여시점 현재 자금을 차입한 법인의 각각의 차입금 잔액(특수관계인으로부터의 차입금은 제외한다)에 차입당시의 각각의 이자율을 곱한 금액의 합계액을 해당 차입금 잔액의 총액으로 나눈 비율보다 높은 때에는 해당 사업연도의 가중평균차입이자율이 없는 것으로 보는 경우(법칙 43 ① 후단)
- 대여기간이 5년을 초과하는 대여금이 있는 경우

㉡ 당좌대출이자율을 시가로 선택한 경우(최초 적용은 2010사업연도)에는 선택한 사업연도와 이후 2개 사업연도는 당좌대출이자율을 적용하여야 한다. 이때 4년째에 다시 당좌대출 이자율을 선택한 경우에는 3년간 이를 적용해야 한다(법령해석과－3239, 2016.10.12.).

③ 인정이자의 계산기간

법인이 특수관계인에 대한 가지급금의 인정이자는 청산이 종료되어 특수관계가 소멸되는 날까지 계산한다(서이 46012－12080, 2002.11.18.).
특수관계법인이 업무무관대여금이 있는 상태에서 파산선고된 경우 대손확정되어 손금으로 계상한 날까지 인정이자를 계산한다(서이 46012－11087, 2002.5.24.).

2) 가지급금인정이자의 익금산입

① 익금산입액의 계산

인정이자 － 회사수입이자계상액 ＝ 익금산입액

단, 상기의 익금산입 해당액이 3억원 이상이거나 시가(인정이자)의 5%에 상당하는 금액 이상인 경우에 한해 익금산입액에 해당된다.

② 상환기한 및 이자율 등의 약정이 없는 경우

가. 회사가 이자수익을 계상하지 않은 경우

익금산입・인정이자・상여 등

나. 회사가 임의로 미수수익을 계상한 경우

익금불산입・미수수익・△유보

익금산입・인정이자・상여 등

법인이 특수관계에 있는 자에게 상환기간 및 이자율에 대한 개별적인 약정이 없이 지급한 가지급금에 대한 이자상당액을 수입이자로 계상함과 동시에 가지급금으로 처리함으로써 실질적으로는 미수이자를 소비대차로 전환한 경우에는 법인세법기본통칙 67－106…10과 같이 동 수입이자는 익금불산입하고 법인세법시행령 제89조의 규정에 의하여 계산한 인정이자상당액을 익금에 산입하여 그 귀속자에게 소득처분하여야 한다(법인 46012－1889, 1998.7.9.).

③ 상환기한 및 이자율 등의 약정이 있는 경우

상기 '①'의 익금산입액에 대해 익금산입의 세무조정을 실시하고 약정에 의한 이자지급기일에 도래하지 않아 미수수익계상된 금액은 익금불산입한다.

④ 사례

1. A법인이 임원 갑에게 2024.7.1. 50,000,000원 대여
2. 상환기간・이자율 등 약정없음
3. A법인은 당좌대출이자율을 시가로 선택
4. 2024.12.31. 회계처리

(차) 미수수익 1,150,000* (대) 이자수익 1,150,000

* 50,000,000×4.6%×6/12＝1,150,000

5. 세무조정

익금불산입・미수수익・1,150,000・△유보

익금산입・인정이자・1,150,000・상여

6. 만일 2024.12.31.에 현금으로 회수처리하고(실지 금융자료에 의한 현금유입이 아니라는 의미) 이자수익계상한 경우에는 2025.12.31.까지 실지 자금회수 없는 경우에는 상기 '5.'의 처리를 2025년에 함

사례 9 가지급금인정이자

1. 자료

(1) 수진㈜의 사업연도 : 2024.1.1.~12.31.

(2) 수진㈜은 대표이사 갑에게 다음과 같이 상환기간 및 이자율 등의 약정없이 자금을 무상대여하였다.

대여일자	대여액	회수액	대여금잔액
전기이월			300,000,000
2024.5.10.		100,000,000	200,000,000
2024.8. 1.	300,000,000		500,000,000

(3) 2024.1.1. 및 8.1. 현재 수진㈜의 차입금 내역

차입금 종류	차입금 잔액	이자율
A	2억원	8%
B	12억원	4%
C	10억원	3%

(4) 수진㈜은 가중평균차입이자율을 적용하였다.

(5) 수진㈜은 대표이사로부터 대여금에 대한 이자를 수령하지 않았다.

2. 가지급금에 대한 세무조정

(1) 인정이자의 계산

① 가지급금적수의 계산

3억원×129일(1.1.~5.9.) = 38,700,000,000

2억원×83일(5.10.~7.31.) = 16,600,000,000

5억원×153일(8.1.~12.31.) = 76,500,000,000

131,800,000,000

② 가중평균차입이자율 계산

$$\frac{2\text{억원}\times 8\% + 12\text{억원}\times 4\% + 10\text{억원}\times 3\%}{2\text{억원} + 12\text{억원} + 10\text{억원}} = 3.967\%$$(소숫점 4번째자리에서 반올림함)

③ 인정이자의 계산

131,800,000,000×3.917%×1/365 = 14,144,126

(2) 세무조정

익금산입・가지급금인정이자・14,144,126・상여

3) 미수수익 계상에 대한 세무처리

① 특수관계인에 대한 자금대여는 법인세법상 비영업대금의 이익에 해당되어 이자수익의 익금귀속시기는 약정에 의한 이자수령일이 속하는 사업연도이다. 단, 약

정에 의한 이자 수입시기가 특수관계인이 아닌 자간의 거래에서 적용될 수 있는 정상적인 이자지급방법에 의하지 아니한 경우에는 부당행위계산부인규정이 적용된다(법인 46012－3731, 1999.10.14.).

② 법인이 대표이사에 대한 가지급금 인정이자상당액을 미수수익으로 계상하고 다음 사업연도말에 이를 가지급금으로 대체한 것에 대해 과세관청이 대체한 사업연도에 미수수익해당액을 익금산입(상여처분)하고 이를 익금불산입한 처분은 타당함(조심 2019중2342, 2019.11.7.)

4) 가지급금과 미수이자의 대손처리

특수관계인과의 자금거래에서 발생한 가지급금과 동 이자상당액을 회수할 수 없음이 명백한 경우*에도 특수관계인에 대한 업무무관가지급금에 대하여는 이를 대손처리시 손금으로 인정하지 않으며 대손충당금의 설정도 불가능하다(법법 34 ③ · 19의2 ② 2호).

* 회수할 수 없음이 명백한 경우 : 해당 가지급금 등과 미수이자를 회수하기 위하여 법률 등에 의한 모든 절차를 취하였음에도 해당 특수관계인 및 보증인의 파산 · 무재산 · 사업의 폐지 · 사망 또는 실종 등으로 회수할 수 없음이 객관적으로 입증되는 경우를 말함.

특수관계법인 간 대여금의 회수를 포기하고 대손처리한 경우에는 대손금의 손금처리를 부인하고, 채무자에게는 채무면제이익으로 익금산입하며, 포기 이후부터는 지급이자의 부인 및 인정이자의 익금산입을 하지 아니한다(집행기준 52－89－8).

사례 10

1. 자료

① 수진㈜의 대표이사 이수진에 대한 가지급금의 증감내역은 다음과 같음

일자	가지급금		잔액
	증가	감소	
2024. 1. 1.			100,000,000
2024. 4.10.	20,000,000		120,000,000
2024. 5. 5.		30,000,000	90,000,000
2024. 8. 5.	10,000,000		100,000,000
2024.10.10.		20,000,000	80,000,000

② 회사는 인정이자계산시 당좌대출이자율(2022사업연도에 선택)을 적용하고 있음

③ 회사의 장부상 가지급금에 대한 이자수익계상액은 없음

2. 가지급금적수계산(초일산입 · 말일불산입)

100,000,000 × 99 ＋ 120,000,000 × 25 ＋ 90,000,000 × 92 ＋ 100,000,000 × 66 ＋

80,000,000 × 83 = 34,420,000,000

3. 인정이자계산

$$34{,}420{,}000{,}000 \times 4.6\% \times \frac{1}{365} = 4{,}337{,}863$$

4. 세무조정

익금산입 · 인정이자 · 4,337,863 · 상여(원천징수의무발생)

■ 법인세법 시행규칙 [별지 제19호서식(갑)] (2019.3.20. 개정)

사 업 연 도	2024. 1. 1. ~ 2024.12.31.	가지급금 등의 인정이자 조정명세서(갑)	법 인 명	수진(주)
			사업자등록번호	

1. 적용 이자율 선택

[ ] 원칙 : 가중평균차입이자율

[ ] 「법인세법 시행령」 제89조 제3항 제1호에 따라 해당 대여금 또는 차입금만 당좌대출이자율을 적용

[ ] 「법인세법 시행령」 제89조 제3항 제1호의2에 따라 해당 대여금 또는 차입금만 당좌대출이자율을 적용

[√] 「법인세법 시행령」 제89조 제3항 제2호에 따른 당좌대출이자율 (선택사업연도 2022.1.1.~2022.12.31.)

2. 가중평균차입이자율에 따른 가지급금 등의 인정이자 조정

① 성명	②가지급금 적수(積數)	③가수금 적수	④차감적수 (② - ③)	⑤ 인정이자	⑥회사 계상액	시가인정범위 ⑦차액 (⑤ - ⑥)	시가인정범위 ⑧비율(%) (⑦/⑤)×100	⑨조정액(=⑦) ⑦≥3억이거나 ⑧≥5%인 경우
계								

3. 당좌대출이자율에 따른 가지급금 등의 인정이자 조정

⑩ 성명	⑪적용 이자율 선택방법	⑫가지급금 적수	⑬ 가수금 적수	⑭차감적수 (⑫-⑬)	⑮ 이자율	⑯인정 이자 (⑭×⑮)	⑰회사 계상액	시가인정범위 ⑱차액 (⑯ - ⑰)	시가인정범위 ⑲비율(%) (⑱/⑯)×100	⑳조정액(=⑱) ⑱≥3억이거나 ⑲≥5%인 경우
이수진	㉰	34,420,000,000		34,420,000,000	4.6%	4,337,863	-	4,337,863	100%	4,337,863
계		34,420,000,000		34,420,000,000		4,337,863				4,337,863

작 성 방 법

1. 적용 이자율 선택
   가. 「법인세법 시행령」 제89조 제3항에 따라 원칙적으로 가중평균차입이자율을 적용하되, 같은 항 제1호, 제1호의2 및 제2호에 따라 당좌대출이자율을 선택하는 경우에는 "√"표시를 합니다.
   나. 「법인세법 시행령」 제89조 제3항 제1호 및 제1호의2에 따라 선택한 이자율은 해당 대여금 또는 차입금에만 적용하고, 그 외의 경우 선택한 이자율은 해당 사업연도의 모든 거래에 대하여 적용합니다.
   다. 「법인세법 시행령」 제89조 제3항 제2호에 따른 당좌대출이자율을 선택한 경우에는 선택한 사업연도와 이후 2개 사업연도에는 계속 당좌대출이자율을 시가로 적용해야 합니다.
   (예) 2016.1.1. ~ 2016.12.31. 사업연도에 당좌대출이자율을 선택하고 이후 2년간 계속 적용하는 경우 선택사업연도는 2016. 1.1. ~ 2016.12.31.을 적습니다.
2. 가지급금적수(②, ⑫), 가수금적수(③, ⑬), ⑤인정이자란은 "가지급금 등의 인정이자조정명세서(을)[별지 제19호서식(을)]"의 각 해당란의 계 금액을 인명별로 적습니다.
3. 조정액(⑨, ⑳)란에는 차액(⑦, ⑱)란의 금액이 3억원 이상이거나 비율(⑧, ⑲)란이 5% 이상인 경우에 적습니다.
4. ⑪적용이자율 선택방법은 다음 구분에 따라 적습니다.

구분	기재내용
「법인세법 시행령」 제89조 제3항 제1호	㉮
「법인세법 시행령」 제89조 제3항 제1호의2	㉯
「법인세법 시행령」 제89조 제3항 제2호	㉰

5. ⑯인정이자란에는 ⑭차감적수란의 금액에 이자율/365(윤년의 경우 366)를 곱하여 계산된 금액을 적습니다.
6. 음영으로 표시된 란은 적지 않습니다.

210mm×297mm[일반용지 70g/㎡(재활용품)]

[별지 제19호(을) 서식] (2009.3.30. 개정) (앞 쪽)

사업연도	2024. 1. 1. ~ 2024.12.31.	가지급금 등의 인정이자조정명세서(을)	법 인 명	수진㈜
			사업자등록번호	

직책(대표이사) 성명 (이수진)

1. 가중평균차입이자율에 따른 가지급금 등의 적수, 인정이자 계산

대여기간		③ 연월일	④ 적 요	⑤차 변	⑥대 변	⑦잔 액 (⑤－⑥)	⑧ 일수	⑨가지급금 적수 (⑦×⑧)	⑩ 가수금 적수	⑪차감 적수 (⑨－⑩)	⑫ 이자율	⑬인정 이자 (⑪×⑫)
①발생 연월일	②회수 연월일											
계												

2. 당좌대출이자율에 따른 가지급금 등의 적수 계산

⑭연월일	⑮적 요	⑯차 변	⑰대 변	⑱잔 액	⑲일수	⑳가지급금 적수(⑱×⑲)	㉑가수금 적수	㉒차감적수 (⑳－㉑)
2024.1.1	전기이월	100,000,000		100,000,000	99	9,900,000,000		9,900,000,000
4.10.	대여	20,000,000		120,000,000	25	3,000,000,000		3,000,000,000
5.5.	회수		30,000,000	90,000,000	92	8,280,000,000		8,280,000,000
8.5.	대여	10,000,000		100,000,000	66	6,600,000,000		6,600,000,000
10.10.	회수		20,000,000	80,000,000	83	6,640,000,000		6,640,000,000
계						34,420,000,000		34,420,000,000

3. 가수금 등의 적수 계산

㉓연월일	㉔적요	㉕차변	㉖대변	㉗잔액	㉘일수	㉙가수금적수 (㉗×㉘)
계						

Expert Opinion Summary

가지급금관련 주요 검토내용

1. 법인양수시 가지급금 승계여부
   (1) 주식양도에 의한 최대주주변경시 종전 주주에 대한 가지급금을 새로운 주주가 승계한 경우
      ① 주식 양도자, 양수자 및 법인 간의 계약이 존재해야 함(민법 제454조 채무자와의 계약에 의한 채무인수).
      ② 주식양도대가는 쌍방 합의금액(이 금액이 양수자의 주식 취득가액이 됨)에서 승계되는 가지급금을 차감하여 지급하고, 주식양수도계약서에 가지급금 승계를 명시함(양도자는 승계금액만큼 양도소득세를 부담함).
      ③ 주식양도대가에 합산하지 않고 양도자의 가지급금을 양수자가 승계한 경우(법인장부에서 양도자의 가지급금을 소멸하고 양수자의 가지급금을 발생시킴) 주식 양수자가 양도자에게 승계되는 가지급금금액을 증여한 것으로 보아 주식의 양도자는 증여세를 부담하여야 함.
      ④ 주식양도시점까지의 가지급금에 대한 미수이자를 계산하여 이에 대한 승계여부 및 법인의 세무조정시 반영함.
   (2) 가지급금을 승계하지 않은 경우
      ① 주식양도시 종전주주는 법인과 특수관계가 소멸되므로 이때까지 회수되지 아니한 가지급금과 미수수익은 종전주주에게 상여로 소득처분하여 종전주주에게 소득세의 부담이 발생함.
      ② ①에 대한 원천징수의무는 법인이 부담하므로 이에 대한 검토없이 가지급금을 승계한 경우 법인이 먼저 원천징수세액을 납부하여야 하는 문제가 발생하고 법인은 기존주주에게 회수에 대한 법적인 절차를 진행하여야 함.

2. 부외 가지급금이 있는 경우
   (1) 회계처리
      이는 법인의 자금을 특수관계인에게 유출하고 회계처리를 가지급금이 아닌 다른 자산으로 회계처리를 한 경우를 말함.
      (차) 보증금(또는 선급금 등 자산처리) *** (대) 현금 ***
   (2) 세무조사시 적발된 경우
      ① 실지 가지급금을 재무제표에 다른 자산계정과목으로 대체하거나 부채계정과 상계하여 계속 처리한 경우 특수관계 소멸여부와 관계없이 상여로 소득처분하여 그 기간동안의 인정이자 및 지급이자손금불산입액을 과세하고 가지급금 원본금액에 대한 소득세가 과세됨.
      ② 세무조정
         익금산입 가지급금 상여
         손금산입 자산 (−)유보

(3) 이에 대한 부과제척기간의 적용사례

청구인은 쟁점법인의 실질적 대표자로서 법인의 자금을 본인 등의 명의로 계좌이체(회계처리는 예금으로 계상)하여 자금을 횡령하고 가공의 가수금(차입금계정)을 계상하여 가수금의 상환처리로 법인자금을 횡령하였다는 이유로 기소되어 법원에서 특정경제범죄 및 가중처벌 등에 관한 법률위반을 이유로 처벌되었다. 과세관청은 관련 형사판결 등을 근거로 쟁점법인에게 익금산입 상여처분과 손금산입 (-)유보의 소득처분을 하였고 상여처분금액을 근로소득금액과 합산하여 소득세를 부과하였는 데 청구인은 이 경우 국세부과제척기간 5년이 경과하여 부과대상이 아니라 주장하고 과세관청은 사기 기타의 부정행위로 보아 10년의 부과제척기간을 주장하였는 데 조세심판원은 이를 5년의 부과제척기간을 적용하여야 한다고 결정함(조심 2020서7871, 2021.4.23.).

3. 상속개시시 가지급금의 처리

(1) 피상속인이 대표이사로 있던 법인의 피상속인에 대한 가지급금을 상속인이 실제로 부담하는 사실이 입증되는 경우, 당해 가지급금은 피상속인의 채무로 공제됨(재산세과-696, 2010.9.15.).

(2) 내국법인이 대표이사의 사망으로 특수관계가 소멸하여 대표이사에 대한 가지급금을 회수할 수 없는 경우 특수관계가 소멸한 날이 속하는 사업연도에 소득처분하나 가지급금이 대표이사의 상속인에게 승계되는 등 정당한 사유가 있는 경우에는 그러하지 않음(법인세과-900, 2010.10.1.).

(3) 가지급금의 회수가 주로 3월 이전에 이루어진 것으로 되어 있기는 하나 회수일자 및 금액이 일목요연하게 분개되어 있고 허위라고 볼 정황이 없는 점으로 보아 상속개시일부터 1년 이내에 부담한 가지급금 채무를 그 사용처가 불분명하여 상속받은 것으로 추정(상속개시 전 1년 이내 2억, 2년 이내 5억 이상의 자금출처를 밝히지 못하는 경우)한 것은 적법함(대법원 2013두1010, 2013.4.25.).

4. 임직원이 공금을 횡령한 경우 가지급금 해당여부

(1) 법인의 직원 및 임원(임원의 의사를 법인의 의사로 볼 수 없는 경우)이 횡령한 법인자금을 장부상 회수할 금액으로 계상하고 있는 경우 동 금액은 업무와 관련없이 지급한 가지급금에 해당되지 아니하며, 이를 회수하기 위하여 법령 등에 의한 모든 절차를 취하였음에도 불구하고 당해 임직원의 사망, 실종, 행방불명 등으로 회수할 수 없음이 객관적으로 입증되는 금액에 대하여는 이를 손금에 산입할 수 있는 것이나 이에 해당하는 지 여부는 자금횡령과 관련된 정황 및 자금회수와 관련하여 법인이 취한 제반조치 등에 의하여 사실판단하는 것임(집행기준 19의2-19의2-5; 서이 46012-10477, 2002.3.13.).

(2) 대표이사 등의 횡령에 있어 대표이사 등의 의사와 법인의 의사가 동일하거나 경제적 이해관계가 일치하는 경우에는 횡령금액은 대표이사 등에 대하여 상여로 소득처분함(법인-332, 2009.1.23.).

5. 가지급금(채권)의 매각

(1) 업무관련 가지급금

채권매각을 통해 발생한 가지급금매각손실금액은 손금산입가능

(2) 업무무관 가지급금

① 채권매각을 통해 가지급금을 감소하고 발생된 매각손실금액은 손금불산입됨.

② 원고가 특수관계인에게 업무와 관계없이 지급한 가지급금 채권을 매각하여 채권매각손실의 형식으로 처리한 경우에도 이를 대손금의 형식으로 처리한 경우와 마찬가지로 이를 손금에 산입할 수 없음(대법원 2013두6732, 2013.7.11.).

③ 특수관계인에 대한 가지급금이 회수불능으로 판단시에는 장부상 채권의 매각으로 가지급금을 감소시켜 추후 인정이자 등의 발생을 없게하는 방안을 검토

6. 세금계산서 공급가액의 과대계상 발행분

(1) 거래처의 요구로 매출세금계산서 금액을 과대계상하여 발행하고 이의 대금을 입금 후 과대계상금액을 가지급금으로 인출하는 경우 발생

(2) 특정인을 지정하여 과대계상금액을 판매사례금(기타소득)으로 지급하고 이를 원천징수하여 법인의 손금으로 인정받는 방안 검토

7. 대표이사명의 지적재산권의 양도로 가지급금 회수방안

(1) 대표이사 명의의 특허권, 상표권 등을 법인에 양도하여 이의 매매대금을 가지급금상환금액으로 활용하는 사례가 빈번하며 현재 과세관청은 이의 실지상황을 파악하여 법인이 실지 개발한 특허권 등에 해당시 이를 부당행위계산 부인대상으로 보아 익금산입・상여, 손금산입・(−)유보로 처분하여 과세하고 있음.

(2) 대표이사 명의의 지적재산권으로 인정되는 요건

① 법인의 기업부설연구소에서 연구한 내용이 아닐 것(조심 2020인1985, 2020.10.15.)

② 법인에서 관련 비용을 경비처리하지 않을 것

③ 특허 등 창출에 소요되는 비용, 특허등록비용, 특허유지비용을 대표이사가 실지 부담할 것(조심 2018전21756, 2018.9.20.)

④ 법인의 인적, 물적시설이 투입되지 않을 것(조심 2018부2794, 2018.12.26.)

⑤ 단순한 아이디어제공이나 연구노트만을 제공하는 경우가 아닐 것

⑥ 대표이사의 경우 경영 및 영업이 직무이므로 직무발명은 있을 수 없고 업무발명만 가능하며(조심 2019중 2524, 2020.9.25.) 비과세 발명보상금 대상이 아님(조심 2017중3689, 2018.2.8.)

(3) 발명자(공동발명자를 포함)에 해당한다고 하기 위해서는 단순히 발명에 대한 기본적인 과제와 아이디어만을 제공하였거나 연구자를 일반적으로 관리하고 연구자의 지시로 데이터의 정리와 실험만을 한 경우 또는 자금, 설비 등을 제공하여 발명의 완성을 후원, 위탁하였을 뿐인 정도 등에 그치지 않고 발명의 기술적 과제를 해결하기 위한 구체적인 착상을 새롭게 제시, 부가, 보완하고나 실험 등을 통하여 새로운 착상을 구체화하거나, 발명의 목적 및 효과를 달성하기 위한 구체적인 수단과 방법의 제공 또는 구체적인 조언 및 지도를 통하여 발명을 가능하게 한 경우 등과 같이 기술적 사상의 창작행위에 실질적으로 기여하기에 이르러야 함(대법원 2011다67705, 2012.12.27.)

결산점검 *Check-list*

1. 불공정자본거래에 대한 증여세 및 부당행위계산 적용

(1) 자료

① 증자 전 주주구성 및 자본금

주주명	주식수(액면가 5,000원)	상증법상 주식평가액
A	40,000주	1주당 30,000원
B	30,000	(시가에 해당함)
C	30,000	
	100,000주	

② 2024.7.1. 100% 액면가 증자 실시(100,000주)

③ 증자시 주주B는 신주인수를 포기하고 신주인수권을 주주A에게 양도

(2) 불균등증자에 대한 이익분여액의 계산

① 증자 후 1주당 시가해당액

$$\frac{100{,}000\text{주} \times @30{,}000 + 100{,}000\text{주} \times @5{,}000}{200{,}000\text{주}} = 17{,}500\text{원}$$

② 이익분여액

30,000주 × (17,500 − 5,000) = 375,000,000원

(3) 주주가 개인인 경우

주주A는 주주B로부터 상기 '(2)'의 이익분여액을 증여받은 것으로 보아 증여세가 부과된다. 이때 A와 B는 상속세및증여세법상 특수관계인의 해당 유무에 상관없이 증여세가 부과된다.

(4) 주주가 법인인 경우(A와 B가 법인세법상 특수관계인인 경우)

① 주주 B법인 : 부당행위계산 부인규정이 적용되어 이익분여액을 익금산입함.
익금산입 · 부당행위 · 기타사외유출

② 주주 A법인 : 특수관계인으로부터 이익을 분여받은 것으로 보아 익금산입함.
익금산입 · 유가증권 · 유보

(5) 주주가 법인인데 특수관계가 아닌 경우

상속세및증여세법상 증여세는 불균등증자시 특수관계가 아니여도 증여세를 부과하나 법인세법에서는 쌍방이 특수관계에 해당하는 경우에만 세무조정이 이루어진다. 그러므로 특수관계에 해당하지 않는 경우에는 별도의 세무조정은 없다.

(6) 고가증자 발행법인에의 과세 여부

원고가 유상증자에 참여하여 신주를 고가로 인수한 행위에 대하여 부당행위계산 부인대상의 판단에 있어 자본거래인 신주발행의 법적 성격상 발행법인이 발행가격을 높여 신주를 발행하였다 하더라도 발행법인과 신주인수인과의 관계에 있어 신주인수인이 발행법인에 이익을 분여한 것으로 보기 어려움(대법원 2018두56602, 2020.12.10., 감심 2018−947, 2016.10.20.)

2. 현금으로 회수처리한 인정이자상당액의 처리

(1) 사례

① 2024사업연도 세무상 인정이자상당액 1억원

② 회사의 회계처리

2024.12.31.	(차) 현 금	1억원	(대) 이자수익	1억원
	(차) 가지급금	1억원	(대) 현금	1억원

③ 2025년 가지급금적수 계산시 현금으로 처리한 1억원을 2025.1.1. 기초잔액에 합산하여 적수계산

④ 2025년에 가지급금회수는 없었음

(2) 2024년 법인세법상 소득금액에의 영향

인정이자해당액 1억원을 장부상 이자수익으로 계상하였으므로 소득금액에는 별도의 영향없음

(3) 현금처리를 미수수익으로 보아 1년 이내 실지 회수없는 경우 상여처분 가능 여부

상기 '(1)'의 회계처리에서 현금입금액은 실지 회수된 금액이 아니므로 회사가 이를 현금처리한 것은 실질이 아니어서 이를 미수수익으로 보아 사업연도종료일부터 1년이 되는 날까지 실지 가지급금이 회수(금융자료로 입증가능해야 함)되지 않았다면 이를 법인세법시행령 제11조 제9호의 2에 따라 다음 사업연도에 인정이자해당액을 상여로 소득처분된다.

① 대표이사에 대한 가지급금 인정이자에 대해 회사가 미수수익으로 계상하고 1년 이내에 먼저 가지급금을 지급하고 같은 날 다시 입금하면서 미수이자를 회수한 경우에는 실질적으로 인정이자 해당금액이 회수되지 않은 것으로 보아 대표이사에 대해 상여로 소득처분한 것은 타당함(조심 2018중1546, 2019.3.13.).

② 법인이 특수관계인에 대한 가지급금 이자를 실제 회수함이 없이 장부상 미수이자를 계상하고 내년에 이를 가지급금원본에 가산하는 회계처리를 하는 경우 가공자산에 해당하는 미수이자를 익금불산입하고 인정이자 상당액을 익금산입과 동시에 특수관계인에게 상여 등으로 소득처분한 것은 타당함(조심 2020중1482, 2021.1.15.).

상기 시행령의 내용은 회사가 상환기간 등의 약정이 있어 인정이자해당액을 미수이자로 계상한 경우 그 사업연도에는 이를 인정하나 내년 사업연도종료일까지 미수이자해당액이 회수되지 않으면 상여로 소득처분한다는 규정이다. 이 규정을 회사가 미수이자가 아닌 현금으로 회수처리하고 바로 가지급금으로 대체한 경우에도 적용할 수 있느냐에 대한 문제는 사실판단할 사항인데 이에 대한 문제를 회피하기 위해서는 현금으로 회수처리한 다음 사업연도에 반드시 금융자료에 의한 인정이자해당액 이상의 가지급금상환이 이루어져야 할 것으로 판단된다.

3. 해외현지법인에 대한 가지급금의 업무관련 여부

실질적으로 내국법인에 대한 자금의 대여는 거의 업무무관가지급금에 해당되어 다음의 규제를 적용받게 된다.

① 지급이자 손금불산입

② 대손충당금 설정대상 제외 및 대손금 손금불산입

③ 인정이자 계산대상
만일 가지급금이 업무관련으로 인정시는 상기 '①·②'의 규제는 적용받지 않고 인정이자의 적용은 받게 된다.
반면 해외현지법인에 대한 자금의 대여는 그 대여액이 사실상 내국법인의 영업활동과 관련이 있고 조달금리보다 높은 경우에는 원칙적으로 가지급금에 해당하지 않는데 이의 판단이 상당히 어렵다는데 문제가 발생한다. 대여시의 상황을 잘 판단하여 세무상 업무관련 여부 및 인정이자계산에 대해 유의하여야 한다.

보 론 **불균등 증자 등에 대한 증여세 및 법인세과세**

1. 불균등 증자

1. 기본자료

(1) 수진(주)의 주주구성

A	60,000주
B	40,000주
	100,000주

(2) 액면가액 5,000원

(3) 상증법상 평가금액 1주당 40,000원

(4) 100% 액면가액 유상증자실시 100,000주

(5) 증자후 1주당 평가금액

$$\frac{100{,}000\text{주} \times 40{,}000 + 100{,}000\text{주} \times 5{,}000}{200{,}000\text{주}}$$

$= 22{,}500$원

2. 주주 A, B가 개인이며 B가 신주인수권을 A에게 부여한 경우

(1) 1주당 증여이익

$22{,}500 - 5{,}000 = 17{,}500$원

(2) 주주가 개인인 경우에는 특수관계 상관없이 A에게 증여세부과

① $17{,}500 \times 40{,}000 = 7$억원(증여금액)

이 경우 3억원 또는 시가의 30%를 증여금액에서 차감하지 않음

② 증여세 세율

1억원까지	10%
1억원~5억원까지	20%
5억원~10억원까지	30%
10억원~30억원까지	40%
30억원 초과	50%

③ 증여세 계산
1억원 × 10% + 4억원 × 20% + 2억원×30%
= 150,000,000원

⑶ 증여한 B에게는 어떠한 세금도 부과되지 않음

3. 주주 A, B가 법인이며 B가 신주인수권을 A에게 부여한 경우
⑴ A, B가 법인세법상 특수관계인에 해당되는 경우
① A법인(법령 11 · 8호)
익금산입 · 유가증권 · 7억원 · 유보
② B법인(법령 88 ① · 10호)
익금산입 · 부당행위 · 7억원 · 기타사외유출
⑵ A, B가 특수관계인에 해당되지 않는 경우
A, B 모두 세무조정 없음

4. 주주 A는 개인, B는 법인인 경우
⑴ A개인
증여금액 7억원에 대한 증여세 부과
⑵ B법인
① A가 법인세법상 특수관계인에 해당하는 경우
익금산입 · 부당행위 · 7억원 · 기타사외유출*
* 자본거래에 해당시 상여 등에 따른 소득세가 아닌 증여세가 부과됨에 따라 기타사외유출로 처분
② A가 특수관계인에 해당하지 않는 경우
세무조정 없음

5. 주주 A는 법인, B는 개인인 경우
⑴ A법인
① B가 법인세법상 특수관계인에 해당하는 경우
익금산입 · 유가증권 · 7억원 · 유보
② 특수관계인에 해당하지 않는 경우
세무조정 없음
⑵ B개인
어떠한 세금도 부과되지 않음

Ⅱ. 제3자 배정에 의한 증자(Ⅰ)

1. 기본자료
⑴ 수진(주)의 주주구성

A	60,000주
B	40,000주
	100,000주

⑵ 액면가액 5,000원
⑶ 상증법상 평가금액 1주당 20,000원

(4) 제3자 배정에 의한 유상증자 실시 : C가 참여

① 증자주식수 20,000주

② 증자금액 1주당 200,000원

(5) 증자 후 1주당 평감금액

$$\frac{100{,}000\text{주} \times 20{,}000 + 20{,}000\text{주} \times 200{,}000}{120{,}000\text{주}}$$

= 50,000원

2. C가 기존주주(개인) A, B와 상증법상 특수관계인에 해당하는 경우

(1) 기존 개인주주 A, B는 증여세 부과

① A : (50,000원 - 20,000원) × 60,000 = 18억(증여금액)

② B : (50,000원 - 20,000원) × 40,000 = 12억(증여금액)

(2) C가 개인인 경우

C에게는 어떠한 세금도 부과되지 않음

(3) C가 법인인 경우

① A, B가 법인세법상 C의 특수관계인에 해당하는 경우

익금산입 · 부당행위 · 30억원 · 기타사외유출

* (200,000 - 50,000) × 20,000주 = 30억원

손금산입 · 유가증권 · 30억원 · △유보

② A, B가 특수관계인에 해당하지 않는 경우

과세문제 없음[주]

[주] 1. 법인이 유상증자시 고가발행 주식을 기존주주와 특수관계 없는 제3자에게 배정하는 경우에는 당해 주식의 인수법인에 법인세법시행령 제35조 제2호의 기부금규정을 적용하지 아니함(서면인터넷방문상담2팀 - 2236, 2004.11.04.)

2. 상기 1. 해석에 불구하고 수진(주)의 1주당 증자금액에 대한 정당한 사유가 확인되지 않으면 과세관청이 이를 기부금의제로 보아 취득금액을 시가(10억원)의 130%인 13억원으로 보아 27억원에 대한 익 · 손금의 세무조정을 주장할 것임.

3. C가 기존주주(개인) A, B와 상증법상 특수관계인에 해당하지 않는 경우

(1) 기존 개인주주 A, B에게는 증여세가 부과되지 않음

단, 거래의 관행상 정당한 사유가 있다고 인정되지 아니하는 경우에는 기존주주에게 증여세가 과세됨.

이때 정당한 사유여부는 1주당 신주인수가액을 결정하게 된 경위 및 고가로 증자에 참여하게 된 경위 등 구체적인 사실관계를 확인하여 판단할 사항임(서면상속증여 - 2744, 2019.2.25.)

(2) C가 개인인 경우

상기 2. (2) 동일

(3) C가 법인인 경우

상기 2. (3) 동일

Ⅲ. 제3자가 배정에 의한 증자(Ⅱ)

1. 기본자료

(1) 수진(주)의 주주구성

A	60,000주
B	40,000주
	100,000주

(2) 액면가액 5,000원

(3) 상증법상 평가금액 1주당 20,000원

(4) 제3자 배정에 의한 유상증자 실시 : C가 참여

① 증자주식수 200,000주

② 증자금액 1주당 5,000원

(5) 증자후 1주당 평가금액

$$\frac{100{,}000주 \times 20{,}000 + 200{,}000주 \times 5{,}000}{300{,}000주}$$

$= 10{,}000$원

2. 기존주주 A, B가 개인이고 C가 개인인 경우

(1) 기존주주 A, B는 세금부과 없음

(2) 개인 C에 대하여 증여세 부과

(10,000원 − 5,000원) × 200,000주

= 10억원(증여금액)

3. 기존주주 A, B가 개인이고 C가 법인인 경우

(1) 기존주주 A, B는 세금부과 없음

(2) 법인 C와 A, B가 법인세법상 특수관계인에 해당하는 경우

익금산입 · 유가증권 · 10억원 · 유보

(3) 특수관계인에 해당하지 않는 경우

세금조정 없음

4. 기존주주 A, B가 법인이고 C가 개인인 경우

(1) 기존주주 A, B와 C가 법인세법상 특수관계인에 해당하는 경우

① A법인

익금산입 · 부당행위 · 6억원* · 기타사외유출

* (20,000원 − 10,000원) × 60,000주 = 6억원

② B법인

익금산입 · 부당행위 · 4억원 · 기타사외유출

③ 개인 C에 대하여 증여세 부과

10억원(증여금액)

(2) 기존주주 A, B와 C가 법인세법상 특수관계인에 해당하지 않은 경우
① A · B법인
세무조정 없음
② 개인 C에 대하여 증여세 부과
10억원(증여금액)
5. 기존주주 A, B가 법인이고 C가 법인인 경우
(1) 법인세법상 특수관계인에 해당하는 경우
① A · B법인
익금산입 · 부당행위 · 기타사외유출
② C법인
익금산입 · 유가증권 · 유보
(2) 특수관계인에 해당하지 않는 경우
세무조정 없음

6. 법인세법상 부당행위계산의 부인

(1) 부당행위계산 부인의 적용요건

부당행위계산의 부인은 다음 두 가지 요건을 모두 충족하는 거래에 대하여만 적용한다.

① 특수관계 있는 자와의 거래이어야 한다.
② 그 거래로 인하여 조세부담이 부당하게 감소되었다고 인정되어야 한다.

(2) 부당행위계산의 부당성 판단기준

1) 대상거래

다음에 해당하는 경우(이에 준하는 행위 또는 계산에 한한다)에는 시가와 거래가액의 차액이 3억원 이상이거나 시가의 100분의 5에 상당하는 금액 이상인 경우에 한하여 부당행위계산의 부인규정을 적용한다(법령 88 ③).

① 자산을 시가보다 높은 가액으로 매입 또는 현물출자받았거나 그 자산을 과대상각한 경우
② 자산을 무상 또는 시가보다 낮은 가액으로 양도 또는 현물출자한 경우. 단, 주식매수선택권의 행사 또는 지급에 따라 주식을 양도하는 경우는 제외한다.

③ 금전, 그밖의 자산 또는 용역을 무상 또는 낮은 이율·요율이나 임대료로 대부하거나 제공한 경우. 다만, 주주 등이나 출연자가 아닌 임원(법인세법시행령 제50조 제2항의 규정에 의한 소액주주인 임원을 포함한다) 및 사용인에게 사택을 제공하는 경우를 제외한다.

④ 금전 기타 자산 또는 용역을 시가보다 높은 이율·요율이나 임차료로 차용하거나 제공받은 경우

⑤ 그밖에 상기의 '①'부터 '④'에 준하는 행위 또는 계산 및 그 외에 법인의 이익을 분여하였다고 인정되는 경우

2) 적용대상 제외 거래

위 '1)'의 판단기준 완화규정은 주권상장법인이 발행한 주식을 한국거래소에서 거래한 경우에는 적용하지 아니한다(법령 88 ④).

(3) 특수관계인의 범위(법령 2 ⑤)

특수관계인이란 법인과 경제적 연관관계 또는 경영지배관계 등으로 다음 관계에 있는 자를 말한다(법법 2·12호). 이 경우 본인도 그 특수관계인의 특수관계인으로 본다.

① 실질적 지배자와 그 친족

임원(법령 40 ①)의 임면권의 행사, 사업방침의 결정 등 해당 법인의 경영에 대하여 사실상 영향력을 행사하고 있다고 인정되는 자(상법상 이사로 보는 자를 포함한다)와 그 친족

이때 친족의 범위는 국세기본법시행령 제1조의2 제1항에 해당하는 자를 말한다.

> 친족 관계(국기령 1의2 ①)
>
> ① 4촌 이내의 혈족(血族) : 부계(父系) 또는 모계(母系) 불문
>
> ② 3촌 이내의 인척(姻戚) : 혈족의 배우자, 배우자의 혈족, 배우자의 혈족의 배우자를 말하며 촌수는 그 혈족에 대한 촌수를 따름(민법 769·771)
>
> ③ 배우자(사실상 혼인관계에 있는 사람을 포함)
>
> ④ 친생자(親生子)로서 다른 사람에게 친양자(親養子)로 입양된 자[=출양자(出養子) 및 그 배우자·직계비속
>
> ⑤ 혼외출생자의 친부·친모(본인의 금전이나 그 밖의 재산으로 생계를 유지하는 사람 또는 생계를 함께하는 사람으로 한정)

② 비소액주주등과 그 친족

발행주식총수 또는 출자총액의 1%에 미달하는 주식등을 소유한 주주 등(소액주주 등, 법령 50 ②)이 아닌 주주 또는 출자자(비소액주주등)와 그 친족. 단, 소액주주등 중 지배주주와 특수관계에 있는 주주는 해당된다.

③ 법인 또는 주주의 직원 등

가. 법인의 임원 · 직원

나. 주주의 직원

- 주주가 영리법인인 경우에는 임원만 해당
- 주주가 비영리법인인 경우에는 그 이사 및 설립자

다. 생계를 유지하는 자와 이들과 생계를 함께 하는 친족

④ '①'부터 '③'까지의 관계에 있는 자를 통하여 어느 법인의 경영에 대하여 지배적인 영향력(국기령 1의2 ④)을 행사하고 있는 경우 그 법인

> 국기령 1의2 ④
>
> 1. 영리법인인 경우
>   가. 법인의 발행주식총수 또는 출자총액의 100분의 30 이상을 출자한 경우
>   나. 임원의 임면권의 행사, 사업방침의 결정 등 법인의 경영에 대하여 사실상 영향력을 행사하고 있다고 인정되는 경우
> 2. 비영리법인인 경우
>   가. 법인의 이사의 과반수를 차지하는 경우
>   나. 법인의 출연재산(설립을 위한 출연재산만 해당한다)의 100분의 30 이상을 출연하고 그 중 1인이 설립자인 경우

본인이 특정법인의 주식을 보유하고 있지 않더라도 그와 친족관계에 있는 자가 그 특정법인에 30% 이상 출자한 경우, 본인과 그 특정법인 사이에도 국세기본법 시행령 제1조의2 제3항 제1호 가목에서 정하는 경영지배관계에 따른 특수관계가 성립하는 것이다(국세법령운영과-759, 2022.7.15.).

⑤ 해당 법인이 직접 또는 그와 '①'부터 '④'까지의 관계에 있는 자를 통하여 어느 법인의 경영에 대하여 지배적인 영향력을 행사하고 있는 경우 그 법인

⑥ 해당 법인에 100분의 30 이상을 출자하고 있는 법인에 100분의 30 이상을 출자하고 있는 법인이나 개인

⑦ 독점규제및공정거래에관한법률에 의한 기업집단에 소속된 다른 계열회사 및 그 계열회사의 임원

가. 동일인이 회사인 경우 기업집단

동일인(회사)+동일인이 사실상 사업내용을 지배하는 회사의 집단(30% 이상 보유 최대출자자)=기업집단

→ 각 법인 간 특수관계성립 & 계열회사(서로의 상대방 회사) 임원도 해당

나. 동일인이 개인인 경우 기업집단

동일인(또는 동일인 관련자. 즉, 친족 포함)이 사실상 사업내용을 지배하는(30% 이상 보유 최대출자자) 2개 이상의 회사(기업집단의 계열회사)의 집단=기업집단 → 각 법인 간 특수관계성립 & 계열회사(서로의 상대방 회사) 임원도 해당

다. 공시대상 기업집단

공정거래위원회가 지정하는 자산총액이 5조원 이상인 기업집단

라. 상호출자제한 기업집단

공정거래위원회가 지정하는 자산총액이 10조원 이상인 기업집단

특수관계인의 범위(법령 87)

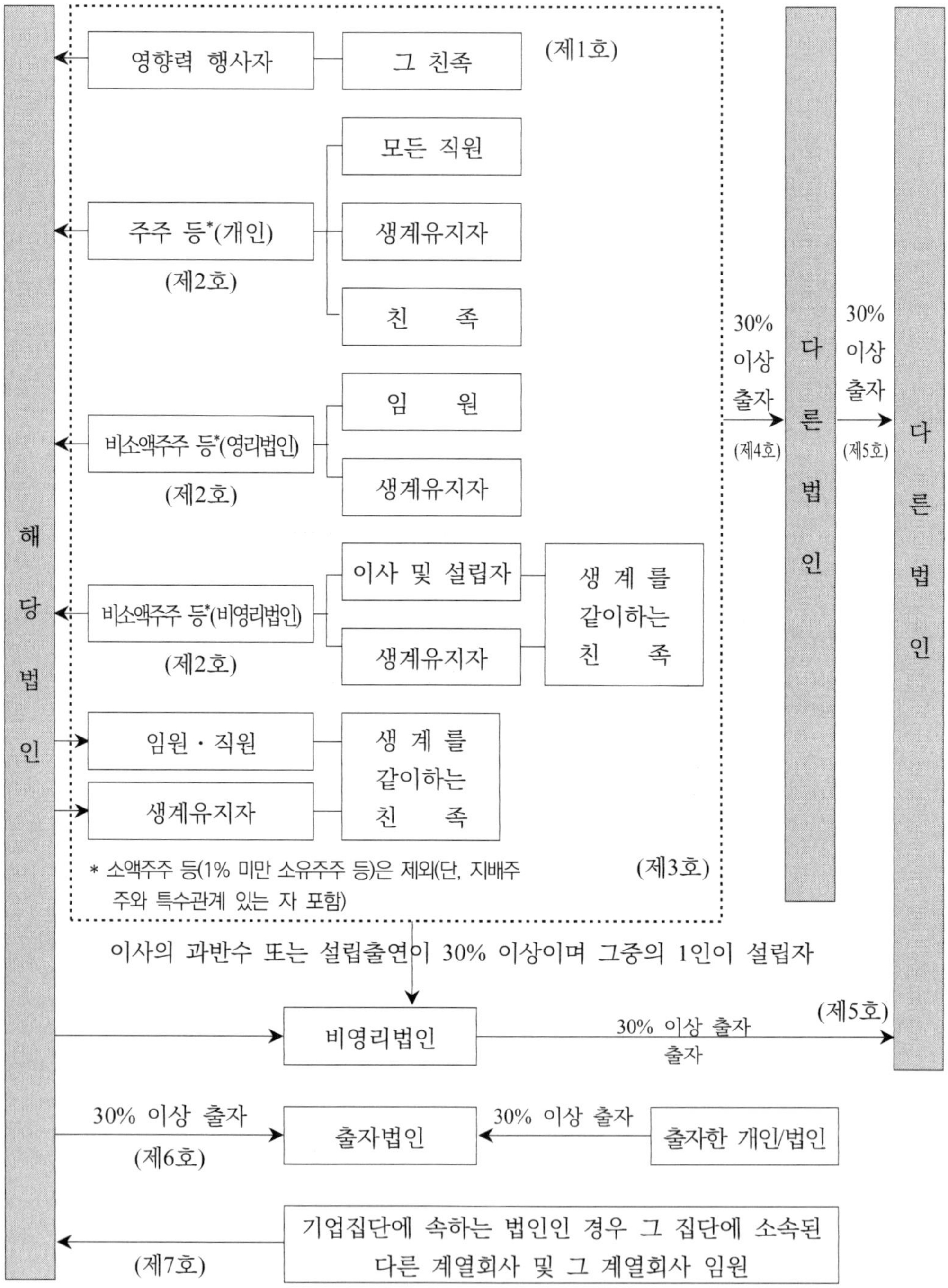

(4) 조세의 부담을 부당히 감소시킨 것으로 인정되는 경우(법령 88 ①) : 예시규정임

① 자산의 고가매입

익금산입 · 부당행위계산 · 상여 등

→ 매입가액 - 시가 = 부당행위금액

손금산입 · 자산 · △유보

→ 감가상각자산인 경우 추후 익금산입액

$$\text{익금산입금액} = \text{회사계상 감가상각액} \times \frac{\text{시가초과부인액 잔액}}{\text{해당 연도 감가상각 전의 장부가액}}$$

중/점/사/항/ 시가

1. 시가의 범위

건전한 사회통념 및 상관행과 특수관계인이 아닌 자간의 정상적인 거래에서 적용되거나 적용될 것으로 판단되는 금액을 말한다(법법 52 ②).

① 부동산거래시

해당 거래와 유사한 상황에서 특수관계인 외의 불특정다수인과 계속적으로 거래한 가격 또는 특수관계인이 아닌 제3자간에 일반적으로 거래된 가격(서이 46012-11909, 2003.11.4.)

② 상장주식의 경우

주권상장법인이 발행한 주식의 시가는 다음과 같다(법령 89 ①).

주권상장법인이 발행한 주식을 다음의 어느 하나에 해당하는 방법으로 거래한 경우 해당 주식의 시가는 그 거래일의 「자본시장과 금융투자업에 관한 법률」 제8조의2 제2항에 따른 거래소 최종시세가액(거래소 휴장 중에 거래한 경우에는 그 거래일의 직전 최종시세가액)으로 한다.

가. 「자본시장과 금융투자업에 관한 법률」 제8조의2 제4항 제1호에 따른 증권시장 외에서 거래하는 방법

나. 「자본시장과 금융투자업에 관한 법률」에 따른 거래소의 증권시장업무규정에 의하여 일정수량 또는 일정금액 이상의 요건을 충족하는 경우에 매매가 성립하는 거래*

*(예) 장중/시간외 경쟁대량매매 · 대량매매 · 바스켓매매

다음과 같이 경영권의 이전이 수반되는 경우에는 상증법 63 ③을 준용하여 그 가액의 20%를 가산한다. 다만, 회생계획 등을 이행 중인 법인(영 10 ① 1~3호 및 6호)이 회생계획 등을 이행하기 위해 거래하는 경우 및 「중소기업기본법」상 중소기업(특수관계법인에게 중소기업 상장주식을 경영권이전 매매시로 할증안함. 서면자본거래-4688, 2022.12.29.), 「중견기업 성장촉진 및 경쟁력 강화에 관한 특별법」상 중견기업(당해 사업연도 또는 직전 3년 평균매출액이 5천억원 미만)은 할증을 제외한다(상증

령 53 ⑥·⑧).

가.「상속세 및 증여세법」에 따른 최대주주가 변경되는 경우

나.「상속세 및 증여세법」에 따른 최대주주등 간의 거래에서 지분율이 1% 이상 변동되는 경우

③ 중국소재 해외현지법인의 주식양도시 상증령 54조에 따른 비상장주식평가규정을 적용하지 않고 전문평가기관의 평가금액에 따라 양도금액을 결정한 것은 상증령 58의3조(국외재산에 대한 평가)의 해외소재자산에 대해 국내의 상증법평가규정을 적용하는 것이 부적당한 경우에 해당되어 부당행위계산부인 및 기부금의제규정을 적용하지 않음(조심 2013부4218, 2017.8.1.). 이때 국내 상증법 규정적용이 부적당하지 않다는 것은 과세관청이 입증하여야 한다(대법원 2007두5646, 2010.1.14.). 그러므로 특별한 사정이 없는한 외국비상장주식평가를 국내 상증령 54조 ① 적용은 부적당하게 됨(서울고법 2017누68600, 2017.12.8.)

④ 상장주식을 특수관계인과 장외거래한 경우로서 해당 주식거래가 경영권 이전을 수반하는 거래에 해당하지 않는 경우 거래일의 한국거래소 최종시세가액을 시가로 함(사전법령법인－797, 2018.6.26.)

2. 시가가 불분명한 경우

시가가 불분명한 경우에는 다음을 순차로 적용하여 계산한 금액에 의한다(법령 89 ②).

① 부동산가격공시및감정평가에관한법률에 의한 감정평가법인 및 감정평가사의 감정가액(감정한 가액이 2 이상인 경우에는 평균액). 단, 주식 등은 제외. 이때 감정가액은 거래당시에 해당 자산의 가액을 감정한 것을 말한다(법인 46012－3539, 1999.9.20.).

② 상속세및증여세법상(상증법 38～39의 3·61～66)의 평가액

③ 비상장내국법인이 발행한 주식의 시가를 산정함에 있어 해당 주식의 평가대상 법인이 보유하고 있는 비상장 외국법인이 발행한 주식의 시가가 불분명한 경우로써 상속세및증여세법 제63조의 규정을 적용하는 것이 부적당한 경우에는 같은법 시행령 제58조의 3에 따라 해당 외국법인이 소재하는 국가에서 양도소득세·상속세 또는 증여세 등의 부과목적으로 평가한 가액으로 하는 것이며, 이 경우 해당 외국법인 주식의 평가기준일과 해당 법인이 소재하는 국가에서 양도소득세 등의 부과목적으로 평가한 가액의 평가기준일이 상이한 경우에는 해당 국가에서 부과목적으로 평가한 방법과 동일한 평가방법으로 2 이상의 국내 또는 외국의 감정기관에 의뢰하여 감정한 가액을 참작하여 평가한 가액으로 할 수 있다(법인세과－1230, 2009.11.5.).

④ 옵션행사에 따른 거래가액은 시가로 인정되지 않음(조심 2011전2482, 2012.3.5.; 조심 2016서2179, 2017.6.7.)

⑤ DCF(현금흐름할인)평가액은 시가로 인정되지 않음(서울고법 2011누13424판결, 2011.10.19.)

3. 상증법상 시가

상증법에서는 비상장주식의 거래가액이 액면가 기준으로 전체 주식의 1%와 3억원 중

적은 금액 미만인 경우에는 시가로 인정하지 않고 있다(상증령 49 1호 나목).

② 무수익자산의 취득 및 비용부담

③ 자산의 저가양도

익금산입 · 부당행위계산 · 상여 등

→ 시가 − 양도가액 = 부당행위금액

④ 불량자산의 차환 또는 불량채권의 양수

⑤ 출연금을 대신 부담한 경우

⑥ 자산의 저율대여 · 고율차입 및 용역의 저율공급 · 고율이용

가. 자산제공의 경우 시가계산

- (시가×50% − 보증금)×정기예금이자율(3.5%)
  이때 시가는 임대차계약 체결시점에서의 시가를 말하며 계속 적용한다(재경부 법인－72, 2005.1.28.).
- 부동산 임대료의 시가가 불분명한 경우 적용되는 법인세법 시행령 제89조 제4항 제1호의 경우 실질적으로 0.6%의 임대료율이 적용되어 매우 낮은 금액이 산출되므로, 법인이 대표이사 등에게 부동산을 임대한 경우에 대한 부당행위계산부인 적용시 시가가 불분명한 경우에는 소급감정을 한 후 소급감정금액을 시가로 보아 과세함(적부 2019－0114, 2020.5.27.).

나. 용역제공의 경우 : 다음 금액의 합계액

- 해당 용역의 제공에 소요된 원가(직접비 · 간접비 포함)
- 상기 원가×수익률 $\left(\dfrac{\text{기업회계기준에 의한 매출액} - \text{원가}}{\text{원가}}\right)$

다. 특수관계인으로부터 당좌대출이자율보다 높은 이자율로 차입하는 경우

법인이 특수관계에 있는 자로부터 국세청장이 정하는 당좌대출이자율보다 높은 이자율에 의하여 금전을 차입하는 경우에는 법인세법시행령 제88조 제1항 제7호의 규정에 따라 해당 법인이 지급하는 이자와 당좌대출이자율에 의한 이자상당액과의 차액을 손금불산입한다(법인 46012－1797, 1999.5.12.).

라. 특수관계인에 대한 지급보증 용역제공

특수관계인에게 지급보증 또는 담보제공 용역을 제공하고 공정하고 정당한 대가를 수취하지 않음으로써 조세의 부담을 부당하게 감소시킨 것으로 인정되는 경우에는 법인세법 제52조 규정에 의한 부당행위계산부인 대상에 해당한다(법인세과－270, 2014.6.16.).

- 상속세및증여세법상 타인의 부동산을 무상으로 제공받아 금전 등을 차입할 때 담보로 제공한 경우 증여금액 계산은 다음과 같다(상증법 37, 상증령 27).
  증여가액 = 차입금×연 4.6% − 실제 연 차입이자

⑦ 파생상품에 근거한 권리를 행사하지 아니하거나 그 행사기간을 조정하는 등의 방법으로 이익을 분여하는 경우. 이때 파생상품은 기업회계기준에 따른 선도거래, 선물, 스왑, 옵션, 그밖에 이와 유사한 거래 또는 계약을 말한다.

⑧ 자본거래로 인한 이익분여

다음에 해당하는 자본거래로 인하여 주주 등인 법인이 특수관계인인 다른 주주 등에게 이익을 분여한 경우에는 익금의 감소를 통하여 조세부담을 부당하게 감소시킨 것으로 본다(법령 88 ① 8호 및 8호의2).

가. 특수관계에 있는 법인간의 합병(분할합병을 포함함)에 있어서 주식 등을 시가보다 높거나 낮게 평가하여 불공정한 비율로 합병한 경우

나. 법인의 자본을 증가시키는 거래에 있어서 신주(CB · 신주인수권부사채 또는 교환사채 등을 포함)를 배정 · 인수받을 수 있는 권리의 전부 또는 일부를 포기하거나, 신주를 시가보다 높은 가액으로 인수하는 경우

다. 법인의 감자에 있어서 주주 등의 소유주식 등의 비율에 의하지 아니하고 일부주주 등의 주식 등을 소각하는 경우

라. 상기 외의 경우로서 증자 · 감자, 합병(분할합병을 포함한다) · 분할, 상속세및증여세법 제40조 제1항에 따른 전환사채 등에 의한 주식의 전환 · 인수 · 교환 등 자본거래를 통하여 법인의 이익을 분여하였다고 인정되는 경우

상기의 불공정자본거래로 인하여 이익이나 손실을 본 주주가 영리법인인 경우의 세무조정은 다음과 같다.

- 이익을 본 경우
  익금산입 · 유보
- 손실을 본 경우
  익금산입 · 기타사외유출

만일 주주가 개인이나 비영리법인인 경우에는 다음과 같다.

- 이익을 본 경우
  증여세 과세
- 손실을 본 경우
  규정 없음

⑨ 특수관계인인 법인 간 (분할)합병 · 분할에 있어서 불공정한 비율로 합병 · 분할하여 합병 · 분할

에 따른 양도손익을 감소시킨 경우

⑩ 기타 법인의 이익분여

결산점검 *Check-list*

부당행위계산 부인적용시 소득처분과 증여세와의 관계

1. 법인세법상 부당행위계산 부인규정(고가매입 및 저가양도시 소득처분)

(1) 특수관계인에게 저가양도시

시가－실지양도가액＝익금산입・상여(임직원)
배당(개인주주)
기타소득(임직원 및 개인주주의 친족)
기타사외유출(법인)

(2) 특수관계인으로부터 고가매입시

실지 매입가액－시가＝손금산입・△유보
익금산입・상여, 배당, 기타소득 및 기타사외유출

2. 상증법상 고가매입 및 저가양도시 증여세

(1) 특수관계인과의 거래시

타인으로부터 시가보다 낮은 가액으로 재산을 양수하거나 타인에게 시가보다 높은 가액으로 재산을 양도함으로써 이익을 얻은 개인의 경우에는 증여세를 과세한다(상증법 35 ② 1호・2호). 이때 낮은 가액 또는 높은 가액이란 시가와 대가와의 차액이 시가의 30% 이상이거나 3억원 이상인 경우 그 대가를 말한다(상증령 26 ①・②). 이 경우 증여재산가액은 시가와 양도・양수가액을 차감한 가액이 시가의 30% 이상과 3억원 중 적은 금액을 뺀 가액으로 한다(상증령 26 ③).

증여재산가액＝(시가－양도 또는 양수가액)－Min(시가×30%, 3억원)

(2) 특수관계인과의 거래가 아닌 경우

특수관계인이 아닌 자간에 재산을 양수하거나 양도한 경우로서 거래의 관행상 정당한 사유없이 시가보다 현저히 낮은 가액 또는 현저히 높은 가액(시가와의 차액이 시가의 30% 이상 차이가 나는 경우)으로 재산을 양수하거나 양도하는 경우 증여세를 과세한다(상증법 35 ②).

증여재산가액＝(시가－양도 또는 양수가액)－3억원

① 특수관계없는 자 간의 주식매매사례가액은 달리 특별한 사정이 없는한 시가로 추정되며 이를 인정하지 않고 보충적 평가방법을 적용시는 매매사례가액이 주식의 객관적인 교환가치를 정당하게 반영하지 못한다는 점을 과세관청이 입증해야 한다(대법원 2007두24173 판결, 2008.11.13. 선고).

② 양도인・양수인간 일방의 사기, 강박, 통정, 무경험, 착오 등이 없이 상호간의 협상

에 따라 결정된 가격이라면 거래가격자체가 시가로 인정된다(대법원 2011두22075 판결, 2011.12.22. 선고).

3. 상여 등 소득처분과 증여세부과의 우선순위

(1) 부당행위부인대상이 고가매입 및 저가양도인 경우

상여 등 소득처분 〉 증여세부과

2009.2.4. 법인세법시행령 제106조 제1항 3호 자목의 개정으로 법인세법상 고가매입 및 저가양도로 익금산입한 금액에 대하여 증여세과세대상에 해당되는 경우에도 상여 등으로 소득처분하여 소득세를 과세하도록 하였다.

상증법에서도 수증자에게 소득세가 과세되는 경우 증여세과세가 배제된다(상증법 2 ②).

(2) 부당행위부인대상이 불공정자본거래에 해당하는 경우

증여세부과 〉 상여 등 소득처분

법인세법상 불공정자본거래(증가・감자・합병・분할 등)에 따라 익금산입한 금액에 대하여 상증법상 증여세과세대상에 해당하는 경우에는 증여세가 과세되어 법인세법상 소득처분시는 기타사외유출로 소득처분한다.

이때 귀속자인 개인주주 등에게 증여세가 과세되지 않는 경우에는 그 귀속자에 따라 상여 등으로 소득처분하여야 한다.

4. 기부금의제규정과 증여세과세

법인세법상 특수관계인이 아닌자와 거래에서 기부금의제에 해당되어 익금산입되는 경우 기타사외유출로 소득처분하며 이때 거래대상 개인에게는 상기 '2.'에 의한 증여세가 과세될 수 있다.

5. 사례 1

① A법인이 시가 20억원인 토지를 대표이사에게 10억원에 양도

② 법인세법상 처리

익금산입・부당행위계산부인・10억원・상여(소득세과세)

③ 대표이사에 대한 증여세

증여세과세되지 않음

6. 사례 2

① A법인이 시가 20억원 토지를 특수관계인이 아닌 개인 갑에게 10억원에 양도

② 법인세법상 처리

익금산입・손금불산입・4억원*・기타사외유출

* 정상가액 14억원(시가 20억원×70%) − 양도가액 10억원 = 4억원

③ 개인 갑에 대한 증여세

• 증여금액 = (20억원 − 10억원) − 3억원

=7억원
- 증여세=1억원×10%+4억원×20%+2억원×30%
=1.5억원(법정신고기간 내 신고·납부시 3% 세액공제)

(5) 특수관계인간의 거래명세서(갑)·(을) 제출

특수관계인과 매출·매입·용역의 제공·자본거래 등에 대해 거래유형별 합계액 명세서를 제출하고 금전대부거래에 대하여는 금전채권·채무의 잔액을 기입한다.

보 론 **개인주식양도시 양도소득세, 증여세 및 법인세과세**

1. 내용

개인이 보유하던 주식을 다른 개인·법인에게 양도시 각 세법상 특수관계여부에 따라 다음과 같은 세금이 발생한다.

(1) 주식을 양도하는 개인

① 시가(비상장법인은 상증법상 평가금액)대로 양도한 경우 : 양도소득세
(양도가액－취득가액)×세율*＝양도소득세(10% 개인지방소득세 별도)

* 세율
① 유가증권시장 : 지분율 1% 이상 또는 시가총액 50억원 이상
② 코스닥시장 : 지분율 2% 이상 또는 시가총액 50억원 이상
③ 코넥스시장 : 지분율 4% 이상 또는 시가총액 50억원 이상
④ 비상장주식 : 지분율 4% 이상 또는 시가총액 50억원 이상
⑤ 주식 양도소득세 세율
- 중소기업(상기 '①~④' 모두 해당. 서면부동산－1413, 2018.5.24.) : 대주주 20%(2020.1.1. 이후는 과세표준 3억원 초과금액은 25%), 이외 10%
- 중소기업 외 법인 : 20%(과세표준 3억원 초과금액은 25%), 대주주 1년 미만 보유시는 30%

② 시가보다 낮은 가액으로 양도한 경우
가. 양수인이 양도인과 소득세법상 특수관계인에 해당되는 경우
이는 소득세법상 양도소득에 대한 부당행위계산부인규정에 해당되어 실거래가액이 아닌 시가를 양도가액으로 보아 양도소득세가 과세된다.
(시가－취득가액)×세율＝양도소득세
나. 특수관계인에 해당하지 않는 경우
①과 동일

③ 시가보다 높은 가액으로 양도한 경우 : 양도소득세 및 증여세

이 경우에는 양수인과 상증법상 특수관계인(특수관계인 간 거래의 경우에는 양도가액과 시가와의 차이가 시가의 20% 또는 3억원 이상인 경우)의 해당여부와 상관없이(특수관계인과의 거래가 아닌 경우에는 양도가액과 시가와의 차액이 시가의 30% 이상 차이가 나는 경우로서 정당한 사유가 없는 경우에만 해당) 양도가액 중 시가해당액과 취득가액과의 차이는 양도소득세가 과세되고 양도가액과 시가해당액과의 차이금액에 대하여는 증여세가 과세된다.

가. 양도소득세

[(양도가액 − 증여해당금액) − 취득가액] × 양도소득세 세율

나. 증여세

- 양수인이 상증법상 특수관계인에 해당하지 않는 경우
  {(양도가액 − 시가해당액) − 3억원} × 증여세 세율
- 양수인이 상증법상 특수관계인에 해당하는 경우
  {(양도가액 − 시가해당액) − Min(시가 × 30%, 3억원)} × 증여세 세율

(2) 주식을 양수한 개인

① 시가대로 양수한 경우 : 문제없음

② 시가보다 높은 가액으로 양수한 경우 : 문제없음

③ 시가보다 낮은 가액으로 양수한 경우 : 증여세

양도인이 소득세법상 양수인과 특수관계인(특수관계인 간 거래의 경우에는 시가와의 양도가액의 차이가 시가의 20% 또는 3억원 이상인 경우)에 해당되어 양도소득세를 부당행위부인규정에 의해 시가에 의해 과세를 당한 것과 상관없이 양수인은 양도인과 상증법상 특수관계 해당여부와 상관없이(특수관계인과의 거래가 아닌 경우에는 시가와 양수가액의 차액이 시가의 30% 이상 차이가 나는 경우로서 정당한 사유가 없는 경우에만 해당) 증여세가 과세된다.

가. 양도인과 상증법상 특수관계인에 해당하지 않는 경우

{(시가 해당액 − 양수금액) − 3억원} ×증여세 세율

나. 양도인과 상증법상 특수관계인에 해당하는 경우

{(시가 해당액 − 양수금액 − Min(시가 ×30%, 3억원))} × 증여세 세율

(3) 주식을 양수한 법인

① 시가대로 양수한 경우 : 문제없음

② 시가보다 높은 가액으로 양수한 경우

가. 양도인이 법인세법상 특수관계인에 해당하는 경우

법인세법상 부당행위계산부인규정에 해당되어 고가매입해당액을 익금산입 · 상여 등으로 처분하고 과대계상된 유가증권을 감액하여 손금산입 · △유보로 처분한다.

- 익금산입 · 부당행위 · (양수금액 − 시가해당액) · 상여 등
- 손금산입 · 유가증권 · (양수금액 − 시가해당액) · △유보

나. 특수관계인에 해당하지 않는 경우

법인세법상 기부금의제규정에 해당되어 양수금액과 시가해당액의 130% 금액과의 차이금액에 대해 손금불산입기부금으로 익금산입하고 유가증권을 감액하는 손금산입의 세무조정을 한다(정당한 사유가 있는 경우에는 세무조정 없음).

- 익금산입 · 기부금 · (양수금액 – 시가해당액 × 130%) · 기타사외유출
- 손금산입 · 유가증권 · (양수금액 – 시가해당액 × 130%) · △유보

③ 시가보다 낮은 가액으로 양수한 경우

가. 양도인이 법인세법상 특수관계인에 해당하는 경우

법인세법상 특수관계에 있는 개인으로부터 유가증권을 시가보다 낮은 가액으로 매입하는 경우 해당 매입가액과 시가와의 차액을 익금산입 · 유보로 처분한다.

나. 특수관계인에 해당하지 않는 경우 : 문제없음

2. 사례

(1) 내 용

① 중소기업인 비상법인 A의 주주구성
(총 100,000주, 액면가 5,000원, 상증법상 1주당 평가금액 100,000원)
갑 : 80,000주
을 : 20,000주(갑과 을은 친족에 해당하지 않음)

② 사례 1
을이 A법인의 임직원 병에게 10,000주를 주당 20,000원에 양도시 양도소득세 및 증여세의 검토

③ 사례 2
갑이 A법인의 임직원 병에게 10,000주를 주당 20,000원에 양도시 양도소득세 및 증여세의 검토

(2) 법인의 주주와 당해법인의 임직원간 소득세법상 특수관계인 해당여부

① 단순히 특정법인의 서로 다른 임원이라는 사유만으로는 소득세법상 특수관계인에 해당하지 않음(서이 46012 – 11902, 2003.10.31.)

② 법인의 최대주주(대표이사) 및 그 자녀(주주)와 당해법인의 임직원은 소득세법상 특수관계인에 해당하지 않음(조심 2016중3172, 2017.1.17.)

(3) 법인의 주주와 당해법인의 임직원간 상증법상 특수관계인 해당여부

① 주주 1인 및 그와 특수관계에 있는 자가 30% 이상 출자하여 지배하고 있는 법인의 임원 및 사용인은 상증법상 당해 주주 등의 사용인(퇴직임원은 퇴직 후 3년간 특수관계인에 해당)으로서 특수관계자에 해당하는 것임(상증령 제2조의2 제1항 제2호 및 제3항)

② 대주주의 직계비속이 당해법인의 주식을 보유하고 있지 않은 경우에도 과세관청은 상증법상 임직원과 특수관계에 해당한다 주장하나(재산세과 – 916, 2009.12.3.), 대법원은 주식을 보유하고 있지 않은 지배주주의 특수관계인은 해당법인의 임직원과 특수관계에 해

당하지 않는다 판결하였음으로 과세관청의 새로운 유권해석이 나와야 할 것임(대법원 2009두1617, 2011.1.27.)

③ 상증법시행령 제2조의2 규정 중 출자에 의하여 지배하고 있는 법인의 사용인은 특수관계자에 해당하고 출자에 의하여 지배하고 있는 법인은 출자총액의 30% 이상을 출자하고 있는 법인으로 규정하고 있으므로 2명의 주주 지분율이 각각 50%로 동일한 경우 각 50% 주주와 주식 양수인은 특수관계인에 해당된다는 조세심판원의 판단(조심 2008서1014, 2008.12.31.) 등에 따라 지배하고 있는 법인의 해석은 지배력과 관계없이 출자총액의 30% 이상을 출자하고 있는 법인의 사용인(대표이사 등 임원도 포함)은 특수관계인에 해당되어 저가양수에 따른 증여의제규정이 적용됨(조심 2021중527, 2021.3.16.).

(4) 사례 1

① 양도소득세

을과 병은 소득세법상 특수관계인에 해당하지 않으므로 양도소득세는 실지 양도가액인 20,000원으로 계산한다.

(20,000원 × 10,000주 − 5,000원 × 10,000주) × 20% = 30,000,000원

② 증여세

병은 을로부터 시가보다 낮은 금액으로 주식을 양수하였으므로 증여세가 부과된다. 이때 을은 A법인의 주식을 30% 이상 소유하지 않으므로 을과 병은 상증법상 특수관계인에 해당되지 않아 증여금액에서 3억원이 공제된다.

(100,000원 − 20,000원) × 10,000주 − 3억원

=5억원(증여금액)

(5) 사례 2

① 양도소득세

갑과 병은 소득세법상 특수관계인에 해당하지 않으므로 양도소득세는 실지 양도가액인 20,000원으로 계산한다.

(20,000원 × 10,000주 − 5,000원 × 10,000주) × 20% = 30,000,000원

② 증여세

병은 갑로부터 시가보다 낮은 금액으로 주식을 양수하였으므로 증여세가 부과된다. 이때 갑은 A법인의 주식을 30% 이상 소유하고 있으므로 갑과 병은 상증법상 특수관계인에 해당되어 시가인 10억원의 30%와 3억원 중 적은 금액을 공제한다.

(100,000원 − 20,000원) × 10,000주 − 3억원 = 5억원(증여금액)

(6) 소득세법상 특수관계인의 범위

① 소법 제41조(사업소득) 및 제101조(양도소득)에서 특수관계인과의 거래에 대하여는 부당행위부인규정이 적용됨을 규정

② 소령 제98조 제1항에서 특수관계인의 범위는 국세기본법 시행령 제1조의2 제1항, 제2항 및 제3항 제1호에 따른 특수관계인을 말한다 규정하고 있음

③ 국기령 제1조의2 제1항 : 친족

ㄱ. 4촌 이내 혈족

ㄴ. 3촌 이내 인척

ㄷ. 배우자(사실혼관계자 포함)

ㄹ. 친생자로서 다른 사람에게 친양자 입양된 자 및 그 배우자 · 직계비속

ㅁ. 혼외출생자의 친부 · 친모(본인의 금전이나 그밖의 재산으로 생계를 유지하는 사람 또는 생계를 함께하는 사람으로 한정)

④ 국기령 제1조의2 제2항 : 경제적 연관관계

ㄱ. 임원과 그밖의 사용인

소득세법상 특수관계인의 범위에서 가장 문제가 되는 규정으로 양도소득 등이 발생한 거주자와 거래를 한 자가 당해 거주자의 임원과 그밖의 사용인인 경우 특수관계인에 해당된다는 규정인데 이때 임원 등이 누구를 지칭하는 지에 문제가 있음

가. 거주자가 개인사업자인 경우

양도소득 등이 발생한 거주자가 개인사업자인 경우 해당 사업체에 근무하는 임원 등이 해당된다 판단됨

나. 거주자가 특정법인의 주주이거나 임원 등인 경우

과세관청은 상증법의 내용을 준용하여 특정법인의 주식을 친족 등과 함께 30% 이상을 출자하고 있는 경우 해당법인의 임원 및 사용인은 그 출자자와 소득세법상 특수관계인에 해당된다 주장하고 있으나 다음의 조세심판원 결정사례에 의하여 특수관계인에 해당되지 않음을 분명히 하고 있음

1. 법인의 최대주주(대표이사) 및 그 자녀(주주)와 당해법인의 임직원은 소득세법상 특수관계인에 해당하지 않음(조심 2016중3172, 2017.1.17.)
2. 단순히 특정법인의 서로 다른 임원이라는 사유만으로는 소득세법상 특수관계인에 해당하지 않음(서이 46012 – 11902, 2003.10.31.)

ㄴ. 본인의 금전이나 그밖의 재산으로 생계를 유지하는 자

ㄷ. ‘ㄱ.’ 및 ‘ㄴ.’의 자와 생계를 함께하는 친족

⑤ 국기령 제1조의2 제3항 제1호 : 경영지배관계

ㄱ. 본인이 직접 또는 그와 친족관계 또는 경제적 연관관계에 있는 자를 통하여 법인의 경영에 대하여 다음과 같이 지배적인 영향력을 행사하고 있는 경우 그 법인

가. 법인의 발행주식총수 또는 출자총액의 30% 이상을 출자한 경우

나. 임원의 임면권의 행사, 사업방침의 결정 등 법인의 경영에 대하여 사실상 영향력을 행사하고 있다고 인정되는 경우

ㄴ. 본인이 직접 또는 그와 친족관계 또는 경제적 연관관계 또는 ①의 관계에 있는 자를 통하여 법인의 경영에 대하여 지배적인 영향력을 행사하고 있는 경우 그 법인

(7) 상속세 및 증여세법상 특수관계인의 범위

① 상증법 제2조 제10호

특수관계인이란 본인과 친족관계, 경제적 연관관계 또는 경영지배관계 등 시행령으로 정하는 관계에 있는 자를 말함. 이때 본인도 특수관계인의 특수관계인으로 봄

② 상증령 제2조의2 제1항

ㄱ. 상기 (6) ③에 해당하는 친족 및 직계비속의 배우자의 2촌 이내의 혈족과 그 배우자

ㄴ. 사용인(출자에 의하여 지배하고 있는 법인의 사용인 포함)이나 사용인 외의 자로서 본인의 재산으로 생계를 유지하는 자

가. 사용인이란 임원, 상업사용인, 그밖에 고용계약관계에 있는 자를 말함(제2항)

나. 출자에 의하여 지배하고 있는 법인(제3항)

1. 본인, ‘ㄱ.’부터 ‘ㅁ.’까지의 자 또는 본인과 ‘ㄱ.’부터 ‘ㅁ.’까지의 자가 공동으로 발행주식 총수등의 30% 이상을 출자하고 있는 법인
2. 본인, ‘ㄱ.’부터 ‘ㅂ.’까지의 자 또는 본인과 ‘ㄱ.’부터 ‘ㅂ.’까지의 자가 공동으로 발행주식총수등의 50% 이상을 출자하고 있는 법인
3. ‘ㄱ.’부터 ‘ㅅ.’까지의 자가 발행주식총수등의 50% 이상을 출자하고 있는 법인

ㄷ. 다음의 어느 하나에 해당하는 자

가. 본인이 개인인 경우 : 본인이 직접 또는 본인과 ‘ㄱ.’에 해당하는 관계에 있는 자가 임원에 대한 임면권의 행사 및 사업방침의 결정 등을 통하여 그 경영에 관하여 사실상의 영향력을 행사하고 있는 기업집단의 소속 기업[해당기업의 임원과 퇴직 후 3년(독점규제 및 공정거래에 관한 법률 제14조에 따른 공시대상기업집단에 소속된 경우는 5년)이 지나지 않은 임원을 포함]

* 이때 기업집단의 소속기업이란 독점규제 및 공정거래에 관한 법률 시행령 제3조 각 호의 어느 하나에 해당하는 기업집단에 속하는 계열회사를 말함(상증규칙 제2조) : 동일인이 단독으로 또는 친족 등과 합하여 해당 회사의 발행주식(의결권 없는 주식은 제외)총수의 30% 이상을 소유하는 경우로서 최다출자자인 회사 등

나. 본인이 법인인 경우 : 본인이 속한 기업집단의 소속 기업(해당기업의 임원과 퇴직임원을 포함)과 해당 기업의 임원에 대항 임면권의 행사 및 사업방침의 결정 등을 통하여 그 경영에 관하여 사실상의 영향력을 행사하고 있는 자 및 그와 ‘ㄱ.’의 관계에 있는 자

ㄹ. 본인, ‘ㄱ.’부터 ‘ㄷ.’까지의 자 또는 본인과 ‘ㄱ.’부터 ‘ㄷ.’까지의 자가 공동으로 재산을 출연하여 설립하거나 이사의 과반수를 차지하는 비영리법인

ㅁ. ‘ㄷ.’에 해당하는 기업의 임원 또는 퇴직임원이 이사장인 비영리법인

ㅂ. 본인, ‘ㄱ.’부터 ‘ㅁ.’까지의 자 또는 본인과 ‘ㄱ.’부터 ‘ㅁ.’까지의 자가 공동으로 발행주식총수등의 30% 이상을 출자하고 있는 법인

ㅅ. 본인, ‘ㄱ.’부터 ‘ㅂ.’까지의 자 또는 본인과 ‘ㄱ.’부터 ‘ㅂ.’까지의 자가 공동으로 발행주식총수등의 30% 이상을 출자하고 있는 법인

ㅇ. 본인, ‘ㄱ.’부터 ‘ㅅ.’까지의 자 또는 본인과 ‘ㄱ.’부터 ‘ㅅ.’까지의 자가 공동으로 재산을 출연하여 설립하거나 이사의 과반수를 차지하는 비영리법인

③ 상증법 제45조의5(특정법인과의 거래를 통한 이익의 증여의제규정) 규정을 적용시 특정법인과 거래하는 지배주주의 특수관계인 범위는 쌍방관계를 적용함(재산세제과－705, 2023.5.19.).

ㄱ. 상증법시행령 제2조의2(특수관계인의 범위)
제1항 제1호 : 국세기본법시행령 제1조의2 제1항 제1호부터 제4호까지의 어느 하나에 해당하는 자(친족) 및 직계비속의 배우자의 2촌 이내의 혈족과 그 배우자

ㄴ. 사 례
가. C법인(갑 60%, A법인 25%, B법인 15%)
갑이 C법인의 지배주주임
나. 2020.10.7. 병(갑의 동생 을의 장인)이 A법인 주식을 특정법인 C에게 증여
다. 병의 입장에서 지배주주 갑은 직계비속의 배우자의 2촌이내 혈족으로 상증법상 특수관계인에 해당되며, 지배주주 갑의 입장에서 병은 상증법상 특수관계인으로 규정하고 있지 않음

ㄷ. 상증법상 병이 갑의 특수관계인에 해당하는 지 여부
상기 유권해석에 의해 쌍방관계로 해석되므로 병은 갑의 특수관계인에 해당됨

VI. 기타 당좌자산

1. 해당 계정과목

(1) 미수금

투자자산 · 유형자산 등의 매각에서 미수채권을 말하며 이때 수령한 어음도 미수금으로 처리해야 된다.

(2) 미수수익

예금 · 채권 등에 발생한 이자수익 중 결산기말 현재 현금으로 수취하지 못한 채권 금액을 말한다.

(3) 선급금

상품 · 원재료 등 재고자산의 구입이나 외주가공 등을 위하여 선지급한 계약금 등의 금액을 말한다.

(4) 선급비용

지급이자, 보험료, 임차료, 광고료 등의 선급된 비용 중에서 1년 내에 비용으로 계

상되는 것을 말한다.

2. 기업회계

(1) 계정과목 구분

① 미수금과 미수수익의 구분

광고료, 임대료 및 예・적금이자 등에 대해 기간경과에 따른 수익은 미수수익으로 처리하고 지급기간의 경과분에 대하여는 미수금으로 처리한다.

② 유형자산매각하고 어음수령시

받을어음으로 처리하지 않고 미수금으로 처리해야 된다.

(2) 미수수익 계상의 정확성

다음의 자산에 대하여 기간경과분에 대한 미수수익을 계상하였는지에 대한 검토

① 정기예・적금 등 예금

② 유가증권 중 채권

③ 대여금

(3) 투자주식에 대한 미수배당금 처리

배당금통지 수령시 미수금으로 처리한다.

(4) 대손충당금 설정

미수금, 미수수익에 대하여 회수가능성을 판단하여 대손충당금을 설정하여야 한다.

(5) 선급비용계상 여부

PCS가입자에게 지원하는 단말기구입보조금에 대하여는 의무사용기간이 있는 경우에는 동 기간 동안 선급비용으로 계상 후 비용화하며 의무사용기간이 없는 경우에는 전액 당기비용으로 처리해야 된다.

3. 법인세법

(1) 미수수익에 대한 익금불산입

예금・채권・대여금 등에 대하여 기업회계상 미수수익을 계상한 경우에 법인세법에서는 약정에 의한 이자귀속시기가 도래 전이라면 전액 익금불산입(△유보)하고 추후 이자지급약정일이 속하는 사업연도에 익금산입한다.

(2) 배당금의 귀속시기

배당이 확정된 사업연도의 익금에 해당하므로 별도의 세무조정은 없다.

제4장 재고자산

I. 정 의

1. 재고자산

재고자산은 정상적인 영업과정에서 판매를 위하여 보유하거나 생산과정에 있는 자산 및 생산 또는 서비스 제공과정에 투입될 원재료나 소모품의 형태로 존재하는 자산을 말한다(문단 7.3).

재고자산은 ① 상품, ② 제품, ③ 재공품, ④ 원재료, ⑤ 저장품, ⑥ 미착상품 등 기타의 재고자산 등으로 분류하여 재무상태표에 표시한다.

2. 미착상품

미착상품이란 상품을 주문하였으나 아직 운송 중에 있어 도착하지 않은 상품을 말한다. 기말시점에 미착상품이 있을 경우 기말재고자산에의 포함 여부가 문제되는데, 이것을 판단하는 기준으로 선적지인도기준과 목적지인도기준이 있다.

선적지인도기준이란 선적시점에서 상품의 소유권이 매입자에게 이전되는 것을 말한다. 따라서 미착상품은 매입자의 기말재고자산에 포함되어야 하며, 판매자는 매출을 인식하여야 한다. 반면, 목적지인도기준이란 목적지에 도착한 시점에서 상품의 소유권이 매입자에게 이전되는 것을 말한다. 따라서 미착상품은 매입자의 기말재고자산에 포함되어서는 안되며, 판매자의 기말재고자산에 포함되어야 한다.

미착상품의 구분

구 분		선적지인도기준	목적지인도기준
매입자	매 입	당기매입	차기매입
	당기 기말재고	포 함	제 외
판매자	매 출	당기매출	차기매출
	당기 기말재고	제 외	포 함

3. 기타의 재고자산

기타의 재고자산에는 건설업 등에 있어 완성주택, 미완성주택, 용지, 미성공사 및 가설재 등이 있다.

질의회신 가상통화 분류

Ⅰ. 배경 및 질의

1. 비트코인 등의 가상통화를 보유한 회사가 K-IFRS에 따라 재무제표를 작성하고 있다.
2. 회사가 보유한 가상통화는 보안을 위해 암호화되어 분산원장에 기록되었으며, 관할 기관(중앙당국)이나 다른 당사자에 의해 발행되지 않았고, 보유자와 다른 당사자 간의 계약을 발생시키지 않는 특징을 가지고 있다.
3. 가상통화는 어떤 자산으로 분류하는가?

Ⅱ. 회신

질의대상 가상통화(가상화폐 또는 암호화폐 등으로 불림. 이하 '가상통화')를 통상적인 영업과정에서 판매목적으로 보유한다면 재고자산으로 분류하고, 그렇지 않다면 무형자산으로 분류한다.

II. 기업회계

1. 재고자산의 취득원가

재고자산은 취득원가를 재무상태표가액으로 한다. 다만, 시가가 취득원가보다 낮은 경우에는 시가를 장부금액으로 한다(문단 7.4).

(1) 상품의 취득원가

매입금액＋매입부대원가(운임 · 보험료 · 관세 · 하역비 · 매입수수료 · 통관비 등) －매입에누리, 매입환출, 매입할인

(2) 제품의 취득원가

당기제품제조원가＝(기초재공품재고액＋당기총제조비용)－기말재공품재고액
제품매출원가＝(기초제품재고액＋당기제품제조원가)－기말제품재고액

(3) 연불조건으로 수입하는 경우 발생이자

D/A Bill 또는 Usancel Bill과 같이 연불조건으로 원자재를 수입하는 경우에 발생하는 이자는 차입원가로 처리한다(실 7.3).

2. 재고자산의 금액

재고자산금액＝재고자산 수량×단위당 원가

(1) 수량결정

기중에는 계속기록법에 의하여 수량을 기록하고 회계연도말에 실지재고조사법에 의하여 수량을 조사하여 차이가 있는 것은 재고자산감모손실로 처리하고, 정상적인 발생분은 매출원가에 가산하고, 비정상적인 발생분은 영업외비용으로 분류한다.

(2) 단가결정

① 개별법

개별자산별로 매출과 매출원가를 대응시키는 방법

② 선입선출법

먼저 매입한 재고자산이 먼저 매출된 것으로 보는 방법

③ 후입선출법

나중에 매입한 재고자산이 먼저 매출된 것으로 보는 방법

재무상태표가액과 순실현가능가액의 차이와 그 내용을 주석으로 기재

④ 이동평균법

$$단가 = \frac{해당\ 구입\ 직전\ 재고금액 + 해당\ 구입금액}{해당\ 구입\ 직전\ 재고수량 + 해당\ 구입수량}$$

⑤ 총평균법

$$단가 = \frac{기초재고금액 + 일정기간\ 구입금액}{기초재고수량 + 일정기간\ 구입수량}$$

⑥ 소매재고법

백화점 · 도매상 · 소매점과 같이 많은 종류의 상품을 취급하는 기업에서 사용하는 방법

가. 원가율 계산

$$\frac{기초재고자산 + 당기매입액(원가액기준)}{기초재고자산 + 당기매입액 \pm 순인상 \cdot 인하액(판매가격기준)}$$

나. 기말재고자산(판매가격) 계산 : 기초재고자산 + 당기매입액±순인상 · 인하액 − 매출액

다. 기말재고자산(원가) 계산 : 기초재고자산(판매가격) × 원가율

(3) 단가결정방법의 비교

구 분	일반기업회계기준
• 상호교환될 수 없는 재고항목 • 특정 프로젝트별 제품 및 서비스	개별법
유통업	소매재고법
그 외	선입선출법, 후입선출법, 이동평균법, 총평균법, 소매재고법*

* 실제원가에 기초한 다른 원가결정방법을 적용하는 것보다 합리적이라는 정당한 이유와 소매재고법의 원가율 추정이 합리적이어야 적용이 가능하다(문단 7.15).

3. 재고자산의 저가평가

(1) 저가법 적용시 F/P가액

구 분			일반기업회계기준
원재료	시가〈 원가	완제품평가손실 발생	현행 대체원가
		그 외	취득원가
	시가 〉원가		취득원가
그 외	시가〈 원가		순실현가능가치
	시가 〉원가		취득원가

(2) 저가법 적용방법

구 분		일반기업회계기준
시가	원재료	현행 대체원가
	그 외	순실현가능가치
평가방법		항목별 원칙, 조별 적용 가능
평가손실액 처리		매출원가에 가산
표시방법		취득원가에서 차감(간접법)
평가손실환입액 처리		매출원가에서 차감

(3) 저가법 적용시 회계처리

구 분	회계처리			
평가손실 인 식	(차) 매출원가	×××	(대) 평가충당금 (재고자산 차감항목)	×××
평가손실 환 입	(차) 평가충당금 (재고자산 차감항목)	×××	(대) 매출원가	×××

(4) 항목별 저가법과 조별 저가법

1) 일반기업회계기준상 저가법의 적용

① 원칙 : 항목별 저가법

항목별 저가법이란 재고자산의 품목별로 시가가 원가보다 하락한 경우에 평가손실을 계상하여야 하는 처리방법이다.

② 선택 : 재고항목들이 서로 유사하거나 관련되어 있는 경우에는 조별 저가법 적용가능. 따라서 저가법은 총액기준으로 적용할 수 없다.

2) 조별 저가법 적용요건

재고항목이 유사한 목적 또는 용도를 갖는 동일한 제품군으로 분류되고 동일한 지역에서 생산되어 판매되며, 그 제품군에 속하는 다른 항목과 구분하여 평가하는 것이 사실상 불가능한 경우에 조별 저가법의 적용이 가능하며, 이를 적용한 경우에는 계속성을 유지하여야 한다.

3) 항목별 저가법과 조별 저가법의 비교

① 자료

제품별(조별)	항목별	원 가	시 가
갑	A	100	110
	B	200	230
	계	300	340
을	C	300	280
	D	400	500
	계	700	780
병	E	500	550
	F	600	530
	계	1,100	1,080
총계		2,100	2,200

② 평가손실액

가. 항목별 저가법 적용시

C(300 − 280) + F(600 − 530) = 90

나. 조별 저가법 적용시

병(1,100 − 1,080) = 20

4) 조별 저가법의 선택 여부

상기 '2)'에서 규정된 조별 저가법의 적용요건이 구비된 경우에는 회사의 당기 손익상황을 검토하여 조별 저가법의 적용을 검토하여야 한다.

즉 대부분의 경우에는 조별 저가법상 평가손실금액이 항목별 저가법의 평가손실금액보다 적게 계상되므로 기업의 공표이익을 극대화할 수 있는 방법에 해당되는 것이다.

사례 · 기말재고 저가평가

1. 자료

수진㈜의 2024사업연도의 상품에 대한 자료는 다음과 같다.
단, 매 사업연도는 1.1.~12.31.이다.

구 분	2024년	
	원 가	시 가
기초상품재고액	1,500	1,100
당기상품매입액	3,000	
기말상품재고액	2,000	1,500

2. 수진㈜의 2024년말 회계처리와 부분재무제표

(1) 회계처리

(차) 매출원가	2,100[주1)]	(대) 상 품	2,100
(차) 매출원가	500[주2)]	(대) 평가충당금	500

주1) 재무상태표상 기초가액(=전기말 시가) 1,100+매입액 3,000-기말재고액 2,000=2,100원
주2) 장부가액 2,000-시가 1,500=500원

(2) 부분재무상태표

부분재무상태표

	2024년	
상 품	2,000	
(-)평가충당금	500	1,500

(3) 부분손익계산서

부분손익계산서

		2024년
매출원가		2,600
가. 기초상품재고액	1,100	
나. 당기상품매입액	3,000	
계	4,100	
다. 기말상품재고액	(1,500)	
라. 타계정대체액	-	

(5) 재고자산감모손실

재고자산감모손실이란 재고를 보관하는 과정에서 파손 · 도난 · 분실 등에 의해 장부상에 기록된 기말재고수량보다 실지재고수량이 작은 경우에 발생하는 손실을 말한다. 이러한 재고감모손실 중 정상적으로 발생하는 감모손실은 매출원가에 가산하고, 비정상적인 부분은 재고자산감모손실의 과목으로 영업외비용 처리하면 된다.

재고감모손실에 대한 회계처리

구 분	회계처리			
정상감모손실	(차) 매출원가	×××	(대) 재고자산	×××
비정상감모손실	(차) 재고자산감모손실 (영업외비용)	×××	(대) 재고자산	×××

질의회신 화재에 따른 재고자산 소실 등의 영업외비용 해당 여부

Ⅰ. 배경 및 질의

1. 회사의 해외종속회사에서 화재가 발생하여 보유하던 재고자산이 전소(全燒)되었다. 따라서 회사는 이미 체결된 매출계약의 납품 일정을 맞추기 위해, 제품을 새로 생산한 후 회사의 일반적인 운송방식(선박)이 아닌 더 빠른 운송방식(항공)을 선택하여 고객에게 운송하였다.
2 위와 같은 화재에 따른 ① 재고자산 소실에 따른 비용과 ② 긴급운송비가 영업비용에 해당되는지 아니면 영업외비용에 해당되는지?

Ⅱ. 회신

화재에 따른 재고자산 감모손실은 영업외비용으로 표시하고, 납기지연에 따른 손해배상을 회피하기 위해 고객에게 재고자산을 운송할 때 발생한 긴급운송비는 영업손익에 포함한다.

4. 재고자산의 차입원가자본화

(1) 대상

제조, 매입, 건설 또는 개발이 개시된 날로부터 의도된 용도로 사용하거나 판매할 수 있는 상태가 될 때까지 1년 이상이 소요되는 재고자산을 말한다(선박, 대규모 기계장치, 상가 또는 아파트분양 건설업).

(2) 차입원가자본화 계산

유형자산에 대한 차입원가자본화 계산과 동일하며 재고자산의 취득원가에 합산할 수 있다.

III. 법인세법

1. 취득원가

법인세법상 재고자산의 취득가액산정은 법인세법 제41조(자산의 취득가액)가 적용된다.

2. 재고실사시 장부상 재고수량과 실지 재고수량과의 차이발생시

(1) 장부상 수량 〉실제 재고수량

재고부족분에 대한 구체적이고 객관적인 사유가 없는 한 부족수량을 매출누락으로 보아 다음의 세무조정 실시

익금산입・매출누락・시가・상여 등

손금산입・매출원가・원가・△유보

(2) 장부상 수량〈 실제 재고수량

매출원가를 과다계상한 것이므로 초과수량 원가분을 손금불산입(유보) 처분한다.

3. 평가방법신고

(1) 신고방법

다음 자산의 종류별・영업장별로 원가법(개별법・선입선출법・후입선출법・이동평균법・총평균법・매출가격환원법)과 저가법(시가와 비교되는 원가법을 함께 신고) 중 평가방법을 납세지관할세무서장에게 신고해야 된다(무신고의 경우 및 신고방법과 다른 방법으로 평가하거나 승인없이 평가방법을 변경하는 경우에는 선입선

출법 적용. 이때 매매목적부동산은 개별법을 적용)(법령 74 ②).

① 제품 및 상품(부동산매매업자의 매매목적 소유 부동산 포함)

② 반제품 및 재공품

③ 원재료

④ 저장품

종목별 또는 영업장별로 다른 평가방법신고시는 종목별・영업장별로 제조원가명세서와 손익계산서를 작성해야 된다.

(2) 변경신고

평가방법을 변경할 때에는 사업연도종료일 이전 3월이 되는 날까지 납세지관할세무서장에게 변경신고해야 한다(법령 74 ③ 2호).

4. 재고자산평가손실에 대한 세무조정

① 기업회계상 재고자산평가손실계상에 대하여 법인세법상 저가법신고한 경우에 한하여 손금인정되며, 저가법을 신고하고 이를 적용하지 아니한 경우에는 임의변경으로 본다.

그러므로 원가법으로 신고된 경우에는 장부에 계상된 평가손실은 손금불산입(유보)처리되며 추후 매각시 손금추인된다.

② 내국법인이 재고자산 중 제품 및 상품에 대한 평가방법을 원가법(개별법)에서 저가법으로 변경하는 경우 기 유보처분된 재고자산의 평가손실금액은 재고자산의 처분시 손금에 산입하는 것이다(법인세과－254, 2014.6.2.).

5. 정상가액으로 판매할 수 없는 자산의 평가

① 파손・부패 등의 사유로 정상가액으로 판매할 수 없는 재고자산에 대하여는 원가법으로 신고해도 시가로 평가하며 평가손실을 손금에 산입할 수 있다(법법 42 ③ 1호).

이는 반드시 장부에 비용으로 계상하여야만 손금으로 인정된다.

② 법인이 시장가치가 상실되어 판매가 불가능한 재고자산을 폐기처분하는 경우에는 그 사실이 객관적으로 입증될 수 있는 증빙을 갖추어 당해 재고자산의 장부

가액을 소득금액 계산상 손금에 산입할 수 있는 것이며, 이에 해당하는 지 여부는 상품가치, 시장교환성 유무 및 폐기처분규정 등의 객관적인 증빙 여부에 따라 사실 판단할 사항임(서면법인-238, 2019.10.31.)

6. 연불조건으로 수입하는 경우 발생이자

원자재를 연불조건으로 수입하는 경우 D/A Bill과 Usance Bill과 같은 이자비용이 발생하게 되는데, 이에 대한 회계처리는 다음과 같다.

구 분	D/A Bill	Shipper's Usance Bill	Banker's Usance Bill
일반기업회계기준	차입원가	차입원가	차입원가
법인세법	취득원가	취득원가	취득원가

도표에서 보듯이 법인세법에서는 모든 이자비용을 취득원가로 계상하는 것을 원칙으로 하지만, 회사가 이자비용을 금융비용으로 회계처리하는 경우에는 이를 세무조정하지 않도록 하여 기업회계를 인정하고 있다.

7. 차입원가자본화

일반기업회계기준 제18장 「차입원가자본화」에서는 제조, 매입, 건설 또는 개발이 개시된 날로부터 의도된 용도로 사용하거나 판매할 수 있는 상태가 될 때까지 1년 이상의 기간이 소요되는 재고자산, 유형·무형자산 및 투자자산에 대해 발생된 금융비용을 기간비용으로 처리함을 원칙으로 하되 선택적으로 자본화할 수 있도록 하고 있다. 이때 금융비용의 회계처리방법은 모든 자본화대상자산에 대하여 매기 계속 적용하고 정당한 사유없이 변경할 수 없다.
이에 따라 회사가 재고자산에 대해 발생된 금융비용을 자본화할 수 있는데 특정차입금의 경우 법인세법에서는 이를 인정하지 않으므로 세무조정 사항이 발생될 수 있다.

구 분	세무조정
금융비용을 기간비용으로 한 경우	세무조정 없음
금융비용을 자본화한 경우	자본화 금액을 손금산입 △유보로 세무조정하고, 판매시점에서 손금불산입 유보로 추인

결산점검 *Check-list*

1. 법인세법상 재고자산평가방법 저가법적용 여부

기업회계에서는 재고자산평가에 대해 저가법을 적용함이 원칙으로 되어 있다. 그러므로 재고자산의 순실현가능가치 또는 현행대체원가가 장부가액보다 낮은 경우에는 그 차액을 당기비용(매출원가)으로 계상하고 재고자산에서 차감 표시(평가충당금)한다.

법인세법에서는 이에 대해 2021.9.30.까지 재고자산평가방법변경신고서를 관할세무서에 제출하여 기존에 신고한 평가방법을 저가법(원가계산 적용방법도 함께 기재)으로 변경한 경우에는 기업회계상 비용처리액을 손금으로 인정하고 있다.

결산담당자는 반드시 세무상 저가법신고 여부를 확인하여 세무조정 여부를 결정하고 당기에 저가법신고가 이루어지지 않은 경우에는 내년 9.30.까지 변경신고서를 제출하는 것을 검토하여야 할 것이다.

2. 기말 재고자산을 과대계상하여 이익을 증가시키는 경우

실지 재고자산수량보다 장부상 수량을 의도적으로 과대계상하면 장부상 당기순이익이 과대계상되는 전형적인 분식회계에 해당한다. 이에 대해 대다수의 기업들은 세금을 과다하게 납부한 것이므로 추후 적발시에도 세무상은 Risk가 없다고 판단하나 이는 잘못된 판단으로 장부상 재고수량인 경우 차이 수량을 기업이 장부외 매출하여 대표이사가 가져간 것으로 보아 다음의 세무조정이 발생할 수 있다.

- 익금산입・매출누락・상여

  즉 기업이 분식회계했다는 것을 입증하기가 실무상 쉽지 않다는 것으로 막연히 세금을 더 납부한 것으로 이해해서는 안되는 것이다. 또한 당기의 기말재고과대계상은 당기순이익을 증가시켜 당기의 법인세는 증가하지만 내년에는 기초재고의 과대계상에 해당되어 매출원가를 증가시켜 당기순이익을 감소하게 하여 당연 법인세도 과소 납부하게 된다. 이러한 경우 분식회계를 인정한다 해도 당기분 법인세는 경정청구를 통해 환급되고 내년분 법인세는 수정신고대상이 되어 본세는 환급세액과 충당이 되나 경정청구시보다 많이 높은 가산세(신고불성실가산세 40%, 납부불성실가산세 일 25/100,000)를 부담하는 문제가 발생됨에 반드시 유의하여야 한다.

3. 재고자산 감모손실의 세무상 인정 여부

기업회계에서는 실지 재고수량이 장부상 수량보다 적은 경우 감모라 하여 당기비용 처리하도록 하고 있다. 이에 대해 세법에서는 감모의 사유가 도난, 온도 변화 등으로 정당한 사유가 있는 경우에만 인정되고 그렇지 아니한 감모손실의 경우에는 매출누락・상여로 처분하므로 재고자산 감모손실의 계상시 많은 주의를 요하고 있다.

제5장 투자자산

I. 투자자산의 의의

1. 개별표시 예시

"투자자산"은 기업이 장기적인 투자수익이나 타기업 지배목적 등의 부수적인 기업활동의 결과로 보유하는 자산을 말하며, 투자자산 내에 별도 표시하는 분류항목의 예는 다음과 같다(실 2.30).

1. 투자부동산
2. 장기투자증권
3. 지분법적용투자주식
4. 장기대여금
5. 기타

2. 항목의 의미

(1) 투자부동산

"투자부동산"은 영업활동에 사용하지 않는 토지와 설비자산으로 한다.

(2) 장기투자증권

"장기투자증권"은 비유동자산으로 분류되는 매도가능증권과 만기보유증권으로 한다.

(3) 지분법적용투자주식

"지분법적용투자주식"은 피투자회사에 대하여 유의적인 영향력을 행사할 수 있는 지분증권으로 한다.

(4) 장기대여금

"장기대여금"은 대여금 중 유동자산에 속하지 아니하는 장기의 대여금으로 한다.

(5) 기타

"기타"는 별도 구분표시하지 않는 투자자산으로 한다. 만약 상기 예시와 같이 투자자산을 구분표시하는 경우 '기타'에는 설비확장 및 채무상환 등에 사용할 특정목적의 예금이 포함될 수 있다.

II. 지분법적용투자주식

1. 의의

지분법(equity method)회계는 투자주식을 취득하는 시점에는 취득원가로 인식하고 취득시점 이후에 발생한 관계기업의 순자산 변동액 중 투자회사의 지분율에 해당하는 금액을 해당 투자주식에 직접 가감하여 회계처리하는 방법을 말한다.
이러한 지분법의 회계처리는 투자기업이 관계기업에 대해 유의적인 영향력을 행사할 수 있는 경우에 적용하며 지분법피투자기업에는 주식회사, 합명회사, 합자회사, 유한회사, 조합 등의 모든 법적 실체를 포함한다(문단 8.3).

2. 지분법의 기본 회계처리

지분법에 의한 기본적인 회계처리는 다음과 같다.

① 투자주식을 취득한 경우

(차) 지분법적용투자주식	×××	(대) 현금및현금성자산	×××
(투자자산 : 취득원가로 계상)			

② 관계기업의 당기손익 발생시

가. 당기순이익이 발생시

(차) 지분법적용투자주식 ××× (대) 지분법이익* ×××
(영업외수익)

* 관계기업 당기순이익×투자회사의 지분율

나. 당기순손실이 발생시

(차) 지분법손실 ××× (대) 지분법적용투자주식 ×××
(영업외비용)

③ 관계기업의 자본잉여금, 자본조정 및 기타포괄손익누계액이 증가한 경우

(차) 지분법적용투자주식 ××× (대) 지분법자본변동 ×××
(기타포괄손익누계액)
이연법인세부채 ×××*

* 관계기업 증가액×투자기업의 지분율×미래세율

④ 관계기업의 자본조정 및 기타포괄손익누계액이 감소한 경우

(차) 부의지분법자본변동 ××× (대) 지분법적용투자주식 ×××
(기타포괄손익누계액)
이연법인세자산 ×××

⑤ 관계기업의 전기이월이익잉여금이 변동한 경우

가. 중요하지 않은 경우 : 당기 지분법손익에 반영

나. 중요한 경우 : 지분법이익잉여금변동(전기이월이익잉여금)에 반영

⑥ 관계기업이 현금배당을 결의한 경우

(차) 미수금 ××× (대) 지분법적용투자주식 ×××

⑦ 취득가액에 포함된 투자・평가차액의 상각

(차) 지분법이익 ××× (대) 지분법적용투자주식 ×××
(또는 지분법손실)

⑧ 내부미실현손익의 제거

(차) 지분법이익 ××× (대) 지분법적용투자주식 ×××

⑨ 손상차손 발생시

(차) 지분법적용투자주식손상차손 ××× (대) 지분법적용투자주식 ×××
(영업외비용)

3. 유의적인 영향력

(1) 지분율 기준에 의한 유의적인 영향력의 판단기준

1) 의의

지분법은 투자기업이 관계기업에 유의적인 영향력을 행사할 수 있는 경우에 적용되는 방법이다. 유의적인 영향력(significant influence)은 투자기업이 관계기업의 재무정책과 영업정책에 관한 의사결정에 실질적인 영향을 미칠 수 있는 능력을 말하며 지분율 기준과 실질적 판단기준으로 구분된다.

2) 지분율 기준

투자기업이 직접 또는 종속기업을 통하여 간접으로 피투자회사의 의결권 있는 주식의 20% 이상을 보유하고 있다면 명백한 반증이 있는 경우를 제외하고는 유의적인 영향력이 있는 것으로 본다.

그러나 종속기업은 지배기업의 영업·투자·재무정책 등을 결정하는데 사실상 유의적인 영향력을 행사할 수 있다고 볼 수 없으므로 비록 종속기업이 지배기업의 의결권 있는 주식을 20% 이상 보유하고 있더라도 종속기업은 지배기업 주식에 대해서 지분법을 적용하지 않는 것이 타당하다.

구 분		내 용	참 조
일반적인 경우		투자기업 지분율+종속기업 보유지분율	단순합계로 계산
의결권이 제한되는 주식		지분율 계산에서 제외	일시적인 경우에는 지분율 계산에 포함
의결권 없는 주식		지분율 계산에서 제외	-
전환증권		지분율 계산에서 제외	권리행사를 합리적으로 기대할 수 있는 경우 지분율 계산에 포함
의결권이 부활한 우선주		지분율 계산에 포함	일시적인 경우에는 지분율 계산에서 제외
관계기업의 자기주식	소각목적	주식수에서 제외	유통주식수로 계산
	일시보유목적	주식수에 포함	

(2) 실질적 판단기준에 의한 유의적인 영향력의 판단기준

투자기업이 관계기업에 대한 의결권 있는 주식이 20%에 미달하더라도 투자기업이 다음 중 하나 이상에 해당하는 경우 일반적으로 유의적인 영향력이 있다고 본다.

① 투자기업이 피투자기업의 이사회 또는 이에 준하는 의사결정기구에서 의결권을 행사할 수 있는 경우

② 투자기업이 피투자기업의 재무정책과 영업정책에 관한 의사결정과정에 참여할 수 있는 경우

③ 투자기업이 피투자기업의 재무정책과 영업정책에 관한 의사결정과정에 참여할 수 있는 임원선임에 상당한 영향력을 행사할 수 있는 경우

〈유의적인 영향력을 행사할 수 있다고 인정되는 인사정책 관여의 범위(재무보고에관한실무의견서 2007－4, 2007.3.6.)〉

계약 등을 통해 임원선임권한 및 이사회 등의 의결권을 획득하거나, 투자기업 임직원이 피투자기업 임원으로 겸직하거나, 투자기업에 소속된 상태에서 피투자기업 임원으로 파견되거나, 그 외 유의적인 영향력을 행사할 수 있는 명백한 사유가 있는 경우임.

이때 임원은 이사, 감사, 업무집행지시자(명예회장・회장・사장・부사장・전무・상무・이사 기타 업무를 집행할 권한이 있는 것으로 인정될 만한 명칭을 사용하여 회사의 업무를 집행한 자)를 의미함.

④ 피투자기업의 중요한 거래가 주로 투자기업과 이루어지는 경우

⑤ 피투자기업에게 필수적인 기술정보를 투자기업이 해당 피투자기업에게 제공하는 경우

상기 '①, ②, ③'의 '～할 수 있는 경우(즉 능력)'는 투자기업이 피투자기업에게 유의적인 영향력을 행사하기 위하여 법률・정관・계약 등(약정서, 협의서 등 명칭과 무관)과 같이 피투자기업을 구속할 수 있는 객관적 증거를 갖고 있어야 한다.

중/점/사/항/

1. 관계기업의 정의

   관계기업은 투자기업이 피투자기업에 대하여 유의적인 영향력이 있으나 일반기업회계기준 제4장 「연결재무제표」에서 정의하는 종속기업이 아니고 제9장 「조인트벤처 투자」에서 정의하는 조인트벤처가 아닌 경우의 지분법피투자기업이다(문단 8.7).

2. 20% 지분율 산정시 유의사항(간접보유의 범위)

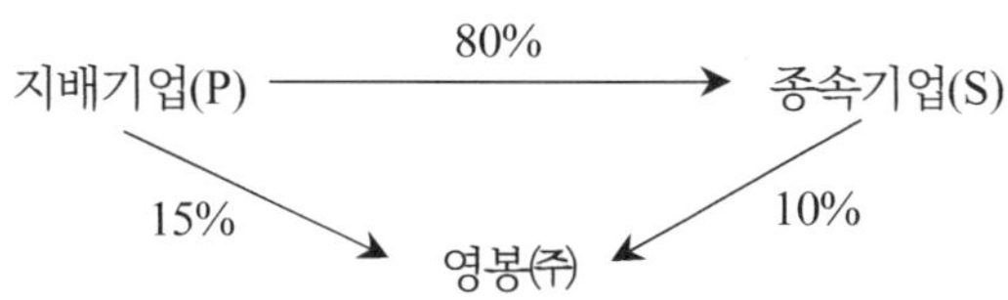

유의적인 영향력을 판단함에 있어 피투자기업에 대한 지분율은 투자기업의 지분율과 종속기업이 보유하고 있는 지분율의 단순합계로 한다.

(1) 관계기업 해당 여부 판단
지배기업과 종속기업의 지분율 단순합계로 20% 이상 보유 여부 판단
$15\% + 10\% \geq 20\%$
영봉㈜는 지배기업(P)의 관계회사에 해당되어 지분법을 적용한다.

(2) 지배기업(P)의 영봉㈜에 대한 지분율 적용시 실질지분율 적용
지배기업(P)의 영봉㈜에 대한 지분율 적용시에는 지배기업의 지분율만 적용하는 것이 아니라 종속기업의 영봉㈜에 대한 지분율에 지배기업지분율을 곱한 지분율은 합산한 실질지분율을 적용하여 계산한다.
$15\% + (10\% \times 80\%) = 23\%$(실질지분율)

(3) 종속기업(S) 입장
종속기업(S) 입장에서는 S가 지배하는 다른 종속기업이 없으므로 S 자신이 소유하고 있는 영봉㈜에 대한 지분율만을 가지고 지분법 적용 여부를 판단해야 하는데, 10%를 소유하고 있으므로 S는 영봉㈜에 대해 지분법을 적용할 수 없다.

(3) 합병을 통해 취득한 관계기업주식의 최초 회계처리(질의회신 2017.9.11.)

① 현황

- A사(비상장)는 B사(비상장)를 합병하면서 B사가 보유하고 있던 관계기업주식 C(상장), D(상장)을 취득하게 됨
- 합병법인 A사와 피합병법인 B사에 대한 지배는 합병거래를 전후하여 개인(갑)에게 귀속됨

② 질의

해당 합병거래가 동일지배거래인지? 만약 동일지배거래가 아니라면, 합병법인 A사는 제12장에 따른 사업결합 회계처리와는 별도로 제8장에 따라 관계기업주식 C, D에 대한 투자차액을 산정해야 하는지?

③ 회신

귀 질의의 경우, 합병법인 A와 피합병법인 B에 대한 지배가 합병거래를 전후

하여 통일기업에 귀속되지 않으므로 일반기업회계기준 제32장 '동일지배거래'를 적용할 수 없으며, 이 두 기업의 합병은 일반기업회계기준 제12장 '사업결합'에 따라 회계처리 하여야 함

따라서 합병법인 A는 일반기업회계기준 제12장 '사업결합' 문단 12.20에 따라 합병을 통해 취득한 관계기업주식 C, D를 취득일 현재 공정가치로 측정하여 영업권을 산정함

사업결합으로 취득한 관계기업주식 C, D의 공정가치는 일반기업회계기준 제8장 '지분법' 문단 8.11의 취득대가로 간주하며, 관계기업 C, D의 순자산 공정가치 지분해당액과의 차이를 투자차액으로 산정함

4. 법인세법상 처리

(1) 당기손익 계상(지분법이익 또는 지분법손실)시

익금불산입 · 지분법적용투자주식 · △유보

손금불산입 · 지분법적용투자주식 · 유보

(2) 자본조정 계상시

① 지분법자본조정 증가시

익금산입 · 지분법자본적용 · 기타

손금산입 · 지분법적용투자주식 · △유보

② 지분법자본조정 감소시

손금산입 · 지분법자본적용 · 기타

익금산입 · 지분법적용투자주식 · 유보

(3) 배당금 수령시

익금산입 · 지분법적용투자주식 · 유보

익금불산입 · 수입배당금 · 기타

5. 연결재무제표의 작성(제4장)

(1) 용어정의(문단 4.4)

① 지배기업 : 하나 이상의 종속기업을 가지고 있는 기업

② 종속기업 : 다른 기업(지배기업)의 지배를 받고 있는 기업. 파트너십과 법인격이 없는 실체와 특수목적기업을 포함

③ 지배력 : 경제활동에서 효익을 얻기 위하여 재무정책과 영업정책을 결정할 수 있는 능력

(2) 소규모비상장 지배기업 등의 비외감기업 연결제외(시행일 및 경과규정, 2022.12.2. 신설)

① 다음 중 어느 하나에 해당하지 않는 지배기업은 일반기업회계기준 연차개선(2018년) 중 문단 4.4, 4.8(1), 8.35, 32.3의 개정 내용(모든 종속기업을 연결범위에 포함)을 적용하지 아니할 수 있다.

㉮ '자본시장과 금융투자업에 관한 법률'에 따른 상장법인, 증권신고서 제출법인, 사업보고서 제출대상법인

㉯ 제3장 '재무제표의 작성과 표시 Ⅱ(금융업)'에서 정의하는 금융회사

㉰ '주식회사 등의 외부감사에 관한 법률'에 따른 대형비상장주식회사(직전 사업연도 말의 자산총액 5천억원 이상)

㉱ 제4장 '연결재무제표'에서 정의하는 연결실체에 위의 '㉮~㉱'의 기업이 포함된 경우의 지배기업

② 이 개정 내용은 2022년 12월 31일부터 시행하고, 시행일이 속하는 회계연도부터 적용하며, 2027년 12월 31일이 속하는 회계연도까지 효력이 있다.

③ '①'의 개정 내용을 적용할 때 '주식회사 등의 외부감사에 관한 법률' 제4조 및 같은 법 시행령 제5조에 따른 외부감사 대상이 아닌 기업을 종속기업으로 보지 아니한다. 다만, 계약 등에 의하여 다음 회계연도 말까지 처분이 예정된 기업은 종속기업으로 보지 아니하며, 해외종속기업의 경우에는 국내종속기업에 대한 규모기준을 준용하며, 분할하거나 다른 회사와 합병하여 새로운 회사를 설립하거나 새로 설립된 회사로서 직전 회계연도의 재무상태표가 없는 경우에는 설립 시점의 금액 등으로 규모기준을 준용한다.

④ '①'의 지배기업은 연결재무제표 작성 목적상 비외감기업을 종속기업으로 보지 아니하는 경우에도 해당 비외감기업에 대해 일반기업회계기준 제8장 '지분법'에 따라 관계기업에 대한 지분법을 적용해야 한다(문단 8.7~8.13). 다만, 동 문

단의 지배기업이 중소기업기본법에 의한 중소기업에 해당하는 경우에는 일반기업회계기준 제31장 '중소기업 회계처리 특례'에 따라 관계기업에 대한 지분법을 적용하지 아니할 수 있다(문단 31.6).

(3) 일반기업회계기준 연결면제 선택 시 동일지배거래 해당 여부(한국회계기준원 질의회신, 2023.12.19.)

① 연결재무제표 작성 목적상 비외감기업을 종속기업으로 보지 아니하고 관계기업에 대한 지분법을 적용한 경우, 해당 비외감기업은 일반기업회계기준 제32장 '동일지배거래'의 지배·종속기업의 범위에 포함되는 종속기업인지 여부

② 시행일 및 경과규정(2022.12.2.) 문단 1에 따라 일반기업회계기준 제32장 '동일지배거래'의 지배·종속기업의 범위에 포함됩니다.

(4) 연결재무제표 작성 예외(문단 4.3)

지배기업은 다음의 조건을 모두 충족시 연결재무제표를 작성하지 아니할 수 있다.

① 지배기업 자체가 종속기업이다.

② 지배기업의 최상위 지배기업(또는 중간지배기업)이 연결재무제표를 작성한다. 단, 금융·보험업영위법인은 연결재무제표를 작성해야 한다.

보론 K-IFRS와의 비교

1. 별도재무제표작성시 지분법적용배제

K-IFRS에서는 연결재무제표가 주된 재무제표이며, 연결재무제표를 작성하는 지배회사의 개별재무제표를 별도재무제표라 규정하고 있으며 별도재무제표작성시 종속회사나 지분법적용대상피투자회사에 대해 지분법도 선택하여 적용할 수 있으며 원가법 또는 공정가치법을 적용하여 투자주식을 평가한다.

2. 유의적인 영향력판단기준 중 중요한 거래

일반기업회계기준에서는 피투자기업의 유의적인 거래가 주로 투자기업과 이루어지는 경우 지분법을 적용하나 K-IFRS에서는 투자회사와 피투자회사 사이의 중요한 거래가 있는 경우 지분법을 적용하도록 하고 있다.

3. 취득가액에 포함된 (+)투자차액의 상각

일반기업회계기준에서는 (+)투자차액을 영업권으로 보아 20년의 기간 이내에 상각하여 지분법손실을 계상하나 K-IFRS에서는 영업권을 상각하지 않으므로 (+)투자차액을 상각하지 않는다.

III. 투자부동산

1. 정 의

영업활동에 사용하지 않는 토지와 설비자산을 말한다.

2. 법인세법

(1) 업무무관부동산

1) 업무무관부동산의 범위

업무무관부동산이란 다음에 해당하는 부동산을 말한다(법령 49 ① 1호).

첫째, 법인의 업무에 직접 사용하지 않는 부동산. 단, 유예기간이 경과하기 전까지의 기간 중에 있는 부동산을 제외한다.

둘째, 유예기간 중에 해당 법인의 업무에 직접 사용하지 아니하고 양도하는 부동산. 단, 부동산매매업을 주업으로 하는 법인의 경우에는 제외한다.

2) 유예기간

① 업무무관부동산 판정시 유예기간(법칙 26 ①)

가. 건축물 또는 시설물 신축용 토지 : 취득일부터 5년(산업집적활성화및공장설립에관한법률 제2조 제1호의 규정에 의한 공장용 부지로서 산업집적활성화및공장설립에관한법률 또는 중소기업창업지원법에 의하여 승인을 얻은 사업계획서상의 공장건설계획기간이 5년을 초과하는 경우에는 해당 공장건설계획기간)

나. 부동산매매업[한국표준산업분류에 의한 부동산개발 및 공급업(묘지분양업을 포함) 및 건물건설업(자영건설업에 한함)을 말함]을 주업으로 하는 법인이 취득한 매매용 부동산 : 취득일부터 5년

다. '가.' 및 '나.' 외의 부동산 : 취득일부터 2년

라. 건축물과 부속되는 토지를 임대하던 법인이 해당 건축물을 철거하고 토지만을 임대하는 경우 유예기간이 경과하기 전까지는 업무무관자산에서 제외하

는 것이며, 유예기간 이후에는 해당 부동산을 업무에 직접 사용하지 아니한 기간 중에 유예기간과 겹치는 기간은 제외한다(서면법규과-171, 2014.2.25.).

② 유예기간 계산시 기산일

업무무관부동산 판정시 유예기간의 계산은 부동산의 취득일부터 업무에 직접 사용하는 날까지로 한다. 이때 부동산의 취득일은 다음의 소득세법시행령 제162조의 규정을 준용하되 장기할부조건에 의한 취득의 경우에는 해당 부동산을 사용 또는 수익할 수 있는 날(매수자의 신청에 의한 매도자의 사용승낙일을 말함. 법인 46012-2353, 1999.6.23.)로 한다(법칙 26 ⑥).

가. 원칙 : 해당 부동산의 대금청산일

나. 대금청산일이 불분명한 경우 : 등기부상 기재된 등기(등록)접수일 또는 명의개서일

다. 대금청산 전에 소유권이전등기를 한 경우 : 등기부상에 기재된 등기접수일

라. 합병에 의한 취득시 : 합병에 의한 소유권이전등기일(재경부 법인 46012-52, 2000.3.31.)

마. 사업양수도에 의한 취득시 : 양수법인의 취득일(법인 46012-1244, 2000.5.29.)

바. 개발사업지구 내 토지취득 대금청산했으나 토지의 조성공사가 완료되지 않아 업무에 사용하지 않은 경우 유예기간은 토지조성이 완성 또는 확정된 날부터 기산함(법인 46012-1626, 2000.7.22.).

사. 자기가 건설한 건축물 : 준공검사필증교부일. 단, 사실상의 사용일 또는 사용승인일이 빠른 경우에는 그날

아. 상속·증여취득시 : 상속개시일 또는 증여받은 날

자. 점유취득시 : 해당 부동산의 점유를 개시한 날

3) 해당 법인의 업무

해당 법인의 업무란 다음의 업무를 말한다(법칙 26 ②).

① 법령에서 업무를 정한 경우에는 그 법령에 규정된 업무

② 각 사업연도종료일 현재의 법인등기부상 목적사업(행정관청의 인가·허가 등을 요하는 사업은 인가·허가 등을 받은 경우에 한한다)으로 정하여진 업무

(2) 업무무관동산(법령 49 ① 2호)

① 서화 및 골동품. 다만, 장식 · 환경미화 등의 목적으로 사무실 · 복도 등 여러 사람이 볼 수 있는 공간에 상시 비치하는 것을 제외한다.

② 업무에 직접 사용하지 아니하는 자동차 · 선박 · 항공기(저당권의 실행 기타 채권을 변제받기 위하여 취득하여 취득일로부터 3년이 경과되지 아니한 것은 제외)

③ '①', '②'와 유사한 자산으로서 업무무관자산

(3) 업무무관자산

업무무관부동산 + 업무무관동산

(4) 업무무관자산의 취득 · 관리에 따른 비용 등

업무무관자산을 취득 · 관리함으로써 생기는 다음의 비용은 손금불산입된다(법령 50).

① 재산세

② 관리전담 인건비

③ 감가상각비

④ 수선비

⑤ 수도료 · 전기료 · 보험료 등

이때 동 유지 · 관리비 등에 대한 소득처분은 기타사외유출이다.

주요해석

1. 스포츠회원권의 사용이 특정인에게 전속되는 등 법인의 업무에 직접 사용되지 아니한 경우에는 동 회원권의 취득 · 관리비용과 유지비는 손금불산입된다(법인 46012-418, 1999.2.1.).
2. 법인의 골프회원권 취득 및 사용과 관련하여 해당 회원권이 사업에 직접 사용되는 사업용자산에 해당하지 않는 경우와 해당 회원권을 사용하여 거래처 등에 접대를 하는 경우의 지출과 관련한 부가가치세는 매입세액공제대상에 해당하지 않는 것이나, 골프회원권 취득은 자산거래이므로 취득가액을 기업업무추진비로 계상하지는 않는 것이며, 법인이 법인명의의 골프회원권을 영업상 고객접대 및 직원복지 등의 목적으로 업무와 관련하여 사용하는 것이 입증되는 경우에는 업무무관자산에 해당하지 않는 것이나, 해당 자산이 이에 해당하는지는 이용실태 등을 기준으로 사실판단할 사항이다(서이-1700, 2005.10.21.).

(5) 업무와 관련이 없는 지출

법인의 업무와 직접 관련이 없다고 인정되는 다음의 경비는 손금불산입된다(법령 50).

① 타인이 주로 사용하는 자산 등의 유지비 등

법인이 직접 사용하지 아니하고 다른 사람이 주로 사용하는 장소・건물・물건 등의 유지비・관리비와 사용료 등을 지출한 때에는 손금불산입한다.

② 법인의 출자임원 또는 그 친족이 사용하고 있는 사택의 유지비 등

법인의 출자자나 출연자인 임원과 그 임원의 친족이 사용하고 있는 사택의 유지비・관리비・사용료와 이와 관련되는 지출금은 손금불산입된다. 이때 출자임원에는 소액주주(주식보유비율이 1% 미만 주주)인 임원은 제외된다.

사택사용자	사택유지비	사택임대시 부당행위계산부인 적용 여부
출자임원	손금불산입항목	○
비출자임원 (소액주주임원 포함)	손금항목	×
직원(종업원)	〃	×

③ 업무무관자산의 취득을 위한 차입비용

업무무관자산을 취득하기 위하여 지출한 자금의 차입과 관련되는 비용은 손금불산입된다. 이때 차입에 관련되는 비용에는 지급보증료, 알선수수료 등이 해당된다. 단, 업무무관자산을 취득하기 위한 자금의 차입에 관련되는 이자는 법인세법 제28조 제1항 규정에 의하여 손금불산입되는 것이며 업무무관자산의 취득을 위한 차입비용으로 부인되는 것은 아니다.

④ 해당 법인이 공여한 형법상 뇌물 또는 국제상거래에있어서외국공무원에대한뇌물방지법상 뇌물에 해당하는 금전 및 금전 외의 자산과 경제적 이익의 합계액

⑤ 노동조합및노동관계조정법 제24조 제2항 및 제4항을 위반하여 지급하는 급여

핵심예규

1. 사택의 유지관리비 중 일상생활과 관련하여 발생하는 비용(예 : 전기료・수도료・전화료・냉난방비・방범비・엘리베이터사용료・가스료 등)은 그 실질귀속에 따라 법인의 손금산입 여부를 달리해야 한다. 해당 사택을 종업원 등의 거주 외에 법인의 업무(예 : 회의장소로 사용, 외국바이어와의 행사장소 등 사용)에도 사용하고 있는 경우가 그러하며, 귀속이 불분명한 부분은 주된 사용용도에 귀속되는 것으로 판단하여야 할 것임. 그러므로 종업원 등의 거주용으로만 사용되는 경우 일상생활비

는 업무와 관련없는 비용인 것이며(법인 1264.21 – 1868, 1984.6.5.), 거주용 외 겸용인 경우 종업원 등의 입주에 따라 추가 발생하는 실비적 유지관리비는 해당 종업원 등이 부담할 것이고 이를 법인이 대납하는 경우 이는 종업원 등의 근로소득으로 과세하고 법인의 손금에 산입하여야 함(법인 22601 – 1864, 1986.6.7., 법인 46012 – 3960, 1995.10.24.).

2. 법인이 임원 또는 직원의 복리후생을 위하여 지출하는 비용은 손금으로 인정되는 것이나, 특정임원들간의 경영관리 회의와 단합 및 사기증진을 위해 골프장 이용료로 지출한 비용은 건전한 사회통념과 상관행에 비추어 정상적인 법인의 지출로 인정할 수 없으므로 법인의 손금에 산입할 수 없는 것이며 관련 지출비용은 해당 임원에 대한 상여로 처분한다(서이 – 1259, 2005.8.3.).
3. 법인이 임차하여 대표이사에게 제공한 아파트 관련 임대료 등을 업무무관 비용으로 보아 손금불산입함과 동시에 부당행위계산부인(익금산입)규정을 적용하여 과세한 처분은 적법함(조심 2017전1349, 2017.6.1.)
4. 법인이 취득한 부동산을 최대주주에게 저가로 임대시(사택으로 사용) 부동산의 유지관리비 등은 손금불산입 · 상여처분은 타당하나 부동산 취득자금의 가지급금처리 및 업무무관부동산 해당 판단은 옳지 않음(대법원 2014두43301, 2017.8.29.)
   ① 상기 사례시 과세관청의 처분
      가. 내국법인이 제주도에 50억원 상당 주택취득하여 최대주주에게 무상으로 사용하고 관련 유지비용을 부담한 경우
      나. 과세관청은 50억원을 최대주주에 대한 업무무관가지급금으로 보아 이에 해당하는 처분을 함
      다. 과세관청은 해당부동산을 업무무관부동산으로 보아 이에 해당하는 처분을 함
   ② 대법원의 판결내용
      가. 해당부동산은 사택에 해당되므로 취득자금은 가지급금에 해당하지 않으며 업무무관부동산에도 해당하지 않음
      나. 주주 등이 사용하는 사택의 유지관리비에 대해 손금불산입 · 상여 등의 처분이 타당함
      다. 주주에 대해 저가임대에 따른 부당행위부인규정을 적용하여 해당부동산에 대한 임대료(시가)보다 적게 수령한 임대료에 대하여 익금산입 · 상여 등의 처분이 타당함

(6) 업무무관자산에 대한 지급이자 손금불산입

① 대상

가. 업무무관부동산 · 동산을 보유하고 있는 법인

나. 특수관계인에게 업무와 무관한 가지급금을 지출한 법인

② 업무무관자산

가. 업무무관부동산(법령 49 ① 1호)

나. 업무무관동산

(ᄀ) 서화 · 골동품. 단, 장식 등의 목적으로 사무실 등 여러 사람이 볼 수 있는

공간에 비치하는 것은 제외

㈁ 업무에 직접 사용하지 않는 자동차 · 선박 · 항공기 등

③ 손금불산입액 계산(법령 53 ②)

$$\text{손금불산입액} = \text{지급이자}^{주1)} \times \frac{\text{Min}\begin{cases} ① \text{ 업무무관자산적수} + \text{가지급금적수}^{주2)} \\ ② \text{ 총차입금적수}^{주3)} \end{cases}}{\text{총차입금적수}^{주3)}}$$

주1) 앞선 순위로 손금부인된 지급이자를 차감한 금액

주2) 동일인에 대한 가지급금과 가수금이 함께 있는 경우에는 상계한 금액으로 하되, 상환기간 및 이자율에 관한 약정이 있어 이를 상계할 수 없는 경우에는 상계를 하지 아니한다.

주3) 지급이자÷이자율×365(윤년은 366)

④ 지급이자

지급이자는 차입금에 대한 이자를 말하며, 차입금이란 지급이자 및 할인료를 부담하는 모든 부채를 말한다(법기통 28－53…1). 이때 지급이자는 해당 사업연도에 발생한 지급이자 총액을 의미하므로 선급이자는 제외하며 미지급이자는 포함된다(법인 46012－1666, 1995.6.19.; 법인 46012－1946, 1997.7.15.).

1. 손금불산입대상 지급이자

가. 금융어음에 대한 할인료(법기통 28－53…1)

나. 사채할인발행차금상각액(조기상환시의 일시상각액도 포함, 법인 22601－3304, 1988.11.15.; 법인 22601－720, 1991.4.10. 등)

다. 전환사채의 지급이자(법인 22601－514, 1991.4.20.; 법인 22601－163, 1991.1.24.)

라. 1995.1.1. 이후 발행된 전환사채의 전환권조정계정의 상각액(법인 46012－4722, 1995.12.28.)*

* "전환증권"의 회계처리에 따라 계상된 전환권조정계정의 상각액은 법인세법상 손금불산입되므로 손금불산입 지급이자대상에서 제외된다.

마. 전환사채발행시 만기일에 지급한 상환할증금(법인 46012－441, 1998.2.20.)

바. 금융리스조건에 의하여 지급하는 리스료(법인 22601－2186, 1986.7.9.)

사. 회사정리계획인가결정에 의하여 면제받은 미지급이자상당액(서이 46012－11087, 2002.5.24.)

아. 만기시 주식으로 전환하지 않은 전환사채의 지급이자인 상환할증금(재경부 법인 46012－21, 2002.1.30.).

2. 손금불산입대상 지급이자에서 제외되는 항목
   가. 상업어음할인료(매출채권처분손실)(법기통 28－53…1)
   나. 장기할부조건 등으로 자산을 취득하는 경우에 발생한 채무를 현재가치로 평가하여 계상한 현재가치할인차금의 상각액(법령 72 ⑤)
   다. 연지급수입시 지급이자로 계상한 금액(법령 72 ⑤)
   라. 법인세법시행령 제61조 제2항에 규정된 금융기관 등이 차입한 이자 등(법령 53 ④ 1호)
   마. 내국법인이 한국은행총재가 정한 규정에 따라 기업구매자금대출에 의하여 차입한 금액의 이자(법령 53 ④ 2호)
   바. 운용리스료(법인 22601－2020, 1986.6.24.)
   사. 보증사채발행시 금융기관에 지급한 지급보증수수료(법인 22601－194, 1987.1.24.)
   아. 환가료
   자. 자산을 연불조건으로 구입하는 경우 연불이자(법인 22601－3916, 1985.12.26.)
   차. 금융기관 차입금을 조기에 상환함으로써 약정이자 외에 별도로 지급하는 "조기상환수수료"(서이 46012－10655, 2001.12.1.)

⑥ 소득처분

기타사외유출

사례 6

1. ㈜수진의 지급이자 내역은 다음과 같다.

이자율	지급이자	차입금적수
9%	4,250,000	17,236,111,111
7.5%	3,250,000	15,816,666,666
계	7,500,000	33,052,777,777

2. 특수관계에 있는 자(대표이사)에 대한 가지급금 내역
   2024.4.19. 가지급금 7,000,000, 2024.8.14. 가지급금회수 5,000,000
3. 토지계정(전기이월)
   - 임대용 나대지 : 전기이월 20,000,000(업무무관부동산임)
   - 휴양소용 부동산 : 전기이월 10,000,000(업무무관부동산임)

4. 사업연도 : 2024.1.1.～2024.12.31.

해답

주) [별지 제26호(을) 서식]을 먼저 작성한 후 [동 (갑) 서식]을 작성함

1. 업무무관부동산 및 업무무관가지급금의 적수 : 10,950,000.000 + 1,099,000,000 = 12,049,000,000 [별지 제26호(을) 서식]을 참조
2. 업무무관부동산 관련 차입금의 적수 : 33,052,777,777
3. 업무무관부동산 관련 대상 지급이자 : 7,500,000
4. 업무무관부동산 관련 차입금지급이자 손금불산입액의 계산

$$7{,}500{,}000 \times \frac{12{,}049{,}000{,}000}{33{,}052{,}777{,}777} = 2{,}734{,}036$$

5. 손금불산입 · 지급이자 · 2,734,036 · 기타사외유출
6. 대표이사 가지급금에 대하여는 인정이자의 계산을 별도로 요함(법령 89 ③ · ⑤ 참조).

[별지 제26호 서식(갑)] (2006.3.14. 개정)

사업연도	2024. 1. 1. ~ 2024.12.31.	업무무관부동산 등에 관련한 차입금이자조정명세서(갑)	법 인 명	㈜수진
			사업자등록번호	

1. 업무무관부동산 등에 관련한 차입금지급이자

① 지급이자	적수				⑥차입금 (=⑲)	⑦ ⑤와 ⑥ 중 적은 금액	⑧손금불산입 지급이자 (①×⑦÷⑥)
	②업무무관 부동산	③업무무관동산	④ 가지급금등	⑤계 (②+③+④)			
7,500,000	10,950,000,000		1,099,000,000	12,049,000,000	33,052,777,777	12,049,000,000	2,734,036

2. 지급이자 및 차입금 적수계산

⑨ 이자율	⑩지급 이자	⑪차입금 적 수	⑫채권자불분명 사채이자 등		⑮건설자금이자등		차감	
			⑬지급 이자	⑭차입금 적 수	⑯지급 이자	⑰차입금 적 수	⑱지급이자 (⑩－⑬－⑯)	⑲차입금적수 (⑪－⑭－⑰)
9%	4,250,000	17,236,111,111[주1)]					4,250,000	17,236,111,111
7.5%	3,250,000	15,816,666,666[주2)]					3,250,000	15,816,666,666
합 계	7,500,000	33,052,777,777					7,500,000	33,052,777,777

주1) 4,250,000÷9%×365＝17,236,111,111

주2) 3,250,000÷7.5%×365＝15,816,666,666

[별지 제26호 서식(을)] (2006.3.14. 개정)

사 업 연 도	2024. 1. 1. ~ 2024.12.31.	업무무관부동산 등에 관련한 차입금 이자조정명세서(을)	법 인 명	㈜수진
			사업자등록번호	

구분		①연월일	②적 요	③차 변	④대 변	⑤잔 액	⑥일수	⑦적 수
1. 업무무관부동산의 적수		2024.1.1.	전기이월	30,000,000		30,000,000	365	10,950,000,000
		계		30,000,000		30,000,000		10,950,000,000
2. 업무무관동산의 적수								
		계						
3. 가지급금 등의 적수	⑧ 가지급금 등의 적수	2024.4.19.	가지급	7,000,000		7,000,000	117	819,000,000
		2024.8.14.	회수		5,000,000	2,000,000	140	280,000,000
		계		7,000,000	5,000,000	2,000,000		1,099,000,000
	⑨ 가수금 등의 적수							
		계						
4. 그 밖의 적수								
		계						

5. 자기자본 적수계산

⑩대차대조표 자산총계	⑪대차대조표 부채총계	⑫자 기 자 본 (⑩ - ⑪)	⑬사 업 연 도 일 수	⑭적 수

제6장 유형자산

I. 정 의

1. 개별표시 예시

"유형자산"은 재화의 생산이나 용역의 제공, 타인에 대한 임대 또는 자체적으로 사용할 목적으로 보유하는 물리적 형체가 있는 자산으로서 1년을 초과하여 사용할 것이 예상되는 비화폐성자산을 말하며(문단 10.4), 유형자산 중 별도 표시하는 분류항목의 예는 다음과 같다(실 2.33).

1. 토지
2. 설비자산
3. 건설중인자산
4. 기타

2. 항목의 의미

(1) 토지

"토지"는 대지 · 임야 · 전답 · 잡종지 등으로 한다.

(2) 설비자산

"설비자산"은 생산 및 판매활동을 위해 보유하고 있는 건물[1], 구축물[2]과 기계장

1) 건물, 냉난방, 전기, 통신 및 기타의 건물부속설비 등을 말한다(문단 10.46 (2)).
2) 교량, 궤도, 갱도, 정원설비 및 기타의 토목설비 또는 공작물 등을 말한다(문단 10.46 (3)).

치[3])로 한다.[4])

(3) 건설중인자산

"건설중인자산"은 유형자산의 건설을 위한 재료비, 노무비 및 경비로 하되, 건설을 위하여 지출한 도급금액을 포함한다. 또한 유형자산을 취득하기 위하여 지출한 계약금 및 중도금도 '유동자산 중 당좌자산'의 '선급금'이 아닌 '비유동자산 중 유형자산'의 '건설중인자산'으로 계상하여야 함에 유의한다(문단 10.46 ⑸).

(4) 기타

"기타"는 별도 구분표시하지 않는 유형자산으로 한다.

이에는 차량운반구, 공구, 기구 및 비품 등이 해당된다. 예비부품과 수선용구라도 내용연수가 1년 이상이고, 특정유형자산에 부속되어 사용되며, 사용빈도가 불규칙적인 것이라면 유형자산으로 분류한다.

II. 기업회계

1. 감가상각계산요소

(1) 취득원가

구 분	취득원가
개별취득	구입원가 + 취득직접비용[주1)] – 매입할인 등
장기할부취득	현금가격상당액
현물출자로 인한 취득	취득자산의 공정가치
일괄취득	총취득원가를 공정가치로 배분한 금액

3) 기계장치, 운송설비(콘베어, 호이스트, 기중기 등)와 기타의 부속설비 등을 말한다(문단 10.46 ⑷).

4) 일반기업회계기준 제2장에서는 "설비자산"에 대한 명확한 규정을 두고 있지 않다. 다만, 실 2.34에서 "…토지는 감가상각 대상자산인 설비자산과 우선 구분하여…"라고 규정하고 있고, 또한 문단 10.46에서는 유형자산을 토지, 건물, 구축물, 기계장치, 건설중인자산, 기타자산으로 분류하도록 한 바, 저자의 견해로는 "건물, 구축물, 기계장치"가 "설비자산"에 해당되는 것으로 판단된다.

구 분		취득원가
정부보조 등으로 인한 취득		공정가치
교환으로 인한 취득	1. 이종자산간 교환	제공자산의 공정가치주2). 단, 제공자산 공정가치가 불분명한 경우 취득자산의 공정가치
	2. 동종자산간 교환	제공자산의 장부금액주3). 단, 현금수수액이 중요한 경우주4) 이종자산간의 교환으로 봄.
자가건설로 인한 취득		제작원가＋취득직접비용주1)

주1) 취득직접비용(문단 10.8)

① 설치장소준비를 위한 지출
② 외부운송 및 취급비
③ 설치비
④ 설계와 관련하여 전문가에게 지급하는 수수료
⑤ 유형자산의 취득과 관련하여 국・공채 등을 불가피하게 매입하는 경우 해당 채권의 매입금액과 일반기업회계기준에 따라 평가한 현재가치와의 차액
⑥ 자본화대상인 차입원가
⑦ 취득세, 등록세 등 유형자산의 취득과 직접 관련된 제세공과금
⑧ 해당 유형자산의 경제적 사용이 종료된 후에 원상회복을 위하여 그 자산을 제거, 해체하거나 또는 부지를 복원하는 데 소요될 것으로 추정되는 원가가 충당부채의 인식요건을 충족하는 경우 그 지출의 현재가치("복구원가"라 함)
⑨ 유형자산이 정상적으로 작동되는지 여부를 시험하는 과정에서 발생하는 원가. 단, 시험과정에서 생산된 재화(예 : 시제품)의 순매각금액은 해당 원가에서 차감한다.

주2) 시장가격. 시장가격이 없는 경우에는 동일 또는 유사한 자산의 현금거래로부터 추정할 수 있는 실현가능가액이나 공인된 감정기관의 감정가액으로 함.

주3) 취득자산의 공정가치가 제공자산의 장부금액보다 중요하게 미달하는 경우 손상차손 인식 후의 장부금액을 제공자산의 장부금액으로 함.

주4) 교환되는 자산의 공정가치의 25%를 초과하는 경우

(2) 잔존가치

원칙적으로 "0". 단, 중요한 것으로 예상되는 경우 취득시점에서 잔존가치를 추정한다.

(3) 내용연수

자산의 예상사용기간 또는 자산으로부터 획득할 수 있는 생산량이나 이와 유사한 단위로 다음의 요소를 고려하여 결정한다(실 10.11).

① 자산의 예상생산능력이나 물리적 생산량을 토대로 한 자산의 예상사용수준
② 생산라인의 교체빈도, 수선 또는 보수계획과 운휴 중 유지보수 등 관리수준을 고려한 자산의 물리적 마모나 손상

③ 생산방법의 변화, 개선 또는 해당 자산으로부터 생산되는 제품 및 용역에 대한 시장수요의 변화로 인한 기술적 진부화

④ 리스계약의 만료일 등 자산의 사용에 대한 법적 또는 계약상의 제한

(4) 감가상각방법

정액법, 체감잔액법(예 : 정률법 등), 연수합계법, 생산량비례법 등 기타 합리적인 방법

① 정액법

$$감가상각비 = \frac{취득원가 - 잔존가치}{내용연수}$$

② 정률법

$$감가상각비 = (취득원가 - 감가상각누계액) \times 상각률$$

$$상각률 = 1 - (잔존가치/취득원가)^{1/n} \quad (n : 내용연수)$$

③ 생산량비례법

$$감가상각비 = 해당\ 연도\ 생산량 \times 단위당\ 감가상각비$$

$$단위당\ 감가상각비 = \frac{취득원가 - 잔존가치}{추정총생산량}$$

중/점/사/항/ 신규취득자산의 상각기간

일반기업회계기준에서는 유형자산을 회계연도중에 취득한 경우 취득일이 아닌 사용가능일부터 회계연도종료일까지의 기간 동안 감가상각비를 계상한다.

(5) 복구원가의 자산화

① 인식요건

원자력발전소, 해상구조물, 쓰레기매립장, 저유설비 등 토양, 수질, 대기, 방사능오염 등을 유발할 가능성이 있는 시설물 등의 유형자산은 사용이 종료된 후에 환경보전을 위하여 반드시 원상을 회복시켜야 한다. 이러한 원상회복을 위해 지출될 것으로 추정되는 원가를 복구원가라고 하는데, 일반기업회계기준에서는 이러한 원가가 다음의 요건을 모두 충족한 경우에 관련 유형자산의 취득

원가에 가산하도록 하고 있다(실 10.3).
가. 복구원가(현재가치로 할인되지 않은 금액)가 잔존가액보다 큰 경우
나. 복구원가(현재가치로 할인되지 않은 금액)가 중요한 경우
다. 별도의 장에서 규정한 충당부채의 인식요건을 충족하는 경우

② 복구원가에 대한 회계처리

구 분	회계처리			
취득시	(차) 유형자산 (또는 복구원가추정자산)	×××	(대) 복구충당부채	×××
기말시점	(차) 감가상각비 (차) 복구충당부채전입액	××× ×××	(대) 감가상각누계액 (대) 복구충당부채	××× ×××
복구비용 지출시점	(차) 복구충당부채 복구공사손실	××× ×××	(대) 현 금	×××

여기서 복구충당부채전입액과 복구공사손실은 영업외손익으로 처리한다.

③ 법인세법상 처리
한편, 법인세법에서는 법인세법규정에 의하여만 손금산입이 허용되므로 복구충당부채를 인정하고 있지 않다. 따라서 회사가 복구비용을 추정하여 이를 인식한 경우의 세무조정은 다음과 같다.

구 분	회계처리
취 득 시	복구충당부채 계상액만큼 자산과 부채가 과대계상되어 있으므로 손금불산입·복구충당부채·유보 손금산입·유형자산·△유보
감 가 상 각 비	시부인계산시 자산감액분을 고려하여 감가상각범위액을 계산
복구충당부채전입액	비용으로 인정되지 않으므로 손금불산입하여 유보로 소득처분
복 구 비 용 지 출 시	복구충당부채 유보액을 전액 손금산입하여 △유보로 소득처분

(6) 건축물 철거시의 처리

① 기업회계
건물을 신축하기 위하여 사용 중인 기존건물을 철거하는 경우 그 건물의 장부금액은 제거하여 처분손실로 반영하고, 철거비용은 전액 당기비용으로 처리한

다. 다만, 새 건물을 신축하기 위하여 기존건물이 있는 토지를 취득하고 그 건물을 철거하는 경우 기존건물의 철거관련비용에서 철거된 건물의 부산물을 판매하여 수취한 금액을 차감한 금액은 토지의 취득원가에 산입한다(문단 10.13).

구 분	회계처리
기존건물 철거시	(차) 감가상각누계액 ××× (대) 건 물 ××× 유형자산처분손실 ××× (차) 유형자산처분손실 ××× (대) 현금및현금성자산[주1] ×××
토지취득 후 기존건물 철거시	(차) 토 지 ××× (대) 현금및현금성자산[주2] ×××

주1) 철거비용
주2) 철거관련비용 – 철거건물 부산물판매액

건물을 신축하기 위해서가 아니라 토지를 임대하기 위해서 기존건물을 철거하는 경우에는 기존건물의 미상각장부가액은 전액 당기비용으로 처리한다(질의회신 1999.5.19.).

② 법인세법

법인세법에서는 신건물을 신축하기 위하여 철거하는 구건물의 장부가액과 철거비용은 당기비용으로 처리하도록 규정하고 있으며(서이 46012－11425, 2002.7.24.) 기존건물 및 토지를 일괄취득하여 새로운 건물신축을 위해 기존건물 철거시는 건물취득가액 및 철거비용은 토지의 자본적지출로 하여(서이 46012－10549, 2001.11.16.) 기업회계기준과 일치하고 있다.

또한 기존건축물을 신건축물의 신축목적이 아닌 토지만을 사용(주차장 등)하기 위하여 철거하는 경우에는 기존건축물의 장부가액 및 철거비용은 해당 토지의 자본적지출로 한다(서일 46011－11633, 2002.12.2.).

신축·개축·재축도 철거와 동일하게 처리한다.

(7) 유형자산의 일괄취득시 자산별 안분계산

① 기업회계

전체 매입금액을 자산별 공정가치로 배부한다.

② 법인세법

토지 및 건물과 기계장치 등을 일괄취득하여 그 개별자산에 대한 시가가 불분명한 경우 해당 자산별 취득가액은 감정평가법인의 감정가액과 상속세및증여세법상 평가가액(토지 : 개별공시지가, 건물 : 국세청장 고시금액)을 순차적으로 적용하여 계산한 금액을 기준으로 안분계산하며(법령 89 ②), 이 경우 토지 및 건물만을 사용할 목적으로 첨가 취득한 기계장치 등을 처분함에 따라 발생하는 처분손실은 토지, 건물의 취득가액에 의하여 안분계산한 금액을 각각 해당 자산에 대한 자본적지출로 한다(서이 46012-10645, 2002.3.27.; 법기통 23-31…1).

(8) 장기연불조건 매입시

유형자산을 장기연불조건으로 매입할 경우 현금가격상당액(현재가치)을 취득원가로 하고 실제 총지급액(명목가액)과의 차액인 현재가치할인차금은 유효이자율법에 의해 상각하여 이를 자본화하거나 이자비용으로 인식하도록 한다. 이때 유효이자율은 현금가격상당액과 실제 총지급액의 현재가치를 일치시켜 주는 이자율을 말한다. 한편, 법인세법에서는 장기연불조건 매입시 명목가액으로 취득원가를 계상하는 것뿐 아니라 현재가치로 취득원가를 계상하는 것을 모두 인정하기 때문에 일반기업회계기준에 따라 회계처리하면 세무조정은 없다.

중/점/사/항/ 장기연불조건 매입시 자산의 취득원가

일반기업회계기준 → 현금가격상당액(현재가치)
법인세법 → 명목가액 원칙. 단, 현재가치로 인식한 경우도 인정

회계처리 예시

연 도	차 변		대 변	
취득시	기계장치 현재가치할인차금	××× ×××	장기미지급금	×××
결산시	이자비용	×××	현재가치할인차금	×××
	장기미지급금	×××	현 금	×××
	장기미지급금 현재가치할인차금 (미지급금)	××× ×××	미지급금 현재가치할인차금 (장기미지급금)	××× ×××

(9) 정부보조금에 의한 취득

① 기업회계

가. 정부보조 등에 의해 유형자산을 취득한 경우 그 유형자산의 취득원가는 취득일의 공정가치로 한다. 일반기업회계기준에서는 정부보조금 등은 유형자산의 취득원가에서 차감하는 형식으로 표시하도록 규정하였다(문단 10.21).

나. 상환의무가 없는 정부보조금에 대한 회계처리

구 분	내 용
용어의 정의	• 자산관련보조금 : 정부지원의 요건을 충족하는 기업이 장기성 자산을 매입, 건설하거나 다른 방법으로 취득하여야 하는 일차적 조건이 있는 정부보조금을 말한다. 부수조건으로 해당 자산의 유형이나 위치 또는 자산의 취득기간이나 보유기간을 제한할 수 있다. • 수익관련보조금 : 자산관련보조금 이외의 정부보조금을 말한다.
정부보조금	• 정부보조 등에 의해 유형자산을 무상 또는 공정가치보다 낮은 대가로 취득한 경우 : 취득일의 공정가치 • 정부보조금 등 : 취득원가에서 차감하는 형식으로 표시하고 그 자산의 내용연수에 걸쳐 감가상각비와 상계하며, 해당 유형자산을 처분하는 경우에는 그 잔액을 처분손익에 반영
자산관련 보조금	• 자산관련보조금을 받는 경우에는 관련 자산을 취득하기 전 : 받은 자산 또는 받은 자산을 일시적으로 운용하기 위하여 취득하는 다른 자산의 차감계정으로 회계처리 • 관련 자산을 취득하는 시점 : 관련 자산의 차감계정으로 회계처리
수익관련 보조금	• 수익관련보조금은 수익으로 표시하거나 관련비용에서 차감처리 선택 • 수익표시시 가. 주된 영업활동과 직접적인 관련성이 있는 경우 : 영업수익 나. 없는 경우 : 영업외수익 • 연구개발 지원 목적 정부보조금 수령시 가. 자산관련보조금인지 수익관련보조금인지 판단 나. 수익관련보조금인 경우 수익표시(영업손익 분류 원칙 적용) 또는 비용차감(연구비 및 경상개발비) 결정

② 법인세법

가. 익금항목

국고보조금은 법인세법상 익금항목에 해당

나. 과세이연 허용

다음의 법률에 의하여 국고보조금을 수령한 경우에는 일시상각충당금(또는 압축기장충당금)의 손금산입을 허용함(법법 36 ①, 법령 64 ⑥).

- 보조금의예산및관리에관한법률
- 지방재정법
- 농어촌전기공급사업촉진법
- 전기사업법
- 사회기반시설에대한민간투자법
- 한국철도공사법
- 농어촌정비법
- 도시및주거환경정비법
- 산업재해보상보험법
- 환경정책기본법
- 산업기술혁신촉진법

다. 국고보조금·공사부담금 수령액 투자세액공제대상 투자금액에서 차감

내국법인이 국고보조금 및 공사부담금을 수령하여 투자에 지출하는 경우에는 통합투자세액공제 등 적용 시 투자금액 등에서 차감한다(조특법 127 ① 1호·4호).

라. 일시상각충당금으로 계상하여 신고하지 않은 경우

국고보조금을 교부받은 당해 사업연도에 이를 익금에 산입하고 일시상각충당금으로 계상하여 법인세 신고를 하지 아니한 이상 일시상각충당금의 손금산입 요건을 충족하지 못했다고 할 것임(서울고등법원 2016누75946, 2017.12.13.)

이 판례는 회사가 국고보조금을 수령하고 익금산입의 세무조정을 하지 않아 조사시 이를 익금산입하여 법인세를 경정시 일시상각충당금의 손금산입을 경정청구로 할 수 있느냐에 대해 회사가 스스로 손금산입의 세무조정을 하지 않은 경우에는 경정청구할 수 없다는 판결이며 과거 조세심판원의 결정사례에서는 손금산입이 가능하다는 사례(조심 2009부3431, 2011.11.21.)가 있었음.

사례 1

1. 자료

㈜수진은 2024.12.10. 상환의무가 없는 정부보조금 5억원을 수령하였고 수령시 전액 정기예

금(단기금융상품에 해당됨)에 가입하였다. 2025.4.1. 취득가액이 10억원인 기계장치의 취득을 위해 보조금 전액을 지출하였다. 회사가 세무서에 신고한 기계장치의 신고내용연수는 10년이며, 감가상각방법은 정률법(상각률 0.259)이다.

2. 문제

(1) 2024년 회사의 회계처리와 부분재무상태표를 나타내시오. 단, 2024년말 ㈜수진의 단기금융상품은 10억원이다.

(2) 2024년 회사의 회계처리와 부분재무상태표를 나타내시오.

(3) 2024년과 2025년의 세무조정을 나타내시오. 단, 동 정부보조금도 법인세법상 국고보조금에 해당되며, 국고보조금을 손금산입하기 위해 2025.3.31. 법인세신고시 국고보조금 등 사용계획서를 제출하였다.

3. 해답

(1) 2024년

① 회계처리

가. 정부보조금 수령시

(차) 현 금	500,000,000	(대) 정부보조금 (해당 자산 차감표시)	500,000,000

나. 정기예금 가입시

(차) 단기금융상품	500,000,000	(대) 현 금	500,000,000

② 부분재무상태표

단기금융상품	1,000,000,000	
(−)정부보조금	500,000,000	500,000,000

(2) 2025년

① 회계처리

가. 기계장치 취득시

(차) 기계장치	1,000,000,000	(대) 현 금	1,000,000,000
정부보조금 (단기금융상품차감계정)	500,000,000	정부보조금 (기계장치차감계정)	500,000,000

나. 결산시

(차) 감가상각비	194,250,000주1)	(대) 감가상각누계액	194,250,000
정부보조금 (기계장치차감계정)	97,125,000주2)	감가상각비	97,125,000

주1) 1,000,000,000×0.259×9/12＝194,250,000원

주2) 194,250,000×5억원/10억원＝97,125,000원

② 부분재무상태표

기계장치	1,000,000,000	
(−)감가상각누계액	194,250,000	
(−)정부보조금	402,875,000	402,875,000

4. 각 연도별 세무조정

(1) 2024년

익금산입 · 정부보조금 · 500,000,000 · 유보

손금산입 · 일시상각충당금 · 500,000,000 · △유보

(2) 2025년

익금산입 · 일시상각충당금 · 97,125,000 · 유보

손금산입 · 정부보조금 · 97,125,000 · △유보

■ 법인세법 시행규칙 [별지 제35호서식] 2021.10.28. 개정) (앞쪽)

[V] 국고보조금등
[ ] 공사부담금 상당액 손금산입조정명세서
[ ] 보험차익

사업연도	2024. 1. 1.~2024. 12. 31.	법인명	㈜수진	사업자등록번호	

1. 국고보조금등으로 취득한 자산 손금산입액 조정

① 보조금 수령액	취득한 또는 취득할 자산가액					⑥ 해당 자산에 사용되는 국고보조금등 (MIN ①, ⑤)	손금산입액 조정		
	② 계정과목		③ 취득한 자산가액	④ 취득할 자산가액	⑤ 계 (③+④)		⑦ 용인한도액 (⑦=⑥)	⑧ 회사계상액	⑨ 한도초과액 (⑧－⑦)
	과목명	코드							
500,000,000	기계장치			500,000,000	500,000,000	500,000,000	500,000,000		500,000,000
	계			500,000,000	500,000,000	500,000,000	500,000,000		△500,000,000

2. 공사부담금으로 취득한 자산 손금산입액 조정

⑩ 공사부담금 가액	공사부담금으로 취득 또는 지급받은 자산가액						손금산입액 조정		
	⑪ 계정과목		⑫ 취득한 자산가액	⑬ 취득할 자산가액	⑭ 지급받은 자산가액	⑮ 계 (⑫+⑬+⑭)	⑯ 용인한도액 (⑯=⑮)	⑰ 회사계상액	⑱ 한도초과액 (⑰－⑯)
	과목명	코드							
	계								

3. 보험차익으로 취득한 자산 손금산입액 조정

보험차익계산			대체한 또는 대체할 자산가액					㉖ 대체자산에 사용되는 보험차익 [MIN ㉑,(㉕－⑳)]	손금산입액 조정		
⑲ 보험금	⑳ 멸실손괴 자산가액	㉑ 보험차익 (⑲－⑳)	㉒ 계정과목		㉓ 대체한 자산 가액	㉔ 대체할 자산 가액	㉕ 계 (㉓+㉔)		㉗ 용인한도액 (㉗=㉖)	㉘ 회사계상액	㉙ 한도초과액 (㉘－㉗)
			과목명	코드							
			계								

4. 미사용분 익금산입액 조정

㉚ 구분 코드	㉛ 손금산입 사업연도	㉜ 원래 손금산입 기준액	㉝ 원래 손금 산입액	㉞ 전기이월계획서 제출금액	㉟ 사용액	㊱ 미사용액 (㉞－㉟)	㊲ 익금 산입액 (㉝×㊱/㉜)	비 고
1								
2								
3								
계								

210mm×297mm[백상지 80g/㎡ 또는 중질지 80g/㎡]

<추가서류제출>

1. 보조금 등 수취명세서(별지 제35호의2 서식)
2. 국고보조금 등 사용계획서(별지 제26호 서식)

③ 시장이자율보다 낮은 이자율로 차입한 정부보조금

시장이자율보다 낮은 이자율로 정부로부터 차입한 차입금의 공정가치와 차입금 명목금액과의 차이는 정부보조금으로 회계처리하며 이는 상환기간동안 정액법으로 수익을 인식하여야 한다(실무지침 17.4).

사례 · 낮은 이자율로 정부로부터 차입한 차입금

1. 자료

㈜수진은 2024.1.1. 정부로부터 다음의 조건으로 차입하였다.

① 차입금액 1억원

② 만기 2026.12.31.

③ 차입이자율 4%(이자는 12.31.에 1회 지급)

④ 시장이자율 10%

2. 회계처리

⑴ 차입금의 공정가치

2024.1.1. — 2024.12.31. — 2025.12.31. — 2026.12.31.

$$\frac{4,000,000}{1.1} + \frac{4,000,000}{1.1^2} + \frac{104,000,000}{1.1^3}$$

$$= 3,636,363 + 3,305,785 + 78,136,739$$

$$= 85,078,887$$

⑵ 상각후원가법

일자	기초가액	유효이자	액면이자	상각액	기말가액
2024.12.31.	85,078,887	8,507,889	4,000,000	4,507,889	89,586,776
2025.12.31.	89,586,776	8,958,678	4,000,000	4,958,678	94,545,454
2026.12.31.	94,545,454	9,454,546	4,000,000	5,454,546	100,000,000

⑶ 2024.1.1. 회계처리 및 세무조정

(차) 현 금	100,000,000	(대) 장기차입금	85,078,887
		정부보조금	14,921,113

- 익금산입 · 정부보조금 · 14,921,113 · 유보
- 손금산입 · 장기차입금 · 14,921,113 · △유보

⑷ 2024.12.31. 회계처리 및 세무조정

(차) 이자비용	8,507,889	(대) 장기차입금	4,507,889
		현 금	4,000,000
(차) 정부보조금	4,973,704	(대) 정부보조금수익	4,973,704*

* 14,921,113÷3=4,973,704

- 손금불산입 · 장기차입금 · 4,507,889 · 유보
- 익금불산입 · 정부보조금 · 4,973,704 · 유보

(5) 2025.12.31. 및 2026.12.31. 회계처리 및 세무조정

'(4)'의 처리와 동일

(10) 임차인이 토지사용료를 지급하고 건축물을 신축하여 사용한 후 토지 사용기간 종료시 건축물의 소유권을 무상으로 이전하는 경우 취득가액 및 임대료 익금산입액

매월 일정액의 토지사용료를 받고 토지사용기간 만료 시에 토지 임차인이 신축한 건축물의 소유권을 무상이전받기로 한 경우 후불로 받는 임대료는 건축물의 신축가액이 아닌 사용기간 만료시점의 건축물의 시가이므로, 그 임대료 지급기간이 1년을 초과하는 경우에 납세자가 건축물의 신축가액을 토지사용기간으로 안분한 금액을 수입임대료로 신고한 경우에는 사용기간 만료시의 건축물의 시가를 토지사용기간으로 안분한 금액을 수입임대료로 하여 경정청구 가능함. 이 경우 부가가치세 과세표준은 매월 수령한 토지사용료와 사용기간 만료시 시가를 토지사용기간으로 안분한 금액의 합계임(대법원 2018두39027, 2022.1.27.).

2. 감가상각비 회계처리방법

(1) 비용배분

감가상각비는 자산의 용도에 따라 다음과 같이 배분한다.

구 분		회계처리
판매관리활동에 사용		판매비와관리비
제조활동에 사용		제조원가
연구개발활동에 사용	무형자산 인식요건 충족	개발비
	그 외	연구비 또는 경상개발비
사용재개 예정 운휴자산		영업외비용

(2) 기장방법(간접법)

(차) 감가상각비 ××× (대) 감가상각누계액 ×××

3. 취득 이후의 지출

자산의 취득 또는 완성 후의 지출이 자산의 미래경제적효익을 실질적으로 증가시키고 관련 자산과 직접 관련되며, 신뢰성 있게 측정가능한 경우에는 자본적지출로 처리하고, 그 외의 경우에는 발생한 기간의 비용으로 한다(문단 10.14).

취득 이후의 지출

구 분	내 용
수선비 (문단 10.16)	① 원칙 : 당기비용 ② 정기 종합검사, 분해수리에 대한 지출은 다음 요건을 충족한 경우에만 자본적지출로 인식 가. 관련 자산과 별개의 감가상각대상자산으로 인식 가능 나. 유형자산의 인식요건(문단 10.5)을 충족
부품, 구성요소 교체비 (문단 10.15)	① 관련 유형자산의 내용연수와 상이하지 않은 경우 가. 관련 유형자산에 포함하여 인식 나. 자본적지출인 경우 관련 유형자산의 장부금액에 가산 ② 관련 유형자산의 내용연수와 상이한 경우 별도 가. 관련 유형자산과 별도 감가상각대상자산으로 인식 나. 자본적지출인 경우 교체된 자산은 F/P에서 제거하고 별도자산의 취득으로 처리

4. 손상차손

손상차손이란 자산의 진부화 및 시장가치의 급격한 하락 등으로 인하여 유형자산의 회수가능액이 장부금액에 미달하게 되는 경우를 말하며, 이 경우 장부금액을 회수가능액으로 조정하고 그 차액을 손상차손(영업외비용)으로 처리한다. 또한 차기 이후에 손상된 자산의 회수가능액이 장부금액을 초과하게 되는 경우에는 그 자산이 손상되기 전 장부금액의 상각후잔액을 한도로 그 초과액을 손상차손환입(영업외수익)으로 처리한다.

구 분	내 용
용어의 정의	
1. 회수가능액	Max[순공정가치, 사용가치]
2. 순공정가치	예상처분가액 – 예상처분비용
3. 사용가치	해당 자산 또는 자산그룹의 사용으로부터 예상되는 미래현금흐름의 현재가치

구 분	내 용
손상차손 검토요건	① 유형자산의 시장가치의 현저한 하락 ② 유형자산의 사용강도나 사용방법에 현저한 변화가 있거나 심각한 물리적 변형이 초래된 경우 ③ 법률이나 기업환경의 변화 혹은 규제 등의 영향으로 인하여 해당 유형자산의 효용이 현저하게 감소된 경우 ④ 해당 유형자산으로부터 영업손실이나 순현금의 유출이 발생하고, 미래에도 지속될 것이라고 판단된 경우
손상차손검토자산	사용을 중단하고 처분 또는 폐기예정인 자산
기장방법	간접법 (차) 유형자산손상차손 ××× (대) 손상차손누계액 ××× (영업외비용)

5. 유형자산의 재평가

유형자산을 취득한 이후 해당 유형자산의 공정가치가 변동되었음에도 불구하고 계속 취득원가로 재무상태표에 계상하는 것은 기업의 적정한 재무상태를 이해관계자에게 제공한다는 회계의 취지와는 일치하지 않을 수 있다. 따라서 일반기업회계기준은 유형자산에 대하여 재평가를 할 수 있도록 규정하고 있다. 재평가규정은 의무적으로 적용해야 하는 것이 아니라 선택규정이다. 따라서 종전의 원가모형을 그대로 적용할 수도 있는 것이다. 다만, 재평가모형을 선택하였다가 나중에 원가모형으로 되돌아가는 것은 허용되지 않는다.

또한 재평가 증가뿐만 아니라 감소의 경우에도 반드시 인식해야 한다.

(1) 재평가 대상기업의 종류

기업의 규모 및 업종에 관계없이 모든 기업이 유형자산의 분류별로 원가모형 또는 재평가모형을 선택할 수 있다.

(2) 재평가를 위한 공정가치의 산정

일반적으로 토지와 건물의 공정가치는 시장에 근거한 증거를 기초로 수행된 평가에 의해 결정되며, 설비장치와 기계장치의 공정가치는 감정에 의한 시장가치이다(문단 10.25). 이와 관련하여 금융감독원이 2009.1.30.에 발표한 실무의견서 2009

-1(유형자산에 대한 재평가모형 적용시 회계처리)에 따르면 토지에 대한 개별공시지가, 건물에 대한 지방세 과세시가표준액 등 정부의 고시가액이 공정가치와 대체로 유사하다고 판단되는 경우에는 동 정부의 고시가액을 재평가액으로 사용할 수 있다고 되어 있다.

(3) 재평가 주기

재평가의 빈도는 재평가되는 유형자산의 공정가치 변동에 따라 달라진다. 즉 재평가된 자산의 공정가치와 장부금액과 중요하게 차이가 나지 않도록 재평가를 수행하면 된다.

(4) 재평가 시기

반드시 결산일에 수행해야 하는 것은 아니며, 결산일 전후 일정시점에 재평가할 수 있다. 단, 결산일 전후 일정시점에 산정한 공정가치와 결산일 현재의 장부금액이 중요하게 차이가 나는 경우 결산일 현재의 장부금액에 공정가치가 반영되도록 조정하여야 한다.

(5) 장부금액 계산

장부금액 = 재평가일의 공정가치 - 감가상각누계액 - 손상차손누계액

(6) 회계처리

① 재평가로 장부금액이 증가한 경우

(차) 유형자산	×××	(대) 재평가잉여금	×××
		(기타포괄손익)	
		이연법인세부채	×××

② 재평가로 인하여 장부금액이 감소한 경우

(차) 재평가손실	×××	(대) 유형자산	×××
(당기비용)			

(7) 감가상각누계액의 처리

유형자산을 재평가할 때 재평가 시점의 총장부금액에서 기존의 감가상각누계액을

제거하여 자산의 순장부금액이 재평가금액이 되도록 수정한다.

사례 3 유형자산의 재평가

1. 자료

① 수진㈜는 유형자산에 대하여 재평가모형을 적용한다.

② 수진㈜는 2024년 1월 중 유형자산을 100만원에 취득하였다.

③ 공정가치의 변동은 다음과 같다.

2024.12.31. : 130만원

2025.12.31. : 80만원

④ 이연법인세는 고려하지 않는다.

2. 유형자산이 토지인 경우의 회계처리

(1) 2024.12.31.

(차) 토 지	300,000	(대) 재평가잉여금 (기타포괄손익)	300,000

(2) 2024.12.31.

(차) 재평가잉여금	300,000	(대) 토 지	500,000
재평가손실	200,000		

3. 유형자산이 건물인 경우의 회계처리

(가정 : 내용연수 5년, 정액법, 잔존가치 = 0)

(1) 2024.12.31.

(차) 감가상각비	200,000[주1)]	(대) 감가상각누계액	200,000
(차) 감가상각누계액	200,000[주2)]	(대) 재평가잉여금	500,000
건 물	300,000	(기타포괄손익)	

주1) 건물에 대한 재평가를 하기 이전에 우선 감가상각비를 계상하여야 한다.

주2) 일반기업회계기준(문단 10.27)에서는 유형자산을 재평가할 때 감가상각누계액을 전액 제거하도록 규정하고 있다.

(2) 2025.12.31.

(차) 감가상각비	325,000[주1)]	(대) 감가상각누계액	325,000
(차) 감가상각누계액	325,000	(대) 건 물	500,000
재평가잉여금	175,000[주2)]		

주1) 1,300,000÷4년(잔존내용연수) = 325,000원

주2) 2022.12.31.에 인식한 재평가증가로 인한 금액 500,000원 중 감소한 금액이다.

(3) 세무조정

① 2024년

익금산입 · 재평가잉여금 · 500,000 · 기타

손금산입 · 건물 · 500,000 · △유보

② 2025년

손금불산입 · 감가상각비(건물) · 125,000 · 유보

손금산입 · 재평가잉여금 · 175,000 · 기타

익금산입 · 건물 · 175,000 · 유보

사례 4 재평가자산 매각

보아㈜는 2023.3.5. 토지를 3,000,000원에 취득하였다. 회사는 재평가모형을 적용하고 있으며 2024.12.31. 토지의 공정가치는 5,000,000원이다.
회사는 2025.6.10. 토지를 6,000,000원에 매각하였다. 이연법인세부채인식시 적용할 세율은 22%이다.

1. 2024년 회계 및 세무조정

(1) 회계처리

(차) 토지	2,000,000	(대) 재평가잉여금	1,560,000
		이연법인세부채	440,000*

* 2,000,000 × 22% = 440,000

(2) 세무조정

익금산입 · 재평가잉여금 · 1,560,000 · 기타

이연법인세부채 · 440,000 · 유보

손금산입 · 토지 · 2,000,000 · △유보

2. 2025년 회계 및 세무조정

(1) 회계처리

(차) 현금	6,000,000	(대) 토지	5,000,000
재평가잉여금	1,560,000	유형자산처분이익	3,000,000
이연법인세부채	440,000		

(2) 세무조정

손금산입 · 재평가잉여금 · 1,560,000 · 기타

이연법인세부채 · 440,000 · 유보

익금산입 · 토지 · 2,000,000 · 유보

6. 폐기 및 처분

유형자산은 처분하거나 영구적으로 폐기하여 미래경제적효익을 기대할 수 없게 될 때 재무상태표에서 제거하며, 처분가액과 장부금액과의 차액을 처분손익(영업외손

익)으로 한다. 이때 유형자산의 처분시점을 결정할 때에는 일반기업회계기준 제16장「수익」중 재화의 판매에 관한 수익인식기준을 적용한다. 이때 회계연도개시일로부터 양도일까지의 감가상각비를 계상한 후 처분손익을 계산하여야 함에 주의하여야 한다.

운휴자산 등에 관한 회계처리

구 분	계정재분류	감가상각/손상차손
사용재개예정 운휴자산	없음	감가상각하되 감가상각비는 영업외비용 처리
사용중단하고, 처분 또는 폐기예정(운휴)자산	투자자산으로 대체	감가상각을 중단하며 매 회계연도말 손상차손 여부 검토

7. 차입원가자본화

(1) 건설자금이자 처리방법

1) 기업회계

일반기업회계기준에서는 차입원가는 기간비용으로 처리하는 것을 원칙으로 하되 선택적으로 자본화할 수 있도록 하였다(문단 18.4). 또한 차입원가의 회계처리방법은 모든 적격자산에 대해 매기 계속 적용하고, 정당한 사유 없이 변경하지 못한다(문단 18.5).

2) 법인세법

법인세법에서는 사업용 고정자산의 취득에 사용한 것이 분명한 특정차입금에 대한 지급이자를 손금불산입(자본화)하도록 강제하고 있으며(법법 28 ①), 일반차입금의 경우에는 자본화 여부를 기업의 선택에 의하도록 규정하고 있다.

(2) 자본화대상자산

기준서와 법인세법상 자본화대상자산을 비교하면 보면 다음과 같다.

차입원가 자본화대상자산

구 분	자본화대상자산
일반기업 회계기준	제조, 매입, 건설 또는 개발이 개시된 날부터 의도된 용도로 사용하거나 판매할 수 있는 상태가 될 때까지 1년 이상의 기간이 소요되는 재고자산과 유형자산, 무형자산 및 투자부동산[5]. 유형·무형자산 및 투자부동산에 대한 자본적 지출도 포함
법인세법	사업용자산(유형·무형자산), 자본적지출도 포함

따라서 법인세법상 자본화대상자산에서 제외되는 재고자산과 투자자산에 대한 금융비용을 일반기업회계기준에 따라 자본화한 경우 자본화금액 전부를 손금산입하여 △유보로 소득처분한다.

<table>
<tr><th>자 산</th><th>회계처리</th><th colspan="2">세무조정</th></tr>
<tr><td rowspan="2">유형·무형자산</td><td>기간비용으로 처리한 경우</td><td colspan="2">법인세법상 인정되는 건설자금이자를 익금산입</td></tr>
<tr><td>자본화한 경우</td><td>특정 및 일반차입금</td><td>법인세법과의 차이를 적절히 세무조정</td></tr>
<tr><td rowspan="2">재고·투자자산</td><td>기간비용으로 처리한 경우</td><td colspan="2">세무조정 없음</td></tr>
<tr><td>자본화한 경우</td><td colspan="2">전액 손금산입</td></tr>
</table>

(3) 자본화대상기간

1) 기업회계

자본화대상기간은 적격자산에 대한 지출이 있었고, 차입원가가 발생하였으며, 적격자산을 의도된 용도로 사용하거나 판매하기 위한 취득활동이 진행 중이라는 조건이 모두 충족하는 시점으로부터 적격자산의 취득이 완료되어 해당 자산을 의도된 용도로 사용하거나 판매가능한 시점까지의 기간이다. 따라서 적격자산의 취득활동이 중단된 경우 그 기간 동안에는 차입원가의 자본화를 중단하며 해당 차입원가는 기간비용으로 인식한다.

---

5) 시세차익을 얻기 위하여 보유하고 있는 부동산. 다만, 다음의 목적으로 보유하는 부동산은 제외한다.
① 재화의 생산, 용역의 제공, 타인에 대한 임대 또는 자체적으로 사용
② 정상적인 영업과정에서의 판매

2) 법인세법

법인세법상 건설자금이자대상기간은 사업용자산의 매입·제작·건설한 때부터 준공한 날까지의 기간을 말한다. 즉 법인세법에서는 건설기간에 대해서만 계산하므로 건설개시일 이전이나 건설완료된 후의 지급이자는 건설자금이자로 보지 않는다. 또한 건설개시일 이후에 차입한 경우에는 해당 이자의 발생일 이후의 건설기간에 대해서만 건설자금이자를 계산한다.

자산별 건설기간은 다음과 같다.

자 산	건설기간
토 지	계약금의 지급일~대금청산일[주1] 또는 해당 토지를 사업에 사용하기 시작한 날[주2]
건축물	착공일[주3]~준공일
기계장치 등	설치일~해당 자산이 그 목적에 실제로 사용되기 시작한 날

주1) 해당 대금을 실제로 완불한 날

주2) 공장 등의 건설에 착공한 날 또는 해당 사업용도로 업무에 직접 사용한 날

주3) 소득세법시행령 제162조의 규정에 의한 취득일 또는 해당 건설의 목적물이 그 목적에 사용되기 시작한 날(사용개시일) 중 빠른 날

따라서 토지를 구입하여 그 위에 공장을 건설하고 기계장치를 설치할 경우 일반기업회계기준에 의하면 토지의 잔금지급일 이후부터 건물(또는 기계장치) 건설자금이자계산기간에 대한 토지분 건설자금이자를 건물(또는 기계장치)의 취득원가로 계상하여야 하지만, 법인세법에서는 이를 인정하지 않으므로 손금산입하여 △유보로 세무조정한다.

(4) 자본화대상 차입원가

① 의 의

자본화대상 차입원가는 자금의 차입과 관련하여 발생하는 이자비용과 기타 이와 유사한 비용으로 장·단기차입금과 사채에 대한 이자비용, 외화차입금과 관련된 외환차이[6] 중 차입원가의 조정으로 볼 수 있는 부분 등을 포함한다. 이러한 차입원가는 적격자산을 취득할 목적으로 직접 차입한 자금으로서 적격자산을 의도된 용도로 사용하거나 판매가능한 상태에 이르게 하는데 필요한 대부분의 활동이 완료되기 전까지 자금(특정차입금)에 대한 차입원가와 일반 목적으로 차입한 자금 중 적격자산의 취득에 소요되었다고 볼 수 있는 자금(일반차입

6) 외화차입금에서 발생하는 외환차손(익)과 외화환산손실(이익)의 합계금액을 말한다.

금)에 대한 차입원가로 나누어 자본화한다.

② 차입원가의 비교

자본화대상 차입원가에 포함되는 주요항목에 대해 일반기업회계기준 및 법인세법에서 서로 상이하게 규정된 부분을 요약, 비교하여 보면 다음과 같다.

구 분	일반기업회계기준	법인세법
현재가치할인차금상각액	포함	제외
이자율변동위험회피회계 파생상품의 거래 및 평가손익	포함	제외
차입금과 직접 관련하여 발생한 수수료(지급보증료 등)	포함	포함
받을어음(진성어음)의 할인료(매출채권 처분손실)	제외	포함
연체이자	제외	포함

(5) 특정차입금에 대한 자본화할 차입원가

특정차입금에 대한 차입원가 중 자본화할 수 있는 금액은 자본화기간 동안 특정차입금으로부터 발생한 차입원가에서 동 기간 동안 자금의 일시적 운용에서 생긴 수익을 차감한 금액으로 한다(문단 18.7). 특정외화차입금에 대한 차입원가 중 외환차이는 해당 외화차입금에 대한 차입원가에 외화차입금과 관련된 외환차이를 가감한 금액이 유사한 조건의 원화차입금에 대한 이자율 또는 원화차입금의 가중평균이자율을 적용하여 계산한 차입원가를 초과하지 않는 범위까지의 금액을 자본화하며(문단 18.8) 외환차손익, 외화환산손익, 위험회피수단의 거래손익·평가손익(위험회피회계가 적용되는 경우)의 순서로 자본화한다(실 18.7, 18.10).

구 분		자본화 방법
원화차입금 관련 차입원가		한도없이 전액 자본화
외화 차입금	차입원가	한도없이 전액 자본화
	외환차이(손실)가 발생	해당 외화차입금에 대한 차입원가에 외화차입금과 관련된 외환차이를 가감한 금액이 유사한 조건의 원화차입금에 대한 이자율 또는 원화차입금의 가중평균이자율을 적용하여 계산한 이자비용을 초과하지 않는 범위까지의 금액을 외환차손, 외화환산손실, 위험회피수단의 거래손실·평가손실(위험회피회계가 적용되는 경우)의 순서로 자본화
	외환차이(이익)가 발생	외화차입금의 차입원가의 범위 내에서 외환차익, 외화환산이익, 위험회피수단의 거래이익·평가이익(위험회피회계가 적용되는 경우)의 순서로 차감한다.

(6) 일반차입금에 대한 차입원가

① 자본화 차입원가

일반차입금에 대한 차입원가 중 자본화할 수 있는 차입원가는 회계기간 동안의 적격자산에 대한 평균지출액 중 특정차입금을 사용한 평균지출액을 초과하는 부분에 대해 자본화이자율을 적용하는 방식으로 산정하되, 자금의 일시적 운용에서 생긴 수익은 차감하지 아니한다.

② 적격자산에 대한 평균지출액

적격자산에 대한 지출액은 차입원가를 부담하는 부채를 발생시키거나 현금지급, 다른 자산을 제공하는 등에 따른 지출액을 의미한다. 정부보조금과 건설 등의 진행에 따라 회수되는 금액은 적격자산에 대한 지출액에서 차감하며 적수를 이용하여 계산한다.

③ 자본화 이자율

자본화 이자율은 회계기간 동안 상환되었거나 미상환된 일반차입금(적격자산을 취득할 목적으로 직접 차입한 자금은 그 적격자산을 의도된 용도로 사용하거나 판매가능하게 하는데 필요한 대부분의 활동이 완료되었을 때 일반차입금에 포함) 모두를 고려하여 산정하며, 외화차입금이 있는 경우에는 다음과 같이 자본화 이자율을 산정한다.

④ 한도

일반차입금의 자본화 차입원가는 전액을 자본화하는 것이 아니라 적절한 한도 내에서 자본화하게 된다. 이때 한도액은 자본화 이자율 산정에 포함된 차입금(일반차입금)으로부터 회계기간 동안 발생한 차입원가로 한다.

⑤ 세무조정

법인세법에서는 사업용자산의 매입, 제작, 건설에 사용한 것이 분명한 차입금(특정차입금)에 대한 이자비용만 자본화된다.

사례 5 외환차이 중 차입원가의 조정

1. 자료

① 2024.1.1. $1,000,000 건설관련차입(특정차입금), 1$대 환율 ₩1,100

② 이자지급 12.31. 이자율 5%

③ 2024.12.31. 1$대 환율 ₩1,130
④ 2024.1.1. $차입금대신 ₩차입금조달시 조달가능이자율 6%

2. 회계처리

① 2024.1.1.

(차) 현금	1,100,000,000	(대) 장기차입금	1,100,000,000

② 2024.12.31.

(차) 이자비용	56,500,000*	(대) 현금	56,500,000

* $1,000,000×5%×1,130=56,500,000

(차) 외화환산손실	30,000,000*	(대) 장기차입금	30,000,000

* $1,000,000×(1,130－1,100)=30,000,000

③ 차입원가대체액결정

가. 대상액
56,500,000+30,000,000=86,500,000

나. 차입원가조정액(한도)
$1,000,000×1,100×6%=66,000,000
이는 $차입금이 아닌 ₩차입금으로 건설관련차입금을 조달시 회사가 부담해야 하는 이자비용 66,000,000원을 한도로 차입원가를 자본화하여야 한다는 것이다.

다. 회계처리

(차) 건설중인자산	66,000,000	(대) 이자비용	56,500,000
		외화환산손실	9,500,000

3. 세무조정

(1) 법인세법상 외화자산·부채의 평가를 하는 경우
법인세법에서는 외화환산손익에 대하여는 건설자금이자로 계상하지 않으므로 이에 대한 손금산입의 세무조정을 한다.
• 손금산입·건설중인자산·9,500,000·△유보

(2) 법인세법상 외화자산·부채의 평가를 하지 않는 경우
• 손금산입·건설중인자산·9,500,000·△유보
• 손금불산입·장기차입금·30,000,000·유보

사례 6

Ⅰ. 자료

1. 수진㈜는 2024년에 공장신축을 시작했고 준공은 2026년 예정이다.
2. 2024년에 공장신축관련 자금지출은 다음과 같다.
① 2024.3.20. 5억원
② 2024.10.10. 3억원

3. 공장신축관련 특정차입금의 내역은 다음과 같다.
   ① 차입일 : 2024.4.10.
   ② 차입금액 : 4억원
   ③ 이자율 : 4%
4. 수진㈜의 2024년 일반차입금의 내역은 다음과 같다.
   (1) A차입금
      ① 차입일 : 2023.10.1.(만기 2025.9.30.)
      ② 차입금액 : 30억원
      ③ 이자율 : 8%
   (2) B차입금
      ① 차입일 : 2024.3.1.(만기 2026.2.28.)
      ② 차입금액 : 50억원
      ③ 이자율 : 6%

Ⅱ. 회계처리

1. 신축관련 자금지출시

3.20.	(차) 건설중인 자산	5억원	(대) 현금(또는 미지급금)	5억원
10.10	(차) 건설중인 자산	3억원	(대) 현금(또는 미지급금)	3억원

2. 특정차입금에 대한 이자지급시

(차) 건설중인자산	11,660,273*	(대) 현금	11,660,273

$$* \ 4억원 \times 4\% \times \frac{266}{365} = 11,660,273$$

3. 일반차입금에 대한 이자지급시
   (1) A차입금

(차) 이자비용	2.4억원*	(대) 현금(또는 미지급비용)	2.4억원

   * 30억원 × 8% = 2.4억원

   (2) B차입금

(차) 이자비용	251,506,849*	(대) 현금 (또는 미지급비용)	251,506,849

$$* \ 50원 \times 6\% \times \frac{306}{365} = 251,506,849원$$

4. 일반차입금에 대한 차입원가 계산
   수진㈜는 일반차입금에 대하여도 차입원가를 자본화하기로 한다.
   (1) 총건설비적수
      5억원 × 287(3.20. ~ 12.31.일수) + 3억원 × 83(10.10. ~ 12.31.일수)
      = 168,400,000,000
   (2) 특정차입금적수
      4억원 × 266(4.10. ~12.31.일수) = 106,400,000,000

⑶ 일반차입금의 건설비 전용적수

⑴ − ⑵ = 62,000,000,000

⑷ 일반차입금적수 및 평균잔액

① 30억원 × 365 + 50억원 × 306 = 2,625,000,000,000

② 평균잔액 = 7,191,780,821

⑸ 일반차입금 자본화이자율

$$\frac{(240,000,000 + 251,506,849)}{7,191,780,821} = 6.834\%$$

⑹ 일반차입금 차입원가해당액

$$\frac{62,000,000,000}{365} \times 6.834\% = 11,608,438$$(당기에 발생된 이자비용 491,506,849 보다 적으므로 이를 자본화함)

⑺ 회계처리

12.31.	(차) 건설중인자산	11,608,438	(대) 이자비용	11,608,438

Ⅲ. 세무조정

1. 수진㈜가 일반차입금에 대한 건설자금이자를 세무상 인정하고자 하는 경우 세무조정 없음
2. 수진㈜가 일반차입금에 대한 건설자금이자를 세무상 인정하지 않고자 하는 경우
   손금산입 · 건설중인자산 · 11,608,438 · △유보

Ⅳ. 2025년 차입원가계산시 유의사항

일반기업회계기준에서는 전기 이전에 자본화한 차입원가는 당기 적격자산의 평균지출액계산시 포함시키지 않는다(실 18.19). 그러므로 2025년 공장신축에 대한 차입원가계산시 2024년에 자본화한 금액 23,268,711원은 전기이월잔액에 대한 평균지출액계산시 포함하면 안된다.

[별지 제25호 서식] (2011.2.28. 개정)

사 업 연 도	2024. 1. 1. ~ 2024.12.31.	건설자금이자조정명세서	법인명	수진㈜
			사업자등록번호	

1. 건설자금이자 조정

구분	①건설자금이자	②회사계상액	③상각대상자산분	④차감조정액 (① - ② - ③)
건설완료자산분				
건설중인자산분	11,660,273	11,660,273		-
계	11,660,273	11,660,273		-

2. 특정차입금 건설자금이자계산 명세

⑤건설 자산명	⑥대출 기관명	⑦ 차입일	⑧차입 금액	⑨ 이자율	⑩ 당기 지급이자	⑪준공일 또는 준공예정일	⑫건설자금 이자계산 대상일수	⑬건설자금 이자계상 대상금액
건물	대한은행	2024.4.10.	4억원	4%	11,660,273	2026.3.31.	266	11,660,273
계					11,660,273			11,660,273

3. 일반차입금 건설자금이자계산 명세

⑭해당 사업연도 중 건설 등에 소요된 기간에 실제로 발생한 일반차입금의 지급이자 등 합계			491,506,849
⑮해당 건설 등에 대하여 해당 사업연도에 지출한 금액의 적수	⑯해당 사업연도의 특정차입금의 적수	⑰사업연도 일수	⑱계산대상금액 (⑮ / ⑰ - ⑯ / ⑰)
168,400,000,000	106,400,000,000	365	169,863,013
⑲일반차입금 지급이자 등의 합계	⑳해당 사업연도의 일반차입금의 적수	㉑자본화이자율 (⑲ ÷ ⑳ / ⑰)	㉒비교대상금액 (⑱ × ㉑)
491,506,849	2,625,000,000,000	6.834%	11,608,438
㉓일반차입금 건설자금이자계상 대상금액[Min (⑭, ㉒)]			11,608,438

III. 법인세법

1. 감가상각제도의 특징

(1) 임의상각제도

법인세법상 감가상각제도는 당기의 손금으로 인정되는 감가상각비의 한도액(상각범위액)을 정해 놓고 한도액까지는 법인의 선택에 의해 손금으로 계상할 수 있는 임의상각제도이다. 즉 법인이 장부에 계상한 감가상각비가 상각범위액을 초과하는 경우에는 이를 손금불산입하며, 상각범위액에 미달하는 한도미달액은 추후 장부에 계상한 경우에만 손금으로 인정한다. 다만, 임의상각에 대한 예외로서 감가상각의 제규정(법령 30)이 있다.

중/점/사/항/

1. 외감법대상법인의 감가상각비

   공인회계사의 감사를 받는 외감법대상 법인들에 있어서 기업회계상 감가상각비의 계상은 강제규정에 해당된다. 즉 감가상각대상자산에 대하여는 당연히 회사가 정한 상각방법 및 내용연수에 의해 감가상각비를 장부에 계상하여야 하며, 미계상시는 감사의견의 제한을 받게 되므로 회사의 이익 발생 여부에 관계없이 반드시 감가상각비를 계상하여야 한다.

2. 비외감법대상법인의 감가상각비

   공인회계사의 감사를 받지 아니하는 비외감법대상법인들에 대하여는 기업회계에 따라 감가상각비를 계상하지 않는 경우에도 현재 아무런 규제가 없다. 그러므로 감가상각비를 계상하면 결손이 발생되는 경우에는 정책적으로 감가상각비를 계상하지 않음으로써 장부상 공표이익을 나타내는 것이 회사에 유리할 수 있다.

(2) 결산조정사항

감가상각비는 장부에 계상한 경우에 한하여 한도액까지 손금에 산입되는 결산조정사항이다. 따라서 장부에 계상하지 않은 한도미달액은 세무조정에 의해 손금산입할 수 없다(법기통 23－0…1). 다만, 개정전 조세특례제한법 제30조 제1항에 의한 특별상각비, K－IFRS 적용법인, 감가상각의제 해당 및 조세특례제한법 제28조의3(설비투자자산의 감가상각비 손금산입특례)에 의한 감가상각비는 신고조정에 의한 손금산입이 허용된다.

감가상각비회사계상액 − 세무상 한도액(상각범위액)
=(+) 상각부인액 : 손금불산입 · 유보
(−) 시인부족액 : 세무조정 없음.
단, 시인부족액 범위 내에서 전기상각부인액을 손금산입

사례 7 감가상각비 세무조정

1. 2024.1.1. 차량운반구(승용차에 해당하지 않음)를 10,000,000원에 취득하였다.
2. 내용연수 5년, 정액법 신고
3. 연도별 감가상각비 및 세무조정

연 도	회사계상 감가상각비	세무상한도액	상각부인액 (시인부족액)	세무조정
2024	−	2,000,000	(2,000,000)	없음
2025	2,000,000	2,000,000	−	없음
2026	3,000,000	2,000,000	1,000,000	손금불산입 · 1,000,000 · 유보
2027	1,500,000	2,000,000	(500,000)	손금산입 · 500,000 · △유보
2028	1,200,000	2,000,000	(800,000)	손금산입 · 500,000 · △유보
2029	2,300,000	2,000,000	300,000	손금불산입 · 300,000 · 유보
2030	−	300,000	(300,000)	손금산입 · 300,000 · △유보

이처럼 법인세법에서는 당기의 손금으로 인정되는 감가상각비의 한도액(상각범위액)을 정해 놓고 한도액까지만 손금으로 인정하고, 한도초과액은 차후 사업연도에 한도미달액이 발생할 때 한도초과액의 범위 내에서 손금으로 인정하여 주는 임의상각제도를 채택하고 있다. 단, 2016.1.1. 이후 취득한 업무용승용차의 경우에는 내용연수 5년 · 정액법을 적용한 상각범위액(한도액)이 회사계상감가상각비보다 많은 경우(시인부족액) 차액을 신고조정으로 손금산입하여야 한다.

2. 취득가액

(1) 취득가액

법인세법상 자산의 취득가액은 다음의 금액으로 한다(법법 41 ①, 법령 72 ②).

구 분	취득가액
타인으로부터 매입한 자산[주1)]	매입가액에 취득세 · 등록면허세 등 부대비용을 가산한 금액

구 분	취득가액
자기가 제조·생산·건설 기타 이에 준하는 방법에 의하여 취득한 자산	• 원재료비·노무비·운임·하역비·보험료·수수료·공과금(취득세·등록세 포함)·설치비 기타 부대비용의 합계액 • 제조 중 일부 폐기되어 추가제조비용도 취득가액에 산입(폐기금액을 비용처리하면 안됨)
합병·분할 또는 현물출자에 의하여 취득한 자산	• 적격합병(분할) 요건 충족시 : 장부가액 • 요건을 미충족시 : 시가
물적분할에 따라 취득한 주식	• 적격물적분할 요건 충족시 : 물적분할한 순자산의 장부가액 • 요건을 미충족시 : 물적분할한 순자산의 시가
현물출자에 따라 취득한 주식	• 적격현물출자 요건충족시 : 현물출자한 자산의 장부가액 • 출자법인 등이 주식 등만 취득 : 현물출자한 순자산의 시가 • 요건을 미충족시 : 주식의 시가
채무의 출자전환에 따라 취득한 주식	취득당시의 시가[주2)]
합병 또는 분할(물적분할은 제외)에 따라 취득한 주식	종전의 장부가액 + 합병(분할)대가 − 취득소요액 + 특수관계인으로부터 분여받은 이익 − 현금수령액
기업회계기준에 따라 단기매매항목으로 분류된 금융자산 및 파생상품	매입가액
이외의 방법으로 취득한 자산 (예 : 교환·증여 등의 경우)	취득당시의 시가

주1) 기업회계기준에 따라 단기매매항목으로 분류된 금융자산 및 파생상품은 타인으로부터 매입한 자산의 범위에서 제외한다(법령 72 ①).

주2) 다만, 요건을 갖춘 채무의 출자전환으로 취득한 주식 등은 출자전환된 채권(채무보증구상채권, 특수관계인 가지급금 채권은 제외)의 장부가액으로 하고, 합병 또는 분할(물적분할을 제외함)의 경우에는 종전의 장부가액에 합병으로 인한 의제배당액 또는 분할로 인한 의제배당액 및 자본거래로 인하여 특수관계인으로부터 분여받은 이익을 가산한 금액으로 한다.

상기의 취득가액에 포함되는 금액과 포함되지 않는 금액은 다음과 같다(법령 72 ②·③).

구 분	취득가액
취득가액에 포함되는 금액	① 특수관계인인 개인으로부터 유가증권을 저가로 매입한 경우 시가와의 차액을 익금산입한 금액 ② 건설자금이자 ③ 유형자산의 취득과 함께 국·공채를 매입하는 경우 기업회계기준에 따라 그 국·공채의 매입가액과 현재가치의

구 분	취득가액
	차액을 해당 유형자산의 취득가액으로 계상한 금액
취득가액에 포함되지 않는 금액	① 장기할부조건 등으로 취득하는 경우 발생한 채무를 기업회계기준이 정하는 바에 따라 계상한 현재가치할인차금 ② 연지급수입의 경우에 있어서 취득가액과 구분하여 지급이자로 계상한 금액 ③ 부당행위계산부인에 의한 시가초과 취득액 ④ 특수관계 없는 자로부터 정상가액보다 높은 가액으로 매입한 경우 정상가액초과액

주요해석

1. 건물 신축시 조경목적으로 구입한 수목 및 식재비용

   법인이 건물을 신축하면서 조경목적으로 구입한 수목 및 식재비용에 지출하는 금액은 토지와는 별도의 자산으로 계상하는 것이며, 토지 또는 건물에 대한 자본적지출로 보지 않는 것임(서이-1941, 2006.9.28.).

2. 전력사업을 영위하는 내국법인이 송·변전설비 주변지역의 보상 및 지원에 관한 법률에 따라 송·변전설비 주변지역 주민에게 지출하는 토지에 대한 재산적 보상금 및 지역지원사업비

   전력사업을 영위하는 내국법인이 송·변전설비 주변지역의 보상 및 지원에 관한 법률에 따라 송·변전설비 주변지역 주민에게 지출하는 토지에 대한 재산적 보상금 및 지역지원사업비는 각 사업연도 소득금액계산상 손금에 해당(법규법인 2014-79, 2014.5.15.)

3. 필수적 예비부품

   ① 검사 또는 수리기간 중에 운항 중인 항공기에 부착된 각종 계기 등과 상호 교환사용되는 예비부품은 항공기가액에 포함하여 감가상각할 수 있는 것으로 함(통칙 23-24…6).

   ② 발전설비에 사용되는 기계장치의 필수적 예비부품으로서 기업회계기준상 유형자산으로 분류되고 범용성이 없어 다른 기계장치에 전용할 수 없는 등 본연의 기계장치에 전적으로 종속되는 예비부품은 취득시부터 본연의 기계장치와 함께 감가상각할 수 있는 것이고, 부품교체를 포함하여 발전설비의 성능을 유지하기 위해 주기적 외주방식에 의해 유지보수용역을 제공받는 경우로서 내용연수를 연장시키거나 해당 자산의 가치를 현실적으로 증가시키지 않는 경우에는 수익적지출로 보는 것임(법인세과-286, 2009.1.22.; 서면법인-1725, 2017.10.20.; 사전법령법인-1040, 2020.12.14.).

   주 기업회계 : 예비부품 중 한 회계기간 이상 사용할 것으로 예상되는 중요한 예비부품은 유형자산으로 인식하고 그 내용연수에 따라 취득시점부터 상각하고 아닌 경우에는 재고자산으로 분류하여 사용 시 수선비로 비용처리함

(2) 건설자금이자(기업회계기준과 비교 · 차이점만)

① 평가원칙

가. 기업회계

기간비용원칙. 단, 회사선택에 의해 자본화가 가능하다.

나. 법인세법

- 특정차입금 : 자본화 원칙
- 일반차입금 : 기업의 회계처리를 수용 선택가능

다. 세무조정

기간비용으로 처리한 경우 법인세법상 건설자금이자를 익금산입(유보)한다.

② 계산대상

가. 기업회계

재고자산(제조기간 등이 1년 이상인 것) · 투자부동산 · 유형자산 · 무형자산(자본적지출 포함)

나. 법인세법

사업용 유형 · 무형자산(매매용 제외, 기부체납자산 · 증설은 포함)

다. 세무조정

법인세법상 건설자금이자대상에서 제외되는 자산에 대하여 사업연도말 현재 재무상태표에 계상되어 있는 건설자금이자에 대하여는 세무조정시 손금산입(△유보)한다.

③ 계산기간

가. 기업회계

(ㄱ) 토지

계약금지급일～잔금지급일(또는 사업에 제공일 중 빠른 날)
또한 잔금지급일 이후부터 건물(또는 기계장치) 건설자금이자계산기간에 대한 건설자금이자는 건물(또는 기계장치)의 취득원가로 계상

(ㄴ) 건물

착공일～준공일(또는 사용개시일 중 빠른 날)

(ㄷ) 기계장치

설치개시일～정상제품생산일

나. 법인세법

'가.'와 동일하나 토지에 대하여는 잔금지급일까지만 계상한다.

다. 세무조정

토지 중 잔금지급일 이후분에 대한 건설자금이자계상분에 대하여 세무조정시 손금산입(△유보)한다.

④ 계산방법

가. 기업회계

건설에 소요되는 특정차입금의 건설자금이자 외에도 일반적으로 차입된 차입금에 대하여도 가중평균차입이자율에 의해 건설자금이자를 계상하며, 외화차입금에 대해서는 이자비용의 조정으로 볼 수 있는 외환차이도 자본화한다.

나. 법인세법

특정차입금에 대한 건설자금이자계상만을 인정한다. 단, 일반차입금에 대한 건설자금이자도 회사의 선택에 따라 자본화를 인정하고 있어 세무조정은 회사의 선택에 따라 손금산입 할 수도 있고 하지 않을 수도 있다.

⑤ 건설자금이자에 대한 세무조정

가. 건설자금이자를 과소계상한 경우

구 분		세무조정	
		당기	차기 이후
비상각자산		손금불산입 · 유보	양도시 손금추인 · △유보
상각자산	기말 현재 완공된 경우	즉시상각의제 적용[주1)]	세무조정 없음
	기말 현재 미완공된 경우	손금불산입 · 유보[주2)]	감가상각, 처분시 손금추인 · △유보

주1) 과소계상액만큼 회사가 감가상각한 것으로 보아 시부인계산한다.

주2) 과소계상액을 감가상각부인액으로 보아 이후 한도액 계산시 취득원가에 가산하여야 하며, 시인부족액 발생시 손금으로 추인한다.

나. 건설자금이자를 과대계상한 경우

구 분	세무조정	
	당기	차기 이후
비상각자산	손금산입 · △유보	양도시 익금산입 · 유보
상각자산	손금산입 · △유보	양도, 감가상각시[주)] 익금산입 · 유보

주) 감가상각할 경우 다음의 세무조정을 하게 된다.
① 회사계상 감가상각비 중 손금산입분에 대한 감가상각비를 손금불산입하여 유보로 소득처분한다.
② 회사계상 감가상각비 중 '①'에서 손금불산입된 금액을 제외하고 감가상각비 시부인을 한다.

(3) 자본적지출

1) 의미

감가상각자산에 대한 취득 이후의 지출 중 법인이 소유하는 감가상각자산의 내용연수를 연장시키거나 해당 자산의 가치를 현실적으로 증가시키기 위하여 지출한 수선비를 "자본적지출"이라 하며, 동 자본적지출액은 취득가액에 포함된다. 반면, 해당 고정자산의 원상을 회복하거나 능률유지를 위하여 지출한 수선비는 "수익적지출"이라고 하며, 동 수익적지출은 당기 손금으로 처리한다.

중/점/사/항/

1. 자본적지출 해당 사례

(1) 법령 31 ②
- 본래의 용도를 변경하기 위한 개조
- 엘리베이터 또는 냉난방장치의 설치
- 빌딩 등에 있어서 피난시설 등의 설치
- 재해 등으로 인하여 건축물 · 기계 · 설비 등이 멸실 또는 훼손되어 해당 자산의 본래의 용도에 이용가치가 없는 것의 복구
- 기타 개량 · 확장 · 증설 등 전 각호와 유사한 성질의 것[주)]

주) 토지 관련 매입세액(토지의 취득 및 형질변경, 공장부지 및 택지의 조성, 토지만을 사용할 목적으로 건물을 취득시의 건물취득 및 철거 등에 관한 매입세액)은 토지의 매입부대비용으로 처리함(부법 17 ② 4호, 부령 60 ⑥ 2호).

(2) 법기통 23－31…1
- 토지만을 사용할 목적으로 취득한 건축물의 취득가액과 철거비용
- 토지구획정리사업의 결과 무상할양하게 되는 체비지를 대신하여 지급하는 금액
- 도시계획에 의한 도로공사로 인하여 공사비로 지출된 수익자부담금
- 공장 등의 시설을 신축 또는 증축함에 있어서 부담한 공공하수도의 개축 공사비
- 설치 중인 기계장치의 시운전비(시제품 매각액 제외)
- 수입기계장치의 설치를 위해 지출한 외국인기술자의 체재비
- 장기할부조건에 따라 매입가액에 가산된 이자상당액
- 면세사업자가 부담한 고정자산의 부가가치세 매입세액
- 사역용 · 종축용 · 착유용 · 농업용 등에 사용하기 위해 지출한 동물의 사육비 등
- 목야지(초지)의 최초 조성비
- 토지 · 건물만을 사용할 목적으로 첨가 취득한 기계장치 처분손실

• 토지개발 또는 주택신축과 관련하여 도로용 등으로 국가 등에 기부한 토지가액
• 기계장치에 직접적으로 연결된 기초공사에 소요된 금액

(3) 주요 예규

• 금융리스기간이 종료된 리스물건의 소유권 취득에 소요된 금액(법인 22601－2911, 1988.10.11.)
• 운용리스를 금융리스로 변경한 경우 '선급리스부대비' 미상각잔액(법인 46012－2112, 1999.6.4.)
• 소프트웨어 버전업을 위해 추가지출한 금액(법인 46012－972, 1994.4.2.)
• 건축사용 불가 토지를 건축가능용지로 변경하기 위해 서울시에 기부채납한 토지(법인 46012－3312, 1994.12.6.)
• 법인사옥과 연결된 지하철연결통로 건설 후 지방자치단체에 기부채납한 연결통로 건설비용(재경부 법인 46012－79, 1999.5.27.)
• 개발이익환수에관한법률에 의하여 개발사업자가 납부하는 개발부담금(법인 46012－1336, 1993.5.12.)
• 수도권정비계획법에 의하여 건축자가 부담하는 과밀부담금(재경원 법인 46012－5, 1997.1.11.)
• 건물신축시 주민들에 대하여 지급한 피해보상금(법인 46012－738, 1998.3.25.)
• 골프장시설의 노후 등으로 인하여 보수・개량공사를 실시함에 있어 Bunker, Green 등의 위치 및 근본적인 구조변경 등으로 소요된 비용(서이 46012－11565, 2002.8.22.)
• 건물 등의 시설을 개축 또는 증축함에 있어 소방배관시설을 하게 됨으로써 배관시설의 교체를 위하여 부담하는 공사비(서이 46012－10752, 2001.12.14.)

2. 수익적지출 해당 사례

(1) 법칙 17

• 건물 또는 벽의 도장
• 파손된 유리나 기와의 대체
• 기계의 소모된 부속품의 대체와 벨트의 대체
• 자동차 타이어의 대체
• 재해를 입은 자산에 대한 외장의 복구, 도장, 유리의 삽입
• 기타 조업가능한 상태의 유지 등 전 각호와 유사한 성질의 것

(2) 법기통 23－31…2

• 새로운 공장으로 기계시설 등을 이전하기 위해 지출한 운반비와 인건비
• 임대차계약 해지시 임차자산에 대한 자본적지출 미상각잔액
• 분쇄기에 투입하는 강구(steel ball)비
• 유리제조업체의 병형(틀)비
• 통칙 23－31…1 제1호 이외의 사유로 기존건축물을 철거하는 경우 기존건축물의 장부가액과 철거비용

(3) 주요 예규

- 골프장시설의 노후 등으로 인하여 보수 · 개량공사를 실시함에 있어서 Bunker, Green 등의 높낮이 조정을 통한 난이도 조정, 배수불량에 대한 배수공사비 또는 보수공사를 위한 수목이식비용 및 원상회복 차원의 잔디이식비용(서이 46012-11565, 2002.8.22.)
- 새로운 배관시설이 아닌 기존시설의 원상회복, 능률유지를 위하여 지출하는 소방배관시설 교체비용(서이 46012-10752, 2001.12.14.)
- 신축건물의 지하층 터파기 공사 후 되메운 경우 터파기 공사비용(법인 46012-1496, 2000.7.5.)
- 기존건물의 누수방지를 위한 방수공사비(법인 46012-2823, 1997.11.1.)

2) 세무상 처리

① 자본적지출과 수익적지출의 세무상 처리

구 분	자본적지출로 처리	수익적지출로 처리
자본적지출 해당액	감가상각을 통해 비용화	가. 수선비특례규정(법령 31 ③)에 해당되는 경우 : 세무조정 없이 당기손금으로 인정 나. 특례규정에 해당되지 않는 경우 : 취득즉시 감가상각한 것으로 보아 상각시부인(법령 31 ①)
수익적지출 해당액	손금산입(△유보)하고 감가상각 범위액계산시 동액을 취득가액에서 차감하여 한도액을 계산	세무조정 없음

② 수선비특례 규정

각 사업연도에 지출한 수선비가 다음에 해당하는 경우로서 그 수선비를 해당 사업연도의 손비로 계상한 경우에는 해당 수선비가 자본적지출에 해당하더라도 이를 수익적지출로 보아 당기의 손금으로 인정한다(법령 31 ③).

가. 개별자산별로 수선비로 지출한 가액이 600만원 미만인 경우

나. 개별자산별로 수선비로 지출한 가액이 직전 사업연도종료일 현재 F/P상 자산가액(취득가액 - 감가상각누계액상당액)의 5%에 미달하는 경우

다. 3년 미만의 기간마다 주기적인 수선을 위하여 지출하는 경우

상기 '가.'에서 수선비로 지출한 금액이 600만원인 경우라 함은 해당 사업연도에 개별자산별로 지출한 자본적지출액과 수익적지출액의 합계액이 600만원 미만인 경우를 말한다. 따라서 수선비 지출총액이 800만원이고 이 중 자본적지출액이 400만원, 수익적지출액이 400만원인 경우에는 수선비특례규정에 해당되지 않으므로 자본적지출액 400만원을 수익적지출로 처리한 경우에는 동 자본적지출액은 즉시상각의제액에 해당되어 감가상각시부인을 해야 한다(법인 46012－2660, 1996.9.20.).

한편, '가.'와 '나.'는 서로 연결되는 내용이므로 개별자산별로 수선비로 지출한 금액에 대하여는 다음과 같이 수선비특례 기준금액을 설정할 수 있다.

즉 Max ┌ ① 6,000,000원
　　　　└ ② 직전 사업연도의 F/P상 장부가액×5%

따라서 이와 관련한 세무상 처리는 다음과 같이 요약할 수 있다.

구 분	자본적지출을 당기비용으로 처리한 경우
당기수선비〈 수선비특례 기준금액	세무조정 없다.
당기수선비≥수선비특례 기준금액	자본적지출 해당액을 즉시상각한 것으로 보아 감가상각시부인한다.

3. 내용연수

(1) 기준내용연수

[별표 2] 시험연구용 자산의 내용연수표

자산범위	자산명	내용연수
1. 새로운 지식이나 기술의 발견을 위한 실험연구시설 2. 신제품이나 신기술을 개발할 목적으로 관련된 지식과 경험을 응용하는 연구시설 3. 신제품이나 신기술과 관련된 시제품, 원형, 모형 또는 시험설비 등의 설계, 제작 및 시설을 위한 설비 4. 새로운 기술에 수반되는 공구, 기구, 금형 등의 설계 및 시험적 제작을 위한 시설 5. 직업훈련용 시설	(1) 건물부속설비 (2) 구축물 (3) 기계장치	5년
	(4) 광학기기 (5) 시험기기 (6) 측정기기 (7) 공구 (8) 기타 시험연구용 설비	3년

① 시험연구용 자산 중 조세특례제한법 제25조 제1항 제1호에 따른 연구시험용시설 및 직업훈련용시설 투자에 대한 세액공제를 이미 받은 자산에 대하여는 이 내용연수표에 의한 감가상각비를 손금에 산입할 수 없다.
② 법인이 시험연구용 자산에 대하여 이 내용연수표를 적용하지 아니하고자 하는 경우에는 [별표 5] 건축물 등의 기준내용연수 및 내용연수범위표 또는 [별표 6] 업종별 자산의 기준내용연수 및 내용연수범위표를 적용하여 감가상각비를 손금에 산입할 수 있다.

[별표 5] 건축물 등의 기준내용연수 및 내용연수범위표(2024.3.22. 개정)

구 분	기준내용연수 및 내용연수범위 (하한 – 상한)	구조 또는 자산명
1	5년(4년～6년)	차량 및 운반구[운수업, 임대업(부동산 제외)에 사용되는 차량 및 운반구를 제외한다], 공구, 금형, 기구 및 비품
2	12년(9년～15년)	선박 및 항공기[어업, 운수업, 임대업(부동산 제외)에 사용되는 선박 및 항공기를 제외한다]
3	20년(15년～25년)	연와조, 블럭조, 콘크리트조, 토조, 토벽조, 목조, 목골모르타르조, 기타조의 모든 건물(부속설비를 포함한다)과 구축물
4	40년(30년～50년)	철골・철근콘크리트조, 철근콘크리트조, 석조, 연와석조, 철골조의 모든 건물(부속설비를 포함한다)과 구축물

① 건물(부속설비를 포함한다) 및 구축물이 기준내용연수 및 내용연수범위가 서로 다른 2 이상의 복합구조로 구성되어 있는 경우에는 주된 구조에 의한 기준내용연수 및 내용연수범위를 적용함.
② (구분 3)과 (구분 4)를 적용함에 있어서 부속설비에는 해당 건물과 관련된 전기설비, 급배수・위생설비, 가스설비, 냉방・난방・통풍 및 보일러설비, 승강기설비 등 모든 부속설비를 포함하고, 구축물에는 하수도, 굴뚝, 경륜장, 포장도로, 교량, 도크, 방벽, 철탑, 터널 기타 토지에 정착한 모든 토목설비나 공작물을 포함함. 다만, 부속설비를 건축물과 구분하여 업종별 자산으로 회계처리하는 경우에는 [별표 6]을 적용할 수 있음(2006.3.14. 이후 취득분부터 적용가능).
③ (구분 3)과 (구분 4)를 적용함에 있어서 건물 중 변전소, 발전소, 공장, 창고, 정거장・정류장・차고용 건물, 폐수 및 폐기물처리용 건물, 유통산업발전법시행령에 의한 대용점용건물(해당 건물의 지상층에 주차장이 있는 경우에 한한다), 국제회의산업육성에관한법률에 의한 국제회의시설 및 무역거래기반조성에관한법률에 의한 무역거래기반시설(별도의 건물인 무역연수원을 제외한다), 구축물 중 하수도, 굴뚝, 경륜장, 포장도로와 폐수 및 폐기물처리용 구축물과 기타 진동이 심하거나 부식성 물질에 심하게 노출된 것은 기준내용연수를 각각 10년, 20년으로 하고, 내용연수범위를 각각(8년～12년), (15년～25년)으로 하여 신고내용연수를 선택적용할 수 있음.
④ 법인세법시행령 제28조 제1항 제2호의 규정에 따라 구조 또는 자산별 내용연수범위 안에서 법인이 적용할 내용연수를 선택하여 납세지관할세무서장에게 신고하는 경우에 법인세법시행규칙 [별표 5]의 자산은 동표상 각호의 구조 또는 자산명 단위로 같은 내용연수를 적용함. 예를 들면 [별표 5]의 '차량 및 운반구'와 '공구'는 내용연수범위 안에서 각각 다른 내용연수를 선택할 수 있으나, '차량 및 운반구'에 속하는 모든 차량은 같은 내용연수를 적용하여야 함(법인 46012－1434, 2000.6.24.).
⑤ 법인이 대외홍보를 목적으로 인터넷홈페이지를 구축하면서 소요되는 비용은 자산(기구 및 비품)으로 계상하여 동 홈페이지가 정상적으로 가동되기 시작한 날부터 법인세법 제23조의 규정에 의하여 감가상각하는 것임(법인 46012－306, 2001.2.6.).

⑥ 공장건물의 기준내용연수는 20년임(조심 2017중4180, 2017.11.2.)

[별표 6] 업종별 자산의 기준내용연수 및 내용연수범위표(2024.3.22. 개정)

구분	기준내용연수 및 내용연수범위 (하한～상한)	적용대상자산(다음에 규정된 한국표준 산업분류상 해당업종에 사용되는 자산)	
		대분류	중분류
1	4년 (3년～5년)	제조업	15. 가죽, 가방 및 신발제조업. 다만, 모피 및 가죽제조업(1511)은 구분 4(6년～10년)를 적용한다.
		교육서비스업	85. 교육서비스업
2	5년 (4년～6년)	농업, 임업 및 어업	01. 농업. 다만, 과수의 경우에는 구분 9(15년～25년)를 적용한다. 02. 임업
		광업	05. 석탄, 원유 및 천연가스 광업
		제조업	18. 인쇄 및 기록매체복제업 21. 의료용 물질 및 의약품 제조업
		수도, 하수 및 폐기물 처리, 원료재생업	37. 하수 · 폐수 및 분뇨 처리업 38. 폐기물 수집운반, 처리 및 원료재생업. 다만, 해체, 선별 및 원료재생업(383) 중 재생용 금속 · 비금속 가공원료 생산업은 구분 5(8년～12년)를 적용한다. 39. 환경 정화 및 복원업
		건설업	42. 전문직별 공사업
		도매 및 소매업	45. 자동차 및 부품 판매업 46. 도매 및 상품중개업 47. 소매업(자동차는 제외한다)
		운수업	49. 육상 운송 및 파이프라인 운송업. 다만, 철도운송업(491) 및 도시철도 운송업(49211)은 구분 9(15년～25년)를 적용하고 택배업(49402) 중 택배 및 늘찬 배달업(49402)은 구분 4(6년～10년)를 적용한다.
		정보통신업	58. 출판업 59. 영상 · 오디오 기록물 제작 및 배급업 60. 방송 및 영상 · 오디오물 제공 서비스업 62. 컴퓨터 프로그래밍, 시스템 통합 및 관리업 63. 정보서비스업
		금융 및 보험업	64. 금융업

구분	기준내용연수 및 내용연수범위 (하한~상한)	적용대상자산(다음에 규정된 한국표준 산업분류상 해당업종에 사용되는 자산) 대분류	중분류
2	5년 (4년~6년)		65. 보험업 66. 금융 및 보험관련 서비스업
		부동산업 및 임대업	69. 임대업(부동산은 제외한다)
		전문, 과학 및 기술 서비스업	70. 연구개발업 71. 전문 서비스업 72. 건축기술, 엔지니어링, 기타 과학기술 서비스업 73. 기타 전문, 과학 및 기술 서비스업
		사업시설관리, 사업지원 및 임대 서비스업	74. 사업시설관리 및 조경 서비스업 75. 사업지원 서비스업. 다만, 여행사 및 기타 여행 보조 서비스업(752)은 구분 4(6년~10년)를 적용한다. 76. 임대업(부동산은 제외한다)
		공공행정, 국방 및 사회보장행정	84. 공공행정, 국방 및 사회보장행정
		보건업 및 사회복지 서비스업	86. 보건업 87. 사회복지 서비스업
		예술, 스포츠 및 여가 관련 서비스업	90. 창작, 예술 및 여가 관련 서비스업 91. 스포츠 및 오락 관련 서비스업
		협회 및 단체, 수리 및 기타 개인 서비스업	94. 협회 및 단체 96. 기타 개인 서비스업
		가구내 고용활동 및 달리 분류되지 않은 자가소비 생산활동	97. 가구내 고용활동 98. 달리 분류되지 않은 자가소비를 위한 가구의 재화 및 서비스 생산활동
		국제 및 외국기관	99. 국제 및 외국기관
3	6년 (5년~7년)	제조업	26. 전자부품, 컴퓨터, 영상, 음향 및 통신장비 제조업. 다만, 마그네틱 및 광학 매체 제조업(2660)은 구분 4(6년~10년)를 적용하고, 전자코일, 변성기 및 기타 전자유도자

<table>
<tr><th rowspan="2">구분</th><th rowspan="2">기준내용연수 및
내용연수범위
(하한～상한)</th><th colspan="2">적용대상자산(다음에 규정된 한국표준
산업분류상 해당업종에 사용되는 자산)</th></tr>
<tr><th>대분류</th><th>중분류</th></tr>
<tr><td rowspan="2"></td><td rowspan="2"></td><td></td><td>제조업(26293) 및 유선 통신장비 제조업(26410) 중 중앙통제실 송신용 침입 및 화재경보 시스템 제조는 구분 5(8년～12년)를 적용한다.</td></tr>
<tr><td>정보통신업</td><td>61. 우편 및 통신업</td></tr>
<tr><td rowspan="7">4</td><td rowspan="7">8년
(6년～10년)</td><td>제조업</td><td>14. 의복, 의복 액세서리 및 모피제품 제조업. 다만, 편조의복 제조업(143) 및 편조의복 액세서리 제조업(1441)은 구분 5(8년～12년)를 적용한다.
20. 화학물질 및 화학제품 제조업(의약품은 제외한다). 다만, 살균・살충제 및 농약재제조업(2032)은 구분 1(3년～5년)을 적용하고, 화약 및 불꽃제품 제조업(20494) 중 성냥 제조는 구분 5(8년～12년)를 적용한다.
34. 산업용 기계 및 장비 수리업</td></tr>
<tr><td>건설업</td><td>41. 종합건설업</td></tr>
<tr><td>운수 및 창고업</td><td>52. 창고 및 운송관련 서비스업</td></tr>
<tr><td>숙박 및 음식점업</td><td>55. 숙박업
56. 음식점 및 주점업</td></tr>
<tr><td>부동산업</td><td>68. 부동산업</td></tr>
<tr><td>협회 및 단체, 수리 및 기타 개인 서비스업</td><td>95. 개인 및 소비용품 수리업</td></tr>
<tr><td colspan="2" style="display:none"></td></tr>
<tr><td rowspan="2">5</td><td rowspan="2">10년
(8년～12년)</td><td>농업, 임업 및 어업</td><td>03. 어업. 다만, 내수면 양식 어업(03212) 중 수생파충류 및 개구리 양식은 구분 2(4년～6년)를 적용한다.</td></tr>
<tr><td>광업</td><td>06. 금속광업
07. 비금속 광물광업(연료용을 제외한다). 다만, 그 외 기타 비금속광물 광업(0729) 중 토탄 채굴은 구분 2(4년～6년)를 적용한다.
08. 광업 지원 서비스업. 다만, 광업지원서비스업(08000) 중 채굴목적 광물탐사활동, 유・무연탄 채굴 지원 서비스 및 갈탄 및 토탄 채굴 지원 서비스는 구분 2(4년～6</td></tr>
</table>

<table>
<tr><th rowspan="2">구분</th><th rowspan="2">기준내용연수 및 내용연수범위 (하한~상한)</th><th colspan="2">적용대상자산(다음에 규정된 한국표준 산업분류상 해당업종에 사용되는 자산)</th></tr>
<tr><th>대분류</th><th>중분류</th></tr>
<tr><td rowspan="2">5</td><td rowspan="2">10년
(8년~12년)</td><td></td><td>년)를 적용한다.</td></tr>
<tr><td>제조업</td><td>10. 식료품 제조업
11. 음료 제조업
13. 섬유제품 제조업(의복을 제외한다). 다만, 섬유제품 염색, 정리 및 마무리 가공업(134)은 구분 4(6년~10년)를 적용한다.
16. 목재 및 나무제품제조업(가구는 제외한다)
17. 펄프, 종이 및 종이제품 제조업
22. 고무 및 플라스틱제품 제조업
23. 비금속 광물제품 제조업. 다만, 산업용 유리 제조업(2312) 중 평판 디스플레이용 유리의 제조업과 브라운관용 벌브유리의 제조업은 구분 2(4년~6년)를 적용한다.
24. 1차 금속 제조업. 다만, 기타 비철금속 제련, 정련 및 합금 제조업(24219) 중 우라늄 제련 및 정련업은 구분 4(6년~10년)를 적용한다.
25. 금속가공제품 제조업(기계 및 가구는 제외한다)
27. 의료, 정밀, 광학기기 및 시계 제조업
28. 전기장비 제조업
29. 기타 기계 및 장비 제조업
31. 기타 운송장비 제조업
32. 가구 제조업
33. 기타 제품 제조업</td></tr>
<tr><td rowspan="2">6</td><td rowspan="2">12년
(9년~15년)</td><td>제조업</td><td>12. 담배제조업. 다만, 니코틴이 함유된 전자담배 기기용 용액 제조는 구분 4(6년~10년)를 적용한다.
30. 자동차 및 트레일러 제조업</td></tr>
<tr><td>운수 및 창고업</td><td>50. 수상 운송업. 다만, 외항화물운송업(50112)은 구분 9(15년~25년)를 적용한다.
51. 항공 운송업</td></tr>
<tr><td>7</td><td>14년
(11년~17년)</td><td>제조업</td><td>19. 코크스, 연탄 및 석유정제품 제조업. 다만, 코크스 및 연탄 제조업(1910) 중 연탄, 갈탄·토탄의 응집 유·무연탄 및 기타</td></tr>
</table>

구분	기준내용연수 및 내용연수범위 (하한~상한)	적용대상자산(다음에 규정된 한국표준 산업분류상 해당업종에 사용되는 자산)	
		대분류	중분류
			유·무연탄 제조는 구분 2(4년~6년)를 적용한다.
8	16년 (12년~20년)	전기, 가스, 증기 및 공기조절공급업	35. 전기, 가스, 증기 및 공기조절 공급업
9	20년 (15년~25년)	수도, 하수 및 폐기물 처리, 원료재생업	36. 수도업

비고

1. 이 표는 별표 3이나 별표 5의 적용을 받는 자산을 제외한 모든 감가상각자산에 대하여 적용한다.
2. 내용연수범위가 서로 다른 2 이상의 업종에 공통으로 사용되는 자산이 있는 경우에는 그 사용기간이나 사용정도의 비율에 따라 사용비율이 큰 업종의 기준내용연수 및 내용연수범위를 적용한다.

(2) 내용연수의 신고 및 변경 등

① 신고내용연수

내용연수범위 내에서 법인이 선택적용하여 납세지관할세무서장에게 신고하는 경우(법령 28 ③)

가. 신설법인

영업개시일이 속하는 사업연도의 법인세과세표준의 신고기한

나. 기준내용연수가 다른 감가상각자산의 신규취득 또는 새로운 업종의 사업개시시 그 취득일 또는 개시일이 속하는 사업연도의 법인세과세표준의 신고기한

② 승인내용연수

기준내용연수의 50% 범위 내에서 납세지관할국세청장의 승인을 얻는 경우(법령 29 ①·②)

③ 내용연수의 변경

가. 승인권자

관할지방국세청장

나. 신청기한

변경할 내용연수를 적용하고자 하는 사업연도의 종료일까지 신청

다. 변경사유

- 사업장의 특성으로 자산의 부식 · 마모 및 훼손의 정도가 현저한 경우
- 생산설비의 가동률이 직전 3개 사업연도의 평균가동률보다 현저히 증가한 경우

라. 변경내용연수

기준내용연수의 50% 범위 내

마. 재변경금지

3년간 변경금지

사례 8 내용연수 변경

1. 자료

① 수진㈜은 2022.1.1. 차량운반구를 10,000,000원에 취득하였다(내용연수 5년, 정액법 적용).

② 2023.12.31. 현재 감가상각누계액은 4,000,000원이다.

③ 2024년에 내용연수를 4년으로 변경하였다.

④ 수진㈜은 K-IFRS 적용 대상법인이 아니다.

2. 회계처리

① 2024년 감가상각비

$$(10{,}000{,}000 - 4{,}000{,}000) \times \frac{1}{2^{*}} = 3{,}000{,}000\text{원}$$

* 변경내용연수 4년 - 경과내용연수 2년 = 잔존내용연수 2년

② 회계처리

(차) 감가상각비	3,000,000	(대) 감가상각누계액	3,000,000

3. 세무조정

(1) 내용연수 변경승인을 얻은 경우

① 세무상 상각범위액(한도액)

10,000,000×0.250(4년, 정액법) = 2,500,000원

즉 법인세법에서는 내용연수를 변경해도 취득가액(정액법인 경우)에 변경된 내용연수(잔존내용연수가 아님)의 상각률을 곱하여 상각범위액을 계산한다.

② 시부인계산

회사계상액 3,000,000 - 한도액 2,500,000 = 한도초과액 500,000원

③ 세무조정

손금불산입 · 감가상각비 · 500,000 · 유보

(2) 내용연수 변경승인을 얻지 못한 경우

① 세무상 상각범위액(한도액)

10,000,000×0.200(5년, 정액법)＝2,000,000원

내용연수 변경승인을 얻지 못했으므로 세무상 신고내용연수인 5년의 상각률을 곱하여 상각범위액을 계산한다.

② 시부인계산

회사계상액 3,000,000－한도액 2,000,000＝한도초과액 1,000,000원

③ 세무조정

손금불산입・감가상각비・1,000,000・유보

(3) 에너지절약시설의 감가상각비 손금산입특례

1) 내국법인이 다음 2)에 따른 에너지절약시설을 2023.1.1.～2024.12.31.까지 취득하는 경우 해당 에너지절약시설에 대한 감가상각비는 각 사업연도의 결산을 확정시 손비로 계상하였는지와 관계없이 기준내용연수의 50%(중소・중견기업의 75%) 범위 내에서 신고한 내용연수를 적용한 상각범위 내에서 손금(신고조정에 의한 손금산입 허용)에 산입할 수 있다(조특법 28의4, 조특령 25의4).

2) 에너지절약시설

① 「에너지이용 합리화법」에 따른 에너지절약형 시설

② 「물의 재이용 촉진 및 지원에 관한 법률」에 따른 중수도 및 「수도법」에 따른 절수설비, 절수기기

③ 「신에너지 및 재생에너지 개발・이용・보급 촉진법」에 따른 신에너지 및 재생에너지 생산설비의 부품・중간재 또는 완제품을 제조하기 위한 시설

(4) 태양광설비의 감가상각

태양광으로 전기를 생산하는데 사용되는 태양광 발전설비는 법인세법시행규칙 별표6의 자산으로 보아 법인세법 시행령 제26조 및 제28조에 의한 감가상각방법과 내용연수에 따른 상각률을 적용하는 것이다(기준법무법인－194, 2023.3.6.).

이는 종전의 과세관청은 전기를 생산하는데 사용되는 토지에 정착된 태양광발전설비는 법인세법 시행규칙 별표5의 자산(구축물)으로 보아 내용연수를 적용한다는 유권해석을 발표하였으나(법인세과－582, 2010.6.25. 등) 조세심판원에서는 이를 기계장치로 인정하는 결정을 하여(조심 2017전4319, 2018.12.12.) 차이가 있었으나 국세청이 조세심판원의 결정을 수용한 유권해석을 내려 종전의 유권해석을 폐기하였다.

■ 조세특례제한법 시행규칙 [별지 제9호의5서식](2023.3.20. 개정)

내용연수 특례적용 신청서

접수번호	접수일자	처리기간 즉시

<table>
<tr><td rowspan="4">신청인
인적사항</td><td colspan="2">법인명</td><td>사업자등록번호</td></tr>
<tr><td colspan="3">본점 소재지</td></tr>
<tr><td colspan="2">대표자 성명</td><td>생년월일</td></tr>
<tr><td>사업개시일</td><td>년 월 일</td><td></td></tr>
</table>

<table>
<tr><td rowspan="7">내용 연수
신청</td><td rowspan="2">특례 적용
자산 및
업종</td><td rowspan="2">기존
내용연수
범위</td><td rowspan="2">특례
내용연수
범위</td><td colspan="2">내용연수</td><td colspan="4">투자금액</td></tr>
<tr><td>기존</td><td>특례</td><td>전전
연도</td><td>직전
연도</td><td>해당
연도</td><td>해당연도
특례 적용
금액</td></tr>
<tr><td></td><td></td><td></td><td></td><td></td><td rowspan="4"></td><td rowspan="4"></td><td rowspan="4"></td><td rowspan="4"></td></tr>
<tr><td></td><td></td><td></td><td></td><td></td></tr>
<tr><td></td><td></td><td></td><td></td><td></td></tr>
<tr><td></td><td></td><td></td><td></td><td></td></tr>
</table>

「조세특례제한법 시행령」 제25조 제9항 · 제25조의2 제9항 · 제25조의3 제10항 · 제25조의4 제4항에 따라 위와 같이 내용연수 특례적용 신청서를 제출합니다.

년 월 일

신청인 (서명 또는 인)

세무서장 귀하

210mm×297mm[백상지 80g/㎡ 또는 중질지 80g/㎡]

4. 잔존가액

(1) 원칙

'0'으로 한다. 다만, 정률법 적용시 상각률을 계산하기 위해 취득가액(자본적지출액 포함)의 5%를 잔존가액으로 하되, 이 상각잔액이 최초로 취득가액의 5% 미만이 되는 경우 상각범위액에 가산한다.

(2) 상각완료자산에 대한 비망계정

감가상각이 완료된 자산인 경우에는 1,000원과 취득가액의 5% 중 적은 금액을 비망계정으로 하여 손금에 산입하지 않고 동 금액은 자산을 처분하는 사업연도에 손금산입한다(법령 26 ⑦).

(3) 비망가액만 있는 자산에 자본적지출이 발생시

감가상각이 완료되어 비망가액만 있는 자산에 대해 자본적지출이 발생한 경우에는 자본적지출금액에 대하여 내용연수를 수정하지 않고 당초 신고한 내용연수를 적용하여 상각한다(법기통 23-28…2).

5. 감가상각방법

(1) 감가상각방법

정액법 · 정률법 · 생산량비례법만을 인정(법령 26 ②)

① 정액법

(취득원가 + 자본적지출액) × 상각률 = (F/P상 취득가액 + 자본적지출액) × 상각률

가. F/P상 취득가액

회사의 기말 F/P상 취득가액을 말하며 이는 자본적지출액 중 회사가 해당 자산의 원본에 산입한 금액을 포함한 금액이다.

나. 자본적지출액

회사가 비용으로 계상한 자본적지출액으로서 전기 및 당기의 누적액을 말하며 회사가 자산으로 계상한 자본적지출액은 제외된다.

② 정률법

(취득가액 - 감가상각비 기계상각액)×상각률
=(F/P상 취득가액 - F/P상 감가상각누계액 + 당기 감가상각비 + 자본적지출액
+ 전기말 부인액누계)×상각률

가. F/P상 취득가액

회사의 기말 F/P상 취득가액을 말하며 이는 자본적지출액 중 회사가 해당 자산의 원본에 산입한 금액을 포함한 금액이다.

나. F/P상 감가상각누계액

회사의 기말 F/P상 감가상각누계액을 말하며 회사의 당기 감가상각비가 포함된 금액이다.

다. 당기 감가상각비

회사가 당기에 비용으로 계상한 감가상각비를 말한다.

라. 자본적지출액

회사가 비용으로 계상한 당기 발생 자본적지출액을 말한다.

마. 전기말 부인액누계

- 전기까지 상각부인액이 있는 경우 : 각 자산의 상각부인액은 가산한다.
- 전기까지 시부인부족액이 있는 경우 : 가감하지 않고 없는 것으로 한다.

③ 생산량비례법

$$\text{취득가액} \times \frac{\text{해당 사업연도 채굴량(매립양)}}{\text{총채굴예정량(매립예정량)}}$$

(2) 감가상각방법의 신고

1) 감가상각방법

법인세법에서는 내용연수와 마찬가지로 감가상각자산별로 감가상각방법을 구체적으로 규정하고 있는데 이는 다음과 같아(법령 26 ①).

구분		신고가능한 방법	무신고시 적용방법
유형자산	건축물	정액법	좌동
	광업용 유형자산	정액법, 정률법 생산량비례법	생산량비례법
	폐기물매립시설	정액법, 생산량비례법	
	이외의 자산	정액법, 정률법	정률법
무형자산	광업권	정액법, 생산량비례법	생산량비례법
	개발비[주)]	관련제품의 판매 또는 사용 가능한 시점부터 20년의 범위에서 상각	관련제품의 판매 또는 사용 가능한 시점부터 5년 동안 매년 균등액 상각
	주파수이용권, 공항(항만)시설관리권	사용기간에 따라 균등액 상각	좌동
	사용수익기부자산	해당 자산의 사용수익기간(그 기간에 관한 특약이 없는 경우 신고내용연수를 말한다)에 따라 균등하게 안분한 금액	좌동
	이외의 자산	정액법	좌동

주) 상업적인 생산 또는 사용 전에 재료 · 장치 · 제품 · 공정 · 시스템 또는 용역을 창출하거나 현저히 개선하기 위한 계획 또는 설계를 위하여 연구결과 또는 지식을 적용하는 데 발생하는 비용으로서 해당 법인이 개발비로 계상한 것

③ 광업권 : 생산량비례법 또는 정액법

④ 광업용 유형고정자산 : 생산량비례법 · 정률법 또는 정액법

2) 감가상각방법의 신고기한

법인은 감가상각방법을 선택하여 납세지관할세무서장에게 다음에 규정된 날까지 감가상각방법신고서를 납세지관할 세무서장에게 제출(국세정보통신망에 의한 제출을 포함)하여야 한다(법령 26 ③).

① 신설법인과 새로 수익사업을 개시한 비영리법인은 그 영업을 개시한 날이 속하는 사업연도의 법인세과세표준의 신고기한

② 감가상각자산을 새로 취득한 때에는 그 취득일이 속하는 사업연도의 법인세과세표준의 신고기한

(3) 감가상각방법의 변경

① 변경사유(법령 27 ①)

- 상각방법이 서로 다른 법인의 합병(분할합병 포함) 또는 사업을 인수 · 승계한 경우
- 외국인투자자가 내국법인 총주식의 20% 이상 취득한 경우
- 경제여건의 변동으로 종전방법을 변경할 필요가 있는 경우
- K－IFRS를 최초로 적용함에 따라 결산상각방법이 변경된 경우로서 변경한 결산상각방법과 같은 방법으로 변경하는 경우

② 승인신청(법령 27 ②)

변경하고자 하는 사업연도의 종료일까지 납세지관할세무서장에게 변경신청서 제출(국제정보통신망에 의한 제출 포함)

③ 변경시 상각범위액 계산

가. 정액법으로 변경시

상각범위액＝(감가상각누계액을 공제한 장부가액＋전기이월상각한도초과액)
×신고내용연수의 정액법상각률

나. 정률법으로 변경시

상각범위액＝(감가상각누계액을 공제한 장부가액＋전기이월상각한도초과액)
×신고내용연수의 정률법상각률

6. 상각률

[별표 4] 감가상각자산의 상각률표

내용연수	정액법에 의한 상각률	정률법에 의한 상각률
년	할분리	할분리
2	500	777
3	333	632
4	250	528
5	200	451
6	166	394
7	142	349
8	125	313
9	111	284
10	100	259
11	090	239
12	083	221
13	076	206
14	071	193
15	066	182
16	062	171
17	058	162
18	055	154
19	052	146
20	050	140
20	050	140
21	048	133
22	046	128
23	044	123
24	042	118
25	040	113
26	039	109
27	037	106
28	036	102
29	035	099
30	034	096
31	033	093
32	032	090
33	031	087

내용연수	정액법에 의한 상각률	정률법에 의한 상각률
34	030	085
35	029	083
36	028	080
37	027	078
38	027	076
39	026	074
40	025	073
41	025	071
42	024	069
43	024	068
44	023	066
45	023	065
46	022	064
47	022	062
48	021	061
49	021	060
50	020	059
51	020	058
52	020	056
53	019	055
54	019	054
55	019	054
56	018	053
57	018	052
58	018	051
59	017	050
60	017	049

비고 : 사업연도가 6월인 경우에는 해당 자산의 내용연수에 2를 곱한 숫자를 내용연수로 보아 상각률을 적용하고, 그밖의 기간을 사업연도로 하는 경우에는 (12÷사업연도 해당 월수)에 해당하는 숫자를 곱한 숫자를 내용연수로 보아 상각률을 적용함.

7. 감가상각시부인 계산

(1) 회사계상 감가상각비

① 손익계산서상 감가상각비계상액

② 손익계산서상 손상차손계상액

③ 제조원가명세서상 감가상각비계상액

④ 전기과소계상 상각비를 당기에 계상한 전기오류수정손실계상액

⑤ 감가상각방법을 정액법에서 정률법으로 변경함에 따른 감가상각변경누계초과액

⑥ 즉시상각의제 해당금액

(2) 시부인단위 : 개별자산별 시부인

개별자산별 시부인

계정과목	건 물		기계장치			차량운반구		계
종 류	A	B	C	D	E	F	G	
상각시부인액	⊕100	⊖50	⊕50	⊕200	⊖50	⊕50	⊖50	⊕ 250

손금불산입 · 감가상각비 · 400* · 유보

* 개별자산별 상각부인액 100(A) + 50(C) + 200(D) + 50(F) = 400

(3) 상각부인액의 처리

① 당기발생분

당기의 감가상각시부인시 발생한 상각부인액은 손금불산입 · 유보처분하고 자본금과 적립금조정명세서(을)상에 당기 감가상각비손금불산입액의 증가로 기재하여 관리하여야 한다.

② 손금추인

당기에 발생한 상각부인액은 그 후의 사업연도에 시인부족액이 발생하는 경우 시인부족액의 범위 내에서 손금에 산입한다. 이 경우 법인이 감가상각비를 손비로 계상하지 않은 경우에도 상각범위액을 한도로 그 상각부인액을 손금에 산입한다(법령 32 ①).

(4) 신규취득 · 양도자산에 대한 상각범위액

① 신규취득자산(월할상각)

$$감가상각범위액 = 연상각범위액 \times \frac{사용월수^{*}}{12}$$

* 1월 미만의 일수는 1월로 계산함.

법인세법상 감가상각비의 계산은 취득일이 아니라 업무에 사용한 날을 기준으로 상각범위액을 계산하며 이 경우 감가상각자산에 대한 상각범위액을 계산하는 경우의 월수계산은 사용한 날을 포함(법인 46012－2435, 2000.12.31.)하므로 12월 31일 취득(사용)한 자산은 당기의 1년치 상각범위액의 1/12이 적용되며 6월 30일 취득(사용)자산은 당기의 1년치 상각범위액의 7/12이 적용된다. 이는 영업권 등과 같은 무형자산에 대하여도 동일하다.

또한 공장용 건축물과 기계장치에 대한 감가상각은 정상제품의 생산을 위한 실제가동일부터 실시한다(서사－7136, 2006.9.11.).

② 양도자산

양도자산에 대하여는 감가상각시부인계산을 하지 않는다. 즉 감가상각비를 계산하여도 전액 손금산입된다는 것이며 기업회계에서는 당연히 양도기간에 대한 상각비를 계산하여야 한다.

8. 즉시상각의 의제

(1) 의의

세무상 감가상각자산에 대하여는 취득시 자산으로 처리하고 감가상각으로 손금산입을 하여야 한다. 그러나 회사가 다음의 경우처럼 취득가액으로 계상하여야 할 금액을 당기에 비용처리한 경우에는 비용계정과목에 불구하고 동액을 회사계상감가상각비로 보아 감가상각시부인하여야 한다. 이를 즉시상각의제라 한다.

① 감가상각자산의 취득가액을 당기비용처리한 경우

② 감가상각자산의 자본적지출 해당액을 당기비용처리한 경우

③ 당기의 건설완료된 감가상각자산에 대한 건설자금이자를 당기비용처리한 경우

(2) 즉시상각의제 예외규정

다음에 해당하는 자산에 대하여는 취득시 바로 손금으로 계상한 경우에도 즉시상각의제에 해당하지 않는다. 즉 감가상각비로 보아 시부인계산하지 않고 당기손금으로 인정한다.

1) 소액자산

거래단위별로 취득가액이 100만원 이하인 감가상각자산에 대하여는 이를 그 사업에 사용한 날이 속하는 사업연도의 손금으로 계상한 경우에는 손금에 산입한다(법령 31 ④).

이때 "거래단위"라 함은 취득한 자산을 독립적으로 사업에 직접 사용할 수 있는 것을 말한다(법령 31 ⑤). 따라서 부분품 등의 경우에는 독립적으로 사용할 수 없으므로 이에 해당되지 아니한다. 단, 다음에 해당하는 자산의 경우는 즉시상각을 인정하지 아니하므로 자산으로 계상한 후 감가상각하여야 한다.

① 그 고유업무의 성질상 대량으로 보유하는 자산

② 그 사업의 개시 또는 확장을 위하여 취득한 자산

2) 어구 · 공구 등

다음에 해당하는 어구 · 공구 등에 해당하는 경우에는 '1)'의 단서규정에도 불구하고 이를 사업에 사용한 날이 속하는 사업연도의 손비로 계상한 것에 한하여 손금에 산입한다(법령 31 ⑥).

① 어업에 사용되는 어구(어선용구를 포함)

② 영화필름, 공구, 가구, 전기기구, 가스기기, 가정용 기구 · 비품, 시계, 시험기기, 측정기기 및 간판

③ 대여사업용 비디오테이프 및 음악용 컴팩트디스크(CD)로서 개별자산의 취득가액이 30만원 미만인 것

④ 전화기(휴대용 전화기 포함) 및 개인용컴퓨터(그 주변기기를 포함)

즉 상기 자산은 거래단위별 취득가액이 100만원을 초과하는 경우에도 그 수량에 관계없이 해당 자산을 사업에 제공한 사업연도의 손금으로 계상시 즉시상각이 인정된다(법인 46012 - 425, 1998.2.19.).

- 호텔 객실비품(침대, 이불, 책상의자, 화장대, TV 등 객실비품)이 「법인세법 시행령」 제31조 제6항 각 호의 자산에 해당하는 경우에는 같은 법 시행령 제31조 제4

항의 규정에도 불구하고 해당 자산을 사업에 사용한 날이 속하는 사업연도의 손금으로 계상한 것에 한하여 이를 손금에 산입한다(법인세과-51, 2014.2.7.).

⑤ 법인세법 시행령 제31조 제6항이 개정(2020.2.11.)되어 즉시상각대상인 공구의 범위에서 금형이 제외됨에 따라 금형의 기준내용연수가 변경된 경우라 하더라도 개정된 법인세법 시행령 시행일 이전에 금형의 내용연수를 신고하여 적용하고 있는 경우에는 법인세법 시행령 제28조 제4항에 따라 당초 적용하고 있는 신고내용연수(자산별 내용연수)를 적용하는 것임(법인세제과-352, 2023.6.22.) 이의 내용은 2020.2.11. 개정되기 전의 법인세법 시행령 제31조 제6항 제2호에 금형은 공구에 해당되어 동법 시행규칙 별표 5(건축물 등의 내용연수)의 내용연수를 적용하여 4～6년의 내용연수 중 기업이 선택하여 상각하였다. 그런데 2020.2.11. 시행령의 개정으로 금형이 즉시상각대상인 공구에서 제외되었고 감가상각 자산으로 계상한 금형의 내용연수를 기계장치(질의자의 업종은 자동차부품 제조업체로 별표 6상 내용연수범위는 9～15년임)의 내용연수를 적용하여야 하는 지에 대한 과세관청의 해석(서면법인-4554, 2021.7.20.)에서 금형에 대한 개정세법의 내용은 2020.1.1. 이후 개시하는 사업연도부터 적용하는 것이며, 자산의 기준내용연수가 변경됨에 따라 기존에 적용하던 신고내용연수가 개정된 기준내용연수에 다른 신고내용연수 범위 내에 해당되는 경우에는 별도의 신고없이 기존 신고내용연수를 적용할 수 있는 것이나, 기존 신고내용연수가 그 범위내에 해당되지 않아 개정된 기준내용연수에서 25%를 가감한 내용연수를 적용받고자 하는 경우에는 동법 시행령 제28조 제3항에 따라 내용연수신고서를 납세지 관할 세무서장에게 제출하여야 한다고 하였다. 그러므로 질의법인의 경우 기존의 신고내용연수(4～6년 중 신고한 내용연수)는 별표 6의 자동차부품제조업의 내용연수인(9～15년)에 해당되지 않아 내용연수 변경신고서를 제출하여 승인을 받아야만 했다. 이에 대해 기재부에서는 금형의 내용연수가 변경되었지만 2020.1.1. 이전에 금형의 내용연수를 신고한 경우에는 당초 신고한 내용연수를 계속 적용한다고 해석을 하였고 국세청에서는 기존해석을 삭제하였고, 2024년부터는 별표5의 개정으로 5년의 기준내용연수를 적용한다.

3) 생산설비의 폐기 등

다음의 어느 하나에 해당하는 경우에는 해당 자산의 장부가액에서 1천원을 공제한 금액을 폐기일이 속하는 사업연도의 손금에 산입할 수 있다(법령 31 ⑦).

① 시설의 개체 또는 기술의 낙후로 인하여 생산설비의 일부를 폐기한 경우

② 사업의 폐지 또는 사업장의 이전으로 임대차계약에 따라 임차한 사업장의 원상회복을 위하여 시설물을 철거하는 경우

중/점/사/항/

1. 결산조정사항

   상기의 즉시상각의제 예외규정으로 인정되어 당기의 손금으로 인정되기 위한 가장 중요한 요건이 회사가 장부에 비용으로 계상하여야 한다는 것이다. 유형자산으로 계상한 경우에는 감가상각비로 손금산입되어야 하는 것이지 세무조정으로 손금산입할 수 없다는 것을 말한다(법인 46012－2873, 1998.10.2.).

2. 미술품구입시 즉시 손금산입

   장식 등의 목적으로 여러사람이 볼 수 있는 공간에 상시 비치하는 미술품으로 거래단위별 취득금액이 1,000만원 이하인 것을 취득시 손금으로 계상한 경우에는 손금산입된다(법령 19 · 17호).

4) 법인이 손상차손을 계상한 경우

감가상각자산이 진부화, 물리적 손상 등에 따라 시장가치가 급격히 하락하여 법인이 기업회계기준에 따라 손상차손을 계상한 경우에는 해당 금액을 감가상각비로서 손금으로 계상한 것으로 보아 감가상각시부인을 한다. 다만, 유형자산으로서 천재지변 · 화재 등 사유로 파손되거나 멸실된 것에 대해 장부가액을 감액하는 경우(파손 · 멸실이 발생한 사업연도 또는 확정된 사업연도)에는 손금산입이 가능하다(법령 31 ⑧, 법령 78).

9. 부동산 등 유형자산의 양도시 손익귀속시기

대금청산일, 소유권이전등기(등록)일, 인도일 또는 사용수익일 중 빠른 날로 한다(법령 68 ① 3호).

이때 부동산을 양도하고 잔금을 어음으로 받은 경우 "대금청산일"은 해당 어음의 결제일을 말하는 것이며(법인－110, 2010.2.4.) 사용수익일은 당사자간의 계약에 의하여 사용수익을 하기로 약정한 날을 말하는 것이나, 별도의 약정이 없는 경우에는 자산을 양도하는 법인의 사용승낙으로 인하여 매수인이 해당 자산을 실질적으로 사용할 수 있게 된 날을 말한다(통칙 40－68…4).

㈜ 토지거래허가 전에 대금을 청산한 경우라도 법인세법은 순자산 증가설에 의하여 수익을 인식하고 소득세법상 양도소득세 규정(토지거래허가 전 대금청산한 경우에는 허가일부터 2개월내 양도소득세 신고)을 준용할 수 없으므로 대금을 청산한 날이 속하는 사업연도의 익금임(조심 2022서0133, 2022.4.19.; 대법원 2022두41577, 2022.8.12.).

10. 판매후 리스거래

(1) 일반기업회계기준상 처리

1) 의의 및 리스구분

판매후 리스거래란 리스이용자가 리스제공자에게 자산을 판매하고 다시 그 자산을 리스하여 사용하는 거래를 말한다. 이 경우 리스료와 판매가격이 일괄적으로 협상되기 때문에 보통 리스료와 판매가격은 서로 관련이 있다. 판매후 리스거래의 회계처리는 관련된 리스의 형태에 따라 결정된다.

2) 금융리스에 해당하는 경우

판매후 리스거래가 금융리스에 해당하는 경우에는 리스이용자인 판매자의 판매에 따른 이익(=판매수익-장부금액)을 리스실행일에 인식하지 아니하고 해당 리스자산의 감가상각기간 동안 이연하여 환입한다. 이는 금융리스에 해당하는 판매후 리스거래는 실질적으로 리스제공자가 리스이용자에게 자산을 담보로 금융을 제공하는 것이기 때문이다.

3) 운용리스에 해당하는 경우

① 일반적인 규정

판매후 리스거래가 운용리스에 해당하는 경우 리스료와 판매가격이 공정가치에 따라 결정된 것이 확실하다면 판매에 따른 손익은 즉시 인식한다.

② 판매가격이 공정가치에 미달하는 경우

판매에 따른 손익은 즉시 인식한다. 다만, 판매에 따른 손실이 시장가격보다 낮은 미래의 리스료로 보상된다면 당해 손실은 이연하여 리스자산의 리스기간 동안의 리스료에 비례하여 상각한다.

③ 판매가격이 공정가치를 초과하는 경우

판매가격이 공정가치를 초과하는 부분은 이연하여 리스자산의 리스기간 동안

환입한다.

④ 자산의 공정가치가 장부금액보다 낮은 경우

운용리스로 분류된 판매후리스거래에서 리스실행일의 자산의 공정가치가 장부금액보다 낮다면 장부금액과 공정가치의 차이에 해당하는 금액을 즉시 손실로 인식한다.

(2) 법인세법상 처리

1) 통칙 23－24…1 ⑦

취득 또는 사용하던 자산을 리스회사에 매각하고 리스거래를 통하여 재사용하는 "판매후 리스거래"의 경우 회계처리는 다음 각 호에 의한다.

① 금융리스에 해당하는 판매후 리스거래의 경우 매매에 따른 손익을 리스실행일에 인식하지 아니하고 해당 리스자산의 감가상각기간 동안 이연하여 균등하게 상각 또는 환입한다.

② 판매 후 리스거래가 운용리스에 해당하고 리스료 및 판매가격이 시가에 근거하여 결정된 경우 ①의 규정에 불구하고 당해 매매와 관련된 손익을 인식할 수 있다.

2) 서면법령법인－3034, 2020.5.28.

내국법인이 임대조건부 매각계약을 체결하여 본사 사옥(토지와 건물)을 부동산투자회사에 매각하고, 동시에 투자회사로부터 동 사옥을 임차하여 사용하는 "금융리스에 해당하는 판매 후 리스거래"를 한 경우 리스이용자는 금융리스자산 중 토지에 대한 감가상각비를 손금에 산입할 수 없으며 리스기간 종료일 현재 토지의 장부가액도 손금에 산입할 수 없으며 금융리스에 해당하는 판매 후 리스거래에서 발생한 토지의 매각차익은 리스기간동안 이연하여 균등하게 환입하는 것이다.

11. '해석 [56－90] 임대후분양주택에 관한 회계처리' 폐지

일반기업회계기준 해석 [56－90] '임대주택건설사업자의 임대후분양주택에 관한 회계처리'는 유효기간에 따라 2023년 12월 31일까지 유효하다.

따라서 그동안 해석 [56－90]을 적용해온 기업은 2024년 1월 1일 이후 최초로 시작되는 회계연도부터는 일반기업회계기준의 일반 원칙(예 : 제2장 '재무제표의 작성과 표시', 제13장 '리스')에 따라 재무제표를 작성하여야 한다.

과거 임대후분양주택 관련 회계처리에 해석 [56－90]을 적용한 임대주택건설사업자는 2024회계연도의 비교재무제표도 일반기업회계기준의 일반 원칙에 따라 소급재작성해야 한다(일반기업회계기준 제5장 '회계정책, 회계추정의 변경 및 오류' 문단 5.11).

다만, 회계정책 변경의 누적효과를 합리적으로 결정하기 어려운 경우에는 회계변경을 전진적으로 처리한다(문단 5.12).

IV. 업무용승용차 관련비용의 손금불산입 등 특례

1. 적용대상 업무용승용차

(1) 관련비용 등 손금불산입특례적용 승용자동차

업무용승용차 관련비용의 손금불산입 등 특례가 적용되는 승용자동차는 「개별소비세법」 제1조 제2항 제3호에 해당하는 승용자동차(운수업, 자동차판매업 등에서 사업에 직접 사용하는 승용자동차로서 다음 '2.'에 해당하는 것은 제외하며, 이하 "업무용승용차"라 함)를 말하며(법법 27의2 ①) 국외사업장 보유·운영승용차는 적용대상에서 제외한다(기획재정부 법인세과－320, 2017.3.6.).

중/점/사/항/

> 부가가치세법 제17조 제2항 제4호에서 비영업용 소형승용자동차의 구입과 임차 및 유지에 관한 매입세액불공제조문에서도 동일한 개별소비세법 조문을 규정하고 있으며 1,000cc 이하 경차(모닝 등)는 매입세액공제를 허용하고 있음.
> 이와 동일하게 신설된 법인세법상 손금불산입특례적용시도 경차는 제외됨이 타당함.

(2) 특례적용 제외 승용자동차

상기 '(1)'의 업무용승용차 관련비용의 손금불산입 특례가 적용제외되는 것은 다음 각 호의 어느 하나에 해당하는 승용자동차를 말한다(법령 50의2 ①).

1) 부가가치세법시행령 제19조 각 호에 해당하는 다음의 업종 또는 여신전문금융

업법 제2조 제9호에 따른 시설대여업에서 사업상 수익을 얻기 위하여 직접 사용하는 승용자동차

① 운수업

② 자동차 판매업

③ 자동차 임대업(렌트카업)

④ 운전학원업

⑤ 경비업법 제2조 제1호 라목에 따른 기계경비업무를 하는 경비업

⑥ 위 '①'부터 '⑤'까지의 업종과 유사한 업종

2) 한국표준산업분류표상 장례식장 및 장의관련 서비스업을 영위하는 법인이 소유하거나 임차한 운구용 승용차(법칙 27의2 ①)

중/점/사/항/

1. 회사소유나 리스·렌트한 차량이 아닌 임직원 개인소유차량에 대한 회사의 차량유지비 지원금액이 특례적용 해당여부
   → 이는 손금불산입특례대상 관련비용에 해당하지 않고 개인에 대한 근로소득의 과세문제(월20만원 초과시 과세)만 있는 것임.
2. 차량정비업을 영위하는 내국법인이 차량수리 고객에게 수리기간 동안 빌려주는 임차차량은 법인세법 제27조의2 규정이 적용되는 것임(법인세제과-320, 2017.3.6.)
3. 내국법인이 기업부설연구소에서 사용하는 소프트웨어 테스트용 승용자동차는 법인세법 제27조의2 규정이 적용되는 것임(사전법령법인-356, 2017.4.6.)
4. 내국법인이 국내에 파견된 외국법인의 소속직원들이 사용하기 위한 승용자동차를 알선 또는 주선하는 경우 해당 승용자동차는 법인세법 제27조의2 제1항에 따른 업무용승용차 적용대상에서 제외되는 것임(법인세제과-879, 2017.7.13.)

3) 연구개발을 목적으로 사용하는 자율주행자동차

2. 업무용승용차 관련비용 손금불산입

1. 관련비용
   감가상각비, 임차료, 유류비, 보험료, 수선비, 자동차세, 통행료, 금융리스부채에 대한 이자비용 등
2. 업무전용자동차보험 미가입 및 법인업무용 전용 자동차등록번호판을 부착하지 않은 경우 관련비용 전액 손금불산입·해당 임직원에 대해 상여로 소득처분
3. 업무전용자동차보험 가입시
   (관련비용－관련비용×업무사용비율)＝손금불산입·해당 임직원 상여소득처분

(1) 운행기록 작성시 업무사용비율

$$\frac{\text{승용차별 운행기록상 업무상 주행거리}}{\text{승용차별 총주행거리}}$$

(2) 운행기록 미작성시 업무사용비율

① 관련비용이 1천만원 이하시 : 100%(관련비용 전액 손금인정)

② 관련비용이 1천만원 초과시 : 1천만원÷관련비용(관련비용 중 1천만원은 손금 인정)

(1) 업무용승용차 관련비용의 범위

내국법인이 업무용승용차를 취득하거나 임차하여 해당 사업연도에 손금에 산입하거나 지출한 감가상각비, 임차료, 유류비, 보험료, 수선비, 자동차세, 통행료 및 금융리스부채에 대한 이자비용 등 업무용승용차의 취득·유지를 위하여 지출한 비용을 말한다(법법 27의2 ②, 법령 50의2 ②).

관련비용은 승용차(차량번호)별로 취합하여 법인세법시행규칙 [별지 제29호 서식] 업무용승용차 관련비용 명세서에 기재하여야 한다.

⑫업무용승용차 관련비용							
⑬감가상각비	⑭임차료	⑯유류비	⑰보험료	⑱수선비	⑲자동차세	⑳기타	㉑합계
	⑮감가상각비 상당액						

운행기록부의 작성은 2016.4.1. 이후부터이나 관련비용은 2016.1.1. 이후 발생·지출분을 대상으로 세무조정을 함에 유의하여야 한다.

중/점/사/항/

1. 관련비용은 차량번호별로 취합하여 명세서에 기재하여야 하니 회계처리시 반드시 차량번호별로 구분하여 처리해야 함에 유의
2. 관련비용에 회사소속 운전기사 급여, 인력파견회사소속 운전기사수수료, 대리운전기사수수료, 운전관련범칙금 등의 포함여부
   → 현행규정상 포함되지 않는 것으로 판단됨(법령해석과－3749, 2016.11.21.).
3. 업무전용자동차보험에 가입하였으나, 운행기록 등을 작성·비치하지 아니한 업무용승용차를 임차하여 사용하다가 임차기간의 만료로 사업연도 중에 취득하여 계속 사용하는 경우 업무용승용차 관련비용의 손금산입 한도액은 임차 또는 취득 구분 없이 하나의 업무용승용차로 계산 하는 것임(서면법령법인－554, 2017.12.26.)

① 2016.1.1. 이후 개시하는 사업연도에 취득하는 업무용승용차의 감가상각비

2016.1.1. 이후 개시하는 사업연도에 취득하는 업무용승용차에 대한 감가상각비의 경우 해당 사업연도의 소득금액을 계산할 때 법인세법 시행령 제26조 제1항 제2호(상각방법의 선택) 및 제28조 제1항 제2호(내용연수의 선택)에도 불구하고 정액법을 상각방법으로 하고 내용연수를 5년으로 하여 계산한 금액을 감가상각비로 하여 손금에 산입하여야 한다(법법 27의2, 법령 50의2 ③).

이는 기존에 회사가 선택한 세무상 내용연수 및 상각방법에 불구하고 2016.1.1. 이후 개시하는 사업연도에 취득하는 업무용승용차는 내용연수 5년 · 정액법을 적용하여 상각범위액을 계산하여 회사계상 감가상각비가 상각범위액을 초과시는 손금불산입하고 미달시는 손금산입하여 상각범위액금액을 반드시 관련비용에 포함시키도록 하는 강제상각(감가상각의제)규정이다.

$$\text{상각범위액} = \left(\text{취득원가} + \frac{\text{자본적 지출액의}}{\text{누계액}} \right) \times 0.2 \times \frac{\text{해당 사업연도 사용월수}}{12}$$

② 2015.12.31. 이전에 개시하는 사업연도에 취득한 업무용승용차의 감가상각비

2015.12.31. 이전에 개시하는 사업연도에 취득한 업무용승용차의 관련비용해당 감가상각비는 법인세법 시행령 제26조 제1항 제2호(법인이 선택 신고한 상각방법)와 법인세법 시행령 제28조 제1항 제2호(법인이 선택 신고한 내용연수)에 따라 계산된 상각범위액한도내 회사가 손금(비용)으로 계상한 금액을 말한다.

(2) 업무용승용차 관련비용 중 업무사용금액의 범위

업무용승용차 관련비용 중 다음 각호의 구분에 따른 사용금액(이하 "업무사용금액"이라 함)에 해당하지 아니하는 금액은 해당 사업연도의 소득금액을 계산할 때 손금에 산입하지 아니한다(법법 27의2 ②, 법령 50의2 ④).

① 업무전용자동차보험에 가입한 경우

해당 사업연도 전체 기간(임차한 승용차의 경우 해당 사업연도 중에 임차한 기간을 말한다) 동안 해당 법인의 임원 또는 사용인이 직접 운전한 경우(운전자 채용을 위한 면접에 응시한 지원자 포함) 또는 계약에 따라 타인이 해당 법인의 업무를 위하여 운전하는 경우만 보상하는 자동차보험(이하 "업무전용자동차보험"이라 한다)에 가입한 경우에는 업무용승용차 관련비용에 다음 '3.'에서 설

명하는 업무사용비율을 곱한 금액을 손금산입하고 동 금액을 초과하는 비용은 손금불산입한다(법령 50의2 ④ 1호).

업무전용자동차보험에 가입한 경우 손금산입되는 업무사용금액
= 업무용승용차 관련비용 × 업무사용비율

해당 사업연도 전체기간(임차한 승용차의 경우 해당 사업연도 중에 임차한 기간을 말한다) 중 일부기간만 업무전용자동차보험에 가입한 경우 업무사용금액은 다음의 계산식에 따라 산정한 금액으로 한다(법령 50의2 ⑨).

업무용승용차 관련비용 × 업무사용비율 × (해당 사업연도에 실제로 업무전용자동차보험에 가입한 일수 ÷ 해당 사업연도에 업무전용자동차보험에 의무적으로 가입하여야 할 일수)

② 업무전용자동차 보험에 가입하지 아니한 경우(개인사업자는 해당없음)

업무전용자동차보험에 가입하지 아니한 경우에는 관련비용 전액을 손금불산입하고 그 귀속자에 대한 상여로 처분한다.

③ 법인업무용 전용번호판을 부착하지 않은 경우 관련비용이 손금불산입되며 상여로 처분한다.

* 자동차 등록번호판 등의 기준에 관한 고시(국토부)
- (대상) 취득가액 8,000만원 이상
- (요건) 연녹색 전용번호판 부착
- (시행시기) 2024.1.1. 이후 등록 및 대여한 자동차부터 적용

(3) 업무사용비율의 산정

업무전용자동차보험에 가입한 경우 관련비용을 손금으로 인정받을 수 있는 업무사용비율은 다음과 같이 산정한다.

1) 운행기록을 작성 · 비치한 경우의 업무사용비율

① 업무사용비율

업무사용비율은 운행기록 등에 따라 확인되는 총 주행거리 중 업무용 사용거리가 차지하는 비율로 한다(법령 50의2 ⑤).

여기서 운행기록 등이란 국세청장이 정하는 운행기록 방법을 말한다(법칙 27 ②).

$$\text{업무사용비율} = \frac{\text{승용차별 운행기록등상의 업무용 사용거리}}{\text{승용차별 총 주행거리}}$$

위 산식에서 업무용 사용거리란 제조 · 판매시설 등 해당 법인의 사업장 방문,

거래처·대리점 방문, 회의 참석, 판촉 활동, 출·퇴근 등 직무와 관련된 업무수행(접대관련 운행도 포함될 것으로 판단, 법령해석과-2338, 2016.7.18.)에 따라 주행한 거리를 말한다(법칙 27의2 ④).

② 운행기록등의 작성·비치

업무전용자동차보험에 가입하고 업무사용금액을 손금으로 인정받으려는 내국법인은 업무용승용차별로 운행기록등을 작성·비치하여야 하며, 납세지 관할 세무서장이 요구할 경우 이를 즉시 제출하여야 한다(법령 50의2 ⑥). 본 규정은 2016.4.1.부터 시행한다(법령 부칙 1).

국세청고시 제2022-9호(2022.4.1.)
업무용승용차 운행기록 방법에 관한 고시

「법인세법」 제27조의2 제2항, 같은 법 시행령 제50조의2 제5항, 같은 법 시행규칙 제27조의2 제3항의 위임에 따라 업무용승용차 운행기록 방법을 다음과 같이 개정하여 고시합니다.

2022년 4월 1일
국 세 청 장

제1조【목적】이 고시는 「법인세법」 제27조의2 제2항, 같은 법 시행령 제50조의2 제5항, 같은 법 시행규칙 제27조의2 제3항에서 국세청장에게 위임한 업무용승용차 운행기록 방법을 정함을 목적으로 한다.

제2조【운행기록 방법 및 서식】'업무용승용차 운행기록 방법'은 별지 서식 「업무용승용차 운행기록부」를 작성하는 것으로 하되, 별지 서식상의 차종, 자동차등록번호, 사용일자, 사용자, 운행내역이 포함된 별도의 서식으로 작성할 수 있다.

제3조【업무목적 소명】법인은 과세관청의 요청시 업무용승용차 관리 규정, 출장명령서 등을 통하여 업무목적을 소명하여야 한다.

제4조【재검토 기한】「훈령·예규 등의 발령 및 관리에 관한 규정」(대통령 훈령 제334호)에 따라 이 고시 발령 후의 법령이나 현실여건의 변화 등을 검토하여 이 고시의 폐지, 개정 등의 조치를 하여야 하는 기한은 2025년 3월 31일까지로 한다.

부 칙(2022.4.1. 국세청 고시 제2022-9호)

제1조【시행일】이 고시는 고시한 날부터 시행한다.

제2조【종전고시의 폐지】종전의 「업무용승용차 운용기록 방법에 관한 고시」(국세청고시 제2019-16호)는 이를 폐지한다.

[업무용승용차 운행기록부에 관한 별지 서식] (2016.4.1. 제정)

사업연도	· · · ~ · · ·	업무용승용차 운행기록부	법인명	
			사업자등록번호	

1. 기본정보

①차 종	②자동차등록번호

2. 업무용 사용비율 계산

③사용일자(요일)	④사용자		운 행 내 역					
	부서	성명	⑤주행 전 계기판의 거리(㎞)	⑥주행 후 계기판의 거리(㎞)	⑦주행거리(㎞)	업무용 사용거리(㎞) ⑧출·퇴근용(㎞)	업무용 사용거리(㎞) ⑨일반 업무용(㎞)	⑩비 고
			⑪사업연도 총주행 거리(㎞)			⑫사업연도 업무용 사용거리(㎞)		⑬업무사용 비율(⑫/⑪)

(뒤 쪽)

작 성 방 법

1. ① 업무용승용차의 차종을 적습니다.
2. ② 업무용승용차의 자동차등록번호를 적습니다.
3. ③ 사용일자를 적습니다.
4. ④ 사용자(운전자가 아닌 차량이용자)의 부서, 성명을 적습니다.
5. ⑤ 주행 전 자동차 계기판의 누적거리를 적습니다.(당일 동일인이 2회 이상 사용하는 경우 ⑤란을 적지 않고 ⑦란에 주행거리의 합만 적을 수 있습니다.)
6. ⑥ 주행 후 자동차 계기판의 누적거리를 적습니다.(당일 동일인이 2회 이상 사용하는 경우 ⑥란을 적지 않고 ⑦란에 주행거리의 합만 적을 수 있습니다.)
7. ⑦ 사용시마다 주행거리(⑥－⑤)를 적거나, 사용자별 주행거리의 합을 적습니다.
8. ⑧ 업무용 사용거리 중 출·퇴근용(원격지 출·퇴근을 포함) 사용거리를 적습니다.
9. ⑨ 업무용 사용거리 중 제조·판매시설 등 해당 업체의 사업장 방문, 거래처·대리점 방문, 회의 참석, 판촉 활동, 업무관련 교육·훈련 등 일반업무용 사용거리를 적습니다.
10. ⑪~⑬ 해당 과세기간의 주행거리 합계, 업무용 사용거리 합계, 업무사용 비율을 각각 적습니다.

210mm×297mm[백상지 80g/㎡ 또는 중질지 80g/㎡]

2) 운행기록을 작성 · 비치하지 아니한 경우의 업무사용비율

업무전용자동차보험에 가입하였으나 운행기록등을 작성 · 비치하지 아니한 경우 해당 업무용승용차의 업무사용비율은 위 '1)'의 규정에도 불구하고 다음 각 호의 구분에 따른 비율로 한다(법령 50의2 ⑦).

① 해당 사업연도의 업무용승용차 관련비용이 1천5백만원(해당 사업연도가 1년 미만인 경우에는 1천5백만원에 해당 사업연도의 개월수를 곱하고 이를 12로 나누어 산출한 금액을 말하고, 사업연도 중 일부기간 동안 보유하거나 임차한 경우에는 1천5백만원에 해당 보유기간 또는 임차기간 월수를 곱하고 이를 사업연도 월수로 나누어 산출한 금액을 말한다.

② 해당 사업연도의 업무용승용차 관련비용이 1천5백만원을 초과하는 경우 :

$$\frac{\text{1천5백만원}}{\text{업무용승용차 관련비용}}$$

3. 업무용승용차 감가상각비 손금불산입 특례

(1) 감가상각비 손금불산입액의 산정

상기 '2.'의 업무용승용차 관련비용 손금불산입규정적용시 관련비용에 포함되었던 다음에서 설명하는 감가상각비 또는 감가상각비상당액(이는 리스 · 렌트차량의 임차료 중 감가상각비해당액을 말함)에 업무사용비율을 곱하여 산출된 금액(감가상각비 등으로 관련비용에서 손금산입된 금액을 뜻함)이 해당 사업연도에 각각 800만원(해당 사업연도가 1년 미만인 경우 및 취득 · 처분 · 임차시에는 800만원에 해당 사업연도의 월수(보유 · 임차월수)를 곱하고 이를 12로 나누어 산출한 금액을 말하며, 제3장 V. 4.에 해당하는 부동산임대업 주업법인은 400만원으로 함)을 초과하는 경우 그 초과하는 금액(이하 "감가상각비 한도초과액"이라 한다)은 해당 사업연도의 손금에 산입하지 아니하고 다음 '(3)'에서 정하는 방법에 따라 이월하여 손금에 산입한다(법법 27의2, 법령 50의2 ⑧ · ⑩).

$$\text{감가상각비 한도초과액} = \left(\text{업무용승용차별 감가상각비 또는 감가상각비상당액} \times \text{업무사용비율} \right) - \text{800만원} \times \frac{\text{해당사업연도의 개월수}}{12}$$

내국법인이 업무용승용차를 취득하면서 지급받은 국고보조금에 대하여 일시상각충당금을 설정한 경우에는 일시상각충당금과 상계하기 전 법인세법 시행령 제50조의 2 제3항에 따른 상각범위액을 기준으로 해당 업무용승용차 감가상각비 손금불산입금액을 먼저 계산한 후 법인세법상 손금으로 인정되는 감가상각비를 기준으로 일시상각충당금 환입에 대한 세무조정을 한다(서면법령법인 - 1435, 2020.6.12.).

1) 업무용승용차별 감가상각비

감가상각비 한도초과액계산시 내국법인이 소유한 업무용승용차별 감가상각비는 다음과 같이 계산한다.

① 2016.1.1. 이후 개시하는 사업연도에 취득한 업무용승용차의 경우 정액법과 내용연수 5년을 적용하여 계산한 상각범위액

② 2015.12.31. 이전에 개시하는 사업연도에 취득한 업무용승용차의 경우 종전에 신고한 상각방법과 내용연수를 적용하여 계산하여 장부상 비용계상액 중 손금인정액

2) 업무용승용차별 임차료 중 감가상각비상당액

업무용승용차별 임차료 중 감가상각비상당액은 리스차량 또는 렌트차량의 승용차별 감가상각비상당액을 말하며 이는 보험료와 자동차세 등을 제외한 금액으로서 다음에 따른 금액을 말한다(법령 50의2 ⑫, 법칙 27의2 ③).

① 「여신전문금융업법」 제3조 제2항에 따라 등록한 시설대여업자로부터 임차한 승용차 임차료에서 해당 임차료에 포함되어 있는 보험료, 자동차세, 수선유지비를 차감한 금액. 다만, 수선유지비를 별도로 구분하기 어려운 경우 임차료(보험료와 자동차세를 차감한 금액을 말한다)의 100분의 7을 수선유지비로 계산할 수 있다.

② 「여객자동차 운수사업법」 제28조에 따라 등록한 자동차대여사업자로부터 임차한 승용차

렌트차량의 감가상각비상당액 = 승용차임차료 × 70%

(2) 감가상각비 손금불산입의 소득처분

상기 '(1)'에 따른 감가상각비 손금불산입액은 다음과 같이 소득처분한다.

① '(1)' '1)'에 따른 업무용승용차별 감가상각비 손금불산입액 유보로 소득처분

② '(1)' '2)'에 따른 업무용승용차별 임차료 중 감가상각비상당액 손금불산입액 기타사외유출로 소득처분(법령 106 ① 3호 다목).

(3) 감가상각비 한도초과액의 손금추인

상기 '(1)'에 따른 감가상각비한도초과액은 다음의 방법에 따라 산정된 금액을 한도로 이월하여 손금에 산입한다(법령 50의2 ⑪).

① 업무용승용차별 손금불산입 감가상각비 이월액

해당 사업연도의 다음 사업연도부터 해당 업무용승용차의 업무사용금액 중 감가상각비가 800만원에 미달하는 경우 그 미달하는 금액을 한도로 하여 손금으로 추인한다.

② 업무용승용차별 임차료 감가상각비상당액 이월액

해당 사업연도의 다음 사업연도부터 해당 업무용승용차의 업무사용금액 중 감가상각비 상당액이 800만원에 미달하는 경우 그 미달하는 금액을 한도로 손금에 산입하고 기타로 소득처분한다.

③ 임차승용차 취득시

임차하여 사용하던 업무용승용차를 사업연도 중에 취득하여 사용하는 경우 해당 업무용승용차의 임차기간에 대한 감가상각비 상당액 한도초과 이월액은 다음 사업연도부터 연간 800만원을 한도로 하여 손금에 산입하는 것임(사전법령법인-295, 2020.10.19.)

4. 업무용승용차 처분손실 손금불산입특례

(1) 업무용승용차 처분손실 손금불산입액의 산정

업무용승용차를 처분하여 발생하는 손실로서 업무용승용차별로 800만원(해당 사업연도가 1년 미만인 경우 800만원에 해당 사업연도의 월수를 곱하고 이를 12로 나누어 산출한 금액을 말하며, 제3장 V. 4.에 해당하는 부동산임대업 주업법인은 400만원으로 함)을 초과하는 금액은 해당연도의 손금에 산입하지 아니하며(법법 27의2 ④). 기타사외유출로 소득처분한다(법령 106 ① 3호 다목).

업무용승용차 처분손실 손금불산입액 = 업무용승용차 처분손실 − 800만원
1. 업무용승용차 처분손실 = 세무상 장부가액 − 양도가액
2. 세무상 장부가액
　　재무상태표상 취득가액

－ 재무상태표상 감가상각누계액
＋ 일반세무조정에 의한 감가상각비 손금불산입누계액*
＋ 업무용승용차 감가상각비 손금불산입특례규정에 따른 손금불산입누계액*

* 업무용승용차를 매각하면 일반세무조정에 의해 손금불산입된 감가상각비유보금액과 손금불산입 특례규정에 따라 손금불산입된 감가상각비유보금액을 모두 손금산입하여 유보금액을 추인하고 처분손실에 따른 세무조정을 하여야 함

(2) 업무용승용차 처분손실 손금불산입액의 손금추인

업무용승용차 처분손실 손금불입액은 해당 사업연도의 다음 사업연도부터 800만원을 균등하게 손금에 산입하되, 남은 금액이 800만원 미만인 사업연도에는 남은 금액을 모두 손금에 산입하고(법령 50의2 ⑬), 기타로 소득처분한다.

사례

수진㈜의 2024사업연도(2024.1.1.～12.31.) 및 이후 사업연도의 업무용승용차관련 세무조정을 하라

1. 2024.3.10. 대표이사 이수진전용승용차 1억원 취득
2. 회사의 회계상 내용연수는 4년・정률법적용
   ① 2024년 감가상각비계상액 44,000,000
   ② 2025년 감가상각비계상액 29,568,000
   ③ 2026년 감가상각비계상액 13,956,096
   ④ 2027년 감가상각비계상액 3,293,638
3. 회사는 2027.6.30. 승용차를 20,000,000원에 매각하고 처분이익 10,817,734원을 계상
4. 연도별 업무용승용차 관련비용 중 감가상각비제외 기타비용 및 업무사용비율
   ① 2024년 10,000,000원・90%
   ② 2025년 12,000,000원・90%
   ③ 2026년 12,000,000원・90%
   ④ 2027년 6,000,000원・90%
5. 연도별 세무조정

(1) 2024년

① 기본 감가상각비한도초과 세무조정

손금불산입・감가상각비한도초과・27,333,334*・유보

* 회사계상액 44,000,000－상각범위액 1억원×1/5×10/12**(16,666,666)＝한도초과액 27,333,334
** 2017.1.1. 이후 취득 업무용승용차는 내용연수 5년・정액법으로 한도액을 계산

② 관련비용 손금불산입액

손금불산입・업무외사용・2,666,666*・이수진 상여처분

(감가상각비 16,666,666 + 기타비용 10,000,000)×(1 − 90%) = 2,666,666

③ 업무용승용차 감가상각비 손금불산입액

손금불산입 · 감가상각비 · 8,333,334* · 유보

16,666,666×90% − 8,000,000×10/12 = 8,333,334

(2) 2025

① 기본 감가상각비한도초과 세무조정

손금불산입 · 감가상각비한도초과 · 9,568,000* · 유보(유보잔액 36,901,334)

* 회사계상액 29,568,000 − 상각범위액 1억원×1/5 (20,000,000) = 한도초과액 9,568,000

② 관련비용 손금불산입액

손금불산입 · 업무외사용 · 3,200,000* · 상여

(감가상각비 20,000,000 + 기타비용 12,000,000)×(1 − 90%) = 3,200,000

③ 업무용승용차 감가상각비 손금불산입액

손금불산입 · 감가상각비 · 10,000,000* · 유보(유보잔액 18,333,334)

* 20,000,000×90% − 8,000,000 = 10,000,000

(3) 2026년

① 기본 감가상각비한도초과 세무조정

손금산입 · 감가상각비손금추인 · 6,043,904* · 유보(유보잔액 30,857,430)

* 회사계상액 13,956,096 − 상각범위액 20,000,000 = 시인부족액 6,043,904

② 관련비용 손금불산입액

손금불산입 · 업무외사용 · 3,200,000* · 상여

* (감가상각비 20,000,000 + 기타비용 12,000,000)×(1 − 90%) = 3,200,000

③ 업무용승용차 감가상각비 손금불산입

손금불산입 · 감가상각비 · 10,000,000* · 유보(유보잔액 28,333,334)

* 20,000,000×90% − 8,000,000 = 10,000,000

(4) 2027년

① 기본 감가상각비한도초과액 전액 손금추인

감가상각비한도초과액은 해당자산의 양도시 전액 손금으로 추인함

손금산입 · 감가상각비 · 30,857,430* · 유보

* 상기손금산입금액 중 다음 '⑤'에서 세무상 처분손실금액을 계산하기 위해 장부가액에 합산하여 세무상 장부가액계산하는 금액은 24,151,068임에 유의하여야 한다. 이는 ② 계산시 감가상각비대상금액에 6,706,362(10,000,000 − 장부상 비용계상액 3,293,638)원이 반영되었기 때문이다.

② 관련비용 손금불산입액

기존의 법인세법상 유형자산을 매매한 경우에는 해당연도의 감가상각비시부인을 하지 않는다. 이는, 시부인을 하는 경우에도 양도시 손금불산입액이 전액 손금으로 추인되어 당기 소득금액이 변동되지 않기 때문이다. 그러므로 승용차의 매각연도에 관련비용 손금불산입규정적용시 해당 감가상각비금액을 상기 사례에서 얼마로 하

여야 하는 지에 대한 문제가 발생한다. 저자의 판단으로는 양도시까지 월할계산한 상각범위액을 관련비용의 감가상각비로 보기로 한다

손금불산입 · 업무외사용 · 1,600,000* · 상여

* (감가상각비 10,000,000 + 기타비용 6,000,000)×(1 − 90%) = 1,600,000

③ 업무용승용차 감가상각비 손금불산입액

손금불산입 · 감가상각비 · 5,000,000* · 유보(유보잔액 33,333,334)

* 10,000,000×90% − 8,000,000×1/2 = 5,000,000

상기의 '③' 세무조정은 실무상으로는 의미가 없게 된다. 2027년에 승용차를 양도하였으므로 상기 '①'과 마찬가지로 업무용승용차 감가상각비한도초과액도 전액 손금산입하여 처분손실을 인식하고 이에 대한 세무조정을 수행하여야 하기 때문이다.

④ 업무용승용차 감가상각비 손금부인누계액 손금추인

손금산입 · 감가상각비 · 33,333,334 · 유보

⑤ 법인세법상 처분손실금액계산

가. 취득가액 100,000,000

(−) 감가상각누계액 90,817,734

9,182,266 + ① 손금추인액 24,151,068 ④ 손금추인액 33,333,334 = 세무상 장부가액 66,666,668

나. 세무상 장부가액 검증

- 2024년 : 상여처분된 감가상각비 1,666,666 + 한도액 6,666,666 = 8,333,332
- 2025년 : 상여처분된 감가상각비 2,000,000 + 한도액 8,000,000 = 10,000,000
- 2026년 : 상여처분된 감가상각비 2,000,000 + 한도액 8,000,000 = 10,000,000
- 2027년 : 상여처분된 감가상각비 1,000,000 + 한도액 4,000,000 = 5,000,000

세무상 손금처리된 감가상각비 33,333,332

- 세무상 장부가액 = 취득가액 100,000,000 − 손금처리액 33,333,332 = 66,666,668

다. 법인세법상 처분손실해당액

양도가액 20,000,000 − 장부가액 66,666,668 = 처분손실 46,666,668

라. 처분손실 손금부인 세무조정

손금불산입 · 승용차처분손실 · 42,666,668* · 기타사외유출

* 46,666,668 − 8,000,000×1/2 = 42,666,668

(5) 2028년

손금산입 · 승용차처분손실 · 8,000,000* · 기타

* 승용차처분손실 손금불산입액은 해당연도의 다음연도부터 800만원을 한도로 손금산입하며 남은 금액이 800만원 미만인 사업연도에 남은 금액을 모두 손금에 산입하고 기타로 소득처분함

(6) 2029년~2031년

손금산입 · 승용차처분손실 · 8,000,000 · 기타

(7) 2032년

손금산입 · 승용차처분손실 · 2,666,668 · 기타

5. 업무용 승용차 관련 비용 명세서 미제출 가산세 등(법법 74의2)

(1) 대상 : 업무용 승용차 관련 비용을 손금산입하여 신고한 사업자가 해당 명세서를 미제출·불성실 제출한 경우

(2) 가산세액 : 미제출·불성실 제출로 구분 규정

① 미제출 : 업무용 승용차 관련 비용 손금산입액(신고액) 전체 × 1%

② 불성실 제출 : 업무용 승용차 관련 비용 손금산입액(신고액) 중 명세서 상 사실과 다르게 제출한 금액 × 1%

제7장 무형자산

I. 기업회계상 무형자산의 평가

1. 정의

(1) 개별표시 예시

"무형자산"은 재화의 생산이나 용역의 제공, 타인에 대한 임대 또는 관리에 사용할 목적으로 기업이 보유하고 있으며, 물리적 형체가 없지만 식별가능하고, 기업이 통제하고 있으며, 미래경제적효익이 있는 비화폐성자산을 말하며(무형자산의 정의), 무형자산 중 별도 표시하는 소분류항목의 예는 다음과 같다(실 2.36).

1. 영업권
2. 산업재산권
3. 개발비
4. 기타

(2) 항목의 의미

1) 영업권

합병 · 영업양수 및 전세권취득 등의 경우에 유상으로 취득한 것으로 한다(구기준 제20조 제1호). 즉 이전대가 중 취득일 현재 피매수회사로부터 취득한 식별가능한 순자산의 공정가치에 대한 매수회사의 지분을 초과하는 부분을 말한다(문단 12.32).

2) 산업재산권

일정기간 독점적・배타적으로 이용할 수 있는 권리로서 특허권, 실용신안권, 의장권, 상표권, 상호권 및 상품명 등으로 한다(문단 11.40 (1)).

3) 개발비

개발단계에서 발생한 지출로 일정한 조건을 모두 충족하는 것으로 한다(문단 11.20).

4) 기타

"기타"는 별도 구분표시하지 않는 무형자산으로 한다. 만약 상기 예시와 같이 무형자산을 구분표시하는 경우 '기타'에는 라이선스와 프랜차이즈, 저작권, 컴퓨터소프트웨어, 임차권리금, 광업권, 어업권 등이 포함될 수 있다(실 2.37).

2. 상각 계산요소

(1) 취득원가

구 분		취득원가
개별취득		구입원가+취득 직접비용−매입할인
장기할부취득		현금가격상당액
현물출자로 인한 취득		발행한 지분증권 공정가치
사업결합으로 인한 취득		공정가치(시장가격) 원칙
정부보조 등으로 인한 취득		공정가치
교환으로 인한 취득	1. 이종자산간 교환	제공한 자산의 공정가치.* 단, 제공자산 공정가치가 불분명한 경우 취득자산 공정가치
	2. 동종자산간 교환	제공한 자산의 장부금액. 단, 취득자산의 공정가치가 제공자산의 장부금액보다 중요하게 미달하는 경우 손상차손 인식 후 제공자산의 장부금액
내부적으로 창출된 자산	1. 개발비	자산의 창출, 제조, 사용준비에 직접 관련된 지출과 합리적이고 일관성 있게 배분된 간접 지출을 모두 포함한 금액
	2. 자가창설영업권, 연구비, 경상개발비	자산으로 인식하지 않음

* 시장가격을 말하며, 시장가격이 없는 경우에는 동일 또는 유사한 자산의 현금거래로부터 추정할 수 있는 실현가능가액이나 공인된 감정기관의 감정가액으로 함.

중/점/사/항/ 비용의 인식

1. 인식 원칙

다음에 해당하지 않는 무형자산 관련 지출은 발생한 기간의 비용으로 인식한다(문단 11.23).

① 인식기준에 부합하는 무형자산 취득원가의 일부가 되는 경우

② 사업결합에서 영업권으로 인식하는 경우

2. 비용인식 사례(실 11.17)

① 연구활동을 위한 지출

② 법적 실체를 설립하는 데 발생하는 법적 비용과 같은 창업비

③ 새로운 시설이나 사업을 개시할 때 발생하는 개업비

④ 새로운 영업을 시작하거나 새로운 제품 또는 공정을 시작하기 위하여 발생하는 지출 등과 같은 사업개시비용

⑤ 교육훈련을 위한 지출

⑥ 광고 또는 판매촉진활동을 위한 지출

⑦ 기업의 전부 또는 일부의 이전 또는 조직개편에 관련된 지출

또한 무형자산에 대한 지출로서 과거 회계연도의 재무제표나 중간재무제표에서 비용으로 인식한 지출은 그 후의 기간에 무형자산의 취득원가로 인식할 수 없다(문단 11.24).

(2) 잔존가치

원칙적으로 ‘0’이다. 다만, 경제적 내용연수보다 상각기간이 작은 경우 상각기간 종료시점에서 제3자 구입약정이 있거나 그 자산에 대한 활성시장이 존재하는 경우 잔존가치는 인식가능하다(문단 11.33).

(3) 내용연수

독점적 · 배타적인 권리를 부여하고 있는 관계법령이나 계약에 정해진 경우를 제외하고는 20년을 초과할 수 없으며, 법적 요인과 경제적 요인에 의한 내용연수 중 짧은 것으로 한다(문단 11.26, 11.29).

이때 내용연수 결정시 다음 요소를 고려하여 결정한다(문단 11.27).

① 예상되는 자산의 사용방식과 자산의 효율적 관리 여부

② 해당 자산의 제품수명주기 및 유사한 자산의 추정내용연수에 관한 정보

③ 기술적, 공학적, 상업적 또는 기타 유형의 진부화
④ 자산으로부터 산출되는 제품이나 용역의 시장수요 변화
⑤ 기존 또는 잠재적인 경쟁자의 예상전략
⑥ 예상되는 미래경제적효익의 획득에 필요한 자산유지비용의 수준과 그 수준의 비용을 부담할 수 있는 능력과 의도
⑦ 자산의 통제가능기간 및 자산사용에 대한 법적 또는 유사한 제한
⑧ 자산의 내용연수가 다른 자산의 내용연수에 의해 결정되는지의 여부

(4) 상각방법

구 분	원 칙
영업권	정액법
그 외	정액법, 체감잔액법(예 정률법 등), 연수합계법, 생산량비례법 등 다만, 합리적인 방법을 정할 수 없는 경우에는 정액법

3. 무형자산상각비 회계처리방법

(1) 비용배분

상각비는 자산의 용도에 따라 다음과 같이 배분한다.

구 분		회계처리
판매관리활동에 사용		판매비와관리비
제조활동에 사용		제조원가
연구개발활동에 사용	무형자산 인식요건 충족	개발비
	그 외	연구비 또는 경상개발비
사용재개 예정 운휴자산		영업외비용

(2) 기장방법

간접법, 직접법 모두 가능. 단, 직접법 적용시 간접법표시 주석기재

(차) 무형자산상각비 ××× (대) 자산(또는 상각누계액) ×××
(판관비 또는 제조원가)

4. 취득 이후의 지출

무형자산의 취득 또는 완성 이후의 지출로서 무형자산과 직접 관련된 지출이 미래 경제적효익을 실질적으로 증가시킬 가능성이 매우 높고, 신뢰성 있게 측정될 수 있을 때 자본적지출로 처리하고 그 외의 경우에는 발생한 기간의 비용으로 인식한다(문단 11.25).

5. 손상차손

자산의 진부화 및 시장가치의 급격한 하락 등으로 인하여 무형자산의 회수가능액이 장부금액에 중요하게 미달하게 되는 경우를 말한다. 이 경우 장부가액을 회수가능액으로 조정하고 그 차액을 손상차손(영업외비용)으로 처리하며, 차기 이후에 손상된 자산의 회수가능액이 장부금액을 초과하게 되는 경우에는 그 자산이 손상되기 전 장부금액의 상각후잔액을 한도로 그 초과액을 손상차손환입(영업외수익)으로 처리한다.

구 분	내 용
용어의 정의 가. 회수가능액 나. 순공정가치 다. 사용가치	 Max[순공정가치, 사용가치] 예상처분가액 – 예상처분비용 해당 자산 또는 자산그룹의 사용으로부터 예상되는 미래현금흐름의 현재가치
손상차손검토자산	① 아직 사용이 가능하지 않은 무형자산 ② 추정내용연수가 20년을 초과하는 무형자산 ③ 사용을 중지하고 처분을 위해 보유하는 자산
손상차손환입 인식불가능 자산	영업권
기장방법	유형자산상각비와 동일

6. 자산별 회계처리

(1) 창업비

일반기업회계기준에서는 창업비, 개업비, 사업개시비용 모두를 발생한 기간에 비용으로 처리하도록 규정하고 있다.

(2) (연구)개발비

일반기업회계기준 제11장 「무형자산」에서는 '연구단계'와 '개발단계'란 용어를 사용하고 있다. 또한 연구단계에서 발생한 비용은 연구비로 하여 당기비용 처리하고, 개발단계에서 발생한 비용은 일정한 요건을 만족시킨 경우에 한하여 개발비(무형자산)로 처리하고 그 외의 경우에는 경상개발비로 하여 연구비와 마찬가지로 당기비용 처리하도록 하고 있다.

일반기업회계기준에서 정하고 있는 연구개발비의 내용을 요약하면 다음과 같다.

연구개발비의 내용

<table>
<tr><th colspan="2">구 분</th><th>내 용</th></tr>
<tr><td colspan="2">연구의 정의</td><td>새로운 과학적 또는 기술적 지식을 얻기 위해 수행하는 독창적이고 계획적인 탐구활동</td></tr>
<tr><td colspan="2">개발의 정의</td><td>상업적인 생산 또는 사용 전에 연구결과나 관련 지식을 새롭거나 현저히 개량된 재료, 장치, 제품, 공정, 시스템 및 용역의 생산을 위한 계획이나 설계에 적용하는 활동</td></tr>
<tr><td colspan="2">연구단계 활동의 예 (실 11.13)</td><td>• 새로운 지식을 얻고자 하는 활동
• 연구결과 또는 기타 지식을 탐색, 평가, 최종 선택 및 응용하는 활동
• 재료, 장치, 제품, 공정, 시스템, 용역 등에 대한 여러 가지 대체안을 탐색하는 활동
• 새롭거나 개선된 재료, 장치, 제품, 공정, 시스템, 용역 등에 대한 여러 가지 대체안을 제안, 설계, 평가 및 최종 선택하는 활동</td></tr>
<tr><td colspan="2">개발단계 활동의 예 (실 11.14)</td><td>• 생산 전 또는 사용 전의 시작품과 모형을 설계, 제작 및 시험하는 활동
• 새로운 기술과 관련된 공구, 금형, 주형 등을 설계하는 활동
• 상업적 생산목적이 아닌 소규모의 시험공장을 설계, 건설 및 가동하는 활동
• 새롭거나 개선된 재료, 장치, 제품, 공정, 시스템 및 용역 등에 대하여 최종적으로 선정된 안을 설계, 제작 및 시험하는 활동</td></tr>
<tr><td colspan="2">연구비의 인식</td><td>• 연구단계에서 발생한 지출은 당기비용으로 처리
• 내부 프로젝트를 연구단계와 개발단계로 구분할 수 없는 경우 발생한 지출은 모두 연구단계에서 발생한 것으로 보아 당기비용으로 처리</td></tr>
<tr><td>개발비의 인식등</td><td>자산 인식 요건</td><td>1. 무형자산의 정의 충족
  – 재화의 생산, 용역의 제공, 타인에 대한 임대 또는 관리에 사용할 목적으로 기업이 보유
  – 물리적 형체가 없지만 식별가능</td></tr>
</table>

구 분		내 용
		-기업이 통제 -미래경제적효익이 있음 -비화폐성자산 2. 무형자산의 인식요건 충족(문단 11.7) -미래경제적효익이 기업에 유입될 가능성이 매우 높음. -자산의 원가를 신뢰성 있게 측정 가능 3. 개발비의 인식요건 충족(문단 11.20) -무형자산을 사용 또는 판매하기 위해 그 자산을 완성시킬 수 있는 기술적 실현가능성이 제시 가능할 것 -무형자산을 완성해 사용하거나 판매하려는 기업의 의도가 있을 것 -완성된 무형자산을 사용하거나 판매할 수 있는 기업의 능력을 제시 가능할 것 -그 무형자산에 대한 시장의 존재 또는 무형자산이 내부적으로 사용될 것이라면 그 유용성이 제시 가능할 것 -무형자산의 개발을 완료하고 그것을 판매 또는 사용하는 데 필요한 기술적, 금전적 자원을 충분히 확보하고 있다는 사실이 제시 가능할 것 -개발단계에서 발생한 무형자산 관련 지출을 신뢰성 있게 구분하여 측정할 수 있을 것
	취득원가	1. 원칙 그 자산의 창출, 제조, 사용준비에 직접 관련된 지출과 합리적이고 일관성있게 배분된 간접지출을 모두 포함하며, 문단 11.7 및 문단 11.20의 인식기준을 최초로 충족시킨 이후에 발생한 지출금액 2. 취득원가에 포함되는 항목의 예 -무형자산의 창출에 직접 종사한 인원에 대한 급여, 상여금, 퇴직급여 등의 인건비 -무형자산의 창출에 사용된 재료비, 용역비 등 -무형자산의 창출에 직접 사용된 유형자산의 감가상각비와 무형자산(특허권, 라이선스 등)의 상각비 -법적 권리를 등록하기 위한 수수료 등 무형자산을 창출하는 데 직접적으로 관련이 있는 지출 -무형자산의 창출에 필요하며 합리적이고 일관된 방법으로 배분할 수 있는 간접비(건물 등 유형자산의 감가상각비, 보험료, 임차료, 연구소장 또는 연구지원실 관리직원의 인건비 등) -자본화대상 금융비용 3. 취득원가에 포함되지 않는 항목의 예 -판매비, 관리비, 기타 간접지출(다만, 무형자산의 사용준비에 직접 기여하는 경우는 제외함)

구 분		내 용
		-무형자산이 계획된 성과를 달성하기 전에 발생한 명백한 비효율로 인한 손실 및 초기단계의 운용손실 -무형자산을 운용하는 직원의 훈련과 관련된 지출
	인식	1. 요건 충족 개발비로 인식하고 자산이 판매 또는 사용가능한 시점부터 20년 이내의 기간 내에서 합리적인 방법으로 상각함 2. 요건 미충족 경상개발비로 하여 당기비용 처리함

실무의견서 1999-9 특허권 취득시 개발비 미상각잔액의 특허권 대체 여부(1999.12.1.)

신제품 등을 개발하고 특허권을 취득하는 경우에 개발비 미상각잔액은 특허권으로 대체하지 않고 개발비로 계속 상각하는 것임.

7. 사업결합으로 취득한 영업권

영업권(good will)이란 일상생활에서 권리금 또는 premium이라고도 하는데, 특정기업이 다른 기업에 비해 우수한 기술력이나 유리한 입지조건으로 인해 초과이익을 실현하고 있거나, 우수한 경영진, 원만한 노사관계 등 무형의 가치를 가지고 있을 때 나타난다. 이는 취득방법에 따라 외부로부터 취득하는 매입영업권과 기업 스스로 계상한 자가창설영업권으로 나눌 수 있다. 제12장 「사업결합」에서는 취득법을 적용하여 합병・영업양수 및 전세권취득 등의 유상으로 취득한 경우에만 영업권으로 인정하고 있으며, 자가창설영업권은 인정하지 않고 있다.

취득법은 취득자가 피취득자의 자산과 부채를 공정가치로 계산하는 방법이다. 취득법에 따라 취득자가 해야 할 회계처리를 표시하면 다음과 같다.

(차)		(대)	
자산	×××주1)	부 채	×××주1)
무형자산	×××주1)	현 금	×××주2)
영업권	×××주3)	자 본	×××주2)
		염가매수차익 (영업외수익)	×××주3)

주1) 취득일의 공정가치로 측정한다.
그러나 취득자가 인식의 원칙과 조건을 적용할 경우에 피취득자의 이전 재무제표에 자산과 부채로 인식되지 않았던 자산과 부채가 일부 인식될 수 있다. 예를 들어 취득자는 피취득자가 내부에서 개발하고 자산과

부채로 인식되지 않았던 관련원가를 비용으로 처리하였기 때문에 피취득자 자신의 재무제표에 자산으로 인식하지 않았던 브랜드명, 특허권 또는 개발비 등과 같은 취득한 식별가능한 무형자산을 인식한다.

주2) 제12장에서는 사업결합시 피취득자에게 지급하는 현금 등을 '이전대가'로 표현하고 있다. 사업결합에서 이전대가는 공정가치로 측정하며, 그 공정가치는 취득자가 이전하는 자산, 취득자가 피취득자의 이전 소유주에 대하여 부담하는 부채 및 취득자가 발행한 지분의 취득일의 공정가치합계로 산정한다.
한편, 취득일에 공정가치와 장부금액이 다른 취득자의 자산과 부채(예 : 취득자의 비화폐성자산 또는 사업)가 이전대가에 포함될 수 있다. 이 경우 취득자는 이전된 자산이나 부채를 취득일 현재 공정가치로 재측정하고, 그 결과 차손익이 있다면 당기손익으로 인식한다.

주3) 피취득자로부터 취득한 순공정가치를 초과하여 이전대가를 지급한 경우에는 그 차익을 영업권으로 계상하며, 순공정가치보다 미달하여 지급한 경우에는 그 차액을 염가매수차익으로 계상한다.

영업권은 그 내용연수에 걸쳐 정액법으로 상각하되, 내용연수는 미래에 경제적효익이 유입될 것으로 기대되는 기간으로 하며 20년을 초과하지 못한다. 영업권은 매 결산기에 회수가능액으로 평가하여 회수가능액이 장부가액에 미달하는 경우 손상차손해당액을 비용으로 처리한다.

손상된 영업권은 추후 회복될 수 없다. 이는 내부적으로 창출된 영업권의 증가액에 해당되어 자산으로 인식할 수 없기 때문이다.

사례 1 합병시 영업권의 계상

1. 자료

(1) A법인은 2024.7.1. B법인을 흡수합병하였다.

(2) A법인과 B법인이 합의한 합병비율은 1 : 2이다.

(3) 2024.7.1. 현재 B법인의 재무상태표는 다음과 같다.

자산	50,000,000	부채	30,000,000
		자본금	5,000,000
		이익잉여금	15,000,000
	50,000,000		50,000,000

(4) 상기 자산 중 장부가액과 공정가치가 다른 것은 다음과 같다.

내 역	장부가액	공정가치
토지	2,000,000	3,000,000
건물	5,000,000	7,000,000

(5) 2024.7.1. 현재 A법인주식의 공정가치(법인세법상 시가와 동일)는 액면가액의 10배에 해당한다.

(6) 상기 건물에 대해 A법인은 내용연수를 30년 적용하기로 하며 감가상각방법은 정액법이다.

(7) 합병과 관련하여 지출한 전문가 등 수수료는 1,000,000이다.

(8) 영업권의 내용연수는 5년으로 한다.
(9) 법인세법상 적격합병에 해당한다.
(10) 이연법인세 계상시 미래예상세율은 22%로 한다.

2. 합병시 회계처리 및 세무조정

(1) 2024.7.1.

(차)	자산	53,000,000[주1)]	(대)	부채	30,000,000
	영업권	2,660,000[주4)]		이연법인세부채	660,000[주5)]
				자본금	2,500,000[주2)]
				주식발행초과금	22,500,000[주3)]
(차)	지급수수료	1,000,000[주6)]	(대)	현금	1,000,000

주1) 제12장 문단 12.20에 따라 취득자는 식별가능한 취득자산과 인수부채를 취득일의 공정가치로 측정한다.
주2) 합병 전 B법인의 자본금×합병비율＝5,000,000×50%＝2,500,000
주3) 취득일의 A법인발행지분의 공정가치 중 주식발행초과금 해당액
2,500,000×10배－2,500,000＝25,000,000－2,500,000＝22,500,000
주4) 영업권 해당액
취득일의 이전대가(공정가치)－취득일의 순자산＝25,000,000－(53,000,000－30,000,000)
＝ 2,000,000
주5) 이연법인세부채 시가와 장부가액과의 차액 3,000,000×22%＝660,000
이는 영업권가액에 포함하여 계상한다.
주6) 사업결합시 전문가 등에 지출한 수수료는 비용으로 회계처리한다.

(2) 2023.12.31.

(차)	무형자산상각비	200,000	(대)	영업권	50,000[주1)]
(차)	건물감가상각비	33,333[주2)]	(대)	감가상각누계액	33,333
(차)	이연법인세부채	7,333[주3)]	(대)	법인세비용	7,333

주1) $2,000,000 \div 5년 \times \frac{6}{12} = 200,000$
주2) $2,000,000 \div 30년 \times \frac{6}{12} = 33,333$
주3) 33,333÷10년×22%＝7,333

(3) 세무조정

손금산입 · 자산 · 3,000,000 · △유보
손금산입 · 영업권 · 2,600,000 · △유보
익금산입 · 주식발행초과금 · 5,000,000 · 기타
익금산입 · 이연법인세부채 · 660,000 · 유보
손금산입 · 이연법인세부채 · 7,333 · 유보
손금불산입 · 법인세비용 · 7,333 · 기타사외유출

사례 2 합병시 염가매수차익의 계상

1. 자료

(1) 기본자료는 [사례 1]과 동일하다.

(2) 2024.7.1. 현재 A법인주식의 공정가치는 액면가액의 7배에 해당한다.

2. 합병시 회계처리

(차)	자산	53,000,000	(대)	부채	30,000,000
				자본금	2,500,000
				주식발행초과금	15,000,000주1)
				염가매수차익	5,500,000주2)
(차)	지급수수료	1,000,000	(대)	현금	1,000,000

주1) 2,500,000×7배－2,500,000＝15,000,000

주2) 염가매수차익을 인식하기 전에 취득자는 모든 취득자산과 인수부채를 정확하게 식별하였는지에 대해 재검토하고 이러한 재검토에서 식별된 추가자산이나 부채가 있다면 이를 인식한다. 염가매수차익은 취득일에 그 차익을 취득자의 당기손익으로 인식한다.
(52,000,000－30,000,000)＋1,000,000－17,500,000＝5,500,000

8. 동일지배하에 있는 기업간의 거래(합병 및 분할)

(1) 회계기준상 규정

① K－IFRS

현재 K－IFRS에서는 동일지배기업에 대한 명확한 규정이 없다. 인적분할의 경우 분할신설법인의 주식을 분할법인의 주주에게 감자절차없이 지급한 경우는 배당금의 지급으로 보아 이전하는 자산・부채의 공정가치로 회계처리하는 해석서 제2117호 "소유주에 대한 비현금자산의 분배"규정만이 있을 뿐이므로 이외의 동일지배하에 있는 기업간의 거래는 회사와 감사인간에 회계처리의 적정성에 대한 판단이 있어야 할 것이다.

② 일반기업회계기준

일반기업회계기준에서는 동일지배란 둘 이상의 기업에 대한 지배가 동일 기업에 귀속되는 경우를 말하며, 동일지배하에 있는 기업이란 동일 기업이 해당 기업을 궁극적으로 지배하고 이러한 지배가 일시적이지 않은 경우를 말한다 규정하고 있다(32장 문단 3・4)

일반기업회계기준에서는 동일지배거래에 대한 회계처리로 장부금액법을 채택하고 있다. 장부금액법은 연결재무제표상의 장부금액을 승계하는 방법을 말한다. 분할의 경우에도 기업이 자신의 사업전부나 일부 사업을 분할하여 새로운 기업에게 이전할 때 동일지배에 해당하는 경우에는 자신의 장부금액으로 이전하도록 하였으며 새로운 기업에게는 이전받은 사업을 분할한 기업의 장부금액으로 인식하고, 이전대가로 발행한 주식의 액면금액과의 차이는 적절한 자본항목으로 반영한다. 기업이 분할대가로 새로운 기업이 발행한 주식의 총수를 수령하여 주주에게 배분하는 경우 감자의 회계처리를 준용한다.

(2) 동일지배하의 사업결합(합병)

연결실체간 합병은 연결실체간에는 이미 사업결합이 이루어진 사건으로 이미 경제적으로는 하나의 실체가 되었고 합병으로 인하여 새로이 지배력을 획득하는 거래가 아니라 법률적으로만 하나의 기업이 된 것뿐이다. 그러므로 이는 사업결합기준서의 적용범위에 해당하지 않는다.

따라서 지배회사와 종속회사는 지배 · 종속관계가 성립되는 시점에서 이미 하나의 경제적 실체가 되었고 사업결합이 이루어져 지배권을 획득하였다. 취득일에 이미 영업권 등을 인식한 것이다. 지배 · 종속관계 성립일 이후의 지배 · 종속회사간 또는 종속회사 간 합병은 법률적 실체의 변경을 가져올 뿐 경제적 실체의 변경은 없으므로 사업결합이 아니며, 연결실체간의 합병은 지배권 획득 후 연결실체 주식의 추가취득에 해당하므로 연결재무제표 장부가액을 승계하여 회계처리한다.

지배기업과 종속기업의 합병은 종속기업 지분의 100% 취득한 거래와 경제적 실질이 동일하므로 합병후의 재무제표는 지분율 100%인 연결재무제표의 재무제표상의 장부금액이 된다. 연결재무제표 상 장부금액이란 합병시 인수하는 자산 · 부채의 재무상태표 금액은 합병시점에서 연결재무제표를 작성할 경우 연결재무제표에 계상될 피합병회사의 자산 · 부채의 금액을 의미한다.

그리고 종속기업 지분의 추가취득으로 발생한 소유지분변동은 자본거래로 회계처리한다. 이 경우 취득대가의 공정가치가 합병으로 인수한 순자산금액(비지배지분금액)보다 큰 경우 동 차액은 자본잉여금의 감소로 처리하여야 하며(영업권으로 계상할 수 없음) 작은 경우에는 자본잉여금으로 처리하는 것이다. 그리고 지배권을 획득한 시점에 인식한 영업권은 그대로 승계한다.

1) 기본자료

① 2024.1.1. A법인은 B법인주식 80%를 800억원에 취득

② 2024.1.1. B법인의 재무상태표상 금액

자산 1,000억원(공정가치증가액 토지 200억원, 건물 100억원
건물 내용연수 20년, 정액법)

부채 700억원

자본금 100억원

이익잉여금 200억원

③ 2024.1.1. ~ 12.31. B법인의 당기순이익 50억원

2) 2024.1.1. A법인의 회계처리

차) 종속기업투자주식	800억원	대) 현 금	800억원

(장부상 가치 240, 공정가치증가액 240, 영업권 320)

3) 2024.12.31. A법인 연결재무제표분개

① 지배력 취득시 연결분개

차) 자본금	100	대) 종속기업투자주식	800
이익잉여금	200	비지배지분	120
토 지	200		
건 물	100		
영업권	320		

② 공정가치 변동액

차) 건물감가상각비	5	대) 감가상각누계액	5

③ B법인 이익 중 비지배지분 해당액 대체

차) 이익잉여금	9	대) 비지배지분	9

$(50 - 5) \times 20\% = 9$

4) 2024.12.31. A법인이 B법인 주식 20%를 240억원에 취득하고 합병한 경우

① A법인의 추가주식취득 회계처리

차) 종속기업투자주식	240	대) 현 금	240

② B법인 합병전 재무상태표상 금액

가. 자산 1,050

나. 부채 700

다. 자본금 100

라. 이익잉여금 250

③ A법인 합병회계처리

차) 자 산	1,050	대) 부 채	700
토 지	200	종속기업투자주식	1,040
건 물	95		
영업권	320		
자본잉여금	75*		

* 인수금액 240 － 12.31. 비지배지분 해당액(120 + 9) 129
= 111
12.31. 현재 지배력 취득 후 A법인 이익잉여금 해당액
(50 － 5) × 80% = 36
111 － 36 = 75(자본잉여금의 차감)

5) 2024.12.31. A법인이 B법인을 합병시 A법인의 주식을 교부하는 경우에는 교부된 A법인 주식의 공정가치금액과 순자산금액과의 차액을 자본잉여금의 증가 또는 감소로 처리함

6) 일반기업회계기준상 동일지배거래시 합병의 회계처리

① 지배・종속기업간 합병

종속기업의 자산・부채에 대하여 연결장부금액으로 인식한다(제32장 문단 9). 이때 연결장부금액은 거래 발생시점에 최상위지배기업이 연결재무제표를 작성한다면 연결재무제표에 인식될 해당 자산・부채금액으로 하며, 해당 사업과 관련된 영업권을 포함한다(문단 13).

② 종속기업간 합병

피합병법인의 연결장부금액과 그 대가로 지급하는 금액의 차이는 자본잉여금으로 반영한다(문단 10).

(3) 분 할

분할이란 분할회사가 일부 자산・부채를 1개 또는 수개의 분할신설법인에게 포괄 이전하는 것을 말한다. 이에 대하여는 상법에서 규정하고 있다. 그리고 분할합병이

란 분할회사가 일부 자산·부채를 포괄이전하여 1개 또는 수개의 존속중인 다른 회사와 합병하는 것을 말한다.

분할은 인적분할과 물적분할로 구분된다. 인적분할이란 분할 등으로 인하여 발행되는 주식의 총수를 분할회사의 주주들에게 배분하는 것을 말하며 분할회사가 직접 소유하는 것을 물적분할이라 한다.

인적분할에는 분할회사의 주주에게 감자의 절차없이 분할신설회사의 주식을 배당금의 형태로 지급하는 경우와 감자의 대가로 분할신설법인의 주식을 교부하여 주는 경우로 구분된다.

1) K-IFRS상 분할의 회계처리

현재 K-IFRS에서는 분할에 대하여 구체적인 회계처리를 규정하고 있지 않으며 해석서 제2117호 "소유주에 대한 비현금자산의 분배"에서 인적분할시 분할법인의 주주에게 무상으로 분할법인의 자산·부채를 분배시 이는 배당의 지급으로 보아 배당금은 분배될 자산의 공정가치로 측정하여 자산의 처분손익을 인식하도록 규정하고 있다. 이에 해당하지 않는 경우의 분할거래에 대하여 K-IFRS에서는 별도의 규정을 두고 있지 않으므로 회사와 감사인이 분할회계처리의 적정성을 판단하여야 한다.

2) 일반기업회계기준상 분할의 회계처리

① 분할의 정의(제32장 문단 8)

분할은 기업이 새로운 기업을 설립하여 자산의 사업의 전부 또는 일부를 새로운 기업에 이전하고, 그 대가로 새로운 기업이 발행한 주식의 총수를 직접 소유하거나(물적분할) 자신의 주주에게 배분하는 거래(인적분할)를 말한다.

② 분할의 회계처리

분할법인 등은 사업부문을 분할신설법인 등에게 이전할 때 장부금액으로 이전한 것으로 회계처리한다. 분할신설법인 등은 이전받은 자산과 부채를 분할법인 등의 장부금액으로 인식하고, 이전대가로 발행한 주식의 액면금액과의 차이는 주식발행초과금 또는 주식할인발행차금으로 반영한다(32.15). 분할법인 등이 분할대가로 분할신설법인 등이 발행한 주식의 총수를 수령하여 주주에게 배분하는 경우 감자의 회계처리를 준용한다(32.16). 분할법인 등은 감소된 순자산금액이 감소되는 주식의 액면금액보다 작은 경우에는 그 차액을 감자차익으로 하여 자본잉여금으로 회계처리하고 그 반대의 경우에는 그 차액을 감자차익의 범위 내에서 상계처리하고, 미상계 잔액은 감자차손(자본조정)으로 회계처리한다 (15.13).

3) 물적분할시 회계처리(일반기업회계기준 적용)

① A 법인은 을사업부를 분할하여 B 법인을 신설하고 B 법인주식 액면가액 100 억원을 교부받음

② 분할시 을사업부의 자산 1,000억(공정가치 1,200억), 부채 700억

③ A법인의 회계처리

차) 종속기업투자주식	300	대) 자 산	1,000
(지분법적용투자주식)			
부 채	700		

④ B법인의 회계처리

차) 자 산	1,000	대) 부 채	700
		자본금	100
		주식발행초과금	200

⑤ A법인 세무조정(적격물적분할 전제)

가. 양도차익(자산시가 1,200억 − 장부가액 1,000억)

익금산입 · 종속기업투자주식 · 200억 · 유보

나. 적격물적분할시 압축기장충당금

손금산입 · 압축기장충당금 · 200억 · △유보

손금산입된 금액은 분할법인이 주식을 처분하거나 분할신설법인이 승계된 자산을 처분시 익금산입됨

비적격물적분할시는 손금산입의 조정을 할 수 없음

⑥ B법인 세무조정

없음

4) 인적분할시 회계처리(일반기업회계기준 적용)

① 상기 3) 자료와 동일

② B법인주식을 A법인 주주에게 균등하게 지분율에 따라 감자(자본금 200억)처리 하며 배분

③ A법인의 회계처리

차) 부 채	700	대) 자 산	1,000
자본금	200		
감자차손	100		

④ B법인의 회계처리

차) 자 산	1,000	대) 부 채	700
		자본금	100
		주식발행초과금	200

⑤ A법인 세무조정(적격인적분할 전제)

세무조정 없음. 비적격인적분할시는 양도차익에 대해 익금산입 · 양도차익 · 200억 · 기타사외유출

⑥ B법인 세무조정(적격분할시는 장부가액으로, 비적격분할시는 시가로 처리)

손금산입 · 자산 · 200억 · △유보

익금산입 · 자본잉여금 · 200억 · 기타

상기 세무조정 중 자산에 대한 익금산입의 세무조정은 자산의 상각시나 매각시에 하지 않고 사후관리 위반시에만 익금산입의 조정을 함.

만일, 비적격인적분할시는 익금산입 · 자산 · 200억 · 유보와 손금산입 · 자본잉여금 · 200억 · 기타의 조정을 한 뒤 자산의 상각이나 매각시 손금산입의 조정을 함.

5) 물적분할시 분할법인의 재무제표상 표시(금융위원회 회계감독지침, 2019.12.16.)

물적분할시 분할법인의 재무제표에서 매각예정자산 및 중단영업을 구분표시 하지 않는 회계처리를 인정함(현재는 중단영업을 표시해야함).

II. 법인세법상 무형자산의 평가

1. 상각대상자산

법인세법상 무형자산은 다음과 같다(법령 24 ① 2호).

① 영업권(2010.7.1. 이후 합병 또는 분할로 인하여 합병법인 등이 계상한 영업권은 제외), 디자인권, 실용신안권, 상표권

가. 특정사업영위 위한 인·허가취득 금품가액은 영업권에 해당함

나. 법인세법상 영업권인정금액을 분할시 분할신설법인에 승계되지 않아 미상각잔액을 감액처리한 금액은 손금으로 인정함(서이-1866, 2006.9.20.).

다. 영업권에는 다음 금액이 포함됨(규칙 12 ①).

- 사업의 양도·양수과정에서 양도·양수자산과는 별도로 양도사업에 관한 허가·인가 등 법률상의 지위, 사업상 편리한 지리적 여건, 영업상의 비법, 신용·명성·거래선 등 영업상의 이점 등을 감안하여 적절한 평가방법에 따라 유상으로 취득한 금액
- 설립인가, 특정사업면허, 사업의 개시 등과 관련하여 부담한 기금·입회금 등으로서 반환청구를 할 수 없는 금액과 기부금 등

② 특허권, 어업권, 해저광물자원개발법상의 채취권, 유료도로관리권, 수리권, 전기가스공급시설이용권, 공업용수도시설이용권, 수도시설이용권, 열공급시설이용권

③ 광업권, 전신전화전용시설이용권, 전용측선이용권, 하수종말처리장시설관리권, 수도시설관리권

④ 댐사용권

⑤ 개발비 : 상업적인 생산 또는 사용 전에 재료·장치·제품·공정·시스템 또는 용역을 창출하거나 현저히 개선하기 위한 계획 또는 설계를 위하여 연구결과 또는 관련 지식을 적용하는 데 발생하는 비용으로서 기업회계상 개발비 요건을 충족한 것(산업기술연구조합육성법에 의한 산업기술연구조합의 조합원이 동 조합에 연구개발 및 연구시설취득 등을 위하여 지출하는 금액 포함)

⑥ 사용수익기부자산가액 : 금전 외의 자산을 국가 또는 지방자치단체, 법인세법 제24조 제2항 제4호부터 제6호까지의 규정에 따른 법인 또는 법인세법시행령 제39조 제1항 제1호에 따른 법인에게 기부한 후 그 자산을 사용하거나 그 자산으로부터 수익을 얻는 경우 해당 자산의 장부가액

⑦ 전파법 제14조의 규정에 의한 주파수이용권 및 공항시설법 제26조의 규정에 의한 공항시설관리권

⑧ 항만법 제16조에 따른 항만시설관리권

2. 내용연수

구분	내용연수	무형자산
1	5년	영업권, 디자인권, 실용신안권, 상표권
2	7년	특허권(2015.3.13. 이후 취득분, 이전 취득분은 10년)
3	10년	어업권, 해저광물자원개발법에 의한 채취권(생산량비례법 선택적용), 유료도로관리권, 수리권, 전기가스공급시설이용권, 공업용수도시설이용권, 수도시설이용권, 열공급시설이용권
4	20년	광업권(생산량비례법 선택적용), 전신전화전용시설이용권, 전용측선이용권, 하수종말처리장시설관리권, 수도시설관리권
5	50년	댐사용권

3. 상각방법

구 분	선택가능한 감가상각방법	무신고시 감가상각방법
광업권 또는 폐기물매립시설*	정액법, 생산량비례법	생산량비례법
개발비	20년 이내(정액법으로 월할상각)	균등상각법(5년 동안)
사용수익기부자산가액 주파수이용권 공항시설관리권	사용기간 내 정액법상각	사용기간 내 정액법상각
그 외	정액법	정액법

* 폐기물관리법 시행령 별표3 제2호 가목의 매립시설을 말하며 2015.2.3. 이후 취득분부터 생산량비례법의 적용 가능

4. 무형자산별 세무처리

(1) (연구)개발비

(연구)개발비의 법인세법상 처리는 다음과 같다.

① 기업회계상 비용으로 계상되는 연구비와 경상개발비로 처리된 금액은 당기 손금으로 인정된다.

② 개발비

기업회계상 개발비 요건을 충족한 비용은 법인세법상 무형자산에 해당되며 관

련제품별로 판매 또는 사용이 가능하게 된 날부터 20년 이내의 기간(회사가 신고한 내용연수를 적용하며 신고없는 경우에는 5년 적용)에 정액법으로 월할상각(결산조정)하여 손금인정된다. 이때 기업회계상 무형자산으로 분류되는 개발비요건 구비금액을 회사가 당기비용으로 처리한 경우에는 즉시상각의제에 해당하여 전액 손금불산입하고 추후 사용가능 시점부터 손금으로 추인함에 유의하여야 한다(서울고법 2016누39766, 2017.5.31.).

기업이 개발비를 계상하면 내용연수를 결정하여 상각하는데 법인세법상 기업회계와 동일한 내용연수를 신고하면 개발비와 관련하여 세무조정사항은 발생하지 않는다. 다만, 손상차손이 발생한 경우에 차이가 발생하는데 이를 요약하면 다음과 같다.

개발비손상차손에 대한 처리

구 분	일반기업회계기준	법인세법	세무조정
자산성 완전상실	손상차손 인식	당기손금처리	비망금액(1,000원) 손금불산입
자산성 부분상실	손상차손 인식	감가상각비로 보아 상각시부인	한도초과액 손금불산입

즉 무형자산이 법인세법시행령 제31조 제7항에 의한 기술의 낙후로 인하여 자산성이 완전히 상실된 경우에는 폐기일이 속하는 사업연도에 손금산입할 수 있으며, 이때 자산성의 완전상실 여부는 사실판단할 사항이다(서이－2175, 2005.12.27.).

(2) 영업권

① 법인세법상 영업권은 다음 중 어느 하나의 금액이 포함되는 것으로 한다(법칙 12 ①). 동 영업권은 무형자산에 해당되며, 내용연수 5년, 감가상각방법은 정액법으로 상각한다.

가. 사업의 양도·양수과정에서 양도·양수자산과는 별도로 양도사업에 관한 허가·인가 등 법률상의 지위, 사업상 편리한 지리적 여건, 영업상 비법, 신용·명성·거래선 등 영업상 이점 등을 감안하여 적절한 평가방법에 따라 유상으로 취득한 금액

나. 설립인가, 특정사업의 면허, 사업의 개시 등과 관련하여 부담한 기금·입회금 등으로서 반환청구를 할 수 없는 금액과 기부금 등

② 특수관계인이 아닌 제3자간에 일반적으로 거래된 영업권의 가격 및 감정평가법

인이 영업권을 감정한 가액이 없는 점 등에 따라 특수관계인(대표이사 배우자가 운영하던 개인골프연습장)의 사업을 양수하면서 지급한 영업권금액에 대하여는 법인세법 시행령 제89조 제2항 제2호에 따른 보충적평가금액(상증법 제64조 제2호 및 동법 시행령 제59조 제항에 따른 보충적 평가금액을 말함)을 영업권의 시가로 보는 것이 타당하다고 보이는 점, 법인세법령 및 상증법령 등에 청구법인이 합리적이라고 생각하는 방법으로 평가한 영업권가액도 시가로 볼 수 있다고 한 규정이 없는 점 등에 비추어 처분청이 청구법인이 특수관계인으로부터 영업권을 시가보다 높은 가액으로 매입한 것으로 보아 부당행위부인규정을 적용하여 익금산입하고 기타소득으로 처분한 것은 타당함. 또한 기타소득으로 처분되어 소득세법상 기타소득에 해당되는 금액에 대하여는 80%(현재는 60%)의 필요경비개산공제를 적용할 수 없는 것임(조심 2019소3076, 2019.12.12.).

③ 다른 법인의 사업을 양수하면서 그 사업부의 기업가치평가를 외부의 전문가에게 의뢰하여 현금흐름할인법을 적용하여 산정된 기업가치평가보고서를 토대로 양도법인과의 협의 후에 결정된 양수도대금에서 양수사업부의 순자산가액을 초과한 금액을 영업권으로 계상한 경우 동 영업권은 법인세법상 인정되는 영업권에 해당됨(울산지법 2020구합6024, 2021.9.9.).

④ 청구법인인 A법인이 갑사업부를 B법인(A법인의 지분을 100% 보유하고 있는 ***의 아들인 ***가 100% 지분을 보유하고 있음)에게 양도하면서 A법인은 갑사업부에 해당하는 영업권을 수령하지 않고 B법인에게 갑사업부를 양도한 건에 대해 과세관청은 영업권해당금액을 A법인에게 부당행위부인으로 익금산입하여 법인세를 과세하였고 B법인의 지배주주 *** 에 대하여는 상증법 제45조의5 제1항에 따른 이익을 증여받은 것으로 보아 증여세를 과세하였음. 이 경우 영업권의 산출(상증법 제64조 및 동법 시행령 제59조 제2항 적용)에 있어 사업부문별 영업권을 평가하기 위해서는 각 사업부문별 자산·부채·손익의 명확한 구분경리가 전제되어야 할 것인데, 청구법인은 구분경리를 하였다고 보기 어려우므로 청구법인의 전체 영업권을 산정한 후 이를 양도부문과 기타부문의 최근 3년간 가중평균 매출액비율로 안분하는 것이 합리적임(조심 2023부581, 2023.5.15.; 조심 2008중3007, 2009.5.29.).

(3) 사용수익기부자산

무형자산으로 분류하고 기업회계기준과 마찬가지로 사용수익기간 동안 정액법으로 월할상각하므로 기업회계기준에 따라 회계처리할 경우 세무조정사항은 발생하지 않는다.

(4) 기타 자산

1) 소프트웨어

① 기업회계

기업회계상 소프트웨어는 다음과 같이 처리한다(실 11.3).

구 분	자산요건 충족		자산요건 미충족
	관련 유형자산의 일부*	그 외	
자가제조	유형자산	개발비	당기비용
외부구입	유형자산	컴퓨터소프트웨어	당기비용

* 소프트웨어가 없으면 유형자산의 가동이 불가능한 경우

② 법인세법

소프트웨어 감가상각비가 판매비와관리비를 구성하는 경우에는 기구 및 비품으로 보아 [별표 5]의 내용연수를 적용한다(법인 46012－557, 1996.2.16.). 또한 하드웨어 작동을 위한 시스템 소프트웨어는 하드웨어의 일부로 본다(법인 22601－686, 1985.3.5.).

이때 개발비로 처리된 소프트웨어에 대하여는 법인세법에서도 이를 인정한다(서이－2068, 2005.12.14.).

2) 홈페이지

① 기업회계

인터넷 홈페이지 구축비용 또는 인터넷 홈페이지를 유상양수한 경우 취득금액은 일반적으로 무형자산의 정의(식별가능성, 통제, 미래경제적 효익)를 충족시키지 못하므로 비용처리하여야 한다. 그러나 인터넷 쇼핑몰 회사와 같이 홈페이지로부터 미래경제적 효익이 기대되는 경우에는 무형자산의 정의를 충족시키므로 관련 금액을 “기타의 무형자산”으로 계상할 수 있다(질의회신 2000.5.6., 2000.11.22.).

② 법인세법

홈페이지는 기구 및 비품으로 보아 [별표 5]의 내용연수를 적용하여 동 홈페이지가

정상적으로 가동되기 시작한 날부터 감가상각한다(법인 46012－306, 2001.2.6.).

3) 연예인 및 직업운동선수에 대한 전속계약금

법인이 직업운동선수와 전속계약을 체결하고 전속계약금을 지급하는 경우 「법인세법」 제40조에 따라 해당 계약금을 지급하는 날이 속하는 사업연도의 손금에 산입함(서면법인－2590, 2021.6.30.)

(5) 연구개발 관련 출연금 등의 익금불산입 특례

1) 개요[최저한세 적용대상임(조특법 132 ① 2호)]

내국법인이 2026.12.31.까지 연구개발 등을 목적으로 다음 법률에 따라 연구개발출연금 등을 지급받아 해당 연구개발출연금 등을 구분경리(법법 113)하는 경우에는 연구개발출연금 등에 상당하는 금액을 해당 사업연도의 익금에 산입하지 아니할 수 있다(조특법 10의2, 조특령 9의2).

> 기초연구진흥및기술개발지원에관한법률, 산업기술혁신촉진법, 정보통신산업진흥법, 중소기업기술혁신촉진법, 부품소재전문기업등의육성에관한특별조치법, 연구개발특구의육성에관한특별법

2) 환입(＝익금산입)시기와 방법

위 ‘1)’의 익금불산입액은 다음 구분에 따라 익금에 산입하여야 한다.

① 연구개발출연금 등을 연구개발비로 지출하는 경우 : 지출일이 속하는 사업연도에 해당 지출액을 익금에 산입한다.

② 연구개발출연금 등으로 연구개발에 사용되는 자산을 취득하는 경우 : 아래 방법에 따라 익금에 산입한다.

가. 감가상각자산(법령 24) : 손금에 산입하는 감가상각비 상당액을 다음 산식과 같이 해당 사업연도의 익금에 산입하며, 다만 해당 자산을 처분하는 경우에는 익금불산입액 중 잔액을 처분일이 속하는 사업연도에 전액 익금에 산입한다.

$$\text{익금산입액} = \text{감가상각비상당액} \times \frac{\text{감가상각자산취득에 사용된 연구개발출연금 등}}{\text{감가상각자산가액}}$$

나. ‘가.’ 외의 자산 : 자산 처분일이 속하는 사업연도에 익금불산입액 전액을

익금에 산입한다.

③ 내국법인이 익금불산입한 해당 연구개발출연금 등을 연구개발 목적 외의 용도로 사용하거나 연구개발에 사용하기 전에 폐업 또는 해산하는 경우 미사용액은 해당 사유발생일이 속하는 사업연도에 익금에 산입하며, 이 경우 이자상당가산액주)을 가산하여 법인세로 납부하여야 하고, 해당 세액은 법인세법 제64조에 따라 납부하여야 할 세액으로 본다.

주) 이자상당가산액(조특법 33 ③ 후단, 조특령 30 ⑨) : ㉠ × ㉡ × ㉢

㉠ 일시상각충당금을 손금에 산입한 사업연도에 해당 일시상각충당금을 손금에 산입함에 따라 발생한 법인세액의 차액

㉡ 일시상각충당금을 손금에 산입한 사업연도 종료일의 다음날부터 해당 일시상각충당금을 익금에 산입하는 사업연도의 종료일까지의 기간

㉢ 1일 22/100,000

3) 제출서류

본 규정을 적용받으려는 내국법인은 법인세 신고와 함께 조세특례제한법시행규칙 [별지 제3호의3 서식] '출연금 등 익금불산입명세서'를 납세지 관할세무서장에게 제출하여야 한다.

제8장 기타비유동자산

1. 개별표시 예시

"기타비유동자산"은 투자자산, 유형자산 및 무형자산에 속하지 않는 비유동자산으로(실 2.38), 별도 표시할 항목의 예는 다음과 같다(실 2.39).

1. 이연법인세자산
2. 기타

2. 항목의 의미

(1) 이연법인세자산

"이연법인세자산"은 다음 항목들로 인하여 미래에 경감될 법인세부담액으로 유동자산으로 분류되는 이연법인세자산을 제외한 부분을 말하며, 비유동부채로 분류된 이연법인세부채와 상계한 후의 금액으로 한다(문단 22.55).

① 차감할 일시적차이

② 이월공제가 가능한 세무상 결손금

③ 이월공제가 가능한 세액공제 및 소득공제 등

(2) 기타

"기타"는 별도 구분표시하지 않는 기타비유동자산으로 한다. 만약 상기 예시와 같이 기타비유동자산을 구분표시하는 경우 장기매출채권, 보증금[7], 장기선급비용, 장기미수수익, 장기선급금 및 장기미수금 등이 포함될 수 있다(실 2.38, 2.41)[8].

7) 전세권・전신전화가입권・임차보증금 및 영업보증금 등으로 한다.

8) 이들 자산은 투자수익이 없고 다른 자산으로 분류하기 어려워 기타로 통합하여 표시하되, 이들 항목이 중요한 경우 별도 표시한다(실 2.41).

제9장 유동부채

I. 정 의

1. 개별표시 예시

"유동부채"는 보고기간종료일로부터 1년 또는 정상 영업주기 내에 상환 등을 통하여 소멸할 것이 예상되는 부채를 말하며(문단 2.23), 별도 표시할 소분류항목의 예는 다음과 같다(실 2.42).

> 1. 단기차입금
> 2. 매입채무
> 3. 당기법인세부채(종전 용어 : 미지급법인세)
> 4. 미지급비용
> 5. 이연법인세부채
> 6. 기타

2. 항목의 의미

(1) 단기차입금

"단기차입금"은 금융기관으로부터의 당좌차월액과 1년 내에 상환될 차입금으로 한다.

(2) 매입채무

"매입채무"는 일반적 상거래에서 발생한 외상매입금과 지급어음으로 한다.

(3) 당기법인세부채

"당기법인세부채"는 회사가 납부하여야 할 법인세부담액 중 아직 납부하지 않은 금액으로, 당기법인세자산과 상계한 후의 금액으로 한다(문단 22.7, 22.55).

(4) 미지급비용

"미지급비용"은 발생된 비용으로서 지급되지 아니한 것으로 한다.

(5) 이연법인세부채

"이연법인세부채"는 가산할 일시적차이로 인하여 미래에 부담하게 될 법인세부담액을 말하며, 유동자산 중 당좌자산으로 분류된 이연법인세자산과 상계한 후의 금액으로 한다(문단 22.55).

(6) 기타

"기타"는 별도 구분표시하지 않는 유동부채로 한다. 만약 상기 예시와 같이 유동부채를 구분표시하는 경우 미지급금[9], 선수금[10], 선수수익[11], 예수금[12], 유동성장기부채[13], 단기충당부채[14] 등이 포함될 수 있다.

II. 매입채무

① 일반적인 상거래에서 발생한 외상매입금과 지급어음을 합한 금액이다.
② 설비구입대금 등의 채무는 미지급금으로 계상한다.
③ 차입을 위하여 금융기관에 발행한 어음은 단기차입금으로 계상한다.

---

9) 일반적 상거래 이외에서 발생한 채무(미지급비용을 제외한다)로 한다.
10) 수주공사 · 수주품 및 기타 일반적 상거래에서 발생한 선수액으로 한다.
11) 받은 수익 중 차기 이후에 속하는 금액으로 한다.
12) 일반적 상거래 이외에서 발생한 일시적 제예수액으로 한다.
13) 비유동부채 중 보고기간종료일로부터 1년 내에 상환될 것 등으로 한다.
14) 과거사건이나 거래의 결과에 의한 현재의무로서 지출의 시기 또는 금액이 불확실하지만 그 의무를 이행하기 위하여 자원이 유출될 가능성이 매우 높고 또한 해당 금액을 신뢰성 있게 추정할 수 있는 "충당부채" 중 보고기간종료일로부터 1년 이내에 소멸될 것으로 추정되는 금액으로 한다(문단 14.3).

④ Shipper's Usance(공급자신용)는 외상매입금에 포함되며 Banker's Usance(은행신용)는 단기차입금으로 처리한다.

⑤ 기업구매자금대출에 대한 회계처리

회사가 판매회사로부터 물품구매 후 은행의 구매자금융자를 이용하여 환어음을 결제하기 전까지는 매입채무로 회계처리하고, 판매기업에 지급제시한 환어음을 은행의 구매자금융자를 받아 결제한 시점부터는 거래은행으로부터의 단기차입금으로 회계처리하는 것이 타당함.

III. 단기차입금 · 유동성장기부채

① 금융기관과의 사전약정에 의하여 예금잔액을 초과하여 지급한 당좌차월은 단기차입금에 계상된다.

→ 당좌예금과 상계처리하면 안됨

② 보고기간종료일로부터 1년 이내에 상환될 금전소비대차계약에 의한 차입금을 말한다.

→ 차입당시의 상환기한에 따라 구분하는 것이 아님

③ 장기차입금 · 사채 중 분할상환약정에 따라 보고기간종료일로부터 1년 이내에 상환기한에 도래하는 것은 유동성장기부채로 계상한다.

→ 그러므로 장기차입금 중 전액이 1년 이내에 상환되는 경우에는 단기차입금으로 대체

IV. 미지급금 · 미지급비용

① 미지급금은 이미 계약상 확정된 채무로서 그 지불이 완료되지 않은 것을 말한다.

② 미지급비용은 비용이 발생하였으나 아직 지급기일이 도래하지 않아 지급되지 않고 있는 비용. 즉 지급이자 · 임금 · 임차료 등에 대해 계상한다.

→ 연차수당에 대해 지급기준일이 12월 31일인 경우 내년에 연차수당을 지급한다 하더라도 지급기준일의 회계연도말에 미지급금으로 계상하여야 함

V. 선수금 · 예수금

① 선수금은 상거래에서 용역 등을 제공하기 전에 대가를 먼저 받은 금액을 말한다.
② 예수금은 일반적 상거래 이외에서 발생한 일시적 제 예수액을 말한다.
→ 부가가치세예수금, 소득세 · 국민연금 · 의료보험 · 고용보험 등의 예수액

VI. 선수수익

① 이미 받은 수익 중 차기 이후에 속하는 금액을 말한다.
② 토지를 임대하고 임차인의 자금으로 건물신축 후 일정기간 동안 사용 후 반환하는 경우에 건물신축금액을 장기선수수익으로 계상하여 사용기간 동안 수입임대료로 처리한다.
→ 건물해당금액은 감가상각비로 비용처리

제10장 금융부채

Key Point

금융부채는 거래상대방에게 현금 등 금융자산을 인도하기로 한 계약상 의무를 말합니다. 이에 해당하는 계정과목은 다음과 같습니다.

① 당좌차월
② 단(장)기차입금
③ 외상매입금
④ 지급어음
⑤ 임대보증금
⑥ 예수보증금
⑦ 미지급금
⑧ 미지급비용
⑨ 예수금
⑩ 사채
⑪ 전환(신주인수권부) 사채

이는 앞에서 설명드린 금융자산과 마찬가지로 인식, 측정 및 후속측정의 개념이 있습니다.

1. 인식(금융부채의 발생 전표일자) : 계약당사자가 될 때
2. 측정(금융부채의 전표상 금액) : 최초인식시 공정가치(대부분은 미래현금흐름의 현재가치) 이때 발생되는 거래원가(비용)은 당기에 일시 비용 처리하지 않고 상환기간동안 유효이자율법으로 비용인식
3. 후속측정(금융부채의 보고기간 말 평가) : 상각후원가법(유효이자율법을 이용)
   상각후원가법이란 금융부채의 장부금액과 만기 상환액이 차이가 있는 경우 차이금액을 상환기간동안 이자비용으로 계상하고 금융부채를 증가시키는 처리를 말함

다만 K－IFRS와 달리 다음에 대하여는 상기 내용을 적용하지 않고 있는데 실무자 여러분들은 특히 유의해주시기 바랍니다.

1. 임대보증금 : 명목가액으로 계상
   임대보증금은 금융부채로 공정가치로 측정하여야 하나 실무상 적용의 어려움으로 일반기업회계기준에서는 명목가액으로 측정함

2. 금융보증계약
   타법인의 차입금 등에 대한 지급보증을 한 경우 공정가치에 해당하는 수수료를 수령해야 타당하나 이를 수령하지 않은 경우 K-IFRS에서는 공정가치해당액을 계산하여 수익과 비용처리하도록 하고 있는데 일반기업회계기준에서는 아무런 회계처리를 하지 않음
   단, 특수관계인에 해당하는 경우에는 부당행위계산부인규정의 적용대상이 됨에 유의하여야 함
3. 상환우선주 및 신종자본증권
   (1) 상환우선주
      ① 내용
         가. 의결권이 없는 우선주의 형태로 발행
         나. 배당금의 우선지급규정이 있음
         다. 우선주보유자의 의도로 상환이 가능
      ② K-IFRS
         금융부채로 인식(상환권을 발행법인이 보유시는 자본으로 인식)
      ③ 일반기업회계기준(법인세도 동일)
         자본으로 인식
   (2) 신종자본증권
      ① 내용
         가. 만기가 없는 사채의 형태로 발행
         나. 이자율이 높음
         다. 보유자에게 제3자에 대한 Put Option이 있음
      ② K-IFRS
         자본으로 인식(이자지급액도 배당으로 처리)
      ③ 일반기업회계기준(법인세법도 동일)
         금융부채로 인식

1. 최초인식 및 측정

금융부채는 금융상품의 계약당사자가 되는 때에만 재무상태표에 인식하며, 최초인식시 공정가치로 측정한다. 다만, 당기손익인식금융부채가 아닌 경우 해당 금융부채의 발행과 직접 관련되는 거래원가(지급보증수수료, 담보설정비용 및 사채발행비 등)는 최초인식하는 공정가치에서 차감하여 측정한다(문단 6.4 · 6.12). 즉 거래원가를 발생연도의 비용으로 처리하지 말고 금융부채상환 기간동안 유효이자율법을 적용하여 비용화하라는 의미이다.

2. 후속측정

다음을 제외한 모든 금융부채는 최초인식 후 유효이자율법을 사용하여 상각후 원가로 측정한다(문단 6.14).

① 일반기업회계기준 제6장 제2절～제4절에서 규정하고 있는 유가증권, 파생상품 및 채권·채무조정. 이에 대하여는 각 절의 규정을 적용한다.

② 당기손익인식지정항목. 이러한 금융부채는 일반기업회계기준 제6장 제2절「유가증권」문단 6.30～6.31의 단기매매증권의 후속측정방법을 준용하여 측정한다. 다음의 항목을 당기손익인식항목으로 지정할 수 있다.

가. 공정가치로 평가하여 공정가치 변동을 당기손익에 반영하지 않는다면, 분리하여야 하는 파생상품을 포함하는 복합계약

나. 벤처캐피탈, 뮤추얼펀드, 기타 이와 유사한 기업이 소유하는 유가증권(제8장「지분법」)

사례 · 장기차입금

1. 자료

2024.1.1. 금융기관으로부터 만기 3년으로 10억원을 차입하였다. 차입이자율은 연 6%(유효이자율도 6%임)이며 매년 말 후급조건이다. 또한 차입시 26,243,160원의 거래원가가 발생하였다.

2. 회계처리

금융기관으로부터 차입하는 경우 거래원가가 없다면 해당 거래의 유효이자율과 부담하는 이자율이 같으므로 해당 차입금의 공정가치는 명목금액(차입금액)과 일치하게 된다. 그러나 사례와 같이 해당 차입금과 관련하여 거래원가가 발생한 경우에는 해당 거래원가를 차입금액에서 차감한 금액이 해당 차입금의 공정가치가 되므로 다음과 같이 유효이자율을 산출하여 회계처리를 하여야 한다.

(1) 2024.1.1. 공정가치＝1,000,000,000－26,243,160＝973,756,840

(2) 새로운 유효이자율 계산(Excel Program의 '함수'를 이용하여 계산)

$$973{,}756{,}840 = \frac{60{,}000{,}000}{(1+R)^1} + \frac{60{,}000{,}000}{(1+R)^2} + \frac{1{,}060{,}000{,}000}{(1+R)^3}$$

$\therefore$ R＝7%

(3) 유효이자율 및 유효이자율법에 의한 각 시점별 상각후원가

시점	유효이자(A)	액면이자(B)	상각액(C)	장부금액(D)
2024. 1. 1.				973,756,840

시점	유효이자(A)	액면이자(B)	상각액(C)	장부금액(D)
2024.12.31.	68,162,979	60,000,000	8,162,979	981,919,819
2025.12.31.	68,734,387	60,000,000	8,734,387	990,654,206
2026.12.31.	69,345,794	60,000,000	9,345,794	1,000,000,000
합계	206,243,160	180,000,000	26,243,160	

① 유효이자(A) = 전기말 장부금액(D) × 유효이자율
② 상각액(C) = (A) − (B)
③ 장부금액(D) = 전기말 정부금액 + 상각액

(4) 각 시점별 회계처리

구 분	회 계 처 리					
2024. 1. 1.	(차)	현 금	973,756,840	(대)	장기차입금	973,756,840
2024.12.31.	(차)	이자비용	68,162,979	(대)	현 금	60,000,000
					장기차입금	8,162,979
2025.12.31.	(차)	이자비용	68,734,387	(대)	현 금	60,000,000
					장기차입금	8,734,387
	(차)	장기차입금	990,654,206	(대)	유동성장기부채	990,654,206
2026.12.31.	(차)	이자비용	69,345,794	(대)	현 금	60,000,000
					유동성장기부채	9,345,794
	(차)	유동성장기부채	1,000,000,000	(대)	현 금	1,000,000,000

3. 세무조정(2024년)

법인세법상 차입금과 관련한 거래원가에 대해 발생당시의 손금인지 기업회계처럼 상환기간 동안의 손금인지의 문제가 발생하며 만일 발생당시의 손금에 해당된다면 2025년 · 2026년 이자비용계상액 18,080,181을 2024년 세무조정시 손금산입한다.

손금산입 · 이자비용 · 18,080,181 · △유보

반면 기업회계를 인정하는 경우에는 별도의 세무조정이 발생하지 않는데 저자의 판단으로는 세무조정을 하지 않는 것이 타당하다고 본다.

제11장 비유동부채

I. 정 의

1. 개별표시 예시

"비유동부채"는 부채 중 유동부채에 해당되지 않는 부채를 말하며, 별도 표시할 소분류항목의 예는 다음과 같다(실 2.43).

1. 사채
2. 신주인수권부사채
3. 전환사채
4. 장기차입금
5. 퇴직급여충당부채
6. 장기제품보증충당부채
7. 이연법인세부채
8. 기타

2. 항목의 의미

(1) 사채

"사채"는 보고기간종료일로부터 1년 후에 상환되는 사채의 가액으로 한다.

(2) 신주인수권부사채

"신주인수권부사채"는 유가증권의 소유자가 일정한 조건하에 신주인수권을 행사할 수 있는 권리가 부여된 사채를 말하며, 보고기간종료일로부터 1년 후에 상환되는 사채의 가액으로 한다.

(3) 전환사채

"전환사채"는 유가증권의 소유자가 일정한 조건 하에 전환권을 행사할 수 있는 사채로서, 권리를 행사하면 보통주로 전환되는 사채를 말하며, 보고기간종료일로부터 1년 후에 상환되는 사채의 가액으로 한다.

(4) 장기차입금

"장기차입금"은 보고기간종료일로부터 1년 후에 상환되는 차입금으로 한다.

(5) 퇴직급여충당부채

"퇴직급여충당부채"는 보고기간말 현재 전종업원이 일시에 퇴직할 경우 지급하여야 할 퇴직금에 상당하는 금액으로 한다(문단 21.8).

(6) 장기제품보증충당부채

"장기제품보증충당부채"는 판매 후 품질 등을 보증하는 경우 그 의무를 이행하기 위해 발생하게 될 것으로 추정되는 충당부채금액으로 한다.

(7) 이연법인세부채

"이연법인세부채"는 가산할 일시적차이로 인하여 미래에 부담하게 될 법인세부담액으로 유동부채로 계상된 금액을 제외한 부분을 말하며, 비유동자산 중 기타비유동자산으로 분류된 이연법인세자산과 상계한 후의 금액으로 한다(문단 22.55).

(8) 기타

"기타"는 비유동부채로서 다른 항목으로 분류하기 어려운 성격의 부채를 모두 통합한 금액으로 한다(실 2.45). 만약 상기 예시와 같이 비유동부채를 구분표시하는 경우 장기미지급금, 장기선수금, 장기선수수익 등이 포함될 수 있다.

II. 보고기간후사건

보고기간종료일 후에 발생한 사건이 보고기간말과 재무제표가 사실상 확정된 날 사이에 발생한 기업의 재무상태에 영향을 미치는 사건을 말한다. 이때 재무제표가 사실상 확정된 날은 정기주주총회 제출용 재무제표가 이사회에서 최종 승인된 날을 말하나 주주총회에 제출된 재무제표가 주주총회에서 수정·승인된 경우에는 주주총회일을 의미한다(문단 24.2).

저자주

재무제표 승인절차

현행 상법과 주식회사 등의 외부감사에 관한 법률에 규정된 재무제표에 대한 승인절차를 도표로 나타내어 보면 다음과 같다.

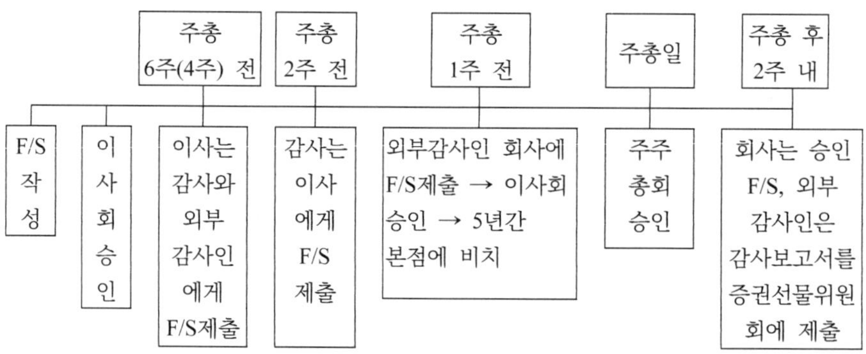

III. 충당부채

1. 일반기업회계기준 제14장 적용범위(문단 14.2)

① 판매 후 품질 등을 보증하는 경우의 관련 부채(판매보증충당부채)

② 판매촉진을 위하여 시행하는 환불정책, 경품, 포인트적립·마일리지제도의 시행 등과 관련된 부채

③ 손실부담계약

④ 타인의 채무 등에 대한 보증
⑤ 계류 중인 소송사건
⑥ 구조조정계획과 관련된 부채
⑦ 복구충당부채 등의 환경관련부채

2. 충당부채의 인식

충당부채는 다음의 요건을 모두 충족하는 경우에 인식한다(문단 14.4).
① 과거사건이나 거래의 결과로 '현재의무'가 존재
② 해당 의무를 이행하기 위하여 자원이 유출될 가능성이 매우 높음.
③ 그 의무이행에 소요되는 금액을 신뢰성 있게 추정가능
이때 과거 사건과 관계없이 미래에 발생될 원가에 대하여는 충당부채를 인식하지 않는다(실 14.2).

3. 충당부채의 측정

(1) 최선의 추정치(문단 14.7)

① 보고기간말 현재 시점에 의무를 직접 이행하거나 이해관계가 없는 제3자에게 이전시키는 경우에 지급하여야 하는 금액
② 합리적으로 추정하여 인식 – 과거의 경험, 독립적인 전문가의 보고서 및 보고기간종료일 후 확인할 수 있는 추가적 증거 등
③ 관련 사건과 상황에 대한 불확실성 고려
- 기대가치 계산 : 각 경우의 현금유출×발생확률
- 최빈치 선택(이때 최빈치가 아닌 다른 경우의 결과를 고려하여야 함)

(2) 현재가치

부채의 고유한 위험에 대한 시장의 평가＋화폐의 시간가치

(3) 미래사건 발생가능성

충당부채 금액에 영향을 미치는 미래사건의 발생가능성이 높다면 이를 충당부채의 추정시 고려한다.

(4) 자산의 예상처분이익

충당부채를 발생시킨 사건과 밀접하게 관련된 자산의 처분차익이 예상되는 경우에 해당 처분차익은 충당부채금액을 측정하는 데 고려하지 아니한다(문단 14.12).

4. 재고자산 매입약정관련 손실부담계약

(1) 내용

기업회계에서는 재고자산의 매입약정과 관련한 손실부담계약을 체결한 경우에는 관련된 현재의무를 충당부채로 인식하도록 하고 있다(문단 14.16).

통상적인 구매주문과 같이 상대방에게 보상 없이 해약할 수 있는 계약은 아무런 의무가 발생하지 아니한다. 반면 당사자 간에 권리와 의무를 발생시키는 계약도 있으며 그런 계약이 특정 사건으로 인하여 손실부담계약이 될 경우 이 기준서의 적용대상이 되므로 충당부채를 인식한다. 손실을 부담하지 아니하는 미이행계약은 충당부채를 인식하지 않는다.

손실부담계약은 계약상의 의무에 따라 발생하는 회피 불가능한 원가가 해당 계약에 의하여 얻을 것으로 기대되는 경제적효익을 초과하는 계약으로 회피 불가능한 원가는 계약을 해지하기 위한 최소순원가로서 다음의 '①과 ②' 중에서 작은 금액을 말한다.

① 계약을 이행하기 위하여 소요되는 원가

② 계약을 이행하지 못하였을 때 지급하여야 할 보상금 또는 위약금

(2) 회계처리 및 세무조정

① 자료

A법인은 2024.11.1.에 2025.2.28.을 인도일로 하는 원재료매입계약을 체결하였다. 수량은 10,000개이며 매입단가는 개당 50,000원이다. 매입계약은 취소불능조건이며 취소시 개당 3,000원의 해지위약금을 부담하여야 한다. 2024.12.31. 해당 원재료의 공정가치는 45,000원이다.

② 충당부채인식금액 : Min(가, 나) = 30,000,000

가. 공정가치하락액

10,000 × (50,000 − 45,000) = 50,000,000

나. 확정계약해지위약금

10,000×3,000＝30,000,000

③ 회계처리

(차) 손실부담충당부채 전입액 30,000,000 (대) 손실부담충당부채 30,000,000

④ 세무조정

손금불산입・손실부담충당부채・30,000,000・유보

5. 충당부채, 우발부채, 우발자산 및 제3자 변제의 인식요건

(1) 충당부채와 우발부채

자원유출가능성 \ 금액추정가능성	신뢰성 있게 추정가능	추정불가능
가능성이 매우 높음	충당부채 인식	우발부채로 주석공시
가능성이 어느 정도 있음	우발부채로 주석공시	
가능성이 거의 없음	공시하지 않음	공시하지 않음

주) 중요한 계류 중인 소송사건과 보증제공사항은 의무적으로 주석공시

(2) 우발자산

자원유입가능성 \ 금액추정가능성	신뢰성 있게 추정가능	추정불가능
가능성이 매우 높음	우발자산으로 주석공시	우발자산으로 주석공시
가능성이 매우 높지가 않음	공시하지 않음	공시하지 않음

주) 우발자산은 자산으로 인식하지 아니하고 자원이 유입될 것이 확정된 경우에는 그러한 상황변화가 발생한 기간에 관련 자산과 이익을 인식한다.

(3) 제3자에 의한 변제(문단 14.13)

변제가능성	현재의무가 존재함	현재의무 없음
확실함	• 재무상태표 : 별도의 자산으로 인식 • 손익계산서 : 비용과 상계 • 관련 자산은 충당부채를 초과할 수 없음 • 변제액 주석공시	아무런 회계처리가 필요 없음
확실하지 않음	• 변제액은 자산으로 인식되지 않음 • 변제가능성 주석 공시	

6. 우발부채와 우발자산

(1) 우발부채

우발부채는 부채로 인식하지 않으며 의무이행에 따른 자원이 유출될 가능성이 아주 낮지 않는 한, 우발부채를 주석에 기재한다(문단 14.5).

(2) 우발자산

우발자산은 자산으로 인식하지 않고 자원의 유입가능성이 매우 높은 경우에만 주석으로 기재한다(문단 14.6).

7. 법인세법상 인정 여부

법인세법에서 인정되지 않는 판매보증충당금 · 공사보증충당금 · 하자보수충당금은 전액 손금불산입 · 유보처분되어 실제 비용지출시 손금으로 산입된다.

IV. 퇴직급여충당부채[15)]

1. 기업회계

퇴직급여충당부채는 보고기간말 현재 전임직원이 일시에 퇴직할 경우 지급하여야 할 퇴직금에 상당하는 금액으로 한다.

(1) 설정대상자

회사의 퇴직금규정상 회계연도말에 퇴직하는 자에 대하여 퇴직금을 지급해야 되는 임원과 직원에 대하여 퇴직급여충당부채를 설정한다.
단, 이익잉여금처분에 의해 퇴직금이 지급되는 임원은 제외된다.

(2) 퇴직급여충당부채의 계상

① 당기비용계상분

당기 퇴직급여충당부채설정액은 다음과 같이 계산된다.

> 당기설정액㉣ = 당기말 전임직원이 일시 퇴직시 지급해야 할 퇴직금추계액㉠ − (전기말 전임직원이 일시 퇴직할 경우 지급해야 할 퇴직금추계액㉡ − 당기 중 퇴직급여충당금계정에서 실제 지급된 금액㉢)

퇴직급여충당부채계정

차변	금액	대변	금액
당기말지급액(㉢)	3,000	기초잔액(㉡)	10,000
기말잔액(㉠)	12,000	당기설정액(㉣)	5,000
	15,000		15,000

㉠ 판매・관리부문 설정액 : 판매비와관리비
㉡ 제조부문 설정액 : 제조원가 중 노무비
㉢ 자가건설유형자산부문 설정액 : 건설중인자산
㉣ 연구개발부문 설정액 : 개발비・연구비・경상개발비

② 전기부족분 설정액

전기오류수정손실로 영업외비용에 계상. 단, 그 금액이 중대한 경우에는 소급법을 적용하여 전기 재무제표를 재작성하여야 한다(문단 5.19).

---

15) 확정기여제도를 설정한 경우에는 해당 회계기간에 대하여 기업이 납부하여야 할 부담금을 비용으로 인식하고 퇴직급여충당부채는 인식하지 아니한다(문단 21.6).

(3) 퇴직급여충당부채의 사용

① 일반적인 퇴직시(퇴직금중간정산 포함)

(차) 퇴직급여충당부채	×××	(대) 현 금	×××

② 명예퇴직금 지급시

당기비용(판매비와관리비, 제조원가)으로 처리하며 법인세법에서도 퇴직급여충당부채의 사용으로 인정하여 세무조정 없다(서이-633, 2005.5.2.).

2. 법인세법

(1) 설정대상자

회사의 퇴직급여의 지급대상이 되는 임원 또는 직원(확정기여형퇴직연금 등이 설정된 자를 제외함)에 대해 설정가능하다(법법 33 ①, 법령 60 ①).

(2) 결산조정사항

회사가 장부에 손비로 계상한 경우에 한하여 손금한도 내에서 손금산입되는 결산조정항목에 해당한다.

(3) 손금산입한도

다음 중 적은 금액으로 한다.

1. 총급여액기준(법령 60 ①)
   한도액=퇴직급여의 지급대상이 되는 임원 또는 직원(확정기여형 퇴직연금 등이 설정된 자는 제외)에게 지급한 총급여액[주1)]×5%
2. 누계액기준(법령 60 ②)
   한도액=당기말 퇴직금추계액[주2)]×비율[주3)]+퇴직금전환금 기말잔액-퇴직급여충당금누적액[주4)]

주1) 급여지급기준을 초과하여 손금불산입된 임원상여금액은 제외함.
주2) 퇴직급여추계액=Max(일시퇴직기준의 추계액, 근로자퇴직급여보장법상 보험수리적기준의 추계액)
주3) 2016년부터 0%로 손금산입한도액은 0이 됨
주4) 퇴직급여충당금누적액=장부상 퇴직급여충당금 기초잔액-기중 충당금환입액-전기 충당금부인누계액-기중 퇴직금지급액

주) 2012.2.2. 법인세법시행령의 개정으로 퇴직급여충당금 손금한도액 계산시 추계액을 일시퇴직기준의 추계액과 근로자퇴직급여보장법상 보험수리적기준의 추계액 중 큰 금액으로 하였다. 이때 보험수리적기준의 추계액은 퇴직연금운영사업자에게 기준책임준비금의 당기말 잔액을 산출해 달라 요구하면 구할 수 있는 금액이다.

단, 확정급여형 퇴직연금제도(DB제도)에 미가입한 자는 보험수리적기준의 추계액을 적용하지 않고 일시퇴직기준의 추계액으로만 한도액을 계산하여야 한다(법령 60). 이때 DB가입자로서 그 재직기간 중 DB에 가입하지 않은 기간이 있는 자에 대해서는 해당 미가입기간분에 대하여는 일시퇴직기준추계액을 적용하여야 한다(법령 60 ②).

1) 총급여액의 범위

① 소득세법상 근로소득에 해당하는 근로의 제공으로 인한 봉급·급료 등의 급여 및 주주총회 등의 결의에 의하여 상여로 받는 소득을 말한다(법령 60 ①).
단, 총급여액에는 소득세법 제12조에서 규정하는 비과세소득(국민연금 등의 사용자부담금, 실비변상적 급여, 식대 등)은 제외된다.

② 임원상여금한도초과액
임원상여금 중 급여지급기준의 미비로 손금불산입되는 금액은 총급여액에서 제외된다(법령 60 ①).

③ 미지급급여
결산시 미지급비용으로 계상한 급여액도 총급여액에 포함된다. 특히 연차수당의 경우 지급기준일이 속하는 사업연도의 손금이며 총급여액에도 포함하여야 한다(법인 46012－3071, 1997.11.28.).

④ 특별상여금
특별상여금 지급시 퇴직금지급규정상 퇴직금대상소득에서 제외되는 경우에도 근로소득에 해당되므로 총급여액의 범위에 포함된다.

⑤ 성과배분상여금
법인세법시행령 제20조 제1항 제4호에 의한 잉여금처분에 의한 성과급은 총급여액에 포함된다(법인 46012－901, 2000.4.7.).

⑥ 1년 미만 근속자의 급여
1년 미만 근속자의 퇴사에 대하여도 회사의 퇴직금규정상 퇴직금을 지급하면 총급여액에 포함된다.

⑦ 연도 중에 합병·사업양수도·관계회사 전출입시 퇴직급여충당금을 승계받은 경우
당기 중 해당 법인(합병법인 등)에서 지급한 급여액은 총급여액에 포함된다.

⑧ 퇴직금중간정산자
당기 중 퇴직금중간정산자에 대하여는 중간정산일 이후 지급된 급여액은 총급여액에 포함된다(법인 46012－776, 1998.3.30.).

⑨ 확정기여형퇴직연금 및 개인형퇴직연금이 설정된 자의 급여는 제외한다.

2) 일시퇴직기준에 따른 퇴직급여추계액

해당 사업연도종료일 현재 임원 또는 직원이 일시에 퇴직할 경우 지급하여야 할 퇴직급여추계액(임원 퇴직급여한도초과액 제외)을 말한다.

① 회사의 정관이나 퇴직급여지급규정에 의한 금액이므로 회사규정상 1년 미만 근속자에게도 퇴직급여를 지급하도록 하고 있다면 1년 미만 근속자의 추계액도 포함하며, 지급규정이 없을 시에는 임원은 세법상 퇴직급여 한도액으로 하고 사용인은 근로자퇴직급여보장법상 금액으로 한다(법칙 31 ①).

주) 계속근로연수 1년에 대하여 30일분 이상의 평균임금을 퇴직금으로 지급(근로자퇴직급여보장법 8 ①)

② 임원의 세법상 퇴직급여한도액(법령 44 ④ · ⑤)

ⓐ 정관 또는 정관에서 위임된 퇴직급여지급규정에 의한 금액

ⓑ 'ⓐ' 외 : 1년간 지급 총급여액[주1]×1/10×근속년수[주2]

주1) 총급여액 : 손금불산입상여 제외 등 '1)'과 같음.
주2) 근속연수 : 1년 미만은 월수로 계산, 1월 미만은 없는 것으로 함(법칙 22 ⑤).

3) 보험수리적기준에 따른 퇴직급여추계액

매 사업연도 말일 현재를 기준으로 산정한 가입자의 예상 퇴직시점까지의 가입기간에 대한 급여에 드는 비용 예상액의 현재가치에서 장래 근무기간분에 대하여 발생하는 부담금 수입 예상액의 현재가치를 뺀 금액으로서 기초율을 사용하여 예상 퇴직시점의 급여를 산출하고 이를 예상 가입기간 단위로 배분하여 할당하는 방법에 따라 산정한 금액을 말한다(근로자퇴직급여보장법 16 ① 1호, 같은법 시행규칙 5 ①).

주) "기초율"(근로자퇴직급여보장법시행규칙 3 ②~⑤) : 예상이율(10년 만기 국고채의 36개월 평균수익률), 예상임금상승률, 예상퇴직률, 예상사망률 등을 말하며, 3년마다 산출하되 부담금의 기초가 된 기초율이 실제 상황과 현저한 차이가 발생하는 경우 다시 산출하여야 한다. 예상이율을 제외한 기초율은 해당 사업 또는 사업장의 경험통계를 기초로 하여야 한다.

4) 설정률

㉠ 2012.1.1.부터 2012.12.31.까지의 기간 중에 개시하는 사업연도 : 20%

㉡ 2013.1.1.부터 2013.12.31.까지의 기간 중에 개시하는 사업연도 : 15%

㉢ 2014.1.1.부터 2014.12.31.까지의 기간 중에 개시하는 사업연도 : 10%

㉣ 2015.1.1.부터 2015.12.31.까지의 기간 중에 개시하는 사업연도 : 5%

ⓜ 2016.1.1.부터 2016.12.31.까지의 기간 중에 개시하는 사업연도 : 0%(폐지)

5) 세무상 퇴직급여충당금 잔액 = 장부상 퇴직급여충당금 기초잔액 - 기중충당금환입액 - 기초충당금부인액누계 - 기중퇴직급여 지급액

확정기여형퇴직연금과 개인퇴직연금이 설정된 임원·직원에 대하여 그 설정 전에 계상된 퇴직급여충당금('①×②'의 금액을 말함)을 퇴직급여충당금의 누적액에서 차감하여야 한다(법칙 31 ②).

① 직전 사업연도종료일 현재 퇴직급여충당금 누적액

② 직전 사업연도종료일 현재 재직한 임원·직원 전원이 퇴직한 경우에 지급되었어야 할 퇴직급여추계액 중 해당 사업연도에 확정기여형 퇴직연금과 개인퇴직연금이 설정된 자가 직전 사업연도 종료일 현재 퇴직한 경우에 지급되었어야 할 퇴직급여추계액이 차지하는 비율

6) 퇴직금전환금의 기말잔액

사업연도종료일 현재 종전 국민연금법에 의하여 국민연금관리공단에 납부하고 재무상태표상 자산으로 계상된 회사부담금액(=표준보수월액×3%)의 기말잔액을 말한다(퇴직금전환금제도는 1999.4.1. 폐지되었음).

(4) 연도별 설정률 감소에 따른 익금환입의 배제

위의 연도별 설정률에 따른 한도 내에서 손금에 산입한 퇴직급여충당금의 누적액에서 퇴직급여충당금을 손금에 산입한 사업연도의 다음 사업연도 중 임원 또는 직원에게 지급한 퇴직금을 뺀 금액이 위에 따른 퇴직급여추계액에 연도별 설정률을 곱한 금액을 초과하는 경우 그 초과한 금액은 익금으로 환입하지 아니한다(법령 60 ③).

(5) 합병 등으로 인한 퇴직급여충당금의 승계

1) 퇴직급여충당금을 손금에 산입한 내국법인이 합병하거나 분할하는 경우 그 법인의 합병등기일 또는 분할등기일 현재의 해당 퇴직급여충당금 중 합병법인·분할신설법인 또는 분할합병의 상대방법인(합병법인 등)이 승계받은 금액은 그 합병법인 등이 합병등기일 또는 분할등기일에 합병법인 등이 가지고 있는 퇴직급여충당금으로 본다(법법 33 ③).

① 2010.7.1. 이후 합병 등

적격합병 등의 요건을 갖춘 경우에는 피합병법인의 세무조정사항은 모두 합병법인 등에 승계되므로 피합병법인의 퇴직급여충당금부인액은 합병법인의 부인액과 합산하여 관리하면 된다.

비적격합병 등의 경우에도 퇴직급여충당금을 합병법인이 승계한 경우에는 다른 세무조정사항과 달리 퇴직급여충당금부인액은 승계된다.

② 2010.6.30. 이전 합병 등 적격합병 등의 요건과 상관없이 피합병법인의 퇴직급여충당금부인액은 합병법인에 승계된다.

2) 사업양수도방식에 의한 개인기업의 법인전환 등 사업의 포괄양도시에도 위 '1)'과 같다(법법 33 ④).

주1) 사업의 포괄양도 : 사업장별로 해당 사업에 관한 모든 권리(미수금 제외)와 의무(미지급금 제외)를 포괄양도하는 것을 말하며, 포괄양도시 업무무관동산・부동산은 제외 가능(법칙 31 ③)

주2) 사업자가 다른 사업자로부터 사업을 포괄적으로 양도・양수함에 따라 종업원의 고용이 승계되고 그 종업원의 퇴직급여추계액을 퇴직급여충당금 또는 부채로 승계한 경우에는 사업의 양수자가 해당 종업원의 종전 근속기간을 통산하여 퇴직급여추계액을 계산할 수 있는 것이나, 사업의 포괄적 양도・양수에 해당하지 않거나 퇴직급여충당금을 승계받지 않은 경우는 다른 사업체에서 근무한 기간을 통산할 수 없는 것임(서일-994, 2005.8.19.).

Expert Opinion Summary

직원 관계회사 전출입시 회계 및 세무처리

1. A법인 소속 갑이 2024.6.30. 계열회사인 B법인으로 이동하고 퇴직금해당액과 DB퇴직연금을 B법인으로 승계함

(1) 2024.6.30. 회계처리

차) 퇴직급여충당부채	60,000,000	대) DB	50,000,000
		현금	10,000,000

(2) 2024년 세무조정

① 손금산입・퇴직급여충당부채・50,000,000・유보
익금산입・DB・50,000,000・유보

② 손금산입・퇴직급여충당부채・10,000,000・유보

2. B법인 관련 회계 및 세무처리

(1) 2023.12.31. 현재

퇴직급여충당부채 140,000,000(을 40,000,000, 병 100,000,000 : 손금불산입・140,000,000)
(−)DB 126,000,000(을 36,000,000, 병 90,000,000 : 손금산입・126,000,000)

(2) 2024.6.30.(세무조정 승계없음)

차) DB	50,000,000	대) 퇴직급여충당부채	60,000,000
현금	10,000,000		

⑶ 2024.12.31. 갑관련 회계처리

차) 퇴직급여	10,000,000	대) 퇴직급여충당부채	10,000,000
차) DB	20,000,000	대) 현금	20,000,000

⑷ 2024.12.31. 을 · 병관련 회계처리

차) 퇴직급여 (을 10,000,000, 병 20,000,000)	30,000,000	대) 퇴직급여충당부채	30,000,000
차) DB (을 14,000,000, 병 30,000,000)	44,000,000	대) 현금	44,000,000

⑸ 2024년 세무조정

손금불산입 · 퇴직급여충당부채 · 40,000,000 · 유보

손금산입 · DB · 54,000,000 · 유보(DB승계받아 납입한 천만원을 차감한 금액임)

⑹ 2024.12.31. 유보잔액

퇴직급여충당부채 180,000,000(140,000,000 + 40,000,000)

DB 180,000,000(126,000,000 + 54,000,000)

⑺ 2024.12.31. 재무상태표

퇴직급여충당부채	240,000,000	
(−) DB	240,000,000	−

⑻ 추후 갑 퇴사시 세무조정

2024.12.31. 유보잔액 중 갑 해당분은 퇴직급여충당부채가 10,000,000이고 DB가 10,000,000이므로 추후 갑 퇴사시 손금 10,000,000과 익금 10,000,000의 사후관리 조정이 이루어져야 합니다.

3. 잘못된 세무처리

많은 회사들이 관계회사전출입시 상기 ⑸와 ⑻의 처리를 하지 않고 A법인으로의 퇴직급여충당부채 60,000,000을 손금불산입하고 DB 50,000,000,을 손금산입하여 장부상 금액인 240,000,000으로 조정하고 추후 퇴직시 퇴직금 및 DB인출금액 전액을 세무조정하고 있는 바 이에 대한 유의가 필요함을 알려드립니다.

(6) 퇴직급여충당부채의 손금한도초과액

퇴직급여충당부채 회사계상액 − 세무상 한도액 = (+) 손금불산입 · 퇴직급여충당금한도초과분 · 유보
(−) 세무조정 없음

① 회사비용계상액

- 판매비와관리비계상액
- 제조원가계상액
- 건설중인자산계상액

- 개발비 · 연구비계상액
- 전기오류수정손실(영업외비용)계상액
- 전기이월이익잉여금계상액

→ 일단 손금산입 · 잉여금 · 기타로 손금산입 후 한도초과액을 계산한다.

② 한도초과액 손금추인사유

가. 세무상 퇴직급여충당금잔액을 초과하여 퇴직금 지급시

기초충당금잔액 − 전기부인누계액 − 당기지급액 = △가 발생시

손금산입 · 퇴직급여충당금 · △유보

나. 세무상 부인액을 장부상 환입처리한 경우

(차) 퇴직급여충당부채	×××	(대) 퇴직급여충당부채환입 (전기 세무상 부인액)	×××

익금불산입 · 퇴직급여충당부채 · △유보

(7) 퇴직급여충당부채의 사용

① 퇴직금의 지급

반드시 퇴직급여충당부채에서 사용하여야 하며 퇴직금을 당기 비용처리시는 다음의 세무조정 실시

가. 비용처리금액 손금불산입

손금불산입 · 퇴직급여충당부채 · 유보

나. '가.'의 금액을 퇴직급여충당부채한도액 계산시 당기지급액에 합산하여 한도액 계산

> 추계액×비율 − (기초잔액 − 전기부인액 − 당기지급액)

→ 당기지급액에 합산하므로 결국 추계액기준 한도액이 증가하게 된다.

② 현실적인 퇴직이 아닌 자에게 퇴직금을 지급하는 경우

업무무관가지급금에 해당된다.

사례 1

1. 자료

⑴ 2022년 신설법인 : 종업원 A, B, C 입사

⑵ 2023년 말 퇴직급여추계액

A :	2,000,000
B :	3,000,000
C :	5,000,000
계	10,000,000원

⑶ 2024.5.10. A퇴사시 퇴직급여 3,000,000원 지급

⑷ 2024년 말 퇴직급여추계액

B :	5,000,000
C :	7,000,000
D :	3,000,000(2023.5.1. 입사)
계	15,000,000원

⑸ 총급여액 자료

① 2023년 : 80,000,000

② 2024년 : 100,000,000

2. 각 시점별 회계처리

⑴ 2023년 말

(차) 퇴직급여 (판매비와관리비 등)	10,000,000	(대) 퇴직급여충당부채 (비유동부채)	10,000,000

⑵ 2024.5.10. A퇴사시

(차) 퇴직급여충당부채	3,000,000	(대) 현금	3,000,000

⑶ 2024년 말

1) 퇴직급여충당부채 추가설정액

= 당기말 퇴직급여추계액 − (전기말 퇴직급여충당부채 − 당기퇴직급여지급액)

= 15,000,000 − (10,000,000 − 3,000,000) = 8,000,000

퇴직급여충당부채

감	소	3,000,000	기	초	10,000,000
기	말	15,000,000	설	정	8,000,000
계		18,000,000	계		18,000,000

2) 회계처리

(차) 퇴직급여 8,000,000 (대) 퇴직급여충당부채 8,000,000

3. 세무조정

(1) 2023년

① 한도액 : Min(가, 나) = 0

가. 총급여액기준

80,000,000×5% = 4,000,000

나. 추계액기준

10,000,000×0% = 0

② 한도초과액

손금불산입 · 퇴직급여충당부채 · 10,000,000* · 유보

* 10,000,000 − 0 = 10,000,000

(2) 2024년

① 한도액 : Min(가, 나) = 0

가. 총급여액기준

100,000,000×5% = 5,000,000

나. 추계액기준

15,000,000×0% − (10,000,000 − 10,000,000 − 3,000,000) = 0 − 0*

= 0

* 당기 퇴직금지급액이 전기까지의 손금인정 퇴직급여충당부채금액초과시는 한도액 계산시는 0으로 하고 초과금액(괄호안 ㊀금액)은 손금으로 추인함.

• 손금산입 · 퇴직급여충당부채 · 3,000,000 · 유보

② 한도초과액

손금불산입 · 퇴직급여충당부채 · 8,000,000* · 유보

* 8,000,000 − 0 = 8,000,000

중/점/사/항/ 퇴직급여추계액 계상

1. 외감법 대상법인인 경우

공인회계사 감사를 받는 외감법 대상법인은 퇴직급여추계액의 100%를 퇴직급여충당부채로 계상하여야 한다. 반면 법인세법은 일정한도 금액까지만 손금으로 인정하므로 반드시 손금불산입의 세무조정이 발생하게 된다.

2. 비외감법 대상법인인 경우

(1) 한도금액까지만 장부에 비용으로 계상

외감법 대상이 아닌 법인의 경우에는 일반기업회계기준에 따라 회계처리하지 않아도 되

므로 법인세법상 퇴직급여충당부채의 손금한도까지만 장부상 비용으로 계상한다. 이는 추계액의 100%를 비용으로 계상하더라도 법인세법상 모두 손금으로 인정받지 못하면서도 공표되는 당기순이익을 감소하기 때문이다.

(2) 전기부족설정분을 당기에 추가로 계상하는 경우
전기부족설정분이 재무제표에 중대한 영향이 있는 경우에만 전기이월이익잉여금을 차감하고, 그 외의 경우에는 당기 영업외비용에 전기오류수정손실로 계상한다.

V. 퇴직연금제도

1. 확정급여형퇴직연금제도(Defined Benefit)

(1) 의의

급여의 지급을 위하여 사용자가 부담하여야 할 부담금의 수준이 사전에 결정되어 있는 퇴직연금제도(근로자퇴직급여보장법 19)로서 사용자는 금융기관에 개설한 근로자가 개별계좌에 부담금(연간 임금총액의 1/12)을 납부하고 근로자는 자기 책임하에 적립금을 운용하여 퇴직시 연금 또는 일시금으로 수령(급여수준은 운용성과에 따라 변동)하는 제도이다.

(2) 회계처리

1) 종업원이 근무하는 경우

① 퇴직급여상당액

보고기간말 현재 종업원이 퇴직할 경우 지급하여야 할 퇴직일시금에 상당하는 금액을 측정하여 퇴직급여충당부채로 계상한다. 종업원이 아직 퇴직하지는 않았으나 퇴직연금에 대한 수급요건 중 가입기간의 요건을 갖춘 경우에도 보고기간종료일 현재 종업원이 퇴직하면서 퇴직일시금의 수령을 선택한다고 가정하고 이때 지급하여야 할 퇴직일시금에 상당하는 금액을 측정하여 퇴직급여충당부채로 계상한다(문단 21.10). 즉 종전과 동일하게 퇴직급여추계액 해당액을 퇴직급여충당부채로 계상하면 된다.

(차) 퇴직급여 (비용)	×××	(대) 퇴직급여충당부채 (비유동부채)	×××

② 퇴직연금불입액

확정급여형퇴직연금제도에서 운용되는 자산은 기업이 직접 보유하고 있는 것으로 보아 회계처리한다. 재무상태표에는 운용되는 자산을 하나로 통합하여 "퇴직연금운용자산"으로 표시하고, 그 구성내역을 주석으로 공시한다. 이 경우 주석으로 공시하는 구성내역이라 함은 재무상태표에 하나로 통합하지 않고 각각 구분하여 표시할 경우에 계상될 계정과목과 금액을 말한다(문단 21.11).

확정급여형퇴직연금제도에서 퇴직급여와 관련된 자산과 부채를 재무상태표에 표시할 때에는 퇴직급여와 관련된 부채(퇴직급여충당부채와 퇴직연금미지급금)에서 퇴직급여와 관련된 자산(퇴직연금운용자산)을 차감하는 형식으로 표시한다. 퇴직연금운용자산이 퇴직급여충당금과 퇴직연금미지급금의 합계액을 초과하는 경우에는 그 초과액을 투자자산의 과목으로 표시한다(문단 21.12).

(차) 퇴직연금운용자산 (퇴직급여충당부채에서 차감)	×××	(대) 현금및현금성자산	×××
지급수수료	×××		

〈재무상태표상 표시〉

퇴직급여충당부채	×××	
(−) 퇴직연금운용자산	×××	×××

2) 부담금의 결정

DB의 경우 최종적으로 종업원의 퇴직급여에 대하여 회사가 책임을 진다 하더라도 도산 등 사실상 책임을 질 수 없는 경우를 대비하여 매년 의무적으로 사외에 적립해야 하는 기준을 근로자퇴직급여보장법에서 규정하고 있다(근퇴법 12 5호).

기준금액은 다음의 최소적립금이상금액을 적립하여야 한다.

Ⅰ. 기준책임준비금＝Max(1, 2)

1. {매 사업연도 말일 현재 급여에 소요되는 비용예상액의 현재가치－(장래 근무기간분에 대하여 발생하는 급여지급을 위하여 산정되는 부담금 수입예상액의 현재가치＋과거 근무기간분에 대한 급여지급을 위하여 산정되는 부담금 수입예상액의 현재가치)} : 보험수리적기준추계액
2. 당기말 퇴직급여추계액 : 일시퇴직기준추계액

Ⅱ. 최소적립금＝기준책임준비금×100%

상기 적립금액의 의미는 매년 DB로 불입하는 금액을 말하는 것이 아님에 유의하여야 한다. 불입된 적립금의 운용에서 적립금의 증감이 발생하게 되므로 재무건전성 평가일(보통 결산일과 근접된 일일 것임) 현재 적립금의 평가금액이 상기 적립금액 해당액 이상이어야 한다는 것이다. 그러므로 적립금의 평가금액이 부족한 경우에는 차액 해당액을 추가로 적립하여야 한다.

3) 적립금 운용수익의 처리

DB제도에서의 적립금 운용수익은 회사한테 귀속되게 된다. 즉 운용수익이 많이 발생할수록 상기 '2)'에 의한 적립금액에 해당되도록 불입하여야 하는 금액이 감소하게 되는 것이다. 그러므로 적립금 운용수익은 DB에 가입한 회사의 영업외수익으로 계상하여야 한다. 이때 운용수익에 대한 자산관리수수료를 운용회사에 지급하여야 한다.

(차) 퇴직연금운용자산	×××	(대) 퇴직연금운용수익	×××
지급수수료	×××	(영업외수익)	

4) 매년 퇴직연금추가불입액의 결정

① 기준 적립금 해당액의 산출

기준책임준비금×100% 이상

② 추가 불입 전 적립금액 평가

가. 기초 적립금평가액

나. 당기 퇴직급여지급액

다. 당기 운용수익증가액

라. 기말 적립금평가액(라=가-나+다)

③ 추가불입액의 산출

①-②

5) 종업원이 퇴사하는 경우

종업원이 퇴직시 일시금의 수령을 선택한 경우에는 회사와 DB운용업자가 각각 지급해당 금액을 종업원에게 지급한다. 이때 가장 유의할 점은 DB에서 운용되고 있는 적립금총액에서 종업원의 퇴직급여 해당액이 전액 지급되지 않는 것이다. 이는 상당수의 기업이 DB적립금을 추계액의 100%로 적립하지 않을 것으로 추정되기 때문에 종업원의 퇴직급여를 DB적립금에서 전액 지급하면 근무하고 있는 종업원이 추후 불이익을 받을 수 있기 때문이다.

그러므로 종업원이 퇴직하는 경우에는 DB운용사업자는 전기의 재무건전성 평가기준일 현재 종업원의 퇴직급여추계액에 전기의 적립비율을 곱한 금액만을 종업원에게 지급하며 나머지 차액은 회사에서 지급하여야 한다. DB에서의 퇴직급여원천징수의무자는 회사이므로 회사에서 퇴직급여전액에 대한 원천징수를 하여 차액을 지급하면 된다.

(차) 퇴직급여충당부채	×××	(대) 퇴직연금운용자산	×××[주1)]
		현금및현금성자산	×××
		예　　수　　금	×××[주2)]

주1) 전기말 퇴직급여추계액×DB적립비율
주2) DB에서의 퇴직급여원천징수의무자는 회사임

Key Point

우리나라에서는 퇴직금이 발생하여 근로자의 선택에 따라 일정금액을 수령하면 이는 퇴직소득에 해당되어 회사가 원천징수후 차액을 지급하며 추후에 수령하기를 원할 경우 IRP(개인퇴직연금)에 퇴직금을 예치하고 퇴직소득에 대한 원천징수가 과세이연(원천징수를 하지 않는다는 의미)되며 다음과 같이 추후 수령시 소득세가 과세됩니다.

1. 일시금으로 인출시 : 퇴직소득에 해당되어 IRP담당회사가 원천징수 후 차액지급
2. 연금으로 인출시 : 연금소득에 해당되어 퇴직소득해당시 산출세액의 70%(10년 이후에는 60%)를 차감 후 수령(55세 이상시 연금지급)

6) 퇴직급여제도의 변경

기존 퇴직금제도에서 확정급여형퇴직연금제도 또는 확정기여형퇴직연금제도로 변경하는 경우 기존 퇴직급여충당금에 대한 회계처리는 다음과 같다.

① 퇴직급여제도를 변경하면서 기존 퇴직급여충당부채를 정산하는 경우 기존 퇴직급여충당부채의 감소로 회계처리한다.

② 확정기여형퇴직연금제도가 장래근무기간에 대하여 설정되어 과거근무기간에 대하여는 기존 퇴직금제도가 유지되는 경우 임금수준의 변동에 따른 퇴직급여충당부채의 증감은 퇴직급여(비용)로 인식한다.

③ 기존의 퇴직금제도에서 과거근무기간을 포함하여 확정급여형퇴직연금제도로 변경하는 경우 기존 퇴직급여충당부채에 대해 부담금 납부의무가 생기더라도 이는

사내적립액을 사외적립액으로 대체할 의무에 지나지 않으므로 별도의 추가적인 부채로 인식하지 아니하고 납부하는 시점에 퇴직연금운용자산으로 인식한다.

(3) 법인세법상 처리

확정급여형퇴직연금제도에 가입하여 불입한 금액은 퇴직급여충당금의 손금불산입 누적금액 한도까지 손금으로 인정된다(법령 44의2 ④).

Key Point

현재 법인세법상 퇴직급여충당금의 손금한도는 0원으로 퇴직급여충당금의 설정액은 전액 손금불산입되고 있습니다.
만일 회사의 자금이 여유가 있는 경우에는 이를 금융기관에 예치하여 2~3%대의 수입이자를 발생시키는 것 보다 확정급여형퇴직연급(DB) 또는 확정기여형 퇴직연금(DC)에 가입하여 법인세법상 손금으로 인정받아 22% 또는 24.2%의 법인세(법인지방소득세 포함)를 절감하는 것이 훨씬 유용한 방법이므로 실무자님들은 다음의 사례분석에 유의하시기 바랍니다.

사례 2 신설법인의 확정급여형 퇴직연금제도(DB) 가입시

1. 자료
   (1) 보아㈜는 2022.12.1. 신설되었다(회계연도는 1.1.부터 12.31.까지임).
   (2) 2022.12.1. A, B, C가 보아㈜에 입사하였다.
   (3) 2023년도에 보아㈜는 확정급여형 퇴직연금제도에 가입하기로 노사합의하였다.
   (4) 보아㈜는 퇴직연금의 운용관리업무와 자산관리업무를 동시에 수행하는 윤종보험㈜를 연금사업자로 선정하였다.
   (5) 퇴직연금규약에 연금수령기간은 10년으로 정하였다.
   (6) 보아㈜와 윤종보험㈜는 퇴직연금부담금을 매년 12.30.에 불입하며, 결산일 현재 보아㈜의 퇴직급여추계액의 100% 해당금액이 적립되도록 하였다.
   (7) 보아㈜가 부담해야 하는 윤종보험㈜에 대한 수수료율은 1%이다.

2. 2023년
   (1) 2023.12.31. 일시퇴직급여추계액

A :	2,000,000
B :	3,000,000
C :	5,000,000
	10,000,000

   (2) 2023.12.31. 현재 보험수리적기법에 의한 기준책임준비금잔액은 9,800,000이다.
   (3) 2023.12.31. 퇴직연금불입액 : 9,000,000(수수료 90,000 별도 지급)
   (4) 2023.12.31. 회계처리

(차) 퇴직급여	10,000,000	(대) 퇴직급여충당부채	10,000,000
(차) 퇴직연금운용자산	9,000,000	(대) 현금	9,090,000
지급수수료	90,000		

(5) F/P상 표시

퇴직급여충당부채	10,000,000	
(−)퇴직연금운용자산	9,000,000	1,000,000

(6) 세무조정

1) 퇴직급여충당부채에 대한 세무조정

① 2023년 총급여액 100,000,000원

② 세무상 한도액 : Min(가, 나) = 0

가. 총급여액 기준

100,000,000×5% = 5,000,000

나. 추계액 기준

10,000,000×0% = 0

③ 한도초과액

손금불산입 · 퇴직급여충당부채 · 10,000,000* · 유보

* 10,000,000 − 0 = 10,000,000

2) DB에 대한 세무조정

DB불입금액에 대하여는 퇴직급여충당부채손금부인액을 한도로 하여 손금산입된다.

손금산입 · 퇴직연금운용자산 · 9,000,000 · △유보

3. 2024년

(1) 2024.6.30. A가 퇴사하였고 일시금 해당 퇴직금액은 3,000,000원이다.

(차) 퇴직급여충당부채	3,000,000	(대) 퇴직연금운용자산	2,700,000
		현 금	300,000

(2) 2024.12.31. 일시퇴직급여추계액(기준책임준비금잔액은 14,500,000)

B : 5,000,000

C : 8,000,000

D : 2,000,000(2023.4.1. 입사)

15,000,000

(3) 2024.12.30. 현재 퇴직연금운용자산평가액 = 7,000,000(적립금운용증가액 700,000)

기초 퇴직연금운용자산	9,000,000
− 당기 퇴직금지급액	2,700,000
+ 당기 운용증가액	700,000
= 기말 퇴직연금운용자산	7,000,000

(차) 퇴직연금운용자산	700,000	(대) 퇴직연금운용수익 (영업외수익)	700,000

⑷ 2024.12.30. 퇴직연금운용자산 추가 불입액 = 8,000,000

기말 퇴직금추계액×적립비율	= 15,000,000×100% =	15,000,000
− 퇴직연금운용자산평가액		7,000,000
= 퇴직연금운용자산추가불입해당액		8,000,000

(차) 퇴직연금운용자산 8,000,000 (대) 현금 8,000,000

⑸ 2024.12.31. 회계처리

(차) 퇴직급여 8,000,000* (대) 퇴직급여충당부채 8,000,000

* 당기말 추계액 15,000,000 − 전기말 추계액 10,000,000 + 당기 지급액 3,000,000 = 당기 설정액 8,000,000

⑹ F/P상 표시

퇴직급여충당부채	15,000,000	
(−)퇴직연금운용자산	15,000,000	−

⑺ 세무조정

1) 당기 퇴직금지급에 대한 세무조정

손금산입 · 퇴직급여충당부채 · 2,700,000 · 유보

익금산입 · 퇴직연금운용자산 · 2,700,000 · 유보

2) 퇴직급여충당부채에 대한 세무조정

① 2024년 총급여액 120,000,000원

② 세무상 한도액 : Min(가, 나) = 0

가. 총급여액 기준

120,000,000 × 5% = 6,000,000

나. 추계액 기준

15,000,000 × 0%[주1] − (10,000,000 − 10,000,000 − 300,000[주2]) − 300,000

= 0 − 0 = 0

주1) 2024년의 한도액 계산시 0% 적용

주2) 한도액 계산시 당기 퇴직금지급액은 지급총액이 아니라 DB인출자금을 차감한 순수 회사지급액을 말함

• 손금산입 · 퇴직급여충당부채 · 300,000 · 유보

③ 한도초과액

손금불산입 · 퇴직급여충당부채 · 8,000,000* · 유보

* 8,000,000 − 0 = 8,000,000

3) DB에 대한 세무조정

DB불입금액에 대한 손금산입시 실지 불입액뿐만 아니라 운용수익금액도 합하여 DB불입금액으로 보아야 하며 당기말 퇴직급여충당부채 손금불산입한도 내에서 손금산입된다.

① DB불입액

700,000 + 8,000,000 = 8,700,000

② 퇴직급여충당부채 손금불산입누계액

10,000,000 − 2,700,000 + 8,000,000 − 300,000 = 15,000,000

③ '①' 반영 전 DB손금산입액

9,000,000 − 2,700,000 = 6,300,000

④ DB손금산입한도(② − ③)

15,000,000 − 6,300,000 = 8,700,000

⑤ 손금산입액 : Min(①, ④)

손금산입 · 퇴직연금운용자산 · 8,700,000 · △유보

■ 법인세법 시행규칙 [별지 제32호서식] (2019.3.20. 개정)

(앞쪽)

사업연도	2024. 1. 1. ~ 2024.12.31.	퇴직급여충당금 조정명세서	법인명	보아㈜
			사업자등록번호	

1. 퇴직급여충당금 조정

구분	① 퇴직급여 지급대상이 되는 임원 또는 직원에게 지급한 총급여액(⑲의 계)	② 설정률	③ 한도액 (①×②)	비 고
「법인세법 시행령」 제60조 제1항에 따른 한도액	120,000,000	5/100	6,000,000	

구분	④ 장부상 충당금 기초잔액	⑤ 확정기여형 퇴직연금자의 퇴직연금 설정 전 기계상된 퇴직급여충당금	⑥ 기중 충당금 환입액	⑦ 기초충당금 부인누계액	⑧ 기중 퇴직금 지급액	⑨ 차감액 (④－⑤－⑥－⑦－⑧)
「법인세법 시행령」 제60조 제2항 및 제3항에 따른 한도액	10,000,000			10,000,000	300,000	(△300,000)

구분	⑩ 추계액 대비 설정액 (㉒ × 설정률)	⑪ 퇴직금전환금	⑫ 설정률 감소에 따른 환입을 제외하는 금액 MAX(⑨－⑩－⑪, 0)	⑬ 누적한도액 (⑩－⑨+⑪+⑫)
「법인세법 시행령」 제60조 제2항 및 제3항에 따른 한도액	0			0

구분	⑭ 한도액 MIN(③, ⑬)	⑮ 회사계상액	⑯ 한도초과액 (⑮－⑭)
한도초과액 계산	0	8,000,000	8,000,000

2. 총급여액 및 퇴직급여추계액 명세

계정명 \ 구분	⑰ 총급여액		⑱ 퇴직급여 지급대상이 아닌 임원 또는 직원에 대한 급여액		⑲ 퇴직급여 지급대상이 되는 임원 또는 직원에 대한 급여액		⑳ 기말 현재 임원 또는 직원 전원의 퇴직 시 퇴직급여 추계액	
	인원	금액	인원	금액	인원	금액	인원	금액
								15,000,000
							㉑ 「근로자퇴직급여 보장법」에 따른 추계액[퇴직연금미가입자의 경우 일시퇴직기준(⑳)을 적용하여 계산한 금액]	
							인원	금액
								14,500,000
							㉒ 세법상 추계액 MAX(⑳, ㉑)	
계						120,000,000		15,000,000

210mm×297mm[백상지 80g/㎡ 또는 중질지 80g/㎡]

[별지 제33호 서식] (2014.3.14. 개정) (앞쪽)

사 업 연 도	2024. 1. 1. ~ 2024.12.31.	퇴직연금부담금 조정명세서	법인명	보아㈜
			사업자등록번호	

1. 퇴직연금 등의 부담금 조정

①퇴직급여추계액	당기말 현재 퇴직급여충당금				⑥퇴직부담금등 손금산입 누적 한도액 (① - ⑤)
	②장부상 기말잔액	③확정기여형 퇴직연금자의 퇴직연금 설정 전 기계상된 퇴직급여충당금	④당기말 부인 누계액	⑤차감액 (② - ③ - ④)	
15,000,000	15,000,000		15,000,000	0	15,000,000

⑦이미 손금산입한 부담금 등(⑰)	⑧손금산입한도액 (⑥ - ⑦)	⑨손금산입대상 부담금 등(⑱)	⑩손금산입범위액 (⑧과 ⑨ 중 작은 금액)	⑪회사손금 계상액	⑫조정금액 (⑩ - ⑪)
6,300,000	8,700,000	8,700,000	8,700,000	-	8,700,000

2. 이미 손금산입한 부담금 등의 계산

가. 손금산입대상 부담금 등 계산

⑬퇴직연금 예치금 등 계(㉒)	⑭기초퇴직연금 충당금 등 및 전기말신고조정에 의한 손금산입액	⑮퇴직연금충당금 등 손금부인 누계액	⑯기중퇴직연금등 수령 및 해약액	⑰이미 손금산입한 부담금 등 (⑭ - ⑮ - ⑯)	⑱손금산입대상 부담금 등 (⑬ - ⑰)
15,000,000	9,000,000		2,700,000	6,300,000	8,700,000

나. 기말 퇴직연금 예치금 등의 계산

⑲기초퇴직연금예치금 등	⑳기중 퇴직연금예치금 등 수령 및 해약액	㉑당기 퇴직연금예치금 등의 납입액	㉒퇴직연금예치금 등 계 (⑲ - ⑳ + ㉑)
9,000,000	2,700,000	8,700,000	15,000,000

작 성 방 법

1. ① 퇴직급여추계액란은 「법인세법 시행령」 제44조의2 제4항 제1호와 제1호의2의 금액 중 큰 금액인 "퇴직급여충당금조정명세서(별지 제32호 서식)"의 ㉒ 세법상 추계액란의 금액을 적습니다.
   ※ 2011.1.1. 전에 납부한 퇴직보험 · 신탁의 금액과 2011.1.1. 전에 납부한 퇴직보험 · 신탁으로 인해 2011.1.1. 이후 발생한 운용수익으로 퇴직보험 · 신탁을 납부한 금액이 있는 경우에는 퇴직연금예치금에 포함하여 이 서식을 작성합니다.
2. ③ 확정기여형 퇴직연금자의 퇴직연금 설정 전 기계상된 퇴직급여충당금란에는 「법인세법 시행규칙」 제31조 제2항에 따라 계산한 "확정기여형 퇴직연금 등 설정자의 설정 전 기 계상된 퇴직급여충당금"을 적습니다.
3. ④ 당기말 부인 누계액란에는 ② 장부상 기말잔액 중에 세무상 부인액이 포함되어 있는 경우에 그 부인액(확정기여형 퇴직연금등 설정자의 설정 전 기 계상된 퇴직급여충당금과 관련된 부인액은 제외합니다)을 적습니다.
4. ⑧ 손금산입한도액란에는 ⑥란의 퇴직부담금 등 손금산입 누적한도액에서 ⑦란의 이미 손금산입한 부담금 등을 뺀 금액을 적되, 「조세특례제한법 시행규칙」 제29조 제1항을 적용받는 법인의 경우 그 금액이 음수(-)이면 "0"을 적습니다.
5. ⑪ 회사손금계상액란에는 당기의 퇴직연금충당금 등 전입액을 적습니다.
6. ⑫ 조정금액란이 양수(+)인 경우에는 손금에 더하고, 음수(-)인 경우에는 익금에 더합니다.
7. ⑭ 기초퇴직연금충당금등 및 전기말 신고조정에 의한 손금산입액란에는 재무상태표상 기초퇴직연금충당금 등 잔액과 직전 사업연도 세무조정계산서상 퇴직연금부담금 등의 손금산입누계액을 적습니다.
8. ⑯ 기중퇴직부담금 등 수령 및 해약액란에는 확정기여형 퇴직연금등으로 전환된 금액과 퇴직보험 · 신탁의 해약금액을 포함하여 적습니다.
9. ⑳ 기중 퇴직연금예치금 등 수령 및 해약액란에는 확정기여형 퇴직연금 등으로 전환된 금액과 퇴직보험 · 신탁의 해약금액을 포함하여 적습니다.

210mm×297mm[백상지 80g/㎡ 또는 중질지 80g/㎡]

사례 3 계속법인의 확정급여형 퇴직연금제도 가입시

1. 자료

① 기본 내용은 상기 사례 2.와 동일

② 보아㈜는 2023년에 DB를 가입하지 않고 2024년에 DB를 가입하며 15,000,000을 불입하였다.

2. 2023년

(1) 회계처리

(차) 퇴직급여	10,000,000	(대) 퇴직급여충당부채	10,000,000

(2) 세무조정

손금불산입 · 퇴직급여충당부채 · 10,000,000 · 유보

3. 2024년

(1) 회계처리

(차) 퇴직급여충당부채	3,000,000	(대) 현금	3,000,000
(차) 퇴직급여	8,000,000	(대) 퇴직급여충당부채	8,000,000
(차) 퇴직연금운용자산	15,000,000	(대) 현금	15,000,000

(2) 세무조정

1) 퇴직급여충당부채에 대한 세무조정

① 세무상 한도액 : Min(가, 나) = 0

가. 총급여액 기준

120,000,000 × 5% = 6,000,000

나. 추계액 기준

15,000,000 × 0% − (10,000,000 − 10,000,000 − 3,000,000) = 0 − 0

= 0

② 한도초과액

손금불산입 · 퇴직급여충당부채 · 8,000,000 · 유보

③ 당기 퇴직금지급액에 대한 세무조정

손금산입 · 퇴직급여충당부채 · 3,000,000* · 유보

* 상기 '① − 나'의 괄호 안의 (−)금액

2) DB에 대한 세무조정

① DB불입액 : 15,000,000

② 퇴직급여충당부채 손금불산입누계액

10,000,000 − 3,000,000 + 8,000,000 = 15,000,000

③ DB손금산입한도(②)

④ 손금산입액

손금산입 · 퇴직연금운용자산 · 15,000,000 · △유보

사례 · 4

1. 해당 사업연도말 현재 전임직원이 일시퇴직시 지급할 퇴직급여추계액 : 1,978,000,000
2. 퇴직급여충당부채 장부상 기말잔액 1,978,000,000 ┬ 전기말부인누계액 : 1,798,700,000
   └ 당기말부인누계액 : 1,978,000,000
3. 기중 퇴직급여지급액은 104,000,000이며 당기에 설정한 퇴직급여충당금은 283,300,000임.
4. 직전 사업연도 종료일까지 불입한 퇴직연금부담금 1,438,960,000(이 중 해당 사업연도에 퇴직자에게 지급한 금액은 83,200,000임)
5. 직전 사업연도말 현재 손금산입한 퇴직연금부담금은 1,438,960,000임
6. 당기 회사납입액 : 622,240,000(퇴직연금운용수익 60,000,000 포함된 금액)

해답

1. 회사 회계처리

(차) 퇴직급여충당부채	104,000,000	(대)	퇴직연금운용자산	83,200,000
			현금	20,800,000
(차) 퇴직급여	283,300,000	(대)	퇴직급여충당부채	283,300,000
(차) 퇴직연금운용자산	622,240,000	(대)	퇴직연금운용수익	60,000,000
			현금	562,240,000

2. 세무처리

⑴ 퇴직금지급액 중 퇴직연금인출액에 대한 세무조정

손금산입 · 퇴직급여충당부채 · 83,200,000 · 유보

익금산입 · 퇴직연금(DB) · 83,200,000 · 유보

→ 당기 퇴직금지급액 중 퇴직연금에서 지급한 금액에 대해 전기말 손금부인된 퇴직급여충당부채를 손금산입하고 퇴직연금금액을 익금산입함

⑵ 퇴직금지급액 중 회사현금부담분에 대한 세무조정

손금산입 · 퇴직급여충당부채 · 20,800,000 · 유보

→ 전기말 손금부인된 퇴직급여충당부채 중 당기 회사부담 퇴직금지급액을 손금산입함

⑶ 당기 퇴직급여계상에 대한 세무조정

손금불산입 · 퇴직급여충당부채 · 283,300,000 · 유보

⑷ 당기 퇴직연금납입액에 대한 세무조정

손금산입 · 퇴직연금 · 622,240,000 · 유보

3. 장부상 잔액 및 세무조정 누계액

⑴ 퇴직급여충당부채

기초잔액 1,798,700,000 − 감소액 104,000,000 + 증가액 622,240,000

= 기말잔액 1,978,000,000(손금불산입누계액 1,978,000,000)

⑵ 퇴직연금

기초잔액 1,438,960,000 − 감소액 83,200,000 + 증가액 622,240,000

=기말잔액 1,978,000,000(손금산입누계액 1,978,000,000)

2. 확정기여형퇴직연금제도(Defined Contribution) 및 중소기업퇴직연금기금제도

(1) 의의

① 확정기여형퇴직연금제도

근로자가 받을 급여의 수준이 사전에 결정되어 있는 퇴직연금제도(근로자퇴직급여보장법 19, 과학기술인공제회법)로서 사용자는 매년 부담금을 금융기관에 사외적립하여 운용하며, 근로자는 퇴직시 사전에 확정된 급여수준만큼의 연금 또는 일시금을 수령하는 제도이다.

② 중소기업퇴직연금기금제도

중소기업(상시 30명 이하의 근로자를 사용하는 사업에 한정)의 사용자는 근로자대표의 동의를 얻거나 의견을 들어 공단과 계약을 체결하여 중소기업퇴직연금기금제도를 설정할 수 있으며(근로퇴직급여보장법 23의6 · 23의7),

설정한 사용자는 매년 1회 이상 정기적으로 가입자의 연간 임금총액의 12분의 1 이상에 해당하는 부담금을 현금으로 가입자의 중소기업퇴직연금기금제도 계정에 납입하여야 한다.

(2) 회계처리

확정기여형퇴직연금제도 및 중소기업퇴직연금기금제도를 설정한 경우에는 해당 회계기간에 대하여 기업이 납부하여야 할 부담금(기여금)을 퇴직급여(비용)로 인식하고, 퇴직연금운용자산, 퇴직급여충당부채 및 퇴직연금미지급금은 인식하지 아니한다.

즉 DC 등의 경우에는 퇴직급여 해당액 100%를 사외에 적립하는 것이며 종업원의 실지 퇴직시 추가불입 해당액은 14일 이내에 회사에서 지급되어야 한다.

또한 적립금운용결과 증가된 금액도 종업원에게 귀속되므로 이는 퇴직 후 퇴직소득 또는 연금소득으로 과세된다.

(차) 퇴직급여(비용)	×××	(대) 현금및현금성자산	×××
지급수수료	×××		

(3) 법인세법상 처리

① 당기의 퇴직급여지급으로 보아 전액 손금으로 인정된다.
만일 전기분까지 소급해서 DC에 가입하는 경우에는 전기까지 퇴직급여충당부채로 손금산입된 금액을 제외한 금액만 손금산입된다.

② 내국법인이 임원의 퇴직을 연금의 지급사유로 하고 임원을 수급자로 하는 퇴직연금(확정기여형)의 사업자부담금으로 지출하는 금액은 해당 사업연도의 손금에 산입하는 것이며 업무무관가지급금에 해당하지 않음(서이-1168, 2006.6.20.)

(4) 임원에 대한 퇴직연금가입여부

노동부 질의회신(퇴직급여보장팀-846, 2006.3.16.)에 의하면 근로자가 아닌 임원이 퇴직연금에 가입할 수 있는지에 대하여 사용자는 근로자퇴직급여보장법 제2조 제1호에 의한 근로자에 대해서는 의무적으로 퇴직급여제도(퇴직금 또는 퇴직연금제)를 설정하여야 하나, 그 이외의 자에 대해서는 설정할 의무는 없다. 그러므로 근로자가 아닌 임원에 대하여 퇴직연금 적용대상으로 할지 여부는 사업장별로 자유로이 정할 수 있을 것으로 하였다. 또한 연금운용사업자의 표준규약 작성가이드에 따르면 가입대상자에는 대표이사, 이사, 감사 등이 사업장내의 직책에 불구하고 근로를 제공하고 임금을 받는 자를 포함한다고 규정하여 대표이사를 퇴직연금 가입대상으로 삼고 있음을 규정하고 있다.

조세심판원에서는 상기내용 및 법인세법시행령 제44조의2 제2항에서 내국법인이 임원 또는 직원의 퇴직을 퇴직급여의 지급사유로 하고 임원 또는 직원을 수급자로 하는 연금으로 지출하는 금액은 손금에 산입한다 규정하고 있어 대표이사에 대해 확정기여형 퇴직연금제도 가입에 따른 연금금액 납입액은 손금산입대상에 해당된다 결정함(조심 2018서3877, 2019.4.18.).

3. 개인형 퇴직연금(Individual Retirement Pension, IRP)

가입자의 선택에 따라 가입자가 납입한 일시금이나 사용자 또는 가입자가 납입한 부담금을 적립·운용하기 위하여 설정한 퇴직연금제도로서 급여의 수준이나 부담금의 수준이 확정되지 아니한 퇴직연금제도이다.

① 퇴직연금사업자는 개인형퇴직연금제도를 운영할 수 있다.

② 다음의 어느 하나에 해당하는 사람은 개인형퇴직연금제도를 설정할 수 있다.

가. 퇴직급여제도의 일시금을 수령한 사람

나. 확정급여형퇴직연금제도 또는 확정기여형퇴직연금제도의 가입자로서 자기의 부담으로 개인형퇴직연금제도를 추가로 설정하려는 사람

다. 자영자 등 안정적인 노후소득 확보가 필요한 사람으로서 대통령령으로 정하는 사람*

* 본 규정은 2012.7.26.부터 5년이 경과한 날부터 적용한다(근로자퇴직급여보장법 부칙 6, 2011.7.25. 개정).

③ '②'에 따라 개인형퇴직연금제도를 설정한 사람은 자기의 부담으로 개인형퇴직연금제도의 부담금을 납입한다. 다만, 연간 1,800만원 한도를 초과하여 부담금을 납입할 수 없다(연말정산시 연간 700만원 한도로 12% 또는 15% 세액공제적용).

VI. 사 채

1. 기업회계

(1) 의 미

사채란 기업이 일반 대중으로부터 자금을 조달할 목적으로 회사의 채무임을 표시하는 사채증서(사채권)를 발행하여 지정된 만기일에 정해진 금액(액면가액, 원금)을 지급하고 액면가액에 일정한 이자율(액면이자율)을 곱한 이자(액면이자)를 정기적으로 지급할 것을 약속한 채무를 말한다. 이러한 사채는 주식회사만이 발행할 수 있으며 액면가액은 10,000원 이상으로 균일하도록 되어 있다(상법 472).

(2) 사채의 구성요소

① 만기

만기란 사채발행자가 원금을 상환하기로 약속한 날을 의미한다.

② 액면가액(원금)

액면가액이란 사채발행자가 만기에 상환하기로 약속한 금액을 의미한다.

③ 액면이자

액면이자란 사채발행자가 일정기간마다 지급하기로 한 금액으로 액면가액에 일정한 이자율을 곱한 금액이다. 이때의 일정한 이자율을 액면이자율(또는 표면이자율)이라고 한다.

④ 발행가액

발행가액이란 사채를 발행하여 조달한 순현금유입액을 말한다. 따라서 사채를 발행할 때 발생한 사채발행수수료, 사채권 인쇄비, 사채모집에 따른 광고비 등의 사채발행비를 제외한 금액을 의미한다.

⑤ 유효이자율

유효이자율이란 사채의 발행가액(순현금유입액)과 사채를 발행함으로써 지급해야 하는 미래 현금흐름(순현금유출액)의 현재가치를 일치시켜 주는 이자율을 의미한다. 유효이자율을 만기수익률 또는 내부수익률(IRR, Internal Rate of Return)이라고도 한다.

일반적으로 사채를 발행할 때 유효이자율에 의해 사채발행가액이 결정되므로 유효이자율을 알 수 있다. 그러나 대부분 사채발행비용을 고려하지 않고 계산된 유효이자율이므로 사채발행비용을 고려한 유효이자율을 다시 계산해야 한다. 유효이자율은 다음과 같이 계산되어진다.

$$I_0 = \frac{CF_1}{(1+R)} + \frac{CF_2}{(1+R)^2} + \cdots + \frac{CF_N}{(1+R)^N}$$

I_0 = 현재시점에서의 투자금액
CF_t = t시점의 현금유입액
R = 유효이자율

(3) 사채의 발행형태

사채는 발행시 액면가액과 발행가액과의 크기에 따라 액면발행, 할인발행, 할증발행으로 나누어진다. 액면발행은 발행가액과 액면가액이 동일한 것을 의미하며, 할인발행은 발행가액이 액면가액보다 작은 경우를, 할증발행은 발행가액이 액면가액보다 큰 경우를 말한다. 할인발행의 경우에는 사채할인발행차금(액면가액 − 발행가액), 할증발행의 경우에는 사채할증발행차금(발행가액 − 액면가액)이 발생하게 되는데 기업회계기준에서는 이를 유효이자율법에 따라 상각 또는 환입하여 사채이자에 가감하도록 하고 있다.

사채의 발행형태

액면가액 = 발행가액	→	액면발행
액면가액 > 발행가액	→	할인발행(사채할인발행차금)
액면가액 < 발행가액	→	할증발행(사채할증발행차금)

(4) 할인발행시 회계처리

① 총이자비용

할인발행은 사채의 발행가액이 액면가액보다 작으며, 액면가액과 발행가액의 차이가 사채할인발행차금이 되는 경우이다. 따라서 이 경우 사채발행자가 부담하는 총이자비용은 액면이자 합계와 사채할인발행차금의 합계가 된다.

> **할인발행시 총이자비용**
> = 순현금유출액 − 순현금유입액
> = (∑액면이자 + 액면가액) − 발행가액
> = (∑액면이자 + 액면가액) − (액면가액 − 사채할인발행차금)
> = ∑액면이자 + 사채할인발행차금

② 발행자의 회계처리

기준서에서는 할인발행의 경우 사채할인발행차금을 유효이자율법에 의해 상각하며, 상각액은 이자비용에 가산하도록 하고 있다. 다음의 사례를 통해 살펴보기로 하자.

사례 5 사채의 할인발행

1. 자료

㈜수진은 2024년 초 부족한 자금을 조달하기 위해 다음과 같은 조건의 사채를 발행하였다.

− 액 면 가 액 : ₩1,000,000
− 만 기 : 2026년 12월 31일
− 액면이자율 : 연 10%
− 이자지급조건 : 매년말 지급
− 발 행 가 액 : ₩951,963

2. 유효이자율과 유효이자율법에 의한 상각표

우선 사채의 유효이자율을 구해보자. 유효이자율의 정의에 의해서 다음 식을 만족하는 이자

율이므로

$$951{,}963 = 100{,}000 \div (1+r) + 100{,}000 \div (1+r)^2 + 1{,}100{,}000 \div (1+r)^3$$

$\therefore$ r = 12%가 된다.

유효이자율법에 의한 상각액은 다음과 같다.

일 자	유효이자	액면이자	상각액	장부가액
2024년 초				951,963
2024년 말	114,236	100,000	14,236	966,199
2025년 말	115,944	100,000	15,944	982,143
2026년 말	117,857	100,000	17,857	1,000,000
합 계	348,037	300,000	48,037	

3. 2024년

① 발행시 회계처리

(차) 현 금	951,963	(대) 사 채	951,963

② 이자지급시 회계처리

(차) 이자비용	114,236	(대) 현 금	100,000
		사 채	14,236

③ 세무조정

법인세법에서도 기업회계상 사채할인발행차금상각액은 손금인정되므로 별도의 세무조정은 없다.

4. 2025년 말

(차) 이자비용	115,944	(대) 현 금	100,000
		사 채	15,944
(차) 사 채	982,143	(대) 유동성장기부채	982,143

5. 2026년 말

(차) 이자비용	117,857	(대) 현 금	100,000
		유동성장기부채	17,857
(차) 유동성장기부채	1,000,000	(대) 현 금	1,000,000

③ 투자자의 회계처리

동 사채를 사채발행일부터 만기까지 보유한 투자자의 각 시점별 회계처리를 나타내면 다음과 같다. 단, 만기보유증권으로 분류한 것을 가정하며 유동성대체는 생략한다.

구 분	회 계 처 리
2024년	(차) 만 기 보 유 증 권 951,963 (대) 현 금 951,963

구 분	회계처리
	(차) 현금 100,000 (대) 이자수익 114,236 만기보유증권 14,236
2025년	(차) 현금 100,000 (대) 이자수익 115,944 만기보유증권 15,944
2026년	(차) 현금 100,000 (대) 이자수익 117,857 만기보유증권 17,857
	(차) 현금 1,000,000 (대) 만기보유증권 1,000,000

법인세법에서는 유가증권취득에 해당되어 원가법으로 처리되므로 이자수익 중 유효이자율법에 의한 금액을 익금불산입・△유보처분하고 추후 만기시 익금산입・유보추인한다.

(5) 1년에 2회 이상 이자지급시

실무적으로 1년에 2회 이상 이자를 지급할 경우도 있는데, 이 경우의 회계처리를 다음 사례를 통해 살펴보자.

사례 6 1년에 이자를 2회 지급할 경우

1. 자료

㈜수진은 2024년 초 부족한 자금을 조달하기 위해 다음과 같은 조건의 사채를 발행하였다.
- 액 면 가 액 : ₩1,000,000
- 만 기 : 2026년 12월 31일
- 액면이자율 : 연 10%
- 이자지급조건 : 매년 6월말과 12월말에 지급
- 발 행 가 액 : ₩950,827

2. 유효이자율 및 상각표

1년에 2회 이상 지급할 경우에는 이자지급기간을 1기간(1년)으로 간주하여 회계처리를 하면 된다. 즉 1년에 이자를 6개월마다 2회 지급하므로 6월을 1기간(1년)으로 간주하여 액면이자율은 10%가 아닌 5%(= 10%÷2)로 하고, 유효이자율도 다음과 같이 구한다.

$$950,827 = 50,000 \div (1+r) + 50,000 \div (1+r)^2 + 50,000 \div (1+r)^3 + 50,000 \div (1+r)^4 + 50,000 \div (1+r)^5 + 1,050,000 \div (1+r)^6$$

$$\therefore\ r = 6\%$$

즉 6개월을 1기간으로 간주할 경우 유효이자율은 6%가 된다. 따라서 1년간의 유효이자율은 12%가 된다. 유효이자율법에 의한 상각표도 6개월을 1기간으로 간주하여 작성하면 되는데 작성해 보면 다음과 같다.

시 점	유효이자 주1)	액면이자 주2)	상각액 주3)	사채장부가액 주4)
2024. 1. 1.				950,827
2024. 6.30.	57,050	50,000	7,050	957,877
2024.12.31.	57,473	50,000	7,473	965,350
2025. 6.30.	57,921	50,000	7,921	973,271
2026.12.31.	58,396	50,000	8,396	981,667
2026. 6.30.	58,900	50,000	8,900	990,567
2026.12.31.	59,433	50,000	9,433	1,000,000
합 계	349,173	300,000	49,173	

주1) 유효이자＝사채의 기초 장부가액×유효이자율(6%)
주2) 액면이자＝액면가액×액면이자율(5%)
주3) 상각액＝유효이자－액면이자
주4) 사채 장부가액＝사채의 기초장부가액＋상각액

3. 발행자의 회계처리

사채발행자의 각 시점별 회계처리는 다음과 같다.

구 분	회계처리			
2024. 1. 1.	(차) 현금	950,827	(대) 사채	950,827
2024. 6.30.	(차) 이자비용	57,050	(대) 현금 사채	50,000 7,050
2024.12.31.	(차) 이자비용	57,473	(대) 현금 사채	50,000 7,473
2025. 6.30.	(차) 이자비용	57,921	(대) 현금 사채	50,000 7,921
2025.12.31.	(차) 이자비용	58,396	(대) 현금 사채	50,000 8,396
	(차) 사채	981,667	(대) 유동성장기부채	981,667
2026. 6.30.	(차) 이자비용	58,900	(대) 현금 사채	50,000 8,900
2026.12.31.	(차) 이자비용	59,433	(대) 현금 사채	50,000 9,433
	(차) 유동성장기부채	1,000,000	(대) 현금	1,000,000

2. 법인세법

(1) 사채할인발행차금상각액의 손금산입인정

사채발행비가 차감되지 않은 사채발행금액과 액면금액과의 차액인 사채할인발행차금에 대해 유효이자율을 적용하여 상각한 이자비용은 손금으로 인정된다.

(2) 사채발행비의 처리

① 2002.1.1. 이후 최초개시사업연도부터 발생한 사채발행비는 사채할인발행차금에 포함하여 상각시 손금으로 인정된다.

② 기업회계기준대로 처리시 별도의 세무조정은 없다.

VII. 전환사채 등의 회계처리

전환사채 및 신주인수권부사채의 회계처리는 일반기업회계기준 제15장 「자본」에서 규정하고 있다.

1. 의의

① 전환사채(CB)

사채권자의 청구에 의하여 주식으로 전환할 수 있는 사채를 말한다.

② 신주인수권부사채(BW)

사채권자에게 신주인수권을 부여한 사채를 말한다.

③ 특징

전환권(신주인수권)이 부여되기 때문에 낮은 이자율로 발행되며 만기까지 전환 등이 이루어지지 않으면 보장수익률에 의한 상환할증금이 지급된다.

2. 회계처리

(1) 전환사채의 회계처리

1) 전환사채, 신주인수권부사채의 계정과목 명칭

일반기업회계기준은 법인이 전환사채 또는 신주인수권부사채의 발행시 전환권대가(+상환할증금) 또는 신주인수권부대가의 상대계정으로 "사채할인발행차금"을 사용하고 있다(일반기업회계기준 제15장 「자본」의 작성사례 1∼5 참조).

한편, 2010년도까지 적용하였던 과거의 회계기준(K-GAAP)은 "전환권(신주인수권)조정"을 사용하였다. 이와 관련하여 법인세법에서는 전환권(신주인수권)조정 해당 부분에 대하여는 인정을 하지 않고 있으므로 이에 대한 세무조정이 필요하다(법기통 40-71…2 참조).

따라서 본서는 "전환권(신주인수권)조정"에 대해 법인세법을 개정하지 않고 있는 현실을 반영하여 종전의 계정과목인 "전환권(신주인수권)조정" 명칭을 계속 사용하기로 한다.

2) 전환사채 발행자

전환사채는 보통주로 전환할 수 있는 권리(전환권)와 일반사채의 두 가지 요소로 구성된다. 기준서에서는 이러한 부채부분과 별도로 전환권가치를 '전환권대가'(기타자본잉여금)로 인식하도록 하였다.

전환권대가 = 전환사채발행가액 - 일반사채가치
일반사채가치 = 만기일까지 기대되는 미래현금흐름(상환할증금 포함)을 사채발행일 현재 발행회사의 전환권이 없는 일반사채의 유효이자율로 할인한 금액*

* 일반사채가치 계산시 적용할인율
① 사채발행일 현재 발행회사의 전환권이 없는 일반사채의 유효이자율
② 관련시장에서 형성되는 동종 또는 유사한 채권·채무이자율(동종시장이자율)
③ 사채발행일 전 1년 내 차입한 차입금으로서 발행하는 전환사채와 유사한 만기를 가진 차입금의 가중평균차입이자율

일반기업회계기준에 의한 발행자 입장에서의 회계처리는 다음과 같다.

구 분	회계처리
발행시	(차) 현금및현금성자산 ×××주2) (대) 전환사채 ×××주1) 사채할인발행차금 ×××주3)

구 분	회계처리			
	(차) 전환권조정	×××[주6)]	(대) 상환할증금	×××[주4)]
			전환권대가	×××[주5)]
이자지급시	(차) 이자비용	×××	(대) 전환권조정	×××
			사채할인발행차금	×××
			현금및현금성자산	×××
전환권 행사시	(차) 이자비용	×××	(대) 전환권조정	×××
			사채할인발행차금	×××
			미지급이자	×××
	(차) 전환권대가	×××[주7)]	(대) 주식발행초과금	×××
	(차) 전환사채	×××	(대) 자본금	×××
	상환할증금	×××[주7)]	주식발행초과금	×××
	미지급이자	×××[주9)]	전환권조정	×××[주8)]
			사채할인발행차금	×××[주8)]
만기상환시	(차) 전환사채	×××	(대) 현금및현금성자산	×××
	상환할증금	×××		

주1) 전환사채액면금액
주2) 전환사채발행금액
주3) 1) − 2), 사채액면금액에서 차감표시하며 유효이자율법에 의해 상각되어 이자비용으로 대체
주4) 만기상환할증금(액면가액)으로 사채액면금액에 부가 표시
주5) 전환사채발행금액 − 일반사채가치, 기타자본잉여금으로 분류
실지 회계처리시는 일반기업회계기준 제22장(법인세회계)에 의해 전환권대가금액의 22%만큼 이연법인세부채가 계상되고 차액이 전환권대가로 계상된다.
주6) 4) + 5), 사채액면가액에서 차감표시하며 유효이자율법에 의해 상각되어 이자비용으로 대체
주7) 전환권행사비율만큼 주식발행초과금으로 대체
주8) 미상각잔액 중 전환권행사비율에 해당되는 금액
주9) 기초전환가정이며, 기말전환가정인 경우에는 주식발행초과금으로 대체되지 않음

3) 만기시점에서 전환사채가 전환되는 경우

발행자는 부채를 제거하고 자본으로 인식한다. 최초인식시점의 자본요소(전환권대가)는 자본의 다른 항목(주식발행초과금)으로 대체될 수 있지만(선택규정) 계속하여 자본으로 유지된다. 만기시점에서 전환사채의 전환에 따라 인식할 손익은 없다(전환사채 장부금액법 적용).

(차) 전환사채	× × ×	(대) 자본금	× × ×
상환할증금	× × ×	전환권조정	× × ×
전환권대가	× × ×	주식발행초과금 (자본잉여금)	× × ×

4) 최초의 전환권이 변동되지 않은 상태에서 조기상환이나 재매입을 통하여 만기 전에 전환상품이 소멸되는 경우

조기상환이나 재매입을 위하여 지급한 대가와 거래원가를 거래 발생시점의 부채요소와 자본요소에 배분한다. 이때 지급한 대가와 거래원가를 각 요소별로 배분하는 방법은 전환사채가 발행되는 시점에 발행금액을 각 요소별로 배분한 방법(조기상환일 현재 시장이자율로 조기상환일 이후의 일반사채가치계산액이 부채요소에 해당하는 금액이며 조기상환금액에서 이를 차감한 금액이 자본요소에 해당하는 금액임)과 일관되게 하며, 대가를 배분한 결과로 발생되는 손익은 관련 요소에 적용되는 회계원칙에 따라 다음과 같이 회계처리한다.

구 분	회계처리
부채요소와 관련된 손익	당기손익 인식
자본요소와 관련된 대가	자본으로 인식

① 부채요소의 상환

(차) 전환사채	×××	(대) 현금	×××
상환할증금	×××	전환권조정	×××
사채상환손실(비용)	×××	사채상환이익(수익)	×××

② 자본요소의 상환

(차) 전환권대가	×××	(대) 현금	×××
사채상환손실(⊖자본)		사채상환이익(⊕자본)	

5) 전환사채 소유자

일반사채와 동일하게 일반기업회계기준 제6장 제2절「유가증권」에 따라 회계처리한다. 다만, 상환할증금은 만기시점에서 받기로 확정되었을 때 이자수익으로 인식하며 전환권행사시 전환권행사로 취득하는 지분증권의 취득원가는 지분증권의 시장성 여부에 따라 다음과 같이 한다.

구 분	지분증권 취득원가	전환사채 미실현보유손익
시장성이 없는 경우	전환사채 장부가액	당기손익(전환손익)으로 대체
시장성이 있는 경우	지분증권 공정가치	당기손익(전환손익)에 가감

전환시점 회계처리(매도가능증권분류 가정)

(차) 매도가능증권(주식)	×××[주1)]	(대) 매도가능증권(사채)	×××
		미수이자	×××[주2)]
		전환이익(영업외수익)	×××[주3)]
(차) 매도가능증권평가이익 (사채/기타포괄손익누계액)	×××	(대) 전환이익(영업외수익)	×××

주1) 전환권행사로 인해 취득하는 주식이 시장성이 있는 경우 공정가치, 시장성이 없는 경우에는 전환사채 장부가액과 미수이자의 합계액

주2) 기초전환가정이며 기말전환가정시에는 나타나지 않음.

주3) 전환권행사로 인해 취득하는 주식이 시장성이 있는 경우 가정

(2) 신주인수권부사채의 회계처리

신주인수권부사채는 일정한 조건하에 사채소유자가 보존주의 발행을 청구할 수 있는 권리(신주인수권)가 부여된 사채를 말한다. 전환사채와 달리 신주인수권만을 표창하는 '신주인수권증권'을 사채권과 별도로 분리 발행할 수 있는데 이를 '분리형' 신주인수권부사채라고 하며 전환사채처럼 사채권과 독립하여 양도할 수 없는 사채를 '비분리형' 신주인수권부사채라고 한다. 기준서에서는 신주인수권의 분리 여부에 불문하고 신주인수권가치를 '신주인수권대가'로 인식하도록 하고 있다.

신주인수권대가 = 신주인수권부사채발행가액 − 일반사채가치*

* 전환사채의 경우와 동일함

일반기업회계기준에 의한 발행자입장에서의 회계처리는 다음과 같다.

구 분	회계처리			
발행시	(차) 현금및현금성자산	×××	(대) 신주인수권부사채	×××
	사채할인발행차금	×××		
	(차) 신주인수권조정	×××	(대) 상환할증금	×××
			신주인수권대가	×××
이자지급시	(차) 이자비용	×××	(대) 신주인수권조정	×××
			사채할인발행차금	×××
			현금및현금성자산	×××

구 분	회계처리			
신주인수권 행사시	(차) 이자비용	×××	(대) 신주인수권조정	×××주1)
	(차) 신주인수권대가	×××	(대) 주식발행초과금	×××
	(차) 현금및현금성자산	×××	(대) 자본금	×××
	상환할증금	×××	주식발행초과금	×××
			신주인수권조정	×××주2)
만기상환시	(차) 신주인수권부사채	×××	(대) 현금및현금성자산	×××
	상환할증금	×××		

주1) 당기 신주인수권조정상각액 중 상환할증금분에 해당하는 금액으로 최종 이자지급일로부터 행사일까지의 기간 경과분

주2) 미상각 신주인수권조정 잔액 중 상환할증금분에 해당하는 금액으로 행사비율에 해당하는 금액

3. 일반기업회계기준에 의해 회계처리한 경우 세무상 처리

(1) 전환사채 발행자

전환사채를 발행한 경우 일반기업회계기준에서는 전환권대가를 인식하도록 하고 있다. 또한 상환할증 조건인 경우에는 상환할증금을 인식하고 동액과 전환권대가와의 합계액을 전환권조정으로 하여 사채에서 차감하고 만기까지의 기간 동안 유효이자율법에 의해 상각하여 이자비용으로 인식하도록 하고 있다.

이처럼 법인이 상환할증금이 없는 원화표시 전환사채를 발행하면서 기업회계기준에 따라 회계처리하는 경우 동 사채발행시 전환사채의 차감계정으로 계상한 '전환권조정'금액은 손금에 산입(△유보)하고 기타자본잉여금으로 계상한 동액의 '전환권대가'는 익금에 산입(기타)하며, 이자지급시 유효이자율법 등에 따라 이자비용으로 계상한 '전환권조정'금액은 손금불산입(유보)한 후, 동 전환권조정금액의 잔액 중 신주로 전환되는 전화사채의 비율에 상당하는 '전환권조정'금액을 익금에 산입(유보)하면서 같은 금액을 손금에 산입(기타)한다(서이 46012－11953, 2002.10.28.).

또한 상환할증조건의 경우 인식하는 상환할증금을 기준서에서는 사채에 부가하도록 하여 부채로 인정하고 있으나, 법인세법에서는 권리・의무 확정주의에 의해 자산과 부채를 인식하므로 부채에 해당되지 않는다.

따라서 전환사채를 발행하여 일반기업회계기준에 의해 회계처리한 경우 세무조정사항을 요약하면 다음과 같다.

전환사채 발행자 세무조정사항

구 분	세무조정사항
전환권 조정	1. 발생시 : 손금산입 · △유보 2. 이자비용으로 대체시 : 손금불산입 · 유보 3. 전환권 행사시 : 동일한 금액을 익금산입 · 유보/손금산입 · 기타
상환할증금	1. 발생시 : 익금산입 · 유보 2. 전환권 행사로 자본대체시 : 동일한 금액을 손금산입 · △유보/익금산입 · 기타 3. 지급시 : 손금산입 · △유보
전환권대가	1. 발생시점 : 익금산입 · 기타

(2) 전환사채 투자자

전환사채에 투자한 투자자는 동 전환사채가 유가증권에 해당하므로 일반기업회계기준 제6장에 의해 단기매매증권, 매도가능증권 또는 만기보유증권으로 분류하고 이에 따라 적절히 평가하여야 한다.

전환사채 투자자 세무조정사항

구 분	세무조정사항
평가시	1. 상각후취득원가로 인한 장부가액 증감액 (1) 장부가액 증액시 : 손금산입 · △유보 (2) 장부가액 증액시 : 익금산입 · 유보 2. 공정가치평가로 인한 장부가액 증감액 (1) 단기매매증권 ① 평가이익 인식시 : 손금산입 · △유보 ② 평가손실 인식시 : 익금산입 · 유보 (2) 매도가능증권 ① 평가이익 인식시 : 익금산입 · 기타포괄손익누계액[주1)] · 기타/손금산입 · △유보 ② 평가손실 인식시 : 손금산입 · 기타포괄손익누계액[주1)] · 기타/익금산입 · 유보
전환권 행사시	1. 미수이자 인식분(기초전환 가정시) (1) 주식취득가액으로 대체된 부분 : 익금불산입 · △유보 (2) 기말 이자수익에서 차감된 부분 : 세무조정 없음 2. 전환권 행사시 제거된 사채 장부가액분 (1) 전환권 행사 직전 사채 관련 유보잔액이 (+)인 경우

구 분	세무조정사항
	손금산입 · △유보[주2)]/익금산입 · 기타포괄손익누계액 · 기타[주3)] (2) 전환권 행사 직전 사채 관련 유보잔액이 (−)인 경우 익금산입 · 유보[주2)]/손금산입 · 기타포괄손익누계액 · 기타[주3)] 3. 전환이익 인식분 익금불산입 · △유보
만기시	1. 사채상환으로 제거된 사채 장부가액분 (1) 사채상환 직전 사채 관련 유보잔액이 (+)인 경우 손금산입 · △유보[주4)]/익금산입 · 기타포괄손익누계액 · 기타[주4)] (2) 사채상환 직전 사채 관련 유보잔액이 (−)인 경우 익금산입 · 유보[주4)]/손금산입 · 기타포괄손익누계액 · 기타[주4)] 2. 상환할증금 이자수령분 : 세무조정 없음

주1) 매도가능증권평가이익 또는 매도가능증권평가손실을 의미한다(이하 같다).

주2) 전환권 행사 직전 사채 관련 (±)유보잔액 중 전환권 행사비율에 해당하는 금액을 반대의 세무조정으로 추인한다.

주3) 전환권 행사로 인해 전환이익으로 대체되는 미실현보유손익의 금액을 말하며, 전환권 행사 직전 미실현보유손익 잔액 중 전환권 행사비율에 해당하는 금액이다.

주4) 사채 상환으로 사채 장부가액이 전액 제거되므로 (±)유보잔액 모두를 반대의 세무조정으로 추인하고, 제거되는 미실현보유손익도 각각 익금산입 또는 손금산입하여 기타로 소득처분한다.

저자주

전환사채 발행시 지급명세서 제출의무 주의사항

전환사채를 인수 · 취득하여 주식전환등을 통해 발생하는 증여이익에 대해서는 상속세 및 증여세법 제40조(전환사채등의 주식전환등에 따른 이익의 증여)에 의해 과세하고 있다.

통상 전환사채 등이 주식으로 전환된 후에야 주식변동상황명세서에 의한 과세자료가 수집되므로 전환사채등의 주식전환등에 따른 이익의 증여과세의 적시성을 위해 상속세 및 증여세법은 전환사채등을 발행하는 법인(주권상장법인으로서 유가증권 모집방법으로 발행하는 법인은 제외)의 경우 전환사채의 발행 및 인수자의 구체적인 사항이 기재된 지급명세서를 발행한 날이 속하는 분기 종료일의 다음 달 말일까지 제출하도록 규정하고 있으므로 전환사채를 발행하는 법인은 반드시 지급명세서를 제출하여야 하는 점을 주의하여야 한다(상증법 82 ⑥). 미제출시에는 0.12%의 가산세가 부과된다(상증법 78 ⑫). 질의법인이 발행한 쟁점사채증권의 기재내용을 보면 사채의 권면액 및 이자지급방법 등에 관하여 기재하고 있을 뿐 질의법인이 취득하고 있는 쟁점주식을 취득할 수 있는 권리 즉 쟁점 콜옵션의 내용이 기재되어 있지 아니하고, 쟁점 콜옵션은 기본합의서에 의해 부여된 것으로, 쟁점사채는 일반사채에 해당할 뿐 상증법 제40조에 따른 전환사채 등의 발행 및 인수인의 구체적인 사항을 관할 세무서장에게 제출하여야 할 의무(지급명세서제출)가 부여된 사채라고 볼 수 없음(조심 2021서5435, 2022.8.18.)

Expert Opinion Summary

전환사채 보장수익률에 의한 보유기간 이자상당액에 대한 원천징수 및 익금(취득가액 계산) 해당 여부

1. 원천징수 해당 이자소득 여부

법인세법 제73조의2(내국법인의 채권 등의 보유기간 이자상당액에 대한 원천징수) 규정 및 시행령 제113조(내국법인의 채권 등의 보유기간 이자상당액에 대한 원천징수) 제2항 제2호 나목에 의해 만기상환일에 각 이자계산기간에 대한 보장이율을 추가로 지급하는 조건이 있는 전환(신주인수권부)사채의 경우에는 표면이자율에 당해 추가지급이율을 가산한 이자율을 적용하여 보유기간이자상당액을 원천징수대상소득으로 하다. 이때 원천징수의 시기는 「집행기준 73－111－1」 ③에서 해당 전환청구일을 원천징수 시기로 규정하고 있다.

2. 유권해석

(1) 기재부 법인세제과－704, 2004.12.22.

만기상환일에 표면이자에 추가하여 상환할증금을 지급하는 약정이 있는 전환사채를 보유하던 법인이 만기일 전에 전환사채를 주식으로 전환청구하는 경우 법인세법 제73조 및 동법 시행령 제111조 제4항의 규정에 의하여 원천징수된 만기보장 수익률에 대한 이자상당액은 전환권 행사법인의 익금에 해당되는 것임.

(2) 기재부 법인세제과－323, 2005.10.27.

전환사채보유자의 주식으로 전환에 따른 주식의 취득가액은 전환사채 실제 매입가액에 상환할증률에 의한 보유기간이자상당액(익금산입분)이다. 이때 전환사채 발행법인의 경우 전환사채보유자의 익금해당액인 상환할증률에 의한 보유기간이자상당액에 해당되는 전환권조정의 상각(이자비용계상액)은 「기본통칙 40－71…2」에 따라 손금으로 인정되지 않는 것임.

(3) 기재부 법인세제과－305, 2015.4.20.

내국법인이 「법인세법」 제73조 및 같은법 시행령 제111조에 따라 신주발행대금을 해당 신주인수권부사채로 납입하는 경우는 당해 신주인수권부사채의 이자를 지급받는 것으로 보는 것이며, 같은법 제113조 제2항 제2호 나목에 따라 보장이율을 추가로 지급하는 조건이 있는 경우 이를 가산한 이자율을 기준으로 원천징수를 하는 것임.

(4) 서면2팀이－23, 2006.1.5.

법인이 보유하는 전환사채를 상법 제515조의 규정에 따라 전환의 청구를 행사하는 경우 당해 전환권 행사로 인한 만기보장수익이자(표면이자＋상환할증금)는 이자소득으로 발행법인은 원천징수 납부하여야 하며 전환권을 행사하는 법인은 만기보장수익이자(표면이자＋상환할증금)에 대하여 이자소득으로 익금에 산입하는 것임.

3. 사례

(1) 자료

① A법인 2023.1.1. 전환사채 100억 액면가액으로 발행

② 만기 2025.12.31. 이자지급일은 매년 12.31.

③ 표면이자율 연 3%(보장수익률 연 7%, 만기시 연 4% 복리계산 추가 지급)

④ 2024.12.31. 보유법인 B가 주식으로 전환청구

⑤ A법인은 비상장법인이고 B법인은 보유 전환사채에 대해 공정가치 평가하지 않음.

(2) 2024.12.31. 원천징수 해당 이자상당액

① 표면이자

100억×3%=3억

② 보장수익률에 의한 보유기간이자상당액

100억×4%×2=8억

③ 원천징수 등 금액

11억×15.4%=1.694(법인세 1.54, 법인지방소득세 0.154)

(3) 2023.12.31. B법인 회계처리 및 세무조정

(차)	현금	1.306	(대)	이자수익	3
	선납법인세	1.694			
(차)	매도가능증권(주식)	100	(대)	매도가능증권(채권)	100

• 익금산입 · 매도가능증권(주식) · 8 · 유보

보유기간이자상당액을 익금산입하고 유가증권 취득가액에 합산

(4) B법인은 일반기업회계기준 적용법인이고 2023.12.31.에 공정가치평가를 한 경우 2023.12.31.에 공정가치금액과 취득금액과의 차이는 기타포괄손익으로 계상하고, 2024.12.31. 주식전환시 주식의 공정가치를 측정하여 매도가능증권(주식)으로 계상하고 기계상된 기타포괄손익과 취득가액과의 차액을 전환손익(당기손익)으로 계상함.

(차)	매도증가증권(주식)	120	(대)	매도가능증권(채권)	110
	매도가능증권평가이익 (⊕OCI)	10		매도가능증권전환이익 (영업외수익)	20

• 익금불산입 · 매도가능증권(주식) · 12* · (-)유보

* 전환이익 20 - 보유기간이자상당액 8 = 12

(5) B법인이 K-IFRS 적용법인인 경우(수치는 (4)와 동일 전제)

(차)	FVOCI금융자산	120	(대)	FVPL금융자산	110
				FVPL전환이익 (기타수익)	10

• 익금산입 · FVPL금융자산 · 10 · 유보(전기 평가이익계상 유보정리)

• 손금산입 · FVOCI금융자산 · 20 · (-)유보

• 익금산입 · FVOCI금융자산 · 8 · 유보

* 전체로 손금산입(-)2는 전환이익 10.과 이자상당액 8.과의 차액임.

전환사채 투자자 세무조정사항

구 분	세무조정사항
평 가 시	1. 상각후취득원가로 인한 장부금액 증감액 (1) 장부금액 증액시 : 손금산입 · △유보 (2) 장부금액 감액시 : 익금산입 · 유보 2. 공정가치평가로 인한 장부금액 증감액 (1) 단기매매증권 ① 평가이익 인식시 : 손금산입 · △유보 ② 평가손실 인식시 : 익금산입 · 유보 (2) 매도가능증권 ① 평가이익 인식시 익금산입 · 기타포괄손익누계액[주1] · 기타 / 손금산입 · △유보 ② 평가손실 인식시 손금산입 · 기타포괄손익누계액[주1] · 기타 / 익금산입 · 유보
전환권행사시	1. 미수이자 인식분(기초전환 가정시) (1) 주식취득가액으로 대체된 부분 : 익금불산입 · △유보 (2) 기말 이자수익에서 차감된 부분 : 세무조정 없음. 2. 전환권행사시 제거된 사채장부금액분 (1) 전환권행사 직전 사채 관련 유보잔액이 (+)인 경우 손금산입 · △유보[주2] / 익금산입 · 기타포괄손익누계액 · 기타[주3] (2) 전환권행사 직전 사채 관련 유보잔액이 (−)인 경우 익금산입 · 유보[주1] / 손금산입 · 기타포괄손익누계액 · 기타[주3] 3. 전환이익 인식분 익금불산입 · △유보
만 기 시	1. 사채상환으로 제거된 사채장부금액분 (1) 사채상환 직전 사채 관련 유보잔액이 (+)인 경우 손금산입 · △유보[주4] / 익금산입 · 기타포괄손익누계액 · 기타[주4] (2) 사채상환 직전 사채 관련 유보잔액이 (−)인 경우 익금산입 · 유보[주4] / 손금산입 · 기타포괄손익누계액 · 기타[주4] 2. 상환할증금 이자수령분 : 세무조정 없음.

주1 매도가능증권평가이익 또는 매도가능증권평가손실을 의미함(이하 같음).

주2 전환권행사 직전 사채 관련 (±)유보잔액 중 전환권 행사비율에 해당하는 금액을 반대의 세무조정으로 추인함.

주3 전환권행사로 인해 전환이익으로 대체되는 미실현보유손익의 금액을 말하며, 전환권행사 직전 미실현보유손익 잔액 중 전환권 행사비율에 해당하는 금액임.

주4 사채상환으로 사채장부금액이 전액 제거되므로 (±)유보잔액 모두를 반대의 세무조정으로 추인하고, 제거되는 미실현보유손익도 각각 익금산입 또는 손금산입하여 기타로 소득처분함.

사례 6 전환사채－상환할증금이 있는 경우

1. 자료

12월 결산인 영봉㈜는 2024.1.에 다음과 같은 조건으로 전환사채를 발행하였다.

① 액면금액 : 10,000백만원
② 표시이자율 : 연 7%
③ 일반사채 시장수익률 : 연 15%
④ 발행금액 : 10,000백만원
⑤ 사채발행비용 : 507백만원
⑥ 이자지급방법 : 매 연도말 후급
⑦ 전환조건 : 전환으로 인하여 발행되는 주식 1주(액면금액 5,000원)에 대하여 요구되는 사채발행가액은 20,000원으로 한다(기초전환 가정).
⑧ 전환청구기간 : 사채발행일 이후 1개월 경과일부터 상환기일 30일 전까지
⑨ 상환기일(만기) : 2026.12.31.
⑩ 원금상환방법 : 상환기일에 액면가액의 116.87%(보장수익률 12%)를 일시상환
⑪ 2025.6.30.에 액면 5,000백만원의 전환청구를 받았다.
⑫ 전환사채의 각 연도말 공정가치(미전환 가정)는 다음과 같다.
가. 2024.12.31. : 10,600백만원
나. 2025.12.31. : 10,300백만원

2. 수진㈜은 중도매매목적으로 위의 전환사채를 취득하였다.

3. 영봉㈜의 발행시점의 회계처리

(1) 일반사채가치

2024.1.1.	2024.12.31.	2025.12.31.	2026.12.31.
표면이자	700	700	700
원금	－	－	10,000
상환할증금	－	－	1,687
미래현금흐름	700	700	12,387
	÷1.15	$÷1.15^2$	$÷1.15^3$
현재가치(2024.1.1.의 가치)	609	529	8,145
일반사채가치			9,283

∴ 일반사채가치＝9,283백만원

(2) 전환권대가

전환권대가＝전환사채가치(발행가액)－일반사채가치
＝(10,000－507)－9,283
＝210백만원

(3) 전환권조정

전환권대가+상환할증금=210+1,687=1,897백만원

(4) 사채할인발행차금=507백만원

(5) 회계처리(단위 : 백만원)

현 금	9,493	전환사채	10,000
사채할인발행차금	507	상환할증금	1,687
전환권조정	1,897	전환권대가	210

(6) 부분재무상태표(단위 : 백만원)

전환사채	10,000	
상환할증금	1,687	
사채할인발행차금	(507)	
전환권조정	(1,897)	9,283
전환권대가 (기타자본잉여금)	210	

(7) 유효이자율법에 의한 상각표

유효이자율이 15%이므로 다음과 같이 상각표를 작성할 수 있다(단위 : 백만원).

일 자	유효이자(15%)	액면이자(7%)	총상각액	장부가액
2024년 초				9,283
2024년 말	1,392	700	692	9,975
2025년 말	1,496	700	796	10,771
2026년 말	1,616	700	916	11,687
합 계	4,504	2,100	2,404	

위 상각표에서 총상각액이란 전환권조정(1,897백만원)과 사채할인발행차금(507백만원)을 유효이자율법에 의해 이자비용으로 인식함으로써 매기 상각하여야 할 금액을 말하며, 따라서 총상각액을 전환권조정상각액과 사채할인발행차금상각액으로 안분하여야 한다. 이때 안분방법은 전환권조정과 사채할인발행차금 총액을 기준으로 안분한다.

(단위 : 백만원)

일 자	총상각액	전환권조정상각액	사채할인발행차금상각액
2024년 말	692	546주1)	146주2)
2025년 말	796	628	168
2026년 말	916	723	193
합 계	2,404	1,897	507

주1) 692×1,897/(1,897+507)=546백만원

주2) 692×507/(1,897+507)=146백만원

4. 보유기간 동안의 회계처리

(1) 회계처리(단위 : 백만원)

구 분	차 변		대 변	
2024.12.31.	이자비용	1,392	현 금	700
			전환권조정	546
			사채할인발행차금	146
2025.12.31.	이자비용	1,496	현 금	700
			전환권조정	628
			사채할인발행차금	168

(2) 부분재무상태표(단위 : 백만원)

2024.12.31.			2025.12.31.		
전환사채	10,000		전환사채	10,000	
상환할증금	1,687		상환할증금	1,687	
사채할인발행차금	(361)		사채할인발행차금	(193)	
전환권조정	(1,351)	9,975	전환권조정	(723)	10,771
전환권대가 (기타자본잉여금)	210		전환권대가 (기타자본잉여금)	210	

5. 2025.6.30.에 액면금액 5,000백만원의 전환청구(기초전환가정)가 있는 경우 회계처리

(1) 회계처리(단위 : 백만원)

구 분	차 변		대 변	
2025.6.30.	이자비용	748주1)	미지급이자	350주1)
			전환권조정	314주1)
			사채할인발행차금	84주1)
	전환사채	5,000	자본금	1,250주3)
	상환할증금	843주4)	주식발행초과금	4,110
	미지급이자	175주2)	전환권조정	519주5)
			사채할인발행차금	139주6)
	전환권대가	106주1)	주식발행초과금	106
2025.12.31.	이자비용	374주11)	현 금	350주8)
	미지급이자	175주9)	전환권조정	157주10)
			사채할인발행차금	42주10)

주1) 반기분(1~6월분) 이자비용 인식

주2) 700×6/12×50%(전환비율)=175백만원

주3) 발행주식수 = 5,000백만원/20,000원 = 25만주
자본금 = 25만주×5,000원 = 1,250백만원
주4) 1,686×50%(전환비율) = 843백만원
주5) (1,897 − 546 − 314)×50%(전환비율) = 519백만원
주6) (507 − 146 − 84)×50%(전환비율) = 139백만원
주7) 211×50%(전환비율) = 106백만원
주8) 기초전환가정이므로 미전환비율에 해당되는 분에 대한 이자만 지급됨.
주9) 미지급이자 잔액 = 350 − 175 = 175백만원
주10) 전환권조정 : 628×6/12×50%(미전환비율) = 157백만원
사채할인발행차금 : 168×6/12×50%(미전환비율) = 42백만원
주11) 대차평균에 의해 계산된 금액

(2) 부분재무상태표(단위 : 백만원)

2025.6.30.			2025.12.31.		
전환사채	5,000		전환사채	5,000	
상환할증금	843		상환할증금	843	
사채할인발행차금	(138)		사채할인발행차금	(96)	
전환권조정	(518)	5,187	전환권조정	(361)	5,386
자본금	1,250		자본금	1,250	
주식발행초과금	4,216		주식발행초과금	4,216	
전환권대가 (기타자본잉여금)	105		전환권대가 (기타자본잉여금)	105	

6. 2026.12.31. 만기시 상환 회계처리

(차) 이자비용	807	(대) 현 금	350
		전환권조정	361
		사채할인발행차금	96
(차) 전환사채	5,000	(대) 현 금	5,843
상환할증금	843		

7. 연도별 세무조정

(1) 2024년도

발행시점에서 인식한 전환권대가와 전환권조정을 각각 익금산입하여 기타로, 손금산입하여 △유보로 소득처분한다. 한편, 상환할증금은 지급의무가 확정되지 않았으므로 부채가 아니다. 따라서 상환할증금을 익금산입하여 유보로 소득처분한다.

- 익금산입 · 전환권대가 · 210 · 기타
- 익금산입 · 상환할증금 · 1,687 · 유보
- 손금산입 · 전환권조정 · 1,897 · △유보

또한 기말시점에 이자비용으로 인식한 전환권조정상각액은 손금불산입하여 유보로 소

득처분한다.

손금불산입 · 전환권조정 · 546 · 유보

(2) 2025년도

이자비용으로 인식한 전환권조정상각액은 손금불산입하여 유보로 소득처분한다.

- 손금불산입 · 전환권조정 · 471 · 유보

한편, 전환권 행사로 인해 상각된 전환권조정상각액과 상환할증금은 각각 익금산입하여 유보로, 손금산입하여 △유보로 소득처분한다. 이때 동액을 익금산입(또는 손금산입)하여 기타로 소득처분한다.

- 익금산입 · 전환권조정 · 519 · 유보
- 손금산입 · 상환할증금 · 843 · △유보
- 손금산입 · 전환권조정 · 519 · 기타
- 익금산입 · 상환할증금 · 843 · 기타

또한 미지급이자(손금)로 인식한 금액 중 주식발행초과금으로 대체된 금액은 손금불산입하여 기타로 소득처분한다.

- 손금불산입 · 주식발행초과금 · 175 · 기타

(3) 2026년도

이자비용으로 인식한 전환권조정상각액은 손금불산입하여 유보로 소득처분한다.

- 손금불산입 · 전환권조정 · 361 · 유보

한편, 미전환분에 대하여 지급된 상환할증금(상환할증금 유보잔액)은 손금산입하여 △유보로 추인한다.

- 손금산입 · 상환할증금 · 843 · △유보

8. 수진㈜의 회계처리 및 세무조정

전환사채 소유자는 전환사채를 액면으로 취득하였으므로 유효이자율법에 의한 상각표를 작성할 필요가 없으며, 매기말 액면이자 수령액을 이자수익으로 인식하면 된다. 이때 전환권을 행사하지 않아 만기에 추가로 수령하는 상환할증금은 만기시점에서 이자수익으로 인식한다. 또한 중도매매목적으로 취득하였으므로 매도가능증권으로 분류하여 매기말 공정가치로 평가하고, 평가손익은 자본조정으로 계상한다. 따라서 각 연도별 회계처리는 다음과 같다.

(1) 연도별 회계처리

(단위 : 백만원)

구 분	회계처리			
2024. 1. 1.	(차) 매도가능증권(사채)	10,000	(대) 현 금	10,000
2024.12.31.	(차) 현 금 (차) 매도가능증권(사채)	700 600	(대) 이자수익 (대) 매도가능증권평가이익 (기타포괄손익누계액)	700 600
2025. 6.30.	(차) 미수이자 (차) 매도가능증권(주식)	350주1) 5,475	(대) 이자수익 (대) 매도가능증권(사채) 미수이자	350 5,300주2) 175주3)

구 분	회계처리
	(차) 매도가능증권평가이익(사채) 300[주4) (대) 전환이익 300[주4) (기타포괄손익누계액) (영업외수익)
2025.12.31.	(차) 현 금 350 (대) 이자수익 175 미수이자 175[주5) (차) 매도가능증권(사채) 200 (대) 매도가능증권평가이익(사채) 200[주6) (차) 매도가능증권(사채) 5,500 (대) 매도가능증권(사채) 5,500[주7) (유동자산) (투자자산)
2026.12.31.	(차) 현 금 350[주8) (대) 이자수익 350 (차) 현 금 5,843 (대) 매도가능증권(사채) 5,500 매도가능증권평가이익 500 이자수익 843[주9) (기타포괄손익누계액)

주1) 반기분 이자수익 인식
주2) 10,600(전기말 장부가액)×50%(전환비율)＝5,300(백만원)
주3) 전환권행사분에 대한 기간 경과분 액면이자를 주식의 취득가액에 포함시킨다.
주4) 600(전기말 미실현보유이익)×50%(전환비율)＝300(백만원) → 당기손익으로 대체
주5) 전환권 미행사분에 대한 미전환분 전기분 이자(미수이자 잔액)
주6) 11,000×50%(미전환비율)－5,300＝200(백만원)
주7) 보고기간종료일로부터 만기가 1년 이내에 도래하므로 유동자산으로 대체
주8) 미전환분에 해당되는 이자 : 5,000×7%＝350(백만원)
주9) 5,000×16.87%＝843(백만원)

⑵ 연도별 세무조정

① 2024년도

익금산입 · 매도가능증권평가이익 · 600 · 기타
손금산입 · 매도가능증권 · 600 · △유보

② 2025년도

익금불산입 · 미수이자 · 175 · △유보[주1)
익금산입 · 매도가능증권 · 300 · 유보[주2)
손금산입 · 매도가능증권평가이익 · 300 · 기타[주2)
익금불산입 · 전환이익 · 300 · △유보[주3)
익금산입 · 매도가능증권평가이익 · 200 · 기타
손금산입 · 매도가능증권 · 200 · △유보

주1) 주식으로 대체된 미수이자계상분으로 추후 주식매각시 익금산입한다.
주2) 사채 관련 유보금액의 반대 세무조정이다.
주3) 주식으로 대체된 전환이익계상분으로 추후 주식매각시 익금산입한다.

③ 2026년도

익금산입 · 매도가능증권 · 500 · 유보
손금산입 · 매도가능증권평가이익 · 500 · 기타

9. 전환사채가 만기시까지 전환되지 않고 상환시 이연법인세회계(사채발행비용이 없음을 전제)

(1) 2024.1.1.

(차) 현금	10,000	(대) 전환사채	10,000
전환권조정	2,404	상환할증금	1,687
		전환권대가	717
(차) 전환권대가	143	(대) 이연법인세부채	143[주1)]

주1) 법인세법상 전환사채의 장부가액은 10,000이며 익금산입・1,687・유보와 손금산입・2,404・△유보의 세무조정이 발생하여 총 717의 가산할 일시적차이가 발생되어 평균세율 20% 전제시 143(717×20%)의 이연법인세부채가 발생하고 이는 전환권대가에서 차감하여 계상

(2) 2024.12.31.

(차) 이자비용	1,392[주2)]	(대) 현금	700
		전환권조정	692
		(손금불산입・692・유보)	

주2) 9,283×15% = 1,392

(차) 이연법인세부채	138[주3)]	(대) 법인세비용	138

주3) 692 × 20% = 138

(3) 2025.12.31.

(차) 이자비용	1,496[주4)]	(대) 현금	700
		전환권조정	796
		(손금불산입・796・유보)	

주4) (9,283 + 692) × 15% = 1,496

(차) 이연법인세부채	5[주5)]	(대) 법인세비용	156[주6)]
이연법인세자산	154[주7)]		

주5) 143 − 138 = 5 주6) 796 × 20% = 159 주7) 159 − 5 = 154

(4) 2026.12.31.

(차) 이자비용	1,616[주8)]	(대) 현금	700
		전환권조정	916
		(손금불산입・916・유보)	

주8) (9,975 + 796) × 15% = 1,616

(차) 이연법인세자산	183[주9)]	(대) 법인세비용	183

주9) 916 × 20% = 183

(차) 전환사채	10,000	(대) 현금	11,687
상환할증금	1,687		
(손금산입・1,687・유보)			
(차) 법인세비용	337[주10)]	(대) 이연법인세자산	337[주11)]

주10) 1,687 × 20% = 337 주11) 154 + 183 = 337

* 전환권대가 574(717 − 143)은 계속 자본잉여금으로 계상되며 배당금 등의 재원으로 사용가능함

제12장 자 본

I. 자본금과 자본잉여금

1. 자본금

‘자본금’은 주주들이 납입한 법정자본금을 말하며(문단 2.29), 반드시 보통주자본금과 우선주자본금으로 구분하여 표시한다(문단 2.36).

보통주는 여러 종류의 주식에 대해 기준이 되는 주식을 말한다. 보통주를 소유한 주주들은 주주총회에서의 의결권이 있어 회사 경영에 참가할 수 있고, 기업의 손실에 대해 자신이 납입한 자본금의 범위 내에서만 책임을 지는 간접 · 유한책임이 있으며, 기업의 이익에 대해 배당청구권 및 청산시 잔여재산에 대해 분배를 청구할 수 있는 잔여재산청구권이 있다. 또한 기업이 신주를 발행할 경우 자신의 지분율에 해당하는 신주를 우선적으로 인수할 수 있는 신주인수권 등이 있다.

우선주는 이익이나 이자의 배당 또는 잔여재산 분배에 대해 보통주보다 우선적 권리를 부여받은 주식을 말한다. 대개 이러한 특정사항에 대해 우선적 권리가 부여되는 대신 의결권이 배제되는 것이 보통이다. 우선주에는 다음과 같은 것이 있다.

① 이익배당우선주

배당에 대해 보통주에 앞서 우선적으로 일정률의 배당을 받을 수 있는 권리가 부여된 주식으로, 우선배당 후 보통주식에 대한 배당참가 여부에 따라 참가적 우선주와 비참가적 우선주로, 부족한 배당금에 대한 차기이월 여부에 따라 누적적 우선주와 비누적적 우선주로 구분될 수 있다.

② 상환우선주

기업이 정관에 정하는 바에 따라 이사회의 결의로 이익으로 소각할 수 있는 권리를 가진 주식으로 이익배당우선주에 한한다.

상환우선주의 상환은 발행할 때부터 결정된 상환조건에 따라 상환(정관에 이익소각으로 규정)하는 것이지 상법 제344조에 따른 주식소각절차에 의한 것이 아니므로 상환우선주의 상환시 이익잉여금(실지 계정은 미처분이익잉여금)의 감소로 회계처리한다. 이 경우 재무상태표에는 우선주자본금과 해당 주식발행초과금이 계속 표시되는 문제가 발생한다.

③ 전환우선주

우선주주의 청구에 따라 보통주로 전환할 수 있는 권리가 부여된 주식을 말한다.

Expert Opinion Summary

1. 일반기업회계기준의 상환전환우선주 회계처리

일반기업회계기준에서 상환전환우선주는 자본의 발행으로 처리된다.

1) 기본자료

① 2023.1.1. 상환전환우선주 발행(정관에 이익으로 소각할 수 있는 상환전환우선주 발행 규정 있음)

② 액면가액 100

③ 발행가액 700

④ 상환기일 2025.12.31. (투자자가 상환청구권을 가짐)

⑤ 최저배당금 : 발행가액의 1%(누적적 · 참가적 배당우선주, 보통주전환 및 상환시 당해연도 배당금은 없음)

⑥ 상환가액 : 원금과 상환일까지 연 5% 금액을 합한 금액

⑦ 전환조건 : 상환기일까지 보통주로 전환가능
전환시 우선주 1주당 보통주 2주로 함

2) 2025.12.31. 상환하는 경우

① 2023.1.1. 회계처리

(차) 현금	700	(대) 우선주자본금	100
		우선주주식발행초과금	600

* 일반기업회계기준에서는 상환전환우선주(RCPS)를 자본으로 처리함

② 2024.3.31.(주주총회 전제)

차) 미처분이익잉여금	7	대) 미지급금	7

③ 2025.2.31.(주주총회 전제)

차) 미처분이익잉여금	7	대) 미지급금	7

④ 2025.12.31. 상환시(소각가능 이익존재 전제)

가. 상환가액

$700 + 700 \times (5\% + 5\% + 5\%) = 805$

나. 회계처리

차) 미처분이익잉여금	805	대) 현 금	805

* 상환전환우선주는 정관에 이익으로 소각하는 규정이 있어야 하며 이에 대해 주주총회 특별결의사항인 감자의

회계처리를 할 수 없어 이익잉여금의 감소로 처리하며 상환후에도 우선주자본이 재무상태표에 남게 됨

3) 2025.12.31. 보통주로 전환하는 경우
① 상기 2)의 ①과 동일
② 상기 2)의 ②와 동일
③ 상기 2)의 ③과 동일
④ 2024.12.31. 보통주 전환시

차) 우선주자본금	100	대) 보통주자본금	200
우선주주식발행초과금	600	보통주주식발행초과금	500

4) 세무조정
법인세법에서는 상환전환우선주에 대해 일반기업회계기준상 회계처리와 동일한 처리를 하며 별도의 세무조정이 발생하지 않음

2. K-IFRS의 상환전환우선주 회계처리

K－IFRS에서는 상환전환우선주의 발행을 금융부채의 차입으로 보며 상환권과 전환권을 파생상품부채(발행시 보통주 전환조건이 확정시는 전환권은 자본으로 인식)로 보아 별도의 회계처리를 함

1) 기본자료
1. 1) ① ~ ⑦과 동일 전제
단, ⑦ 전환조건에 있어서는 발행시 전환조건이 결정되지 않고 전환시 결정됨
⑧ 발행시 상환권부채의 공정가치 43(2023.12.31. 공정가치 45
2024.12.31. 공정가치 46)
⑨ 발행시 전환권부채의 공정가치 40(2023.12.31. 공정가치 45
2024.12.31. 공정가치 48)
⑩ 발행시 회사의 시장이자율은 9%

2) 2025.12.31. 상환하는 경우
① 2023.1.1. 발행시 회계처리

차) 현　　금	700	대) 상환전환우선주(일반금융부채)	617
		상환권부채(파생상품부채)	43
		전환권부채(파생상품부채)	40

* 1. 상환전환우선주 장부금액결정
발행가액 700 － 상환권부채 43
－ 전환권부채 40
＝ 617

2. 상환전환우선주에 대한 상각후원가적용시 유효이자율의 계산

2023.1.1. — 2023.12.31. — 2024.12.31. — 2025.12.31.

$$\frac{7}{(1+x)} + \frac{7}{(1+x)^2} + \frac{805}{(1+x)^3} = 617$$

x ＝ 10%

② 2023.12.31.

차) 이자비용	61.7	대) 미지급금	7
		상환전환우선주	54.7

* 617×10%＝61.7

차) 상환권부채평가손실	2	대) 상환권부채	2
전환권부채평가손실	5	전환권부채	5

③ 2024.12.31.

차) 이자비용	67.1	대) 미지급금	7
		상환전환우선주	60.1

* (617＋54.7)×10%＝67.1

차) 상환권부채평가손실	1	대) 상환권부채	1
전환권부채평가손실	3	전환권부채	3

④ 2025.12.31. 상환시 회계처리

차) 이자비용	73.2	대) 상환전환우선주	73.2

* (617＋54.7＋60.1)×10%＝73.2

** 상환 및 전환연도에는 배당금을 지급하지 않는 조건

*** 상환전환우선주 장부가액

(617＋54.7＋60.1＋73.2)＝805

차) 상환전환우선주	805	대) 현 금	805
상환권부채	46	상환전환우선주상환이익	94
전환권부채	48		

⑤ 종합분석

가. 상환전환우선주 발행가액－이자 및 상환가액
＝700－(14＋805)
＝(－)119

나. 3년간 비용계상금액－수익계상금액
＝(61.7＋2＋5＋67.1＋1＋3＋73.2)－94＝119

⑥ 세무조정

가. 2023사업연도

• 2023.1.1.

익금산입	상환전환우선주	617	유보
〃	상환권부채	43	〃
〃	전환권부채	40	〃
손금산입	우선주자본	700	기타

• 2023.12.31.

손금불산입	이자비용	61.7	기타사외유출
익금산입	상환전환우선주	54.7	유보
손금산입	〃	54.7	기타

익금산입	상환권부채	2	유보
〃	전환권부채	5	〃

나. 2024사업연도

손금불산입	이자비용	67.1	기타사외유출
익금산입	상환전환우선주	60.1	유보
손금산입	〃	60.1	기타
익금산입	상환권부채	1	유보
〃	전환권부채	3	〃

다. 2025사업연도

손금불산입	이자비용	73.2	기타사외유출
익금산입	상환전환우선주	73.2	유보
손금산입	〃	73.2	기타
손금산입	상환권부채	46	유보
〃	전환권부채	48	〃
〃	상환전환우선주	805	유보
익금산입	〃	805	기타

3) 발행당시 확정수량의 보통주로 전환되는 조건인 경우의 상환전환우선주를 2025.12.31. 에 상환하는 경우

① 기본자료

1. 1) ① ~ ⑦ 동일전제

⑧ 발행시 상환권부채의 공정가치 43(2023.12.31. 공정가치 45
2024.12.31. 공정가치 46)

⑨ 발행시 회사의 시장이자율은 9%

② 2023.1.1. 발행시 회계처리

차) 현 금	700	대) 상환전환우선주(일반금융부채)	634
		상환권부채(파생상품부채)	43
		전환권대가(자본)	23

* 상환전환우선주의 공정가치
$7/(1+0.09) + 7/(1+0.09)^2 + 805/(1+0.09)^3 = 634$

** 전환권대가(자본)의 계산 : 700 − 634 − 43 = 23

③ 2023.12.31.

차) 이자비용	57.1	대) 미지급금	7
		상환전환우선주	50.1

* 634×9% = 57.1

차) 상환권부채평가손실	2	대) 상환권부채	2

④ 2024.12.31.

차) 이자비용	61.5	대) 미지급금	7
		상환전환우선주	54.5

* (634 + 50.1)×9% = 61.5

차) 상환권부채평가손실	1	대) 상환권부채	1

⑤ 2025.12.31. 상환시 회계처리

차) 이자비용	66.4	대) 상환전환우선주	66.4

* (634 + 50.1 + 54.5)×9% = 66.4

** 상환전환우선주 장부가액

(634 + 50.1 + 54.5 + 66.4) = 805

차) 상환전환우선주	805	대) 현　금	805
상환권부채	46	상환전환우선주상환이익	46

⑥ 세무조정

가. 2023사업연도

- 2023.1.1.

익금산입	상환전환우선주	634	유보
〃	상환권부채	43	〃
〃	전환권대가	23	기타
손금산입	우선주자본	700	〃

- 2023.12.31.

손금불산입	이자비용	57.1	기타
익금산입	상환전환우선주	50.1	유보
손금산입	〃	50.1	기타
익금산입	상환권부채	2	유보

나. 2024사업연도

손금불산입	이자비용	61.5	기타
익금산입	상환전환우선주	54.5	유보
손금산입	〃	54.5	기타
익금산입	상환권부채	1	유보

다. 2025사업연도

손금불산입	이자비용	66.4	기타
익금산입	상환전환우선주	66.4	유보
손금산입	〃	66.4	기타
손금산입	상환권부채	46	유보
손금산입	상환전환우선주	805	유보
익금산입	〃	805	기타

4) 상기 2)의 사례에서 2025.12.31. 보통주로 전환하는 경우

① 우선주 1주당 보통주 1주로 전환됨

② 2023.1.1. 발행시 회계처리

2) ①과 동일

③ 2023.12.31.

2) ②와 동일

④ 2024.12.31.

2) ③과 동일

⑤ 2025.12.31. 보통주로 전환시 회계처리

차) 이자비용	73.2	대) 상환전환우선주	73.2
차) 상환전환우선주	805	대) 보통주자본금	100
상환권부채	46	보통주주식발행초과금	799
전환권부채	48		

⑥ 세무조정

가. 2023사업연도

2) ⑥ 가.와 동일

나. 2024사업연도

2) ⑥ 나.와 동일

다. 2025사업연도

2) ⑥ 다.와 동일하되 다음 조정 추가

익금산입 상환권부채 46 기타

익금산입 전환권부채 48 기타

5) 상기 3)의 사례에서 2025.12.31. 보통주로 전환하는 경우

① 2023.1.1. 발행시 회계처리

3) ②와 동일

② 2023.12.31.

3) ③과 동일

③ 2024.12.31.

3) ④와 동일

④ 2025.12.31. 보통주로 전환시 회계처리

차) 이자비용	66.4	대) 상환전환우선주	66.4
차) 상환전환우선주	805	대) 보통주자본금	200
상환권부채	46	보통주주식발행초과금	674
전환권대가	23		

⑥ 세무조정

가. 2023사업연도

3) ⑥ 가.와 동일

나. 2024사업연도

3) ⑥ 나.와 동일

다. 2025사업연도

3) ⑥ 다.와 동일하되 다음 조정 추가

익금산입 상환권부채 46 기타

2. 자본잉여금

(1) 정의

① 구분표시

"자본잉여금"은 증자나 감자 등 주주와의 거래에서 발생하여 자본을 증가시키는 잉여금을 말하며(문단 2.30), 주식발행초과금과 기타자본잉여금으로 구분하여 표시한다(문단 2.37).

1. 주식발행초과금
2. 기타자본잉여금

② 항목의 의미

가. 주식발행초과금

"주식발행초과금"은 주식발행금액이 액면금액을 초과하는 경우 그 초과하는 금액으로 한다.

나. 기타자본잉여금

"기타자본잉여금"에는 자기주식처분이익, 감자차익, 주식의 포괄적 교환·이전차익 등이 포함된다(문단 2.30).

(2) 회계처리

1) 주식발행초과금

① 주식발행금액

주식발행시 회사입금액 − 신주발행비*

* 신주발행수수료, 주권인쇄비, 주식모집광고료, 등록세 등
신주발행금액이 중요하지 않으면 당기비용으로 처리할 수 있음

② 주식발행초과금

주식발행금액 − 주식액면금액 = ⊕주식발행초과금

(차) 현 금	×××	(대) 자본금	×××
		주식발행초과금	×××
		(자본잉여금)	

③ 주식할인발행차금

주식발행금액 - 주식액면금액 = ⊖주식할인발행차금

(차) 현 금	×××	(대) 자본금	×××
주식할인발행차금 (자본조정 ⊖항목)	×××		

가. 주식할인발행차금의 상각

주식발행차금은 주식발행초과금과 상계처리하고 미상계된 잔액은 향후 발생하는 주식발행초과금과 우선적으로 상계한다(문단 15.3).

나. 주식발행초과금과의 상계

주식발행초과금과 주식할인발행차금은 발생순서에 관계없이 서로 상계하여 회계처리한다.

2) 감자차익

감자 자본금 - 감자시 지급금액 = ⊕감자차익(자본잉여금)
감자 자본금 - 감자시 지급금액 = ⊖감자차손(⊖자본조정)

감자차손은 감가차익에서 우선적으로 차감하고 미상계된 잔액은 향후 발생하는 감자차익과 우선적으로 상계한다(문단 15.11).

질의회신 유상감자시 회계처리

〈질의요약〉

- 회사는 비상장법인으로서 수년간 지속적으로 당기순이익을 실현하고 있음.
- 회사는 자본금규모가 과다하여 주식소각방법에 의하여 1주당 15,000을 지급하여 자본금의 50%를 유상감자하고자 함.

[질의] 아래와 같이 회사에 투자하고 있는 주주회사의 회계처리방법은?

	보유주식수	장부금액	1주당 취득원가	액면금액
주주회사	2	24,000	12,000	10,000

1. 회계처리

감자를 하더라도 주주별로 비례적으로 하므로 주주의 당사에 대한 청구권은 변동이 없으므로 거래가 발생한 것으로 보지 않고 손익도 인식하지 않음. 소각하지 않은 주식의 단가만 9,000(=24,000 - 15,000)으로 증가하는 것으로 처리하는 것이 타당함.

(차) 현 금	15,000	(대) 매도가능증권	15,000

2. 세무조정

법인세법에서는 감자시 수령금액과 취득원가와의 차액을 의제배당으로 보아 익금항목에 해당되므로 익금산입의 세무조정을 실시한다.

- 익금산입 · 매도가능증권 · 5,000* · 유보
- 익금불산입 · 배당금수익 · 1,500* · 기타

* 의제배당도 수입배당금익금불산입항목에 해당되어 30% 해당금액을 익금불산입함

3) 기타자본잉여금

① 자기주식처분이익

자기주식처분금액 – 자기주식취득가액 = ⊕자기주식처분이익(자본잉여금)
⊖자기주식처분손실(⊖자본조정)

자본조정의 과목인 자기주식처분손실은 자기주식처분이익에서 우선적으로 상계하고 미상계된 잔액은 향후 발생하는 자기주식처분이익과 우선적으로 상계한다(문단 15.9).

② 그밖의 기타자본잉여금 : 전환권대가, 주식의 포괄적 교환 · 이전차익 등

(3) 세무상 처리

① 주식발행초과금(주식할인발행차금) · 감자차익(감자차손)

세무조정 없음

② 신주발행비

법인세법에서도 신주발행비는 손금산입이 허용되지 않으므로 기업회계에서 당기 비용처리시 손금불산입 · 기타사외유출처분된다.

- 증권회사에 지급하는 공모대행수수료도 법인세법상으로는 신주발행비에 해당되어 주식할인발행차금에 포함된다(서이 46012 – 10205, 2001.9.20.).

③ 자기주식처분손익

익금 · 손금에 해당된다.

④ 자기주식으로 성과급을 지급시

자기주식으로 직원에게 성과급을 지급시에는 지급당시 시가에 의해 평가한 금액을 손금에 산입하고 원가와의 차액을 처분손익으로 익 · 손금에 해당한다.

이때 퇴직한 직원에게 지급하는 자기주식은 자기주식지급사업연도에 근로소득으로 원천징수한다(법인 46012-2429, 1999.6.28.).

사례 자기주식

1. 자료
   (1) 자기주식취득원가 1,000원
   (2) 성과급으로 자기주식 지급(지급시 시가 1,200)

2. 회계처리

(차) 급여	1,200	(대) 자기주식	1,000
		자기주식처분이익 (자본잉여금)	200

3. 세무조정
   익금산입 · 자기주식처분이익 · 200 · 기타

(4) 주식의 포괄적 교환차익

① 회사 간에 주식의 포괄적 교환(상법 360의2)을 한 경우로서 완전모회사의 자본금 증가의 한도액(상법 360의7)이 완전모회사의 증가한 자본금을 초과한 경우의 그 초과액(=주식의 포괄적 교환차익)은 익금불산입한다(법 17 ① 2호). 주식의 포괄적 교환차익은 기업회계상 자본잉여금으로 계상되므로 별도의 세무조정은 발생하지 않는다.

② 주권상장법인이 「자본시장과 금융투자업에 관한 법률」에 의하여 산정된 교환가액으로 주식의 포괄적 교환을 하면서 상법 제360조의6에 따라 신주발행에 갈음하여 자기주식을 완전자회사가 되는 회사의 주주에게 이전하는 거래는 자본거래에 해당하는 것으로서 교환당시 해당 자기주식의 시가와 장부가액의 차액은 각 사업연도의 소득금액을 계산할 때 익금 또는 손금에 산입하지 않은 것이다(사전법령법인-0158, 2015.9.9.).

③ 지주사업을 영위하고 있는 비상장법인인 청구법인이 100% 지분을 보유하고 있는 A법인 주식 전부를 상장법인인 B법인에게 양도하고 그 대가로 B법인이 발행한 신주를 교부받는 거래를 하였고 그 양도차익(회계처리는 기타자본잉여금으로 처리)에 대하여 조세특례제한법 제38조에 따른 주식의 포괄적 교환에 따른 과세특례신청을 하였음. 청구법인은 해당 자본잉여금을 재원으로 자본에 전

입하는 무상주를 실시하였고 이는 의제배당으로 보지 아니하는 자본잉여금으로 보아 주주들에 대한 원천징수를 하지 아니하였음.

이에 대해 과세관청에서는 법인세법 제17조(자본거래로 인한 수익의 익금불산입) 제1항 제2호의 주식의 포괄적 교환차익규정은 완전모회사에게만 적용되는 규정이므로 주식의 포괄적 교환으로 완전모회사가 된 B법인에게 적용되는 규정이므로 이를 양도한 청구법인은 양도차익은 주식의 포괄적 교환차익에 해당되지 않아 법인세법상 과세소득에 해당되므로 이를 주주에게 무상주로 준 금액은 의제배당소득에 해당된다 주장하였고 조세심판원에서도 과세대상소득으로 결정한 사례이다(조심 2020서8134, 2023.6.26.).

Expert Opinion Summary

주식의 포괄적 교환 · 이전차익(상법 360의2 · 360의15)

1. A법인 B법인 주식 80% 보유
2. C법인 B법인 주식 20% 보유(취득가 200)
3. A법인과 C법인은 주식의 포괄적 교환을 통해 A법인은 B법인의 완전모회사가 되고 C법인은 A법인의 신주를 배정받음(교부받은 A법인 주식의 공정가치 300, 교환된 B법인 주식의 공정가치 400)
4. 완전모회사 A법인의 회계처리 및 세무조정

(차) B법인주식	400	(대) 자본	300
		포괄적교환차익 (자본잉여금)	100

   법인세법 제7조 제1항 제2호에 의해 주식의 포괄적교환차익은 익금불산입항목이어서 세무조정은 필요없음.

5. C법인의 회계처리 및 세무조정

   (1) 회계처리

(차) A법인주식	300	(대) B법인 주식	200
		주식처분이익 (수익*)	100

   * 이도 포괄적 교환차익으로 보아 기업회계상 자본으로 계상하여야 한다는 주장도 있음

   (2) 세무조정

   이 경우 조특법 제38조(주식의 포괄적 교환 · 이전에 대한 과세특례)상 적격교환요건(대가의 80% 이상이 완전모회사 주식일 것 등)에 해당시 양도차익 해당금액을 압축기장충당금으로 손금산입이 가능함.

   - 손금산입 · 압축기장충당금 · 100 · △유보

6. 주식의 포괄적 이전은 상기 사례에서 A법인 및 C법인이 보유하던 B법인주식을 신설법인인 D법인에 출자(D법인은 완전모회사가 됨)하고 D법인주식을 교부받는 것을 말함.

(5) 대주주로부터의 부동산 증여 시 회계처리(질의회신 2018.6.8.)

1) 질의내용

① 회사는 자기자본비율이 악화됨에 따라 금융감독원과 '경영정상화를 위한 경영개선 협약서'를 체결하고, 자기자본비율 개선의 일환으로 대주주인 A사* 로부터 부동산을 부담부증여받았음

* 회사에 대한 A사의 지분율은 28%이고, A사의 최대주주(○○○)는 회사지분 17%, A사의 종속회사(B사)는 회사지분 30%의 지분소유

② 회사가 주주인 A사로부터 무상수증한 부동산으로 인해 증가한 순자산을 자본거래(자본잉여금 등)로 인식할 수 있는지 여부

2) 회신

자산의 무상증여가 회사에 대한 권리를 취득 또는 증가시키는 거래라면, 소유주의 투자에 해당하므로 자본으로 회계처리할 수 있음

II. 자본조정

1. 구분표시

"자본조정"은 해당 항목의 성격으로 보아 자본거래에 해당하나 최종 납입된 자본으로 볼 수 없거나 자본의 가감 성격으로 자본금이나 자본잉여금으로 분류할 수 없는 항목을 말하며(문단 2.31), 자기주식은 별도항목으로 표시하고 기타 항목은 기타자본조정으로 구분하여 표시할 수 있다(문단 2.38).

1. 자기주식
2. 기타자본조정

2. 항목의 의미

① 자기주식

회사가 이미 발행한 주식을 주주로부터 취득한 경우 그 취득가액으로 한다.

② 기타자본조정

"기타자본조정"에는 주식할인발행차금, 주식매수선택권, 출자전환채무, 감자차

손, 자기주식처분손실 등이 포함된다(문단 2.38).

3. 자기주식

(1) 내용

자기주식은 자기회사가 이미 발행된 주식을 추후 발행할 목적으로 주주로부터 매입 또는 증여에 의하여 재취득한 주식을 말하며 취득원가로 자본조정계정에 계상한다.

(2) 주석기재

자기주식의 취득경위, 향후 처리계획을 주석으로 기재한다.

(3) 회계 및 세무처리

1) 회계처리

기업회계기준은 원가법에 입각하고 있으나 회계이론상의 순수원가법과는 다르다. 자기주식과 관련한 회계처리는 다음과 같다.

① 취득시점

(차)		(대)	
자기주식 (자본의 ⊖자본조정)	×××	현금및현금성자산	×××

② 처분시점

가. 처분가액 〉 원가

(차)		(대)	
현금및현금성자산	×××	자기주식	×××
		자기주식처분이익 (기타자본잉여금)	×××
		법인세비용	×××

나. 처분가액 〈 원가

(차)		(대)	
현금및현금성자산	×××	자기주식	×××
자기주식처분이익[주1)]	×××		
자기주식처분손실[주2)] (⊖자본조정)	×××		

주1) 이미 계상된 잔액이 있는 경우에 한하여 차기함.
주2) 이익잉여금처분시 보전함.

③ 이익처분에 의한 소각

(차) 미처분이익잉여금	×××	(대) 자기주식	×××

Expert Opinion Summary

2012.4.15.부터 개정 상법에 의해 배당가능이익 범위 내에서 자기주식의 취득이 전면 허용되어 너무나 많은 내용에 대해 질의를 받은 바 있습니다. 상법에서는 자기주식의 취득에 대하여만 규정하고 있고 처분시기 및 방법에 대하여는 규정하고 있지 않음에 기인합니다.

현재 자기주식은 다음과 같이 사용할 수 있습니다.

1. 자기주식의 매각
   기업외부의 제3자 등에 매각하는 것으로서 회계상으로는 처분손익이 발생하며 이는 자본잉여금 및 (－)자본조정으로 처리하고 있습니다.
2. 이익처분에 의한 자기주식의 소각
   미처분이익잉여금의 감소로 처리한다.
3. 상여금의 지급
   기업의 임직원에게 성과급 등의 상여금을 지급시 자기주식으로 지급하고 이를 급여와 자기주식처분손익으로 처리하고 있습니다.
4. 합병・분할시 대가의 지급
   합병 및 분할시 그 대가를 자기주식으로 지급하고 피합병법인 등의 순자산가액과 자기주식의 공정가치해당액과의 차이를 영업권 또는 염가매수차익으로 처리하고 있습니다.

이러한 자기주식의 취득에 대해 현재 세무상 문제가 되고 있는 것은 다음과 같습니다.

1. 취득목적에 따른 소득세법상 소득의 구분
   자기주식거래가 매매목적에 해당되면 양도자에 대해서는 소득세법상 양도소득으로 분류되며 양도차익의 20%, 25%(과세표준이 3억원 초과시, 중소기업은 2020년부터 적용, 중소기업의 소액주주은 10%)의 소득세가 부과되며 소각목적에 해당되면 의제배당에 해당하여 기본세율(6%～45%, 실지로는 Gross－up에 해당되어 약 42% 정도의 소득세 부과)에 의해 과세됩니다.
   이에 대한 과세관청의 입장은 다음과 같이 그 거래의 실질내용에 따라 판단하도록 하고 있습니다.
   ① 법인이 자기주식을 취득하는 경우 해당 법인에게 주식을 양도하는 주주의 소득이 양도소득에 해당하는지 배당소득에 해당하는지 여부는 그 거래의 실질내용에 따라 판단하는 것으로서 그 매매가 단순한 주식매매인 경우에는 양도소득에 해당하는 것이나, 주식소각이나 자본감소 절차의 일환인 경우에는 배당소득(의제배당)에 해당하는 것입니다(상속증여세과－479, 2013.8.14. 등).
   ② 청구법인이 자기주식을 취득한 후 3년 여가 경과한 현재까지도 쟁점주식을 소각한 사실

이 확인되지 아니하는 반면, 쟁점주식의 취득이 실질적으로 소각을 통한 자본의 환급을 목적으로 하였다는 사실을 인정할만한 객관적인 과세근거가 제시된 사실이 없는 점 등에 비추어 이 건 배당소득으로의 처분은 잘못이 있음(조심 2017중4926, 2018.2.5.)

③ 개정상법시행 이후 주주간 경영권분쟁해소과정에서 회사가 특정주주의 주식을 자기주식으로 취득한 경우 의제배당(배당소득)으로 과세함이 타당함(대법원 2018두48144, 2018.10.4.)

④ 청구인의 자기주식양도사유가 회사와의 분쟁해결 방법으로 양도가 이루어 진 것으로 판단되고 자기주식소각시점이 자기주식취득일부터 11개월이 경과되었으므로 자기주식양도는 양도소득이 타당함(조심 2018중3318, 2018.11.15.)

⑤ 자기주식의 취득에 대한 해당주주의 양도차익 소득구분에 있어 회사의 자기주식 취득목적(이사회의사록 기재사항)이 중요하다 판단된다. 다음의 자기주식 취득목적 기재내용을 업무에 참조하길 바라며 가급적이면 모든 주주의 양도가 있는 것이 양도소득으로 구분될 가능성이 클 것으로 판단된다.
"매출과 이익이 급증하고 있는 회사상황에 따라 추후 기업공개에 대비한 다양한 주주구성이 필요하다 판단된다. 현재 회사는 소수의 개인주주로만 구성되어 있고 많은 개인과 법인들로부터 주주로의 참여를 요청받고 있는 현재 제3자배정에 의한 증자보다 기존주주의 주식양도로 회사가 필요로 한 주주들을 영입하는 것이 현실적인 방안으로 판단되어 회사는 기존주주로부터 주식을 매입하여 회사의 주식을 양도하여 회사의 성장에 도움을 줄 수 있는 주주들을 영입하기로 결정하여 다음과 같이 회사의 주주들로부터 상법상의 자기주식을 취득하기로 결정한다."

2. 자기주식 취득금액에 대한 가지급금 해당 여부

① 2012.4.15. 이전 상법상 자기주식취득요건을 구비하지 못한 자기주식취득은 당연 무효행위에 해당되어(대법원 2001다44109, 2003.5.16.) 매매대금을 회수하기 전까지 가지급금에 해당되어 인정이자계산 및 지급이자손금불산입규정을 적용하여야 합니다. 그러나 일부 법원의 판결에 의하여 상법 개정 전의 자기주식취득도 인정되어 가지급금에 해당되지 않는다는 사례가 있으므로 반드시 자가주식취득상황을 잘 검토하여야 합니다(2013가합19454, 조심 2016중1465, 2016.6.29.).
그리고 개정상법 이후에는 적법한 상법절차에 의한 자기주식의 취득은 가지급금에 해당하지 않음을 과세관청에서 분명히 밝히고 있습니다.
내국법인이 상법(2011.4.14. 법률 제10600호로 개정된 것) 제341조에 따라 주주로부터 자기주식을 취득하여 소각하는 경우 해당 자기주식을 취득하기 위하여 지급한 금액은 법인세법시행령 제53조의 업무와 관련이 없는 자금의 대여액에 해당되지 아니하는 것입니다(법규법인 2013-422, 2013.11.28.).

② 대법원은 배당가능이익은 배당할 수 있는 한도를 의미하는 것이지 보유하고 있는 특정현금을 의미하는 것이 아니므로 배당가능이익이 존재하는 이상 차입금으로의 자기주식취득도 적법하며, 자기주식 취득통지를 하면서 취득목적을 누락한 것은 주주평등의 원칙에 반하지 않으므로 절차적 위법에 해당하지 않아 적법한 자기주식의 취득으로 판결

하였다(대법원 2017두63337, 2021.7.29.).

③ 상법의 규정을 위반하지 아니하여 적법・유효하게 취득한 자기주식의 취득은 법인세법상 무수익자산의 매입에 해당되지 아니하고(자기주식의 취득으로 주식가치가 제고될 수 있고 회사의 영업활동과 미처분이익잉여금의 규모에 비추어 자기주식의 취득으로 인한 시세차익의 가능성이 없다고 볼 수 없음) 업무무관가지급금에 해당하지 않음(대법원 2023두31263, 2023.4.27.; 서울고등법원 2021누73098, 2022.12.16.)

3. 주식평가시 발행주식총수에 포함 여부

상증법 및 소득세법상 주식평가에 있어서 자기주식의 취득에 대해서는 자기주식의 취득이 소각목적인 경우에는 발행주식총수에서 차감하여 계산하고 일시보유목적인 경우에는 발행주식총수에 포함하여 계산하도록 하고 있습니다(재산세과-240, 2012.6.26.).

4. 자기주식을 시가보다 고가매입한 경우

(1) 자본감소목적인 경우

① 법인 : 부당행위계산규정을 적용하지 않음

② 주주 : 의제배당으로 과세

(2) 자본감소목적이 아닌 경우

① 법인 : 부당행위계산규정을 적용

② 주주 : 양도소득으로 과세(상기 '1.' 검토)

5. 자기주식을 시가보다 저가매입한 경우

(1) 자본감소목적인 경우

① 법인 : 부당행위계산규정을 적용하지 않음
유가증권시가미달 익금산입규정을 적용하지 않음

② 주주 : 의제배당으로 과세

(2) 자본감소목적이 아닌 경우

① 법인 : 부당행위계산규정을 적용하지 않음
유가증권시가미달 익금산입규정이 적용됨

② 주주 : 양도소득으로 과세(상기 '1.' 검토)
소득세법상 양도소득에 대한 부당행위계산규정 적용할 것으로 판단됨(소득세법상 법인이 개인주주의 특수관계인(국기령 1의 2 적용)에 해당시 검토)

6. 합병으로 취득한 협의의 자기주식 양도대금의 익금해당 여부

합병법인이 피합병법인이 보유하던 합병법인 발행주식을 승계(협의의 자기주식)하여 양도할 때 양도차익은 과세대상에 해당됨(대법원 2018두54323, 2022.6.30.).

7. 법인세법 제15조 제2항 제1호의 규정에 의하여 법인이 특수관계가 있는 개인으로부터 유가증권을 시가보다 낮게 매입하는 경우 그 차액을 익금산입하는 규정의 적용에 있어 추후 세무조사 등에 의해 각사업연도의 소득금액의 변동으로 상증법상 비상장법인주식의 평가금액이 변동되는 경우(그 변동액이 최초의 평가금액과의 차액은 5%에 미달함) 그 변동금액에 대한 익금산입 등의 세무조정금액 차이에 따른 수정신고 등이 발생함이 타당함. 즉 부당행위규정 적용시 부당행위금액이 시가의 5% 미만시 이를 적용하지 않는

다는 규정은 상기 규정 적용시는 해당하지 않는다는 것임(조심 2019서3137, 2020.7.21.).

8. 「소득세법」상 부당행위계산 부인 규정이 적용되지 않는 경우에도 특수관계 있는 개인으로부터 유가증권을 시가보다 낮은 가액으로 양수하는 경우 양수가액과 시가와의 차액은 익금산입 대상임(조심 2021중6679, 2022.6.23.).

9. 자기주식 저가(무상)취득 등의 해석

(1) 상법상의 자본감소 절차(감자절차)에 따라 소각목적으로 자기주식을 무상 취득한 경우(서면법령법인-3696, 2020.12.29.)

① 회계처리 : 없음

② 세무처리

내국법인이 상법상의 적법한 자본감소절차(상법 제438조~제446조)에 따라 주식소각목적으로 특수관계자인 개인으로부터 자기주식을 무상으로 취득한 경우에는 법인령 11・제5호(무상으로 받은 자산의 가액)가 적용되지 않아 익금산입의 세무조정을 하지 않음

(2) 감자목적으로(상법상의 자본감소절차에 따른 것으로 판단) 특수관계인인 개인으로부터 자기주식을 저가로 매입하는 경우(법인세법 집행기준 15-0-3)

시가와 매입가액과의 차액을 익금(법법 15 ② 1호)에 산입하지 않음

(3) 내국법인이 상법 제438 내지 제446조의 규정에 의하여 자본을 감소할 목적으로 당해 법인의 특정주주로부터만 자기주식을 취득하여 소각하는 경우 당해 법인과 특정주주가 특수관계에 있는 경우에도 법인세법상 부당행위계산의 유형에 해당하지 않음(재법인 46012-115, 2002.6.20.; 서면법인-2805, 2017.12.11.).

(4) 내국법인이 특수관계인인 개인으로부터 자기주식을 무상으로 증여받아 소각하는 경우(상법 제341조에 의한 자기주식취득인 경우)의 세무조정(서면법인-4774, 2016.11.22.)

① 회계처리 : 없음

② 세무조정

내국법인이 특수관계인인 개인으로부터 자기주식을 무상으로 증여받아 세무조정으로 시가상당액을 익금산입(유보)한 금액은 당해 자기주식을 소각 또는 처분하는 시점에 손금산입(-유보)라는 세무조정을 하는 것임.

법인의 감자에 있어서 주주 등의 소유주식 등의 비율에 의하지 아니하고 일부 주주 등의 주식을 소각하는 자본거래로 인하여 주주 등인 법인이 특수관계인인 다른 주주 등에게 이익을 분여한 경우에는 법인세법 제52조 및 동법 시행령 제88조 제1항 제8호 다목의 규정에 의한 부당행위계산의 부인규정을 적용하는 것임

(5) 자기주식을 보유 중인 내국법인이 소각목적으로 자기주식을 추가로 매입하여 소각하는 경우 자기주식의 취득가액은 취득목적에 따라 매각목적 자기주식과 소각목적 자기주식으로 구분하여 법인세법 시행령 제75조(유가증권 등의 평가)를 적용하는 것임(서면법인-977, 2020.4.28.).

(6) 내국법인이 자본감소목적으로 특수관계인인 개인으로부터 자기주식을 저가로 매입하는 경우 법인세법 제15조 제2항 제1호 규정을 적용하지 않는 것이며 법인소유 자기주식을 소각하는 경우 소각함으로써 생긴 손익은 각 사업연도 소득금액 계산상

익금 또는 손금에 산입하지 아니함(서면2팀-795, 2006.5.9.).

(7) 상증법 제39의2(불균등감자에 의한 증여의제)에 의한 적용여부

① 내용

불균등 저가감자시 감자주주의 특수관계인인 대주주(해당 주주 등의 지분 및 그의 특수관계인의 지분을 포함하여 해당 법인의 발행주식총수의 1% 이상을 소유하고 있거나 소유하고 있는 주식 등의 액면가액이 3억원 이상인 주주 등을 말함. 상증령 28②)의 증여이익에 대하여 증여세 과세

이때 감자한 주식 1주당 평가액에서 주식소각시 지급한 1주당 금액을 차감한 가액이 감자한 주식 1주당 평가액의 30% 이상이거나 증여의제해당금액이 3억원 이상(수증자별 증여이익을 기준으로 판단. 재산세제과-476, 2017.8.1.)인 경우 증여세 과세

상증법 제39의2 제1항에서 자본금을 감소시키기 위하여 주식 등을 소각하는 경우로 분명히 규정하고 있어 이 규정은 상법 제438조~제446조에 의한 자본금의 감소 규정(주주총회의 특별결의사항)에 의한 경우에만 증여세 과세대상임을 분명하 하고 있다 판단 됨(단, 상법 제341조에 의한 자기주식의 취득의 경우 취득목적 등을 사실판단에 따라 실질적인 자본금의 감소로 판단 시 상증법 제39의2 규정 적용여부에 대한 문제가 발생됨)

② 상법상 감자절차로 회사가 자기주식을 무상(저가)취득한 경우

무상(저가) 감자주주와 상증법상 특수관계인인 개인 대주주등은 상증법 제39조의2 규정에 의해 증여세가 과세되고, 법인세법상 특수관계인에 해당하는 법인주주는 법인세법 시행령 제11조 제8호(법령 제88조 제1항 제8호 각 목의 어느 하나 및 제8호의 2에 따른 자본거래로 인하여 특수관계인으로부터 분여받은 이익)에 따라 익금산입(유보)의 세무조정을 실시함. 이때 무상(저가) 감자주주가 법인인 경우 다른 주주가 법인세법상 특수관계인에 해당하는 경우에는 부당행위계산부인규정에 해당되어 익금 산입(기타사외유출)의 세무조정을 실시함

③ 상법상 자기주식취득절차로 회사가 자기주식을 무상(저가)취득한 경우

가. 무상(저가)양도한 주주가 개인인 경우

- 주주와 회사 간에 소득세법상 특수관계인에 해당하는 경우
  무상양도한 경우에는 세금문제가 발생하지 않으며 저가양도한 경우에는 소득세법상 부당행위계산부인 규정에 해당되어 시가로 양도소득세를 납부함
- 특수관계인에 해당하지 않는 경우
  세금문제 발생하지 않음(저가양도시 양도가액으로 양도소득세 납부)

나. 무상(저가)양도한 주주가 법인인 경우

주주법인과 주식발행법인이 법인세법상 특수관계인에 해당하는 경우 부당행위계산부인규정에 의거 시가와의 차이금액을 익금(기타사외유출)산입함

다. 자기주식을 취득한 법인의 경우

상기 가.(특수관계인에 해당하는 개인인 경우) 의 경우에는 시가와의 차이금액을 익금산입(유보)하고 추후 자기주식을 소각 또는 매각 시 동 금액을 손금산입함

④ ③의 경우 다른 주주들에 대한 증여세 및 법인세과세문제

가. 저자의 판단

상법 제341조(자기주식의 취득)에 의해 특정주주의 주식만 회사가 자기주식을 무상(저가)취득하는 경우 다른 주주들에게 상증법 제39조의2에 의한 증여세과세 및 법인세법 시행령 제11조에 의한 법인세가 과세되는 지에 대해 저자의 판단으로는 증여세 및 법인세가 과세될 것으로 판단된다. 이는, 상법 제341조에 의한 자기주식의 취득의 경우에 그 취득목적이 이사회의사록에 자본의 감소라고 규정되어 있는 경우 및 실질적인 판단으로 자기주식의 취득목적이 자본금의 감소에 해당된다 판단시 이를 실질적인 자본금의 감소로 보아 증여세 및 법인세를 과세할 수 있다는 주장이 가능하기 때문이다.

나. 과세관청의 유권해석(서면자본거래-3854, 2022.11.1.)

- 질의내용

  법인은 정관에 규정된 주주의 주식매수청구권에 따라 자기주식(26.98% 보유)을 보유하고 있으며, 법인은 자기주식을 소각할 예정임. 이때 자기주식 소각에 따라 개인주주에게 증여세가 과세되는지 여부

- 회신

  법인의 주식을 소각함에 있어서 일부 주주의 주식만을 소각함에 따라 다른 주주가 이익을 얻은 경우에는 상증법 제39조의2 규정에 의하여 증여재산가액을 계산하는 것이며, 귀 질의의 경우가 이에 해당하는 지 여부는 자기주식의 매입목적, 매입가액, 소각 등 매입・소각에 관한 구체적인 사실에 따라 판단할 사항임

- 해석상 유의내용

  상기 유권해석을 질의내용처럼 상법상 자본금의 감소절차에 의한 자기주식의 취득이 아닌 경우에도 상증법 제39조의2 규정을 적용하는 것인지 또는 상기 유권해석은 질의내용과 달리 일반적인 감자절차에 의한 내용을 해석한 것인지에 대한 판단이 필요함

보 론 배우자로부터 증여받은 주식의 자기주식처리시 유의내용

1. 2024.12.31.까지 자기주식처리시

   ① 배우자에게 주식수증시 10년간 6억원 증여세비과세

   ② 6억원 초과시 증여세과세대상(다른 증여있는 경우 합산계산)

   ③ 수증받은 주식에 대하여 주식발행법인에 자기주식으로 양도처리시 해당 소득이 양도소득 또는 배당소득이던지 수증받은 금액이 취득가액으로 계산되어 소득세의 부담이 경감됨. 이때 수증받은 배우자가 회사의 주식을 보유하고 있는 경우에는 자기주식 양도주식에 대한 취득가액은 먼저 취득한 주식의 취득가액이 됨(선입선출법 적용, 감자시는 총평균법 적용)에 유의하여야 하며 주권의 발행으로 취득가액이 확인되는 경우에는 개별법을 적용하여 수증받은 주식을 양도한 것으로 할 수 있음.

2. 2025.1.1. 이후 발생소득분부터 개정세법 적용

양도일로부터 소급하여 1년 이내에 배우자에게 증여받은 주식을 양도하는 경우 취득가액을 증여자의 당초 취득가액으로 의제하고 증여받은 주식 등에 대해 납부했거나 납부할 증여세 상당액을 필요경비로 산입하는 소득세법 제87조의13 규정이 신설됨.

3. 가장거래로 보는 경우

① 배우자가 증여받은 주식에 대해 자기주식처리나 감자로 취득한 대가를 증여자인 배우자에게 귀속시켜 이를 가지급금의 반제자금으로 사용하는 경우 이는 조세회피목적으로 보아 국세기본법 제14조 실질과세원칙에 의거 원 주식의 취득자인 증여자가 자기주식의 처분을 한 것으로 봄.

② 조심 2020부1593, 2020.9.15.; 조심 2020부8288, 2021.2.8.

③ 청구인은 쟁점법인의 최대주주이자 대표이사로 쟁점법인의 주식을 배우자 및 자녀에게 증여하였고 수증자들은 자기주식의 매각으로 증여받은 주식을 쟁점법인에게 양도하였으며 쟁점법인은 이를 이익소각처리하였음. 처분청은 이를 청구인의 배당소득세를 회피하고자 쟁점거래를 한 것으로 판단하여 실질과세원칙에 따라 청구인이 해당 주식을 직접 쟁점법인에게 양도한 것으로 보아 배당소득세를 과세하였으며 조세심판원은 이를 적법한 과세로 결정하였음(조심 2023중7412, 2023.7.18.)

4. 기타 자기주식 관련 내용

① 상증법상 비상장주식평가시 각 사업연도의 주식수는 주식의 소각 또는 자본의 감소를 위하여 취득한 자기주식은 발행주식의 총수에서 제외하는 것임(사전법령재산－0633, 2020.11.25.).

② 자기주식을 이익소각하는 것은 증권거래법 과세대상에 해당하지 않음(서면인터넷방문상담3팀－1426, 2005.8.30.).

③ 법인이 자기주식을 취득함으로써 주주가 그 지분률 상승에 따라 과점주주가 된 것은 간주취득세대상에 해당되지 않음(대법원 2010두8669, 2010.9.30.).

5. 증여를 실질거래로 인정한 판례

청구법인의 최대주주이자 대표이사인 갑의 배우자의 을이 보유하던 청구법인의 주식 2,500주를 갑에게 증여하고 갑은 증여받은 주식을 주당 233,300원으로 평가하여 증여세신고를 하였음(배우자간의 증여로 6억원을 공제하여 실지 부담한 증여세는 없음). 이후 갑은 상법상 절차에 의해 2,500주를 청구법인에게 주당 233,300원으로 자기주식의 매각으로 처분하였고 갑은 동 자금으로 청구법인의 가지급금을 상환하였고 일부는 갑이 직접 사용하였으며 청구법인은 자기주식을 취득 후 소각처리하였음(갑은 소득세부담액이 없었음). 이에 대해 과세관청에서는 이 사건 증여는 가장거래로서 국세기본법 제14조 제3항에 따라 실질과세원칙상 을이 주식을 직접 양도한 것으로 보아 을에게 의제배당소득이 발생한 것으로 보아 소득세를 과세한 건임.

법원의 판결은 상기 거래로 갑이 자기주식 매각대금을 가지급금의 상환 등으로 본인의 이익으로 귀속되었으므로 이 사건 주식의 소각으로 인한 소득이 을에게 귀속되었다고 보기 어려우며 갑이 본 증여로 6억원의 증여공제한도를 사용하였으므로 갑이 아무런 손해가 발생하지 않았다는 주장도 맞지 않으므로 이 사건 증여와 양도는 각각 독립한 경제적 목적과 실질이 존재하므로 을에게 귀속시킨 의제배당액의 과세는 취소함(수원지방법원 2022구합70965, 2023.4.26.).

4. 주식매수선택권(Stock Options)

(1) 기업회계

종업원 등에게 사전에 약정된 가격(행사가격)으로 회사의 주식을 매수할 수 있는 권리를 부여하는 계약을 말한다.

일반기업회계기준 제19장은 주식기준보상거래를 재무제표에 인식하도록 규정하고 있다.

여기서 '주식기준보상거래'란 회사가 재화 또는 용역을 공급받는 대가로 회사의 주식이나 주식선택권을 부여하거나 현금 등으로 결제하는 거래를 말한다.

주식기준보상거래의 유형은 다음의 3가지로 구분된다.

① 주식결제형 주식기준보상거래

회사가 재화 또는 용역을 공급받는 대가로 회사의 주식이나 주식선택권을 부여하는 거래를 말한다.

② 현금결제형 주식기준보상거래

회사가 재화 또는 용역을 공급받는 대가로 현금 등으로 결제하는 거래를 말한다.

③ 선택형 주식기준보상거래

회사 또는 거래상대방이 주식결제방식이나 현금결제방식을 선택할 수 있는 주식기준보상거래이다.

(2) 주식매수선택권 또는 우리사주매수선택권 행사차익 손금산입(법령 19 · 19의2)

「상법」, 「벤처기업육성에 관한 특별조치법」 또는 「소재 · 부품 · 장비산업 경쟁력강화 및 공급망 안정화를 위한 특별조치법」에 따른 주식매수선택권, 「근로복지기본법」에 따른 우리사주매수선택권이나 금전을 부여받거나 지급받은 자에 대한 다음 3)금액은 손금에 산입한다. 다만, 해당 법인의 발행주식총수의 100분의 10 범위에서 부여하거나 지급한 경우로 한정한다(법령 19 · 19의2호). 이때 벤처기업의 주식매수선택권 행사에 있어 조특법 제16조의4에 의해 행사로 인해 취득한 주식의 매도시 양도소득세 납부특례규정(시가 이하 발행 주식매수선택권의 시가 이하 발행이익은 특례규정 적용안되고 근로소득으로 과세되며 법인세법상 손금인정됨. 이는 2022.1.1. 이후 부여분부터 적용)을 적용하는 경우에는 손금산입규정이 적용되지 않는다.

1) 주식매수선택권

① 상법 제340조의2

② 벤처기업육성에 관한 특별조치법 제16조의3

③ 소재 · 부품 · 장비산업 경쟁력강화 및 공급망 안정화를 위한 특별조치법 제56조

2) 우리사주매수선택권

근로복지기본법 제39조

저자주 우리사주매수선택권의 부여의 범위 등(근로복지기본법 제39조 제1항)

우리사주제도 실시회사는 발행주식총수의 100분의 20의 범위에서 정관으로 정하는 바에 따라 주주총회의 결의로 우리사주조합원에게 그 결의된 기간(이하 "제공기간"이라 한다) 이내에 미리 정한 가격(이하 "행사가격"이라 한다)으로 신주를 인수하거나 해당 우리사주제도 실시회사가 보유하고 있는 자기주식을 매수할 수 있는 권리(이하 "우리사주매수선택권"이라 한다)를 부여할 수 있다. 다만, 발행주식총수의 100분의 10의 범위에서 우리사주매수선택권을 부여하는 경우에는 정관으로 정하는 바에 따라 이사회 결의로 우리사주매수선택권을 부여할 수 있다.

3) 손금해당금액

① 약정된 주식의 매수가액과 시가의 차액을 금전 또는 자기주식으로 지급하는 경우 해당 금액

Expert Opinion Summary

1. 부당행위계산 부인규정을 적용할 수 없는 주식매수선택권의 행사에 따른 자기주식의 양도에 있어 익금산입대상인 자기주식처분이익의 계산은 자기주식양도시점의 시가가 아닌 주식매수선택권의 행사가액으로 함이 타당하며, 법인세법 제20조 제1호 단서 및 동법 시행령 제20조 제1항 제3호 가목에서 주식매수선택권을 부여받은 경우 약정된 주식매수시기에 약정된 주식의 매수가액과 시가의 차액을 금전 또는 해당 법인의 주식으로 지급하는 경우 해당 주식매수선택권의 행사차액은 손금에 산입되는 것임. 그러므로 쟁점 자기주식의 양도금액인 행사가액이 아니라 그 시가를 기준으로 처분이익을 산정함을 전제로 청구법인의 경정청구를 거부한 처분은 잘못된 것임(기획재정부 법인세제과-387, 2021.8.26., 조심 2020중2462, 2021.12.20.).
2. 상기 1.에 대해 2023년 법령 11 · 2의2호 개정으로 자기주식교부형 주식매수선택권 행사로 양도하는 경우 자기주식의 양도금액은 행사당시 시가로 개정되었음.
3. 사례

   (1) 자료

   ① 자기주식교부형 주식매수선택권 부여

② 행사일의 주식시가 700, 행사가액 300
③ 자기주식의 취득가액 400

(2) 회계처리

(차) 현 금	300	(대) 자 기 주 식	400
자기주식처분손실 (자본조정)	100		

(3) 세무조정

- 손금산입 · 자기주식행사차액(인건비) · 400(700 - 300) · 기타
- 익금산입 · 자기주식처분이익 · 300(700 - 400) · 기타

② 주식매수선택권 또는 우리사주매수선택권 행사에 따라 주식을 시가보다 낮게 발행하는 경우 그 주식의 실제 매수가액과 시가의 차액

III. 기타포괄손익누계액

1. 구분표시

"포괄이익"은 기업실체가 일정기간 동안 소유주와의 자본거래를 제외한 모든 거래나 사건에서 인식한 자본의 변동을 말하며(재무회계개념체계 112), "기타포괄손익누계액"은 포괄이익 중 손익계산서상 당기순이익에 포함되지 않은 포괄이익을 말하며(재무회계개념체계 113), 보고기간종료일 현재의 매도가능증권평가손익, 해외사업환산손익, 현금흐름위험회피 파생상품평가손익 등의 잔액으로 구분하여 표시한다(문단 2.32).

1. 매도가능증권평가손익
2. 해외사업환산손익
3. 현금흐름위험회피 파생상품평가손익
4. 유형자산의 재평가잉여금
5. 지분법자본변동

2. 항목의 의미

(1) 매도가능증권평가손익

"매도가능증권평가손익"은 단기매매증권이나 만기보유증권으로 분류되지 아니한 유가증권을 공정가치로 평가함에 따라 발생한 미실현보유손익을 말한다.

(2) 해외사업환산손익

"해외사업환산손익"은 영업·재무활동이 본점과 독립적으로 운영되는 해외지점, 해외사업소 또는 해외소재 지분법적용대상회사의 외화자산·부채를 해당 자산·부채는 보고기간종료일 현재의 환율을, 자본은 발생당시의 환율을 적용하며, 손익항목은 거래발생당시의 환율이나 해당 회계연도의 평균환율을 적용하여 일괄 환산함에 따라 발생하는 환산손익을 말한다(문단 23.14).

(3) 현금흐름위험회피 파생상품평가손익

"현금흐름위험회피 파생상품평가손익"은 파생상품이 현금흐름 위험회피회계에 해당되는 경우 해당 파생상품을 공정가치로 평가함에 따라 발생하는 평가손익을 말한다.

(4) 재평가잉여금

유형자산에 대하여 재평가모형을 적용한 경우로서 재평가 전 장부금액에 비하여 재평가금액이 증가한 경우이거나 전기 이전에 계상된 재평가손실액을 초과하여 재평가이익이 발생하였을 때 해당 재평가손실초과액을 말한다.

(5) 지분법자본변동

지분법적용투자주식의 자본잉여금, 자본조정 및 기타포괄손익누계액의 증감금액 중 투자기업지분에 해당하는 금액을 말한다.

3. 해외사업환산손익

(1) 해외사업장의 범위

해외에 소재하는 종속기업, 관계기업 및 지점을 말한다.

(2) 환율적용방법(현행 환율법)

① 자산 · 부채
해당 보고기간 말의 마감환율

② 자본
발생당시의 역사적 환율 적용

③ 손익항목
거래발생당시의 환율 또는 해당 회계연도의 평균환율을 적용 일괄환산

(3) 환산차손익

환산한 F/P상 대 · 차의 차액을 해외사업환산손실 · 이익으로 계상하여 차기 이후에 발생하는 금액과 상계처리하고 관련 지점 등이 폐쇄시 손익으로 처리한다.

IV. 이익잉여금

1. 이익잉여금처분계산서에 대한 일반기업회계기준의 규정

일반기업회계기준은 이익잉여금처분계산서를 재무제표에서 제외하도록 요구하고 있으며(문단 2.4), 상법 등에서 이의 작성을 요구하는 경우에는 주석으로 공시하도록 규정하고 있다(문단 2.89).
이익잉여금처분계산서는 상법시행령 제18조의 규정에 따라 주석으로 공시하여야 한다. 참고로 법인세법은 이익잉여금처분계산서의 신고를 규정하고 있다.

2. 구분표시

"이익잉여금(또는 결손금)"은 손익계산서에 보고된 손익과 다른 자본항목에서 이입된 금액의 합계액에서 주주에 대한 배당, 자본금으로의 전입 및 자본조정항목의 상각 등으로 처분된 금액을 차감한 잔액을 말하며(문단 2.33), 법정적립금, 임의적립금 및 미처분이익잉여금(또는 미처리결손금) 등의 잔액으로 구분하여 표시한다(문단 2.40).

1. 법정적립금
2. 임의적립금
3. 미처분이익잉여금(또는 미처리결손금)

3. 항목의 의미

(1) 법정적립금

상법 등 법령의 규정에 의하여 적립된 금액으로 한다.

(2) 임의적립금

정관의 규정 또는 주주총회의 결의로 적립된 금액으로서 사업확장적립금, 감채적립금, 배당평균적립금, 결손보전적립금 및 세법상 적립하여 일정기간이 경과한 후 환입될 준비금 등으로 한다.

(3) 미처분이익잉여금(또는 미처리결손금)

미처분이익잉여금(또는 미처리결손금은) 다음과 같이 구성된다(실 2.14).

미처분이익잉여금
1. 전기이월미처분이익잉여금
   (또는 전기이월미처리결손금)
2. 회계정책변경누적효과
3. 중대한 전기오류수정
4. 중간배당액
5. 당기순이익(또는 당기순손실)

4. 이익준비금

① 상법상 매결산기에 이익배당의 10분의 1 이상의 금액을 자본금의 2분의 1에 달할 때까지 적립한 금액을 말한다.

② 금전배당이 없는 경우에도 이익준비금은 적립가능하다.

③ 자본금의 2분의 1을 초과하는 금액은 임의적립금에 해당한다.

5. 기타법정적립금

이익준비금을 제외한 기타법정적립금은 상장법인에게 적용된 재무구조개선적립금이 있었다. 다만, 2007.11.28.부터는 재무구조개선적립금의 적립의무가 폐지되었으며, 기존 적립금의 활용 여부는 기업의 자율결정에 의할 수 있다.

6. 임의적립금

① 정관 또는 주주총회결의로 적립된 금액
　사업확장적립금 · 감채적립금 · 배당평균적립금 · 결손보전적립금 등

② 조세특례제한법상 준비금

7. 재무상태표상 이익잉여금의 표시

이익잉여금의 처분(이익잉여금처분계산서상의 금액) 전의 금액을 기재한다.

8. 이익잉여금처분계산서의 작성

상세설명은 '제4부' 참조. 특히 배당가능이익 및 배당금재원에 대한 설명에 유의

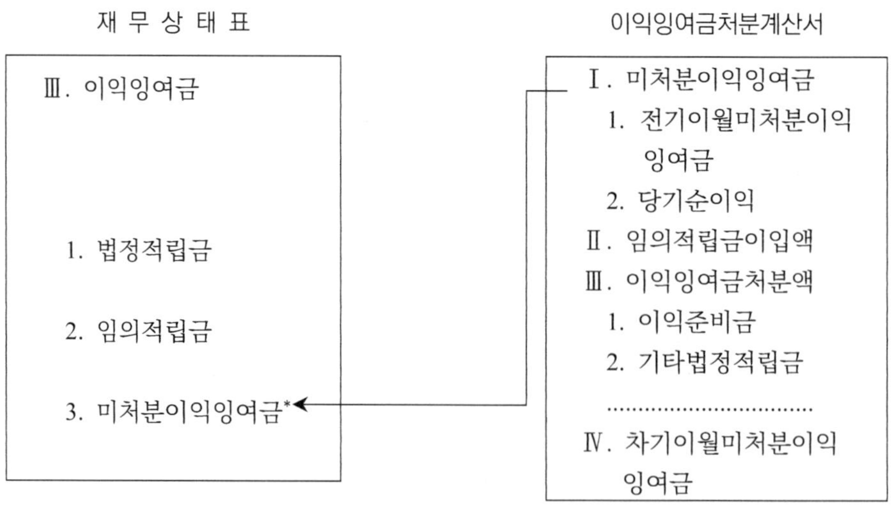

* F/P상 미처분이익잉여금에는 당기순이익을 주기표시하지 않는다.

9. 법인세법상 준비금

법인세법상 손금산입할 수 있는 준비금의 종류는 다음과 같다.

구 분	설정법인	손금한도액	사용 및 환입
고유목적 사업 준비금 (법 29)	비영리 법인 중 일정법인	다음 '1.'과 '2.'의 합계액 1. 이자소득 · 배당소득(비영업대금의 이익 제외)×100%('2.'에서 결손 발생시 이를 차감한 금액) 2. 기타 수익사업소득×50%(80%)	1. 고유목적사업 · 지정기부금 지출에 사용 2. 손금산입한 사업연도종료일 이후 5년간 미사용금액은 전액 환입한다.
책임 준비금 (법 30)	보험사업 영위 내국법인 (보험업법에 의한 보험회사 제외)	다음 '1.'부터 '3.'까지 합계액 1. 당기말 현재 모든 보험계약이 해약된 경우에 계약자 또는 수익자에게 지급하여야 할 환급액(해약공제액 포함) 2. 당기말 현재 보험사고가 발생하였으나 지급하여야 할 보험금이 확정되지 아니한 경우 추정보험금상당액 3. 배당준비금으로서 손금산입 기준에 따라 적립한 금액	다음 사업연도 또는 3년이 되는 사업연도에 환입
비상위험 준비금 (법 31)	보험회사	다음 '1.'과 '2.' 중 적은 금액 1. 당기말 단기손해보험에 의한 보유보험료의 합계액×예정이익률 2. 당기말 단기손해보험에 의한 경과보험료의 합계액×50%(40%)	보험업법시행령 제63조 및 동 시행규칙 제29조에 따라 금융위원회가 정하는 바에 의한다.
해약환급 준비금 (법 32)	보험회사	다음 '1.'에서 '2.'를 차감한 금액 1. 해약환급금과 미경과보험료 합계액 2. 책임준비금과 특별계정부채 합계액	보험업법시행령 제65조 ② 3호 및 보험업감독규정 6-11의6에 따라 금융위원회가 정하여 고시하는 금액

10. 부동산 무상수증시 증여세 과세 여부

① 흑자법인이 당해 주주와 특수관계에 있는 자로부터 쟁점부동산을 무상으로 증여받은 것에 대하여 수증법인의 주주인 청구인에게 증여세를 과세한 처분은 부당함(대법원 2014두47945, 2015.10.15.).

☞ 특정법인을 결손·휴폐업법인으로 규정하고 있으므로 증여세 포괄과세에 의해서도 흑자법인에 과세할 수 없다는 판결임.

② 구「상속세 및 증여세법 시행령」(2014.2.21. 개정되고 2016.2.5. 개정되기 전의 것) 제31조 제6항은 특정법인에 재산의 무상제공이 있으면 그 자체로 주주가 이익을 얻은 것으로 간주하여, 주주가 실제로 얻은 이익의 유무나 많고 적음에 상관없이 증여세 납세의무를 부담하도록 정하였으므로, 모법인 구「상속세 및 증여세법」(2014.1.1. 개정되고 2015.12.15. 개정되기 전의 것) 제41조 제1항의 규정취지에 반하고 그 위임범위를 벗어나 무효임(대법원 2019두35695, 2021. 9.9. 전원합의체 판결, 종전 대법원 2015두45700, 2017.4.20. 전원합의체 판결과 동일한 취지임).

☞ "특정법인과의 일정거래를 통하여 최대주주등이 이익을 얻은 경우"를 전제로 이익의 계산만을 시행령에 위임하고 있음에도 특정법인이 얻은 이익이 바로 주주등이 얻은 이익이 되는 것으로 증여재산가액을 계산하도록 하였으므로 무효로 판결한 사안임.

③ '①'의 대법원 무효판결에 따라 2015.12.15. 개정으로 상증법 45의5가 증여의 제규정으로 신설(모법에 주주등이 얻은 증여재산가액 명시)되어 2016.1.1. 이후부터는 지배주주등(30% 이상 직·간접보유)이 있는 경우로서 지배주주의 특수관계인으로부터 재산(용역 포함) 등을 내국법인(외국법인이 무상증여등을 받는 경우에는 적용안됨. 서면자본거래-1348, 2022.5.24.)이 무상으로 증여(고가양도 및 저가양수등 포함)받은 경우 특정법인의 얻은 거래이익에서 법인이 부담하는 법인세를 차감한 금액에 지배주주등의 지분율 곱한 금액을 증여재산가액으로 하여 증여세(한도 : 지배주주등이 직접 증여받은 경우 증여세상당액 - 법인세 상당액)를 과세할 수 있게 되었다. 이때 2015.12.15. 개정 전 지배주주의 특수관계인과의 거래를 통한 증여가 있는 경우 개정규정을 적용하지 않는다(조세법령운용과-480, 2022.5.16.).

④ 사례

가. A법인의 지배주주 : 갑(60% ⇒ A법인은 특정법인 해당)

나. 을(갑의 부)이 A법인에게 상증법상 시가 100억원의 토지 증여

다. A법인의 각 사업연도 소득금액 : 500억원(이월결손금 없음)

라. A법인의 산출세액 : 100.8억원

마. A법인의 이익

: 100억원 − 100.8억원×100억원/500억원(20.16억원)[주] = 79.84억원

[주] 법인세 상당액이 확정되어야 특정법인의 이익을 계산할 수 있으므로 특정법인과의 거래를 통한 이익의 증여세 신고・납부기한은 법인세 과세표준 신고기한이 속하는 달의 말일부터 3개월이 되는 날임.

바. 지배주주인 갑의 증여의제이익(특정법인의 이익 × 지배주주 지분율)

: 79.84억원 × 60% = 49.304억원

(지배주주별 증여의제이익이 1억원 이상인 경우에 한하여 과세됨)

사. 갑의 증여의제이익에 대한 증여세

[(47.904억 × 증여세율 50%) − 4.6억원(증여세율 50%에 대한 누진공제액)] = 19.352억원

아. 갑의 증여의제이익에 대한 증여세 한도액(㉠ − ㉡)

ⓐ 2020.1.1.부터 2022.2.14.까지 : 6.356억원

㉠ 갑의 증여의제이익에 대한 증여세 상당액(위의 사 금액)

19.052억원

㉡ A법인의 거래이익에 대한 법인세 상당액 중 갑 지분 해당분

105.8억원 × 100억원/500억원 × 60% = 12.696억원

ⓑ 2022.2.15. 이후 : 13.304억원

㉠ 특정법인의 거래이익 × 지분율 × 증여세율

[(100억 × 60%) × 50% − 4.6억(증여세율 50%에 대한 누진공제액)] = 25.4억원

* 청구인은 A법인의 대표이사(지분율 51% 지배주주임)로 청구인의 모친으로부터 2020.9.10. A법인의 지분 21%를 증여받아 증여세를 신고납부하였음.
이후 모친은 2020.9.18. 본인소유의 토지 및 건물을 A법인에게 증여하였고 A법인은 자산수증이익으로 법인세를 신고납부하였음.
이때 청구인은 상증법 제45조의5(특정법인과의 거래를 통한 이익의 증여의제)에 따른 증여세를 신고납부하지 않았으며 과세관청은 이에 대해 증여세를 과세하였음. 동법에 따른 증여세는 [지배주주등이 직접 증여받은 경우 증여세 상당액 − 법인세 상당액]을 한도로 하는데 과세관청은 이때 지배주주등이 직접 증여받은 경우 증여세 상당액의 계산시 해당 증여일 전 10년 이내에 동일인으로부터 받은 사전증여재산가액을 합친 금액에 증여세율을 적용하고 이에 기납부한 증여세액을 차감한 금액으로 산출하여 적용하였으며 청구인은 사전증여재산가액을 합산할 수 없다 주장하였음.
이에 조세심판원은 상증법 제47조 제2항에서 사전증여재산의 합산배제규정을 열거하고 있는 데 이에 상증법 제45조의5 규정이 해당되지 않아 상기 사례의 경우 모친의 사전 증여재산을 합산하여 증여세 해당액을 산정하는 것이 타당하다 결정함(조심 2023광599, 2023.4.26.).

㉡ A법인의 거래이익에 대한 법인세 상당액 중 갑 지분 해당분

100.8억원 × 100억원/500억원 × 60% = 12.096억원

자. 갑에 대한 특정법인과의 거래를 통한 이익의 증여 증여세 최종 과세액 : Min(① 위의 사, ② 아)

ⓐ 2020.1.1.부터 2022.2.14.까지 : 6.356억원

2019.12.31. 지배주주등에게 과세되는 증여세 계산시 지배주주등이 직접 증여받는 경우 증여세 상당액(지배주주의 증여의제이익에 대한 증여세를 의미하며, 이는 이미 법인세 상당액 차감되어 계산)에서 특정법인이 부담한 법인세 상당액 중 지배주주 지분율 해당분을 차감한 금액을 한도액으로 하는 것으로 개정되어 해당 사례(증여세율 50% 〉 적용된 법인세 최고세율 22%)와 달리 증여세율과 법인세율이 유사한 경우에는 과세가액 한도액이 음수(－)가 되어 지배주주등에게 증여세 과세되는 금액은 없다(증여의제이익 계산시 법인세 상당액이 이미 차감되어 계산되었으므로 법인세 상당액을 두 번 차감하는 문제 있음).

ⓑ 2022.2.15. 이후 : 13.304억원

2022.2.15. 직접 증여받은 경우의 증여세 상당액의 의미가 특정법인의 거래이익에 지배주주 지분율을 곱한 금액에 대한 증여세(법인세 상당액 미차감)로 개정되어 법인세 상당액이 두 번 차감되는 방식으로 한도액이 계산되는 문제점이 시정되어 과세되는 증여세가 증가하게 된다.

⑤ 저가에 의한 불균등 유상증자 및 감자시 상증법 제45의5 적용 여부

가. 상증법 제45조의5 규정은 특정법인이 지배주주의 특수관계인과 동법 제1항 제1호부터 제4호까지의 거래를 한 경우에 적용되는 것이므로 불균등 유상증자로 특정법인이 이익을 얻은 경우 상증법 제45조의5 규정이 적용되지 않음(서면자본거래－16, 2022.1.25.).

나. 상증법 제45조의5 제1항 제3호에 규정된 특정법인이 주주인 법인A가 유상감자를 실시하는 경우로서 법인A의 주주 중 을(특정법인의 주주인 갑과 특수관계에 있는 자)만 저가 유상감자에 참여하여 특정법인이 이익을 분여받은 경우 특정법인의 주주인 갑에 대해서는 상증법 제45조의5 증여의제규정을 적용하지 않음(사전법령재산－150, 2017.5.17.).

다. 상증법 제45조의5 규정은 특정법인이 지배주주의 특수관계인과 동법 제1항 제1호부터 제4호까지의 거래를 한 경우에 적용되는 것이므로 불균등 유상감자로 특정법인이 이익을 얻은 경우 상증법 제45조의5 규정이 적용되지 않음(서면자본거래－666, 2021.3.23.).

⑥ ⑤의 사례

가. A법인의 주주

갑(개인) 80%　800,000주(액면가액 500원)

B법인　20%　200,000주(B법인의 대주주는 을이며 갑의 자식임)

나. A법인 불균등 저가 감자실시

갑　800,000주 전부 감자, 감자대가는 1주당 1,500원

B법인은 감자하지 않음

다. 감자 전 A법인의 1주당 시가 15,000원

라. A법인의 회계처리

차) 자본금	4억원	대) 현 금	12억원
감자차손	8억원		

마. 갑은 감자대가 12억원과 취득가액의 차액에 대해 의제배당에 따른 배당소득세 과세

바. 감자 후 A법인의 1주당 가액

$$\frac{1{,}000{,}000\text{주} \times 15{,}000\text{원} - 800{,}000\text{주} \times 1{,}500\text{원}}{200{,}000\text{주}} = 69{,}000\text{원}$$

사. B법인의 감자이익 및 세무조정

200,000주 × (69,000 − 15,000) = 108억원

익금산입 · 유가증권 108억원 · 유보

아. B법인의 대주주인 을에 대한 증여세 과세여부

상증법 제45조의5 규정이 적용되지 않아 증여세 없음

⑦ ⑥의 사례에서 갑이 감자가 아닌 자기주식으로 양도한 경우

가. A법인의 주주

갑(개인) 80%　800,000주(액면가액 500원)

B법인　20%　200,000주(B법인의 대주주는 을이며 갑의 자식임)

나. A법인 갑으로부터 자기주식을 취득

갑 800,000주 전부를 A법인에게 자기주식으로 양도(상법상 절차 준수)

A법인의 자기주식 취득대가 1주당 1,500원

A법인은 자기주식 취득 후 바로 전부 이익소각하였음

다. 자기주식 취득 시 A법인의 1주당 시가 15,000원

라. A법인의 회계처리

차) 자기주식	12억원	대) 현 금	12억원
차) 미처분이익잉여금	12억원	대) 자기주식	12억원

마. A법인의 세무조정

- 자기주식 저가 취득 시

  익금산입 · 자기주식 · 108억원[(15,000－1,500)×800,000주] · 유보

- 자기주식 소각 시

  손금산입 · 자기주식 · 108억원 · 유보

바. 갑의 부담 세금

- 양도소득으로 과세 시

  갑은 A법인과 소득세법상 특수관계인에 해당되어 시가인 15,000원으로 양도가액을 계산하여 양도소득세가 부과됨

  (15,000－500)×800,000주×양도소득세 세율

- 배당소득으로 과세 시

  A법인이 자기주식을 취득 후 바로 소각하였으므로 이를 배당소득으로 과세하는 경우에는 종합소득세가 부과됨

  (1,500－500)×800,000주×종합소득세 세율

- 저자의 의견

  현재의 과세관청이 자기주식을 취득 후 바로 소각하는 경우 이를 배당소득으로 과세하는 사례 및 해석(상속증여세과－479, 2013.8.14. 등)이 많은 것은 사실이나 거래의 실질내용에 따라 판단하는 것이 옳으므로 이에 유의하여야 할 것임

사. B법인에게 ⑥ 사.처럼 익금산입의 세무조정 여부

저자의 의견으로는 당연히 B법인에게 108억원의 익금이 발생하였다 판단됨

- 익금산입 · 유가증권. · 108억원 · 유보

아. ⑥ 아.와 동일

자. ⑥과의 차이

대주주인 갑이 감자가 아닌 자기주식의 저가양도로 처리하는 경우 A법인의 자본금이 장부 및 등기부상 5억원이 그대로 유지하게 되어 자본금의 감소를 방지할 수 있음

⑧ 특수관계인에게 시가양도 후 저가 감자하는 경우

가. A법인 발행주식수 100,000주(1주당 시가 200,000원, 액면가액 5,000원)
갑(개인) 100% 100,000주 보유

나. 갑이 을(갑의 자식)에게 10주를 주당 200,000원에 양도

- 갑의 양도소득세
(200,000×10주－5,000×10주)×양도소득세 세율
- 을의 취득자금
10주×200,000원＝2,000,000원

다. 갑이 A법인에게 990주를 주당 200,000원에 자기주식으로 양도

- 갑의 양도소득세
(200,000×990주－5,000×990주)×양도소득세 세율
- A법인의 회계처리
차) 자기주식 198,000,000 대) 현 금 198,000,000
- A법인은 자기주식을 소각하지 않고 보유하고 있음

라. A법인의 주주구성

갑 99,000주(99%)
을 10주(0.01%)
A법인 990주(0.99%)

마. 갑보유주식 전부를 감자, 감자대가는 1주당 20,000원
을은 감자하지 않음

- 갑의 배당소득세
(99,000주×20,000－99,000주×5,000)×종합소득세 세율
- A법인의 회계처리
차) 자본금 495,000,000 대) 현 금 1,980,000,000
감자차손 1,485,000,000

바. 감자 후 주주구성

을 10주(1%)
A법인 990주(99%)
1,000주

사. 감자 시 증여의제(상증법 39의2, 상증령 29의2)

증여의제금액 = 감자주식 1주당 평가액 − 감자시 1주당 지급액)×총감자주식수×

$$\text{대주주등의 감자 후 지분비율} \times \frac{\text{대주주등과 특수관계인의 감자주식수}}{\text{총감자주식수}}$$

아. 대주주등에 해당하는 을의 감자 후 지분비율을 1%로 판단한 경우 증여의제금액

(200,000 − 20,000)×99,000×1%×99,000/99,000 = 178,200,000

자. 대주주등에 해당하는 을의 감자 후 지분비율을 100%로 판단한 경우 증여의제금액

(200,000 − 20,000)×99,000×100%×99,000/99,000 = 17,820,000,000

손익계산서

제 3 부

제1장 손익계산서의 일반원칙

I. 의 의

"손익계산서"는 일정기간 동안 기업실체의 경영성과에 대한 정보를 제공하는 재무보고서이다(재무회계개념체계 79, 문단 2.44).

II. 기본요소

손익계산서의 기본요소는 수익과 비용이다(재무회계개념체계 111). 이하 수익과 비용에 대해 살펴보기로 한다.

1. 수 익

① 정 의

"수익"이란 기업실체의 통상적인 경영활동과 관련된 재화의 판매 또는 용역의 제공 등에 대한 대가로 발생하는 자산의 유입 또는 부채의 감소이다. 다만, 주주의 지분 참여로 인한 자본증가는 포함하지 아니한다. 또한 수익은 기업에 귀속되는 경제적 효익의 유입만을 의미하므로 부가가치세와 같이 제3자를 대신하여 받는 금액이나 대리관계에서 위임자를 대신하여 받는 금액 등은 수익으로 보지 아니한다(재무회계개념체계 117).

② 인식기준

수익은 경제적 효익이 유입됨으로써 자산이 증가하거나 부채가 감소하고 그 금액을 신뢰성 있게 측정할 수 있을 때 인식한다(재무회계개념체계 143).

2. 비 용

① 정 의

“비용”이란 기업실체의 경영활동과 관련된 재화의 판매 또는 용역의 제공 등에 따라 발생하는 자산의 유출이나 사용 또는 부채의 증가이다(재무회계개념체계 120).

② 인식기준

비용은 경제적효익이 사용 또는 유출됨으로써 자산이 감소하거나 부채가 증가하고 그 금액을 신뢰성 있게 측정할 수 있을 때 인식한다(재무회계개념체계 145). 따라서 과거에 인식한 자산의 미래경제적효익이 감소 또는 소멸되거나 경제적 효익의 수반없이 부채가 발생 또는 증가한 것이 명백한 경우에는 비용을 인식한다(재무회계개념체계 147).

III. 표 시

1. 구분 및 통합표시

일반기업회계기준에서는 재무상태표와 달리 다음 항목을 제외하고는 손익계산서에 대한 구분 및 통합표시에 대해 구체적 언급이 없다. 다만, ‘중요한 항목은 재무제표의 본문이나 주석에 그 내용을 가장 잘 나타낼 수 있도록 구분하여 표시하며, 중요하지 않은 항목은 성격과 기능이 유사한 항목과 통합하여 표시할 수 있으므로’(문단 2.9), 손익계산서도 마찬가지 원칙에 의해 구분 또는 통합표시할 수 있을 것이다.

① 매출액

② 매출원가

③ 판매비와관리비

또한 손익계산서 항목을 구분표시하는 경우 특정 항목의 금액이 미래에 유사한 크기로 다시 발생하는 정도를 상대적으로 고려하여 지속성 정도에 큰 차이가 있는 항목은 구분표시하여야 한다(재무회계개념체계 80).

2. 총액표시

① 원 칙

수익과 비용은 각각 총액으로 보고하는 것을 원칙으로 한다. 다만, 이 기준서 외의 다른 기업회계기준에서 요구하거나 허용하는 경우에는 수익과 비용을 상계하여 표시할 수 있다(문단 2.57).

② 예 외

동일 또는 유사한 거래나 회계사건에서 발생한 차익, 차손 등은 총액으로 표시하는 것이 원칙이지만 중요하지 않은 경우에는 관련 차익과 차손 등을 상계하여 표시할 수 있다(실 2.11). 예를 들어 외환차익과 외환차손과 같이 동일 또는 유사한 성격으로서 중요하지 않은 차익과 차손이 반복적으로 발생하는 경우 이를 서로 상계하여 표시할 수 있다. 그러나 외환차익과 외환차손 중 어느 한 쪽 또는 각각의 크기가 중요하다면 서로 상계하여 표시할 수 없다.

손 익 계 산 서

제 × 기 : 20××년 ×월 ×일부터 20××년 ×월 ×일까지
제 × 기 : 20××년 ×월 ×일부터 20××년 ×월 ×일까지

기업명 : (단위 : 원)

일반기업회계기준	
중단사업손익이 없을 경우	중단사업손익이 있을 경우
매출액[주1)]	**매출액**[주1)]
매출원가[주2)]	**매출원가**[주2)]
기초상품(또는 제품) 재고액	기초상품(또는 제품) 재고액
당기매입액 (또는 당기제품제조원가)	당기매입액 (또는 당기제품제조원가)
기말상품(또는 제품) 재고액	기말상품(또는 제품) 재고액
매출총이익	**매출총이익**

일반기업회계기준	
중단사업손익이 없을 경우	중단사업손익이 있을 경우
(또는 매출총손실)	(또는 매출총손실)
판매비와관리비[주3)]	**판매비와관리비**[주3)]
급여	급여
퇴직급여	퇴직급여
해고급여[주4)]	해고급여[주4)]
복리후생비	복리후생비
임차료	임차료
접대비	접대비
감가상각비	감가상각비
무형자산상각비	무형자산상각비
세금과공과	세금과공과
광고선전비	광고선전비
연구비	연구비
경상개발비	경상개발비
대손상각비	대손상각비
....	....
영업이익	**영업이익**
(또는 영업손실)	(또는 영업손실)
영업외수익	**영업외수익**
이자수익	이자수익
배당금수익	배당금수익
임대료	임대료
단기투자자산처분이익	단기투자자산처분이익
단기투자자산평가이익	단기투자자산평가이익
외환차익	외환차익
외화환산이익	외화환산이익
지분법이익	지분법이익
장기투자증권손상차손환입	장기투자증권손상차손환입
투자자산처분이익	투자자산처분이익
유형자산처분이익	유형자산처분이익
사채상환이익	사채상환이익

일반기업회계기준	
중단사업손익이 없을 경우	중단사업손익이 있을 경우
전기오류수정이익	전기오류수정이익
....	....
영업외비용	**영업외비용**
이자비용	이자비용
기타의대손상각비	기타의대손상각비
단기투자자산처분손실	단기투자자산처분손실
단기투자자산평가손실	단기투자자산평가손실
외환차손	외환차손
외화환산손실	외화환산손실
기부금	기부금
지분법손실	지분법손실
장기투자증권손상차손	장기투자증권손상차손
매도가능증권처분손실	매도가능증권처분손실
유형자산처분손실	유형자산처분손실
사채상환손실	사채상환손실
전기오류수정손실	전기오류수정손실
매출채권처분손실	매출채권처분손실
재고자산감모손실	재고자산감모손실
....	....
법인세비용차감전순손익	**법인세비용차감전계속사업 손익**
법인세비용	**계속사업손익법인세비용**
	계속사업이익
	중단사업손익[주5)]
	(법인세효과 : ×××원)
당기순이익(또는 당기순손실)[주6)]	**당기순이익(또는 당기순손실)**[주6)]

주1) 순매출액으로 표시함을 원칙으로 하되, 매출할인, 매출환입, 매출에누리 등 총매출액에서 차감하는 항목이 중요한 경우 총매출액에서 차감하는 형식으로 표시하거나 주석으로 기재한다(문단 2.46). 또한 ① 업종 또는 부문별로 구분하여 표시할 수 있으며, ② 반제품매출액, 부산물매출액, 작업폐물매출액, 수출액, 장기할부매출액 등이 중요한 경우 이를 구분표시하거나 주석으로 기재한다(문단 2.47).

주2) 단일항목 표시하고 산출과정을 주석으로 기재하는 방법과 산출과정을 본문에 표시하는 방법 중 선택할 수 있다(문단 2.48).

주3) 판매비와관리비는 해당 비용을 표시하는 적절한 항목으로 구분하여 표시하거나 일괄표시할 수 있으며, 일괄표시하는 경우에는 적절한 항목으로 구분하여 주석기재한다(문단 2.50).
판매비와관리비는 제품, 상품, 용역 등의 판매활동과 기업의 관리활동에서 발생하는 비용으로서 매출원가에 속하지 아니하는 비용을 말하며, 급여(임원급여, 급료, 임금 및 제수당 등을 포함한다), 퇴직급여, 해고급여, 복리후생비, 임차료, 기업업무추진비, 감가상각비, 무형자산상각비, 세금과공과, 광고선전비, 연구비, 경상개발비, 대손상각비 등을 포함한다. 한편, 빈번하게 발생하는 것은 아니지만 영업활동과 관련하여 비용이 감소함에 따라 발생하는 퇴직급여충당부채환입, 판매보증충당부채환입 및 대손충당금환입 등은 판매비와관리비의 부(−)의 금액으로 한다.
주4) 종업원을 해고하는 대가로 지급하는 금액은 해고급여로 판매비와관리비에 분류한다.
주5) 중단사업손익은 법인세효과를 차감한 후의 순액으로 보고하고, 산출내역을 주석기재한다. 이때 중단사업손익에 대한 법인세효과는 주기한다(문단 2.55).
주6) 당기순손익에 기타포괄손익을 가감하여 산출한 포괄손익의 내용(포괄손익계산서)을 주석기재한다(문단 2.56).

제2장 매출액과 매출원가

I. 매출총손익

1. 의의

"매출총손익"은 매출액에서 매출원가를 차감하여 산출한다. 이하 매출액과 매출원가에 대해 살펴보기로 한다.

매출총손익 = 매출액 − 매출원가

2. 매출액

(1) 의의

"매출액"은 기업의 주된 영업활동에서 발생한 제품, 상품, 용역 등의 순매출액으로 한다. 즉 총매출액에서 매출할인, 매출환입, 매출에누리 등을 차감한 금액이다(문단 2.46).

(2) 표시원칙

매출할인, 매출환입, 매출에누리 등은 차감하여 표시하는 것을 원칙으로 하되, 해당 금액이 중요한 경우 총매출액에서 차감하는 형식으로 표시할 수 있다(문단 2.46).

(3) 구분표시

매출액은 다음과 같이 구분표시할 수 있다(문단 2.47).

① 업종별
② 부문별
③ 반제품매출액, 부산물매출액, 작업폐물매출액, 수출액, 장기할부매출액 등이 중요한 경우

3. 매출원가

(1) 의의

“매출원가는 제품, 상품 등의 매출액에 대응되는 원가로서 판매된 제품이나 상품 등에 대한 제조원가 또는 매입원가이다(문단 2.48). 매출원가는 기초제품(또는 상품)재고액에 당기제품제조원가(또는 당기상품매입액[16])를 가산하고 기말제품(또는 상품)재고액을 차감한 금액으로 하되(실 2.8), 제품이나 상품에 대하여 생산, 판매 또는 매입 외의 사유로 증감액이 있는 경우[17]에는 이를 매출원가의 계산에 반영한다(실 2.10).

1. 제품매출원가
   = 기초제품재고액 + 당기제품제조원가 − 기말제품재고액 ± 생산, 판매 또는 매입 외의 사유로 증감액
2. 상품매출원가
   = 기초상품재고액 + 당기상품매입액 − 기말상품재고액 ± 생산, 판매 또는 매입 외의 사유로 증감액

(2) 표시원칙

매출원가는 계산과정의 제시없이 단일항목으로 손익계산서 본문에 보고하는 방법과 계산과정을 손익계산서 본문에 표시하는 방법 두 가지 중 하나를 선택할 수 있다(문단 2.48)[18].

---

16) 당기상품매입액은 상품의 총매입액에서 매입할인, 매입환출, 매입에누리 등을 차감한 금액으로 한다(실 2.9).

17) 이에는 관세환급금, 재고자산평가손실, 재고자산평가손실환입, 정상감모손실 등이 있다.

18) 전자의 방법은 간결한 장점이 있으나 계산과정이 표시되지 않는 단점이 있는 반면 후자의 경우에는 계산과정이 표시되지만 손익계산서가 다소 복잡해지는 문제점이 있다. 이에 기업이 두 가지 방법의 장단점을 고려하여 선택할 수 있다. 다만, 단일항목으로 손익계산서에 보고하는 경우 산출과정을 주석으로 공시하여야 한다(문단 2.48).

(3) 구분표시

기업회계기준에서는 매출원가의 구분표시에 대해 구체적인 언급이 없으나, 저자의 견해로는 매출액의 구분표시와 동일하게 매출원가도 다음과 같이 구분표시할 수 있을 것으로 판단된다.

① 업종별

② 부문별

③ 반제품매입액, 부산물매입액, 작업폐물매입액, 수입액, 장기할부매입액 등이 중요한 경우

II. 매출수익의 인식기준

1. 기업회계

(1) 재화의 판매

1) 원칙 : 인도기준

재화의 판매로 인한 수익은 다음 조건이 모두 충족될 때 인식한다(문단 16.10).

① 재화의 소유에 따른 유의적인 위험과 보상이 구매자에게 이전된다.

② 판매자는 판매한 재화에 대하여 소유권이 있을 때 통상적으로 행사하는 정도의 관리나 효과적인 통제를 할 수 없다.

③ 수입금액을 신뢰성 있게 측정할 수 있다.

④ 경제적효익의 유입가능성이 매우 높다.

⑤ 거래와 관련하여 발생했거나 발생할 거래원가와 관련 비용을 신뢰성 있게 측정할 수 있다.

2) 반품가능판매

재화의 소유에 따른 위험과 보상이 구매자에게 이전되는 경우에는 재화의 인도시점에서 수익을 인식한다. 그러나 거래 이후에도 판매자가 관련 재화의 소유에 따른 유의적인 위험을 부담하는 경우에는 그 거래를 아직 판매로 보지 아니하며 따

라서 수익을 인식하지 않는다. 이러한 예는 다음과 같다(실 16.2).

- 인도된 재화의 결함에 대하여 정상적인 품질보증범위를 초과하여 책임을 지는 경우
- 판매대금의 회수가 구매자의 재판매에 의해 결정되는 경우
- 설치조건부 판매에서 계약의 유의적인 부분을 차지하는 설치가 아직 완료되지 않은 경우
- 구매자가 판매계약에 따라 구매를 취소할 권리가 있고, 해당 재화의 반품가능성을 예측하기 어려운 반품가능 판매의 경우

  따라서 반품가능판매의 경우 다음의 조건을 모두 충족하는 시점에서 수익을 인식한다(실 16.3).

- 판매가격이 사실상 확정되었고
- 구매자의 지급의무가 재판매 여부에 영향을 받지 않으며
- 판매자가 재판매에 대한 사실상의 책임을 지지 않고
- 미래의 반품금액을 신뢰성 있게 추정할 수 있다.

그러나 상기 조건을 충족하지 못한 경우에는 판매자가 재화의 소유에 따른 위험의 대부분을 부담하는 것으로 보아 인도시점에서 수익을 인식하지 아니하고 반품할 수 있는 기간이 종료된 시점에서 수익을 인식하여야 한다.

사례 반품가능판매

Ⅰ. 자료

1. 나미㈜는 보란㈜에게 다음과 같은 반품가능조건으로 제품을 판매하였다.
   (1) 보란㈜은 제품인수 후 2월 이내에 반품 여부를 결정하여야 한다.
   (2) 제품대금결제는 제품인수 후 30일 이내에 제품의 판매 여부와 관계없이 결제하여야 한다.
   (3) 세금계산서는 당월 입고분에 대해 월말에 월합계세금계산서를 발행하기로 한다.
2. 2024년에 나미㈜가 보란㈜에 판매한 제품내역은 다음과 같다.

품 명	판매수량	판매가액(개당)	제조원가(개당)
A	100개	200,000원	150,000원
B	200개	250,000원	180,000원
C	300개	300,000원	200,000원
합 계	600개		

3. 2024년 중 보란㈜로부터 회수된 금액은 60,000,000원이다.
4. 2024년 말 현재 회수되지 않은 채권금액 중 차기 이후의 반품가능추정액은 다음과 같다.
   ⑴ 미회수채권금액 : 총판매가액 160,000,000 － 회수금액 60,000,000
   ＝ 100,000,000
   ⑵ 평균반품률(과거 경험치) ＝ 10%
   ⑶ 반품추정액 : 미회수채권금액 100,000,000 × 10% ＝ 10,000,000

Ⅱ. 2024년 말 반품추정시의 회계처리

(차) 매 출	10,000,000	(대) 반품충당부채 (유동부채)	10,000,000

Ⅲ. 반품추정액에 해당하는 재고자산금액의 계산

Ⅱ.의 처리처럼 나미㈜는 반품추정금액을 계산하여 매출에서 차감처리하였다. 그러므로 수익비용대응의 원칙에 따라 동 차감금액에 상당하는 매출원가금액도 손익계산서상 매출원가에서 차감처리되어야만 논리적으로 타당할 것이다.

매출원가의 계산구조는 기초재고금액에 당기제품제조원가(또는 당기상품매입액)를 가산하고 기말재고금액을 차감하여 산출된다. 이때 기말재고금액은 기말 실제 재고수량에 단가금액을 곱하여 계산되는데 보란㈜에 출고된 제품은 기말재고수량에서 당연히 제외되어 있다. 그런데 반품추정액을 매출액에서 차감하였으므로 동 금액에 상당하는 원가해당금액을 기말재고금액에 합산하여야 매출원가금액이 정확히 계산될 것이다.

상기 자료에서 나미㈜는 보란㈜에게 3가지의 제품을 판매하였고 품명별 원가율은 다음과 같다.

품 명	매 출 액	매출원가	원 가 율
A	20,000,000	15,000,000	75%
B	50,000,000	36,000,000	72%
C	90,000,000	60,000,000	67%
합 계	160,000,000	111,000,000	69.375%

만약 반품추정액을 품명별로 구분할 수 있다면 품명별 원가율을 곱하여 반품추정액에 상당하는 재고금액을 계산할 수 있으나, 전체 평균반품예상률을 곱하여 반품추정액을 계산하였으므로 반품추정액에 평균원가율을 곱하여 반품추정액에 상당하는 재고금액을 계산할 수밖에 없다.

• 반품추정액에 상당하는 재고금액 ＝ 반품추정액 × 평균원가율
  ＝ 10,000,000 × 69.375%
  ＝ 6,937,500
• 매출원가계산시 기말재고금액＝실제 기말보유재고금액＋반품추정액에 상당하는 재고금액

Ⅳ. 2024년말 부분손익계산서와 부분재무상태표

손익계산서		재무상태표	
1. 매출액	150,000,000	1. 매출채권	100,000,000
2. 매출원가	104,062,500	2. 재고자산	6,937,500
3. 매출총이익	45,937,500	3. 반품충당부채	10,000,000

Ⅴ. 실무상 회계처리(상기 Ⅱ, Ⅲ 대체)

(차) 매　출	10,000,000	(대) 반품충당부채	10,000,000
반환제품재고액	6,937,500	매출원가	6,937,500

3) 백화점 등 유통업체의 매출인식

① 매출형태

가. 직영매장매출 : 백화점 자체의 직원이 외부로부터 구입한 재화 등을 판매하는 매장에서 발생되는 수익

나. 수수료매장매출 : 백화점 납품업체와 체결한 수수료약정에 의해 납품업체 직원이 판매하는 매장에서 발생되는 수수료수익으로 미판매분은 전량 반품 가능한 형태

다. 임대매장매출 : 임대계약에 따라 발생되는 임대료수익

② 수수료매장매출에 대한 매출인식

상기 매출형태에서 대리관계에 해당되는 것은 수수료매장매출로서 종전까지는 백화점 판매금액을 전액 매출로 계상하고 수수료를 차감한 금액을 매출원가로 계상하는 총액주의로 회계처리되었으나, 일반기업회계기준에 따라 다음의 경우를 구분하여 매출에 대한 회계처리를 해야 한다.

가. 납품업체와 약정된 수수료금액을 매출로 계상

백화점 등 유통업체가 납품업체로부터의 매입물품을 유통업체의 요구로 언제든지 반품처리가 가능한 경우에는 재화의 소유에 따른 위험과 효익의 대부분이 구매자에게 이전되었다고 할 수 없으므로 납품업체는 백화점 등에서 소비자에게 판매가 이루어진 시점에서 납품업체가 소비자판매가액을 매출로 계상하고 유통업체는 약정된 수수료 해당 금액을 매출로 인식하여야 한다.

나. 소비자판매가액을 전액 매출로 계상

상기 '가.'는 100% 반품이 가능하기 때문에 수수료만을 매출로 계상하는 것이다. 그러므로 납품업체와의 약정에 의해 일정기간 후에는 반품이 불가능한 경우에는 납품업체가 유통업체에 물품을 인도시 매입처리하고 소비자판매가액을 매출로 총액처리하게 된다.

다만, 국내 일부의 대형 유통업체 등은 물품입고 90일 후에는 반품이 안되도록 약정서를 체결하고 총액으로 매입·매출금액을 처리하고 있다(회제일 8360-00142, 2004.3.8.).

기업회계상 주요해석

1. "판매분 매입"의 경우 백화점 납품업체는 재화가 최종소비자에게 판매되는 시점에 그 판매대가를 매출액으로 인식하고, 판매대가와 약정된 정산금액과의 차이는 실질적인 수수료에 해당하므로 판매비와관리비로 회계처리함(질의회신 03-14, 2003.1.13.).

   * 판매분 매입 : 백화점매장에서 소비자에게 제품을 판매하는 시점에 재화에 대한 법적 소유권이 백화점으로 동시에 백화점에서 소비자로 이전되고(백화점입장에서는 매입과 판매가 동시에 발생), 백화점 매장의 판매되지 않은 재고자산은 납품업체의 소유로 관리책임은 납품업체에 있으며, 백화점은 최종소비자에게 제품을 판매하는 시점에 확정된 대금청구권(백화점에 대한 수수료를 차감한 금액)을 월별로 정산하여 납품업체에 입금하는 거래유형

2. 백화점의 특정매입거래와 관련하여 백화점은 최종소비자에게 판매되는 판매가액이 아닌 입점업체로부터 수령하게 되는 순수한 수수료부분만을 매출로 인식하는 것이 타당함(회제일 8360-00186, 2003.5.9.).
3. 납품마감월로부터 4개월 이내로 반품 또는 대금지급을 제한하는 백화점 특정매입거래의 경우 수익을 총액으로 인식할 수 없으며, 다만 아래 거래유형과 유사한 거래인 경우 총액인식이 가능함(회제일 8360-00142, 2004.3.8.).

③ 백화점 납품업체의 매출인식

가. 회계처리

- '②의 가.' 경우

  재화가 최종소비자에게 판매되는 시점에 최종소비자에 대한 판매대가 총액을 매출액으로 계상하고 백화점 등에 대한 수수료를 판매비와관리비로 비용계상한다.

  이때 최종소비자에 대한 판매대가총액인 매출채권과 유통업체에 대한 수수료 해당액인 미지급금은 각각 총액으로 기재하여야 한다.

  다만, 회사가 채권과 채무를 상계할 수 있는 법적 구속력 있는 권리를 가지고

있고, 채권과 채무를 순액기준으로 결제하거나 채권과 채무를 동시에 결제할 의도가 있다면 상계하여 표시하는 것이 타당하다.

- '②의 나.' 경우
  유통업체에 물품인도시 매출계상한다.

나. 세무상 처리

- 부가가치세법
  2019.2.12. 부가가치세법 시행령 제75조 제9 · 10호의 신설로 납품업체가 백화점 등에 재화 인도시를 공급시기로 할 것인지 또는 백화점 등이 소비자에게 재화 인도시를 공급시기로 할 것인지를 결정하여 세금계산서를 발급하여도 부가가치세법상 공급시기 및 매입세액공제 등에 대한 문제를 제기하지 않도록 개정되었다.
  제9 · 10호 거래의 실질이 위탁매매 또는 대리인에 의한 매매에 해당함에도(해당하지 않음에도) 불구하고 거래 당사자 간 계약에 따라 위탁매매 또는 대리인에 의한 거래로 하여(매매로 하여) 세금계산서를 발급받은 경우로서 그 거래사실이 확인되고 거래 당사자가 법 제48조 · 제49조에 따라 납세지 관할 세무서장에게 해당 납부세액을 신고하고 납부한 경우 매입세액공제 가능하다.
- 법인세법(다음의 집행기준에 해당하지 않는 경우)
  법인세법에서는 재화의 공급은 인도기준에 의해 익금귀속시기를 결정하므로 재화가 백화점 등에 입고되는 시점에서 익금에 해당된다.
- 집행기준 40 – 68 – 3(백화점사업자 등에 납품하는 경우의 손익귀속시기)
  ① 백화점사업자와 상품 등의 위탁판매계약을 체결하고 백화점사업자에게 판매를 위탁한 경우에는 수탁자인 백화점 사업자가 해당 상품 등을 판매한 날이 속하는 사업연도를 손익의 귀속 사업연도로 한다.
  ② 의류 제조법인이 제품에 대한 소유권을 가지고 해당 법인의 브랜드만 취급하는 대리점사업자에게 제품을 반출하고 대리점사업자가 해당 제조법인의 판매시점인식시스템을 통하여 소비자에게 실제 판매한 제품에 대하여만 대금청구권을 가지며 제조법인이 전적으로 반출한 제품과 반입할 제품의 품목과 수량을 결정하고 대리점사업자는 주문에 대한 책임과 권한이 없는 거래에 있어서 대리점사업자가 제품을 최종소비자에게 판매하는 시점이 「법인세법 시행령」 제68조 제1항 제1호의 "그 상품 등을 인도한 날"에 해당하여 판매손익 등의 귀속사업연도가 되는 것임.

사례 1

1. 자료

(1) 영봉㈜는 보란백화점㈜와 골프의류 판매에 대한 수수료매장계약을 체결하였으며 수수료율은 30%로 결정하였다. 이때 반품 등의 모든 의사결정은 영봉(주)의 판단하에 이루어져 법인세법상 인도일은 소비자에게 판매된 날로 결정되었다.

(2) 2024.12.1.에 다음과 같은 상품이 백화점에 입고되었다.

품 명	백화점판매가	백화점입고가	제조원가
A	1,000,000	700,000	400,000
B	2,000,000	1,400,000	800,000
C	3,000,000	2,100,000	1,200,000
계	6,000,000	4,200,000	2,400,000

(3) 2024.12.31.에 A 및 C 상품이 정상적으로 판매(현금판매 전제)되었다.

(4) 판매대금은 2025.1.30.에 지급되었다.

2. 영봉㈜의 회계처리 및 세무조정

(1) 2024.12.1. 회계처리

(차) 매출채권	420,000	(대) 부가세예수금	420,000

매출에 대한 회계처리 없다. 단, 부가가치세법상으로는 재화의 인도에 해당하므로 세금계산서는 정상적으로 발급되며, 이에 따른 회계처리는 발생한다.

(2) 2024.12.31. 회계처리

(차) 매출채권	4,000,000	(대) 매 출	4,000,000*
판매수수료	1,200,000	미지급금	1,200,000
(판매비와관리비)			

* 최종소비자에게 판매된 시점에서 판매된 상품에 대한 매출금액을 인식하고, 수수료는 판매관리비로 인식한다.
1,000,000(A상품) + 3,000,000(C상품) = 4,000,000원
이때 백화점에 인도됐지만 판매되지 않은 B상품의 재고금액 800,000원은 기말재고 자산금액에 포함된다.

(3) 세무조정

법인세법상 인도일이 기업회계와 동일하여 세무조정 없음

(4) 세무조정(만일 (3)에 해당되지 않아 인도일이 백화점에 입고된 날을 기준으로 하는 경우)

① 법인세법상 익금 및 손금해당액

익금해당액 : 당기 인도액(백화점 입고가) 4,200,000원

손금해당액 : 당기 제조원가 2,400,000원

② 기업회계상 수익 및 비용해당액

수익해당액 : 매출계상액 4,000,000원

비용해당액 : 매출원가계상액 1,600,000원

지급수수료계상액 1,200,000원

③ 세무조정

익금산입 · 매출 · 1,400,000 · 유보

손금산입 · 매출원가 · 800,000 · △유보

익금불산입 · 매출(지급수수료분) · 1,200,000 · 기타

손금불산입 · 지급수수료 · 1,200,000 · 기타

→법인세법에서는 당기에 전부 인도되었으므로 총 1,800,000(4,200,000 − 2,400,000)원의 소득금액을 계산하여야 하나 기업회계에서는 백화점에서 판매된 A · C에 대한 이익 1,200,000(4,000,000 − 1,600,000 − 1,200,000원)만 인식하였으므로 이의 차이인 600,000원이 익금산입된 것이며 지급수수료 해당매출액과 지급수수료는 각각 익금불산입 · 손금불산입처리함

④ 내년도 세무조정

가. 법인세법상 익금 및 손금해당액

없음(당기에 모두 인식)

나. 기업회계상 수익 및 비용해당액

수익 : 매출액 2,000,000원

비용 : 매출원가 800,000원

지급수수료 600,000원

이익 : 600,000원

다. 세무조정

익금불산입 · 매출 · 1,400,000 · 유보

손금불산입 · 매출원가 · 800,000 · △유보

익금불산입 · 매출(지급수수료분) · 600,000 · 기타

손금불산입 · 지급수수료 · 600,000 · 기타

⑤ 2024년 수입금액조정명세서 등 작성

가. 수입금액조정명세서(별지 제16호 서식)

③ 결산서상 수입금액 4,000,000

④ 가산 1,400,000

⑤ 차감 1,200,000

⑥ 조정 후 수입금액 4,200,000

나. 조정 후 수입금액명세서(별지 제17호 서식)

④ 계(⑤ + ⑥ + ⑦) 4,200,000

다. 법인세과세표준 및 세액신고서(별지 제1호 서식)

㉝ 수입금액 4,200,000

라. 기업업무추진비조정명세서(을)

③ 합계(① + ②) 4,000,000

3. 보란백화점㈜의 회계처리

(1) 2024.12.1.

(차) 선납부가세	420,000	(대) 미지급금	420,000

매입에 대한 회계처리 없다. 단, 부가가치세법상 재화의 공급이 해당되어 세금계산서가 발급되므로 입고금액에 대하여는 회계처리가 없어도 부가가치세 금액에 대하여는 회계처리를 하여야 한다.

(2) 2024.12.31.

(차) 현금및현금성자산	4,400,000	(대) 수수료매출	1,200,000*
		미지급금	2,800,000
		예수부가가치세	400,000

* 판매가 4,000,000×수수료율 30%＝1,200,000원

Expert Opinion Summary

경유매출에 대한 조세범처벌법

1. 경유매출

재화나 용역의 실공급자와 실수요자 사이에 직접 계약을 체결하지 않고 그 사이에 실물인도에는 관여하지 않은 채 대금지급에만 관여하는 당사자를 끼워 넣어 계약하는 형태의 매출을 경유매출이라 합니다.

2. 기업회계상 처리

대금지급에만 관여하는 당사자는 기업회계상 대리에 해당되어 해당 거래의 이익금액만을 매출액으로 계상하게 됩니다.

3. 과세관청의 주장

상당 수의 경유매출에 대하여 과세관청에서는 사실과 다른 위장세금계산서에 해당된다고 판단하여 매출 및 매입세금계산서 관련 가산세 및 매입세액불공제를 주장하고 있으며 조세범처벌법 제10조 제1항 및 제2항에 해당된다 하여 벌금 등을 부과하고 있습니다.

4. 대법원의 판례

대법원은 일관되게 납세의무자가 경제활동을 함에 있어서는 동일한 경제적 목적을 달성하기 위하여서도 여러 가지의 법률관계 중 하나를 선택할 수 있는 것이고, 과세관청으로서는 특별한 사정이 없는 한 당사자들이 선택한 법률관계를 존중하여야 한다고 판시하여 왔습니다(대법원 2001.8.21. 선고 2000두963 판결)(대법원 2001.8.21. 선고 2000두963 판결 참조).

즉, 납세자가 어떠한 방식의 거래를 하기로 계약당사자와 합의하였다면 원칙적으로 그러한 법률관계는 존중되어야 하는 것으로 특히 부가가치세법상 재화의 공급에 대하여는 위탁매매나 대리와 같이 부가가치세법에서 별도의 규정을 두고 있지 않는한 계약상 또는 법률상의 원인에 의하여 그 재화를 사용・소비할 수 있는 권한을 이전하는 행위를 한 자로 보아

야 한다고 또다른 대법원 판례에서 판시하고 있습니다(대법원 2017.5.18. 선고 2012두22485 판결 참조).

5. **경유매출에 의한 매입거래를 정상적인 거래로 판단한 조세심판원 결정사례**
실질적인 A법인(매입)과 C법인(매출)간의 재화공급의 거래에 있어 계열회사인 B법인이 개입하여 재화 실물의 이동없이(재화는 C법인에서 바로 A법인으로 감) C법인으로부터 매입하여 A법인으로 매출하고 각각 총액으로 세금계산서를 발행한 후 B법인은 A법인으로부터 대금을 수령하고 C법인에게 대금을 지급한 사례에 대해 과세관청은 실물이 B법인을 거치지 않고 A법인에게 직접 이동된 사실과 A법인이 본 건 거래에 대한 모든 절차를 진행하였고 B법인은 거래에 관여한 사실이 없이 C법인에 대한 대금을 정산하는 역할만을 하였다고 보아 A법인에 대해 매입세액을 불공제하고 A법인과 B법인을 조세범처벌법에 따라 검찰에 고발한 사건에 대해 조세심판원은 사실과 다른 위장세금계산서에 해당하지 않는다 결정하였습니다(조심 2013부1543, 2013.11.20. 참조).

4) 할부판매

① 인도시점에 수익을 인식. 단, 장기할부판매의 경우 미래에 받을 금액의 합계액(명목금액)과 판매대가의 공정가치(현재가치)의 차액은 현금회수기간에 걸쳐 이자수익으로 인식한다.

장기할부매출 회계처리

매출시 : (차) 장기성매출채권	×××	(대) 매 출	×××
		현재가치할인차금	×××*
결산시 : (차) 현재가치할인차금	×××주)	(대) 이자수익	×××

* 현재가치 측정시 적용할인율('①, ②' 중 보다 명확한 이자율)
① 신용도가 비슷한 기업이 발생한 유사한 금융상품에 적용되는 시장이자율
② 명목가액의 현재가치와 제공되는 재화나 용역의 현금판매가액을 일치시키는 유효이자율

저자주

장기할부판매의 현재가치 회계처리에 있어 가장 중요한 것은 현재가치를 산정하기 위해 적용할 할인율이다. 일반기업회계기준에서는 상기 '①, ②'의 이자율 중 보다 명확히 결정될 수 있는 것으로 규정하고 있지만 저자의 견해로는 '②'의 이자율을 보다 쉽고 명확하게 파악할 수 있는 것으로 생각한다. 이는 회사와 신용도가 비슷한 기업을 파악한 뒤 그 기업이 발행한 유사한 금융상품을 찾아 이에 적용되는 시장이자율을 산정하는 것이 그리 쉽지 않기 때문이다. 또한 회사마다 장기할부조건(또는 할부조건)의 판매가 아닐 경우의 현금판매금액은 있을 것이므로 이를 공정가치로 보아 유효이자율을 산정하면 되기 때문이다.

② 중소기업특례

일반기업회계기준 제31장 「중소기업회계처리특례」에 의해 중소기업기본법에 의한 중소기업(주권상장법인과 금융감독위원회 등록법인 및 금융업을 영위하는 법인은 제외)은 장기할부판매의 수익을 할부금회수기일이 도래한 날에 실현되는 것으로 할 수 있다(문단 31.9).

③ 법인세법상 처리

법인세법상에서는 인도기준 및 회수기일도래기준을 기업의 선택하에 회사의 회계처리로 인정한다(법령 68 ②·⑥). 그러므로 회사가 일반기업회계기준에 따라 인도기준으로 회계처리한 경우 세무조정은 없는 것이 원칙이나 중소기업의 경우에는 회수기일도래기준으로 세무조정이 가능하며 회수기일도래기준으로 회계처리한 경우에는 세무조정은 없다.

사례 · 2

1. 자료

수진㈜은 2024년 초 영봉㈜에 상품을 판매하고 상품판매대금을 다음과 같이 수령하기로 하였다. 단, 현금판매가액은 3,693,285원이며, 상품의 원가는 2,700,000원이다.

2024년 말 :	2,000,000
2025년 말 :	1,500,000
2026년 말 :	1,000,000
계	4,500,000

2. 유효이자율법에 의한 상각표 작성

우선 엑셀에 유효이자율법에 의한 상각표를 다음과 같이 작성한다. 이때 유효이자율은 0%로 하여 임의의 빈셀(예를 들어 F1)에 입력하여 놓고 상각표를 작성하도록 한다.

	A	B	C	D	E	F
1	일자	총회수액	유효이자 (이자수익)	원금회수액	장부금액	0.00%
2	2024년 초				3,693,285	
3	2024년 말	2,000,000	0	2,000,000	1,693,285	
4	2025년 말	1,500,000	0	1,500,000	193,285	
5	2026년 말	1,000,000	0	1,000,000	(806,715)	
6	합 계	4,500,000	0	4,500,000		

수식은 유효이자율법에 의한 상각표 작성법을 이용하여 입력하면 되며, 위의 경우 각 수식이

입력된 셀의 수식을 나타내면 다음과 같다.

일 자	총회수액	유효이자	원금회수액	장부가액
2024년 초				3,693,285
2024년 말	20,000,000	=ROUND(E2×F1,0)	= B3 − C3	= E2 − D3
2025년 말	15,000,000	=ROUND(E3×F1,0)	= B4 − C4	= E3 − D4
2026년 말	10,000,000	=ROUND(E4×F1,0)	= B5 − C5	= E4 − D5
합 계	=SUM(B3 : B5)	=SUM(C3 : C5)	=SUM(D3 : D5)	

이때 ROUND함수는 반올림 함수이다.

이제 메뉴의 '도구'에서 '목표값 찾기'를 선택한다. '수식 셀'에는 E5셀을 선택하고, '찾는 값'에는 0을 입력하며, '값을 바꿀 셀'에는 유효이자율이 들어가 있는 F1셀을 선택한 후 확인을 클릭한다. 이후 엑셀 시트는 다음과 같이 되어 있을 것이다.

	A	B	C	D	E	F
1	일자	총회수액	유효이자	원금회수액	장부가액	12.00%
2	2024년 초				3,693,285	
3	2024년 말	2,000,000	443,194	1,556,806	2,136,479	
4	2025년 말	1,500,000	256,378	1,243,622	892,857	
5	2026년 말	1,000,000	107,143	892,857	0	
6	합 계	4,500,000	806,715	3,693,285		

위 결과에서 보듯이 유효이자율은 12%이며, 상각표도 작성되었다.

3. 회계처리(인도기준을 적용한 경우)

① 2024.1.1.

(차) 장기성매출채권	2,500,000	(대) 매출	3,693,285
매출채권	2,000,000	현재가치할인차금	806,715

② 2024.12.31.

(차) 현 금	2,000,000	(대) 매출채권	2,000,000
현재가치할인차금	443,194	이자수익	443,194
매출채권	1,500,000	장기성매출채권	1,500,000

③ 2025.12.31.

(차) 현 금	1,500,000	(대) 매출채권	1,500,000
현재가치할인차금	256,378	이자수익	256,378
매출채권	1,000,000	장기성매출채권	1,000,000

④ 2026.12.31.

(차) 현 금	1,000,000	(대) 매출채권	1,000,000
현재가치할인차금	107,143	이자수익	107,143

4. 세무조정

① 일반적인 경우

세무조정 없음(법인세법에서도 장기할부조건부판매를 인정 · 법령 68 ② · ⑥)

② 회사가 세무상 중소기업인 경우

다음 '가.', '나.' 중 선택적용가능

가. 인도기준선택

세무조정 없음

나. 회수기일도래기준선택

• 2024년

회사수익계상액 4,136,479 − 세무상 익금액 2,000,000 = 익금불산입 · 2,136,479 · △유보

• 2025년

회사수익계상액 256,378 − 세무상 익금액 1,500,000 = 익금산입 · 1,243,622 · 유보

• 2026년

회사수익계상액 107,143 − 세무상 익금액 1,000,000 = 익금산입 · 892,857 · 유보

(2) 용역의 제공

1) 기업회계(진행기준적용)

① 원칙

일반기업회계기준에서는 용역매출액 및 예약매출액에 대하여 장 · 단기에 불문하고 진행기준에 따라 실현되는 것으로 하고 있다(문단 16.11).

② 예외

가. 용역제공 등과 관련한 수익, 원가 또는 진행률 등을 신뢰성있게 추정할 수 없는 경우

• 발생원가의 회수가능성이 높은 경우

발생원가의 범위 내에서 회수가능금액을 수익으로 계상하고, 발생원가 전액을 비용으로 계상한다(문단 16.13).

• 발생원가의 회수가능성이 낮은 경우

수익을 인식하지 않고 발생한 원가를 비용으로 인식한다(문단 16.14). 거래의 성과를 신뢰성있게 추정하는 것을 어렵게 만들었던 불확실성이 해소된 경우에는 진행기준에 따라 인식한다.

• 세무조정

법인세법에서도 용역매출에 대하여는 진행기준을 적용하여 별도의 세무조정은 없으나 용역관련 진행률 등을 신뢰성있게 추정할 수 없는 경우에는 완성기준을 적용한다. 즉 기업회계상 용역제공연도에 수익과 비용으로 계상한 금액은 모두 익금불산입 · 손금불산입하여 용역제공 완료연도에 익금과 손금으로 처리한다.

나. 중소기업특례

• 회계처리

중소기업기본법에 의한 중소기업(상장법인, 금융감독위원회 등록법인 및 금융업 영위법인 제외)의 경우 단기용역매출액 및 단기예약매출액은 용역을 제공하거나 공사 등을 완성한 날에 실현되는 것으로 할 수 있다(문단 31.9).

• 세무조정

법인세법에서도 진행기준에 대한 예외로 중소기업이 단기용역에 대하여 장부상 완성기준을 적용한 경우에는 이를 인정하여 별도의 세무조정이 발생하지 않는다. 이때 장부상 진행기준을 적용한 경우에도 기업이 선택적으로 익금불산입 · 손금불산입 세무조정을 할 수 있다.

③ 진행기준

가. 의미

진행기준이란 총계약매출금액에 진행률을 곱하여 매출(수익)을 인식하고 동 매출액에 대응하여 실제로 발생한 비용을 원가로 계상하는 방법이다.

나. 적용조건

다음 조건을 모두 충족한 경우에는 용역제공거래의 성과를 신뢰성있게 측정할 수 있다고 보아 진행기준을 적용한다(문단 16.11).

• 거래전체의 수익금액을 신뢰성있게 측정할 수 있다.
• 경제적효익의 유입가능성이 매우 높다.
• 진행률을 신뢰성있게 측정할 수 있다.
• 이미 발생한 원가 및 거래의 완료를 위하여 투입하여야 할 원가를 신뢰성있게 측정할 수 있다.

다. 적용대상

용역매출과 예약매출(도급공사 포함)의 경우 진행기준을 적용한다.

- 용역매출 : 무형의 재산인 서비스를 매출하는 것
- 예약매출 : 미리 주문을 받아 제품(주택·상가 등 포함)을 제조(건설하거나 매입하여 인도함으로써 이루어지는 매출형태)
- 도급공사(예 : 원도급·하도급 등) : 건설업자가 건설공사를 완성할 것을 약정하고 상대방이 그 일의 결과에 대하여 대가를 지급할 것을 약정하는 계약에 의해 수행하는 공사

이 경우 진행기준의 적용은 반드시 용역매출에 대하여만 이루어지는 것이 아니라 제조업의 경우에도 주문을 받아 제품을 제조하여 납품하는 데 그 기간이 일정기간 이상이 소요되는 경우에는 진행기준을 적용하여 매출액을 계상하여야 한다.

④ 용역이익

가. 진행기준에 의한 용역이익

1. 당기공사수익 = (도급금액 × 공사진행률) − 전기까지 인식한 공사수익
2. 당기공사원가 = 당기에 실제 발생한 공사비용
3. 당기공사이익 = 당기공사수익 − 당기공사원가

다만, 용역제공거래에서 이미 발생한 원가와 그 거래를 완료하기 위해 추가로 발생할 것으로 추정되는 원가의 합계액이 해당 용역거래의 총수익을 초과하는 경우에는 그 초과액과 이미 인식한 이익의 합계액을 전액 당기손실로 인식한다.

나. 진행률

진행률은 원가기준, 투입량(작업량)기준 및 산출량(용역량)기준 등을 모두 사용할 수 있어 기업이 제공하는 용역거래의 특성을 가장 잘 반영할 수 있는 기준을 이용하여 진행률을 산정하면 된다(실 16.10).

1. 원 가 법 : $\dfrac{\text{당기말까지 발생한 공사원가누계액}}{\text{총예정공사원가}}$

2. 투입량기준법 : $\dfrac{\text{당기말까지 투입한 투입량}}{\text{총투입예정량(작업시간, 작업일수)}}$

3. 산출량기준법 : $\dfrac{\text{당기말까지 산출된 산출량}}{\text{총산출예정량(면적, 물량)}}$

중/점/사/항/ 공사원가에 대한 진행기준 미적용

일반기업회계기준에서는 공사수익에 대해 진행기준을 적용하고 공사원가는 이에 대응하여 발생한 비용을 계상하도록 규정하고 있다. 진행률 중 원가기준을 적용하는 경우와 이외의 다른 기준(물리적 완성비율 등)을 적용하여 진행률을 결정하는 경우에는 공사이익의 계상이 다를 수 있음에 유의하여야 한다.

1. 자료

① 계약금액 10,000
② 추정원가 8,000
③ 당기투입원가 3,200
④ 물리적 완성비율 50%

2. 원가기준 적용시

① 진행률 : 3,200/8,000 = 40%
② 공사수익 : 10,000×40% = 4,000
③ 공사원가 : 3,200
④ 이익 : 4,000 - 3,200 = 800

3. 물리적 완성비율 적용시

① 진행률 : 50%
② 공사수익 : 10,000×50% = 5,000
③ 공사원가 : 3,200
④ 이익 : 5,000 - 3,200 = 1,800

사례 3 건설용역

1. 자료

(1) A법인은 B법인과 건설도급계약을 체결하고 건설용역을 제공한다.
(2) 계약기간 : 2024.7.1.~2025.9.30.
(3) 계약금 100억원
(4) 추정계약원가 80억원
(5) 당기발생 계약원가 32억원
(6) 당기 청구금액 35억원(현금수령액 30억원)

2. 진행률을 누적발생 공사원가기준 적용시 손익인식

(1) 진행률 계산

$$\frac{32억원}{80억원} = 40\%$$

(2) 손익인식

① 공사수익계상액 : 100억원×40%=40억원

② 공사원가발생액 : 32억원

③ 공사이익 : 40억원－32억원=8억원

(3) 회계처리

① 공사원가 발생시

(차)	미성공사	32	(대) 현금	32

② 공사대금 청구시

회계처리 없음

③ 공사대금 수령시

(차)	현금	30	(대) 공사선수금	30

④ 결산시

(차)	공사선수금	30	(대) 공사수익	40
	공사미수금	10		

⑤ 공사원가 인식시

(차)	공사원가	32	(대) 미성공사	32

(4) 재무제표상 표시

① 재무상태표(자산) : 공사미수금 10

② 손익계산서

- 공사수익 40
- 공사원가 32
- 공사이익 8

2) 법인세법

법인세법상 진행률의 계산은 다음 산식을 적용하여 계산한 비율을 말한다. 다만, 건설의 수익실현이 건설의 작업시간·작업일수 또는 기성공사의 면적이나 물량 등과 비례관계가 있고, 전체 작업시간 등에서 이미 투입되었거나 완성된 부분이 차지하는 비율을 객관적으로 산정할 수 있는 건설의 경우에는 그 비율로 할 수 있다(법칙 34 ①).

$$\text{작업진행률} = \frac{\text{해당 사업연도말까지 발생한 총공사비누적액}}{\text{총공사예정비}}$$

즉 기업회계상의 진행률과 동일하게 산출하고 있다.

(3) 건설형 공사계약의 회계처리

1) 의의

건설형 공사계약은 성격상 공사를 시작하는 시점과 공사완료시점이 서로 다른 회계기간에 속하는 장기계약의 경우가 대부분이다. 따라서 수익획득과정이 모두 완료되기 이전일지라도 회계기간별로 공사계약의 수익과 비용을 적절하게 인식하는 것이 매우 중요한 회계문제가 된다.

일반기업회계기준 제16장 제2절 「건설형 공사계약」은 이러한 건설형 공사계약에 대한 회계처리와 공시에 필요한 사항을 정하는데 그 목적이 있으며, 주요 내용은 공사수익과 공사원가 및 공사손실의 인식, 공사계약의 변경에 관한 것이다.

2) 적용범위

일반기업회계기준 제16장 제2절 「건설형 공사계약」은 사전에 확정된 계약에 따라 총공사수익과 총공사원가의 추정이 가능하기 때문에 이익을 공사진행 정도에 따라 인식할 수 있는 '건설형 공사계약[19)]'을 적용범위로 하고 있다.

일반기업회계기준은 건설업뿐만 아니라 공사계약의 형태가 유사한 경우에는 기타 산업에도 적용할 수 있도록 하고 있다(문단 16.20). 이러한 건설형 공사계약에는 다음과 같은 것이 있다.

- 선박이나 항공기 · 레이더 · 무기 · 우주장비 등 복잡한 전자장비의 제작과 같은 특별한 주문생산형 공사계약
- 제련소, 기타 복잡한 생산설비나 기계장치의 건설형 공사계약
- 공사감리나 설계용역의 계약과 같이 자산의 건설공사와 직접 관련된 용역제공계약
- 자산의 철거나 원상회복, 그리고 자산의 철거에 따르는 환경의 복구에 관한 계약
- 청약을 받아 분양하는 아파트 등 예약매출에 의한 건설공사계약

따라서 선박이나 항공기, 레이더 · 무기 · 우주장비 등의 복잡한 전자장비의 제작과 같은 특별한 주문제작에 해당하고 생산 중인 제품에 대한 위험과 효익의 대부분이 구매자에게 이전되어 있고, 제조와 관련한 수익, 원가 또는 진행률 등을 합리적으로 추정할 수 있으며, 수입금액의 회수가능성이 매우 높은 경우에는 진행기준에 따라 수익을 인식하며 그렇지 않은 경우에는 인도기준에 따라 수익을 인식하여야

---

19) '건설형 공사계약'이란 단일자산의 건설공사 또는 설계나 기술, 기능 또는 그 최종적 목적이나 용도에 있어서 밀접하게 상호 연관되어 있는 복수자산의 건설공사를 위해 합의된, 법적으로 구속력있는 계약을 말한다.

하며, 특수목적의 주문생산하는 기계장비나 주문자생산방식의 제품도 진행기준으로 수익을 인식하여야 한다.

3) 공사손익의 계산

진행기준에 의한 공사손익은 다음과 같이 계산된다.

> 당기공사수익 = (공사계약금액 × 누적진행률) − 전기까지 인식한 공사수익누계
> = 당기말까지 인식할 공사수익누계 − 전기까지 인식한 공사수익누계
> 당기공사원가 = 당기에 실제로 발생한 원가 + 공사손실충당부채전입액
> − 공사손실충당부채환입액 ± 다른 공사와 관련된 타계정대체액
> 당기공사손익 = 당기공사수익 − 당기공사원가

① 총공사예정원가

'총공사예정원가'는 확정된 도급공사 계약조건에 공사를 수행함에 있어 보고기간종료일 현재 이미 발생된 공사원가와 향후 발생할 공사원가를 합한 금액을 말한다.

② 공사진행률

가. 공사진행률 산정기준

진행기준은 공사의 진행 정도에 따라 기간이익을 인식하는 방법으로 올바른 공사진행률의 산정이 무엇보다도 중요하다.

일반기업회계기준에서는 실제공사비 발생액을 토지의 취득원가와 자본화대상 금융비용 등을 제외한 총공사예정원가로 나눈 비율로 계산함을 원칙으로 하되, 공사수익의 실현이 작업시간이나 작업일수 또는 기성공사의 면적이나 물량 등과 보다 밀접한 비례관계에 있고 전체공사에서 이미 투입되었거나 완성된 부분이 차지하는 비율을 객관적으로 산정할 수 있는 경우에는 그 비율로 할 수 있도록 하였다(문단 16.47).

공사진행률의 산정기준

일반기업 회계기준 제16장 제2절 「건설형	1. 원칙 총추정원가 대비 현재까지 발생한 누적원가비율 2. 예외 공사수익의 실현이 작업시간이나 작업일수 또는 기성공사의 면적이나

「공사계약」	물량 등과 보다 밀접한 비례관계에 있고, 전체공사에서 이미 투입되었거나 완성된 부분이 차지하는 비율을 객관적으로 산정할 수 있을 경우 그 비율*
제16장 제1절 「수익인식」	용역제공거래의 특성에 따라 다음의 비율 중 선택 1. 총예상작업량(또는 작업시간) 대비 실제작업량(또는 작업시간)의 비율 2. 총예상용역량 대비 현재까지 제공한 누적용역량의 비율 3. 총추정원가 대비 현재까지 발생한 누적원가의 비율

* 시공주가 확인한 기성고증명은 동 기성고증명이 공사의 실제 기성부분과 부합하고, 그 기성부분에 대하여 공사대금이 청구되어 그 대금의 지급이 확정되는 등 충분히 신뢰할 수 있는 경우에 한하여 진행률로 인정될 수 있다(실 16.28).

나. 공사진행률 계산에 포함되지 않는 공사원가

일반기업회계기준에서는 공사진행률 계산에 포함되지 않는 공사원가의 예를 예시하고 있다.

일반기업회계기준
1. 토지의 취득원가 2. 자본화대상 금융비용 3. 이주대여비 관련 순이자비용 4. 공사현장에 투입되었으나 아직 공사수행을 위해 이용 또는 설치되지 않은 재료 또는 부품의 원가 5. 아직 수행되지 않은 하도급 공사에 대하여 하도급자에게 선급한 금액 6. 공사손실충당부채전입액 7. 수주비, 모델하우스 건립비

주1) '1.~3.'과 '7.'은 진행률산정시 당기 발생공사원가뿐 아니라 총공사예정원가에서도 제외되나 '4.~6.'의 경우 총공사예정원가에는 포함하나 당기 발생공사원가에서만 제외됨에 주의하여야 함.

주2) 자본화대상 금융비용

일반기업회계기준에서는 제조, 매입, 건설 또는 개발이 개시된 날로부터 의도된 용도로 사용하거나 판매할 수 있는 상태가 될 때까지 1년 이상의 기간이 소요되는 재고자산의 취득을 위한 차입금에 대한 차입원가를 해당 자산의 취득원가로 회계처리할 수 있도록 하고 있으나(일반기준 18.4) 법인세법에서는 당기 손금으로 처리하므로 다음과 같이 세무조정한다.

1. 장부상 기간비용으로 처리한 경우 : 세무조정 없음
2. 미성공사(자산)로 처리한 경우
   ① 전액 결산 시 공사원가(매출원가)로 대체된 경우 : 세무조정 없음
   ② 일부가 미성공사로 남아있는 경우 : 손금산입・△유보
   →이때 '2.'의 경우에는 회계상 공사원가로 처리한다 해도 법인세법에서는 지급이자에 해당하므로 가지급금 등의 지급이자손금불산입규정적용시 이를 반영해야 함에 유의하여야 함.

주3) 공사손실충당부채전입액(추정공사손실)은 공사진행률 계산시 총공사예정원가에는 포함하나 실제 발생공사원가에는 포함되지 아니함.

주4) 이들 공사계약 전 지출금액은 기타공사원가에는 포함되지만 실제 공사수행에 따라 발생한 지출은 아니므로

진행률 계산에는 포함하지 아니함(실 16.32).
즉 자산(선급공사원가)으로 계상 후 진행률에 따라 공사원가로 대체하고 진행률산정시는 고려하지 않음.

4) 공사손실충당부채

① 기업회계

공사손실충당부채는 공사손실이 예상되는 경우 보수주의에 따라 예상되는 손실을 조기에 인식하고 이를 충당부채로 계상한 것을 말한다.
즉 공사와 관련하여 향후 공사손실의 발생이 예상되는 경우 예상되는 추가 공사원가의 합계액과 향후 인식될 공사수익과의 차액을 공사손실충당금으로 인식하여 공사원가에 가산하며, 차기 이후 실제로 공사손실이 발생될 때 동 손실액을 공사손실충당금 잔액의 범위 내에서 환입하여 공사원가에서 차감하여야 한다.

구 분	회계처리
공사손실 예상시	(차) 공사손실충당부채전입액 ×××* (대) 공사손실충당부채 ××× (공사원가 가산항목)
실제공사 손실 발생시	(차) 공사손실충당부채 ××× (대) 공사손실충당부채환입액 ××× (공사원가 차감항목)

* 공사손실충당부채전입액＝예상추가 공사원가 누계－향후 인식될 공사수익 누계

② 법인세법

법인세법상 충당금은 반드시 법인세법의 규정에 의하여만 손금산입이 허용되므로, 기업회계에 따라 인식한 공사손실충당부채전입액은 손금으로 인정되지 아니하며 환입액 또한 익금으로 인정되지 않는다.

5) 하자보수충당부채

① 하자보수비

일반기업회계기준에서는 합리적이고 객관적인 기준에 따라 추정된 금액을 하자보수충당부채로 하도록 하였다(문단 16.59).

② 회계처리

하자보수비에 대한 회계처리는 다음과 같다.

구 분	회계처리
공사종료 회계연도	(차) 하자보수비 ××× (대) 하자보수충당부채 ××× (공사원가 가산항목)
하자보수비 발생시	(차) 하자보수충당부채 ××× (대) 현금 등 ××× (또는 하자보수비)주1)
실질적으로 하자보수의무가 종료한 회계연도주2)	(차) 하자보수충당부채 ××× (대) 하자보수충당부채환입액 ××× (영업외수익)주3)

주1) 실제 발생한 하자보수비가 설정된 하자보수충당부채를 초과하는 경우 하자보수비로 하고 당해연도 비용으로 한다.
일반기업회계기준은 비용을 손익계산서상 어떤 항목으로 처리할 것인지에 대해 구체적 언급은 없으나 저자의 견해로는 판매비와관리비로 하는 것이 타당하다고 판단된다.

주2) '실질적으로 하자보수의무가 종료한 회계연도'란 해당 건설업체가 종전의 동일 또는 유사한 건설공사의 하자보수 경험 등을 기준으로 신뢰성 있게 측정한 결과 하자발생가능성이 매우 희박하거나 해당 시설에 대한 발주자의 추가공사 등으로 해당 업체의 하자보수의무가 사실상 소멸한 경우를 말한다(실 16.35).

주3) 일반기업회계기준은 환입액에 대한 손익계산서상 처리에 대해 구체적 언급은 없으나 저자의 견해로는 영업외수익으로 하는 것이 타당하다고 판단된다.

③ 법인세법

법인세법상 하자보수충당부채전입액은 손금불산입되며 추후 하자보수비 발생시 손금으로 인정된다. 그러나 진행률계산시에는 하자보수추정액을 총공사예정비에 포함하여 진행률을 계산하도록 하고 있다(법인 46012-1802, 1997.7.3.).

6) 상가 등 신축분양시 분양원가의 계산

① 상가 등 신축분양시 층별·용도별 분양금액을 달리 분양시 상가 등의 취득가액은 원칙적으로는 분양면적비율에 의한 안분계산을 해야 하나, 분양금액이 다른 경우에는 분양가액비율로 안분하여 계산할 수 있다(서이 46012-11875, 2003.10.27.).

② 상가분양시 분양계약률은 실제분양계약금액을 총분양예정가액으로 나눈 율을 말한다(서이-767, 2006.5.4.).

(4) 질의회신

1) 아파트 분양시행사 회계처리

① 질의

회사는 단 1개의 아파트(부동산) 분양사업을 영위하고 있으며, 분양사업 과정에서 하도급업체에 수수료를 지급함. 하도급업체에 지급한 수수료 중 모델하우스 건립비 및 부지임차료, 아파트와 오피스텔 분양대행수수료(오피스텔 인센티브* 포함)은 선급공사원가(선급비용)에 산입되는 것이 타당한지?

* 분양대행수수료는 세대당 판매시 지급하는 반면, 오피스텔 인센티브는 이와 관련 없이 첫 분양대행수수료 청구시 같이 지급

② 회신요약

특정 분양계약과 직접 관련된 모델하우스 건립비 및 부지 임차료와 아파트 및 오피스텔 분양대행수수료는 개별적으로 식별이 가능하며 신뢰성 있게 측정될 수 있고 계약이 체결되었거나 체결가능성이 매우 높은 경우에 선급공사원가로 인식함. 그러나 오피스텔 인센티브와 분양광고홍보비는 판매촉진목적으로서 특정 계약과 직접 관련되는 지출이 아니므로 판매비와관리비로 인식함.

2) 후분양 건설공사 회계처리

① 질의

회사는 아파트 신축공사를 착공하였고, 60% 정도 건설한 시점에 해당 아파트를 분양할 예정임. 해당 후분양 건에 대해 회사(시행사)는 수익을 어떻게 인식해야 하는지(아파트 예약매출로 보고 진행기준을 적용할 수 있는 일반적인 선분양과 동일하게 후분양제에도 진행기준을 적용할 수 있는지)?

② 회신요약

청약을 받아 분양하는 아파트 예약매출에 의한 건설공사계약에 해당하므로 일반기업회계기준 제16장 제2절 '건설형 공사계약'을 적용함. 따라서 일반기업회계기준 제16장 문단 16.39에 따라 해당 계약의 공사결과를 신뢰성 있게 추정할 수 있다면 진행기준을 적용하여 수익을 인식함.

사례 4

1. 자료

보아컨설팅은 A사와 3년에 걸쳐서 컨설팅용역을 제공하기로 약정하였으며 구체적인 약정내역은 다음과 같다.

(1) 용역제공기간 : 2024.1.1.~2026.12.31.

(2) 계약금액 : 1,000억원(총예상원가 : 500억원)

(3) 용역원가의 발생내역

연 도	2024년	2025년	2026년
누적발생원가	100억원	400억원	800억원

(4) 2025년에 컨설팅 관련 전문인력의 인건비 상승 등에 기인하여 총예상원가가 당초의 추정액 500억원에서 800억원으로 변경되었다.

2. 진행률

	2024년	2025년	2026년
누적발생원가	100억원	400억원	800억원
총예상원가	500억원	800억원*	800억원
진행률(①÷②)	20%	50%	100%

* 2025년에 총예상원가가 500억원에서 800억원으로 변경된 것은 회계추정의 변경으로 보아 변경사유가 발생한 연도부터 전진법에 의하여 회계처리한다.

3. 연도별 손익

	2024년	2025년	2026년
(1) 수 익			
계약금액	1,000억원	1,000억원	1,000억원
진행률	20%	50%	100%
누적발생수익	200억원	500억원	1,000억원
기인식수익	–	200억원	500억원
당기수익(①)	200억원	300억원	500억원
(2) 비 용			
당기누적발생원가	100억원	400억원	800억원
전기누적발생원가	–	100억원	400억원
당기비용(②)	100억원	300억원	400억원
(3) 손익(① – ②)	100억원	–	100억원

4. '3.'에 의해 손익을 인식한 경우 세무조정

없음

사례 5

1. 자료

(1) APT・상가분양법인

(2) APT : 2024년에 분양완료(면적 9,000㎡)

분양가액 1,500억원, 2023년 입금액 250억원

(3) 상가 : 2024년에 미분양(면적 1,000㎡)

분양예정가액 500억원

(4) 용지취득액 500억원

(5) 건설추정원가 1,000억원

(6) 당기투입 건설비 200억원

(7) 모델하우스 건설비용 30억원

(8) 분양수수료지급액 20억원

(9) 건설비에 대한 금융비용추정액 50억원
당기 금융비용지급액 10억원

2. 회계처리

1) 분양입금액

(차) 보통예금	250	(대) 분양선수금	250

2) 용지취득

(차) 용 지	500	(대) 보통예금	500

3) 투입건설비

(차) 미완성공사	200	(대) 보통예금	200

4) 모델하우스비

(차) 선급공사원가	30	(대) 보통예금	30

5) 분양수수료

(차) 지급수수료	20	(대) 보통예금	20

6) 금융비용 지급

(차) 미완성공사	10	(대) 보통예금	10

7) 진행률 계산

$$\frac{200}{1,000} = 20\%$$

8) 분양수익 계산

$1,500 \times 20\% = 300$

(차) 분양선수금	250	(대) 분양매출	300
분양미수금	50		

9) 용지의 원가대체

$500 \times 20\% = 100$

(차) 미완성공사	100	(대) 용 지	100

10) 모델하우스비 원가대체

$30 \times 20\% = 6$

(차) 미완성공사	6	(대) 선급공사원가	6

11) 분양원가 계산

① 당기발생 미완성공사

$200 + 10 + 100 + 6 = 316$

② 미완성공사 중 APT 해당액의 계산(회사는 분양가액기준 적용)

가. 면적기준 적용시

$$316 \times \frac{9,000}{10,000} = 284.4$$

나. 분양가액기준 적용시

$$316 \times \frac{1,500}{2,000} = 237$$

(차) 분양원가	237	(대) 미완성공사	237

3. 세무조정

없음

사례 6 예약매출 – 시행사가 시공사에 도급을 준 경우

1. 자료

시행사인 수진㈜는 아파트를 신축분양하기로 하였으며 관련 자료는 다음과 같다.

① 아파트 분양가 : 2,000억원

② 용지 구입비 : 500억원

③ 추정건설비총액 : 1,000억원

가. 시공사에 도급계약한 금액 : 800억원

나. 수진㈜의 자체 추정비용 : 200억원

④ 당기 투입원가 : 550억원

가. 시공사가 수진㈜에 세금계산서로 청구한 금액 : 400억원

나. 수진㈜의 자체 투입원가 : 150억원

⑤ 기말 현재 감리에 의해 확인된 시공사의 진행정도는 90%이다.

⑥ 기말 현재 시공사의 자료

가. 도급계약금액 : 800억원

나. 추정건설비총액 : 600억원

다. 당기투입원가 : 540억원

라. 공사진행률 $= \frac{540억원}{600억원} = 90\%$

2. 시행사인 수진㈜의 이익도출

① 진행률 계산

$$진행률 = \frac{720^{*} + 150}{1,000} = 87\%$$

* 시공사의 도급금액 800억원×시공사의 진행률 90% = 720억원

② 공사수익 계산
2,000억원×87%=1,740억원
③ 공사원가 계산
720억원+150억원+용지원가 500억원×87%=1,305억원
④ 당기공사이익=②-③
=1,740억원-1,305억원=435억원

3. 기말 회계처리 및 세법 입장

① 회계처리

(차) 공사원가	320억원	(대) 미지급금	320억원

시행사인 수진㈜ 입장에서는 시공사로부터 세금계산서를 발급받은 400억원과 시공사의 공사진행률에 따른 공사원가계상액 720억원의 차액인 320억원에 대해 상기와 같은 회계처리를 해야 한다.

② 세법의 입장

시공회사와 도급계약에 의하여 아파트를 신축분양하는 법인이 법인세법시행규칙 제34조 제1항 제1호를 적용함에 있어서 "해당 사업연도말까지 발생한 총공사비누적액"은 해당 법인이 직접 부담한 공사원가의 누적액과 해당 법인이 시공회사에 지급할 도급금액의 총액에 시공회사의 작업진행률을 적용하여 계산한 금액의 합계액을 말하는 것이다(법인세과-760, 2009.7.2.).

따라서 회계상의 미지급금으로 계상한 320억원에 대하여는 세법도 인정해야 할 것으로 판단된다.

4. 잘못된 회계처리에 해당하는 경우

본 사례와 관련하여 일반적으로 시행사에서는 진행률을 다음과 같이 산출하여 공사이익을 계상할 수도 있다. 즉

$$공사진행률 = \frac{400억원^{*} + 150억원}{1,000억원} = 55\%$$

* 시공사로부터 세금계산서에 의해 청구받은 금액

① 공사수익=2,000억원×55%=1,100억원
② 공사원가=400억원+150억원+용지원가 500억원×55%=825억원
③ 공사이익=②-①=275억원

그러나 이와 같이 도출된 공사이익 등은 분식회계에 해당되어 올바른 회계처리로 인정되지 않는 것을 유의해야 한다.

사례 · 7

1. 자료

⑴ 수진㈜는 다음과 같이 건설계약을 체결하였다.

⑵ 계약기간 : 2024.1.1.~2026.12.31.(하자보수기간 2년)

⑶ 계약금액 : 1,500

⑷ 추정원가 : 1,200(건설원가 1,000+하자보수비 200)

⑸ 연도별 건설원가지출액

① 2024 : 300

② 2025 : 400

③ 2026 : 300

2. 회계처리

	2024년	2025년	2026년
투입원가	300	400	500 (하자보수추정액 200 포함)
진행률	25%	33%	42%
매출액	375	500	625
이익	75	100	125

3. 세무조정

⑴ 하자보수비가 법인세법상 진행률에 포함되는 경우

① 2024 · 2025년 : 세무조정 없음

② 2026년 : 손금불산입 · 하자보수충당부채 · 200 · 유보

⑵ 하자보수비가 법인세법상 진행률에 포함되지 않는 경우

① 2024년 : 법인세법상 공사수익 1,500×30%－375＝75
익금산입 · 75 · 유보

② 2025년 : 법인세법상 공사수익 1,500×40%－500＝100
익금산입 · 100 · 유보

③ 2026년 : 법인세법상 공사수익 1,500×30%－625＝△175
익금불산입 · 175 · 유보

⑶ 저자의 판단

하자보수예상비를 진행률계산시 반영한다는 해석(법인 46012－1802, 1997.7.3.) 이후 새로운 해석이 없으므로 상기 '(1)'의 세무조정이 타당하다 판단됨

2. 법인세법

(1) 일반원칙 : 권리의무확정주의

내국법인이 각 사업연도 익금과 손금의 귀속사업연도는 그 익금과 손금이 확정된 날이 속하는 사업연도로 한다(법법 40 ①). 즉 법인세법은 손익인식기준으로 권리의무확정주의를 채택하고 있다. 권리의무확정주의란 한 사업연도에 있어서 수취할 권리가 확정된 수익을 익금으로 하고, 지급할 의무가 확정된 비용을 그 사업연도의 손금으로 하는 것을 말한다. 그러므로 미확정된 수익과 비용은 당기의 익금과 손금에 해당되지 않는다.

(2) 기업회계상 매출액에 대한 법인세법의 입장

매출액에 대하여 기업회계를 적용한 경우에는 기본적으로 이를 인정하여 별도의 세무조정이 필요없다.

(3) 거래형태별 손익귀속사업연도

거래형태별로 손익귀속사업연도는 기업회계와 법인세법이 각각 다음과 같다.

구 분	법인세법	일반기업회계기준
1. 상품ㆍ제품ㆍ기타 생산품(부동산은 제외)	인도일	좌 동
2. 상품 등 시용판매	상대방이 구입의사표시일	좌 동
3. 상품 등 외의 자산의 양도	대금청산일, 소유권이전등기일(등록일), 인도일 또는 사용수익일 중 빠른 날	잔금청산일, 소유권이전등기일 또는 매입자의 사용가능일 중 빠른 날
4. 자산의 위탁판매	수탁자가 그 위탁자산을 매매하는 날	좌 동
5. 보통거래방식으로 한 유가증권의 매매	매매계약을 체결한 날	좌 동
6. 장기할부조건부 판매	1. 비중소기업 경우 원칙 : 인도일 단, 장부에 계상시는 회수기준(회수할 금액, 회수한 금액 중 큰 금액) 적용가능	원칙 : 인도일 단, 중소기업의 경우에 할부금 회수기일도래기준 적용가능

구 분	법인세법	일반기업회계기준
	2. 중소기업 경우 : 결산상 인도기준으로 인식한 경우에도 회수기준에 의한 신고조정 허용	
7. 판매장려금	약정상 지급기일(약정 없는 경우에는 지급일)에 매출차감	판매시점에 추정액계상 가능시 매출차감
8. 건설・제조 기타 용역(도급공사 및 예약매출 포함)	장・단기불문 진행기준 단, 중소기업의 1년 미만 건설계약 등 → 결산상 진행기준 인식 경우에도 인도기준으로 신고조정 허용	원칙 : 장・단기불문 진행기준 단, 중소기업의 경우 단기용역매출 및 단기예약매출은 완성기준 적용가능
9. 이자소득		
1) 지급이자	원칙 : 지급의무확정일(이자지급기일) 예외 : 기간경과분 비용인정 (발생주의 허용)	발생주의(기간경과 미지급이자 계상)
2) 수입이자	실제로 지급받는 날(발생주의 배제)	발생주의(기간경과이자 미수이자 계상)
① 금융기관 (ㄱ) 원천징수되는 이자(채권・증권이자) (ㄴ) 기타이자	원칙 : 이자지급기일(소득세법상 이자수입시기). 단, 장부상 기간 경과이자에 대하여 미수이자 계상시 허용(원천징징수되는 이자수익 제외)	〃
② 일반법인	이자지급기일(소득세법상 이자수입시기 – 발생주의 배제)	〃
3) 금융기관수입금액(보험료, 부금, 보증료, 수수료 등)	원칙 : 실제로 수입된 날 (선수입분은 제외) 단, 장부상 기간경과보험료 등에 대하여 미수이자 계상시 허용	〃
10. 배당소득	소득세법상 배당소득수입시기 준용	주주총회일
11. 임대료	약정일(약정없으면 회수일) 단, 장부상 기간경과 임대료에 대하여 미수임대료 계상시 허용	발생기준
12. 금전등록기 설치법인	현금주의	발생기준

① 해외현물출자시 귀속시기

해외에 기계장치 등을 현물출자시 자산의 양도에 해당되어 자산의 선적일이 속하는 사업연도의 손익으로 귀속하며 양도가액은 현물출자로 인하여 취득하는 자산가액으로 하는 것이다.

② 할인카드 누적포인트에 대한 손금귀속시기

고객과의 사전약정에 의해 일정기간의 구매금액에 따라 차등적용되는 제도에 의해 고객에게 구매금액을 할인하여 주거나 사은품을 지급하는 제도를 시행시 동 포인트의 손금귀속시기는 해당 고객이 누적포인트를 실제로 사용한 날이 속하는 사업연도이다.

사례 8

1. 구매실적에 따른 포인트로 상품을 지급하기로 약정됨.
2. 2024.12.31. 현재 누적된 포인트미사용의 상품 해당액
   원가 80,000, 시가 100,000
3. 회계처리
   (1) 2024.12.31. 결산시

(차) 마일리지충당금전입액	100,000	(대) 마일리지충당금	100,000

   (2) 2025년 포인트 사용시

(차) 마일리지충당금	100,000	(대) 매　출	100,000
(차) 매출원가	80,000	(대) 상　품	80,000

4. 세무조정(서이-1827, 2005.11.11.)
   (1) 2024년
   손금불산입 · 100,000 · 유보
   (2) 2025년
   손금산입 · 100,000 · 유보

Key Point

상기 '사례 8.'에서 누적포인트 사용으로 기업이 보유상품을 제공시 부가가치세법상 사업상증여에 해당되어 부가가치세가 과세됨을 보셨습니다.
실무자 여러분들께 사업상증여에 대한 설명과 소득세법상 과세 여부에 대해 설명하고자 하니 많은 이해가 있으시길 바랍니다.

1. 부가가치세법상 사업상 급여

사업자가 자기생산·취득재화를 자기의 고객이나 불특정 다수에게 증여하는 경우(증여하는 재화의 대가가 주된 거래인 재화의 공급에 대한 대가에 포함되는 경우는 제외)는 재화의 공급에 해당되어 시가로 과세된다(부법 10 ⑤).

이때 자기생산·취득재화란 매입세액이 공제된 재화(사업양도로 취득한 재화로서 사업양도자가 매입세액을 공제받은 경우 포함)를 의미한다(부법 10 ①).

사업자가 사업을 위하여 증여하는 것으로 사업을 위하여 대가를 받지 아니하고 다른 사업자에게 인도하거나 양도하는 견본품 및 재난및안전관리기본법의 적용을 받아 특별재난지역에 공급하는 물품은 재화공급으로 보지 않는다(부령 20). 또한 사업자가 자기의 사업과 관련하여 생산하거나 취득한 재화를 자기사업의 광고선전 목적으로 불특정 다수인에게 광고선전용 재화로서 무상으로 배포하는 경우에는 재화의 공급으로 보지 않으며 이 경우 매입세액은 공제가 가능하다. 이때 특정인에게 광고선전 목적 배포는 과세대상에 해당된다.

① 모든 거래처에 사전약정에 의하여 지급하기로 확정된 할증품의 과세 여부
 사업자가 자기의 제품 또는 상품을 구입하는 모든 거래처에 사전약정이나 공지에 의하여 구입시점에 그 구매금액 또는 구매수량에 따라 지급하기로 확정된 할증품(덤)으로서 해당 재화의 대가가 주된 거래인 재화공급의 대가에 포함되는 것은 사업상 증여에 해당하지 아니하는 것임(부가-1435, 2011.11.18.).

② 자기의 사업과 관련하여 수입한 골프용품 및 의류 등을 광고선전 목적으로 특정 골프대회 또는 특정 프로골프선수에게 무상으로 증여하는 경우에는 부가가치세가 과세되는 것임. 다만, 해당 무상으로 증여되는 재화에 대한 매입세액이 공제되지 아니하는 경우 재화의 공급으로 보지 아니하는 것임(부가-656, 2009.2.19.).

③ 사업자가 자기의 고객 중 추첨을 통하여 당첨된 자에게 경품을 지급하는 경우에는 부가가치세가 과세되는 것임. 다만, 해당 경품 구입에 대한 매입세액이 공제되지 아니하는 것은 부가가치세가 과세되지 아니하는 것임(부가 46015-2223, 1999.7.30.).

2. 마일리지결제 및 포인트 사용에 대한 부가가치세 과세 여부(부령 61 ① 9·10호)

① 재화 또는 용역의 구입실적에 따라 마일리지, 포인트 또는 그밖에 이와 유사한 형태로 별도의 대가 없이 적립받은 후 다른 재화 또는 용역 구입 시 결제수단으로 사용할 수 있는 것과 재화 또는 용역의 구입실적에 따라 별도의 대가 없이 교부받으며 전산시스템 등을 통하여 그 밖의 상품권과 구분 관리되는 상품권(이하 "마일리지등"이라 한다)으로 대금의 전부 또는 일부를 결제받은 경우(②에 해당하는 경우는 제외) : 다음 각 목의 금액을 합한 금액을 공급가액으로 함
 가. 마일리지 등 외의 수단으로 결제받은 금액
 나. 자기적립마일리지 등[당초 재화 또는 용역을 공급하고 마일리지 등을 적립(다른 사업자를 통하여 적립하여 준 경우를 포함한다)하여 준 사업자에게 사용한 마일리지 등(여러 사업자가 적립하여 줄 수 있거나 여러 사업자를 대상으로 사용할 수 있는 마일리지 등의 경우 다음의 요건을 모두 충족한 경우로 한정한다)을 말한다.

이하 같다] 외의 마일리지 등으로 결제받은 부분에 대하여 재화 또는 용역을 공급받는 자 외의 자로부터 보전(補塡)받았거나 보전받을 금액

• 고객별 · 사업자별로 마일리지 등의 적립 및 사용 실적을 구분하여 관리하는 등의 방법으로 당초 공급자와 이후 공급자가 같다는 사실이 확인될 것
• 사업자가 마일리지 등으로 결제받은 부분에 대하여 재화 또는 용역을 공급받는 자 외의 자로부터 보전받지 아니할 것

② 자기적립마일리지 등 외의 마일리지 등으로 대금의 전부 또는 일부를 결제받은 경우로서 다음 각 목의 어느 하나에 해당하는 경우 : 공급한 재화 또는 용역의 시가를 공급가액으로 함

가. 위 ① 나목에 따른 금액을 보전받지 아니하고 법 제10조 제1항에 따른 자기생산 · 취득재화를 공급한 경우

나. 위 ① 나목과 관련하여 특수관계인으로부터 부당하게 낮은 금액을 보전받거나 아무런 금액을 받지 아니하여 조세의 부담을 부당하게 감소시킬 것으로 인정되는 경우

3. 소득세법상 과세 여부

① 5만원 이하의 경품
5만원 이하의 경품은 기타소득의 과세최저한에 해당되어 소득세가 과세되지 않는다.

② 5만원 초과의 경품
기타소득에 해당(소득세 20% 원천징수, 지방소득세 2% 특별징수)

③ 마일리지 · 포인트 사용
기타소득에 해당하지 않는다.

④ 과거 삭감급여 지급시 손익귀속시기

노사협의 등에 의해 급여의 일정액을 삭감한 후 경영호전 등으로 급여삭감근로자에게 삭감된 급여의 일부 등을 지급하는 경우에는 그 지급일이 속하는 사업연도의 손금으로 한다.

⑤ 보험료의 손금귀속시기

자동차보험료는 해당 보험의 가입기간에 해당하는 보험료상당액을 각 사업연도의 손금에 산입하는 것이다.

(4) 손해배상금과 법정이자

손해배상금은 법원판결확정사업연도의 익금이며 법정이자는 실제로 지급받은 사업연도의 익금임. 단, 기간경과분을 미수수익 계상시는 계상연도의 익금에 해당한다.

III. 매출액의 표시

1. 기업회계

(1) 표시원칙

매출액 = 총매출액 − 매출에누리 − 매출환입 − 매출할인

① 매출에누리 : 고객에게 제품을 판매한 후에 판매한 제품의 수량부족이나 품질불량 등이 발견된 경우에 고객에게 가격을 할인해 주는 것을 말한다.

② 매출환입 : 상품 등이 품질차이, 파손, 계약의 취소 등의 이유로 매출처로부터 반송되어 온 것을 말한다.

③ 매출할인 : 일정한 현금할인기간 내에 매출대금을 지급한 경우 당초의 판매가격에서 일정률을 할인하여 주는 것을 말한다.

④ I/S상 표시

가. 매출에누리 등이 중요하지 않은 경우

매출액에서 차감하여 I/S상에 표시되지 않음

나. 매출에누리 등이 중요한 경우

총매출액에서 차감표시하는 것으로 I/S상에 표시할 수 있음

총매출액	10,000	또는 매출액	9,000
(−)매출에누리 등	1,000		

(2) 구분표시

① 업종별 구분

- 제품매출액
- 상품매출액
- 용역매출액

② 부문별 구분

- A제품 매출액
- B제품 매출액

③ 중요한 반제품 · 부산물 · 작업폐물매출액, 수출액, 장기할부매출액 구분

중/점/사/항/ 판매장려금의 처리

거래처에 대하여 일정기간의 거래수량이나 거래금액에 따라 공급 이후에 매출액을 감액해 주는 것을 판매장려금이라 하는데 이의 회계처리에 대해 매출액에서 차감표시하여야 하는지 또는 판매비와관리비로 회계처리하여야 하는지에 대해 논란이 있다.

실무자의 입장에서는 당연히 판매비와관리비로 처리하는 것을 원하게 된다(이는 매출액을 감액하지 않기 때문임). 이에 대한 감독관청의 의견은 다음과 같다.

1. 판매장려금이 매출실적(수량 또는 금액)에 따라 지급하는 경우
   매출액에서 차감표시
2. 판매장려금이 매출실적에 관계없이 지급되는 경우
   판매비와관리비로 표시
   상기 내용에 있어 특히 유의할 점은 판매장려금에 대한 사전약정의 유무에 관계없이 상기의 처리를 하여야 한다는 점이다.

(3) 판매인센티브에 대한 회계처리

판매촉진을 목적으로 소비자(중간판매자)에게 제공하는 현금할인, 현금보조 방식의 현금판매인센티브는 실질판매가격을 하락시켜 재화·용역의 매출로 인해 수취할 대가의 공정가치를 감소시키므로 판매자의 매출에서 직접 차감하고 무료현물, 무료서비스 등 현물판매 인센티브의 경우는 판매거래의 일부로 보아 비용처리한다. 단, 구매자에게 지급할 대가가 구매자에게서 받은 구별되는 재화나 용역에 대한 지급이라면 매출에서 차감하지 아니한다. 구매자에게 지급할 대가가 구매자에게서 받은 구별되는 재화나 용역의 공정가치를 초과한다면, 그 초과액은 매출에서 차감한다. 구매자에게서 받은 재화나 용역의 공정가치를 합리적으로 추정할 수 없다면, 구매자에게 지급할 대가 전액을 매출에서 차감하여 회계처리한다(실16.23).

2. 법인세법

① 매출에누리와 환입

기업회계와 동일하게 매출액에서 차감한다(법령 11 1호). 부가가치세법에서도 과세표준에서 직접 차감하여 (-)세금계산서를 발급하여야 한다(부법 13 ②).

② 매출할인

기업회계와 동일하게 매출액에서 차감한다(법령 11 1호). 부가가치세법에서도 2007년부

터 과세표준에서 직접 차감하여 (－)세금계산서를 발급하여야 한다(부법 13 ③).

③ 판매장려금

약정에 의한 판매장려금지급일(지급일이 정하여져 있지 않은 경우에는)이 속하는 사업연도의 매출액에서 차감한다(서이 46012－10170, 2002.1.29.).

판매장려금 및 판매수당 등 판매와 관련된 부대비용은 사전약정 유무에 관계없이 손비로 처리한다(법령 19 2호).

IV. 매출원가의 표시

1. 제조업

① 매출원가＝기초제품재고액＋당기제품제조원가
　－기말제품재고액－타계정대체액(견본비, 광고선전비, 기업업무추진비 등)
　－관세환급금

② 제조원가의 산정

일반기업회계기준 제7장(재고자산)에 따라 산정한다.

2. 판매업

① 매출원가＝기초상품재고액＋당기상품매입액
　－기말상품재고액－타계정대체액

② 당기상품매입액＝총매입액－매입에누리
　－매입환출
　－매입환입

가. 매입에누리 : 매입한 상품 등에 결함이 있는 경우 판매자와 협의하여 가격을 할인받은 것＋일정기간의 거래수량이나 거래금액에 따라 매입액을 감액받는 것을 말한다.

나. 매입환출 : 상품을 반환하는 것을 말한다.

다. 매입할인 : 외상매입금을 조기에 상환해 줌으로써 할인받는 것을 말한다.

제3장 판매비와관리비

I. 의의와 분류

1. 영업손익의 의의

"영업손익"은 매출총손익에서 판매비와관리비를 차감하여 산출한다. 이하 판매비와관리비에 대해 살펴보기로 한다.

영업손익 = 매출총손익 − 판매비와관리비

2. 판매비와관리비

① 의의

"판매비와관리비"는 제품, 상품, 용역 등의 판매활동과 기업의 관리활동에서 발생하는 비용으로서 매출원가에 속하지 아니하는 모든 영업비용을 포함한다(문단 2.49).

② 표시원칙

판매비와관리비는 해당 비용을 표시하는 적절한 항목으로 구분하여 표시하거나 일괄 표시할 수 있다(문단 2.50).

③ 구분표시

판매비와관리비를 구분표시하는 경우 특정항목의 금액이 미래에 유사한 크기로 다시 발생하는 정도를 상대적으로 고려하여 지속성 정도에 큰 차이가 있는 항목은 해당 비용을 표시하는 적절한 항목으로 구분한다(재무회계개념체계 80).

II. 급 여

1. 기업회계

(1) 급여 등

급여에는 임원급여, 급료, 임금 및 제수당을 포함한다.

(2) 비용배분

① 유형자산의 건설에 지출된 급여
건설중인자산 처리

② 연구・개발활동에 지출된 급여
연구비 또는 개발비로 처리

③ 제품제조 등에 지출된 급여
제품제조원가로 처리

④ 판매・관리활동에 지출된 급여
판매비와관리비로 처리

2. 법인세법

인건비세무처리 요약

구분	수 령 자	세무처리
급여	직 원	손금산입
	상근임원	손금산입
	비상근임원	손금산입(과다지급 등 부당행위계산부분은 손금불산입)(법령 43 ④)
	노무출자사원	손금불산입(법령 43 ①)
	신용출자사원	손금산입(직세 1234 - 1804, 1970.10.30.)
상여금	직 원	손금산입(이익처분에 의한 상여금은 손금불산입)
	임 원	이익처분에 의한 것과 급여지급기준을 초과한 것은 손금불산입(법령 43 ③)

구분	수 령 자	세무처리
퇴직금	직 원	손금산입
	임원(비출자임원 · 상장법인의 소액주주인 임원을 포함)	• 정관규정시 : 동 규정상의 금액을 한도로 손금산입(법령 44 ④) • 규정 없을시 : 다음 금액을 한도로 손금산입 1년간 총급여액(비과세소득 및 손금불산입된 상여 제외)×1/10×근속연수

(1) 급여

1) 급여

원칙적으로 법인의 손금으로 인정되며 다음의 경우에는 손금불산입된다.

① 비상근임원보수 중 부당행위계산의 부인규정에 해당되는 것

비상근임원에게 지급하는 보수 중 조세의 부담을 부당히 감소시키는 것으로 인정되는 금액은 손금불산입된다(법령 43 ④).

법인의 규모, 영업내용, 근로의 제공, 경영참여사실 여부 등으로 보아 급여지급이 부당하지 않으면 비상근임원에 대한 보수도 손금산입된다(법인 46012-2575, 1999.7.6.).

② 지배주주 및 그와 특수관계에 있는 임직원에게 초과지급한 보수

내국법인이 지배주주 등(특수관계에 있는 자를 포함)인 임원 또는 직원에게 정당한 사유없이 동일직위에 있는 지배주주 등 외의 임원 또는 직원에게 지급하는 금액을 초과하여 보수를 지급한 경우 그 초과금액은 손금불산입된다(법령 43 ③).

가. 지배주주 등

발행주식(출자총액)의 1% 이상 소유한 주주 등으로서 그와 특수관계인과의 주식(출자지분)합계가 최대주주인 경우(법령 43 ⑦)

나. 동일직위

법인등기부상 직위 등에 관계없이 실제 종사하는 사실상의 직무기준으로 판단(법인 46012-1526, 1999.4.23.)

2) 해외현지법인에 파견근무하는 직원급여의 손금산입 여부

① 내국법인이 발행주식 총수의 100%를 직접 · 간접출자한 해외현지법인에 파견한 임원 · 직원의 인건비(해외출자법인이 지급한 인건비와의 합계의 50% 미만

이고 해외현지법인 파견 임직원의 근로소득세를 내국법인이 원천징수하여 납부하는 경우에 한함)는 손금으로 인정된다(법령 19 · 3호).

② 내국법인이 100% 출자하여 설립한 해외 현지법인에 원 · 부자재 등을 공급하여 생산된 제품을 다시 해당 내국법인이 수입하는 경우로서 동 내국법인이 현지법인에 파견한 기술자 및 관리자의 인건비는 해당 기술자 등이 행하는 업무의 성격 등으로 보아 사실상 내국법인의 업무(품질관리 등)에 종사하는 것으로 인정되는 때에는 손금에 산입할 수 있는 것이다(서이－2108, 2004.10.18.).

3) 상여금 등 손금불산입

① 임원에 대한 상여금

정관 · 주주총회 · 사원총회 또는 이사회결의에 의하여 결정된 급여지급기준 이내 금액은 손금산입되며 이를 초과하는 금액은 손금불산입(상여처분)된다(법령 43 ②).

법인세법상 임원은 법인세법 시행령 제40조 제1항의 어느 하나의 직무에 종사하는 자를 말하며, 임원에 해당하는 지 여부는 종사하는 직무의 실질에 따라 사실판단할 사항임(사전－2017－법령해석법인－0228, 2017.9.7.)

① 이사회구성원 : 대표권 및 업무집행권(상법 제389조)

② 업무집행사원 또는 이사 : 대표권 및 업무집행권(상법 제201, 207조)

③ 업무집행자 : 대표권 및 업무집행권(상법 제287의12, 287의19조)

④ 감 사 : 회계 및 업무 감사(상법 제412조)

가. 대표권 : 대표기관으로서의 업무란 회사의 영업에 관한 재판상 · 재판 외 모든 행위를 의미

나. 업무집행권 : 의사결정권(주요 · 일상업무 포함) 및 그 결정사항을 집행할 수 있는 권한

다. 감사업무권 : 회계 및 업무에 대한 감독권이 있는 자

이때 임원의 상여금을 주주총회결의에 의하여 매출실적 · 영업이익실적에 따라 지급하는 경우에는 손금에 산입되나 그 지급기준이 급여형식을 가장한 이익처분에 해당하는 경우에는 손금불산입되며 이는 사실판단 사항이다(서이 46012－12336, 2002.12.27.)

일반적으로 비상장법인들은 임원급여기준 제정에 소홀한 법인들이 많아 세무조사시 지적되는 경우가 많으므로 다음의 순서에 유의하길 바란다.

가. 주주총회에서 임원의 1년간 보수한도액 승인

주주총회에서 일반결의로 등기임원들에 대한 1년간의 보수한도액을 책정하여 승인을 받아야 한다.

나. 이사회에서 임원들에 대한 급여지급기준 제정

주주총회에서 승인받은 1년간의 보수한도액 범위 내에서 임원들에 대한 급여와 상여금의 지급기준을 이사회결의로 제정하여야 한다. 이때 주주총회 보수한도액의 승인대상이 아닌 미등기임원에 대하여도 급여 및 상여금의 지급기준을 이사회결의로 제정하여야 함에 유의하여야 한다.

핵심예규

1. 처분청은 임원에 대한 보수지급 및 한도에 관한 지급규정을 만들거나 쟁점상여금을 지급과 관련하여 주주총회의 결의를 한 사실이 없어 쟁점상여금을 손금산입할 수 없다는 의견이나, 이른바 1인회사의 경우에는 그 주주가 유일한 주주로서 주주총회에 출석하면 전원 총회로서 성립하고 그 주주의 의사대로 결의가 될 것임이 명백하므로 따로 총회소집절차가 필요 없고 실제로 총회를 개최한 사실이 없었다 하더라도 그 1인 주주에 의하여 의결이 있었던 것으로 주주총회의사록이 작성되었다면 특별한 사정이 없는 한 그 내용의 결의가 있었던 것으로 볼 수 있다고 판단(대법원 2004.12.10. 선고, 2004다25123 판결)하고 있는바, 청구법인은 두 명의 공동대표이사가 전체 지분을 소유하고 있고 관행적으로 별도의 주주총회 또는 이사회를 개최하지 아니하고 공동으로 결재하는 방법으로 이를 갈음하였으므로 정관·주주총회·사원총회 또는 이사회의 결의에 의하여 결정된 임원보수한도지급규정 및 성과급 지급규정에 의하여 쟁점상여금을 지급한 것으로 보이는 점, 성과급 지급규정에서 경영성과급과 특별성과급에 대한 지급방식, 산정기간 및 직급별 가중치 등이 구체적으로 명시되어 있는 점, 쟁점상여금의 액수가 임원보수한도지급규정에서 정한 한도 내이고 매출액과 대비하여 과다하다고 보기 어려운 점 등에 비추어 쟁점상여금을 손금불산입하여 과세한 처분은 잘못이 있음(조심 2017서4951, 2018.3.13.)
2. 청구법인의 정관에는 이사 및 감사의 보수는 주주총회의 의결로 정하는 것으로 되어 있고, 청구법인은 주주총회에서 2013년 이사의 보수한도를 6억원으로 정한 바 회사가 2013년에 이를 초과하여 지급한 상여금은 법인세법상 손금불산입대상이 맞음(조심 2018서3590, 2019.1.3.)
3. 정관에서 임원의 보수는 주주총회 결의로 정한다 하여 주주총회결의로 임원보수한도를 정하였고 대표이사에 대한 상여금은 보수총액범위 내에서 이사회결의에 의해 지급하였는 바 이사회결의에는 지급대상자, 지급금액, 지급시기, 지급사유만 기재되어 있고 구체적인 지급기준이 없는 것으로 판단됨. 구체적인 지급기준은 임원별 업무성과, 목표달성율, 상과평가 등에 따라 차등적인 비율이나 금액을 정하여 상여금을 지급한다는 내용이 정관, 주주총회, 이사회결의로 결정된 것을 뜻하므로 이에 의하지 않은 청구법인의 대표이사에 대한 상여금은 손금불산입처리가 타당함(조심 2018서944, 2018.2.18.)
4. 임시주주총회를 통해 임원의 특별상여금의 보수한도를 승인받고 이사회의 결의로 지급한 임원에 대한 특별상여금(이의 구체적인 지급기준이 없음)은 손금으로 인정되는 법인세법 시행령 제43조 제2항의 급여지급기준에 해당한다 볼 수 없어 손금불산입처리가 타당함. 상여금의 구체적인 지급기준은 해당기간 회사의 경영실적, 경력, 개인별 업무능력 및 업적평가 등이 규정

되어야 함을 뜻함(대법원 2018두63686, 2019.3.14., 부산고등법원 2018누10074, 2018.10.17.)

5. 법인이 임원에게 직무수행의 대가로서 지급하는 보수는 법인의 사업수행을 위하여 지출하는 비용으로서 원칙적으로 손금산입의 대상이 되는 것이나, 법인세법 제26조 및 시행령 제43조의 입법취지 등에 비추어 보면 법인이 지배주주인 임원에게 보수를 지급하였더라도, 그 보수가 법인의 영업이익에서 차지하는 비중과 규모, 해당 법인 내 다른 임원들 또는 동종업계 임원들의 보수와의 현저한 격차유무, 정기적·계속적으로 지급될 가능성, 보수의 증감 추이 및 법인의 영업이익 변동과의 연관성, 다른 주주들에 대한 배당금 지급여부, 법인의 소득을 부당하게 감소시키려는 주관적 의도 등 제반사정을 종합적으로 고려할 때 해당 보수가 임원의 직무집행에 대한 정상적인 대가라기보다는 주로 법인에 유보된 이익을 분여하기 위하여 대외적으로 보수의 형식을 취한 것에 불과하다면, 이는 이익처분으로서 손금불산입 대상이 되는 상여금과 실질이 동일하여 법인세법 시행령 제43조에 따라 손금에 산입할 수 없다고 보아야 할 것임(대법원 2017.9.21. 선고 2015두60884)
   또한 증명의 어려움이나 공평의 관념 등에 비추어, 위와 같은 사정이 상당한 정도로 증명된 경우에는 보수금 전체를 손금불산입의 대상으로 보아야 하고, 위 보수금에 직무집행의 대가가 일부 포함되어 있어 그 부분이 손금산입의 대상이 된다는 점은 보수금 산정 경위나 그 구성내역 등에 관한 구체적인 자료를 제출하기 용이한 납세의무자가 이를 증명할 필요가 있음(조심 2020부1523, 2021. 12.31.)
6. 급여조정계산서에 기본급과 상여금 및 수당 등 금액과 인상률만 기재되어 출자임원에게 지급한 상여금에 대한 개별적·구체적인 기준이 없고, 출자임원의 급여대비 상여비율이 직원에 비해 현저하게 높으며, 매출액과 영업이익이 감소하여 동종업종 평균 대비 영업이익률은 현저히 낮음에도 매출액 중 임원 총급여비율이 높은 것으로 볼때 상여금 지급에 대한 합리적인 사유가 없으므로 손금불산입 대상인 이익처분에 의한 상여금에 해당함(조심 2021서6630, 2022.2.16.).
7. 지분 100%를 보유한 대표이사에게 지급한 쟁점상여금이 사전에 정한 지급기준에 따라 지급된 것이라고 보기 어렵고, 성과평가 및 지급금액 산정에 관한 개별적·구체적 기준도 확인되지 아니하므로 직무성과를 객관적으로 평가하여 지급한 경우로 보기 어려운 점, 대표이사를 제외한 다른 임직원에게는 별도로 상여금을 지급하지 않은 것으로 보이는 점, 쟁점상여금은 직무집행에 대한 정상적인 대가라기보다는 실질적으로 이익처분에 의한 상여금으로 보이는 점 등에 비추어, 처분청이 쟁점상여금을 손금불산입하여 청구법인에게 법인세를 부과한 처분은 달리 잘못이 없다고 판단됨(조심 2021중5244, 2022.8.3.).
8. 임원의 보수는 법인의 재량에 속하는 것으로 경영실적, 재무현황, 지위 및 담당업무 등을 종합적으로 고려하여 자유롭게 정할 수 있는 것이므로 특별한 사정이 없는 한 법인이 주주총회, 사원총회 또는 이사회의 결의에 의하여 결정된 급여지급기준에 의하여 지급하는 상여금은 이를 손금에 산입할 수 있다. 청구법인의 전 대표이사는 청구법인과 주주관계가 없어 법인의 주요 결정을 전적으로 할 수 있다고 보기 어렵고 100% 지분을 보유한 주주가 전 대표이사에 대한 쟁점상여금에 대한 구체적인 승인을 한 것으로 확인되는 바, 쟁점상여금은 유효하게 개최된 주주총회의 결의로 결정된 지급기준에 의하여 지급되었다고 봄이 타당하다. 또한 쟁점상여금의 규모가 전 대표이사가 지급받은 연간 기본급의 1.7배 수준일 뿐만 아니라, 청구법인 매출액 대비 약 0.1% 내외수준이라 그 금액이 통상적으로 인정되는 범위 내에 있다고 보는 것이 합리적이라 판단되어 손금으로 산입됨(조심 2021서5005, 2022.10.31.).

② 성과급

가. 당기순이익을 기준으로 하는 성과급은 12.31. 기준시 당기에 손금으로 인정된다(법규-1313, 2005.11.29.).

나. 보고기간종료일까지 성과급의 지급 여부 및 지급기준을 결정하지 못하고 보고기간종료일부터 결산확정 전까지 결정하는 경우에는 결정연도의 손금에 해당된다(서이-551, 2006.3.30.).

다. 이사회승인받은 임원특별상여금지급기준설정한도 내에서 임원성과에 따라 지급하는 특별상여금은 손금산입된다(서이-1416, 2006.7.27.).

라. 성과급 상여를 지급함에 있어서 직원들에 대한 직전연도의 계량적・비계량적 요소를 평가하여 그 결과에 따라 차등 지급하는 경우 해당 성과급상여의 귀속시기는 해당 직원들의 개인별 지급액이 확정되는 연도가 된다(소득세과-400, 2014.7.12.).

마. 성과급 상여를 지급함에 있어서 직원들에 대한 직전연도의 계량적・비계량적 요소를 평가하여 그 결과에 따라 차등 지급하는 경우 당해 성과급상여의 귀속시기는 당해 직원들의 개인별 지급액이 확정되는 연도가 되는 것임(소득세과-400, 2014.7.12.)

바. 내국법인이 매년 정기적으로 노사합의에 따라 지급하는 상여금은 지급의무가 확정되는 날이 속하는 사업연도에 손금 산입하는 것으로 해당 상여금의 지급의무 확정 여부는 상여금 지급관행, 임금교섭 경과, 지급기준일, 지급대상자, 지급액 산정가능 여부, 회계처리내역 등 제반 사항을 종합적으로 고려하여 사실 판단할 사항임(사전법령법인-54, 2016.3.30.)

③ '이익처분'의 의미와 '상여금'의 성격 및 관련 규정의 형식과 문언, 체계 등을 앞서 본 법리에 비추어 보면, 법인세법 시행령 제43조 제1항의 '이익처분'은 원칙적으로 주주총회 또는 이사회결의에 의한 이익잉여금처분계산서의 승인 및 그에 따른 '이익잉여금의 처분'만을 의미하는 것으로 해석함이 상당하고, 이와 같은 형식이 갖추어지지 않았음에도 국세기본법 제14조 제2항의 실질과세원칙에 따라 실질상 '이익처분에 의하여 지급하는 상여금'으로 보아 손금에 불산입하기 위해서는 적어도 상여금을 지급받은 임원이나 사용인이 법인세법 시행령 제43조 제7항 소정의 법인의 지배주주 등 법인의 실질적인 경영자에 해당하고 지급받은 상여금의 액수도 그 임원이나 사용인의 업무 성과와 별다른 관계없이 과도하게 지급된 것이어서 실질적으로 '이익처분'을 한 것과 마찬가지로 볼 수

있어야 한다(대전지법 2013구합2657, 2015.8.19.).

사례 1 연차수당지급

1. A법인의 2024.12.31. 현재 임직원 100명에게 부여된 2025년에 사용가능한 연차일수는 임직원 1인당 평균 20일이다.
2. '1.'에 의한 연차일수 중 2025년의 연차사용에 대한 회사의 정책 및 2024년까지의 임직원 연차사용실적에 따라 추정된 2024년의 임직원 연차사용일수는 5일이다. 그러므로 2024.12.31. 현재 차기 이후에 연차수당으로 지급할 것으로 추정되는 충당부채해당액은 연차미사용추정일수 15일×1인당 평균 연차수당지급추정액(일당) 100,000×100명 = ₩150,000,000이다.
   2024.12.31. 회계처리는 다음과 같다.

(차) 급여	150,000,000	(대) 미지급금	150,000,000

3. 2024년 근로제공에 따라 부여된 연차에 대해 2025년 미사용한 연차수당지급이 2025년에 지급된다면 2024.12.31. 현재 연차수당미지급금으로 계상되어야 할 부채금액은 다음과 같다.
   ① 2024년 근로제공 및 연차사용기간이 완료되어 연차수당으로 지급할 의무가 있는 확정부채해당액 : 160,000,000원
   ② 2025년 근로제공으로 인하여 발생한 충당부채해당액의 합계액 : 170,000,000원
   2025.12.31. 회계처리는 다음과 같다.

(차) 급여	180,000,000*	(대) 미지급금	180,000,000

   * 2024년분 과소계상액 10,000,000 + 2025년분 170,000,000 = ₩180,000,000

4. 세무조정
   ① 2024년 : 손금불산입 · 미지급금 · 150,000,000 · 유보
   ② 2025년 : 손금산입 · 미지급금 · 150,000,000 · 유보
   손금불산입 · 미지급금 · 180,000,000 · 유보

(2) 퇴직급여

1) 현실적인 퇴직 여부

직원 또는 임원이 다음과 같이 현실적인 퇴직을 한 경우에 지급되는 퇴직급여는 손금산입된다(법령 44 ②, 법기통 26－44…1).

① 법인의 직원이 해당 법인의 임원으로 취임한 때

② 법인의 임원 또는 직원이 그 법인의 조직변경 · 합병 · 분할 또는 사업양도에 의하여 퇴직한 때

③ 근로자퇴직급여보장법 제8조 제2항에 따라 퇴직급여를 중간정산하여 지급한 때(종전에 퇴직급여를 중간정산하여 지급한 적이 있는 경우에는 직전 중간정산 대상기간이 종료한 다음 날부터 기산하여 퇴직급여를 중간정산한 것을 말함)

④ 법인의 임원에 대한 급여를 연봉제로 전환함에 따라 향후 퇴직급여를 지급하지 아니하는 조건으로 그때까지의 퇴직급여를 정산하여 지급한 때(2016.1.1. 이후부터는 현실적인 퇴직에 해당하지 않음)

주) 1. 2015.12.31.까지 퇴직금전액을 지급하는 경우에만 현실적인 퇴직에 해당되므로 자금사정 등을 이유로 퇴직금을 임원과 합의에 따라 분할하여 지급하는 경우에는 현실적인 퇴직에 해당하지 아니하며 2016.1.1. 이후 퇴직금을 정산하여 지급하는 시점부터 가지급금에 해당한다고 과세관청은 해석하였으나(서면 2016법인3280, 2016.6.10.), 조세심판원에서는 요건은 구비하고 해당금액만 미지급된 것이므로 미지급금액만을 손금불산입하고 지급시 손금추인으로 결정함(조심 2017부573, 2017.9.26.).

• 2015.12.31. 회계처리

(차) 퇴직급여충당부채 100 (대) 미지급금 100

• 세무조정

익금산입 · 미지급금 · 100 · 유보(실지 지급시 손금추인됨)

2. 법인이 과거 사업연도에 현실적인 퇴직이 아닌 임의의 퇴직금 중간정산을 통해 임원에게 금전을 지급한 것은 업무무관가지급금으로 보아 세법상 경정(지급연도의 손금불산입, 인정이자의 계상 및 지급이자의 손금불산입 등)을 하여야 하는 것이지 그 유출자금을 퇴직금으로 보아 퇴직금 한도초과액을 재계산을 하는 것은 세법해석상 무리가 있으므로 과세관청이 기존의 중간정산금액을 퇴직금으로 보아 임의 중간정산기간을 제외하고 그 다음 날부터 실지 퇴직일까지의 퇴직금을 계산하여 총퇴직금지급금액에서 이를 차감한 금액을 손금불산입하여 법인세를 과세한 처분은 잘못이 있음. 이는 과거에 법인세법시행령 제44조 제1항에 의한 현실적인 퇴직에 해당하지 않는 금액을 청구법인이 임원에게 퇴직금명목으로 지급하고 이를 비용계상하고 원천세를 납부하였다 하더라도 이는 법인세법상 가지급금에 해당하므로 추후 실지 퇴직시 전체 근속기간에 대한 퇴직금지급액이 손금으로 인정된다는 결정사례임(조심 2020중8018, 2021.4.14.)

3. 청구법인은 1971.6.1. 입사한 임원에 대하여 2001.2.3. 자로 퇴직금 중간정산을 실시하여 퇴직금을 지급하였는 바 이 당시 정관상 요구되는 주주총회의 결의가 없었으며 퇴직금지급후 연봉제로 전환되었다고 볼 수도 없는 상황이었음. 회사는 2015.12.31. 상기 임원에 대해 입사일을 1971.6.1.부터 기산하여 구 법인세법 시행령 제44조 제2항 제4호에 의한 퇴직금중간정산 퇴직금을 지급하고 손금에 산입하였는 바 과세관청은 2015.12.31. 지급한 퇴직금의 산정기산일을 1971.6.1.이 아닌 종전 퇴직금지급일인 2001.2.3.로 보아 기간 초과분에 해당되는 금액을 손금불산입하여 과세함. 청구법인은 2001.2.3.에 지급한 퇴직금은 손금으로 인정될 수 있는 중간정산금액에 해당하지 않고 가지급금에 해당되는 금액으로 이에 해당되는 지급이자 손금불산입금액과 인정이자에 대한 조정은 별도로 하더라도 회사가 2015.12.31. 지급한 퇴직금금액은 전액 손금으로 인정되어야 한다는 주장이며 과세관청은 청구법인의 주장을 인정하면 신의칙에 반하는 것으로 이전될 수 없다는 주장임. 이에 대하여 조세심판원은 회사가 2001.2.3.에 지급한 퇴직금은 세법상 인정되는 퇴직금에 해당하지 않아 이는 업무무관가지급금으로 보아 이에 대한 세법상 경정을 하여야 하는 것이지 그 퇴직금을 손금으로 보아 2015.12.31. 퇴직금의 기산일을 2001.2.3.로 보아서는 안된다 결정하고 이는 신의칙에 반하지 않는 다고 결정한 사례임(조심 2020인7826, 2021.12.20.)

Expert Opinion Summary

1. 임원은 근로자퇴직급여 보장법의 적용대상이 아니어서 1999년부터 법인세법시행령 제44조 제

2항 제4호에 임원퇴직금 중간정산금액의 손금인정요건(현실적인 퇴직)을 다음과 같이 규정하여 많은 기업들이 임원에 대한 퇴직금을 중간정산하여 손금으로 인정받고 퇴직소득으로 과세되었습니다.

첫째, 중간정산 이후 임원급여를 연봉제로 전환할 것(이는 중간정산 전에는 연봉제가 아니였음을 전제로 한 것임)

둘째, 중간정산 이후의 근무기간에 대하여는 퇴직급여를 지급하지 아니할 것

2. 상기 '1.'의 규정은 2015.12.31.까지 적용되었고 2016.1.1. 이후부터는 규정이 삭제되어 특수경우 이외에는 중간정산을 할 수 없게 되었습니다. 그러므로 2015.12.31.까지 중간정산을 실시하여 임원퇴직금을 손금산입한 법인이 2016.1.1. 이후 근무기간에 대한 퇴직금을 추가지급하여 손금계상한 경우에는 손금불산입 · 상여의 소득처분으로 과세대상에 해당됩니다.
3. 상기 '㊟'의 '2. 및 3.'의 조세심판원 결정사례는 2015.12.31. 이전에 임원퇴직금을 중간정산하여 지급하고 손금인정을 받은 법인이 동 임원에 대해 중간정산 이후의 기간에 대한 퇴직금을 지급하고 비용계상하여 과세관청의 손금불산입 · 상여처분에 대한 조세불복 과정에서 회사가 상기 '1.'의 첫째 손금인정요건을 구비하지 못한 중간정산(1.의 사례는 중간정산 이전에 이미 연봉제를 적용하고 있던 사례였고 2.의 사례는 중간정산 이후에 연봉제로 전환하지 않은 사례임)이여서 해당연도에 지급된 퇴직급여액을 손금불산입 · 가지급금 · 유보로 처리하고 가지급금에 따른 인정이자 및 지급이자손금불산입규정을 적용해야 하나 회사는 이의 처리를 하지 않았고 과세관청도 이의 과세를 하지 않은 상태에서 부과제척기간 5년이 경과하여 이를 과세하지 못하며 2016.1.1. 이후 추가지급된 금액 전액이 퇴직금에 해당되어 손금으로 인정된다는 너무나 중요한 조세심판원 결정사례입니다.

⑤ 다음 중 어느 하나에 해당하는 사유로 그때까지의 퇴직급여를 중간정산하여 임원에게 지급한 때(종전에 퇴직급여를 중간정산하여 지급한 적이 있는 경우에는 직전 중간정산 대상기간이 종료한 다음 날부터 기산하여 퇴직급여를 중간정산한 것을 말함)

가. 중간정산일 현재 1년 이상 주택을 소유하지 아니한 세대의 세대주인 임원이 주택을 구입하려는 경우(중간정산일부터 3개월 내에 해당 주택을 취득하는 경우만 해당한다)

나. 임원(임원의 배우자 및 생계를 같이 하는 부양가족을 포함한다)이 3개월 이상의 질병치료 또는 요양을 필요로 하는 경우

다. 천재 · 지변, 그밖에 이에 준하는 재해를 입은 경우

⑥ 법인의 임원 또는 직원이 사규에 의하여 정년퇴직을 한 후 다음날 동 법인의 별정직 사원(촉탁)으로 채용된 경우

⑦ 합병으로 소멸하는 피합병법인의 임원이 퇴직함에 따라 퇴직금지급규정에 의하

여 퇴직급여를 실제로 지급하고 해당 임원이 합병법인의 임원이 된 경우

⑧ 법인의 상근임원이 비상근임원으로 된 경우

⑨ 법인의 직영차량 운전기사가 법인소속 지입차량의 운전기사로 전직하는 경우

2) 계열사 간 근무기간 승계시 퇴직급여 손금산입방법(법령 44 ③)

① 대상

내국법인이 임원 또는 직원에게 특수관계법인의 근무기간을 합산하여 퇴직급여를 지급하는 경우(2009.2.4. 전에는 임원에 대하여는 퇴직급여 승계가 되지 않고 정산만 가능함)

이때 임원은 지배주주와 특수관계 있는 임원은 제외됨

② 전입법인이 전출법인으로부터 퇴직급여를 승계받은 경우

전입법인이 전출법인의 최초 근속연수부터 기산하여 퇴직급여를 지급하면 됨

③ 전입법인이 전출법인으로부터 퇴직급여를 승계받지 않은 경우

ㄱ. 전출법인 근속기간에 대한 퇴직급여 해당액 : A

ㄴ. 전입법인 근속기간에 대한 퇴직급여 해당액 : B

ㄷ. 전출법인 및 전입법인 근속기간을 모두 포함한 퇴직급여 해당액 : C

ㄹ. 전출법인 퇴직급여 손금산입 해당액

$$C \times \frac{A}{A+B}$$

ㅁ. 전입법인 퇴직급여 손금산입 해당액

$$C \times \frac{B}{A+B}$$

ㅂ. 원천징수 및 지급명세서 제출은 전입법인이 일괄하여 이행할 수 있음

3) 임원퇴직급여

① 퇴직급여 손금한도

가. 규정이 있는 경우

> 손금한도액 = 정관(정관에서 위임된 퇴직급여규정 포함)에 정하여진 금액

정관에서 위임된 퇴직급여규정이란 정관의 위임에 따라 주주총회의 의결을 거쳐 확정된 불특정다수를 대상으로 한 퇴직급여지급규정을 말한다(법인 22601

－2066, 1985.7.10.). 이때 특정임원에게만 정당한 사유없이 지급배율을 차별적으로 높게 정하는 경우에는 부당행위에 해당되며, 임원이 퇴직하기 전에 규정을 개정한 경우에는 해당 규정의 개정 전까지의 근속기간에 대하여도 개정된 규정을 적용할 수 있다(서이 46012－11540, 2003.8.25.).

임원퇴직금규정에 재직시 성과에 따라 이사회결의로 임원퇴직위로금을 지급할 수 있도록 규정되어 지급된 금액은 손금불산입되며 상여로 처분된다(서이－890, 2005.1.12.).

나. 규정이 없는 경우

손금산입한도 내에서 손금산입(법령 44 ④ 2호)

손금산입한도액＝1년간 지급한 총급여액×1/10×근속연수

• 총급여액

소득세법 제20조 제1항 제1호 및 제2호에 해당하는 근로소득금액을 말하며 임원상여금한도초과액을 제외한다. 또한 국민연금 사용자부담분 등 비과세급여도 총급여액에서 제외한다.

• 근속연수

역에 따라 계산하며 1년 미만의 기간은 월수계산하되 1월 미만은 미산입(법칙 22 ⑤)

주요해석 **정관에서 위임된 퇴직급여지급규정**

1. 이는 정관의 위임에 따라 주주총회에서 정한 규정을 말하며(법인 22601－2805, 1985.9.17.) 해당 위임에 의한 임원퇴직급여지급규정의 의결내용 등이 정당하여야 하고 해당 지급규정의 내용에 따라 임원퇴직시마다 계속·반복적으로 적용되는 것이어야 하는 것임(서일－666, 2005.6.15.).
2. 다음은 정관에서 위임된 퇴직급여지급규정에 해당되지 아니함.
   ① 정관의 위임 없이 주주총회결의에 의하여 지급하는 경우(법인 46012－1043, 1997.4.14.)
   ② 정관의 위임에 따라 의사회결의로 정한 규정에 의하여 지급하는 경우(법인 22601－2805, 1985.7.17.)
   ③ 정관의 위임 없이 이사회결의로 정한 규정에 의하여 지급하는 경우(법인 46012－2475, 1997.9.25.)

② 임원에 대한 퇴직급여중간정산 허용 여부

2016.1.1. 이후부터 임원퇴직금의 중간정산(장기요양 등의 사유로 인한 중간정산은 제외)은 현실적인 퇴직에 해당되지 않아 가지급금으로 처리된다.

③ 2016년 전 퇴직금 중간정산이 적법한 경우

가. 중간정산 이후 근무기간에 대해 DC형 퇴직연금 불입한 경우 퇴직연금 불입액은 전액 손금인정하고 퇴직일이 속하는 사업연도에 퇴직급여로 간주하여 한도초과액이 있는 경우 손금불산입하라는 과세관청의 유권해석

내국법인이 임원에 대해 급여를 연봉제로 전환함에 따라 퇴직급여를 중간정산하고 추후 연봉제 전환일 이후의 근무기간에 대해 확정기여형 퇴직연금을 가입하여 지급하는 경우에는 현실적인 퇴직으로 보지 않는 것이며, 내국법인이 임원의 퇴직을 연금의 지급사유로 하고 임원을 수급자로 하는 확정기여형 퇴직연금의 사업자부담금으로 지출하는 금액은「법인세법 시행령」제44조의2 제3항에 의하여 손금산입하는 것이나, 임원의 퇴직시까지 부담한 부담금의 합계액을 임원의 퇴직급여로 보아 같은 법 시행령 제44조 제4항을 적용하여 손금산입한도 초과금액이 있는 경우 퇴직일이 속하는 사업연도에 손금산입한도 초과금액 상당액을 손금에 산입하지 아니하는 것임(서면법인 −2807, 2020.1.15.).

나. 상기 유권해석의 사실관계

1. 질의법인은 임원에 대한 퇴직금지급규정이 없으며 대표이사에 대해 2006. 1.1.(입사일부터 2011.12.31.(중간정산일)까지 기간에 대해 근로기준법상 퇴직금해당액을 2011.12.31. 퇴직금 중간정산함.
2. 임원의 급여를 연봉제로 전환하고 향후 퇴직급여를 지급하지 않는 조건으로 중간정산함.
3. 회사는 2012.1.1.부터 2019.12.31.까지 퇴직금해당액을 DC형 퇴직연금에 2019. 12.31.에 소급하여 납입함.

다. 과세관청의 해석

1. 2011.12.31. 지급한 중간정산금액 : 현실적인 퇴직으로 보지 아니함.

   손금불산입 · 가지급금 · 유보

   → 대표이사가 실지 퇴직시 손금산입 · 유보

   단, 회사가 상기의 세무조정을 하지 않았고 과세관청도 이에 대한 과세를 하

지 않아 5년의 제척기간이 경과한 경우 이에 대한 과세를 할 수 없고 회사도 동 기간에 대한 퇴직금을 실지 퇴직시 지급하지 않을 것이므로 별도의 문제는 발생하지 않음.

2. 2012.1.1.부터 실지 퇴직시까지 세무조정

매 사업연도마다 ①의 가지급금에 해당하는 지급이자손금불산입 및 가지급금 인정이자의 익금산입의 세무조정이 수행되어야 하고 이의 세무조정을 미수행시는 추후 과세관청의 세무조사시 5년 제척기간 이내에 대한 과세가 발생하게 된다.

3. 2. 기간분에 해당하는 퇴직급여를 DC형 퇴직연금에 납입

상기 유권해석(서면법인-2807, 2020.1.15.)에 따라 2. 기간분에 해당하는 확정기여형 퇴직연금을 소급하여 납입하는 경우 법인세법 시행령 제44조의2 제3항에 의하여 손금산입할 수 있는 것으로 유권해석에서 밝히고 있다.

④ 임원이 「근로자퇴직급여 보장법」에 따라 확정기여형퇴직연금제도에서 중도인출하는 경우 업무무관 가지급금으로 보지 않는 것임(서면법인-3001, 2021.11.16.).

3. 해외현지법인 파견 임 · 직원 인건비

내국법인이 발행주식총수 또는 출자지분의 100분의 100을 직접 또는 간접 출자한 해외현지법인에 파견된 임원 또는 직원의 인건비로서 「소득세법」 제127조 제1항에 따라 근로소득세가 원천징수된 인건비(해당 내국법인이 지급한 인건비가 해당 내국법인 및 해외출자법인이 지급한 인건비 합계의 100분의 50 미만인 경우로 한정한다)는 손금에 산입된다(법령 19 · 3호).

4. 임원 · 직원에게 지급하는 출산 · 양육지원금 손금인정

2024년부터 법인세법 시행령의 개정으로 임원 또는 직원의 출산 또는 양육 지원을 위해 해당 임원 또는 직원에게 공통적으로 적용되는 지급기준에 따라 지급하는 금액은 손금으로 인정된다(법령 19 · 3의2호). 이때 동 금액을 지급받는 자의 소득구분 및 과세여부에 대한 논의가 2024년 3월 현재 진행 중이다.

5. 「중소기업 인력지원특별법」에 따른 기여금

① 중소기업기본법 제2조 제1항에 따른 중소기업 및 조세특례제한법 시행령 제6조의 4 제1항에 따른 중견기업이 「중소기업 인력지원특별법」 제35조의3 제1호에 따라 부담하는 핵심인력성과보상기금기여금은 손금에 산입한다(법령 19 20호).

② 중소기업 핵심인력 성과보상기금에 납입하는 "내일채움공제"기여금은 해당 기여금을 불입하는 날이 속하는 사업연도에 손금으로 산입하는 것임(서면법령법인－1927, 2018.6.27.)

③ 중소기업이 납입하는 기여금은 연구·인력개발비세액공제대상에 해당된다(조특령 별표 6. 2. 인력개발. 라. ④).

6. 임원을 피보험자로 하는 보장성보험 보험료

내국법인이 퇴직기한이 정해지지 않아 퇴직시점을 예상할 수 없는 임원(대표이사 포함)을 피보험자로, 법인을 계약자와 수익자로 하는 보장성보험에 가입하여 사전에 해지환급금을 산정할 수 없는 경우, 법인이 납입한 보험료 중 만기환급금에 상당하는 보험료 상당액은 자산으로 계상하고, 기타의 부분은 이를 보험기간의 경과에 따라 손금에 산입한다(기획재정부 법인세제과－306, 2015.4.20.).

피보험자인 대표이사의 퇴직기한이 정해지지 않아 사전에 해지환급금을 산정할 수 없어 만기환급금에 상당하는 보험료 상당액이 없는 경우에는 내국법인이 납입한 해당 보험료를 보험기간의 경과에 따라 손금에 산입하는 것이며 상기 보장성보험의 해약으로 지급받는 해약환급금은 해약일이 속하는 사업연도의 소득금액 계산시 익금에 산입한다(서면법인－1779, 2018.7.18.).

(1) 보험료 1,000 납입시

(차) 장기금융상품	1,000	(대) 현금	1,000

(2) 사업연도 말 해약환급금 해당액(취급 금융기관에서 확인) 800

(차) 장기금융상품평가손실 (영업외비용)	200	(대) 장기금융상품	200

(3) 세무조정

없음. 또는 손금산입·800

7. 모회사가 자회사 임원에게 RSU(양도제한 조건부 주식)을 부여한 경우

모회사가 자회사 임원에게 모회사주식(자기주식) 또는 자회사주식(모회사보유분)에 대한 RSU(양도제한 조건부 주식 Restricted Stock Units)를 부여하고, 해당 자회사가 모회사에게 RSU 시가상당액(부여당시 주식시가)을 보전하는 경우, 자회사의 보전금액은 인건비 또는 그 밖의 손비로 보아 손금에 산입하며 자회사가 보전한 금액의 손금귀속시기는 자회사 임원에게 주식을 부여하는 시점이며, 자회사의 손금산입금액은 모회사가 자회사의 임원에게 주식을 부여하는 시점의 주식 시가 상당액이다(법인세제과－394, 2023.7.25.; 서면법규법인－1843, 2023.7.31.).

III. 복리후생비

1. 의의

복리후생비는 직원에게 직접 지급되지 아니하고 근로환경의 개선 또는 근로의욕의 증진을 위하여 지출하는 성격을 갖는 비용을 말한다.

2. 법인세법상 복리후생비

(1) 열거규정

임원・직원을 위하여 지출한 복리후생비는 열거된 다음 항목에 대하여만 손금산입을 허용한다(법령 45 ①).

① 직장체육비
② 직장문화비
③ 직장회식비
④ 우리사주조합의 운영비
⑤ 국민건강보험법 및 노인장기요양보험법에 따른 사용자부담 건강보험료 및 부담금
⑥ 영유아보육법에 의하여 설치된 직장어린이집의 운영비
⑦ 고용보험법에 의하여 사용자로서 부담하는 보험료
⑧ 사회통념상 타당하다고 인정되는 범위 내의 경조사비

(2) 우리사주조합 운영비

우리사주조합이란 법인의 종업원이 해당 법인의 주식을 취득·관리하기 위하여 조직한 단체로서 근로자복지기본법에 따른 우리사주조합을 말한다(법령 19 16호).

법인세법에서는 우리사주제도를 지원하기 위해 다음과 같은 규정을 두고 있다.

① 우리사주조합에 출연하는 자사주의 장부가액 또는 금품 손비 인정(법령 19 16호)

② 우리사주조합 운영비의 손금산입(법령 45 ① 3호)

③ 우리사주조합원의 주식취득자금 대여액을 가지급금에서 제외(법칙 44 3호)

사례 3 우리사주조합에 출연하는 주기주식

1. 자료

① 자기주식 취득가액 10,000원

② 출연시 자기주식 시가 12,000원

2. 회계처리

(차) 급 여	12,000	(대) 자기주식	10,000
		자기주식처분이익 (기타자본잉여금)	2,000

3. 세무조정

익금산입·자기주식처분이익·2,000·기타

우리사주조합에 출연하는 자사주라 함은 법인이 보유하거나 취득하여 우리사주조합에 출연하는 자사주를 말하는 것으로 증자방식에 의하여 자사주를 배정하는 것은 포함하지 아니한다. 또한 법인이 우리사주조합에 자사주 외 부동산 등 금품을 출연하는 경우 해당 출연자산의 가액은 시가에 의하는 것이며, 이 경우 그 시가와 장부가액과의 차액은 해당 사업연도의 소득금액 계산시 익금에 산입한다(법기통 19－19…45).

IV. 임차료

1. 의 의

임차료는 토지, 건물 등 부동산이나 기계장치 등의 동산을 타인으로부터 임차함으로써 그 수요자에게 지급하는 임차료를 말한다.

2. 법인세법

타인의 동산·부동산 등을 임차하고 지급하는 임차료는 손금산입된다.

(1) 사택관련비용

① 비출자임원(소액주주임원 포함)·직원이 사용하는 경우
전액 손금산입되며 개인이 부담해야 되는 사적비용(관리비 등)도 손금산입된다(법인 46012-3960, 1995.10.24.). 이때 비출자임원에 대하여는 급여지급기준에 명시되어 있는 경우에 한하여 손금인정된다(개인들에게는 당연히 근로소득세가 과세됨).

② 출자임원(소액주주임원 제외)이 사용하는 경우
전액 업무와 관련이 없는 지출로 보아 손금불산입(소득처분은 상여)된다.

③ 법인이 임차하여 대표이사에게 제공한 아파트 관련 임대료 등을 업무무관 비용으로 보아 손금불산입함과 동시에 부당행위계산부인(익금산입)규정을 적용하여 과세한 처분은 적법함(조심 2017전1349, 2017.6.1.).

(2) 임차자산에 대한 시설비

임차자산에 대한 시설비는 비품 등으로 자산계상하여 감가상각하며 상각 완료 전에 철수하는 경우에는 전액 손금산입한다.

(3) 권리금

자산의 임차시 지급된 권리금이 있는 경우에는 임대차계약의 해지시 반환받을 수 있는 경우에는 임차보증금으로 자산처리하며 반환받을 수 없는 경우에는 임차권리금(기준서 3호 75)으로 계상하여 임차기간 동안 합리적으로 상각한다. 이 경우 동 임차권리금에 대하여 현행 법인세법에서는 영업권으로 보아 감가상각시부인하도록 규정하고 있다(서이 46012-10970, 2002.5.7.; 제도 46012-10473, 2001.4.6.). 만일 임대차계약 해지시 수령한 권리금이 있는 경우에는 전액 익금으로 처리한다(법인 22601-3766, 1989.10.7.).

(4) 타인의 토지 위에 건축물을 신축한 경우

타인의 토지 위에 건축물을 신축하여 일정기간 사용 후 소유권을 무상으로 양도하거나 소유권을 무상양도한 후 일정기간 동안 무상으로 사용하기로 한 경우에는 임

차료의 선급으로 보아 사용기간 동안 균등하게 안분한 금액을 손금에 산입한다(법인 46012-1889, 1997.7.10.; 서이 46012-10340, 2001.10.11.).

V. 기업업무추진비

1. 의 의

기업업무추진비란 접대, 교제, 사례 또는 그 밖에 어떠한 명목이든 상관없이 이와 유사한 목적으로 지출한 비용으로서 내국법인이 직접 또는 간접적으로 업무와 관련이 있는 자와 업무를 원활하게 진행하기 위하여 지출한 금액을 말한다(법령 25 ①).

구 분	업무 관련 여부	지출대상	손금인정 여부
기업업무추진비	관련 있음	특 정 인	한도액까지 손금인정
기 부 금	관련 없음	특 정 인	한도액까지 손금인정
광고선전비	관련 있음	불특정다수인	전액 손금인정

2. 기업업무추진비의 범위

(1) 약정에 의한 채권의 임의포기금액에 대한 처리

채권포기의 정당성		세무상 처리
정당성 있음		대손금(전액 손금인정)
정당성 없음*	업무 관련	기업업무추진비(한도범위 내에서 손금인정)
	업무 무관	기부금(한도범위 내에서 손금인정)

* 별도의 채권회수조치를 취하지 않은 상태에서 채권회수를 포기한 경우가 이에 해당된다(서이 46012-10409, 2001.10.23.; 서이 46012-10370, 2001.10.17.; 법인 46012-2409, 2000.12.19.; 법인 46012-2882, 1999.7.22.).

저자주

1999.4.1. 이전에는 약정에 의하여 채권의 전부 또는 일부를 포기하는 경우에는 기업업무추진비 또는 기부금으로 보았으나 1999.4.1.자 유권해석(법인 46012-1217, 현

재는 법기통 34-62…5)에 의해 특수관계자 외의 자와의 거래에서 발생한 채권으로서 채무자의 부도 등으로 장래에 회수가 불확실한 수표・어음상의 채권 등을 조기에 회수하기 위하여 해당 채권의 일부를 불가피하게 포기하는 경우로서 객관적으로 정당한 사유가 있는 때에는 동 포기금액을 손금에 산입할 수 있게 되었다.

1. 정당한 사유의 입증
   채무자의 부도 등의 사유가 있어 채권의 조기회수를 위해 일부 채권을 포기하는 것이 이에 해당하며, 단순히 채무자의 재무상황 및 영업환경 등만을 고려하여 채권을 포기하는 것은 정당한 사유에 해당될 수 없을 것이다. 즉 정당한 사유의 입증은 사실판단에 해당되나 입증하는 것은 쉽지 않을 것으로 판단된다.
2. 채권회수 노력없이 소멸시효완성채권
   상기 '1., 2.'와 동일한 개념으로 아무런 채권회수 조치를 취하지 아니함에 따라 소멸시효가 완성된 채권은 기업업무추진비 또는 기부금에 해당된다(법인 46012-2409, 2000.12.19.).

(2) 사은품・경품

1) 기업업무추진비로 보는 경우

가입조건이 제한된 특정고객을 구성원으로 하는 모임의 회원에 한하여 상품・제품 구입시 할인혜택을 부여함에 따라 지출되는 금액 및 동 모임의 기금으로 지출되는 금액은 회사의 회계처리에 불구하고 법인세법상 기업업무추진비에 해당된다(법인 46012-772, 2000.3.23.).

단, 특정인에게 기증한 물품(개당 3만원 이하 물품은 제외)으로써 연간 5만원 이내의 금액은 기업업무추진비로 보지 않고 손금으로 인정된다(법령 19 18호).

2) 판매부대비용(전액 손금인정)으로 보는 경우 등

① 불특정고객에게 지급하는 사은품 등은 손금으로 인정된다(대법원 2000두2990, 2002.4.12.).

② 상가 등의 분양을 대행하는 법인이 고객확보를 위하여 동 상가 등을 할인하여 분양하고 그 할인액을 해당 법인이 건설업자로부터 받는 수수료수입에서 부담하는 경우에 동 할인액은 기업업무추진비에 해당한다(서면법인-2115, 2016.1.13.).

(3) 직원(종업원)이 조직한 조합 또는 단체(노동조합사무 포함)에 지출한 복리시설비(법령 40 ②, 법기통 19-19…41)

조합의 법인 여부	세무상 처리
법인인 경우	기업업무추진비(한도범위 내에서 손금인정)
법인이 아닌 경우 (예 : 사우회, 공제회 등)	법인 경리의 일부로 본다(전액 손금인정)*

* 해당 법인의 자산(비품 등)으로 계상하고 감가상각을 통하여 비용화하거나 수선비 등 그 내용에 따라 관련비용으로 처리(법인 1234-1902, 1972.8.25.; 법인 1264.21-4081, 1981.12.9.)

** 고객이 조직한 임의단체에 지급하는 금품은 그 단체가 법인 여부와 상관없이 기업업무추진비에 해당함(법기통 25-0…5).
예를 들어 골프장을 경영하는 법인이 그 고객이 조직한 임의단체(골프클럽)에 지급하는 금품은 기업업무추진비로 보는 것이다.

저자주

법인세법상 기업업무추진비는 일정한 한도금액까지만 손금으로 인정된다. 이때 기업업무추진비는 업무와 관련하여 지급된 금액을 말하며, 업무와 관련없이 지급된 금액은 기부금에 해당되어 일정한도 내에서 손금산입되는 특례·일반기부금에 해당되지 않는 손금불산입기부금은 바로 손금불산입처리된다.

회사계상 기업업무추진비 해당액 - 법인세법상 기업업무추진비한도액 = (+) : 손금불산입

회사계상 기업업무추진비 해당액은 다음과 같다.

1. 판매비와관리비 중 기업업무추진비 계상액
2. 제조원가(용역원가) 중 기업업무추진비 계상액
3. 개발비·건설중인자산 계상액 중 기업업무추진비 해당액
4. 매출할인·판매장려금 등 중 기업업무추진비 해당액

(4) 회의비(법기통 25-0…4)

구 분	세무상 처리
통상 회의비* 범위 내의 금액	회의비(전액 손금인정)
통상 회의비를 초과하는 금액과 유흥을 위해 지출하는 금액	기업업무추진비(한도범위 내에서 손금인정)

* 정상적인 업무를 수행하기 위하여 지출한 회의비로서 사내 또는 통상 회의가 개최되는 장소에서 제공하는 다과 및 음식물의 가액 중 사회통념상 인정될 수 있는 범위 내의 금액을 말한다.

(5) 업무 관련 저가양도·고가매입

거래처와의 거래에서 당해 법인의 자산을 시가보다 낮은 가액으로 양도하는 경우 기업업무추진비 해당 여부는 사실 판단하는 것이며, 법인이 특수관계없는 자에게 법인

의 업무와 관련하여 자산을 시가보다 낮은 가액으로 양도함으로 인하여 이익을 제공하였다고 인정되는 금액은 기업업무추진비로 보는 것임(서이 46012-11479, 2003.8.13.).

3. 신용카드 등 증명불비 기업업무추진비

내국법인이 한 차례의 접대에 지출한 기업업무추진비가 3만원(경조금은 20만원) 초과인 경우에는 다음의 증명을 사용하거나 수령하여야 한다. 만일 이에 해당하지 아니한 경우에는 전액 손금으로 인정되지 않는다(법법 25 ②, 법령 41 ①).

(1) 내용

① 여신전문금융업법에 의한 신용카드 등(직불카드와 외국에서 발행된 신용카드, 기명식선불카드, 직불전자지급수단, 기명식선불전자지급수단 또는 기명식전자화폐 및 현금영수증을 포함)을 사용하여 지출하는 기업업무추진비. 이때 신용카드 등은 해당 법인의 명의로 발급받은 신용카드 등으로 한다.

② 세금계산서(부법 34의2 · 매입자발행세금계산서 포함), 계산서 또는 원천징수영수증을 교부받고 지출하는 기업업무추진비
즉 한 차례 기업업무추진비가 3만원(경조금은 20만원) 초과시에 신용카드 등 · 세금계산서 · 계산서 또는 원천징수영수증을 사용하거나 교부받지 않고 영수증(금전등록기영수증 포함)을 교부받은 경우에는 손금에 산입되지 아니하며, 한 차례 기업업무추진비가 3만원(경조금은 20만원) 이하시에는 신용카드 등을 사용하지 않아도 한도금액까지는 손금으로 인정된다.

③ 단, 현금 외의 다른 지출수단이 없는 국외지역(기업업무추진비를 지출한 국외의 특정지역 또는 특정장소를 말함. 서이-434, 2007.3.16.)에서 지출하는 기업업무추진비 및 현물제품기업업무추진비는 적용대상에서 제외한다.

(2) 개인명의 신용카드 등 인정 여부

개인명의의 신용카드 등으로 법인의 기업업무추진비사용분은 전액 손금으로 인정되지 않는다. 단, 3만원(경조금은 20만원) 이하의 기업업무추진비금액에 대하여는 손금한도액 내에서 손금으로 인정된다. 상기 규정은 기업업무추진비에만 적용되므로 법인의 일반경비 사용시에는 적용되지 않아 손금으로 인정된다.

(3) 위장가맹점명의로 작성된 매출전표

1회당 기업업무추진비지출액이 3만원(경조금은 20만원)을 초과하는 경우로서 위장가맹점명의로 작성된 매출전표 등을 교부받은 경우에는 신용카드 등을 사용하지 않은 기업업무추진비로 간주한다(법법 25 ③). 이때 위장가맹점 명의로 작성된 매출전표 등이란 매출전표 등에 기재된 상호 및 사업장소재지가 재화 또는 용역을 공급하는 신용카드 등의 가맹점의 상호 및 사업장소재지와 다른 경우를 말한다(법령 41 ⑤).

이때 소득처분은 기타사외유출로 하며 만일 그 지출이 업무와 관련이 없거나 특정개인이 부담할 성격의 비용인 경우에는 상여 등으로 소득처분한다(법인 46012-551, 2001.3.14.).

(4) 사례

① 기업업무추진비에 해당되는 거래처의 경조사비 또는 골프장의 Caddy fee에 대하여도 신용카드 등을 수령하지 않으면 전액 손금불산입된다(법인 46012-508, 1999.2.8.; 법인 46012-1801, 2000.8.22.).

② 3만원(경조금은 20만원) 초과의 상품권구입시 신용카드매출전표를 미사용시

가. 상품권을 접대용도로 사용하는 경우

전액 손금불산입(법인 46012-2434, 1999.6.28.)

나. 상품권을 종업원에게 복리후생 용도로 사용하는 경우

신용카드매출전표를 미사용시에도 전액 손금으로 인정되며 2%의 증빙불비가산세대상에도 제외된다.

4. 기업업무추진비한도 계산

(1) 한도액계산 없이 바로 손금불산입되는 기업업무추진비

① 신용카드 등 증빙불비기업업무추진비

1회접대금액이 3만원(경조금은 20만원) 초과시 신용카드 등・세금계산서・계산서・현금영수증이 사용 또는 수령되지 않은 기업업무추진비는 바로 손금불산입된다.

② 업무무관기업업무추진비

주주 또는 출자자나 다음의 어느 하나에 해당하는 직무에 종사하는 자("임원") 또는 직원이 부담하여야 할 성질의 기업업무추진비를 법인이 지출한 것은 이를 기업업무추진비로 보지 아니한다(법령 40 ①).

1. 법인의 회장, 사장, 부사장, 이사장, 대표이사, 전무이사 및 상무이사 등 이사회의 구성원 전원과 청산인
2. 합명회사, 합자회사 및 유한회사의 업무집행사원 또는 이사
3. 유한책임회사의 업무집행자
4. 감사
5. 그밖에 1.~4.까지의 규정에 준하는 직무에 종사하는 자

(2) 기업업무추진비한도액(법법 25 ④)

$$한도액 = 12{,}000{,}000원(중소기업은\ 36{,}000{,}000원) \times \frac{해당\ 사업연도개월수}{12} + 수입금액 \times 일정비율$$

① 해당 사업연도개월수

역에 따라 계산하되, 1개월 미만의 일수는 1개월로 한다.

② 수입금액

기업회계기준에 의한 매출액(중단된 사업부문의 매출액 포함)을 말한다(법령 42 ①).

③ 수입금액적용률

구 분	적용률	한도액
100억원 이하	0.3%	0.3%
100억원 초과 500억원 이하	0.2%	3,000만원 + 100억원 초과액×0.2%
500억원 초과	0.03%	11,000만원 + 500억원 초과액×0.03%

단, 특수관계인과의 거래에서 발생한 수입금액에 대해서는 그 수입금액에 상기 표에 규정된 비율을 적용하여 산출한 금액의 10%에 상당하는 금액으로 한다.

(3) 기업업무추진비한도초과액

한도초과액 = 기업업무추진비 회사계상액* − 기업업무추진비한도액

* 기업업무추진비회사계상액＝판매비와관리비상 기업업무추진비＋제조경비상 기업업무추진비＋건설중인자산계상 기업업무추진비＋고정자산계상 기업업무추진비

① 기업업무추진비한도초과액이 당기에 비용으로 계상한 기업업무추진비보다 적은 경우
손금불산입 · 기업업무추진비한도초과액 · 기타사외유출

② 기업업무추진비한도초과액이 당기에 비용으로 계상한 기업업무추진비보다 많은 경우
손금불산입 · 기업업무추진비한도초과액 · 기타사외유출
손금산입 · 기업업무추진비자산계상액* · △유보

* 기업업무추진비한도초과액 중 비용으로 계상한 금액을 초과하는 금액으로 동액은 자산으로 계상되어 있으므로 건설중인자산, 고정자산의 순서로 자산을 감액한다(법기통 25－0…2, 서이 46012－12108, 2002.11.25.).

(4) 부동산임대업 주업법인에 대한 한도액 50% 축소

다음 요건에 해당하는 법인은 상기 한도액의 50%만을 한도액으로 적용한다(법법 25 ⑤, 법령 39 ③～⑥).

① 대상법인

다음 각 호의 요건을 모두 갖춘 내국법인을 말한다.

가. 해당 사업연도 종료일 현재 내국법인의 지배주주 및 특수관계자가 보유한 주식등의 합계가 해당 내국법인의 발행주식총수 또는 출자총액의 100분의 50을 초과할 것

나. 해당 사업연도에 부동산 임대업을 주된 사업으로 하거나 다음의 금액 합계가 기업회계기준에 따라 계산한 매출액(다음의 금액이 포함되지 아니한 경우에는 이를 포함하여 계산한다)의 100분의 50 이상일 것
- 부동산 또는 부동산상의 권리의 대여로 인하여 발생하는 소득의 금액(조세특례제한법 제138조 제1항에 따라 익금에 가산할 금액을 포함한다)
- 소득세법 제16조 제1항에 따른 이자소득의 금액
- 소득세법 제17조 제1항에 따른 배당소득의 금액

다. 해당 사업연도의 상시근로자 수가 5명 미만일 것

이때 내국법인이 둘 이상의 서로 다른 사업을 영위하는 경우에는 사업별 사업수입금액이 큰 사업을 주된 사업으로 본다.

② 상시근로자 수의 계산

상시근로자는 근로기준법에 따라 근로계약을 체결한 내국인 근로자로 한다. 다

만, 다음 각 호의 어느 하나에 해당하는 근로자는 제외한다.

가. 해당 법인의 최대주주 또는 최대출자자와 그와 국세기본법 시행령 제1조의 2 제1항에 따른 친족관계인 근로자

나. 소득세법 시행령 제196조 제1항에 따른 근로소득원천징수부에 의하여 근로소득세를 원천징수한 사실이 확인되지 아니하는 근로자

다. 근로계약기간이 1년 미만인 근로자. 다만, 근로계약의 연속된 갱신으로 인하여 그 근로계약의 총기간이 1년 이상인 근로자는 제외한다.

라. 근로기준법 제2조 제1항 제8호에 따른 단시간근로자

상시근로자 수의 계산방법은 조세특례제한법 시행령 제26조의4 제3항을 준용한다.

(5) 문화기업업무추진비 손금산입특례

① 내용

2025.12.31. 이전에 다음의 문화기업업무추진비로 지출한 금액에 대하여는 기업업무추진비한도액의 20% 범위에서 손금에 산입한다(조특법 136 ③).

② 문화기업업무추진비의 범위

문화기업업무추진비는 국내 문화 관련 지출로서 다음 각호의 용도로 지출한 비용을 말한다(조특령 130 ⑤).

가. 문화예술진흥법 제2조에 따른 문화예술의 공연이나 전시회 또는 박물관및미술관 진흥업에 따른 박물관의 입장권 구입

나. 국민체육진흥법 제2조에 따른 체육활동의 관람을 위한 입장권의 구입

다. 영화및비디오물의진흥에관한법률 제2조에 따른 비디오물의 구입

라. 음악산업진흥에관한법률 제2조에 따른 음반 및 음악영상물의 구입

마. 출판문화산업진흥법 제2조에 따른 간행물의 구입

바. 관광진흥법 제48조의2 제3항에 따라 문화체육관광부장관이 지정한 문화관광축제의 관람 또는 체험을 위한 입장권·이용권의 구입

사. 관광진흥법시행령 제2조 제1항 제3호 마목에 따른 관광공연장의 입장권의 구입

아. 문화재보호법 제2조 제2항에 따른 지정문화재 및 같은 조 제3항에 따른 등록문화재의 관람을 위한 입장권의 구입

자. 문화예술진흥법 제2조에 따른 문화예술관련 강연의 입장권 구입 및 초빙강사에 대한 강연료 등

차. 자체시설 또는 외부임대시설을 활용하여 해당 내국인이 직접 개최하는 공연 등 문화예술행사비

카. 문화체육관광부의 후원을 받아 진행하는 문화예술, 체육행사에 지출하는 경비

파. 100만원 이하 증정용 미술품 구입비용

③ 추가손금산입액

Min { ① 문화기업업무추진비지출액
　　　② 기업업무추진비한도액×20%

예 제

1. 기업업무추진비지출액 1,000(문화기업업무추진비 70 포함)
2. 기업업무추진비손금한도액 500
3. 문화기업업무추진비 추가손금산입액 : 70
   Min(① 70, ② 500×20%=100)
4. 기업업무추진비손금불산입액 : 1,000-(500+70)=430

(6) 전통시장 기업업무추진비 특례

내국인이 2025년 12월 31일 이전에 「전통시장 및 상점가 육성을 위한 특별법」 제2조 제1호에 따른 전통시장에서 지출한 기업업무추진비로서 다음의 요건을 모두 갖춘 기업업무추진비는 내국인의 기업업무추진비 한도액에도 불구하고 해당 사업연도의 소득금액을 계산할 때 기업업무추진비 한도액의 10%에 상당하는 금액의 범위에서 손금에 산입한다(조특법 136 ⑥).

① 신용카드등사용금액에 해당할 것

② 소비성서비스업 등 다음의 업종*을 경영하는 법인 또는 사업자에게 지출한 것이 아닐 것

* 호텔업 및 여관업(관광숙박업 제외), 일반유흥주점업·무도유흥주점업 등 소비성 서비스업종

5. 현물접대

현물로 접대한 경우에는 접대당시의 장부가액과 시가 중 큰 금액으로 계산한다(법령 42 ⑥, 법령 36 ① 3호).

사례

1. 자료

① 시가 1,000원　　② 원가 800원　　③ 현물접대

2. 기업업무추진비금액을 원가로 계상하는 경우

(1) 회계처리

(차) 기업업무추진비	900	(대) 제　품	800
		부가세예수금	100

(2) 세무조정

기업업무추진비한도액 계산시는 1,100원으로 회사계상액을 계상

3. 기업업무추진비금액을 시가로 계상하는 경우

(1) 회계처리

(차) 기업업무추진비	1,100	(대) 매　출	1,000
		부가세예수금	100
(차) 매출원가	800	(대) 제　품	800

(2) 세무조정

매출계상액 1,000원을 기업업무추진비한도액 계산시 기준수입금액에서 차감

시가란 해당 거래와 유사한 상황에서 해당 법인이 특수관계인 외의 불특정다수인과 계속적으로 거래한 가격 또는 특수관계인이 아닌 제3자간에 일반적으로 거래된 가격을 말한다(법령 89 ①). 만일 시가가 불분명한 경우에는 다음의 순서대로 계산한 금액을 말한다(법령 89 ②).

① 부동산가격공시및감정평가에관한법률에 의한 감정평가법인이 및 감정평가사가 감정한 가액이 있는 경우 그 가액(감정한 가액이 2 이상인 경우에는 평균액). 다만, 주식 등은 제외한다.

이 경우 '감정한 가액'이란 자산의 거래당시에 해당 자산의 가액을 감정한 가액을 말하며(법인 46012－3539, 1999.9.20.; 법인 46012－3089, 1996.11.6. 등), 해당 자산의 거래와 직접 관련하여 감정하였거나 담보제공 등의 목적으로 감정

한 가액을 말한다(법인 22631 - 1125, 1990.11.16.).

② 상속세및증여세법 제38조부터 제39조의 3까지 및 동법 제61조부터 제66조까지의 규정을 준용하여 평가한 가액

6. 귀속시기

발생주의 적용, 기업업무추진비가 발생한 사업연도의 손금으로 한다.

결산점검 *Check-list*

1. 현물기업업무추진비

자기가 생산한 제품 등을 현물로 접대한 경우에는 접대당시의 장부가액과 시가 중 큰 금액에 의해 기업업무추진비 시부인계산을 하여야 하므로 다음에 유의하여야 한다.

① 현물접대 제품원가 10,000,000원(시가 15,000,000원)

② 회계처리

(차) 기업업무추진비	11,500,000	(대) 제품	10,000,000
		부가세예수금	1,500,000

③ 세무조정시 기업업무추진비해당액 계산

장부금액 11,500,000 + 시가와 원가와의 차액 5,000,000

= 16,500,000

이때 절대로 시가와 원가와의 차액 5,000,000원을 손금산입하는 것이 아니고 기업업무추진비 한도초과액계산시 기업업무추진비해당액에만 가산함에 유의하여야 한다.

2. 시가의 의미

상기 '1.'을 적용시 다음의 경우 시가에 대한 논란이 있을 수 있다.

① 제품 생산회사의 제조원가 400

② 제품 생산회사의 대리점판매가 700

③ 대리점의 소비자판매가 1,000

이 경우 제품 생산회사에 대한 세무조정시 시가는 대리점판매가(장부상 매출액) 700인지, 아니면 소비자판매가인 1,000인지에 대한 문제인데 세무상 시가란 세무조정 대상회사의 정상적인 판매가액을 말하므로 700이 시가에 해당된다.

3. 기업업무추진비와 광고선전비 및 판매부대비용의 구분

실무상 사업을 위하여 지출한 비용이 기업업무추진비인지 광고선전비 또는 판매부대비용인지의 구분은 대단히 중요하다. 현재 과세관청의 내부지침은 다음과 같다.

① 지출의 상대방이 사업에 관련있는 자들이고 지출의 목적이 접대 등의 행위에 의해 사업관계자들과의 사이에 친목을 두텁게 하여 거래관계의 원활한 진행을 도모하는데 있는 것이라면 기업업무추진비

② 지출의 상대방이 불특정 다수인이고 지출의 목적이 구매의욕을 자극하는데 있는 것이라면 광고선전비

③ 지출의 성질, 액수 등이 건전한 사회통념이나 상관행에 비추어 볼 때 상품 또는 제품의 판매에 직접 관련하여 정상적으로 소요되는 비용으로 인정되는 것이라면 판매부대비용

그러나 실지 이의 구분은 어려운 것이므로 기존의 유권해석상 해당 기업과 유사한 해석이 있는지 등을 감안하여 신중히 판단하여야 한다.

특히 과거에는 판매부대비용에 대해 사전약정없이 지급되는 비용과 특정거래처에만 지급되는 판매부대비용은 기업업무추진비로 보았으나 2009.1.1. 이후부터는 사전약정 유무에 불구하고 손금으로 인정하고 있고(법령 19 1호의2) 특정거래처에만 지급하는 정당한 사유가 있는 경우에는 이를 판매부대비용으로 인정하는 심판례 등이 나오고 있음에도 유의하여야 한다.

4. 기업업무추진비의 지출 상대방 기록의무

현행 법인세법에서는 기업업무추진비의 경우 지출증명서류를 수취하지 않는 경우 바로 손금불산입하며 지출증명서류 미수취가산세는 적용하지 않는다.

이 경우 회사가 신용카드로 상품권을 대량 구매하고 이의 사용내역이 전혀 없는 경우에 이를 인정해야 하느냐에 대한 문제가 발생하게 된다. 실무상 이는 기업업무추진비로 처리되는데 현재 과세관청에서는 상품권 수령자가 확인되면 기업업무추진비로는 인정되나 수령자에 대해 기타소득으로 소득세를 과세하여야 한다는 문제제기가 이루어지고 있음에 유의하여야 한다.

최근의 세무조사시 회사의 기업업무추진비, 복리후생비, 회의비 등의 사용에 대한 신용카드 등 사용과 영수증의 수령분에 대하여 대표이사 개인용도 사용에 대한 심층있는 조사가 이루어지고 있다. 그러므로 회사에서는 앞으로 기업업무추진비, 복리후생비 등의 사용내역에 대한 구체적인 내용을 해당 지출증명서류 등에 기재하여 업무에의 사용을 입증하여야 할 것이다.

이의 입증이 부족한 경우에는 사용금액이 대표이사의 개인적인 사용으로 보아 손금불산입되고 상여로 소득처분되어 소득세 부담이 발생함에 유의하여야 한다.

5. 업무관련 저가양도시 기업업무추진비의제

(1) 업무와 관련 없는 저가양도 기부금의제

① 특수관계 없는 법인에게 시가 10,000,000원인 토지를 5,000,000원에 양도

② 정상가액(시가×70%) : 7,000,000원

③ 기부금해당액

7,000,000 − 5,000,000 = 2,000,000원

④ 세무조정

익금산입 · 손금불산입기부금 · 2,000,000 · 기타사외유출

(2) 업무관련 저가양도 기업업무추진비의제

거래처와의 거래에서 당해 법인의 자산을 시가보다 낮은 가액으로 양도하는 경우 기업업무추진비 해당 여부는 사실 판단하는 것이며, 법인이 특수관계없는 자에게 법인의

업무와 관련하여 자산을 시가보다 낮은 가액으로 양도함으로 인하여 이익을 제공하였다고 인정되는 금액은 기업업무추진비로 보는 것임(서이 46012-11479, 2003.8.13.).

보 론 증명서류 수취 불성실가산세

1. 증명서류 보관

법인은 각 사업연도에 그 사업과 관련된 모든 거래에 관한 증명서류를 작성 또는 수취하여 법인세 과세표준 신고기한 경과일부터 5년간 이를 보관해야 한다.
다만, 각 사업연도 개시일 전 5년이 되는 날 이전에 개시한 사업연도에서 발생한 결손금을 각 사업연도의 소득에서 공제하려는 법인은 해당 결손금이 발생한 사업연도의 증명서류를 공제되는 소득의 귀속사업연도의 법인세 신고기한부터 1년이 되는 날까지 보관하여야 한다(법법 116 ①).

2. 지출증명서류 수취

법인이 사업자로부터 사업과 관련하여 재화 또는 용역을 공급받고 그 대가를 지급하는 경우에는 다음의 증명서류를 수취하여 보관하여야 한다(법법 116 ②).
① 신용카드매출전표(직불카드와 외국에서 발행된 신용카드, 기명식선불카드, 현금영수증 포함)
② 전자금융거래법상 직불전자지급수단, 기명식 선불전자지급수단 영수증
③ 세금계산서
④ 계산서
상기에서 증명을 수취해야 되는 거래상대방의 사업자는 법인, 소득세법 및 부가가치세법상 사업자로서 다음의 경우를 제외한다(법령 158 ①).
① 수익사업 없는 비영리법인
② 국가 및 지방자치단체
③ 금융보험업을 영위하는 법인
④ 국내사업장이 없는 외국법인

3. 예외사유

(1) 건당 거래금액(부가가치세를 포함)이 3만원 이하인 경우
(2) 거래상대방이 읍·면지역에 속하는 간이과세자로서 신용카드가맹을 하지 않은 경우
(3) 금융·보험용역을 제공받은 경우
(4) 국내사업장이 없는 비거주자 또는 외국법인과 거래한 경우
(5) 농어민과의 직접거래인 경우
(6) 국가·지방자치단체 또는 지방자치단체조합으로부터 재화 또는 용역을 공급받는 경우
(7) 비영리법인(수익사업 관련 부분 제외)으로부터 재화 또는 용역을 공급받은 경우
(8) 원천징수대상 사업소득자로부터 용역을 공급받은 경우(원천징수분에 한함)
(9) 기타 다음의 사유(법칙 79)
  ① 부가가치세법 제6조의 규정에 의하여 재화의 공급으로 보지 아니하는 사업의 양도에 의하여 재화를 공급받은 경우
  ② 방송용역을 제공받은 경우
  ③ 전기통신사업법에 의한 전기통신사업자로부터 전기통신용역을 공급받은 경우

④ 국외에서 재화 또는 용역을 공급받은 경우(세관장이 세금계산서 또는 계산서를 발급한 경우를 제외한다)
⑤ 공매 · 경매 또는 수용에 의하여 재화를 공급받은 경우
⑥ 토지 또는 주택을 구입하거나 주택임대업을 영위하는 자(법인을 제외한다)로부터 주택임대용역을 공급받은 경우
⑦ 택시운송용역을 제공받은 경우
⑧ 건물(토지를 함께 공급받은 경우에는 해당 토지를 포함하며, 주택을 제외한다)을 구입한 경우로서 거래내용이 확인되는 매매계약서 사본을 과세표준신고서에 첨부하여 납세지관할세무서장에게 제출한 경우
⑨ 항공기의 항행용역을 제공받은 경우
⑩ 부동산임대용역을 제공받는 경우로서 부가가치세법시행령 제49조의2 제1항의 규정을 적용받는 전세금 또는 임대보증금에 대한 부가가치세액(간주임대료에 대한 부가가치세액)을 임차인이 부담하는 경우
⑪ 재화공급계약 · 용역제공계약 등에 의하여 확정된 대가의 지급지연으로 인하여 연체이자를 지급하는 경우
⑫ 다음의 어느 하나에 해당하는 경우로서 공급받은 재화 또는 용역의 거래금액을 금융실명거래및비밀보장에관한법률에 의한 금융기관을 통하여 지급한 경우로서 과세표준신고서에 송금사실을 기재한 경비 등의 송금명세서를 첨부하여 납세지관할세무서장에게 제출하는 경우
가. 부가가치세법상 간이과세자로부터 부동산임대용역을 제공받은 경우
나. 임가공용역을 제공받은 경우(법인과의 거래는 제외한다)
다. 운수업을 영위하는 자(부가가치세법상 간이과세자에 한한다)가 제공하는 운송용역을 공급받은 경우(택시운송용역은 제외)
라. 부가가치세법상 간이과세자로부터 재활용폐자원 등 또는 자원의절약과재활용촉진에관한법률시행규칙 [별표 1]에서 규정하는 재활용가능자원을 공급받는 경우
마. 항공법에 의한 상업서류송달용역을 제공받는 경우
바. 공인중개사의업무및부동산거래신고에관한법률에 따른 중개업자에게 수수료를 지급하는 경우
사. 복권및복권기금법에 의한 복권사업자가 복권을 판매하는 자에게 수수료를 지급하는 경우
아. 전자상거래등에서의소비자보호에관한법률 제2조 제2호 본문에 따른 통신판매에 따라 재화 또는 용역을 공급받은 경우(2012.2.28. 개정)
자. 인터넷, PC통신 및 TV홈쇼핑을 통하여 재화 또는 용역을 공급받는 경우
차. 우편송달에 의한 주문판매를 통하여 재화를 공급받는 경우
⑬ 유료도로법에 따른 유료도로를 이용하고 통행료를 지급하는 경우

4. 가산세의 계산

법인이 다른 법인 또는 사업자로부터 재화 또는 용역을 공급받고 그 대가를 지급할 때 세금계산서 등의 증명서류를 받지 아니하거나 사실과 다른 증명서류를 받은 경우에는 다음의 가산세를 납부하여야 한다(법법 75의5).

> 증명서류 수취 불성실가산세 =
> 미수취 등 금액 중 손금으로 인정되는 금액(건별로 받아야 할 금액과의 차액)×2%

이때 증명불비금액에 대하여 법인세법상 손금으로는 인정하되 가산세가 2% 과세되는 것이며, 신용카드 등을 사용하지 아니한 3만원(경조금은 20만원) 초과의 기업업무추진비는 손금으로 인정되지 않으므로 가산세규정은 적용하지 않는다(법령 120 ④).

5. 사 례

① 적격증명서류를 수취하지 않은 경우에도 다른 객관적인 자료에 의하여 그 지급사실이 확인되면 손금으로는 인정됨(법인 46012-1281, 1999.4.7.).

② 종업원개인명의의 신용카드를 법인이 사업과 관련된 거래에 사용하고 그 증명서류로 신용카드매출전표를 수취한 것이 확인되면 가산세가 적용되지 않음(법인 46012-4178, 1999.12.4.).

③ 여신전문금융업법에 의한 신용카드업자가 신용카드이용법인이 신용카드사용내역을 월별로 일괄하여 통보하는 경우 해당 통보서에 의하여 신용카드의 이용자・재화 또는 용역을 공급한 자・이용일자・이용금액 및 이용내역 등 여신전문금융업법에 의한 매출전표의 기재내용을 확인할 수 있는 경우에는 같은 규정에 의한 지출증명서류로 볼 수 있는 것임(법인 46012-133, 2000.1.14.).

④ 신용카드 이용대금을 대금결제일 이전에 결제하고 신용카드업자로부터 신용카드 사용내역을 확인할 수 있는 '선결제내역조회서'를 교부받은 경우 '신용카드 월별이용대금명세서'에 해당함(서이 46012-10702, 2003.4.3.).

⑤ 세금계산서나 계산서가 아닌 영수증을 교부받는 경우에는 영수증상의 거래금액을 기준으로 10만원(부가가치세 포함) 이상인 경우 증명불비가산세 적용됨(제도 46012-11832, 2001.6.30.).

⑥ 미등록사업자로부터 부동산임대용역을 공급받는 경우에도 법인세법 제116조 제2항 제1호 및 제2호의 규정에 의한 지출증명(다만, 부가가치세법 제25조의 규정에 의한 간이과세자로부터 부동산임대용역을 공급받는 경우에는 법인세법시행규칙 제79조 제10호의 규정에 의한 경비 등의 송금명세서에 의할 수 있음)의 수취대상에서 제외되는 것이 아님(법인 46012-199, 2000.1.20.).

⑦ 법인이 사업자가 아닌 동문회 또는 학교학생회 등이 발간하는 회보 및 행사지 등에 광고를 게재하는 대가로 회보발간비 및 행사비를 지원한 경우에도 지출증명서류수취 관련 규정을 적용하지 아니하는 것임(법인 46012-1338, 2000.6.9.).

⑧ '외국법인 국내지점'이 사업자로부터 재화 또는 용역을 공급받고 증명서류를 수취하지 않은 경우에는 증명불비가산세 적용됨(서이 46017-10131, 2002.1.22.).

⑨ 실질적으로 폐업하고 폐업신고를 한 자로부터 폐업시 잔존재화(사업용 고정자산 포함)로서 과세된 재화를 구입하는 경우 증명불비가산세 적용대상 아님(법인 46012-1774, 2000.8.16.).

⑩ 종업원 중식대로 식당에 지출하는 월합계금액이 100,000원 이상이면 가산세규정 해당(법인 46012-1173, 1999.3.30.)

⑪ 사용인에게 경조사비, 자가운전보조금, 여비 중 일비 등에 대하여는 적용배제(법인 46012-296, 1999.1.23.)

⑫ 일용근로자로부터 근로를 제공받고 그 대가를 지급하는 경우에는 지출증명가산세가 적용되지 않음(소득 46011-438, 1999.12.4.).

⑬ 법인이 업무와 관련하여 출장하는 사용인에게 지급한 교통비, 숙박비, 식대 등이 해당 법인의 여비지급규정 및 객관적인 거래증명에 의하여 법인에게 귀속시키는 것이 정당함이 입증된 경우에는 소득금액 계산상 손금에 산입하는 것이나, 이 경우 해당 사용인이 지출한 경비 중 사업자로부터 거래건당 10만원 이상의 재화 또는 용역을 공급받고 그 대가를 지급한 금액에 대하여 법인세법 제116조 제2항 각호의 지출증명서류를 수취하지 아니한 경우에는 같은법 제76조 제5항의 증명서류미수취가산세가 적용되는 것임. 사용인이 업무와 관련한 해외출장시 국외에서 재화 또는 용역을 공급받는 경우에는 위 세금계산서 등 지출증명서류수취대상에서 제외되는 것임(법인 46012-1366, 2000.6.15.).

⑭ 복식부기의무자가 사업자(미등록사업자 포함)로부터 임가공용역을 제공받은 경우(법인 및 부가가치세법상 일반과세자와의 거래 제외) 그 거래금액을 금융실명거래및비밀보장에관한법률에 의한 금융기관을 통하여 지급하는 경우로서 과세표준확정신고서에 송금사실을 기재한 경비 등의 송금명세서를 첨부하여 납세지관할세무서장에게 제출하는 경우 증명불비가산세를 적용하지 아니함(국세청 소득 46011-543, 1999.12.28.).

⑮ 사업자가 국제복합운송계약에 의하여 화주로부터 화물을 인수하여 자기명의로 선하증권・항공화

물운송장 등을 발급하고 타인의 운송수단을 이용하여 자기책임하에 국제간에 화물을 수송해 주는 운송주선사업자로부터 운송용역을 제공받는 경우에는 세금계산서 등을 증명서류로 수취하여야 하며, 복식부기의무자가 세금계산서 이외의 증명을 수취한 경우에는 증명불비가산세를 적용함(국세청 소득 46011-484, 1999.12.13.).

⑯ VAT 간이과세자인 운수업자로부터 제공받은 운송용역대가를 약속어음으로 지급했어도 동 약속어음의 당좌예금구좌에서 운송용역제공업체의 예금구좌로 이체됐음이 확인되는 서류를 법인세신고시 제출하는 경우 증명불비가산세 적용하지 아니함(재경부 법인 46012-22, 2001.2.1.).

⑰ 법인이 인적용역을 제공받고 그 대가지급시에 소득세 원천징수하고 지급명세서를 제출한 경우 추후 해당 거래가 세금계산서 발급대상 거래로 확인되더라도 '증명서류 미수취가산세' 적용하지 아니함(서이 46012-10269, 2001.9.27.).

⑱ 법인이 거래처와의 사전약정에 의하여 판매실적 등에 따라 지급하는 판매장려금은 재화 또는 용역을 공급받고 그 대가를 지급받은 것이 아니므로 법인세법 제116조의 규정에 의한 지출증명서류 수취대상에서 해당하지 아니함(법인 46012-3975, 1999.11.13.).

⑲ 사업자와의 약정에 의해 계속적으로 재화 또는 용역에 대한 대가를 월단위로 합산하여 지급함에 있어 해당 대가가 10만원 이상인 경우에는 적격증명서류를 수취하여야만 가산세가 적용되지 않음(법인 46012-4146, 1999.11.30.).

⑳ 가산세대상에서 제외되는 읍・면지역에는 광역시 또는 시 관할구역 내의 읍・면지역이 포함됨(법인 46012-4303, 1999.12.14.).

㉑ 지출증명서류의 수취특례규정을 적용함에 있어 재화 또는 용역을 공급받은 사업자에게 직접 금융기관을 통해 지급하지 않은 경우에는 가산세 징수됨(제도 46012-11826, 2001.6.30.).

㉒ 재화 또는 용역을 공급하기로 한 사업자가 공급받을 자의 해약으로 인하여 재화 또는 용역의 공급없이 받는 위약금 등은 가산세 규정을 적용하지 아니함(부가 46015-882, 2000.4.20.).

㉓ 법인이 공동사업영위 대표법인이 구입한 재화・용역을 사전약정에 따라 분별하고 대가지급시 가산세규정 적용 안됨(법인 46012-2001, 2000.9.28.).

㉔ 다수의 법인을 대표하여 광고선전에 소요되는 공동경비를 광고업자 등에게 지급한 후 해당 공동경비를 매출액 기준으로 다수의 개별법인에 배부함에 있어 '세금계산서, 계산서, 신용카드매출전표' 중 하나를 수취 않으면 증명불비가산세 적용됨(법인 46012-2174, 1999.6.8.).

㉕ 신용카드 이용대금을 대금결제일 이전에 결제하고 신용카드업자로부터 신용카드 사용내역을 확인할 수 있는 '선결제내역조회서'를 발급받은 경우 '신용카드 월별이용대금명세서'에 해당함(서이 46012-10702, 2003.4.3.).

㉖ 국외에서 내국법인간에 재화 또는 용역의 공급이 이루어진 경우 공급하는 자는 법인세법 제121조에 따라 계산서 발급의무가 있는 것이며 원양어선업을 영위하는 내국법인이 국내사업자로부터 국외에서 재화 등을 공급받는 경우에는 같은법 시행규칙 제79조 제4호에 따른 "국외에서 재화 또는 용역을 공급받는 경우"에 해당하는 것이므로 증빙미수취 가산세가 부과되지 아니함(법인세제과-894, 2013.9.12.).

㉗ 쟁점수수료는 자동차 매매의 중개과정에서 통상적으로 발생하는 소득에 해당하는 것으로 보이는 점, 청구 법인이 지속적으로 자동차딜러에게 수수료를 지급하고 있는 것으로 나타나는 점 등에 비추어 자동차딜러들이 수취한 쟁점수수료는 사업소득에 해당한다 할 것이고, 법인이 원천징수대상 사업소득에 대하여 원천징수하지 아니한 경우에는 지출증명 서류를 수취하여 보관할 의무를 부담하므로 청구법인에게 지급명세서 미제출에 대한 가산세를 부과하면서 기납부한 지출증명서류 미수취 가산세를 감액하지 아니한 처분은 잘못이 없음(조심 2014중4084, 2015.3.17.).

㉘ 파견근로자보호 등에 관한 법률 제2조 제5호에 따른 파견근로자 명의의 신용카드 지출분은 법인의 손금에 산입되는 것이고 정규지출증빙으로 인정되는 것임(서면법령법인-3525, 2017. 5.22.).

VI. 조합 또는 협회에 지급한 회비

조합 또는 협회에 지급한 회비는 조합 또는 협회가 법령 또는 정관이 정하는 바에 따른 정상적인 회비징수 방식에 의하여 경상회비 충당 등을 목적으로 조합원 또는 회원에게 부과하는 회비로 한다(법령 19 11호, 법칙 10 ②).

이때 등록된 영업자 단체에 대한 특별회비 및 임의로 조직된 조합 또는 협회에 지급하는 회비를 지정기부금으로 인정하는 규정(법령 36 ① 3호)이 2018.2.13. 폐지되어 2018.2.13. 이후 지출분부터는 상기 규정에 해당시에만 손금으로 인정된다.

VII. 세금과공과

1. 의 의

세금과공과는 국가 또는 지방자치단체가 부과하는 국세 · 지방세의 세금, 공공단체나 조합 등의 공과금과 벌금, 과료 등을 말한다.

2. 공과금

공과금이란 국가 또는 공공단체에 의하여 그 구성원에게 강제적으로 부과되는 부담금으로 조세 이외의 것을 말한다.

(1) 손금불산입되는 공과금

현행 법인세법에서는 다음 중 어느 하나에 해당하는 공과금만 손금불산입으로 규정하고 이에 해당하지 않는 것에 대하여는 전액 손금으로 인정하는 방식(Negative system)을 채택하고 있다(법법 21 5호 · 6호).

① 법령에 의하여 의무적으로 납부하는 것이 아닌 것

② 법령에 의한 의무불이행 또는 금지 · 제한 등의 위반에 대한 제재로서 부과되는 것

이에 따라 손금불산입되는 공과금의 예를 들면 다음과 같다.

- 수질및수생태계보전에관한법률에 의한 배출부과금(법인 22601－1102, 1992.5.20.)

- 택지초과소유부담금(법인 46012-1640, 1993.6.7.)
- 대기환경보전법에 의한 초과배출부담금(법인 46012-2369, 1999.6.23.) (기본배출부담금은 손금산입 가능)
- 내국법인이 홍보목적으로 국내에 있는 외국상공회 가입비(법인 46012-661, 1994.3.8.)
- 독점규제및공정거래에관한법률에 의한 과징금과 가산금(서이 46012-10145, 2001.9.11.)

(2) 손금에 산입하는 공과금

다음의 공과금은 손금에 산입한다(법기통 21-0…4).

① 법인세법시행령 제19조 제11호에 규정하는 조합 또는 협회에 월정액 이외에 사업실적에 따라 정기적으로 납부하는 조합비 또는 협회비

② 항만하역업체가 정부의 지시에 따라 통상적인 하역요금 외에 부두근로자(일용노무자)의 퇴직금의 재원을 목적으로 하역협회에 납부하는 금액

③ 성실신고회원조합의 조합원이 동 조합에 납부하는 조합비

④ 수출입업을 하고 있는 법인이 수출대전 네고(Nego)시 한국무역협회에 납부하는 수출부담금

⑤ 하도급거래공정화에관한법률의 규정에 의해 지급하는 이자상당액(서이-1085, 2007. 6.4.)

⑥ 오염으로 인한 피해보상금(서이-1123, 2006.6.15.)

⑦ 장애인고용촉진및직업재활법 제33조에 따라 고용노동부장관에게 납부하는 장애인고용부담금(2018.2.21. 이후 신고·납부분부터는 손금불산입(기재부 법인세제과-145, 2018.2.21.)

저자주

2024년 3월 현재 장애인고용부담금의 손금인정여부에 대하여 기재부·과세관청·조세심판원은 손금불산입을 주장하고 있으나 최근 고등법원에서 장애인고용부담금은 법인세법상 손금에 해당된다 판결(2023누45325, 2023.12.5.)하였습니다(행정법원에서도 손금으로 판결). 곧 대법원의 판결이 나올 것이므로 만일 손금으로 판결나오면 경정청구로 환급받으셔야 합니다.

(3) 자본적지출로 보는 공과금

① 원인자부담금 : 법인이 공장 등의 시설을 신축 또는 증축하거나 그 밖의 원인에 의하여 배수시설을 하게 됨으로써 그 공사비의 일부 또는 전부를 그 원인자에게 부담시키는 경우 등

② 수익자부담금 : 도로공사 등으로 인하여 공사비로 지출하는 수익자부담금(통칙 23－31…1)

③ 개발부담금 : 개발이익환수에관한법률에 따라 개발사업시행자가 납부하는 개발부담금

④ 과밀부담금 : 수도권정비계획법에 따라 건축자가 납부하는 과밀부담금

3. 법인세법상 조세

(1) 손금산입되는 조세

① 부가가치세의 매입세액

가. 비영업용 소형승용차의 구입[주1] 및 유지에 관한 매입세액

나. 기업업무추진비 관련 매입세액[주2]

다. 부동산의 임차인이 부담한 전세금 및 임차보증금에 대한 매입세액

라. 면세사업 관련[주1] 매입세액

마. 영수증 관련 매입세액으로서 매입세액공제대상이 아닌 금액

바. 토지조성 관련[주1] 매입세액

사. 간주공급(폐업시 잔존재화)에 따른 부가가치세

주1) 자본적지출에 해당시는 취득원가에 산입되어 추후 손금인정된다.
주2) 기업업무추진비에 포함하여 시부인계산하며 한도초과시 손금불산입된다.

② 취득세*

* 취득원가에 포함되어 추후 손금인정된다.

③ 인지세

④ 증권거래세

⑤ 면허분 등록면허세

⑥ 균등분주민세

⑦ 지방세 중 목적세(지역자원시설세 · 지방교육세)

⑧ 종합부동산세

⑨ 소유분 자동차세

⑩ 재산세

(2) 손금불산입되는 조세

① 법인세 등

다음에 해당하는 법인세 등은 손금불산입한다(법법 21 1호).

가. 법인세(외국자회사 수입배당금액에 익금불산입하는 수입배당금액에 대하여 외국에 납부한 세액 및 세액공제를 적용하는 경우의 외국법인세액 포함)

나. 법인지방소득세

다. 농어촌특별세

라. 의무불이행으로 납부한 세액(가산세 포함)

② 부가가치세의 매입세액

가. 미제출·부실기재된 매입처별 세금계산서합계표의 매입세액

나. 미수취 또는 부실기재된 세금계산서의 매입세액

다. 사업과 직접 관련이 없는 지출에 대한 매입세액

라. 사업자등록 신청 전의 매입세액

③ 반출하였으나 판매하지 아니한 제품에 대한 반출필의 개별소비세 또는 주세의 미납액, 다만, 제품가격에 그 세액에 상당하는 금액을 가산한 경우에는 예외로 한다

④ 내국법인이 외국법에 따라 외국에서 납부한 위 '①'과 같은 성질의 제세공과금

⑤ 원천징수의무자가 원천징수세액을 징수하지 아니하고 대신 납부한 원천징수세액

⑥ 제2차납부의무자로서 납부한 법인세 등(다만, 출자법인이 해산한 법인으로부터 잔여재산을 분배받은 후 해산한 법인의 법인세를 제2차납세의무자로서 납부한 경우에는 다른 제2차납세의무자 등에게 구상권을 행사할 수 없는 부분에 한하여 손금에 산입할 수 있다)

중/점/사/항/

원천징수의무자가 원천징수세액을 징수하지 아니하고 대신 납부한 원천징수세액은 손금불산입된다.

1. 소득지급시 원천징수의무를 이행하지 않은 경우

① A법인은 부동산명도와 관련하여 지급의무가 없는 합의금 10,000,000원을 세입자에게 지급

→이는 소득세법상 기타소득에 해당하여 원천징수 20%와 특별징수 2%를 납부하여야 하나 이의 의무를 이행하지 않음

② 추후 과세관천의 지적으로 소득세 및 지방소득세 2,420,000원을 납부하고 비용처리함(세입자에게 구상권을 행사하지 않음)

③ 세무조정

손금불산입 · 2,420,000 · 기타사외유출

2. 소득지급시 원천세를 회사가 부담하기로 약정이 되어 있는 경우

① A법인은 경품행사와 관련하여 10,000,000원 상당액의 경품을 지급하고 원천세 등은 회사가 부담함(경품행사시 이와 관련 내용 공지)

② 원천세 등 계산

$(2,000,000 + x) \times 22\% = x$

$x = \dfrac{440,000}{0.78}$

$= 564,102$(소득세 512,820, 지방소득세 51,282)

③ 회계처리

(차) 광고선전비	2,564,102	(대) 현금	2,000,000
		예수금	564,102

④ 원천세 대납액 손금산입 여부

저자의 판단으로는 상기 사례에 해당하는 원천세 대납액은 이미 사전에 공지되어 일종의 경품에 해당하는 것이므로 손금으로 인정되어야 한다고 판단한다.

이와 관련하여 국내사업장에 없는 비거주자 등에게 사용료소득 등을 지급시 원천시 상당액을 내국법인이 부담하는 조건으로 계약을 체결하는 경우에는 손금에 산입한다고 규정하고 있다(법기통 19－19…27).

VIII. 징벌적 목적의 손해배상금 등

내국법인이 지급한 손해배상금 중 실제 발생한 손해를 초과하여 지급하는 금액으로서 다음의 금액은 내국법인의 각 사업연도의 소득금액을 계산할 때 손금에 산입하지 아니한다(법 21의2, 영 23).

1. 법인세법 시행령 [별표 1]에 의한 법률 해당하는 법률의 규정에 따라 지급한 손해배상액 중 실제 발생한 손해액을 초과하는 금액

[별표 1] (2024.2.29. 신설)

손금불산입 대상 손해배상금에 관한 법률(제23조 제1항 제1호 관련)

1. 「가맹사업거래의 공정화에 관한 법률」 제37조의2 제2항
2. 「개인정보 보호법」 제39조 제3항
3. 「공익신고자 보호법」 제29조의2 제1항
4. 「기간제 및 단시간근로자 보호 등에 관한 법률」 제13조 제2항
5. 「남녀고용평등과 일·가정 양립 지원에 관한 법률」 제29조의2 제2항
6. 「농수산물 품질관리법」 제37조 제2항
7. 「대규모유통업에서의 거래 공정화에 관한 법률」 제35조의 2 제2항
8. 「대리점거래의 공정화에 관한 법률」 제34조 제2항
9. 「대·중소기업 상생협력 촉진에 관한 법률」 제40조의2 제2항
10. 「독점규제 및 공정거래에 관한 법률」 제109조 제2항
11. 「디자인보호법」 제115조 제7항
12. 「부정경쟁방지 및 영업비밀보호에 관한 법률」 제14조의2 제6항
13. 「산업기술의 유출방지 및 보호에 관한 법률」 제22조의2 제2항
14. 「상표법」 제110조 제7항
15. 「식물신품종 보호법」 제85조 제2항
16. 「신용정보의 이용 및 보호에 관한 법률」 제43조 제2항
17. 「실용신안법」 제30조
18. 「자동차관리법」 제74조의2 제2항
19. 「제조물 책임법」 제3조 제2항
20. 「중대재해 처벌 등에 관한 법률」 제15조 제1항
21. 「축산계열화사업에 관한 법률」 제34조의2 제2항
22. 「특허법」 제128조 제8항
23. 「파견근로자 보호 등에 관한 법률」 제21조 제3항
24. 「하도급거래 공정화에 관한 법률」 제35조 제2항
25. 「환경보건법」 제19조 제2항

2. 외국의 법령에 따라 지급한 손해배상액 중 실제 발생한 손해액을 초과하여 손해배상금을 지급하는 경우 실제 발생한 손해액을 초과하는 금액

상기 규정 적용시 실제 발생한 손해액이 분명하지 아니한 경우에는 다음의 금액을 손금불산입 대상 손해배상금으로 한다.

$$\text{손금불산입액} = A \times \frac{B - 1}{B}$$

A : 지급한 손해배상금 B : 실제 발생한 손해액 대비 손해배상액의 배수 상한

- 동일한 사업을 영위하는 내국법인과 다른 내국법인간에 미국에서 영업비밀 침해 등의 사유로 분쟁이 발생하여 민사소송 등이 진행되던 중 상호 합의에 따라 모든 법적 분쟁을 취하하고 한쪽법인이 합의금을 지급하는 경우 쟁점합의금이 법인세법시행령 제23조 제1항 제2호에 따른 외국의 법령에 따라 지급한 손해배상액에 해당하는 경우로서 법원 또는 이에 준하는 기관의 결정에 의하여 지급하는 손해배상금과 달리 실제 발생한 손해액이 법원 판결문 등에 의하여 확정되지 않아 분명하지 않은 경우라 하더라도 합의에 이르는 과정 및 합의내용 등의 제반사항을 고려할 때 쟁점합의금이 실제 발생한 손해액을 초과하지 않는 것으로 인정되는 경우에는 법인세법 제21조의2 및 동법시행령 제23조 제2항이 적용되지 않는 것이나, 이에 해당하는 지는 사실판단할 사항임(서면법령법인-6997, 2021.12.30.)

제4장 영업외손익

I. 의의와 분류

1. 법인세비용차감전계속사업손익의 의의

"법인세비용차감전계속사업손익"은 영업손익에 영업외수익을 가산하고 영업외비용을 차감하여 산출한다. 이하 영업외수익과 영업외비용에 대해 살펴보기로 한다.

법인세비용차감전계속사업손익* = 영업손익 + 영업외수익 – 영업외비용

* 중단사업손익이 없는 경우 "법인세비용차감전순손익"으로 한다.

2. 영업외수익

① 의 의

"영업외수익"은 기업의 주된 영업활동이 아닌 활동으로부터 발생한 수익과 차익으로서 중단사업손익에 해당하지 않는 것으로 한다(문단 2.51).

② 표시원칙

일반기업회계기준에서는 영업외수익에 대한 표시원칙에 대해 구체적인 언급은 없다. 따라서 영업외수익 중 중요한 항목은 재무제표의 본문이나 주석에 구분표시하나, 중요하지 않은 항목은 성격이나 기능이 유사한 항목과 통합하여 표시하면 될 것이다(문단 2.9).

③ 구분표시

영업외수익을 구분표시하는 경우 특정 항목의 금액이 미래에 유사한 크기로 다시 발생하는 정도를 상대적으로 고려하여 지속성 정도에 큰 차이가 있는 항목은 해당 수익을 표시하는 적절한 항목으로 구분한다(재무회계개념체계 80).

3. 영업외비용

① 의 의

"영업외비용"은 기업의 주된 영업활동이 아닌 활동으로부터 발생한 비용과 차손으로서 중단사업손익에 해당하지 않는 것으로 한다(문단 2.52).

② 표시원칙

일반기업회계기준에서는 영업외비용에 대한 표시원칙에 대해 구체적인 언급은 없다. 따라서 영업외비용 중 중요한 항목은 재무제표의 본문이나 주석에 구분표시하나, 중요하지 않은 항목은 성격이나 기능이 유사한 항목과 통합하여 표시하면 될 것이다(문단 2.9).

③ 구분표시

영업외비용을 구분표시하는 경우 특정항목의 금액이 미래에 유사한 크기로 다시 발생하는 정도를 상대적으로 고려하여 지속성 정도에 큰 차이가 있는 항목은 해당 비용을 표시하는 적절한 항목으로 구분한다(재무회계개념체계 80).

II. 영업외수익

1. 이자수익

수입이자할인료 · 유가증권이자 · 사채이자 등을 말한다.

원금 등의 회수가 불확실한 채권의 이자수익은 약정 여부에 불구하고 실제로 현금을 수취하는 시점에서 이자수익을 인식한다.

즉 미수수익을 계상하지 않게 되는데 법인세법에서는 약정일이 속하는 사업연도의 익금에 해당되므로 미수수익 해당액을 익금산입의 세무조정을 하게 된다.

2. 배당금수익

(1) 의 의

주식이나 출자금 등의 유가증권으로 인하여 이익이나 잉여금의 분배로 받는 배당금을 말한다.

(2) 기업회계

① 수익계상시기

피투자회사의 주주총회에서 배당결의를 한 날에 수익으로 계상한다.

② 주식배당포함 여부

기업회계에서는 주식배당 및 무상주수령에 대하여 배당금수익으로 인식하지 않고 주식수만 조정(1주당 단가인하)하여 추후 매각시 처분이익으로 인식한다.

(3) 법인세법

1) 의제배당

① 익금항목에 해당

법인세법상 의제배당에 대하여는 익금으로 보아 과세소득금액에 포함된다.

② 감자로 인한 의제배당

감자로 취득한 금전·재산가액의 합계액 – 해당 주식 등의 취득가액

가. 기업회계상으로는 감자를 하더라도 거래가 발생하지 않은 것으로 보아 손익을 인식하지 않고 감자환급금액을 유가증권에서 차감하므로(질의회신 2000.12.5.) 세무상의 의제배당 해당액이 발생하면 익금산입의 세무조정을 한다.

나. 부동산을 감자대가로 지급시 시가에 의해 유상양도로 본다.

다. 유상감자관련비용은 감자대가에서 조정되며 손금으로 인정되지 않는다.

사례 1 감자로 인한 의제배당(감자대가 〉 취득가액)

1. 수진㈜이 장기투자목적으로 보유하고 있는 비상장법인 영봉㈜의 주식취득(지분율 10%) 및 감소내역은 다음과 같다.

(1) 취득

취득일	주식수	취득가액	비 고
2015. 5.1.	10,000주	80,000,000원	1주당 액면금액 5,000원
2018.10.1.	2,000주	–	이익잉여금을 재원으로 한 무상주 수령

(2) 감소

2024.2.1. 영봉㈜의 결의에 따라 50%의 감자가 이루어졌으며 1주당 감자금액은 10,000원으로 결정되었다.

2. 회계처리

(1) 무상주 수령시(2018.10.1.)

없다. 단지 1주당 취득단가만을 수정하면 된다.

(2) 감자시(2024.2.1.)

(차) 현금및현금성자산 60,000,000* (대) 매도가능증권 60,000,000

* 총주식수 12,000주×감자비율 50%×1주당 감자액 10,000＝60,000,000원

3. 세무조정

(1) 무상주 수령시(2018사업연도)

익금산입 · 매도가능증권 · 10,000,000[주1)] · 유보

익금불산입 · 수입배당금 · 3,000,000[주2)] · 기타

주1) 무상주수령 2,000주×액면가액 5,000＝의제배당 10,000,000원

주2) 수입배당금 익금불산입액 : 10,000,000원×30%(익금불산입률)＝3,000,000원

(2) 감자시(2024사업연도)

① 세무상 의제배당해당액

감자시 수령액 60,000,000－취득가액 45,000,000*＝의제배당액 15,000,000

$$* \frac{80,000,000+10,000,000}{10,000+2,000} \times 6,000\text{주} = 45,000,000\text{원}$$

② 세무조정

익금산입 · 매도가능증권 · 15,000,000[주1)] · 유보

익금불산입 · 수입배당금 · 4,500,000[주2)] · 기타

주1) 세무상 의제배당액 15,000,000－회사수익계상액 0＝익금산입 15,000,000원

주2) 수입배당금 익금불산입액 : 15,000,000×30%(익금불산입률)＝4,500,000원

중/점/사/항/

1. 감자대가가 주식취득가액보다 작은 경우

   감자로 인하여 취득하는 금전 등의 가액이 해당 주식을 취득하기 위하여 실제로 지출한 금액 중 감자액에 상당하는 금액에 미달하는 경우에는 그 차액을 손금으로 인정하지 아니하고 잔존주식의 취득가액에 포함되는 것으로 한다(서이 46012－10275, 2002.2.20.; 서이 46012－10829, 2002.4.19.).

2. 무상감자의 경우

   주식을 취득한 후 해당 주식의 발행법인이 결손금의 보전을 위하여 무상감자를 한 경우에는 해당 주식을 소유하고 있는 법인은 소유주식가액을 감액처리하지 아니하고 해당 주식을 처분할 때 손익으로 계상한다(법기통 19－19…35).

③ 잉여금의 자본전입(무상주)으로 인한 의제배당

일반기업회계기준에서는 이익잉여금 및 자본잉여금을 재원으로 수령한 무상주는 자산의 증가로 보지 않아 배당금수익으로 처리하지 않는다(실 6.75).

가. 이익잉여금의 자본전입

무상주의 액면가액을 익금 해당액으로 본다.

익금산입 · 유가증권 · 유보

나. 자본잉여금의 자본전입

다음의 자본잉여금을 재원으로 한 무상주는 익금에 해당(이에 해당하지 않는 자본잉여금의 자본전입은 익금불산입)하여 '가.'의 익금산입의 세무조정을 실시한다(법법 16 ①, 법령 12 ① · ②).

㈀ 주식발행초과금의 자본전입시 의제배당과세 대상

- 채무의 출자전환시 발행되는 주식의 시가 초과금액해당액(채무면제이익)
- 상법 제345조 제1항에 따른 상환주식의 주식발행초과금 중 이익잉여금으로 상환된 금액

㈁ 감자차익 중 자기주식소각이익의 자본전입시

- 자기주식의 소각당시 시가가 취득가액을 초과하는 경우(자본전입기한 제한없이 모두 의제배당 해당)
- 자기주식의 소각당시 시가가 취득가액 이하인 경우로서 2년 이내 자본전입하는 경우(2년 경과 후 자본전입분은 제외)

㈐ 합병차익 중 의제배당대상 : 아래 금액의 합계액
- 자산조정 계정(승계가액 – 장부가액)
- 피합병법인 자본잉여금 중 의제배당 대상인 것(1% 재평가적립금 등)
- 피합병법인 이익잉여금

㈑ 분할차익 중 의제배당대상 : 아래 금액의 합계액
- 자산조정 계정(승계가액 – 장부가액)
- 분할법인의 감자차손(1% 재평가적립금 등)

㈒ 기타자본잉여금(자기주식처분이익, 전환권대가 등)을 자본전입시

다. 무상주 유보금액의 사후관리

추후 유가증권 매각시 손금산입

$$\text{손금추인액} = \text{무상주 익금산입액} \times \frac{\text{처분주식수}}{\text{보유주식총수}}$$

④ 자기주식이 있는 법인이 잉여금을 자본전입한 경우의 의제배당

법인이 자기주식 또는 자기출자지분을 보유한 상태에서 제2호 각 목에 따른 자본전입을 함에 따라 그 법인 외의 주주등인 내국법인의 지분 비율이 증가한 경우 증가한 지분 비율에 상당하는 주식등의 가액

⑤ 해산으로 인한 의제배당

해산시 잔여재산의 분배액 – 해당 주식 등의 취득가액

⑥ 합병(분할)으로 인한 의제배당

합병(분할)대가 – 취득가액

가. 합병대가

합병시 합병교부주식의 가액(원칙적으로는 액면가액으로 계산, 요건불구비시 시가로 계산, 법령 14 ① 1호)과 합병교부금의 합계액을 말한다.

나. 기업회계

기업회계에서는 합병으로 교부받은 주식의 가액을 종전 보유주식의 가액으로 본다. 즉 처분손익이 발생하지 않는다.

⑦ 의제배당귀속시기(법령 13)

가. 잉여금의 자본전입으로 인한 의제배당 : 그 주주총회나 사원총회에서 잉여

금의 자본전입을 결의한 날

나. 감자로 인한 의제배당 : 그 주주총회나 사원총회에서 주식의 소각・자본의 감소를 결의한 날

다. 퇴사・탈퇴로 인한 의제배당 : 퇴사・탈퇴한 날

라. 법인의 해산으로 인한 의제배당 : 잔여재산가액이 확정된 날

마. 법인의 합병으로 인한 의제배당 : 합병등기일

바. 분할로 인한 의제배당 : 분할등기일

중/점/사/항/ 자본잉여금의 자본전입시 의제배당과세여부

1. 상법상 자본준비금의 범위

상법 제15조에 따른 회계기준(K-IFRS 및 일반기업회계기준을 말함)에 따른 자본잉여금을 말함(상법 459 ①, 상령 18).

2. 법인세법 상 자본잉여금 자본전입시 의제배당제외 항목

① 주식발행초과금

② 주식의 포괄적 교환・이전차익

③ 감자차익

④ 합병・분할차익 - 자산조정계정금액
- 피합병법인 등의 이익잉여금
- 피합병법인 등의 자본잉여금 중 의제배당 대상인 것 (1% 재평가적립금 등)

3. 의제배당 해당항목 : 피합병법인 등의 자본잉여금 중 의제배당 대상금액

① 자기주식처분이익

② 전환권대가 등 기타자본잉여금

4. 전환사채발행시 유의사항

기업회계상 전환사채발행시 비유동부채에 해당하는 상환할증금과 자본잉여금에 해당하는 전환권대가가 계상된다.

전환권이 청구되어 주식이 발행되면 다음의 회계처리가 이루어진다.

(차) 전환사채	×××	(대) 자본금	×××
상환할증금	×××	주식발행초과금	×××
미지급이자	×××	전환권조정	×××
		사채할인발행차금	×××
(차) 전환권대가	×××	(대) 주식발행초과금	×××

그러므로 상기 주식발행초과금에는 액면 이상의 주식발행금액뿐만 아니라 법인세법에서 인정하지 않는 전환권대가, 상환할증금 및 전환권조정금액 등이 반영되어 계상된다.

법인세법상 주식발행초과금은 액면금액 이상으로 주식을 발행한 경우 그 액면금액을 초과한 금액을 말하므로 전환권대가 등이 대체된 주식발행초과금은 법인세법 및 상법상의 주식발행초과금이 아니므로 주식발행초과금이 자본에 전입시 무상주의제배당대상이 됨에 유의하여야 한다.

5. 주식기준보상거래시 주식발행초과금의 증가

주식결제형 주식기준보상거래에 있어 주식선택권행사시 자본조정에 계상되어 있던 주식선택권금액이 주식발행초과금으로 대체된다. 이의 해당금액도 법인세법 및 상법상 주식발행초과금에 해당하지 않으므로 의제배당대상에 해당된다.

2) 내국법인의 배당소득에 대한 익금불산입

내국법인이 해당 법인에 출자한 다른 내국법인으로부터 2001.1.1. 이후 최초로 배당 받는 분부터 받은 수입배당금액에 대하여 일정요건 구비시 이를 익금불산입한다(법법 18의2, 법령 17의2).

① 익금불산입 금액

내국법인(비영리내국법인은 제외함)이 자회사로부터 받은 배당소득 중 다음 비율에 의하여 계산한 금액은 이를 익금에 산입하지 아니한다(법법 18의2 ①).

지분비율*	익금불산입비율
50% 이상	100%
20% 이상～50% 미만	80%
20% 미만	30%

* 출자받은 내국법인의 배당기준일 현재 3월 이상 계속하여 보유하고 있는 주식을 기준으로 계산하며(법령 17의3 ①), 불균등감자로 인해 출자비율이 달라지는 경우에도 배당기준일인 '감자기준일' 현재 3월 이상 보유한 주식을 기준으로 계산한다(서이 46012－10072, 2002.1.11.).

이때 배당소득(수입배당금액)에는 법인세법 제16조에 의한 의제배당액을 포함하나 다음의 금액은 제외한다(법법 18의2 ②).

㉠ 배당기준일 전 3월 이내에 취득한 주식 등을 보유함에 따른 수입배당금액

㉡ 유동화전문회사 등 및 프로젝트금융투자회사에 대한 소득공제 규정(법법 51의2, 조특법 104의31)이 적용되는 법인으로부터 받은 수입배당금

㉢ 수도권 밖으로 본사를 이전하는 법인에 대한 법인세감면규정(조특법 63의2)을 적용받는 법인으로부터 받는 수입배당금액

㉣ 제주첨단과학기술단지입주기업에 대한 법인세감면규정(조특법 121의8)을

적용받는 법인으로부터 받는 수입배당금액

㉤ 제주투자진흥지구 또는 제주자유무역지역 입주기업에 대한 법인세 감면규정(조특법 121의9)을 적용받는 법인으로부터 받는 수입배당금액

㉥ 동업기업과세특례(조특법 100의15 ①)를 적용받는 법인

㉦ 소득공제를 적용받는 법인과세 신탁재산으로부터 받은 수입배당금액

㉧ 「자산재평가법」 제28조 제2항을 위반하여 이 법 제16조 제1항 제2호 나목에 따른 재평가적립금을 감액하여 지급받은 수입배당금액

㉨ 제18조 제8호 나목 및 다목에 해당하는 자본준비금(3% 재평가적립금)을 감액하여 지급받은 수입배당금액

㉩ 자본의 감소로 주주등인 내국법인이 취득한 재산가액이 당초 주식등의 취득가액을 초과하는 금액 등 피출자법인의 소득에 법인세가 과세되지 아니한 수입배당금액으로서 다음의 수입배당금액

- 유상감자에 따른 의제배당금액
- 법인이 자기주식을 보유한 상태에서 잉여금의 자본전입에 따라 그 법인 외의 주주등인 내국법인의 지분비율이 증가한 경우 증가한 지분비율에 상당하는 주식등의 가액

② 지급이자 관련 익금불산입 차감액

내국법인이 차입금에 의한 계열확장을 억제하고자 차입금에 대한 이자 등이 있는 경우 익금불산입 금액(상기 '①'의 금액)에서 다음 산식에 의해 배당금지급법인별로 계산한 금액을 공제한다(법법 18의2 ① 2호, 법령 17의2 ③).

$$\text{익금불산입 차감액} = \text{지급이자}^{\text{주1), 주2)}} \times \frac{\text{익금불산입률 30\%, 80\%, 100\% 대상 주식장부가액적수}^{\text{주1)}}}{\text{사업연도종료일 현재의 재무상태표상 자산총액 적수}^{\text{주1)}}}$$

주1) 지급이자, F/P상 자산총액적수, 다른 내국법인의 주식 등(정부로부터 현물출자받은 주식제외, 법령 17의2) 장부가액적수는 다른 내국법인으로부터 받는 수입배당금이 해당 법인의 익금으로 확정되는 날이 속하는 사업연도의 것으로 한다(법인 46012-950, 2001.9.26.; 서이 46012-12040, 2002.11.11.; 재경부 법인 46012-79, 2003.5.9.).

주2) 법인세법시행령 제55조 규정에 의해 이미 손금불산입된 금액(법령 17의3 ②)과 법인세법시행령 제72조 제3항 제1호, 제2호에 의한 현재가치할인차금상각액과 연지급수입이자는 제외된다(재경부 법인 46012-80, 2003.5.9.). 다만, 지급이자손금불산입규정상 지급이자에서 차감하는 구매자금대출이자 및 국민주택기금차입금이자는 포함된다(서이 46012-12111, 2002.11.26.; 재경부 법인 46012-80, 2003. 5.9.).

주3) 금융채권의 이자, 금융회사의 환매조건부 채권매도, 매출어음 할인, 금융채의 발행 등 그 밖의 다양한 방식으로 타인으로부터 그 목적사업을 위한 운영자금을 조달하면서 지출하는 비용들은, 차입금 이자로

보아야 하므로 수입배당금 익금불산입 배제대상 차입금 이자에 포함되는 것임(대법원 2016두34097, 2017.7.11.).

③ 차등배당시 배당을 포기한 법인주주에 대한 부당행위계산부인 여부 등

① 배당을 포기한 법인주주와 배당을 수령하는 주주가 「법인세법」상 특수관계인에 해당하는 경우 부당행위계산 부인규정에 해당할 것으로 판단됨

② 쟁점법인의 주주 둘 중 하나인 청구법인이 쟁점법인의 배당금 중 청구법인의 지분해당액을 특수관계자인 다른 주주에게 전액 배정하는 차등배당이 실시된 경우 차등배당금액은 청구법인의 부당행위계산부인규정에 해당하여 익금산입의 세무조정이 타당하나 이는 청구법인이 배당금을 수령하여 다른 주주에게 배당금을 지급한 거소가 동일하므로 「법인세법」 제18조의3 제1항에 따른 수입배당금 익금불산입규정을 적용하는 것이 타당함(조심 2019중3368, 2020.7.16.)

사례 2 수입배당금액의 익금불산입

1. 자료

⑴ 영리내국법인인 보아㈜의 사업연도 : 2024.1.1.~2024.12.31.

⑵ 보아㈜의 수입배당금 내역은 다음과 같다.

피투자회사	상장 여부	지분율	수입배당금액주1)	장부가액 적수주2)
A	상 장	60%	18,000,000	26,280,000,000
B	상 장	30%	6,000,000	21,900,000,000
C	비상장	90%	4,500,000	13,140,000,000
D	비상장	10%	7,000,000	15,330,000,000

주1) 법인세법상 의제배당을 고려한 금액임.
주2) 법인세법상 장부금액을 의미함.

⑶ 피투자회사의 주식은 모두 배당기준일 전 3개월 이전에 취득한 주식이다.

⑷ 보아㈜의 기말 재무상태표상 자산총액적수는 3,650,000,000,000이다.

2. 보아㈜가 지주회사가 아닌 내국법인으로서 차입금을 보유하고 있는 경우

구 분	금 액	비 고
차입금이자	100,000,000	지급이자 손금불산입액 30,000,000
재무상태표상 자산총계	10,000,000,000	

⑴ 수입배당금 익금불산입 대상금액

피투자회사	수입배당금액	익금불산입률	익금불산입액
A	18,000,000	100%	18,000,000
B	6,000,000	80%	4,800,000

피투자회사	수입배당금액	익금불산입률	익금불산입액
C	4,500,000	100%	4,500,000
D	7,000,000	30%	2,100,000
			29,400,000

⑵ 익금불산입 차감액

① 차입금이자 : 100,000,000 − 30,000,000 = 70,000,000원

② 자산총액 적수 : 3,650,000,000,000원

③ 익금불산입 차감액

$$70{,}000{,}000 \times \frac{\{(26{,}280{,}000{,}000 + 13{,}140{,}000{,}000) \times 100\% + 21{,}900{,}000{,}000 \times 80\% + 15{,}330{,}000{,}000 \times 30\%\}}{3{,}650{,}000{,}000{,}000}$$

= 1,181,350원

⑶ 수입배당금 익금불산입액

29,400,000 − 1,181,350 = 28,218,650원

⑷ 세무조정

익금불산입 · 수입배당금 28,218,650 · 기타

■ 법인세법 시행규칙 [별지 제16호의2서식](2024.3.22. 개정) (앞쪽)

수입배당금액명세서

사업연도	2024. 1. 1. ~ 2024.12.31.	법인명	보아㈜	사업자등록번호	

1. 지주회사 또는 출자법인 현황

①법인명	②사업자등록번호	③소재지	④대표자 성명	⑤업태종목
보아㈜				

2. 자회사 또는 배당금 지급법인 현황

⑥법인명	⑦사업자등록번호	⑧소재지	⑨대표자	⑩발행주식총수	⑪지분율(%)
A					60
B					30
C					90
D					10

3. 수입배당금 및 익금불산입 금액 명세

⑫자회사 또는 배당금 지급법인명	⑬배당금액	⑭익금불산입 비율(%)	⑮익금불산입 대상금액 (⑬×⑭)	⑯지급이자 관련 익금불산입 배제금액	⑰익금불산입액 (⑮ − ⑯)
A	18,000,000	100	18,000,000	504,000	17,496,000
B	6,000,000	80	4,800,000	336,000	4,464,000
C	4,500,000	100	4,500,000	252,000	4,248,000
D	7,000,000	30	2,100,000	89,350	2,010,650
계	35,500,000		29,400,000	1,181,350	28,218,650

210mm×297mm[백상지 80g/㎡ 또는 중질지 80g/㎡]

3) 외국자회사 수입배당금 익금불산입

외국자회사로 부터의 수입배당금에 대해 익금불산입하는 규정이 2023년부터 신설되었다(법법 18의4 신설 · 21 · 41 · 57 · 57의2, 법령 18 · 72)

① 외국자회사 수입배당금 익금불산입

※ 외국자회사 수입배당금에 대해 익금불산입이 적용되지 않는 경우는 종전과 동일하게 외국납부세액공제 적용

가. 익금불산입 대상 : 내국법인(법법 57의 2 ①에 따른 간접투자회사 등은 제외)이 외국자회사로부터 받은 수입배당소득

나. 외국자회사 요건 : 의결권 있는 지분율 10%* 이상, 배당기준일 현재 6개월 이상 보유(적격합병, 적격분할, 적격물적분할, 적격현물출자에 따라 다른 내국법인이 보유하고 있던 외국자회사의 주식 등을 승계받은 때에는 그 승계 전 다른 내국법인이 외국자회사의 주식 등을 취득한 때부터 보유한 것으로 봄)

* 조특법 제22조에 따른 해외자원개발사업을 하는 외국자회사는 5%

* 외국자회사의 자본준비금 감액으로 인한 배당은 지분율에 관계없이 익금불산입 적용

다. 익금불산입 배당소득 범위 : 이익의 배당금, 잉여금의 분배금, 의제배당.

단, 국조법 27 ①의 요건을 모두 충족하는 특정외국법인으로부터의 수입배당금액 및 혼성금융상품의 거래에 따라 지급받는 수입배당금액으로 다음 라.에 의한 배당은 제외

* 국외에서는 이자비용으로 취급되나, 국내에서는 배당소득으로 간주

라. 익금불산입 적용에서 제외되는 배당

ⓐ 수동적 업종(임대업 등) 또는 수동소득(이자 · 배당 등) 위주로 영위하는 해외자회사*가 실제 세부담율이 15% 이하인 경우의 수입배당금액

* 특정외국법인의 유보소득 합산과세가 적용되는 해외자회사

ⓑ 아래 요건을 모두 충족하는 혼성금융상품*거래에 따라 지급받는 수입배당금액

* 부채 · 자본 성격을 동시에 갖는 금융상품

－국　내 : 자본으로 보아 배당소득으로 취급

－상대국 : 부채로 보아 이자비용으로 취급

마. 익금불산입률 : 95%(해외유보소득 국내유입효과 기대)

바. 수입배당금액에 대하여 외국에 납부한 세액은 손금불산입

사. 조문 정비사항(상증령 56)

비상장주식평가시 1주당 순손익계산시 익금불산입된 해외자회사 배당액 포함

② 외국자회사에 해당하지 않는 외국법인으로부터의 자본준비금을 감액하여 받는 배당금으로 법법 18조 8호에 따른 수입배당금액을 받는 경우에도 95% 익금불산입

③ 외국자회사(기존법인을 인수한 경우) 주식의 취득가액 조정(법령 72 ② 1의2)

가. 조정대상 : 내국법인이 인수한 해외자회사의 주식으로서 배당금 익금불산입 적용되는 주식

나. 조정금액 : 취득가액에서 ⓐ 및 ⓑ를 모두 충족하는 수입배당금액 차감

ⓐ 내국법인이 최초로 주식을 보유하게 된 날의 직전일 기준 이익잉여금을 재원으로 한 배당

ⓑ 해외자회사 배당금 익금불산입 적용을 받은 배당

④ 별지 제16호의3「외국자회사 수입배당금 명세서」제출

〈적용시기〉 2023.1.1. 이후 배당받는 분부터 적용

〈경과조치〉 1. 2022.12.31. 이전 배당받은 분에 대해서는 외국납부세액공제 적용 (공제한도 초과로 이월된 세액 포함)

2. 외국자회사 취득가액 산정규정은 2023.1.1. 이후 외국자회사를 인수하는 경우부터 적용

4) 자본준비금을 감액하여 받는 배당

「상법」 제461조의2에 따라 자본준비금을 감액하여 받는 배당금액[내국법인이 보유한 주식의 장부가액(종전 장부가액 - 감액배당 받은 금액 중 과세되지 않는 금액)을 한도로 한다]은 익금불산입한다(법법 18 · 8호, 법령 72 ⑤ 1호). ②에 해당하는 자본준비금을 감액하여 받는 배당금액은 제외한다.

㊟ 상법 제461조의2(준비금의 감소) 회사는 적립된 자본준비금 및 이익준비금의 총액이 자본금의 1.5배를 초과하는 경우에 주주총회의 결의에 따라 그 초과한 금액 범위에서 자본준비금과 이익준비금을 감액(=배당)할 수 있다.

① 익금불산입대상 자본준비금

상법 제459조 제1항에 따른 자본준비금(기업회계상 자본잉여금)

- 주식발행초과금(법법 17 ① 1호 해당금액, 이익잉여금으로 상환된 상환주식의 주식발행초과금은 제외)
- 주식의 포괄적 교환 · 이전차익
- 감자차익
- 합병 · 분할차익 중 일정금액

② 익금산입 대상 자본준비금

가. 채무의 출자전환 시 채무면제이익

나. 자기주식 등 소각이익

(소각당시 시가가 취득가를 초과하지 아니하는 경우로서 소각일로부터 2년 지난 후 전입하는 금액 제외)

다. 적격합병 시 합병차익 중 피합병법인의 다음 금액(합병차익 한도)

- 자산평가이익
- 피합병법인 이익잉여금
- 의제배당대상 자본잉여금(1% 재평가적립금 등)
- 합병차익에 포함된 3% 재평가적립금 : 다음 금액을 한도
  - 합병차익 - (㉮ - ㉯)

    ㉮ 피합병법인의 자본금과 의제배당 비과세 자본준비금(3% 재평가적립금)

    ㉯ 합병법인의 자본금증가액

라. 적격분할 시 분할차익 중 분할법인의 다음 금액(분할차익 한도)

- 자산평가이익
- 분할감자차익(1% 재평가적립금 등)
- 분할차익에 포함된 3% 재평가적립금 : 다음 금액을 한도
  - 분할차익 - (㉮ - ㉯)

    ㉮ 분할법인의 자본금 감소액과 의제배당 비과세 자본준비금(3% 재평가적립금)의 감소액

    ㉯ 분할신설법인의 자본

마. 이익잉여금으로 상환된 주식의 주식발행액면초과액

③ 상기 ② 다. 및 라.에 따른 감액배당 시 배당순서

가. 3% 재평가적립금

* 3% 재평가적립금 중 합병법인의 증가한 자본금에서 피합병법인의 자본금과 의제배당대상 외 자본잉여금의 합계액을 차감한 금액을 자본에 전입된 금액

나. 이익잉여금, 과세대상 자본잉여금

다. 비과세대상 자본잉여금

④ 상법 459 ②에 따라 승계한 준비금이 없는 경우에도 그 승계가 없는 것으로 보아 계산하고, 합병·분할차익의 일부를 자본에 전입하는 경우 피합병법인 등의 3% 재평가적립금이 먼저 자본에 전입된 것으로 보아 그 전입 후 남은 금액만

합병・분할차익에 포함하여 계산한다.

⑤ 자본준비금과 이익잉여금이 있는 법인이 자본준비금을 감액하여 배당을 지급하는 경우 자본준비금을 감액한 금액이 배당된 것으로 본다(법인세제과-676, 2016.7.12.).

⑥ 상법에 따른 자본준비금 감액배당을 수령한 경우 해당 배당금상당액은 보유주식의 장부가액에서 차감하는 것이며, 자본준비금을 감액한 배당금이 주식 장부가액을 초과하는 경우 초과금액은 익금에 산입하지 않는 것임(법인세제과-740, 2018.6.22.)

⑦ 내국법인이 적격합병을 한 경우로서 합병당시 피합병법인 주주에게 신주 교부하면서 발생한 주식발행초과금을 상법 제461조의2에 따라 감액하고 이를 재원으로 배당하는 경우 법인세법시행령 제12조 제1항 제3호에 따른 금액(자산조정계정 등)은 익금불산입대상에서 제외되는 것이며 쟁점 자본준비금의 일부를 감액하여 배당하는 경우에는 법인세법시행령 제12조제1항제3호 외의 금액을 먼저 감액한 것으로 보는 것임(사전법령법인-1575, 2021.12.28.)

Expert Opinion Summary

배당금의 재원연도를 특정한 경우 인정 여부

1. 자본준비금, 이익준비금과 이익잉여금이 있는 내국법인이 상법 제461조의2(준비금의 감소)에 따라 자본준비금(주식발행초과금)을 감액한 금액을 주주총회의 결의에 따라 배당하는 경우, 당해 내국법인의 주주는 주주총회결의에 따라 자본준비금을 감액한 금액을 배당받은 것으로 보는 것이며, 동 배당금을 지급받은 내국법인의 주주는 법인세법 제18조 제8호(평가이익 등의 익금불산입)에 따라 그 배당금을 지급받은 사업연도의 익금에 산입하지 아니함(기획재정부 법인세제과-676, 2016.7.12.; 사전법령법인-194, 2020.4.7.).

(1) 내 용

법인세법상 배당금으로의 사용시 배당금을 수령한 주주가 익금불산입이 되는 자본준비금(자본잉여금)과 익금불산입이 되지 않는 자본준비금이 있는 경우 배당금을 지급하는 법인이 해당연도를 특정하여 익금불산입 대상이 되는 연도의 주식발행초과금을 배당금의 재원으로 사용시 이를 수령한 법인이 익금불산입규정을 적용받을 수 있는 지에 대한 질의임.

(2) 답 변

과세 관청의 답변은 기획재정부의 답변을 인용하고 있고 기획재정부의 유권해석은 일반적인내용으로 법인세법이 익금불산입대상으로 인정하는 자본준비금을 배당금의 재원으로 사용시 동 배당금을 수령하는 법인은 익금불산입된다는 것이므로 질의내용에 대한 구체적인 답변은 아니나 과세관청의 답변취지로 보면 주식발행초과금이 발생한 연도를 특정하여 배당금의 재원으로 사용시 이를 인정하여 익금불산입규정을 적용하는 것으로 판단됨.

2. 내국법인이 합병 등에 의하여 적립된 자본준비금 중 자본전입시 의제배당으로 과세되지 않는 자본준비금을 특정하여 상법 제461조의 2에 따라 주주총회 결의에 의하여 감액한 금액을 배당받는 경우, 당해 내국법인의 주주는 주주총회결의에 따라 그 특정하여 감액한 자본준비금을 배당받은 것으로 보아 법인세법 제18조 제8호(익금불산입규정)를 적용하는 것임(서면법령법인－3705, 2021.4.14.).

저자주

2023.1.1. 이후 지급받는 내국법인의 자본준비금을 재원으로 한 수입배당금액에 대하여는 내국법인이 보유한 주식의 장부가액을 한도로 익금불산입한다 개정되었다. 그러므로 보유주식의 장부가액을 초과하여 받은 배당금은 익금산입이 되는 것이다.

이때 익금불산입의 소득처분에 대해 논란이 발생할 수 있다.

상기 ②의 기재부의 유권해석 및 국세청의 유권해석(서면법인－2463, 2017.12.11.)에 의하면 익금불산입의 소득처분은 자본의 환급으로 보아 △유보로 처분하고 추후 보유주식을 매각시 익금산입의 조정을 하라는 해석이다.

3. 임대료

(1) 의의

부동산이나 동산을 타인에게 임대해 주고 일정기간마다 사용대가로 받는 사용료를 말한다.

(2) 미수수익 계상

결산시 임대기간이 경과하였으나 수입약정일이 도래하지 않은 임대료수입금액은 미수수익을 계상하며 별도의 세무조정은 없다.

(3) 선수수익 계상

임대료를 미리 받고 결산일 현재 기간이 경과되지 아니한 임대료상당액에 대해서는 선수수익을 계상한다.

(4) 임차인이 부담한 임대자산에 대한 자본적지출액

임대자산에 가산하고 선수수익으로 계상하여 임대기간 동안 임대료로 수익을 계상한다.

(5) 장기임대차계약

임대료지급기간이 1년을 초과하는 경우 이미 경과한 기간에 대응하는 임대료상당액과 비용은 해당 사업연도의 익금과 손금으로 한다(법령 71).

III. 영업외비용

1. 이자비용

(1) 의의

회사가 외부로부터 조달한 타인자본 중 당좌차월, 장·단기차입금, 사채 등에 대하여 지급하는 이자와 할인료 또는 사채이자를 말한다.

(2) 기업회계

영업외비용으로 처리한다.

(3) 법인세법

법인세법에서 지급이자는 당연히 손금에 해당되나 과도한 지급이자로 인해 재무구조의 악화 및 경영부실에 이르는 것을 방지하기 위해 다음과 같은 손금불산입규정 등을 두고 있다.

내 용	조 문	소득처분	적용순서
채권자불분명사채이자	법법 28 ① 1호	상여(원천징수세액은 기타사외유출)	1
비실명채권·증권이자	법법 28 ① 2호	상여(원천징수세액은 기타사외유출)	2
건설자금이자	법법 28 ① 3호	유 보	3
업무무관부동산 등 관련 이자	법법 28 ① 4호	기타사외유출	4

1) 채권자불분명사채이자

① 채권자가 불분명한 경우

가. 채권자가 주소 또는 성명을 확인할 수 없는 차입금

나. 채권자의 능력 및 자산상태로 보아 금전을 대여한 것으로 인정할 수 없는 차입금

다. 채권자와의 금전거래사실 및 거래내용이 불분명한 차입금

② 소득처분

대표자상여로 처분하는데 원천징수분은 기타사외유출로 처분한다.

2) 지급받은 자가 불분명한 채권 등의 이자

① 대상채권 · 증권

소득세법 제16조 제1항에 규정된 다음의 채권 · 증권으로 한다(법법 28 ① 2호).

가. 국가나 지방자치단체가 발행한 채권 또는 증권의 이자와 할인액

나. 내국법인이 발행한 채권 또는 증권의 이자와 할인액

다. 외국법인의 국내지점 또는 국내영업소에서 발행한 채권 또는 증권의 이자와 할인액

라. 금융기관 등의 채권 · 증권의 환매조건부매매차익

② 소득처분

대표자상여로 처분하는데 원천징수분은 기타사외유출로 처분한다.

3) 업무무관자산 및 가지급금에 대한 지급이자

상세설명은 '제2부 제5장 Ⅲ. 2. (6)' 참조

4) 기간경과분 이자비용 미지급비용계상시 손금인정

법인이 결산확정시 기간경과분에 대한 이자 · 할인액(차입일부터 이자지급일이 1년을 초과하는 특수관계인과의 거래에 따른 이자 및 할인액은 제외)을 해당 사업연도의 손비로 계상한 경우에는 그 계상한 사업연도의 손금으로 한다(법령 70 ① 2호).

차입일부터 이자지급일이 1년을 초과하는 특수관계인간 거래에 따른 미지급이자는 손금불산입되지만 매년 이자를 지급하는 경우(질의사례는 차입일 2021.6.1., 원금상환일 2023.5.31., 이자지급일 2022.5.31., 2023.5.31.)에는 결산시 계상한 기간경과 이자(미지

급이자)는 손금산입된다(법인세제과-330, 2022.8.24.).

2. 기부금

(1) 의의

기부금이란 내국법인이 사업과 직접적인 관계없이 무상으로 지출하는 금액(다음 ③ 포함)을 말하며(법법 24 ①), 기부금의 범위는 다음과 같다.

① 특례기부금(법법 24 ② 1호 : 법정기부금)

② 일반기부금(법법 24 ③ 1호 : 지정기부금
사회복지 · 문화 · 예술 · 교육 · 종교 · 참선 · 학술 등 공익성을 감안하여 법인세법시행령 제39조에서 규정하는 기부금을 말한다.

③ 기부금의제(법령 35)

가. 저가양도

특수관계가 없는 자에게 정당한 사유없이 자산을 정상가격(시가×70%)보다 낮은 가액으로 양도하는 경우 정상가격과 양도가격의 차액을 기부금으로 간주한다.

(ㄱ) 특례 · 일반기부금 해당시 : 한도초과액 손금불산입

(ㄴ) 손불산입기부금 해당시 : 손금불산입

나. 고가매입

특수관계가 없는 자에게 정당한 사유없이 자산을 정상가격(시가×130%)보다 높은 가액으로 매입하는 경우 정상가액과 매입가액의 차액을 기부금으로 간주한다.
손금산입 · 자산 · △유보
손금불산입(한도초과시 또는 손금불산입기부금 해당시) · 기부금 · 기타사외유출

다. 시가

(ㄱ) 원칙 : 시장에서 실제로 거래되는 가액

(ㄴ) 시가불분명시 : 다음 순서대로 계산한 가액

- 감정평가법인 및 감정평가사가 감정한 가액(주식은 제외)
- 상속세및증여세법의 규정을 준용하여 평가한 가액

(2) 특례기부금(법정기부금)

1) 특례기부금의 범위

① 국가나 지방자치단체에 무상기증한 금품

② 국방헌금과 국군장병위문금품가액

③ 천재지변으로 생기는 이재민구호금품

가. 해외에서 발생한 천재지변을 포함(법기통 24-0…4)

나. 화재로 인한 이재민 구호금품가액은 불우이웃돕기성금으로서 지정기부금에 해당된다.

다. 지진피해로 어려움을 겪고 있는 네팔협동조합의 조합원을 구호하기 위해 국제협동조합연맹(ICA)을 통해 구호금품을 기부하는 경우로서 해당 기부금의 사용내역이 객관적으로 확인되는 경우 동 기부금은 법정기부금에 해당한다(서면법령법인-1617, 2016.2.23.).

④ 다음 중 하나에 해당하는 기관(병원을 제외)에 시설비(토지현물기부도 해당)·교육비·장학금 또는 연구비로 지출하는 기부금

가. 사립학교법에 의한 사립학교

나. 비영리 교육재단(국립·공립·사립학교의 시설비, 교육비, 장학금 또는 연구비 지급을 목적으로 설립된 비영리 재단법인으로 한정한다)

다. 국민평생 직업능력 개발법에 따른 기능대학

라. 평생교육법에 따른 원격대학(일명 사이버대학)형태의 평생교육시설

마. 경제자유구역및제주국제자유도시의외국교육기관설립·운영에관한특별법에 의하여 설립된 외국교육기관 및 제주특별자치도설치및국제자유도시조성을위한특별법에 따라 설립된 비영리법인이 운영하는 국제학교

바. 산업교육진흥및산학연협력촉진에관한법률에 의한 산학협력단

사. 한국과학기술원법에 따른 한국과학기술원, 광주과학기술원법에 따른 광주과학기술원 및 대구경북과학기술연구원법에 따른 대구경북과학기술연구원, 울산과학기술원법에 따른 울산과학기술원 및 한국에너지공과대학교법에 따른 한국에너지공과대학교

아. 국립대학법인서울대학교설립·운영에관한법률에 따른 국립대학법인 서울대학교, 국립대학법인 인천대학교

자. 재외국민의교육지원등에관한법률 제2조 제3호에 따른 한국학교(단, 대통령

령으로 정하는 요건을 충족하는 학교에 한한다)로서 기획재정부장관이 지정 · 고시하는 학교

차. 「한국장학재단 설립 등에 관한 법률」에 따른 한국장학재단

⑤ 다음 중 하나에 해당하는 병원에 시설비 · 교육비 또는 연구비로 지출하는 기부금

가. 국립대학병원설치법에 따른 국립대학병원

나. 국립대학치과병원설치법에 따른 국립대학치과병원

다. 서울대학교병원설치법에 따른 서울대학교병원

라. 서울대학교치과병원설치법에 따른 서울대학교치과병원

마. 사립학교법에 따른 사립학교가 운영하는 병원

바. 암관리법에 따른 국립암센터

사. 지방의료원의설립및운영에관한법률에 따른 지방의료원

아. 국립중앙의료원의설립및운영에관한법률에 따른 국립중앙의료원

자. 대한적십자사조직법에 따른 대한적십자사가 운영하는 병원

차. 한국보훈복지의료공단법에 따른 한국보훈복지의료공단이 운영하는 병원

카. 방사선및방사성동위원소이용진흥법 제13조의2에 따른 한국원자력의학원

타. 국민건강보험법에 따른 국민건강보험공단이 운영하는 병원

파. 산업재해보상보험법 제43조 제1항 제1호에 따른 의료기관

⑥ 사회복지사업, 그밖의 사회복지활동의 지원에 필요한 재원을 모집 · 배분하는 것을 주된 목적으로 하는 비영리법인으로서 법정요건을 모두 갖춘 기획재정부장관이 지정 · 고시하는 법인에 지출하는 기부금

2) 한도액

$$한도액 = \left[\begin{array}{c} (차가감소득금액 + 특례 \cdot 일반기부금\ 손금계상액)^{*} \\ - 이월결손금 \end{array} \right] \times 50\%$$

* 기준소득금액

① 차가감소득금액

결산서상 당기순이익 + 익금산입 · 손금불산입액* − 손금산입 · 익금불산입액*

* [별지 제15호 서식] 소득금액조정합계표상 특례 · 일반기부금 이외의 모든 세무조정사항이 반영된 금액

② 특례 · 일반기부금 손금계상액

법인결산상 장부계상 기부금액

+세무조정시 손금산입액(당기 가지급기부금, 전기 어음기부금) - 세무조정시 손금불산입액(전기 가지급기부금, 당기 어음기부금) + 의제기부금해당액(특례기부금은 장부가액) + 현물기부시 [시가 해당액 - 장부계상액]

③ 이월결손금

사업연도개시일 전 15년 이내에 발생한 세무상 이월결손금을 말하며 각 사업연도소득의 80%를 한도로 이월결손금공제를 적용받은 법인은 기준소득금액의 80%를 한도로 함(다음 (3)의 2)도 동일)

3) 한도초과액

특례기부금한도초과액은 [별지 제3호 서식] '법인세과세표준 및 세액조정계산서'상 ⑩⑤란에 기재되어 차가감소득금액에 합산하여 각사업연도소득금액을 구성하게 된다.

한도초과액 = 특례 · 일반기부금 회사계상액 - 한도액

4) 한도초과액의 이월공제 및 공제순서(일반기부금도 동일함)

① 한도초과액은 10년간(2013.1.1. 이후분부터) 이월하여 공제한다.

② 공제순서는 다음과 같다.

가. 이월된 기부금을 먼저 공제

나. 남은 기부금 공제한도 내에서 당해 사업연도에 지출한 기부금공제

(3) 일반기부금

1) 한도액

일반 기부금한도액 = {차가감소득금액 + 특례 · 일반기부금손금계상액 - 이월결손금 - 특례기부금손금산입액} × 10%*

* 사회적기업육성법 제2조 제1호에 따른 사회적기업의 경우에는 20%

2) 한도초과액

일반기부금한도초과액은 [별지 제3호 서식] '법인세과세표준 및 세액조정계산서' 상 차가감소득금액에 합산하여 각사업연도소득금액을 구성하게 된다.

한도초과액 = 일반기부금회사계상액 - 한도액

3) 한도초과액의 이월공제

한도초과액은 해당 사업연도의 다음 사업연도의 개시일부터 10년(2013년분부터) 이내에 종료하는 각 사업연도에 이월하여 일반기부금 한도미달액의 범위 내에서 이를 손금에 산입한다.

(4) 손금불산입기부금

기부금 중 전술한 특례기부금과 일반기부금을 제외한 기부금을 전액 손금불산입하며, 소득처분은 다음에 의한다.

① 출자자(임원 제외) : 배당

② 직원(출자임원 포함) : 상여

③ 이외 : 기타사외유출

주주인 법인이 주식발행법인의 임원으로 취임하는 특수관계 없는 자에게 보유하고 있는 주식발행법인의 주식을 무상으로 제공하는 경우에는 손금불산입기부금에 해당된다(법인 46012 - 1707, 2000.8.8.).

(5) 현물기부(법령 36 ①)

① 특례기부금과 일반기부금(특수관계인에게 기부한 일반기부금은 제외)대상에 현물기부시 : 기부했을 때의 장부가액으로 계산한다.

② '①'외에 현물기부시 : 기부했을 때의 장부가액과 시가 중 큰 금액

(6) 기부금영수증

2005.1.1. 이후부터 기부금을 지출한 법인은 특례기부금영수증[별지 제63호의3 서식]을 교부받아 보관하여야 한다.

(7) 귀속시기

① 현금주의가 적용되어 미지급된 기부금은 손금불산입·유보처분되어 현금지급된 사업연도의 기부금에 해당된다.

② 내국법인이 주무관청으로부터 인가 또는 허가를 받기 이전의 설립 중인 재단에 지출하는 법인세법 시행령 제36조에 해당하는 기부금은 해당 재단이 인가 또는

허가를 받은 날이 속하는 사업연도의 지정기부금으로 보아 한도내에서 손금에 산입하는 것임(사전-2016-법령해석법인-0080, 2016.4.25.)

결산점검 *Check-list*

1. 기부금영수증상 코드숫자에 의한 기부금구분

실무적으로 기부금단체명으로 동 기부처가 특례 · 일반 · 손금불산입기부금의 해당 여부를 파악하는데는 어려움이 있다. 기부금의 구분은 수령한 기부금영수증상 코드에 의해 확인하는 것이 가장 빠른 방법이다.

- 코드 10 : 특례기부금
  40 : 일반기부금
  50 : 손금불산입기부금

2. 부동산을 무상임대하는 경우

① 부동산 무상임대시 시가 해당액 5,000,000인 경우

② 상대방이 특수관계인인 경우
익금산입 · 부당행위계산 · 5,000,000 · 상여 등

③ 상대방이 특수관계인이 아닌 경우(손금불산입기부금에 해당)
손금불산입 · 손금불산입기부금 · 5,000,000 · 기타사외유출

④ 특수관계인이 아닌 자에게 2,000,000에 임대시(정당한 사유없는 경우)
- 기부금의제액 : 5,000,000 × 70% − 2,000,000 = 1,500,000
- 손금불산입 · 손금불산입기부금 · 1,500,000 · 기타사외유출

⑤ 부가가치세법상 세금계산서발급의무
사업자가 대가를 받지 아니하고 타인에게 용역을 공급하는 것은 용역의 공급으로 보지 아니하나, 사업자가 부가가치세법시행령 제26조 제1항에서 정하는 특수관계인에게 사업용 부동산의 임대용역을 공급하는 것은 용역의 공급으로 보아 부가가치세가 과세되는 것임. 이 경우 부가가치세 과세표준은 같은법 제29조 제4항 제3호에 따라 공급한 용역의 시가를 공급가액으로 보는 것이며, 시가를 과세표준으로 하는 경우에 정상적인 거래 시가와 낮은 대가와의 차액에 대하여 같은법 제32조에 따른 세금계산서를 발급할 의무가 없는 것임(부가가치세과-123, 2014.2.17.)

3. 고가매입시 기부금의제 및 증여세

(1) 자료

① 2024.7.1. 수진㈜은 ㈜보아의 주식 60%를 안소연으로부터 100억원에 매입하였다.
② ㈜보아의 주식은 최근에 매매거래가 이루어지지 않았고 비상장법인이다.
③ 매매당시 ㈜보아의 상속세및증여세법상 평가금액은 40억원이다.
④ 안소연의 ㈜보아 주식취득가액은 10억원이다.
⑤ ㈜보아에 대한 회계법인의 평가결과 안소연보유지분의 평가금액은 100억원이며 회계법인은 자본시장통합법상 평가방법을 적용하여 평가하였다.

⑥ 수진㈜과 안소연은 상속세및증여세법 및 법인세법상 특수관계인에 해당하지 않는다.

(2) 수진㈜의 회계처리

(차) 지분법적용투자주식 100억원 (대) 보통예금 100억원

(3) 안소연의 양도소득세신고(㈜보아는 중소기업에 해당)

(양도가액 100억원 − 취득가액 10억원) × 세율 20%, 25%(3억원 초과분)

= 양도소득세 22.35억원

(4) 상속세및증여세법상 증여의제 해당 여부

상속세및증여세법상 고가양도에 해당되어 시가해당액인 40억원과 양도가액인 100억원의 차액 60억원에 증여제외금액 3억원을 차감한 57억원에 대하여 양도소득이 아닌 증여받은 금액으로 보아 증여세가 부과될 수 있음에 유의하여야 한다.

① 증여세 세율

1억원까지 10%, 5억원까지 20%, 10억원까지 30%, 30억원까지 40%, 30억원 초과시 50%

② 증여세 해당금액

1억원 × 10% + 4억원 × 20% + 5억원 × 30% + 20억원 × 40% + 27억원 × 50% = 23.9억원

③ 양도소득세 취소금액

△57억원 × 25% = △14.25억원

(5) 법인세법상 고가매입시 기부금의제적용

법인세법상 회계법인의 평가금액은 시가로 인정되지 않아 상속세및증여세법상 평가금액인 40억원이 시가로 인정되는 경우 세무회계상 회계처리는 다음과 같다.

(차) 지분법적용투자주식 52억원 (대) 보통예금 100억원
기부금 48억원

- 손금산입 · 지분법적용투자주식 · 48억원 · △유보
- 손금불산입 · 손금불산입기부금 · 48억원 · 기타사외유출

상기 △유보금액은 추후 주식처분시 익금산입되어 법인세를 부담하게 된다.

(6) '(4) · (5)' 적용시 문제점

상기 '(4)'와 '(5)'에 의한 증여세 등의 부과시 문제의 핵심은 시가에 관한 것이다. 특수관계에 해당하지 않는 개인과 법인간에 회계법인의 평가금액을 기초로 매매금액을 합의한 금액으로 인정하지 않고 상속세및증여세법에 의한 평가금액을 기초로 증여의제금액과 기부금의제규정을 적용하는 것이 타당한지에 대한 많은 논란과 해석 등이 발생되고 있다.

최근의 대법원판례에서도 상속세및증여세법상 비상장주식평가금액은 순수 상속이나 증여의 경우에만 적용하고 증여의제금액의 적용에는 신중을 기하여야 한다는 결정문 등이 나오고 있으므로 이에 대한 분명한 과세관청의 해석 및 지침이 있어야 할 것으로 판단된다.

IV. 외화관련손익

1. 기업회계상 외화자산 · 부채평가

(1) 평가원칙 : 시제법을 적용한다.

구 분	적용환율
화폐성 외화항목	마감환율
역사적원가로 측정하는 비화폐성 외화항목	거래일의 환율
공정가치로 측정하는 비화폐성 외화항목	공정가치 결정일의 환율

(2) 화폐성 · 비화폐성의 구분

- 화폐성자산 : 현금및현금성자산, 매출채권, 채무상품, 미수금, 대여금 등
- 화폐성부채 : 차입금, 외상매입금, 지급어음, 미지급금, 사채, 퇴직급여충당부채, 전환사채, 신주인수권부사채 등
- 비화폐성자산 : 선급비용, 재고자산, 지분상품(주식), 유형자산, 무형자산 등
- 비화폐성부채 : 선수금, 예수금, 순손익 등

(3) 화폐성항목의 외환차이 인식

외환차손익 및 외화환산손익은 당기손익으로 인식한다. 단, 외화표시 매도가능채무증권의 경우 동 금액을 기타포괄손익에 인식한다(문단 23.10).

(4) 비화폐성항목의 외환차이 인식

① 비화폐성항목에서 발생한 손익을 기타포괄손익으로 인식하는 경우
그 손익에 포함된 환율변동효과도 기타포괄손익으로 인식

② 비화폐성항목에서 발생한 손익을 당기손익으로 인식하는 경우
그 손익에 포함된 환율변동효과도 당기손익으로 인식

(5) 외화차입금의 이자비용계상

외화차입금의 이자비용계상시 이자비용은 실지 지급일의 원화상당액이 아니라 이자계산기간의 평균 환율을 적용하여 계상하여야 한다. 이때 실지 지급액과의 차이

는 외환차손익으로 처리한다.

이에 의한 손익은 법인세법상의 손익과 일치하므로 별도의 세무조정은 발생하지 않으나 법인세법상 지급이자손금불산입규정적용시 지급이자는 기업회계상 계상된 지급이자가 아니라 실지로 지급된 지급이자로 적용하여야 함에 유의하여야 한다.

(6) 외화거래와 선지급・선수취 대가

외화로 대가를 선지급하거나 선수취하여 발생한 비화폐성자산이나 비화폐성부채를 제거하면서 관련 자산, 비용, 수익(또는 그 일부)을 인식할 때에는 외화로 대가를 선지급이나 선수취로 인해 비화폐성자산(예 : 선급금)이나 비화폐성부채(예 : 선수금)를 인식한 날의 환율을 적용하여 인식한다.

선지급이나 선수취가 여러 차례에 걸쳐 이루어지는 경우에는 각각의 환율을 적용한다.

사례 5

1. 매출채권 및 장기차입금 발생
   (1) 매출채권
   ① 발생일 : 2024.11.20.(회수예정일 2025.1.15.)
   ② 발생금액 및 현물환율 : $10,000, ₩1,100/$
   ③ 2024.12.31. 마감환율 : ₩1,120/$
   (2) 장기차입금
   ① 발생일 : 2024.7.1.(상환예정일 2026.6.30.)
   ② 발생금액 및 현물환율 : $10,000, ₩1,100/$
   ③ 2024.12.31. 마감환율 : ₩1,120/$
   (3) 외환차이
   ① 매출채권
   $10,00×(1,120 − 1,100) = 200,000원(환산이익)
   ② 장기차입금
   $100,00×(1,120 − 1,100) = 1,000,000원(환산손실)
   (4) 회계처리

(차) 매출채권	200,000	(대) 외화환산이익 (영업외수익)	200,000
(차) 외화환산손실 (영업외비용)	1,000,000	(대) 장기차입금	1,000,000

(5) 세무조정

① 세무상 발생환율 적용을 하고 있는 경우

익금불산입 · 매출채권 · 200,000 · △유보

손금불산입 · 장기차입금 · 1,000,000 · 유보

② 세무상 사업연도종료일 환율적용신청서를 제출한 경우

세무조정 없음

2. 화폐성 매도가능증권(채무증권)을 취득한 경우

(1) $10 취득 · 거래환율 ₩1,000/$

(2) 12.31. 시가 $12 · 마감환율 ₩1,100/$

(3) 외환차이

$12×1,100 − $10×1,000) = 3,200원

① 환산차이 : $10×(1,100 − 1,000) = 1,000원

② 평가차이 : ($12 − $10)×1,100 = 2,200원

(4) 외환차이의 인식

원칙적으로 화폐성 매도가능채무증권의 환산차이는 당기손익으로 처리하여야 타당하나 일반기업회계기준에서는 이를 전부 기타포괄손익으로 인식하도록 하고 있다.

(5) 회계처리

(차) 매도가능증권	3,200	(대) 매도가능증권평가이익 (기타포괄손익)	3,200

(6) 세무조정

법인세법상 기타포괄손익으로 처리된 환산차이 1,000에 대하여 익금산입하여야 한다는 주장이 있을 수 있다. 다만, 실무상은 기업회계가 처리한 대로 기타포괄손익으로 보아 다음의 세무조정이 이루어질 것으로 판단된다.

• 익금산입 · 매도가능증권평가이익 · 3,200 · 기타

• 손금산입 · 매도가능증권 · 3,200 · △유보

2. 파생상품

(1) 정 의

파생상품이란 다음의 세 가지 특성을 모두 가진 금융상품이나 기타계약을 말한다.

① 기초변수(underlying)의 변동에 따라 가치가 변동한다. 기초변수는 이자율, 금융상품가격, 일반상품가격, 환율, 가격 또는 비율의 지수, 신용등급이나 신용지수 또는 기타 변수를 말한다. 다만, 비금융변수의 경우에는 계약의 당사자에게 특정되지 아니하여야 한다.

② 최초 계약시 순투자금액이 필요하지 않거나 시장요소의 변동에 유사한 영향을 받을 것으로 기대되는 다른 유형의 계약보다 적은 순투자금액이 필요하다.

③ 차액결제가 가능하다(다음 중 하나를 충족하는 경우).

가. 거래당사자는 파생상품의 계약단위의 수량을 직접 인도할 의무가 없다.

나. 만기 이전에 시장에서의 거래 등에 의해 차액결제가 가능하다.

다. 거래당사자가 파생상품의 약정내용에 따라 계약단위의 수량을 직접 인도해야 할지라도 해당 자산은 즉시 현금화 될 수 있다.

(2) 재무제표상 표시

파생상품계약은 미래에 현금 등 금융자산을 수취할 권리발생 또는 잠재적으로 유리한 조건으로 거래상대방과 금융자산과 금융부채를 교환할 계약상 권리를 갖는 경우를 말하며, 다음과 같이 재무제표에 표시한다.

① 파생상품의 공정가치 및 평가손익의 금액은 그 성질이나 금액의 유의적인 경우 파생상품별로 구분하여 재무상태표 및 손익계산서에 기재한다.

② 파생상품의 계약별 공정가치를 자산 또는 부채로 인식하는 경우, 해당 자산과 부채는 총액으로 표시하며 이를 상계하지 않는다. 또한 파생상품계약별 평가손실과 평가이익도 총액으로 표시하며 이를 상계하지 않는다.

(3) 파생상품의 인식

파생상품은 금융상품에 해당되므로 계약당사자가 될 때 인식한다. 파생상품의 대표적인 계약인 선도(선물)계약의 경우 계약일에 자산·부채를 인식하여야 하나, 계약일의 자산·부채의 순공정가치가 0이어서 계약일에는 자산·부채를 인식하지 않고 추후 선도(선물)계약의 순공정가치가 변동시 자산·부채를 인식한다.

(4) 파생상품의 측정

파생상품은 공정가치로 측정한다. 이때 공정가치는 파생상품으로 발생하는 미래현금흐름을 적절한 이자율로 할인한 현재가치금액을 말하며 공정가치변동에 따른 손익은 당기손익으로 인식한다. 단, 현금흐름 위험회피수단으로 지정된 공정가치변동 중 위험회피에 효과적인 부분은 자본항목으로 인식한다.

사례 6

1. 자료

(1) 12월 결산법인인 수진㈜는 2024.11.1. US$100 상품을 수출하고 대금은 5개월 후에 받기로 하였다.

(2) 한편, 수진㈜는 US$수출대금의 ₩에 대한 환율변동을 회피하기 위하여 다음과 같은 통화선도거래계약을 체결하였다.

① 통화선도거래계약 체결일 : 2024.11.1.

② 계약기간 : 5개월(2024.11.1.~2025.3.31.)

③ 계약조건 : US$100를 @₩1,150/US$1(Forward rate)로 매도하기로 하였다.

(3) 환율에 대한 자료는 다음과 같다.

일자	현물환율(₩/$)	통화선도환율(₩/$)
2024.11. 1.	1,100	1,150(만기5개월)
2024.12.31.	1,080	1,120(만기3개월)
2025. 3.31.	1,180	

(4) A회사는 법인세법상 외화환산에 대하여 사업연도 종료일 현재의 환율로 평가하는 방법을 채택하였다.

2. 각 시점별 회계처리

일자	내역	차변		대변	
2024.11. 1.	일반상거래	매출채권	110,000	매출	110,000
	통화선도거래	회계처리 없음			
2024.12.31.	일반상거래	외화환산손실	2,000	매출채권	2,000
	통화선도거래	통화선도(유동자산)	3,000	통화선도평가이익(수익)	3,000*
2025. 3.31.	일반상거래	현금	118,000	매출채권	108,000
				외환차익	10,000
	통화선도거래	통화선도거래손실(비용)	6,000	통화선도	3,000
				현금	3,000

* US$미지급액 변동액 US$100 × (1,120 − 1,150) = (−)3,000

3. 세무조정

법인세법상 화폐성 외화자산·부채와 환위험회피용 통화선도 등에 사업연도 종료일의 환율로 평가함을 선택한 경우이므로 상기 회계처리에 대하여 아무런 세무조정이 발생하지 않는다.

3. 법인세법상 처리

중/점/사/항/ 용어의 정의

1. 화폐성외화자산・부채

기업회계기준에 따른 화폐성외화자산과 부채(보험회사의 책임준비금은 제외)를 말한다(법령 73 3호).

2. 통화선도 등

통화관련 파생상품 중 다음의 통화선도, 통화스왑 및 환변동보험을 말한다(법령 73 4호, 법칙 37의2).

① 통화선도 : 원화와 외국통화 또는 서로 다른 외국통화의 매매계약을 체결함에 있어 장래의 약정기일에 약정환율에 따라 인수・도 하기로 하는 거래

② 통화스왑 : 약정된 시기에 약정된 환율로 서로 다른 표시통화간의 채권채무를 상호교환하기로 하는 거래

③ 환변동보험 : 한국무역보험공사가 운영하는 환변동위험을 회피하기 위한 선물환방식의 보험계약(당사자 어느 한쪽의 의사표시에 의하여 기초자산이나 기초자산의 가격・이자율・지표・단위 또는 이를 기초로 하는 지수 등에 의하여 산출된 금전, 그밖의 재산적 가치가 있는 것을 수수하는 거래를 성립시킬 수 있는 권리를 부여하는 것을 약정하는 계약과 결합된 보험은 제외한다)

(1) 금융회사 등

금융회사 등(법령 61 ② 1호~7호)이 보유하는 화폐성외화자산・부채와 통화선도 등은 다음과 같이 평가하여야 한다(법령 76 ①).

1) 화폐성외화자산・부채 : 강제평가

매매기준율 등[사업연도종료일 현재의 외국환거래규정에 따른 매매기준율 또는 재정(裁定)된 매매기준율을 말함]으로 평가하는 방법으로 평가손익을 소득금액계산시 반영하여야 한다.

2) 통화선도 등

다음의 하나에 해당하는 방법 중 관할세무서장에게 신고한 방법에 따라 평가하는 방법을 선택 적용할 수 있다.

주) 최초로 '②'의 방법을 신고하여 적용하기 이전 사업연도에는 '①'의 방법을 적용하여야 한다.

① 계약의 내용 중 외화자산 및 부채를 계약체결일의 매매기준율 등으로 평가하는

방법

② 계약의 내용 중 외화자산 및 부채를 사업연도종료일 현재의 매매기준율 등으로 평가하는 방법

선택(1 또는 2)	화폐성외화자산 · 부채	통화선도 등
1	무조건 강제평가	평가 선택
2	무조건 강제평가	평가 안함

3) 금융회사 등의 범위(법령 73 · 61 ② 1호~7호)

① 은행법에 의한 인가를 받아 설립된 은행

② 한국산업은행법에 의한 한국산업은행

③ 중소기업은행법에 의한 중소기업은행

④ 한국수출입은행법에 의한 한국수출입은행

⑤ 한국정책금융공사법에 따른 한국정책금융공사

⑥ 농업협동조합법에 따른 농업협동조합중앙회(같은법 제134조 제1항 제4호, 제5호 및 제7호의 사업에 한정)

⑦ 수산업협동조합법에 따른 수산업협동조합중앙회(같은법 제138조 제1항 제3호부터 제5호까지의 사업에 한정)

(2) 금융회사 등 외의 법인

금융회사 등 외의 법인이 보유하는 화폐성외화자산 · 부채(보험회사의 책임준비금은 제외)와 환위험회피용 통화선도 등(화폐성외화자산 · 부채의 환위험을 회피하기 위하여 보유하는 통화선도, 통화스왑 및 환변동보험을 말함)은 다음의 하나에 해당하는 방법 중 관할세무서장에게 신고한 방법에 따라 평가하여야 한다(법령 76 ②).

주) 최초로 '②'의 방법을 신고하여 적용하기 이전 사업연도에는 '①'의 방법을 적용하여야 한다.

① 화폐성외화자산 · 부채와 환위험회피용 통화선도 등의 계약내용 중 외화자산 및 부채를 취득일 또는 발생일(통화선도 등의 경우에는 계약체결일을 말함) 현재의 매매기준율 등으로 평가하는 방법

② 화폐성외화자산 · 부채와 환위험회피용 통화선도 등의 계약내용 중 외화자산 및 부채를 사업연도종료일 현재의 매매기준율 등으로 평가하는 방법

선택(1 또는 2)	화폐성외화자산 · 부채	통화선도 등
1	평가 선택	
2	평가 안함	

저자주

아직도 많은 금융회사 등 외의 법인의 경우 화폐성외화자산 등 평가방법신고서를 제출하지 않은 경우가 많다. 이런 경우에는 법인세법상 외화자산 · 부채를 취득일 · 발행일 등의 매매기준율로 평가하는 것으로 기업회계상 외화환산손익을 계상한 경우에는 익금불산입 · 손금불산입의 세무조정을 해야 함에 유의하여야 한다.
만일 평가방법신고서를 제출하지 않았는데 해당사업연도에 환산손실을 손금으로 인정받고자 한다면 관할세무서장에게 [별지 제63호의4 서식]「화폐성외화자산 등 평가방법 신고서」를 제출하고 손금으로 인정받을 수 있다.

(3) 평가손익의 처리와 평가방법의 변경

① 위 '(1)' 및 '(2)'의 화폐성외화자산 · 부채, 통화선도 등 및 환위험회피용 통화선도 등을 평가함에 따라 발생하는 평가한 원화금액과 원화기장액의 차익 또는 차손은 해당 사업연도의 익금 또는 손금에 이를 산입한다. 이 경우 통화선도 등 및 환위험회피용 통화선도 등의 계약 당시 원화기장액은 계약의 내용 중 외화자산 및 부채의 가액에 계약체결일의 매매기준율 등을 곱한 금액을 말한다(법령 76 ④).

② 법인이 선택하여 신고한 평가방법은 그 후의 사업연도에도 계속하여 적용하여야 한다. 단, 금융회사 등의 통화선도 등과 금융회사 등 외의 법인의 경우에는 이때 신고한 평가방법을 적용한 사업연도를 포함하여 5개 사업연도가 지난 후에는 평가방법을 변경할 수 있다(법령 76 ③).

③ 시가법에서 원가법으로 평가방법을 변경하는 경우 변경된 평가방법을 최초 적용하는 사업연도 이전에 취득한 외화자산 · 부채는 직전 사업연도 종료일 현재의 매매기준율을 적용하여 산정된 가액을 원화금액으로 함(서면법령법인 - 780, 2018.6.20.)

(4) 최초 평가시 환산손익 인식방법

외화환산손익을 법인세법상 인정받고자 하는 평가방법신고서를 제출한 사업연도의 평가손익은 다음의 금액만을 말하며 직전 사업연도까지 부인되었던 평가손익은 해당 외화자산・부채의 처분 및 상환시 익금 또는 손금으로 추인한다(대통령령 제22577호, 2010.12.31., 부칙 16).

평가손익 최초인식 사업연도종료일 현재의 환율 적용금액 － 직전 사업연도종료일 현재의 환율 적용금액

(5) 법인세법상 파생상품평가손익 인정여부

법인세법에서는 화폐성외화자산・부채의 환위험을 회피하기 위하여 보유하는 통화선도, 통화스왑 및 환변동보험에 대한 평가손익은 익・손금으로 인정된다(회사가 과세관청에 평가를 선택한 경우에 한함).

① 익・손금인정 파생상품

가. 보유하는 외화채권의 환위험을 회피하기 위한 통화선도 등

나. 상환하여야 하는 외화채무의 환위험을 회피하기 위한 통화선도 등

② 익・손금인정이 되지 않는 파생상품

가. 매매목적으로 보유하는 통화선도 등

나. 금융파생상품이 아닌 실물파생상품

제5장 법인세비용

I. 기업회계

1. 법인세회계의 의의

법인세회계는 손익계산서상 법인세비용을 산출하는 것이며, 법인세비용은 법인세법 등의 법령에 의하여 각 회계연도에 부담할 당기법인세부담액(환급액)과 전기 이전의 기간과 관련된 법인세부담액(환급액)에 이연법인세 변동액을 가감하여 산출된 금액을 말한다.
해당 연도에 세무조사 및 수정신고를 통해 추가로 납부하는 법인세 등에 대하여 별도의 비용처리나 전기이월이익잉여금의 감소가 아닌 법인세비용의 비용과목으로 처리하여야 함에 유의하여야 한다.

법인세비용 = 당기법인세 부담액(환급액) ± 법인세추납액(환급액)±이연법인세변동액

이때 당기법인세는 법인세법에 따른 세무조정에 의해 결정되는 바, 법인세회계란 이연법인세변동액을 결정하는 것이라 해도 과언이 아니다. 이러한 이연법인세변동액을 결정하는 방법에는 이연법과 자산부채법이 있으나, 일반기업회계기준에서는 자산부채법을 채택하고 있다.

2. 법인세비용의 계산

법인세비용 = 법인세부담액 ± 이연법인세변동액

(1) 법인세부담액

법인세부담액은 법인세법 등의 법령에 의하여 각 사업연도에 부담할 법인세 및 법인세에 부가되는 세액(소득분 지방소득세, 농어촌특별세)을 말한다.

> 법인세부담액=(법인세비용차감전순손익±영구적 차이금액±일시적 차이금액)
> ×법인세율 − 세액공제 · 감면액 + 법인지방소득세 + 농어촌특별세

(2) 이연법인세(법인세효과)

> 이연법인세(법인세효과)=일시적 차이금액(공제가능한 이월결손금 등 포함)×미래예상세율 + 세액공제이월액(농특세과세분은 이월액의 0.8)

미래예상세율은 일시적 차이를 과세소득에 포함할 경우와 포함하지 않을 경우에 적용되는 세율을 말한다. 단, 일시적 차이가 과세소득에 가감됨에 따라 현행 3단계 법인세율을 동시에 적용해야 하는 경우 일시적 차이의 법인세효과는 일시적 차이로 인한 법인세부담액의 증가분을 일시적 차이의 금액으로 나누어 계산한 세율(부가세율 포함)을 적용한다.

① 당기말 이연법인세=(±) 누적 일시적 차이금액×미래예상세율+세액공제이월액(또는 이월액의 0.8)
=(당기말 자본금과 적립금조정명세서(을)상 (±)유보잔액+15년 이내 발생 이월결손금잔액)×미래예상세율+세액공제이월액(농특세과세시는 80%)
=(+)인 경우 이연법인세 자산
(−)인 경우 이연법인세 부채

* 1. 조세특례제한법상 연구인력개발비세액공제는 농특세가 비과세되나 통합투자세액공제 및 통합고용세액공제는 20%의 농특세가 과세되므로 세액공제이월액의 종류에 따라 연구인력개발비세액공제이월액은 전액을 이연법인세자산으로 인식하고 통합투자 및 통합고용세액공제이월액은 80%를 이연법인세자산으로 인식한다.
2. 종속기업, 관계기업 및 공동기업 투자와 관련된 가산할 일시적차이 중 예측가능한 미래에 소멸할 가능성이 매우 높지 않을 경우 이연법인세부채를 인식하지 않는다.
3. 세무상 이월결손금에 대해 미래에 과세소득에서 공제할 가능성이 매우 높지 않은 경우 이연법인세자산을 인식하지 않는다.
4. 자본에 직접 가감하는 매도가능증권평가손익 등의 이연법인세는 법인세비용계산시 반영되는 이연법인세 계산에 반영하지 않는다.

② 당기말 이연법인세 변동액=전기말 이연법인세−당기말 이연법인세
- 전기말 이연법인세자산(부채)−당기말 이연법인세자산(부채)

• 전기말 이연법인세자산(부채) + 당기말 이연법인세부채(자산)

(3) 법인세비용

법인세비용=법인세부담액 - 이연법인세자산의 증가(+감소)
법인세비용=법인세부담액+이연법인세부채의 증가(- 감소)

(4) 법인세비용의 회계처리

① 이연법인세자산 발생시(법인세비용<법인세부담액)

(차) 법인세비용	×××	(대) 선납법인세	×××
이연법인세자산	×××	미지급법인세	×××

② 이연법인세부채 발생시(법인세비용>법인세부담액)

(차) 법인세비용	×××	(대) 선납법인세	×××
		미지급법인세	×××
		이연법인세부채	×××

(5) 이연법인세자산 · 이연법인세부채의 회계처리

1) 이연법인세자산 · 부채의 인식

① 이연법인세자산의 인식

현재 존재하는 일시적차이로 인하여 미래에 지급해야 할 법인세가 감소하고 미래에 발생할 과세소득 등이 미래에 소멸되는 일시적차이로 인한 법인세효과를 상쇄할 수 있을 때에 이연법인세자산을 인식한다.

② 이연법인세부채의 인식

현재 존재하는 일시적차이로 인하여 미래에 지급해야 할 법인세부담액이 증가할 경우 해당 일시적차이로 인한 법인세효과를 이연법인세부채로 인식한다.

사례 1 신설법인의 경우 이연법인세 계산

1. 자료

(1) 수진㈜의 최초사업연도 : 2023.3.1.~2023.12.31.

(2) 법인세비용차감전순이익 : 200,000,000원

(3) 세무조정

① 익금산입 · 손금불산입

- 기업업무추진비한도초과액 50,000,000원
- 퇴직급여충당부채한도초과액 100,000,000원
- 대손충당금한도초과액 18,000,000원

② 손금산입 · 익금불산입

- 정기예금미수수익 25,000,000원 (2024년 만기분)
- 국세환급금이자 10,000,000원

(4) 원천징수납부세액(선납법인세) 5,000,000원

(5) 2024년부터 매년 5억원 이상의 세전이익 예상

(6) 법인세율은 과세표준 2억원 이하 9%, 2억원 초과 19%이다.

2. 법인세비용 계산

(1) 법인세부담액 : 51,263,666원

① 법인세결정세액

(세전이익 200,000,000＋익금산입 168,000,000－손금산입 35,000,000)×12/10×세율×10/12

＝46,603,333원

② 지방소득세

46,603,333×10%＝4,660,333원

(2) 이연법인세 계산

계정과목	이연법인세자산 · 부채	유동 · 비유동 구분
퇴직급여충당부채	100,000,000×20.9%*＝20,900,000원, 자산	비유동
대손충당금	18,000,000×20.9%*＝3,762,000원, 자산	유동
미수수익	25,000,000×20.9%*＝5,225,000원, 부채	유동

따라서 이연법인세부채(유동계정)는 5,225,000－3,762,000＝1,463,000원, 이연법인세자산(비유동계정)은 20,900,000원이 F/P에 계상된다.

* 2024년 이후에 매년 5억원 이상의 세전이익을 예상하므로 이연법인세 계산시 법인세 19%에 지방소득세 1.9%를 합한 20.9%를 미래예상세율로 적용한다.

(3) 법인세비용 계산

51,263,666＋1,463,000－20,900,000＝31,826,666원

(4) 회계처리

(차)	법인세비용	31,826,666	(대) 선납법인세	5,000,000
	이연법인세자산 (기타비유동자산)	20,900,000	당기법인세부채	46,263,666
			이연법인세부채 (유동부채)	1,463,000

사례 2 [사례 1]의 신설법인의 다음 사업연도 경우

1. 자료

(1) 수진㈜의 사업연도 : 2024.1.1.～2024.12.31.

(2) 법인세비용차감전순이익 : 600,000,000원

(3) 세무조정

① 익금산입 · 손금불산입

• 정기예금미수수익	25,000,000원
• 대손충당금한도초과액	10,000,000원
• 지급이자손금불산입액	30,000,000원

② 손금산입 · 익금불산입

• 대손충당금	18,000,000원
• 퇴직급여충당부채	10,000,000원
• 진행률매출계상(2024년분)	150,000,000원

(4) 중간예납 · 원천징수납부세액(선납법인세) 20,000,000원

2. 법인세비용 계산

(1) 법인세부담액 : 79,783,000원

① 법인세결정세액

(세전이익 600,000,000 + 익금산입 65,000,000 − 손금산입 178,000,000) × 세율
= 72,530,000원

② 지방소득세

72,530,000 × 10% = 7,253,000원

(2) 이연법인세 계산

계정과목	이연법인세자산 · 부채	유동 · 비유동 구분
퇴직급여충당부채	90,000,000* × 20.9% = 18,800,000원, 자산	비유동
대손충당금	10,000,000** × 20.9% = 2,090,000원, 자산	유동
진행률매출계상	150,000,000*** × 20.9% = 31,350,000원, 부채	비유동

따라서 당기말 F/P에 계상되어야 할 이연법인세자산(유동계정)은 2,090,000원, 이연법인세부채(비유동계정)는 31,350,000 − 18,800,000 = 12,540,000원이다.

* 전기말 잔액 100,000,000 − 당기감소액 10,000,000 = 당기말 ⊕유보잔액 90,000,000원

** 전기말 잔액 20,000,000 − 당기감소액 20,000,000 + 당기증가액 10,000,000
= 당기말 ⊕유보잔액 10,000,000원

*** 당기증가액 150,000,000 = 당기말 ⊖유보잔액 150,000,000원

(3) 법인세비용 계산

79,783,000 + 12,540,000 + 20,900,000 − 1,463,000 − 2,090,000 = 109,670,000원

(4) 회계처리

(차) 법인세비용	109,670,000	(대) 선납법인세	20,000,000

이연법인세자산 (유동자산)	2,090,000	당기법인세부채	59,783,000
이연법인세부채 (전기분 유동부채)	1,463,000	이연법인세부채 (비유동부채)	12,540,000
		이연법인세자산 (전기분 기타비유동자산)	20,900,000

2) 자본에 부가(차감)하는 이연법인세

다음과 같이 자본에 직접 조정되는 회계사건에서 발생하는 일시적차이의 법인세효과는 자본에서 직접 가감한다.

① 매도가능증권평가손익

기업회계상 매도가능증권에 대해 공정가치평가가 적용되면 매도가능증권평가손익의 기타포괄손익누계액과목이 발생하게 된다. 그러나 법인세법에서는 유가증권을 공정가치로 평가하는 것을 인정하지 않으므로 이를 조정하는 세무조정이 이루어지게 되는데 이때 발생하는 ±유보금액에 대하여는 이연법인세를 계상하여야 한다.

사례 3 매도가능증권평가손익

1. 자료

⑴ 사업연도 : 2024.1.1.~2024.12.31.

⑵ 매도가능증권평가내역

① 취득주식 : 장기투자목적의 상장법인주식

② 취득원가 : 150,000,000원

③ 기말시점 공정가치 : 200,000,000원

⑶ 2025년 중 230,000,000원에 처분하였다.

⑷ 이연법인세 계산시 법인세율은 20%(전제임)를 적용한다.

2. 2024년 말 회계처리

(차) 매도가능증권	50,000,000	(대) 매도가능증권평가이익	39,000,000
		이연법인세부채	11,000,000*

* 50,000,000×22% = 11,000,000원

3. 세무조정

익금산입 · 매도가능증권평가이익 · 39,000,000 · 기타

· 이연법인세부채 · 11,000,000 · 유보

손금산입 · 매도가능증권 · 50,000,000 · △유보

4. 처분시 회계처리 및 세무조정

(1) 회계처리

(차)	현금및현금성자산	230,000,000	(대) 매도가능증권	200,000,000
	매도가능증권평가이익	39,000,000	매도가능증권처분이익	80,000,000
	이연법인세부채	11,000,000		

(2) 세무조정

손금산입 · 매도가능증권평가이익 · 39,000,000 · 기타
· 이연법인세부채 · 11,000,000 · 유보
익금산입 · 매도가능증권 · 50,000,000 · 유보

② 자기주식처분이익

자기주식처분이익은 기업회계상 자본잉여금이나 세무상으로는 익금항목에 해당되어 익금산입의 세무조정이 발생된다. 이로 인해 법인세부담액이 증가하므로 이를 직접 자기주식처분이익에서 차감처리하여야 한다.

사례 4 자기주식처분이익

1. 자료

(1) 회계연도 : 2024.1.1.～2024.12.31.

(2) 자기주식처분내용

① 취득금액 100,000,000원

② 처분금액 150,000,000원

(3) 회사 적용 법인세율은 19%이다.

2. 자기주식처분

(1) 회계처리

(차)	현금및현금성자산	150,000,000	(대) 자기주식	100,000,000
			자기주식처분이익 (자본잉여금)	50,000,000

(2) 세무조정

익금산입 · 자기주식처분이익 · 50,000,000 · 기타

3. 법인세 기간 내 배분

(1) 자기주식처분이익에 대한 법인세효과

50,000,000×20.9%＝10,450,000원

(2) 법인세효과 회계처리

(차) 자기주식처분이익 10,450,000 (대) 법인세비용 10,450,000

보 론 **이연법인세 회계 주요내용 및 종합사례**

Ⅰ. 이연법인세 회계 주요내용

법인세비용 = 당기법인세부담액(환급액) + (−) 법인세추납액(환급액) + (−) 이연법인세 변동액

1. 정부보조금 및 일시상각충당금

(차) 기계장치 1,000 (대) 정부보조금 1,000

손금산입 · 일시상각충당금 1,000 (−)유보

익금산입 · 정부보조금 1,000 유보

→ 기업회계상 유형자산의 장부금액과 세법상 장부금액이 일치하여 일시적차이가 발생하지 않음(이연법인세를 인식하지 않음)

2. 사용권자산과 리스부채 및 유형자산과 복구충당부채(단일거래에서 생기는 자산과 부채에 관련되는 이연법인세 즉시 인식)

(차)	사용권자산	1,000	(대) 리스부채	1,000
	이연법인세자산	209	이연법인세부채	209

* 이연법인세적용시 평균세율은 20.9%로 정함

손금산입	사용권자산	1,000	(−)유보
	이연법인세자산	209	(−)유보
익금산입	리스부채	1,000	유보
	이연법인세부채	209	유보

→ 사용권자산과 리스부채에 대한 유보금액은 일시적차이금액에 대한 이연법인세계산시 반영하지 않음. 이는 사용권자산의 상각 및 리스부채의 상환과 이자비용계상시 이연법인세자산 · 부채를 법인세비용에서 직접 가감하여 계산함. 이연법인세자산 · 부채에 대한 유보금액에 대하여는 일시적차이금액으로 반영하지 않음.

3. 사업결합(영업권반영)

이연법인세부채를 인식하여 영업권을 증가 또는 염가매수차익을 차감(일시적차이금액에 대한 이연법인세계산시 반영하지 않음)

(차)	자산 (장부가 1,000)	1,300	(대) 부채	700
			자본금	25
	영업권 (500 + 60)	560	주식발행초과금	1,075
			이연법인세부채 (평균비율 20% 전제)	60

손금산입 자산 300 (−)유보

	영업권	560	(－)유보
익금산입	주식발행초과금	800	기타
	이연법인세부채	60	유보

→ 자산 (－)300 유보금액에 대하여 일시적차이금액에 대한 이연법인세계산시 반영하지 않음. 이연법인세부채도 반영하지 않음.

→ 이연법인세부채금액은 추후 자산에 대해 손금불산입이 발생시 당기 법인세비용과 상계처리함.

4. 자산・부채의 최초인식(이연법인세를 인식하지 않음)

시가 600의 기계장치를 대표이사로부터 1,000에 매입

(차) 기계장치 1,000 (대) 현금 1,000

손금산입	기계장치	400	(－)유보
익금산입	부당행위	400	상여

(차) 감가상각비 200 (대) 감가상각누계액 200

손금불산입	기계장치	80	유보

→ 자산・부채가 최초로 인식되는 거래가 사업결합거래가 아니고, 회계이익이나 과세소득에 영향을 주지 않으며 거래 당시 동일한 금액으로 가산할 일시적차이와 차감할 일시적차이가 생기지 않는 경우 이연법인세부채를 인식하지 않음.

→ 상기 유보금액에 대하여 일시적차이금액에 대한 이연법인세를 인식하지 않음.

5. 세무상 인정되지 못하는 영업권(이연법인세를 인식하지 않음)

(차) 영업권 1,000 (대) 현금 1,000

손금산입	영업권	1,000	(－)유보
익금산입	영업권	1,000	기타

→ 이연법인세부채를 인식하지 않음.

6. 종속기업투자주식

(차) 종속기업투자주식 1,000 (대) 지분법이익 600
지분법자본변동 400
(＋OCI)

손금산입	종속기업투자주식	1,000	(－)유보
익금산입	지분법자본변동	400	기타

→ 지배기업이 일시적차이의 소멸시점을 통제할 수 있으며, 예측가능한 미래에 일시적차이가 소멸되지 않을 가능성이 높은 경우(배당이나 처분계획이 없는 경우) 이연법인세부채를 인식하지 않음(해당하지 않으면 이연법인세를 인식함).

7. 관계기업투자주식

(차) 관계기업투자주식 1,000 (대) 지분법이익 600
지분법자본변동(＋OCI) 320
이연법인세부채 80

손금산입 관계기업투자주식 1,000 (−)유보
익금산입 지분법자본변동 400 기타

→ 지배기업에 해당하지 않으며 미래에 배당하지 않는다는 약정이 없는 한 이연법인세를 인식함.

8. 공동기업투자주식

전원동의의 의사결정을 하고 미래에 배당이 없을 것으로 예상되는 경우 이연법인세를 인식하지 않음.

9. 미래예상세율(평균세율)의 결정

(1) 당기말 이연법인세계산시 일시적차이금액에 대하여 적용하는 미래예상세율(평균세율)은 일시적차이가 소멸될 것으로 예상되는 기간의 과세소득에 적용될 것으로 기대되는 평균세율을 말하며(일반기업회계기준 및 국제회계기준 모두 동일) 다음의 두 가지 방법 중 하나의 방법을 선택하여 결정함

(2) 일시적차이가 소멸되는 추정시점의 추정 평균세율

1) 2024년 이후 매년 과세표준(소멸하는 일시적차이 모두 고려) 500억 예상

2) 세액계산

2억 × 9% + 198억 × 19% + 300억 × 21% = 100.8억

100.8억 × 1.1 = 110.88억

3) 평균세율 = 110.88/500 = 22.18%

(3) 일시적차이가 소멸되는 사업연도의 일시적차이금액 반영세율

1) 2024년 이후 세전이익이 400억으로 예상되고 일시적차이금액은 3,000억 미만의 금액에 반영될 것으로 추정시 일시적차이금액이 반영되는 금액에 적용되는 과세세율(지방소득세 반영)을 평균세율로 정함.

2) 평균세율 = 21% + 2.1% = 23.1%

(4) 대부분의 기업은 상기 (3)으로 평균세율을 산정하여 이연법인세를 계산함.

10. 자본에 직접 가감하는 항목관련 법인세부담액 : 자본에 직접 가감

(1) 당기법인세부담세율로 자본계정에서 직접 가감처리

다음 (2), (3)의 당기법인세부담세율은 20.9%(19% + 1.9%) 전제

(2) 자기주식처분손익

(차)	현금	3,300	(대) 자기주식	2,300
			자기주식처분이익 (자본 + 항목)	1,000
(차)	자기주식처분이익	209	(대) 법인세비용	209

* 1,000 × 20.9% = 209

(3) 사외적립자산에 대한 재측정요소

(차)	사외적립자산	2,000	(대) 퇴직급여 (비용 −)	300
	재측정요소 (자본 − 항목)	100	현금	1,800

손금산입 재측정요소 100 기타

(차) 법인세비용 20.9 (대) 재측정요소 20.9

* 100 × 20.9% = 20.9

11. 자본에 직접 가감항목관련 이연법인세(FVOCI금융자산평가손익) : 이연법인세 직접인식 & 사후관리

(1) 자료

1) (차) FVOCI금융자산 (지분상품 : 주식) 1,000 (대) 현금 1,000

2) 결산시 FVOCI금융자산의 공정가치 1,200

(차) FVOCI금융자산 200 (대) FVOCI금융자산평가이익 (+OCI) 200

손금산입 FVOCI금융자산 200 (−)유보

익금산입 FVOCI금융자산평가이익 200 기타

3) 세전이익은 0원이고 다른 세무조정은 없음 전제

전기말 이연법인세 없음 전제

(2) 이연법인세계산시 적용 평균세율 : 상기 9.(3)에 의하여 20.9%로 결정

(3) 결산시 법인세비용계산시 이연법인세부채를 계상하는 방법

1) 법인세부담액 : 0

소득금액 : 0 + 200 − 200 = 0

법인세, 지방세, 농특세 없음.

2) 당기말 (−)유보금액 200 × 20.9% = 이연법인세부채 41.8 증가

3) (차) 법인세비용 41.8 (대) 이연법인세부채 41.8

4) 자본에서 직접가감

(차) FVOCI금융자산평가이익 41.8 (대) 법인세비용 41.8

(4) FVOCI금융자산평가이익 계산시 바로 이연법인세부채를 인식하는 방법

(차) FVOCI금융자산 200 (대) FVOCI금융자산평가이익 (+OCI) 158.2

이연법인세부채 41.8

손금산입 FVOCI금융자산 200 (−)유보

익금산입 FVOCI금융자산평가이익 158.2 기타

이연법인세부채 41.8 유보

→ 상기 유보금액에 대하여 일시적차이금액에 대한 이연법인세를 계산하지 않음.

→ 저자는 상기 (4)의 방법을 권유함(삼성전자가 처리하는 방법이며 현대자동차는 상기 (3)의 방법을 적용하여 처리하고 있음)

→ 2022년처럼 연말에 세율이 변동시 자본에서 직접 차감하는 이연법인세부채금액을 미래예상세율을 적용하지 않고 당기법인세부담세율을 적용하여 자본에서 차

감하는 사례가 있었는 바 이는 절대적으로 잘못된 방법이며 반드시 미래예상세율(개정된 세율)을 적용하여 계산하여야 함에 유의

(5) 추후 처분시

(차)	FVOCI금융자산평가이익 (+OCI)	158.2	(대) 미처분이익잉여금	158.2
	이연법인세부채	41.8	법인세비용	41.8

→ 반드시 직접 사후관리를 통해 이연법인세부채를 직접 제거함.

12. 전기대비 평균세율이 변동시(2022년의 경우) 이연법인세계산

(1) 2021.12.31. 현재 잔액(이연법인세적용 평균세율 27.5%)

FVOCI금융자산평가이익 (+OCI)	725	(세무조정 FVOCI금융자산	1,000	(−)유보
		이연법인세부채	275	유보)
이연법인세부채	275			

(2) 2022.12.31. FVOCI금융자산평가이익발생액 500(평균세율 26.4%로 변경)

(3) 2022.12.31. FVOCI금융자산 (−)유보잔액 1,500
이연법인세부채 유보잔액 396(1,500×26.4%)

(4) 2022년 이연법인세부채증가액 121(396 − 275 = 121)

(5) 2022.12.31.

(차)	FVOCI금융자산	500	(대) FVOCI금융자산평가이익	379
			이연법인세부채	121

→ 이연법인세부채는 일시적차이금액에 대한 이연법인세계산에 반영되지 않음.

13. 세액공제 이월로 인한 이연법인세자산 변동액

(1) 조세특례제한법상 세액공제가 최저한세의 적용 또는 결손금의 발생에 따라 이월되는 경우에는 회수가능성(향후 과세소득의 발생가능성이 높은 경우 : 일반기업회계기준은 매우 높은 경우)을 검토하여 이연법인세자산을 인식함.

(2) 연구인력개발비세액공제(농특세 비과세)
이월액의 100%를 이연법인세자산으로 인식

(3) 통합투자세액공제 및 통합고용증대세액공제(농특세 20% 과세)
이월액의 80%를 이연법인세자산으로 인식

14. 회계정책변경시 이연법인세인식(자본에 직접 가감)

(1) 2023.1.1. 일반기업회계기준을 국제회계기준으로 전환시 전환분개

(차)	토지 (토지원가 2,000)	1,000	(대) 미처분이익잉여금	736
			이연법인세부채	264
			(1,000×평균세율 26.4% 전제=264)	

손금산입	토 지	1,000	(−)유보
익금산입	미처분이익잉여금	736	기타
	이연법인세부채	264	유보

→ 상기 유보금액에 대하여 일시적차이에 의한 이연법인세를 계산하지 않음.

(2) 추후 토지를 5,000에 매각시

(차) 현금	5,000	(대) 토지	3,000
		유형자산처분이익	2,000
(차) 이연법인세부채	264	(대) 법인세비용	264

익금산입	토지	1,000	유보
손금산입	이연법인세부채	264	유보
손금불산입	법인세비용	264	기타사외유출

* 법인세비용 = 법인세부담액 792(3,000 × 26.4%) − 264 = 528
(장부상 처분이익 2,000에 대응하는 비용)

15. 확정급여채무의 재측정요소에 대한 이연법인세인식

(1) 재측정요소를 계속 자본항목에 계상하는 방법(삼성전자 채택방법)

2023.12.31	(차) 재측정요소	736	(대) 확정급여채무	1,000
	이연법인세자산	264		

→ 평균세율 26.4%로 바로 이연법인세자산을 인식(재측정요소에서 바로 차감)하고 유보금액은 일시적차이금액에 대한 이연법인세계산에 반영하지 않음.

손금산입	재측정요소	736	기타
이연법인세자산		264	(−)유보
익금산입	확정급여채무	1,000	유보

→ 다른 자본에 직접 가감하는 경우와 달리 이 재측정요소와 이연법인세자산은 사후관리가 없이 매년 계산하여 재무상태표에 계상됨(이연법인세자산은 물론 다른 이연법인세와 가감처리됨)

(2) 재측정요소를 이익잉여금과 상계처리하는 방법(현대자동차 채택방법)

2023.12.31	(차) 재측정요소	1,000	(대) 확정급여채무	1,000

손금산입	재측정요소	1,000	기타
익금산입	확정급여채무	1,000	유보

→ 유보금액을 일시적차이금액에 반영하여 법인세비용을 계산하고 추후 이를 재측정요소에서 차감하는 방법임.

(차) 이연법인세자산	264	(대) 법인세비용	264
(차) 법인세비용	264	(대) 재측정요소	264

내년 주주총회시

(차) 미처분이익잉여금	736	(대) 재측정요소	736

16. 이연법인세자산과 부채의 상계처리

(1) 일반기업회계기준

일반기업회계기준에서는 일시적차이의 예상소멸시기를 추정하여 차기분은 유동자산·부채로, 차기 이후분은 비유동자산·부채로 계상하며 동일분류 내에서는 서로 상계하여 표시한다.

(2) 국제회계기준

국제회계기준에서는 이연법인세자산·부채를 모두 비유동항목으로 분류하고 서로 상계하여 재무상태표에 계상한다.

Ⅱ. 법인세비용 계산 종합사례(주석장석실무 포함)

1. 수진(주)는 2023.1.10. 신설법인임(K-IFRS 적용법인이며 비중소기업임)
2. 세전이익은 300억원(이연법인세계산시 평균세율은 23.1%로 정함)
3. 항목별 세무조정 자료

(1) 부동산임대차거래

2023.1.10. (차) 임차보증금 75,131,480 (대) 보통예금 1억원
사용권자산 24,868,520

익금산입 임차보증금 24,868,520 유보
손금산입 사용권자산 24,868,520 (−)유보

2023.12.31. (차) 사용권자산상각비 8,289,507 (대) 사용권자산 8,289,507
임차보증금 7,513,148 이자수익 7,513,148

손금불산입 사용권자산 8,289,507 유보
익금불산입 임차보증금 7,513,148 유보

(2) 부동산임차료거래

2023.1.10. (차) 사용권자산 49,737,039 (대) 리스부채 49,737,039

손금산입 사용권자산 49,737,039 (−)유보
익금산입 리스부채 49,737,039 유보

2023.12.31. (차) 사용권자산상각비 16,579,013 (대) 사용권자산 16,579,013
리스부채 15,026,296 보통예금 20,000,000
이자비용 4,973,704

손금불산입 사용권자산 16,579,013 유보
손금산입 리스부채 15,026,296 유보

(3) (2)에 대한 이연법인세(직접 인식·관리함 : 일시적차이로 인한 이연법인세를 인식하지 않음)

1.10. (차) 이연법인세자산 11,489,256 (대) 이연법인세부채 11,489,256

* 49,737,039 × 23.1% = 11,489,256

12.31. (차) 이연법인세부채 3,829,752 (대) 법인세비용 3,829,752

* 16,579,013 × 23.1% = 3,829,752

(차) 법인세비용 3,471,074 (대) 이연법인세자산 3,471,074

* 15,026,296 × 23.1% = 3,471,074

손금산입 이연법인세자산 11,489,256 (−)유보
익금산입 이연법인세부채 11,489,256 유보
손금산입 이연법인세부채(법인세비용) 3,829,752 유보
익금산입 이연법인세자산(법인세비용) 3,471,074 유보
→ 이연법인세자산·부채에 대해서는 이연법인세를 인식하지 않음

(4) 부당행위계산 부인거래발생
1) 2023.7.1. 대표이사로부터 시가 5억 기계장치를 6억원에 취득
2) 내용연수 10년, 정액법적용

(차) 기계장치	6억	(대) 현금	6억

손금산입 기계장치 1억 (−)유보
익금산입 부당행위 1억 상여

(차) 감가상각비	0.3억	(대) 감가상각누계액	0.3억

손금불산입 기계장치 5,000,000 유보

3) 일시적차이로 인식하지 않아 이연법인세 계상없음

(5) 법인세법상 인정받지 못하는 영업권 취득
1) 2023.10.1. 사업양수로 영업권 10억 발생
2) 법인세법상 영업권으로 인정받지 못하는 영업권임

(차) 영업권	10억	(대) 현금	10억

손금산입 영업권 10억 (−)유보
익금산입 영업권 10억 기타

3) 일시적차이로 인식하지 않아 이연법인세 계상없음

(6) 종속기업투자주식에 대한 지분법 회계처리
1) 예측가능한 미래에 배당 및 처분계획이 없음

(차) 종속기업투자주식	3억	(대) 지분법이익	2억
		지분법자본변동	1억

손금산입 종속기업투자주식 3억 (−)유보
익금산입 지분법자본변동 1억 기타

2) 일시적차이로 인식하지 않아 이연법인세 계상없음

(7) 자기주식취득거래
1) 처분목적의 자기주식 3억 취득(소각하지 않음)
2) (차) 자기주식 3억 (대) 현금 3억
(자본 − 항목)

익금산입 자기주식 3억 유보
손금산입 자기주식 3억 기타

3) 자산 최초취득거래로 이연법인세를 인식하지 않음

(8) FVOCI금융자산 취득 및 후속측정
1) 2023.10.1. A법인주식 3%를 10억에 취득

(차) FVOCI금융자산 10억 (대) 현금 10억

2) 2023.12.31. 공정가치 12억으로 평가

(차) FVOCI금융자산 2억 (대) FVOCI금융자산평가이익 153,800,000
(자본 + 항목)
이연법인세부채 46,200,000

* 200,000,000 × 23.1% = 46,200,000

3) FVOCI금융자산평가이익 계상시 이연법인세부채를 바로 인식계상
일시적차이로 인한 이연법인세를 계산하지 않음

4) 손금산입 FVOCI금융자산 2억 (−)유보
익금산입 FVOCI금융자산평가이익 153,800,000 기타
이연법인세부채 46,200,000 유보
→ 이연법인세부채에 대한 유보금액은 이연법인세를 인식하지 않음

(9) 확정급여채무 및 사외적립자산

2023.12.31. (차) 퇴직급여 20억 (대) 확정급여채무 20억
손금불산입 확정급여채무 20억 유보
(차) 사외적립자산 16억 (대) 현금 16억
손금산입 사외적립자산 16억 (−)유보

4. 기타 세무조정내역

(1) 익금 · 손금불산입

1) 접대비한도초과액 2억 기타사외유출
2) 대손충당금한도초과액 5억 유보
3) 판매보증충당부채 3억 유보
4) 제품평가손실 1억 유보
5) 지급이자손금불산입 1억 기타사외유출
6) 장애인고용부담금 1억 기타사외유출

(2) 손금 · 익금불산입

1) 미수수익 2억 (−)유보

5. 각사업연도소득금액 계산(법인세관련 세무조정 3.(3) 및 15.반영 전 금액)

(1) 세전이익 300억

(2) 익금 · 손금불산입 : 5,104,474,079원

1) 접대비한도초과액 2억 기타사외유출
2) 대손충당금한도초과액 5억 유보
3) 판매보증충당부채 3억 유보
4) 제품평가손실 1억 유보
5) 지급이자손금불산입 1억 기타사외유출
6) 장애인고용부담금 1억 기타사외유출

7) 임차보증금	24,868,520	유보
8) 사용권자산	8,289,507	유보
9) 리스부채	49,737,039	유보
10) 사용권자산	16,579,013	유보
11) 부당행위	1억	상여
12) 기계장치	5,000,000	유보
13) 영업권	10억	기타
14) 지분법자본변동	1억	기타
15) 자기주식	3억	유보
16) FVOCI금융자산평가이익	153,800,000	기타
17) 이연법인세부채	46,200,000	유보
18) 확정급여채무	20억	유보

(3) 손금·익금불산입 : 3,797,145,003원

1) 미수수익	2억	유보
2) 사용권자산	24,868,520	유보
3) 임차보증금	7,513,148	유보
4) 사용권자산	49,737,039	유보
5) 리스부채	15,026,296	유보
6) 기계장치	1억	유보
7) 영업권	10억	유보
8) 종속기업투자주식	3억	유보
9) 자기주식	3억	기타
10) FVOCI금융자산	2억	유보
11) 사외적립자산	16억	유보

(4) 각사업연도소득금액 : 31,307,329,076원

6. 과세표준 : 31,307,329,076원

7. 산출세액 : 6,154,539,105원

8. 조세특례제한법상 세액공제

(1) 연구인력개발비세액공제 20억

(2) 통합고용세액공제 10억

(3) 최저한세

100억 × 10% + 21,307,329,076 × 12% = 3,556,879,489

(4) 세액공제액 : 2,597,659,616원

6,154,539,105 − 3,556,879,489 = 2,597,659,616

(5) 세액공제이월액 : 통합고용세액공제 402,340,384원

9. 법인세결정세액 : 3,556,879,489원

10. 법인지방소득세 : 615,453,910원
6,154,539,105 × 10% = 615,453,910

11. 농어촌특별세 : 119,531,923원
통합고용세액공제액 597,659,616 × 20% = 119,531,923

12. 법인세부담액 : 4,291,865,322원
(9. + 10. + 11.)

13. 일시적차이에 의한 이연법인세계산
(1) 2023.12.31. 유보잔액

항 목	유보잔액금액	일시적차이 이연법인세 인식 제외
대손충당금	5억	
판매보증충당부채	3억	
제 품	1억	
임차보증금	17,355,372	
사용권자산	(16,579,013)	
사용권자산	(33,158,026)	해당
리스부채	34,710,743	해당
기계장치	(95,000,000)	해당
영업권	(10억)	해당
종속기업투자주식	(3억)	해당
자기주식	3억	해당
이연법인세부채	46,200,000	해당
확정급여채무	20억	
사외적립자산	(16억)	
FVOCI금융자산	(2억)	해당
미수수익	(2억)	

(2) 일시적차이에 의한 이연법인세
(5억 + 3억 + 1억 + 17,355,372 − 16,579,013 + 20억 − 16억 − 2억)
* 23.1% = 254,279,338원(이연법인세자산의 증가)

14. 세액공제의 이월로 인한 이연법인세
402,340,384 × 80% = 321,872,307원(이연법인세자산의 증가)

15. 법인세비용의 계산
법인세부담액 4,291,865,322 − 이연법인세자산의 증가 576,151,645(254,279,338 + 321,872,307)
= 법인세비용 3,715,713,677원

(차) 법인세비용 3,715,713,677 (대) 미지급법인세 4,291,865,322
이연법인세자산 576,151,645 (당기법인세부채)

손금불산입	법인세비용	4,291,865,322	기타사외유출
손금산입	이연법인세자산	576,151,645	유보

상기 법인세비용 손금불산입금액에 상기 3.(3) 해당 세무조정이 가감되면 당기 법인세비용의 손금불산입액은 3,715,354,999원(3,715,713,677 - 3,829,752 + 3,471,074)이 됨

16. 손익계산서상 법인세비용 계상액
15. 법인세비용 3,715,713,677 - 3.(4) 3,829,752
+ 3.(4) 3,471,074
= 3,715,354,999원으로 상기 15.의 손금불산입금액과 일치함

17. 재무상태표상 이연법인세 계상액
(1) 이연법인세자산
3.(3) 11,489,256 - 3,471,074 + (13. + 14.) 576,151,645
= 584,169,827원

(2) 이연법인세부채
3.(3) 11,489,256 - 3,829,752 + 3.(8) 46,200,000
= 53,859,504원

(3) 동일한 과세당국에 의한 것이므로 상계처리함
(차) 이연법인세부채 53,859,504 (대) 이연법인세자산 53,859,504

(4) 재무상태표상 이연법인세자산(비유동자산) 계상액
584,169,827 - 53,859,504
=530,310,323원

18. 손익계산서상 당기순이익

세전이익	30,000,000,000
(−)법인세비용	3,715,354,999
당기순이익	26,284,645,001

19. 실지 세무조정계산서상 각사업연도소득금액

(1) 당기순이익 26,284,645,001

(2) 익금 · 손금불산입 9,411,299,731

상기 5.(2) 세무조정금액	5,104,474,079	
법인세비용	4,291,865,322	기타사외유출
이연법인세부채	11,489,256	유보

이연법인세자산	3,471,074	유보	
(3) 손금 · 익금불산입			4,388,615,656
상기 5.(3) 세무조정금액	3,797,145,003		
이연법인세자산	576,151,645	유보	
〃	11,489,256	유보	
이연법인세부채	3,829,752	유보	
(4) 각사업연도소득금액			31,307,329,076 (상기 5. (4) 동일)

20. 자본금과적립금 조정명세서(을)상 유보잔액

13. (1) 추가내용

항 목	금 액	일시적차이 적용 제외 대상
이연법인세자산	(576,151,645)	
	+ (8,018,182)	
	= (584,169,827)	해당
이연법인세부채	7,659,504	해당

21. 주석기재

가. 당기 중 법인세비용의 주요 구성 내역은 다음과 같습니다.

(1) 당기법인세	
기간손익에 대한 당기법인세	4,291,865,322
당기에 인식한 조정사항	–
계	4,291,865,322
(2) 이연법인세	
일시적차이로 인한 이연법인세변동액	254,638,016
세액공제의 이월로 인한 이연법인세부담액	321,872,307
계	576,510,323
(3) 자본에 직접 부가되는 법인세부담액	–
법인세비용 계	3,715,354,999

*1. 당기에 인식한 조정사항은 전기 이전연도 관련 당기 법인세납부액을 말함

*2. 회사는 자기주식처분손익, 사외적립자산에 대한 재측정요소관련 법인세부담액을 자본에서 바로 가감하여 계상함

나. 당기 중 회사의 법인세비용차감전순이익에 대한 법인세비용과 적용세율을 사용하여 이론적으로 계산된 금액과의 차이는 다음과 같습니다.

법인세비용차감전순이익	30,000,000,000
(1) 적용세율에 따른 법인세비용	6,468,000,000

(2억 × 9% + 198억 × 19% + 100억 × 21%) × 1.1

(2) 조정사항

세무상 과세되지 않는 수익	-
세무상 공제되지 않는 비용	92,400,000
(2억 + 1억 + 1억) × 23.1%	
세액공제	(2,597,659,616)
기타	(247,385,385)
법인세비용 계	3,715,354,999

다. 당기 중 누적일시차이 및 이연법인세자산(부채)의 증감내역은 다음과 같습니다.

계정과목	누적일시차이	이연법인세자산(부채)
(1) 일시적차이로 인한 이연법인세		
대손충당금	5억	115,500,000
판매보증충당부채	3억	69,300,000
제 품	1억	23,100,000
임차보증금	17,355,372	4,009,090
사용권자산	(16,579,013)	(3,829,752)
확정급여채무	20억	462,000,000
사외적립자산	(16억)	(369,600,000)
미수수익	(2억)	(46,200,000)
기계장치	(95,000,000)	-
영업권	(10억)	-
종속기업투자주식	(3억)	-
자기주식	3억	-
기 타	1,552,717	358,678
계	7,329,076	254,638,016
(2) 세액공제로 인한 이연법인세		
세액공제 이월액	402,340,384	321,872,307
(3) 자본에 직접 가감하는 이연법인세		
FVOCI금융자산평가이익	(200,000,000)	(46,200,000)
이연법인세자산 계		530,310,323

*1. 종속기업투자와 관련된 가산할 일시적차이의 소멸시점을 통제할 수 있고 예측가능한 미래에 소멸하지 않을 가능성이 높아 이연법인세부채를 인식하지 않았습니다.

*2. 영업권상각이 손금으로 인정되지 않아 이연법인세부채를 인식하지 않았습니다.

*3. 기계장치 및 자기주식은 최초인식거래에 해당되어 이연법인세부채를 인식하지 않았습니다.

라. 보고기간일 현재 이연법인세자산의 회수시기는 다음과 같습니다.

12개월 이내에 회수될 이연법인세자산	492,890,406
12개월 이후에 회수될 이연법인세자산	37,419,917
계	530,310,323

*. 일시적차이의 소멸시기(이는 주석공시내용은 아님)

계정과목	2024년	2025년 이후
대손충당금	5억	−
판매보증충당부채	3억	−
제 품	1억	−
임차보증금	8,677,686	8,677,686
사용권자산	(8,289,507)	(8,289,507)
확정급여채무	2억	18억
사외적립자산	(1.6억)	(14.4억)
미수수익	(2억)	−
소계	740,338,092	361,990,983
이연법인세자산	171,018,099	83,619,917
세액공제	321,872,307	−
FVOCI금융자산평가이익	−	(46,200,000)
계	492,890,406	37,419,917

3. 필라2 모범규칙제정에 따른 법인세회계

(1) 개정 배경

필라2 모범규칙을 시행하기 위하여 제정된 세법에 따라 생기는 법인세(필라2 법인세＝글로벌최저한세) 회계처리의 불확실성을 해소하고, 정보이용자에게 관련 정보를 제공하기 위하여 제22장을 개정함(2023.12.13.)

〈필라2 모범규칙〉

2021년 12월, 경제협력개발기구(OECD)가 경제의 디지털화로 생기는 세금 문제 해결을 목표로 하는 Pillar 2 Model Rules(필라2 모범규칙)을 발표함에 따라 각 국가들이 해당 규칙 적용에 필요한 사항을 규정하기 위하여 관련 법률 제개정을 예정하고 있으며,

1. 필라2 모범규칙은 대규모 다국적 연결실체가 사업을 하는 각 국가에서 생기는 초과이익에 대하여 총세액이 적어도 15%(최저한세)가 되도록 하는 것으로 최저한세 적용에 따른 추가 세액을 지배기업 소재지 관할국에 납부하도록 하는 것이 주요 골자임.
2. 우리나라는 국제조세조정에 관한 법률(제61・62・63・64・65・66・67・68・69・70・71・72・73・74・75・76・77・80・81・82・83・84・87조)에 글로벌최저한세를 신설하

여 2024.1.1. 이후 개시하는 사업연도 분부터 적용하도록 하여 필라2 모범규칙에 해당하는 법인세규정이 제정되었음.

(2) 주요 내용

1) 이연법인세 자산・부채의 인식・공시에 대한 예외

① 필라2 모범규칙을 시행하기 위하여 확정된 세법(필라2 법률) 따라 생기는 법인세(필라2 법인세)와 관련되는 이연법인세 자산・부채를 인식・공시하지 아니하는 예외 규정을 둔다(문단 22.2의3).

② 해당 예외 규정을 적용하였다는 사실을 공시한다(문단 22.62(1)).

2) 법인세비용 인식시기의 예외

필라2 법인세를 발생기간에 신뢰성 있게 추정할 수 없는 경우에는 해당 세액을 신고・납부해야 하는 회계연도에 비용으로 인식하고문단(22.46의1) 해당 예외 규정을 적용하였다는 사실과 신고・납부 기간을 공시한다(문단 22.62(3)).

3) 당기법인세비용 별도 공시

당기 법인세비용으로 인식하는 필라2 법인세는 다른 법인세비용과 구분하여 별도로 공시한다(문단 22.62(2)).

4) 시행일과 경과규정

① 이연법인세 인식・공시 예외 규정(문단 22.2의3)과 예외 규정 적용 사실 공시(문단 22.62(1)) : 개정안 공표 즉시 시행. 일반기업회계기준 5장(회계정책, 회계추정의 변경과 오류)에 따라 소급 적용한다.

② 법인세비용 인식 예외 규정(문단 22.46의1)과 나머지 공시(문단 22.62(2)・(3))는 2024년 1월 1일 이후 최초로 시작되는 회계연도부터 적용한다.

(3) 일반기업회계기준 개정 규정과 K-IFRS 개정 규정의 비교

① 이연법인세 예외 규정과 예외 규정 적용 사실 공시, 당기법인세비용 별도 공시 규정은 동일하다.

② 일반기업회계기준에 법인세비용 인식시기의 예외 규정을 추가한다.

③ K-IFRS의 필라2 법률 (실질적) 제정~시행 전 기간 공시는 일반기업회계기준에 반영하지 아니한다.

II. 법인세법상 과세표준의 계산

각 사업연도 소득－이월결손금＝과세표준
비과세소득
소득공제액

1. 결손금

(1) 결손금의 범위

① 각 사업연도 손금의 총액이 익금의 총액을 초과하는 금액을 각 사업연도의 결손금이라 하며(법법 14 ②), 기업회계상의 결손금(＝비용－수익)과는 그 범위가 다르다.

② 결손금은 신고(법법 90)하거나 결정 · 경정(법법 66)되거나, 수정신고(국기법 45)한 과세표준에 포함된 결손금에 한정한다(법법 13 1호).

③ 해당 사업연도 개시일 전 15년(2019년까지 발생된 결손금은 10년) 이내에 개시한 사업연도에서 발생한 결손금만 공제대상이 된다.

④ 이월결손금에는 적격합명(분할)시 승계된 피합병법인(소멸한 분할법인 · 분할합병의 상대방법인)의 이월결손금(법령 81 ① · 83의2 ①)을 포함한다(법령 10 ③). 단, 승계된 이월결손금은 승계받은 사업에서 발생한 소득금액의 범위 내에서 또는 승계사업의 사업용 고정자산가액 비율에 해당하는 소득금액 범위 내에서 각 사업연도 과세표준 계산시 공제되어진다(법법 45 · 46의4). 합병법인의 구분경리시 합병 전 취득한 고정자산(합병 후 공통사용)의 처분손익은 합병 전 취득한 사업부분의 익 · 손금에 해당한다(법칙 77).

⑤ 합병시 공제되는 이월결손금은 합병법인 및 피합병법인 각각의 사업에서 발생한 소득금액의 한도내에서 공제된다.

(2) 이월결손금 공제한도

이월결손금은 해당 사업연도 각사업연도 소득금액의 80%(외국법인도 동일)까지만 공제된다. 단, 다음의 법인은 공제한도 적용대상에서 제외되어 전액 공제된다(법법 13, 법령 10).

① 조세특례제한법상 중소기업
② 법원 결정에 의한 회생계획을 이행 중인 기업
③ 기업구조조정촉진법상 기업개선계획을 이행 중인 기업
④ 채권금융회사와의 협약에 따른 경영정상화계획을 이행 중인 기업
  • 금융기관 등 채권단과 재무구조개선약정을 체결한 법인은 이에 해당하지 않음(법인세과-2496, 2016.9.30.).
⑤ 유동화전문회사 등 자산유동화를 목적으로 설립된 특수목적법인으로서 2015.12.31.까지 설립된 법인
⑥ 유동화전문회사
⑦ 자본시장법상 회사형 집합투자기구
⑧ 금융회사 또는 금융업무 · 구조조정업무를 행하는 공공기관(한국해양진흥공사)과 협의를 체결하여 경영정상화 계획을 이행 중인 법인
⑨ 위탁관리부동산투자회사
⑩ 프로젝트금융투자회사(PFV) 등
⑪ 사업재편계획을 이행 중인 법인
⑭ 조세특례제한법 제74조 중 수익사업 소득을 전액 고유목적사업준비금으로 손금산입하는 비영리법인(조특법 74 ① 1호~3호 및 7호~9호 · ④)

(3) 경정청구에 의한 결손금

법인세법 제13조 제1호 후단 소정의 제66조에 따라 결정 · 경정된 결손금에는 과세관청이 실제로 결정 · 경정한 결손금뿐만 아니라 납세자의 적법한 경정청구에 따라 과세관청이 경정하여야 하는 결손금도 포함된다고 보아야 하고, 이미 경정청구기간이 경과하여 불가쟁력이 발생한 경우에 대해서까지 과세관청이 이를 경정하여야 할 의무까지 적용된다고 볼 수 없음(서울고법 2019누43094, 2020.1.29.)

Expert Opinion Summary

납세자의 경정청구에 의한 결손금발생액의 이월결손금 공제 여부

1. 판결

법인세법 제13조 제1호 후단 소정의 제66조에 따라 결정·경정된 결손금에는 과세관청이 실제로 결정 · 경정한 결손금뿐만 아니라 납세자의 적법한 경정청구에 따라 과세관청이 경정하여야 하는 결손금도 포함된다고 보아야 하고, 이미 경정청구기간이 경과하여 불가쟁력

이 발생한 경우에 대해서까지 과세관청이 이를 경정하여야 할 의무까지 적용된다고 볼 수 없음(서울고법 2019누43094, 2020.1.29.).

2. 내용

과세관청의 조사시 발견된 납세자의 과거사업연도의 손익분식에 따라 실지 결손인 사업연도의 소득금액을 (+)로 변경하고 해당 금액을 가공자산으로 계상한 경우 추후 사업연도에 실지 이익이 발생할 때 가공자산을 비용으로 계상하여 해당 연도의 소득금액을 감소시킨 경우 납세자가 경정청구를 하여 가공자산을 손금산입하여 실지 결손발생연도의 세무상 결손금을 이월결손금으로 공제할 수 있는 지에 대한 판결임.

3. 판결분석

법인세법 제13조에서 이월결손금으로 인정할 수 있는 금액은 납세자가 스스로 결손금으로 신고한 경우, 과세관청이 경정한 경우 및 수정신고시 발생된 결손금으로 한정되어 있고 납세자의 경정청구에 의한 결손금발생액은 언급되어 있지 않으나 과세관청의 조사시 납세자의 경정청구가 있는 경우에는 그 해당 결손금도 공제되는 이월결손금에 해당된다고 판결한 내용임

4. 사례

(1) 2019년 실지 손익 △10억
재고자산 과다계상 분식 15억
과세표준 5억
산출세액 1억(세율 20% 전제)

(2) 2020년 실지 손익 25억
2019년 재고자산 과다계상분 비용처리 15억
과세표준 10억
산출세액 2억

(3) 2022년 세무조사시 2020년 재고자산 비용과대계상분 15억 발견

(4) 과세관청의 주장

① 2020년 경정 과세표준 25억
산출세액 5억
추징세액 3억
가산세 3억원에 대한 신고불성실 · 납부지연가산세 부과

② 2019년분은 납세자가 경정청구하여 산출세액 1억원은 환급

③ 과세관청이 2019년분을 경정하여 실지 결손금(5억원 - 15억 = △10억)
10억원을 이월결손금으로 2020년에 반영하지 않음
이는 납세자가 경정청구하여 발생한 결손금은 법인세법 제13조에 의한 이월결손금에 해당하지 않기 때문임

(5) 판결의 내용

① 납세자가 세무조사시 발견된 2019년 재고자산과대계상분에 대하여 국세기본법상 경정청구 기한 내에 있으므로 2019년 경정청구를 하여 결손금을 10억원으로 2020년으로 이월하며 산출세액 1억원은 환급함.

② 2020년 재고자산 비용처리분 15억원을 손금불산입하여 각 사업연도 소득금액은 25억원으로 경정하며 상기 '①'의 이월결손금 10억원을 공제하여 과세표준금액은 15억원으로 함.

③ 경정된 산출세액은 3억원으로 기 산출세액 2억원과의 차액 1억원을 추징하며 증액된 과세표준 5억원에 대한 추가 산출세액 1억원에 대한 신고불성실 · 납부지연가산세가 추징됨.

(4) 결손금의 소급공제

1) 적용요건

다음을 모두 충족시키는 경우이어야 한다(법법 72).

① 중소기업(조특령 2)에 해당하는 법인일 것

② 결손금이 발생한 사업연도와 그 직전 사업연도의 소득에 대한 법인세의 과세표준 및 세액을 법정신고기한 내에 각각 신고하였을 것

③ 법인세신고기한 내에 납세지 관할세무서장에게 소급공제에 의한 법인세액의 환급신청을(국세정보통신망에 의한 것을 포함) 하였을 것

2) 소급공제대상 사업연도

결손금의 소급공제는 결손금이 발생한 사업연도의 직전 사업연도의 소득에 대하여만 적용한다(법령 110 ①).

3) 소급공제로 인한 환급세액의 계산(법령 110 ②)

$$\text{환급세액}^{*} = \left(\begin{array}{c}\text{직전 사업연도의}\\\text{법인세산출세액}\end{array}\right) - \left[\left(\begin{array}{c}\text{직전 사업연도}\\\text{과세표준}\end{array} - \begin{array}{c}\text{소득공제}\\\text{결손금액}\end{array}\right) \times \begin{array}{c}\text{직전 사업연도에}\\\text{적용되는 법인세율}\end{array}\right]$$

* 한도 : 직전 사업연도 법인세산출세액 − 공제 · 감면세액 = 직전 사업연도 법인세액

주) 1. 직전 사업연도에 부과된 토지 등 양도소득에 대한 법인세는 결손금소급공제로 인한 법인세액의 환급대상에서 제외됨.
2. 농어촌특별세 : 결손금소급공제에 의해 법인세를 환급받는 경우에도 각 사업연도 소득에 대한 법인세에 부가되는 농어촌특별세는 환급하지 않음(서이 46012－10328, 2001.10.10.).
3. 법인지방소득세 : 소급공제로 인한 법인세환급시 환급가능(지법 103의28)

4) 환급 및 환급가산금

납세지 관할세무서장이 환급신청을 받을 때에는 지체없이 환급세액을 결정하여 해당 결정일로부터 30일 내에 환급하여야 하며, 이 경우 환급신고일부터 30일이 경과하는 날의 다음날부터 환급결정일까지의 기간에 대하여 국세환급가산금을 가산하여 지급하여야 한다(법법 72 ③, 국기법 51 · 52).

주) 1. 국세환급가산금(국기칙 19의3) : 2024.3.22. 이후 기간분에 대하여 연 3.5%
2. 결손금소급공제를 받은 법인이 경정으로 인하여 직전 사업연도에 법인세 과세표준금액이 증가하여 경정 등의 청구절차(국기법 45의2)에 의하여 추가로 환급을 신고하여 국세환급금을 지급하는 경우 그 국세환급가산금은 그 환급신고를 한 날로부터 30일이 경과한 때의 다음날부터 기산하는 것임(징세 46101-77, 2001.1.31.).

사례 5

1. 중소기업인 ㈜수진의 2024.1.1.~2024.12.31. 세무상 결손금은 10억원이 발생하였다.
2. 중소기업인 ㈜수진의 2023사업연도의 과세표준 및 법인세액은 다음과 같다.
   ① 과세표준 22억원
   ② 산출세액 3.98억원
   ③ 공제감면세액 0.78억원
   ④ 결정세액 3.2억원
3. ㈜수진은 2024사업연도에 결손금소급공제를 신청하였다.
4. 환급세액의 계산 : Min(①, ②) = 1.9억원
   ① 3.98억원 - (22억원 - 10억원) × 19% = 1.9억원
   ② 한도액 : 3.98억원 - 0.78억원 = 3.2억원

■ 법인세법 시행규칙 [별지 제68호서식] (2023.3.20. 개정)

소급공제법인세액환급신청서

※ 뒤쪽의 신고안내 및 작성방법을 읽고 작성하여 주시기 바랍니다. (앞쪽)

1. 신청인

법 인 명	㈜수진	사업자등록번호	
대표자 성명		업 태 · 종 목	
소 재 지			

2. 환급신청 명세

①결 손 사 업 연 도	2024년 1월 1일~ 2024년 12월 31일	②직전사업연도	2023년 1월 1일~ 2023년 12월 31일
③결 손 사 업 연 도 결 손 금 액	⑥결손금액		1,000,000,000
	⑦소급공제받을 결손금액		1,000,000,000
④직 전 사 업 연 도 법 인 세 액 계 산	⑧과세표준		2,200,000,000
	⑨세 율		19%
	⑩산출세액		398,000,000
	⑪공제감면세액		78,000,000
	⑫차감세액(⑩ - ⑪)		320,000,000
⑤환 급 신 청 세 액 계 산	⑬직전사업연도법인세액(⑬ = ⑩)		398,000,000
	⑭차감할 세액[(⑧ - ⑦)×세율][⑭≧(⑩ - ⑫)]		208,000,000
	⑮환급신청세액(⑬ - ⑭)(⑮≦⑫)		190,000,000

국세환급금 계좌 신고	⑯예 입 처	전국은행 (본)지점
	⑰예금종류	
	⑱계 좌 번 호	예금

「법인세법」 제72조 제2항 및 같은 법 시행령 제110조 제2항에 따라 소급공제법인세액환급신청서를 제출합니다.

2025년 3월 31일

신청인(법 인) ㈜수진 (인)

신청인(대표자) (서명)

세무서장 귀하

210mm×297mm[백상지 80g/㎡ 또는 중질지 80g/㎡]

(뒤쪽)

작성방법

1. ⑥결손금액란 : 「법인세법」 제14조 제2항의 결손금을 적습니다.
2. ⑦소급공제받을 결손금액란 : ⑥란의 결손금액중 소급공제를 받고자 하는 금액을 적되, ⑧란의 과세표준금액을 초과할 수 없습니다.
3. ⑧과세표준 및 ⑪공제감면세액란 : 환급신청일 현재 확정된 금액을 각각 적습니다.
4. ⑨ · ⑭란의 세율은 직전사업연도에 적용되는 법인세율을 말합니다.
5. ⑩산출세액란 : ⑧란의 과세표준에 세율을 적용하여 산출한 금액을 적습니다.
6. ⑬직전사업연도법인세액란 : ⑪란의 공제감면세액을 빼기 전의 금액(⑩산출세액란의 금액)을 옮겨 적습니다.
7. ⑭차감할 세액란
   가. ⑧란의 과세표준에서 ⑦란의 소급공제받을 결손금액을 차감한 금액에 세율을 적용하여 계산한 금액(원 미만 금액은 절사)을 적습니다.
   나. ⑪란의 공제감면세액이 있는 경우에는 ⑦란의 소급공제받을 결손금액을 조정하여 ⑪란의 공제감면세액과 같거나 큰 금액을 적어야 합니다.
8. ⑮란의 환급신청세액은 직전사업연도의 소득에 부과된 법인세액으로서 납부하였거나 납부해야 할 법인세액을 초과할 수 없습니다.

2. 비과세소득

'제1부 제2장 Ⅲ. 7.' 참조

3. 소득공제

주) 아래 '②'는 최저한세의 적용을 받고 농어촌특별세가 과세됨

소득공제
- ① 유동화전문회사 등 특수목적회사에 대한 배당소득공제(법법 51의2)
- ② 프로젝트금융투자회사에 대한 소득공제(조특법 104의31)

III. 산출세액의 계산

1. 각 사업연도 소득에 대한 산출세액

과세표준×세율＝산출세액

(1) 세 율

구 분		과세표준	세 율
영리・비영리법인		2억원 이하	9%
		2억원 초과 200억원 이하	2천만원＋(2억원 초과금액×19%)
		200억원 초과 3천억원 이하	39억8천만원＋(200억원 초과금액×21%)
		3천억원 초과	655억8천만원＋(3,000억원 초과금액×24%)
조합 법인 등	당기순이익 과세	법인세비용 차감 전 당기순이익[주1]	9%(당기순이익 20억 초과시 12%)[주2]

주1) 기부금과 기업업무추진비 등 법정 손금불산입액을 당기순이익에 가산
주2) 2016.12.31. 이전에 조합법인간 합병시 2년간 40억원 초과시 12% 적용

(2) 사업연도가 1년 미만인 경우 세율 적용(법법 55 ②)

$$법인세\ 산출세액 = (과세표준 \times \frac{12}{사업연도월수} \times 세율) \times \frac{사업연도월수}{12}$$

이때 월수는 태양력에 따라 계산하되, 1개월 미만의 일수는 1개월로 함(법령 92)

주) "사업연도가 1년 미만인 "내국법인"이란 정관 등에서 사업연도를 1년 미만으로 정하거나 사업연도 의제가 적용되는 법인뿐만 아니라 법인을 신규로 설립하여 최초사업연도의 설립등기일부터 사업연도종료일까지의 기간이 1년 미만인 법인도 해당되는 것임(서이-876, 2006.5.17.)

2. 토지 등 양도소득에 대한 법인세

(1) 의미 등

① 토지 등 양도소득에 대한 법인세는 각 사업연도 소득에 대한 법인세와 별도로 산출하여 양자를 합산하여 법인세로서 납부하며, 해당 양도소득은 각 사업연도 소득에 포함됨

② 비영리내국법인도 토지 등 양도소득에 대한 법인세의 납부의무가 있음

③ 2009.3.16.부터 2012.12.31.까지 국내소재주택과 비사업용토지를 취득하여 추후 양도하는 경우에는 과세를 배제함(법인세과-533, 2013.9.30.)

(2) 과세대상 및 세율

① 국내에 소재하는 주택(그 부수토지를 포함)을 양도하는 경우(법법 55의2 ① 2호) : 양도소득×20%(미등기토지 등은 40%)

가. 미등기토지 등 : 토지 등을 취득한 법인이 그 취득에 관한 등기를 하지 아니하고 양도하는 토지 등을 말함. 다만, 장기할부조건으로 취득한 토지 등으로서 그 계약조건에 의하여 양도당시 그 토지 등의 취득등기가 불가능한 토지 등과 법률의 규정 또는 법원의 결정에 의하여 양도당시 취득에 관한 등기가 불가능한 토지 등 및 특정한 농지를 제외(법법 55의2 ⑤, 법령 92의2 ⑤)

나. 사택제공기간이 10년 이상인 주택은 과세대상에서 제외함

② 비사업용 토지를 양도하는 경우(법법 55의2 ① 3호) : 양도소득×10%(미등기토지 등은 40%)

비사업용 토지란 농지, 임야, 목장용지, 주택부속토지 중 일정기준 초과면적, 별장과 그 부속토지 및 그 밖의 토지로서 토지를 소유하는 기간 중 "기간 기준"을

충족시키지 못하고, 지목별 "용도 기준"으로 보아 어느 하나의 비사업용에 해당하는 토지를 말한다(법법 55의2 ②).

주) 기간 기준과 용도 기준에 모두 충족되지 아니하는 경우 비사업용토지에 해당하는 것임(서이-897, 2007.5.11.)

기간기준은 전체 보유기간 중 사업에 사용된 총기간 또는 양도일 직전의 일정기간 사업사용여부에 의해 판단한다.

가. 토지 소유기간이 5년 이상인 경우 다음 중 하나를 충족하는 경우 사업용 토지에 해당
　㉠ 양도일 직전 5년 중 3년 이상을 직접 사업에 사용한 경우
　㉡ 양도일 직전 3년 중 2년 이상을 직접 사업에 사용한 경우
　㉢ 토지 소유기간의 60% 이상을 직접 사업에 사용한 경우(기간의 계산은 일수로 함)

나. 토지 소유기간이 3년 이상이고 5년 미만인 경우 다음 중 하나를 충족하는 경우 사업용 토지에 해당
　㉠ 토지 소유기간 중 3년 이상을 직접 사업에 사용한 경우
　㉡ 양도일 직전 3년 중 2년 이상을 직접 사업에 사용한 경우
　㉢ 토지 소유기간의 60% 이상을 직접 사업에 사용한 경우(기간의 계산은 일수로 함)

다. 토지 소유기간이 2년 이상 3년 미만인 경우 다음 중 하나를 충족하는 경우 사업용 토지에 해당
　㉠ 토지 소유기간 중 2년 이상을 직접 사업에 사용한 경우
　㉡ 토지 소유기간의 60% 이상을 직접 사업에 사용한 경우(기간의 계산은 일수로 함)

라. 토지 소유기간이 2년 미만인 경우 : 토지 소유기간의 60% 이상을 직접 사업에 사용한 경우(기간의 계산은 일수로 함) 사업용 토지에 해당

③ 중소기업이 주택 또는 비사업용 토지(미등기 토지 등은 제외)를 2015.12.31.까지 양도하는 경우에는 토지 등 양도소득에 대한 법인세를 과세하지 않는다(제12166호 부칙 제8조).

④ 부동산매매업을 영위하는 법인이 토지를 취득 후 상가건물을 신축·분양하기 위하여 주무관청으로부터 건축허가 승인을 받고 건설공사계약 등을 체결하였으나 부동산경기의 침체, 업무제휴의 해지, 금융기관 PF대출승인의 지연 등 사유

로 인하여 공사진행이 어려워 건설공사를 포기하면서 토지를 재고자산(용지)의 상태로 양도한 것은 법인세법 제55조의2 제2항 제4호 다목 등의 규정에 의하여 비사업용토지에 해당하지 않아 법인세법 제55조의2에 의한 토지 등 양도소득에 대한 과세특례규정을 적용하지 않음(조심 2019중3365, 2020.9.4.)

⑤ 「법인세법」 제55조의2 제6항에서 법인의 토지등 양도금액에서 차감되는 것으로 장부가액만을 규정하고 있고 그 장부가액은 세무회계에 따라 수정된 장부상 평가액이라 할 것이므로 쟁점금액처럼 자산의 양도를 위한 비용은 포함되지 아니하는 것으로 봄이 타당함(조심 2020서7411, 2021.4.28.).

⑥ 부동산매매업을 영위하는 법인이 5년 이내 양도하는 토지
부동산 매매업을 영위하는 법인이 매매용 부동산을 취득하여 5년 이내 양도하는 경우에는 업무와 관련이 없는 자산에는 해당하지 않지만 보유기간 동안 법인세법 시행령 제92조의3의 사업용으로 사용한 기간 요건을 충족하지 못하는 경우에는 토지등 양도소득에 대한 법인세 과세특례 대상 자산임(조심 2022서2069, 2022.6.7.).

⑦ 법인의 업무에 사용한 주택양도시
해당법인이 공동주택을 매입하여 해당법인의 업무로 사용하고 있던 공동주택을 매각한 경우 과세관청은 이를 주택으로 보아 토지 등 양도소득에 대한 법인세를 부과하였으며 조세심판원에서는 쟁점부동산은 공동주택으로 허가 · 준공된 것이라서 그 본래의 용도가 주거용인 점, 법인이 업무에 사용하였다 하나 언제든지 본인이나 제3자가 주택으로 사용할 수 있었다고 보이는 점, 양도당시 쟁점부동산은 주택으로 양도된 점 등에 비추어 쟁점부동산은 그 실제 용도가 사실상 주거에 제공되는 건물이었다고 보여 이를 주택으로 보아 토지 등 양도소득에 대한 법인세를 부과한 처분은 타당하다 결정함(조심 2021소7010, 2022.7.6.)

3. 미환류소득에 대한 법인세(투자 · 상생협력 촉진을 위한 과세특례)

(1) 개 요

「법인세법」 제56조 미환류소득에 대한 법인세 규정이 2017.12.31. 일몰종료하고 기존 규정의 일자리 창출 및 국민의 소득증대 효과의 미비점 등을 보완하여 「조세특례제한법」에 투자 · 상생협력 촉진을 위한 과세특례로서 미환류소득에 대한 법

인세 추가 납부규정을 2025.12.31.까지 한시적으로 신설하였다. 상호출자제한기업집단 소속법인이 해당 사업연도의 소득 중 일정금액 이상을 투자·고용의 증대에 사용하지 않는 경우 그 미환류소득에 대하여 20%를 곱하여 산출한 세액을 각 사업연도소득에 대한 법인세에 추가하여 납부하도록 하는 규정이다(조특법 100의32, 조특령 100의32, 조특칙 45의9).

요약정리

1. 대상기업

   상호출자제한기업집단 소속 법인

2. 과세방식

   다음 중 선택하여 신고. 단, 합병 또는 경영권인수 목적 지분 인수시 변경 허용, 무신고의 경우 세부담이 적은 방식 적용

   ① 투자포함방식(3년간 계속 적용)
   [기업소득 × 70% − (투자액 + 임금증가액 + 상생협력기금 출연금)] × 20%

   ② 투자제외방식(1년간 적용)
   [기업소득 × 15% − (임금증가액 + 상생협력기금 출연금)] × 20%

3. 기업소득 = 각 사업연도 소득금액
   + 국세·지방세 환급금 이자 익금불산입액
   특례·일반기부금 이월공제액
   당기 투자액에 대한 해당 연도 감가상각비(투자포함 방식만 해당)
   − 법인세(외국납부세액공제 한도초과액 포함)등 납부세액
   (세무조사시 추징세액 미포함)
   「상법」상 이익준비금 적립액
   해당 사업연도에 공제가능한 이월결손금(80% 한도 미적용)
   기부금 한도초과 손금불산입액
   비적격합병(분할)의 경우 피합병법인(분할법인)의 양도차익 및 의제배당소득

4. 기업소득 − (투자액 + 임금증가액 등) = (+)미환류소득(차기 이후 2년간 투자 등으로 사용하기 위해 차기환류적립금으로 적립하여 당기의 미환류소득에서 차감 가능)
   (−)초과환류소득(당기에 발생한 금액은 2년간 미환류소득에서 차감)

   ① 위 '2'의 과세방식 수정 :
   미환류소득법인세 = (미환류소득 − 당해사업연도 차기환류적립금 − 전기이월 초과환류액) ×20%

   ② 직전 2기 사업연도에 차기환류적립금을 적립한 경우 :
   가. 미환류소득법인세 추가납부액 = (직전 2년 적립 차기환류적립금잔액 − 당해사업

연도 초과환류액) × 20%

나. 해당 사업연도에 차기환류적립금을 적립하여 미환류소득에서 공제한 내국법인이 다음 2개 사업연도에 「독점규제 및 공정거래에 관한 법률」 제31조 제1항에 따른 상호출자제한기업집단에 속하는 내국법인에 해당하지 아니하게 되는 경우에도 미환류소득에 대한 법인세를 납부하여야 한다.

5. 투자액

① 사업용 유형고정자산(중고품 · 금융리스의 리스자산 제외, 자본적지출 포함, 해당연도 실제 지출 금액만 해당)

- 기계장치, 공구, 기구비품, 차량운반구, 선박, 항공기(자본적지출 포함, 기존 보유자산에 대한 것도 포함)
- 업무용 건축물 신축 · 증축건축비

② 사업용 무형고정자산(영업권 제외)

③ 벤처기업에 대한 신규출자

④ 취득 후 2년 내 양도 · 임대시는 법인세 추징(본세 + 1일 22/100,000 적용 이자 추징액)

6. 임금증가액

임금증가액이란 법인세법상 임원, 고액연봉자(근로소득이 8천만원 이상), 최대주주 및 그와 친족관계인 근로자, 근로계약기간 1년 미만 근로자 및 단시간 근로자를 제외한 근로자의 전기 대비 「소득세법」상 근로소득[해당법인이 손금으로 산입한 금액으로 인정상여 등은 제외, 우리사주조합출연금(우리사주조합에 출연하는 자사주 장부가액 또는 금품)은 근로소득에 포함]

① 상시근로자 임금 증가

- 상시근로자 수가 증가하지 않은 경우 : 임금증가액
- 상시근로자 수가 증가한 경우 : 기존 상시근로자 임금증가액 × 1.5 + 신규 상시근로자 임금증가액 × 2

② 청년정규근로자 수가 증가한 경우 : 청년정규근로자(조특령 26의5 ③, 15～34세인 정규직근로자)에 대한 임금증가액

③ 정규직 전환 근로자가 있는 경우 : 정규직 전환 근로자(청년정규직근로자 제외)에 대한 임금증가액

④ 임금증가금액

- 직전사업연도 대비 해당 사업연도의 임금*지급액 증가액

  * 소득세법상 근로소득

- 사업연도별 임금지급액은 매월 말 기준 상시근로자에 지급한 임금의 합계액으로 계산

7. 상생협력을 위하여 지출하는 출연금 등

8. 법인지방소득세도 과세됨

(2) 상황별 사례검토

① 당기의 미환류소득이 100억원인 경우(당기에 처음으로 미환류소득발생)

차기환류적립금을 적립하지 않으면 20억원(100억원×20%)의 법인세를 부담하여야 하므로 당연히 차기환류적립금 100억원을 적립하여 법인세부담액이 '0'이 되게 할 것이다.

② 당기의 미환류소득이 100억원이며 전기에 적립한 차기환류적립금이 70억원인 경우

당기의 미환류소득과 전기의 차기환류적립금의 합계는 170억원으로 당기에 차기환류적립금을 적립하지 않으면 34억원(170억원×20%)의 법인세를 부담하여야 하므로 당기의 미환류소득 100억원에 해당하는 차기환류적립금을 적립하여 법인세 부담액을 '0'으로 하며, 전기에 적립한 차기환류적립금은 당기에 다시 적립하여 법인세부담액을 없게 한다.

③ 당기의 초과환류액이 50억원인 경우(당기에 처음으로 초과환류액발생)

당기에 초과환류액이 발생하였으므로 당기에 미환류소득에 대한 법인세부담액은 없으며 2년간 미환류소득에서 공제한다.

④ 당기의 초과환류액이 50억원이며 2022년분으로 2023년에 다시 차기환류적립금이 70억원인 경우

2022년분으로 적립한 차기환류적립금 70억원에서 당기의 초과환류액 50억원을 차감한 20억원의 미환류소득이 발생하므로 4억(20억×20%)의 법인세를 추가 납부한다.

⑤ 당기의 초과환류액이 50억원이며 전기에 적립한 차기환류적립금이 30억원인 경우

전기에 적립한 차기환류적립금 30억원을 한도로 당기의 초과환류액 50억원을 차감하므로 당기에 법인세부담액은 없으며 차액 20억원은 2년간 이월하여 차기의 미환류소득에서 공제한다.

⑥ 당기의 미환류소득이 100억원이며 전기로부터 이월된 초과환류액이 70억원인 경우

당기의 미환류소득 100억원에서 전기이월 초과환류액 70억원을 차감한 30억원에 대해 법인세가 부담되므로 당기에 차기환류적립금 30억원을 적립하여 법인세부담액이 '0'이 되게 할 것이다.

⑦ 당기의 미환류소득이 100억원이며 2022년으로부터 이월된 초과환류액이 120억원인 경우

2022년으로부터 이월된 초과환류액이 당기의 미환류소득보다 크므로 당기의

법인세부담액은 없으며 상계되지 못한 초과환류이월액 20억원은 2년이 경과하였으므로 소멸된다.

예제

당기말 현재 수진(주)는 2024년에 처음으로 상호출자제한기업집단 소속법인으로 지정되어 다음 자료를 이용하여 미환류소득에 대한 법인세를 계산하라.

Ⅰ. 자료

1. 수진(주)의 당기(2024.1.1.~2024.12.31.) 각사업연도 소득금액은 12,000,000,000원이다. 동 금액에는 당기에 취득한 기계장치 등 사업용자산에 대한 감가상각비 700,000,000원이 포함되어 있다.
2. 수진(주)의 당기 세무조정내역은 다음과 같다.

익금산입 및 손금불산입		손금산입 및 익금불산입	
법인세비용	1,912,400,000	국세환급금이자상당액익금불산입액	20,000,000
기업업무추진비한도초과	150,000,000	전기 일반기부금이월공제액	30,000,000
대손충당금한도초과	80,000,000	미수수익	50,000,000
퇴직급여충당금한도초과	230,000,000	전기 대손충당금	50,000,000
미수수익	30,000,000		

3. 당기에 취득한 기계장치는 3,800,000,000원(중고자산 200,000,000원 포함), 차량운반구 100,000,000원, 개발비 500,000,000원이다.
4. 당기의 급여(「소득세법」상 근로소득으로 조특령 100의32 ⑨의 임금지급액에 해당)지급내역은 다음과 같다(상시근로자 및 청년정규직근로자의 수는 다음과 같으며 근로자 수의 계산은 조특령 26의4 ③과 26의5 ⑧에 따른 평균근로자의 수임).

구분	임원 급여	상시근로자급여			
		총 상시근로자급여(청년포함)	총상시근로자 수(청년포함)	청년정규직 근로자 급여	청년정규직 근로자 수
2024년	8.5억원	43억원[주1)](근로소득 8천만원 이상 급여 13억원)	65 (12[주2)])	5.8억원	13
2023년	6.3억원	35억원(근로소득 8천만원 이상 급여 10억원)	60 (11)	3.3억원	7

주1) 신규 근로계약체결 상시근로자 7명(평균 신규 상시근로자 수는 5명)에 대한 급여지급액(전부 근로소득 8천만원 미만)은 3억원 임

주2) 근로소득 8천만원 이상인 상시근로자 수

5. 당기 잉여금처분에 의한 현금배당액은 10억원이며 이익준비금을 1억원 적립하였다.
6. 당기의 이월결손금은 없다.
7. 당기의 법인세(지방소득세 포함) 총부담세액(미환류소득에 대한 법인세는 제외된 금액)은 1,912,400,000원이다.

Ⅱ. 미환류소득에 대한 법인세계산시 해당 금액

1. 기업소득

(1) 투자포함방식선택시

각사업연도 소득금액 12,000,000,000＋국세환급금이자 20,000,000
＋기부금이월공제 30,000,000
＋사업용자산 감가상각비 700,000,000
－법인세 등 1,912,400,000
－이익준비금 100,000,000
＝기업소득 10,737,600,000

(2) 투자제외방식선택시

(1)－감가상각비 700,000,000＝기업소득 10,037,600,000

2. 사업용자산 및 무형자산 투자액

기계장치 3,600,000,000(중고자산제외) ＋ 차량운반구 100,000,000＋개발비 500,000,000
＝4,200,000,000원

3. 임금증가액

(1) 상시근로자 임금증가액 계산

① 2024년 상시근로자 수(임원 및 근로소득 8천만원 이상 근로자 제외)
65 － 12 ＝ 53

② 2023년 상시근로자 수
60 － 11 ＝ 49

③ 2024년 ① 해당 임금지급액 : 30억원

④ 2023년 ② 해당 임금지급액 : 25억원

⑤ 상시근로자 임금증가액(③ － ④) : 5억원(기존 상시근로자 임금증가액 ＋ 신규 상시근로자 임금증가액)

⑥ 신규 상시근로자 임금증가액

$$(① - ②) \times \frac{\text{신규 근로계약체결 상시근로자 임금지급액}}{\text{신규 상시근로자 평균 수}}$$

$$= (53 - 49) \times \frac{\text{3억원}}{5}$$

＝240,000,000원

⑦ 기존 상시근로자 임금증가액
⑤ － ⑥
＝260,000,000원

⑧ 임금증가액
⑦ × 1.5 ＋ ⑥ × 2
＝ 870,000,000원

(2) 청년 정규직 임금증가액 계산

① 2024년 청년 정규직근로자 수 : 13

② 2023년 청년 정규직근로자 수 : 7
③ 2024년 ① 해당 임금지급액 : 5.8억원
④ 2023년 ② 해당 임금지급액 : 3.3억원
⑤ 임금증가액(① > ②인 경우에만 계산) ③ - ④
= 250,000,000원

(3) 임금증가액
(1) + (2)
= 870,000,000원 + 250,000,000원
= 1,120,000,000원

Ⅲ. 미환류소득의 계산

1. 투자포함방식선택시
10,737,600,000×70% - 4,200,000,000 - 1,120,000,000 = 2,196,320,000원
2. 투자제외방식선택시
10,037,600,000×15% - 1,120,000,000 = 385,640,000원

Ⅳ. 미환류소득의 산정방식선택

수진(주)는 차기(2025년)에 당기보다 많은 사업용자산의 투자계획이 있어 실지 지출이 이루어지는 경우에는 2025년에 30억원 이상의 초과환류액이 발생할 것으로 추정되어 당기(2024년)에 미환류소득의 산정방법을 투자포함방식을 선택하기로 하고 2,196,320,000원의 차기환류적립금을 적립하여 당기에 부담하는 미환류소득에 대한 법인세는 없도록 결정하였다.

IV. 결정세액의 계산

각사업연도소득에 대한 법인세 납부세액의 계산구조는 다음과 같다.

1. 산출세액[주1] - 최저한세 적용대상 공제감면세액[주2]
2. 최저한세 = (과세표준 + 조세특례제한법상 공장 · 법인본사 지방이전 양도차익의 익금불산입
+ 조세특례제한법상 중소기업 · 중견기업 · 대기업 감가상각비 손금산입액
+ 조세특례제한법상 연구개발출연금 익금불산입액
+ 조세특례제한법상 비과세소득
+ 조세특례제한법상 소득공제[기업구조조정투자회사의 배당소득공제 제외])
× 17%(12%, 10%, 중소기업 7%)
3. 차감세액 : '1.'과 '2.' 중 큰 금액
4. 결정세액 = 차감세액 - 최저한세 적용제외 공제감면세액[주3] + 가산세 + 감면분 추가납부세액[주4]
5. 납부세액 = 결정세액 - 기납부세액(중간예납세액, 원천징수세액, 수시부과세액)

주1) 산출세액

[별지 제3호 서식](법인세과세표준 및 세액조정계산서)상으로는 해당 사업연도소득의 법인세 합계액을 말하나 상기 계산구조에는 각사업연도소득에 대한 법인세만을 말한다.

주2) 최저한세 적용대상 공제감면세액

조세특례제한법상 세액면제 · 감면 · 공제액을 말한다.

주3) 최저한세 적용제외 공제감면세액

법인세법상 세액공제 및 중소기업의 연구인력개발비 세액공제 등을 말한다.

주4) 감면분 추가납부세액

(1) 조세특례제한법

① 준비금환입에 대한 추가납부세액

가. 준비금사용기간 내 준비금을 사용하지 않았거나 임의환입한 경우 이자추징액

나. 이자추징기간 : 준비금을 손금에 산입하는 사업연도의 종료일의 다음날부터 익금에 산입한 사업연도의 종료일까지

② 공제감면세액에 대한 추가납부세액

가. 투자세액공제를 받은 자산을 2년 이내(특정건축물은 5년)에 처분(임대 포함)한 경우 법인세 및 이자추징액

나. 이자추징기간 : 공제감면세액의 과세표준신고일부터 추징사유발생 사업연도의 과세표준신고일까지

다. 이자율 : 1일 10만분의 22

(2) 법인세법

① 기 공제원천납부세액 추가납부

② 신고기간 연장에 따른 이자상당가산액

③ 업무무관부동산 업무무관비용의 손금부인에 따른 증가세액

업무무관부동산이 있는 법인은 양도한 날이 속하는 사업연도 이전에 종료하는 각 사업연도의 업무무관비용의 손금불산입시 다음 '가.', '나.' 중 임의로 선택하여 양도한 날이 속하는 사업연도에 추가납부한다.

가. 전 사업연도 과세표준 등을 다시 계산함에 따라 산출되는 결정세액 − 전 사업연도 결정세액

나. (전 사업연도 과세표준 + 지급이자손금불산입액) × 세율 − 전 사업연도 산출세액

④ 이자추징기간 : 사업연도종료일기준

V. 면제 · 감면세액

조세특례제한법상 세액면제 · 감면에는 다음과 같은 것이 있다.

[면제]

1. 공공차관 도입 관련 법인세 감면(조특법 20)
2. 국제금융거래에 따른 이자소득 등에 대한 법인세 면제(조특법 21)
3. 해외자원개발투자배당소득에 대한 법인세 면제(조특법 22)
4. 영농조합법인에 대한 법인세 면제(조특법 66 ①)
5. 영어조합법인에 대한 법인세 면제(조특법 67 ①)
6. 외국법인의 보세구역 물류시설의 재고자산 판매이익에 대한 법인세 면제(조특법 141의2)

[감면]

1. 창업중소기업 등(창업중소기업 · 창업보육센터사업자 · 창업벤처중소기업 · 에너지신기술 창업중소기업 · 신성장서비스업 · 소규모 창업중소기업)에 대한 세액감면(조특법 6)
2. 중소기업특별세액감면(조특법 7)
3. 중소(중견)기업 특허권 등 기술이전과 중소기업 기술대여 세액감면(조특법 12 ① · ③)
4. 연구개발특구 입주 첨단기술기업 등에 대한 세액감면(조특법 12의2)
5. 공공기관의 혁신도시 등 이전에 대한 세액감면(조특법 62 ④, 적용기한 종료)
6. 수도권 밖으로 공장을 이전하는 기업에 대한 세액감면(조특법 63)
7. 수도권 밖으로 본사를 이전하는 법인에 대한 세액감면(조특법 63의2)
8. 농공단지 입주기업 등 세액감면(조특법 64)
9. 농업회사법인에 대한 세액면제 및 감면(조특법 68 ①)
10. 사회적기업 및 장애인 표준사업장에 대한 세액감면(조특법 85의6)
11. 소형주택 임대사업자에 대한 세액감면(조특법 96)
12. 상가건물 장기임대사업자 세액감면(조특법 96의2, 2021년 종료)
13. 위기지역 창업기업에 대한 세액감면(조특법 99의9)
14. 감염병 특별재난지역 중소기업에 대한 세액감면(조특법 99의11)
15. 산림개발소득 세액감면(조특법 102)
16. 해외진출기업의 국내복귀에 대한 세액감면(조특법 104의24)
17. 외국인투자기업의 외국인투자지분에 대한 조세감면(조특법 121의2 ②, 감면 폐지)
18. 제주첨단과학기술단지 입주기업 세액감면(조특법 121의8)
19. 제주투자진흥지구 · 제주자유무역지역 입주기업에 대한 세액감면(조특법 121의9, 2021년 종료)
20. 기업도시개발구역 등의 창업기업 등에 대한 세액감면(조특법 121의17)
21. 아시아문화중심도시 투자진흥지구 입주기업 등 세액감면(조특법 121의20 ②)
22. 금융중심지 창업기업 등 세액감면(조특법 121의21 ②)
23. 첨단의료복합단지 입주기업에 대한 세액감면(조특법 121의22 ① 1호)
24. 국가식품클러스터 입주기업에 대한 세액감면(조특법 121의22 ① 2호)
25. 기회발전특구 창업기업 등에 대한 세액감면(조특법 121의33)

1. 최저한세 적용 여부 : 위 '[면제]의 1, 3, 4와 [감면] 1(①, ⑥의 100% 감면과 ⑦의 추가감면분에 한정), 6(수도권 밖 이전에 한정), 8(공장 양도차익 은 제외), 9(작물재배업 소득에 한정), 10, 14, 16~17, 18~25(100% 감면기간 한정)'은 최저한세의 적용을 받지 않으며, 나머지 세액면제 · 감면은 최저한세의 규정이 적용된다.

2. 농어촌특별세 비과세 : 위 '[면제] 1, 2의 외국법인, 4 [감면] 1, 2, 3, 4, 6, 7, 8, 9, 13, 15, 16'에 대하여는 농어촌특별세가 비과세되며, 나머지 세액면제 · 감면은 과세된다.

3. 적용순위 및 중복적용의 배제 등

   ㈜ 세액감면을 적용받는 사업과 그 밖의 사업을 구분경리(조특법 143) 하는 경우로서 그 밖의 사업에 세액공제 규정이 적용되는 경우에는 해당 세액감면과 공제는 중복지원에 해당하지 아니하므로(조특법 127 ⑩), 사업장별로 세액감면과 세액공제를 각각 적용할 수 있다.

현행 면제 · 감면세액은 조세특례제한법에서만 규정하고 있으며, '면제세액'이란 특정소득에 대한 법인세 산출세액의 전부를 경감시키는 것을, '감면세액'이란 특정소득에 대한 법인세 산출세액의 일부를 경감시키는 것을 말한다. 실무에서는 면제·감면세액과 후술하는 세액공제를 통틀어 '공제·감면세액'이라고 부르며, '세액공제'는 법인세 산출세액에서 일정률을 직접 공제하여 주는 것을 말한다.

1. 감면세액의 계산(법령 96)

구 분	대 상
공제액 등이 없는 경우	$\text{산출세액} \times \dfrac{\text{감면대상소득}}{\text{과세표준}} \times \text{감면율}$
공제액 등이 감면대상사업에서 발생한 경우	$\text{산출세액} \times \dfrac{\text{감면대상소득} - \text{공제액 등}^{*}}{\text{과세표준}} \times \text{감면율}$
공제액 등이 감면대상사업에서 발생한지 여부가 불분명한 경우	$\text{산출세액} \times \dfrac{\text{감면대상소득} - \text{공제액 등}^{*} \times \dfrac{\text{감면대상소득}}{\text{소득금액}}}{\text{과세표준}} \times \text{감면율}$

* 공제액 등이라 함은 과세표준금액 계산에 있어서 사업연도소득금액에서 공제하는 비과세소득·이월결손금 또는 소득공제액으로서 다음에 해당하는 금액을 말한다.
① 공제액 등이 면제사업에서 발생한 경우에는 공제액 전액
② 공제액 등이 면제사업에서 발생한 여부가 불분명한 경우에는 소득금액에 비례하여 안분계산한 금액
한편, 면제·감면소득에서 공제액 등을 공제한 금액이 과세표준에서 차지하는 비율이 100분의 100을 초과하는 경우에는 100분의 100으로 한다.
감면대상사업과 기타의 사업을 겸영하는 법인은 감면사업의 소득금액과 기타사업의 소득금액을 구분경리하여야 하며, 이때 공통손익금은 다음과 같이 안분계산한다(법칙 75·76).

구 분		안분계산기준
공통익금		수입금액 또는 매출액 비례
공통손금	업종이 동일한 경우	수입금액 또는 매출액 비례
	업종이 다른 경우	개별손금 비례*

* '개별손금'이란 매출원가, 판매비와관리비 및 영업외비용 등 모든 개별손금의 합계액을 말함(법인 22601－798, 1988.3.11.).

조세특례제한법상 감면·공제요건을 충족하였으나 신청서를 제출하지 않아 감면·공제를 받지 못한 경우에는 경정청구를 통하여 공제·감면을 받을 수 있다(서이－543, 2007.3.29.).

2. 창업중소기업 등에 대한 세액감면

(1) 창업중소기업과 창업보육센터사업자 감면(조특법 6 ①)

1) 감면대상자의 범위

① 2024년 12월 31일 이전에 수도권과밀억제권역 외의 지역에서 창업한 중소기업(이하 "창업중소기업")

② 2024년 12월 31일 이전에 창업한 청년창업중소기업[주)]

③ 2024년 12월 31일 이전에 「중소기업창업 지원법」 제6조 제1항에 따라 창업보육센터사업자로 지정받은 내국법인(지역제한 없음)

주) 청년창업중소기업 : 법인으로 창업하는 경우 대표자가 다음의 요건을 모두 갖춘 기업을 말하며(조특령 5 ① 2호) 2018.5.29. 이후에 창업한 경우에는 수도권과밀억제권역내 창업한 경우에도 감면이 허용됨
① 창업 당시 15세 이상 34세 이하인 사람. 다만, 병역을 이행한 경우에는 그 기간(6년을 한도로 함)을 창업 당시 연령에서 빼고 계산한 연령이 34세 이하인 사람을 포함함
② 「법인세법 시행령」 제43조 제7항에 따른 지배주주 등으로서 해당 법인의 최대주주 또는 최대출자자일 것

2) 감면금액

창업 및 지정받은 날 이후 최초로 소득이 발생한 사업연도와 그 다음 사업연도의 개시일부터 4년 이내에 끝나는 사업연도까지 해당 사업에서 발생한 소득에 대한 법인세에 다음의 구분에 따른 비율을 곱한 금액 상당세액을 감면한다.

① 창업중소기업

가. 수도권과밀억제권역 외의 지역에서 창업한 청년창업중소기업 : 100%

나. 수도권과밀억제권역에서 창업한 청년창업중소기업 및 수도권과밀억제권역 외의 지역에서 창업한 창업중소기업 : 50%(창업 후 가.로 이전시도 50%)

다. 상기 '가.' 적용시 대표자가 최대주주 등의 요건을 불비시 해당연도부터 남은 감면기간동안 '나.'에 대한 감면을 적용하고 '나.' 적용시 최대주주 등의 요건을 불비시는 해당연도부터 감면을 적용하지 않음(조특령 5 ②·③)

② 창업보육센터사업자 : 50%

주 최초로 소득이 발생한 사업연도란 사업개시일부터 5년이 되는 날이 속하는 사업연도까지 소득이 계속 발생하지 아니하는 경우 5년이 되는 날이 속하는 사업연도를 말하는 것이며 이것은 조특법 전체에 대하여 같다.

주 2018.5.29.(법률 제15623호) 전에 청년창업중소기업을 창업한 경우 감면율
① 수도권과밀억제권 외의 지역 청년창업중소기업 : 최초로 소득이 발생한 사업연도와 그 다음 2년간 75%, 그 다음 2년은 50%

② 수도권과밀억제권에서 창업한 경우 : 감면해당 없음

(2) 창업벤처중소기업 감면(조특법 6 ②)

1) 감면 대상자의 범위

「벤처기업육성에 관한 특별조치법」 제2조 제1항에 따른 벤처기업(이하 "벤처기업) 중 다음의 어느 하나에 해당하는 기업으로서 창업 후 3년 이내에 같은 법 제25조에 따라 2024년 12월 31일까지 벤처기업으로 확인받은 기업을 말한다(조특령 5 ④).

① 「벤처기업육성에 관한 특별조치법」 제2조의2의 요건을 갖춘 중소기업(같은 조 제1항 제2호 나목에 해당하는 중소기업을 제외)

② 연구개발 및 인력개발을 위한 비용으로서 조특령 별표 6의 비용(연구개발비)이 해당 사업연도의 수입금액의 5% 이상인 중소기업

주 1. 벤처기업 해당여부의 확인을 받은 날이 속하는 사업연도부터 연구개발비가 위 비율을 계속 유지하는 경우에 한하여 적용한다(조특령 5 ⑤).

2. 창업중소기업감면규정의 적용시 벤처기업 확인서 유효기간의 만료에 따른 갱신의 누락으로 감면규정을 적용배제한 것은 추후 다시 벤처기업으로 확인받은 사실로 보아 이는 법인실체가 그 사이에 변경된 것으로 보이지 않아 벤처기업 확인서 유효기간이 만료되었다는 이유만으로 창업중소기업감면규정의 적용을 부인한 것은 잘못됨(조심 2018서2607, 2018.12.27.).

2) 감면금액

창업벤처기업으로 확인받은 날 이후 최초로 소득이 발생한 사업연도와 그 다음 사업연도의 개시일부터 4년 이내에 끝나는 사업연도까지 해당 사업에서 발생한 소득에 대한 법인세의 50%를 감면한다.

(3) 창업중소기업과 창업벤처중소기업의 범위

위 (1)창업중소기업과 창업보육센터사업자의 감면, (2) 창업벤처중소기업 감면을 적용받을 수 있는 중소기업은 다음의 업종을 경영하는 창업중소기업과 창업벤처중소기업을 말한다(조특법 6 ③).

① 광업

② 제조업(자기가 제품을 직접 제조하지 않고 제조업체에 의뢰하여 제품을 제조하는 유사제조업[20] 포함)

---

20) 제품을 다른 국내 제조업체 또는 개성공업지구에 소재하는 업체에 의뢰하여 제조하는 사업으로서 ① 생산할 제품을 직접 기획(고안 · 디자인 및 견본제작 등을 말한다)하고 ② 해당 제품을 자기명

③ 수도, 하수 및 폐기물 처리, 원료 재생업

④ 건설업

⑤ 통신판매업

⑥ 다음의 물류산업

가. 육상 · 수상 · 항공 운송업

나. 화물 취급업

다. 보관 및 창고업

다. 육상 · 수상 · 항공 운송지원 서비스업

마. 화물운송 중개 · 대리 및 관련 서비스업

바. 화물포장 · 검수 및 계량 서비스업

사. 「선박의 입항 및 출할 등에 관한 법률」에 따른 예선업

아. 「도선법」에 따른 도선업

자. 기타 산업용 기계 · 장비 임대업 중 파렛트 임대업

⑦ 음식점업

⑧ 정보통신업. 다만, 다음 각 목의 어느 하나에 해당하는 업종은 제외

가. 비디오물 감상실 운영업

나. 뉴스제공업

다. 블록체인 기반 암호화자산 매매 및 중개업

⑨ 금융 및 보험업 중 다음의 정보통신을 활용하여 금융서비스를 제공하는 업종

가. 「전자금융거래법」 제2조 제1호에 따른 전자금융업무

나. 「자본시장과 금융투자업에 관한 법률」 제9조 제27항에 따른 온라인소액투자중개

다. 「외국환거래법 시행령」 제15조의2 제1항에 따른 소액해외송금업무

⑩ 전문, 과학 및 기술 서비스업(엔지니어링사업[21]을 포함). 다만, 다음 각 목의 어느 하나에 해당하는 업종은 제외

가. 변호사업

나. 변리사업

다. 법무사업

라. 공인회계사업

의로 제조하고 ③ 해당 제품을 인수하여 자기책임하에 직접 판매할 것

21) 기술사법의 적용을 받는 기술사의 엔지니어링활동을 포함

마. 세무사업

바. 수의업

사. 「행정사법」 제14조에 따라 설치된 사무소를 운영하는 사업

아. 「건축사법」 제23조에 따라 신고된 건축사사무소를 운영하는 사업

⑪ 사업시설 관리, 사업 지원 및 이매 서비스업 중 다음 각 목의 어느 하나에 해당하는 업종

가. 사업시설 관리 및 조경 서비스업

나. 사업 지원 서비스업(고용 알선업 및 인력 공급업은 농업노동자 공급업을 포함)

⑫ 사회복지 서비스업

⑬ 예술, 스포츠 및 여가관련 서비스업. 다만, 다음 각 목의 어느 하나에 해당하는 업종은 제외

가. 자영예술가

나. 오락장 운영업

다. 수상오락 서비스업

라. 사행시설 관리 및 운영업

마. 그 외 기타 오락관련 서비스업

⑭ 협회 및 단체, 수리 및 기타 개인 서비스업 중 다음 각 목의 어느 하나에 해당하는 업종

가. 개인 및 소비용품 수리업

나. 이용 및 미용업

⑮ 「학원의 설립・운영 및 과외교습에 관한 법률」에 따른 직업기술 분야를 교습하는 학원을 운영하는 사업 또는 「국민 평생 직업능력 개발법」에 따른 직업능력개발훈련시설을 운영하는 사업(직업능력개발훈련을 주된 사업으로 하는 경우로 한정)

⑯ 「관광진흥법」에 따른 관광숙박업, 국제회의업, 유원시설업 및 관광객 이용시설업

⑰ 「노인복지법」에 따른 노인복지시설을 운영하는 사업

⑱ 「전시산업발전법」에 따른 전시산업

㊟ 사업의 분류는 「통계법」 제22조의 한국표준산업분류에 따른 세분류[22]를 따른다(조특령 5 ㉓).

* 관련해석 ① 창업중소기업감면규정의 적용시 벤처기업 확인서 유효기간의 만료에 따른 갱신의 누락으로 감면

22) 분류구조는 대분류(1자리, 영문대문자), 중분류(2자리 숫자), 소분류(3자리 숫자), 세분류(4자리 숫자). 세세분류(5자리 숫자)의 5단계로 구성되어 있다.

규정을 적용배제한 것은 추후 다시 벤처기업으로 확인받은 사실로 보아 이는 법인실체가 그 사이에 변경된 것으로 보이지 않아 벤처기업 확인서 유효기간이 만료되었다는 이유만으로 창업중소기업감면규정의 적용을 부인한 것은 잘못됨(조심 2018서2607, 2018.12.27.)

② 개인사업자가 「조세특례제한법」 제6조 제3항에 해당하는 업종을 창업한 후 동법 제32조 및 동법 시행령 제29조 제2항 및 제5항에 규정하는 법인전환요건에 따라 중소기업 법인으로 전환하고 개인사업의 창업일로부터 3년 이내에 벤처기업을 확인받는 경우 동법 제6조 제2항의 창업벤처중소기업 세액감면(남은 감면기간)을 적용받을 수 있는 것임(서면법인-899, 2020.7.3.)

(4) 에너지신기술 창업중소기업 감면(조특법 6 ④)

1) 감면내용

창업연도와 그 다음 3개 사업연도가 지나지 아니하고 2024년 12월 31일까지 에너지신기술중소기업[주]에 해당하는 경우에는 그 해당하는 날 이후 최초로 해당 사업에서 소득이 발생한 사업연도와 그 다음 사업연도의 개시일부터 4년 이내에 끝나는 사업연도까지 법인세 50%를 감면한다.

주) 「에너지이용 합리화법」 제15조에 따른 에너지소비효율 1등급 제품 및 같은 법 제22조에 따라 고효율에너지기자재로 인증받은 제품과 「신에너지 및 재생에너지 개발・이용・보급 촉진법」 제13조 신・재생에너지설비로 인증받은 제품을 제조하는 중소기업(조특령 5조 ⑪)

2) 감면대상 소득의 계산

해당 사업에서 발생한 소득의 계산은 다음의 계산식에 따른다(조특령 5 ⑮).

$$\text{해당 사업연도의 제조업에서 발생한 소득} \times \frac{\text{해당 사업연도의 고효율제품등의 매출액}}{\text{해당 사업연도의 제조업에서 발생한 총매출액}}$$

주 고효율제품등의 매출액은 제조업 분야의 다른 제품의 매출액과 구분경리하여야 한다(조특령 5 ⑯).

3) 감면 배제

위 (1) 창업중소기업과 창업보육센터사업자 감면, (2) 창업벤처중소기업 감면을 적용받는 경우에는 에너지신기술 중소기업 감면을 받을 수 없으며, 감면기간 중 에너지신기술 중소기업에 해당하지 않게 되는 경우에는 그 날이 속하는 사업연도부터 감면하지 아니한다(조특법 6 ④ 단서).

(5) 신성장서비스 창업중소기업감면(조특법 6 ⑤)

1) 감면대상자 범위

일정한 신성장 서비스업을 영위하는 다음 중 어느 하나에 해당하는 창업중소기업

① 2024년 12월 31일 이전에 수도권과밀억제권역 외의 지역에서 창업한 창업중소기업(청년창업중소기업은 제외)

② 2024년 12월 31일까지 벤처기업으로 확인받은 창업벤처중소기업

③ 2024년 12월 31일까지 에너지신기술중소기업에 해당하는 경우

2) 신성장 서비스업종(조특령 5 ⑫)

"일정한 신성장 서비스업을 영위하는 기업"이란 다음의 어느 하나에 해당하는 사업(이하 "신성장서비스업종"이라 한다)을 주된 사업으로 영위하는 중소기업을 말한다. 이 경우 둘 이상의 서로 다른 사업을 영위하는 경우에는 사업별 사업수입금액이 큰 사업을 주된 사업으로 본다.

① 컴퓨터 프로그래밍, 시스템 통합 및 관리업, 소프트웨어 개발 및 공급업, 정보서비스업(뉴스제공업은 제외한다) 또는 전기통신업

② 창작 및 예술관련 서비스업(자영예술가는 제외한다), 영화·비디오물 및 방송프로그램 제작업, 오디오물 출판 및 원판 녹음업 또는 방송업

③ 엔지니어링사업, 전문 디자인업, 보안 시스템 서비스업 또는 광고업 중 광고물 문안, 도안, 설계 등 작성업

④ 서적, 잡지 및 기타 인쇄물 출판업, 연구개발업, 「학원의 설립·운영 및 과외교습에 관한 법률」에 따른 직업기술 분야를 교습하는 학원을 운영하는 사업 또는 「국민 평생 직업능력 개발법」에 따른 직업능력개발훈련시설을 운영하는 사업(직업능력개발훈련을 주된 사업으로 하는 경우로 한정한다)

⑤ 물류산업

⑥ 「관광진흥법」에 따른 관광숙박업, 국제회의업, 유원시설업 또는 관광객이용시설업

⑦ 그 밖에 기획재정부령으로 정하는 다음의 신성장 서비스업

가. 「전시산업발전법」에 따른 전시산업

나. 그 밖의 과학기술서비스업

다. 시장조사 및 여론조사업

라. 광고업 중 광고대행업, 옥외 및 전시광고업

3) 감면금액

상기 (1) 창업중소기업과 창업보육센터사업자 감면, (2) 창업벤처중소기업 감면, (4) 에너지신기술 창업중소기업 감면의 규정에 불구하고 신성장 서비스업을 영위하는 창업중소기업자는 최초로 세액을 감면받는 사업연도와 그 다음 사업연도의 개시일부터 2년 이내에 끝나는 사업연도에는 법인세의 75%를 감면하고, 그 다음 2년 이내에 끝나는 사업연도에는 법인세의 50%를 감면한다.

4) 감면배제

감면기간 중 신성장서비스업종 이외의 업종으로 주된 사업이 변경되는 경우에는 신성장서비스업 감면을 적용하지 아니하고, 해당 사유가 발생한 날이 속하는 사업연도부터 남은 감면기간 동안 (1) 창업중소기업과 창업보육센터사업자 감면, (2) 창업벤처중소기업 감면, 또는 (4) 에너지신기술 창업중소기업 감면을 적용한다(조특령 5 ⑬).

(6) 소규모 사업자의 창업중소기업 감면(조특법 6 ⑥)

1) 감면대상자

2024년 12월 31일 이전에 창업한 수입금액이(과세기간이 1년 미만인 사업연도의 수입금액은 1년으로 환산한 총수입금액) 8,000만원 이하인 창업중소기업(청년창업중소기업은 제외)

2) 감면금액

상기 (1) 창업중소기업과 창업보육센터사업자 감면 및 (5) 신성장서비스업 창업중소기업 감면의 규정에도 불구하고 최초로 소득이 발생한 사업연도와 그 다음 사업연도의 개시일부터 4년 이내에 끝나는 사업연도까지의 기간에 속하는 사업연도에 대한 법인세에 다음의 구분에 따른 비율을 곱한 금액에 상당하는 세액을 감면한다.

① 수도권과밀억제권역 외의 지역에서 창업한 창업중소기업 : 100%

② 수도권과밀억제권역에서 창업한 창업중소기업 : 50%

3) 감면배제

(2) 창업벤처중소기업 감면 또는 (4) 에너지신기술 창업중소기업 감면을 적용받는 경우에는 이 규정에 따른 감면을 배제한다.

(7) 창업중소기업 세액감면시 고용창출 유인 강화(조특법 6 ⑦)

1) 감면대상자 범위

업종별최소고용인원주1) 이상을 고용하는 다음 중 어느 하나에 해당하는 기업이 해당 감면기간 중 해당 사업연도의 상시근로자 수가 직전 사업연도의 상시근로자 수주2)보다 큰 경우

주1) 업종별최소고용인원 수(= 상시 근로자수, 조특령 5 ⑭)
① 광업・제조업・건설업 및 물류산업의 경우 : 10명
② 그 밖의 업종의 경우 : 5명

주2) 직전 사업연도의 상시근로자 수가 업종별최소고용인원에 미달하는 경우에는 업종별최소고용인원을 말한다.

① 상기 (1) 창업중소기업과 창업보육센터사업자 감면을 적용받는 수도권과밀억제권역 외의 지역에서 창업한 창업중소기업(청년창업중소기업은 제외), 창업보육센터사업자

② 상기 (2) 창업벤처중소기업 감면을 적용받는 창업벤처중소기업

③ 상기 (4) 에너지신기술 창업중소기업 감면을 적용받는 에너지신기술 중소기업

④ 상기 (5) 신성장서비스업 창업중소기업 감면을 적용받는 창업중소기업

2) 감면금액

다음의 금액을 추가로 감면한다. 다만, (6) 소규모사업자의 창업중소기업 감면에 따라 100%의 세액을 감면받는 사업연도에는 이 추가감면을 적용하지 아니한다.

추가 감면세액 = ① × ②

① 해당사업에서 발생한 소득에 대한 법인세

② $\frac{\text{(해당사업연도의 상시근로자수} - \text{직전 사업연도의 상시근로자수)}}{\text{직전 사업연도의 상시근로자수}} \times 50\%$

* ②는 50%를 한도로 하고 {(5) 신성장서비스업 창업중소기업 감면에 따라 75% 감면을 받은 사업연도에는 25%}, 1% 미만인 부분은 없는 것으로 본다(조특법 6 ⑦ 2호 단서).

3) 상시근로자의 범위 및 상시근로자 수의 계산방법

상시근로자의 범위 및 상시근로자 수의 계산에 관하여는 「조세특례제한법 시행령」 제23조(고용창출투자세액공제) 제10항부터 제13항까지의 규정을 준용한다(조특령 5 ⑰).

(8) 창업중소기업 등에 대한 세액감면의 공통사항

1) 창업의 개념

① 창업일은 법인설립등기일을 말하며 창업중소기업은 창업당시부터 수도권과밀억제권역 외의 지역에서 창업하는 자에 한하여 적용한다. 그런데 창업 당시 수도권과밀억제권역 외의 지역이었으나 그 후 행정구 변경으로 수도권과밀억제권역으로 변경된 경우에는 계속하여 창업중소기업으로 본다(조특칙 6－0…1 ① 서이 46012－11189, 2003.6.23.).

다음의 어느 하나에 해당하는 경우는 창업으로 보지 아니한다(조특법 6 ⑩, 조특령 5 ⑲ · ⑳ · ㉑).

1. 합병 · 분할 · 현물출자 또는 사업의 양수를 통하여 종전의 사업을 승계하거나 종전의 사업에 사용되던 자산을 인수 또는 매입하여 같은 종류의 사업을 하는 경우. 다만, 다음의 어느 하나에 해당하는 경우는 제외한다.

   가. 종전의 사업에 사용되던 자산을 인수하거나 매입하여 같은 종류의 사업을 하는 경우 그 자산가액의 합계가 사업 개시 당시 토지 · 건물 및 기계장치 등 사업용 감가상각자산의 총가액에서 차지하는 비율이 30% 이하인 경우

   인수 · 매입한 자산가액/토지＋법인세법 시행령 제24조에서 규정하는 감가상각자산×100≤ 30%

   나. 사업의 일부를 분리하여 해당 기업의 임직원이 사업을 개시하는 경우로서 다음의 요건을 모두 충족하는 경우

   ㉠ 기업과 사업을 개시하는 해당 기업의 임직원 간에 사업 분리에 관한 계약을 체결할 것

   ㉡ 사업을 개시하는 임직원이 새로 설립되는 기업의 대표자로서 「법인세법 시행령」 제43조 제7항에 따른 지배주주 등에 해당하는 해당 법인의 최대주주 또는 최대출자자(개인사업자의 경우에는 대표자를 말한다)일 것

   ㈜ 사업을 개시하는 자가 위 ㉡의 요건을 충족하지 못하게 돈 경우에는 해당사유가 발생한 날이 속하는 사업연도부터 감면을 적용하지 아니한다(조특령 5 ㉒).

   ※ 사업의 구분은 한국표준산업분류상 세분류(4자리숫자)에 따르는바 세분류를 기준으로 다른 업종이면 창업이다.(법인－360, 2009.3.27. 서면2팀－2084, 2006.10.17.).

2. 거주자가 하던 사업을 법인으로 전환하여 새로운 법인을 설립하는 경우
3. 폐업 후 사업을 다시 개시하여 폐업 전의 사업과 같은 종류의 사업을 하는 경우

4. 사업을 확장하거나 다른 업종을 추가하는 경우 등 새로운 사업을 최초로 개시하는 것으로 보기 곤란한 경우

③ 창업중소기업이 조특령 제2조 제1항 제3호의 규정에 의한 실질적인 독립성 기준에 부적합하여 중소기업이 아니게 된 경우에는 그 사유가 발생 사업연도부터 세액감면을 적용받을 수 없는 것이나, 잔존감면기간 중에 실질적인 독립성 기준에 적합하게 된 경우에는 그 사유가 발생한 날이 속하는 사업연도부터 잔존감면기간동안 세액감면을 적용받을 수 있다.

④ 창업중소기업이 법 제6조 제1항 · 제5항 · 제6항 및 제7항을 적용할 때 수도권과밀억제권역 외의 지역에서 창업한 창업중소기업이 창업 이후 다음 각 호의 어느 하나에 해당하는 사유가 발생한 경우에는 해당 사유가 발생한 날이 속하는 과세연도부터 남은 감면기간 동안 해당 창업중소기업은 수도권과밀억제권역에서 창업한 창업중소기업으로 본다(조특령 5 ㉕).

1. 창업중소기업이 사업장을 수도권과밀억제권역으로 이전한 경우
2. 창업중소기업이 수도권과밀억제권역에 지점 또는 사업장을 설치(합병 · 분할 · 현물출자 또는 사업의 양수를 포함한다)한 경우

2) 수도권정비계획법의 수도권과밀억제권역

수도권은 서울특별시, 인천광역시, 경기도를 말하며 창업중소기업자의 대부분은 수도권 중 다음의 과밀억제권역외의 지역에 소재하여야 감면이 된다.

과밀억제권역, 성장관리권역 및 자연보전권역의 범위(2017.6.20. 개정)

과밀억제권역	성장관리권역	자연보전권역
(수도권정비계획법 6, 같은법 시행령 9 및 별표 1)		
1. 서울특별시 2. 인천광역시[강화군, 옹진군, 서구 대곡동 · 불로동 · 마전동 · 금곡동 · 오류동 · 왕길동 · 당하동 · 원당동, 인천경제자유구역(경제자유구역에서 해제된 지역을 포함한다) 및 남동 국가산업단지는 제외한다] 3. 의정부시 4. 구리시	1. 인천광역시[강화군, 옹진군, 서구 대곡동 · 불로동 · 마전동 · 금곡동 · 오류동 · 왕길동 · 당하동 · 원당동, 인천경제자유구역(경제자유구역에서 해제된 지역을 포함한다) 및 남동 국가산업단지만 해당한다] 2. 동두천시 3. 안산시 4. 오산시 5. 평택시	1. 이천시 2. 남양주시(화도읍, 수동면 및 조안면만 해당한다) 3. 용인시(김량장동, 남동, 역북동, 삼가동, 유방동, 고림동, 마평동, 운학동, 호동, 해곡동, 포곡읍, 모현면, 백암면, 양지면 및 원삼면 가재월리 · 사암리 · 미평리 · 좌항

과밀억제권역	성장관리권역	자연보전권역
(수도권정비계획법 6, 같은법 시행령 9 및 별표 1)		
5. 남양주시(호평동, 평내동, 금곡동, 일패동, 이패동, 삼패동, 가운동, 수석동, 지금동 및 도농동만 해당한다) 6. 하남시 7. 고양시 8. 수원시 9. 성남시 10. 안양시 11. 부천시 12. 광명시 13. 과천시 14. 의왕시 15. 군포시 16. 시흥시[반월특수지역(반월특수지역에서 해제된 지역을 포함한다)은 제외한다]	6. 파주시 7. 남양주시(별내동, 와부읍, 진전읍, 별내면, 퇴계원면, 진건읍 및 오남읍만 해당한다) 8. 용인시(신갈동, 하갈동, 영덕동, 구갈동, 상갈동, 보라동, 지곡동, 공세동, 고매동, 농서동, 서천동, 언남동, 청덕동, 마북동, 동백동, 중동, 상하동, 보정동, 풍덕천동, 신봉동, 죽전동, 동천동, 고기동, 상현동, 성복동, 남사면, 이동면 및 원삼면 목신리·죽릉리·학일리·독성리·고당리·문촌리만 해당한다) 9. 연천군 10. 포천시 11. 양주시 12. 김포시 13. 화성시 14. 안성시(가사동, 가현동, 명륜동, 숭인동, 봉남동, 구포동, 동본동, 영동, 봉산동, 성남동, 창전동, 낙원동, 옥천동, 현수동, 발화동, 옥산동, 석정동, 서인동, 인지동, 아양동, 신흥동, 도기동, 계동, 중리동, 사곡동, 금석동, 당왕동, 신모산동, 신소현동, 신건지동, 금산동, 연지동, 대천동, 대덕면, 미양면, 공도읍, 원곡면, 보개면, 금광면, 서운면, 양성면, 고삼면, 죽산면 두교리·당목리·칠장리 및 삼죽면 마전리·미장리·진촌리·기솔리·내강리만 해당한다) 15. 시흥시 중 반월특수지역(반월특수지역에서 해제된 지역을 포함한다)	리·맹리·두창리만 해당한다) 4. 가평군 5. 양평군 6. 여주시 7. 광주시 8. 안성시(일죽면, 죽산면 죽산리·용설리·장계리·매산리·장릉리·장원리·두현리 및 삼죽면 용월리·덕산리·율곡리·내장리·배태리만 해당한다)

㊟ 권역의 구분과 지정(수도권정비계획법 6 ①) : 수도권의 인구와 산업을 적정하게 배치하기 위하여 수도권을 다음과 같이 구분함.

1. 과밀억제권역 : 인구와 산업이 지나치게 집중되었거나 집중될 우려가 있어 이전하거나 정비할 필요가 있는 지역
2. 성장관리권역 : 과밀억제권역으로부터 이전하는 인구와 산업을 계획적으로 유치하고 산업의 입지와 도시의 개발을 적정하게 관리할 필요가 있는 지역
3. 자연보전권역 : 한강 수계의 수질과 녹지 등 자연환경을 보전할 필요가 있는 지역

3) 감면배제

위의 창업중소기업 등에 대한 감면을 적용받은 기업이 「중소기업기본법」에 따른 중소기업이 아닌 기업과 합병하는 등 중소기업에 해당하지 아니하게 된 경우에는 해당 사유 발생일이 속하는 사업연도부터 감면하지 아니한다(조특법 6 ⑪, 조특령 5 ㉔).

4) 최저한세, 농어촌특별세 및 중복적용 검토

① 최저한세 적용대상이다. 다만, (1) 창업중소기업과 창업보육센터사업자의 감면 또는 (6) 소규모 사업자 세액감면의 규정에 따라 100%의 세액을 감면받는 사업연도의 경우와 (7) 창업중소기업이 고용창출에 따라 추가로 감면받는 부분에 대하여는 최저한세를 적용하지 아니한다(조특법 132 ① 4호).

② 농어촌특별세액은 비과세한다(농특법 4 3호).

③ 고용증대세제와 중복적용이 가능하다. (7) 창업중소기업이 고용창출에 따라 추가로 법인세를 감면받은 경우에는 제29조의7(고용을 증대시킨 기업에 대한 세액공제)을 동시에 적용하지 아니한다(조특법 127 ④ 단서).

3. 중소기업특별세액감면(조특법 7)

(1) 감면대상 업종

1) 대상업종

2025.12.31. 이전에 끝나는 사업연도까지 아래 업종을 경영하는 중소기업의 해당 사업장에서 발생한 소득이 대상이다.

작물재배업 / 축산업 / 어업 / 광업 / 제조업(유사제조업[23])포함) / 하수・폐기물 처리(재활용을 포함) / 원료재생 및 환경복원업 / 건설업[24]) / 도매 및 소매업 / 운수업 중 여객운송업 / 출판업 / 영상・오디오 기록물 제작 및 배급업(비디오물 감상실 운영업은 제외) / 방송업 / 전기통신업 / 컴퓨터프로그래

밍, 시스템 통합 및 관리업 / 정보서비스업(블록체인 기반 암호화자산 매매 및 중개업은 제외) / 연구개발업 / 광고업 / 기타 과학기술서비스업 / 포장 및 충전업 / 전문디자인업 / 창작 및 예술관련 서비스업(자영예술가는 제외) / 주문자상표부착방식에 따른 수탁생산업[25] / 엔지니어링사업 / 물류산업 / 해당 법률에 따른 직업기술 분야를 교습하는 학원 사업 또는 직업능력개발훈련이 주된 사업 / 자동차정비공장[26] / 해운법상 선박관리업 / 의료업(의원・치과의원 및 한의원은 해당 사업연도의 기업회계기준에 의한 수입금액에서 관계법률에 따라 지급받는 요양급여비용이 차지하는 비율이 80% 이상으로서 해당 사업연도의 종합소득금액이 1억원 이하인 경우에 한정) / 관광진흥법에 따른 관광사업(카지노, 관광유흥음식점 및 외국인전용유흥음식점업은 제외) / 노인복지시설업 / 전시산업발전법상 전시산업 / 인력공급 및 고용알선업(농업노동자 공급업을 포함) / 콜센터 및 텔레마케팅 서비스업 / 에너지절약전문기업 / 재가장기요양기관을 운영하는 사업 / 건물 및 산업설비 청소업 / 경비 및 경호 서비스업 / 시장조사 및 여론조사업 / 사회복지 서비스업 / 지식재산을 임대업 / 관계법률에 따른 따른 연구개발지원업 / 개인 간병인 및 유사 서비스업, 사회교육시설, 직원훈련기관, 기타 기술 및 직업훈련 학원, 도서관・사적지 및 유사 여가 관련 서비스업 / 민간임대주택에관한 특별법상 주택임대관리업 / 신・재생에너지 발전사업 / 보안시스템 서비스업 / 임업 / 통관대리 및 관련 서비스업 / 전기차 50% 이상 보유한 자동차 임대업

2) 중소기업특별세액감면대상 업종분류

업종의 분류는 「조세특례제한법」에 특별한 규정이 있는 경우를 제외하고는 「통계법」 제22조에 따라 통계청장이 고시하는 한국표준산업분류에 따른다. 다만, 한국표준산업분류가 변경되어 이 법에 따른 조세특례를 적용받지 못하게 되는 업종에 대해서는 한국표준산업분류가 변경된 사업연도와 그 다음 사업연도까지는 변경 전

---

23) 제조업 : 제품을 다른 국내 제조업체 또는 개성공업지구에 소재하는 업체에 의뢰하여 제조하는 사업으로서 ① 생산할 제품을 직접 기획(고안・디자인 및 견본제작 등을 말한다)하고 ② 해당 제품을 자기명의로 제조하고 ③ 해당 제품을 인수하여 자기책임 하에 직접 판매할 것

24) 건설업 : 중소기업특별세액감면대상인 건설업은 법인이 직접 건설활동을 수행하지 않고 건설업체에 일괄도급을 주어 비주거용 건물을 건설하고 이를 분양・판매하는 것은 한국표준산업분류상 부동산업 중 비주거용 건물공급업(70122)으로 분류되어 건설업에 해당되지 아니한다(서이－1433, 2005.9.6.). 이때 감면대상인 한국표준산업분류상 주거용 건물공급업(70121)과 주거용 건물건설업(4521)의 구분기준인 ‘직접 건설활동을 수행하는지의 여부’는 단순한 하도급비율을 기준으로 판단할 수는 없는 것으로 건설 관련 계약내용, 공사공정의 관리 및 현장의 안전관리책임 등을 참고하여 실질적으로 직접 건설활동의 수행 여부를 사실판단하여야 한다(서이－1868, 2005.11.21.). 그러므로 직접 시공능력을 갖추고 해당 법인의 총괄적인 책임하에 공사전반을 계획・관리 및 조정하면서 필요한 전문공사를 하도급하여 수행하는 경우에는 직접 건설활동을 수행하는 것으로 본다(서이－836, 2007.5.3).

25) 위탁자로부터 주문자상표부착방식에 따른 제품생산을 위탁받아 이를 재위탁(저자주 : 해외현지법인 등에)하여 제품을 생산・공급하는 사업을 말함(조특령 6 ①).

26) 「자동차관리법규칙」 제131조의 자동차종합정비업 또는 소형자동차정비업

의 한국표준산업분류에 따른 업종에 따라 조세특례를 적용한다(조특법 2 ③).

(2) 감면세액

$$\text{면제(감면)세액} = \text{산출세액} \times \frac{\text{면제(감면)소득}}{\text{과세표준금액}} (100\% \text{ 한도}) \times \text{감면율}$$

① 감면율

본점+사업장	업 종	감면율(%)	
		소기업	중기업
수도권	① 도매・소매・의료업	10	–
	② '①' 제외 모든 감면업종	20	–
수도권 밖	④ 도매・소매・의료업	10	5
	⑤ '①' 제외 모든 감면업종('③' 포함)	30	15

② 감면한도 : 다음의 구분에 따른 금액(2018.1.1. 이후)

가. 해당 사업연도의 상시근로자 수가 직적 사업연도의 상시근로자 수보다 감소한 경우 : 1억원에서 감소한 상시근로자 1명당 500만원을 뺀 금액(해당금액이 음수인 경우 영으로 한다)

나. 그 밖의 경우 : 1억원

※ 상시근로자의 범위 및 상시근로자 수의 계산에 관하여는 「조세특례제한법 시행령」 제23조(고용창출투자세액공제) 제10항부터 제13항까지의 규정을 준용한다(조특법 7 ⑤, 조특령 6 ⑦).

③ **본점+사업장 기준** : 법인 본점이 수도권(수도권정비계획법 2 1호) 안에 소재하는 경우 모든 사업장이 수도권 안에 소재하는 것으로 보아 위 감면율을 적용(조특법 7 ① 본문 단서). 따라서 본점 및 사업장 모두가 수도권 외에 있어야만 수도권 외 지역 감면율을 적용하고, 본점이 수도권 외이고 사업장은 수도권 안일 경우 해당 사업장은 수도권 안의 감면율을 적용하는 것이다.

④ 수도권이라 함은 「수도권정비계획법」 제2조 제1호 규정에 의한 '서울・인천・경기도'를 말한다.

(3) 소기업

2016.1.1. 이후 개시하는 사업연도 분부터 중소기업 중 매출액이 업종별로 「중소기업기본법 시행령」[별표 3]을 준용하여 산정한 규모 기준 이내인 기업을 말한다. 이 경우 "평균매출액 등"은 "매출액"으로 본다(조특령 6 ⑤).

「중소기업기본법 시행령」[별표 3]

주된 업종별 평균매출액 등의 소기업 규모 기준(제8조 ① 관련)

해당 기업의 주된 업종	분류기호	규모 기준
1. 식료품 제조업	C10	평균매출액 등 120억원 이하
2. 음료 제조업	C11	
3. 의복, 의복액세서리 및 모피제품 제조업	C14	
4. 가죽, 가방 및 신발 제조업	C15	
5. 코크스, 연탄 및 석유정제품 제조업	C19	
6. 화학물질 및 화학제품 제조업(의약품 제조업은 제외한다)	C20	
7. 의료용 물질 및 의약품 제조업	C21	
8. 비금속 광물제품 제조업	C23	
9. 1차 금속 제조업	C24	
10. 금속가공제품 제조업(기계 및 가구 제조업은 제외한다)	C25	
11. 전자부품, 컴퓨터, 영상, 음향 및 통신장비 제조업	C26	
12. 전기장비 제조업	C28	
13. 그 밖의 기계 및 장비 제조업	C29	
14. 자동차 및 트레일러 제조업	C30	
15. 가구 제조업	C32	
16. 전기, 가스, 증기 및 공기조절 공급업	D	
17. 수도업	E36	
18. 농업, 임업 및 어업	A	평균매출액 등 80억원 이하
19. 광업	B	
20. 담배 제조업	C12	
21. 섬유제품 제조업(의복 제조업은 제외한다)	C13	
22. 목재 및 나무제품 제조업(가구 제조업은 제외한다)	C16	
23. 펄프, 종이 및 종이제품 제조업	C17	
24. 인쇄 및 기록매체 복제업	C18	
25. 고무제품, 및 플라스틱제품 제조업	C22	

해당 기업의 주된 업종	분류기호	규모 기준
26. 의료, 정밀, 광학기기 및 시계 제조업	C27	
27. 그 밖의 운송장비 제조업	C31	
28. 그 밖의 제품 제조업	C33	
29. 건설업	F	
30. 운수 및 창고업	H	
31. 금융 및 보험업	K	
32. 도매 및 소매업	G	평균매출액 등 50억원 이하
33. 정보통신업	J	
34. 수도, 하수·폐기물 처리, 원료재생업(수도업은 제외한다)	E E36은 제외	평균매출액 등 30억원 이하
35. 부동산업	L	
36. 전문·과학 및 기술 서비스업	M	
37. 사업시설관리, 사업지원 및 임대 서비스업	N	
38. 예술, 스포츠 및 여가 관련 서비스업	R	
39. 산업용 기계 및 장비 수리업	C34	평균매출액 등 10억원 이하
40. 숙박 및 음식점업	I	
41. 교육 서비스업	P	
42. 보건업 및 사회복지 서비스업	Q	
43. 수리(修理) 및 기타 개인 서비스업	S	

※ 위 표 제27호에도 불구하고 철도 차량 부품 및 관련 장치물 제조업(C31202) 중 철도 차량용 의자 제조업, 항공기용 부품 제조업(C31322) 중 항공기용 의자 제조업의 규모 기준은 평균매출액등 120억원 이하로 한다.

㈜ 최저한세 적용대상이며, 농어촌특별세는 비과세 됨
고용증대세제, 사회보험료 세액공제와 중복적용 가능(2018.1.1. 이후부터).

중/점/사/항/ 구분경리

1. 구분경리

구분경리란 감면사업과 기타의 사업별로 익금과 손금을 법인의 장부상 각각 독립된 계정과목에 의하여 구분기장하는 것을 말한다(법칙 75 ①).

이때 '구분경리를 한다'는 것은 회사 내부에 별도의 장부를 따로 구비하라는 의미가 아니라 기업회계에 따라 작성된 하나의 장부에 기장을 하되, 동 장부에 근거하여 '소득구분계산서'[별지 제48호 서식]에 의하여 감면사업과 기타사업의 소득 및 과세표준을 산정할 수 있는 회계시스템을 구비하라는 의미이다.

2. 겸영법인의 익금과 손금 구분계산법

법인세가 감면되는 사업과 기타의 사업을 겸영하는 법인의 익금과 손금의 구분계산은 법에서 특별히 규정한 것을 제외하고는 다음과 같이 계산한다(법기통 113－156…6).

(1) 개별익금

① 매출액 또는 수입금액은 소득구분 계산의 원천으로서 이는 개별익금으로 구분한다.

② 감면사업 또는 기타사업에 직접 관련하여 발생하는 부수수익은 개별익금으로 구분하며, 예시하면 다음과 같다.

- 부산물 · 작업폐물의 매출액
- 매입할인
- 채무면제익
- 원가차익
- 상각채권추심익
- 지출된 손금 중 환입된 금액
- 준비금 및 충당금의 환입액

③ 영업외수익 중 과세사업의 개별익금으로 구분하는 것을 예시하면 다음 차입금에 대한 지급이자는 그 이자의 발생장소에 따라 구분하거나 그 이자 전액을 공통손금으로 구분할 수 없으며, 차입한 자금의 실제 사용용도를 기준으로 사실판단하여 감면사업과 과세사업의 개별 또는 공통손금으로 구분한다.

그러나 지급이자를 손금불산입한 경우에는 감면사업과 과세사업으로 구분경리한 당초의 기준에 따라 구분계산한다(법인 46012－1972, 1996.7.10.).

(2) 외환차손익

① 감면사업 또는 과세사업에 직접 관련되는 외환차손익은 해당 사업의 개별손익으로 구분한다.

② 외상매출채권의 회수와 관련된 외환차손익(공사수입의 본사 송금거래로 인한 외환차손익 포함)은 외국환은행에 해당 외화를 매각할 수 있는 시점까지는 해당 외상매출채권이 발생된 사업의 개별손익으로 하고, 그 이후에 발생되는 외환차손익은 과세사업의 개별손익으로 구분한다.

③ 외상매출채권을 제외한 기타 외화채권과 관련하여 발생하는 외환차손익은 과세사업의 개별손익으로 구분한다.

④ 외상매입채무의 변제와 관련된 외환차손익은 해당 외상매입채무와 관련된 사업의 개별손익으로 구분한다.

⑤ 외상매입채무를 제외한 기타 외화채무와 관련하여 발생하는 외환차손익(환산손익도 포함)은 외화채무의 용도에 따라 감면사업 또는 과세사업의 개별손익으로 구분하고, 용도가 불분명한 경우에는 공통손익으로 구분한다.

⑥ 외환증서, 외화표시예금, 외화표시유가증권 등과 관련하여 발생하는 외환차손익은 과세사업의 개별손익으로 구분한다.

⑦ 감면사업의 손익수정에 따라 외환차손익은 감면사업의 개별손익으로 구분한다.

(3) 이월결손금 · 비과세소득 및 소득공제액의 공제

해당 법인이 손금 · 비과세소득 및 소득공제액이 있는 경우에는 감면소득의 계산시 이를 다음과 같이 공제하여 계산한다.

1) 이월결손금 · 비과세소득 및 소득공제액이 면제사업에서 발생한 경우에는 그 전액
2) 이월결손금 · 비과세소득 및 소득공제액이 면제사업에서 발생하였는지 여부가 불분명한 경우에는 소득금액에 비례하여 안분계산한 금액

① 공제액 등이 전액 감면사업에서 발생한 경우

$$\text{법인세산출세액} \times \frac{\text{감면소득} - \text{공제액 등}}{\text{과세표준}} \times \text{감면율}$$

② 공제액 등이 감면사업에서 발생하였는지 여부가 불분명한 경우

$$\text{법인세산출세액} \times \frac{\text{감면소득} - \text{공제액 등} \times \dfrac{\text{감면소득}}{\text{소득금액}}}{\text{과세표준}} \times \text{감면율}$$

3. 과세표준

감면세액 계산시 과세표준은 법인세법 제13조의 규정에 의하여 계산한 과세표준을 말한다.

4. 항목별 소득구분계산서 구분

소득구분계산서				
①과목	②구분	감면분	기타분	비고
(1) 매출액		① 감면사업의 매출액 ② 부산물 · 작업폐물의 매출액	① 과세사업의 매출액 ② 부산물 · 작업폐물의 매출액	
(2) 매출원가		감면사업의 매출원가	과세사업의 매출원가	
(4) 판매비와 관리비	개별분	① 감면사업 고정자산에 대한 제 비용 ② 준비금 · 충당금전입액 ③ 기타 귀속이 분명한 제비용	① 과세사업 고정자산에 대한 제 비용 ② 준비금 · 충당금전입액 ③ 기타 귀속이 분명한 제비용	
	공통분	기타 개별손금으로 구분하는 것이 불합리한 판매비와 관리비		
(6) 영업외수익	개별분	① 원가차익 ② 상각채권추심이익	① 배당금수익, 이자수익, 유가증권처분이익 ② 수입임대료, 가지급금 인정이자 ③ 유형자산처분익, 원가차익, 상각채권추심이익	

소득구분계산서				
①과목	②구분	감면분	기타분	비고
		③ 지출된 손금 중 환입된 금액 ④ 준비금 및 충당금의 환입액 ⑤ 외환차손익	④ 지출된 손금 중 환입된 금액 ⑤ 준비금 및 충당금의 환입액 ⑥ 외환차손익	
	공통분	① 귀속이 불분명한 부산물 · 작업폐물의 매출액 ② 귀속이 불분명한 원가차익과 채무면제익 ③ 공통손금의 환입액 ④ 기타 개별익금으로 구분하는 것이 불합리한 영업외수익		
(7) 영업외비용	개별분	① 이자비용 ② 외환차손익	① 유가증권처분손실 ② 유형자산처분손실 ③ 이자비용 ④ 외환차손익	
	공통분	① 사채발행비상각 ② 사채할인발행차금상각 ③ 이자비용 ④ 기부금 ⑤ 사업손실준비금 ⑥ 기타 개별손금으로 구분하는 것이 불합리한 영업외비용		

사례 12 ㈜수진의 중소기업특별세액감면의 계산(수도권 안의 소기업)

Ⅰ. 자료

구 분	제조부문	판매부문	공통	계
Ⅰ. 매출액	325,000,000	175,000,000	–	500,000,000
Ⅱ. 매출원가	209,000,000	141,000,000	–	350,000,000
Ⅲ. 매출총이익	116,000,000	34,000,000	–	150,000,000
Ⅳ. 판매비와관리비	15,000,000	10,000,000	25,000,000	50,000,000
Ⅴ. 영업이익	–	–	–	100,000,000
Ⅵ. 영업외수익	(17,000,000)	(1,000,000)	(5,000,000)	(23,000,000)
1. 이자수익	10,000,000	–	–	10,000,000
2. 배당금수익	–	–	2,500,000	2,500,000
3. 임대료수입	1,500,000	1,000,000	–	2,500,000
4. 유가증권처분이익	–	–	2,500,000	2,500,000
5. 유형자산처분이익	2,500,000	–	–	2,500,000
6. 부산물판매이익	3,000,000	–	–	3,000,000
Ⅶ. 영업외비용	(20,000,000)	–	(20,000,000)	(40,000,000)
1. 이자비용	10,000,000	–	20,000,000	30,000,000
2. 유형자산처분손실	10,000,000	–	–	10,000,000

구 분	제조부문	판매부문	공통	계
Ⅷ. 법인세비용차감전순이익	–	–	–	83,000,000
Ⅸ. 법인세비용	–	–	–	10,790,000
Ⅹ. 당기순이익	–	–	–	72,210,000

1. 사업연도 : 2024.1.1.～12.31.
2. 세무조정사항
   ① 재고자산(상품)평가증 4,000,000
   ② 가지급금인정이자 5,500,000
   ③ 미수이자의 이익계상 5,000,000
   ④ 법인세비용 10,790,000
3. 세무상 공제가능한 이월결손금 5,000,000

Ⅱ. 감면세액의 계산

주) 감면대상사업의 소득에는 이자수익 · 유가증권처분이익 등이 제외됨(조특통칙 6－0…2).

1. 개별익금의 계산

개별익금항목	제 조	판 매	기 타	계
매출액	328백만원[주1)]	175백만원		503백만
이자수익	–		10.5원 주2)	20.5원
배당금수익	–		2.5원	
임대료수입	–		2.5원	
유가증권처분이익	–		2.5원	
유형자산처분이익	–		2.5원	
계	328백만원	175백만원	20.5백만원	523.5백만원

주1) 부산물판매이익 포함

주2) ① 【개별손익 · 공통손익 등의 계산 : 통칙 113－156…6】 및 【감면대상소득의 범위 : 조특통칙 6－0…2】 참조

② 세무조정사항 포함 : 이자수익＋인정이자－미수이자

2. 개별손금의 계산

개별손금항목	제 조	판 매	기 타	계
매출원가	209백만원	145백만원[주1)]		354백만원
판매비와관리비	15백만원	10백만원		25백만원
이자비용	10백만원	–		10백만원
유형자산처분손실	–		10백만원[주2)]	10백만원
계	234백만원	155백만원	10백만원	399백만원

주1) 재고자산평가증 반영

주2) 유형자산처분손실은 기타사업의 개별손금으로 분류(통칙 113－156…6 3호 나목)

3. 공통손금의 안분 : 구분경리대상사업의 업종(제조업과 판매업)이 상이하므로 개별손금에 비례함

   ① 제조업의 이자비용 : $20{,}000{,}000 \times \frac{234}{399} = 11{,}729{,}323$

   ② 제조업의 판관비 : $25{,}000{,}000 \times \frac{234}{399} = 14{,}661{,}654$

   ③ 판매업의 이자비용 : $20{,}000{,}000 \times \frac{155}{399} = 7{,}769{,}423$

   ④ 판매업의 판관비 : $25{,}000{,}000 \times \frac{155}{399} = 9{,}711{,}779$

4. 공통익금 : 없음(있는 경우 수입금액에 비례하여 안분)
5. 사업별 각 사업연도 소득의 계산

① 제조업 : 328백만원 – 234백만원 – 11,729,323 – 14,661,654 =	67,609,023
② 판매업 : 175백만원 – 155백만원 – 7,769,423 – 9,711,779 =	2,518,798
③ 기타사업 : 20.5백만원 – 10백만원 – 501,254 – 626,567 =	19,372,179
	79,500,000

6. 감면세액의 계산

   ① 법인세산출세액

   (79,500,000 – 이월결손금 5,000,000) × 9% = 6,705,000

   ② 제조업의 감면세액 : $6{,}705{,}000 \times \left(\frac{67{,}609{,}023 - 4{,}252{,}139^{*}}{74{,}500{,}000}\right) \times 20\% = 1{,}140{,}423$

   * 공제액 등 : $5{,}000{,}000 \times \frac{67{,}609{,}023}{79{,}500{,}000} = 4{,}252{,}139$

   ③ 판매업의 감면세액 : $6{,}705{,}000 \times \left(\frac{2{,}518{,}798 - 158{,}415^{*}}{74{,}500{,}000}\right) \times 10\% = 21{,}243$

   * 공제액 등 : $5{,}000{,}000 \times \frac{2{,}518{,}798}{79{,}500{,}000} = 158{,}415$

7. 상기 사례에서 이월결손금이 없고 당기에 판매업에서 결손금이 발생되는 경우의 감면세액계산은 다음과 같다.

   (1) 사업별 각 사업연도 소득의 계산

① 제조업	67,609,023
② 판매업	△6,981,202
③ 기타사업	19,372,179
	80,000,000

   (2) 산출세액

   80,000,000×9% = 7,200,000

   (3) 제조업의 감면세액

   ① 결손금을 감면대상사업에서만 공제하는 경우

   $$7{,}200{,}000 \times \frac{(67{,}609{,}023 - 6{,}981{,}202)^{*}}{80{,}000{,}000} \times 20\% = 1{,}091{,}300$$

* 감면대상업종에서 결손금이 발생한 경우에는 감면제외업종에서는 결손금을 차감하지 않고 감면대상업종에서만 차감하여 감면대상소득을 계산하여야 한다(법인세과-3033, 2008.10.23.).

② 결손금을 소득금액이 발생한 사업에서 공제하는 경우

가. 제조업의 감면소득금액

$$67,609,023 - 6,981,202 \times \frac{67,609,023}{67,609,023 + 19,372,179} = 62,182,653$$

• 감면대상사업소득금액계산시 구분경리한 사업 중 결손금이 발생한 경우에는 해당 결손금의 합계액에서 소득금액이 발생한 사업의 소득금액에 비례하여 안분계산한 금액을 공제한 금액으로 한다(조특법 143 ③, 2010.1.1. 개정).

나. 제조업의 감면세액

$$7,200,000 \times \frac{62,182,653}{80,000,000} \times 20\% = 1,119,287$$

③ 저자의 의견

저자의 판단으로는 상기 '②'의 내용이 옳은 것으로 판단된다.

(4) 결정세액(상기 '(3)'의 '②' 적용시)

7,200,000 − 1,119,287 = 6,080,713

* 최저한세 검토 : 80,000,000×7% = 5,600,000

[별지 제48호 서식] (2021.10.28. 개정) (앞 쪽)

사업연도	2024. 1. 1. ~ 2024.12.31.	소 득 구 분 계 산 서	법인명	㈜수진
			사업자등록번호	

①과 목	② 구분	코드	③ 합계	감면분 또는 합병승계사업 해당분 등						기 타 분		비 고
				④ 금액	⑤ 비율	④ 금액	⑤ 비율	④ 금액	⑤ 비율	⑥ 금액	⑦ 비율	
(1)매 출 액		01	503,000,000	328,000,000	65.2%	175,000,000	34.8%					
(2)매 출 원 가		02	354,000,000	209,000,000	59.0%	145,000,000	41.0%					
(3)매출총손익 {(1)−(2)}		03	149,000,000	119,000,000	79.9%	30,000,000	20.1%					
(4)판 매 비 와 관 리 비	개별분	04	25,000,000	15,000,000	60%	10,000,000	40%					
	공통분	05	25,000,000	14,661,654	58.6%	9,711,779	38.8%			626,567	2.6%	개별손금
	계	06	50,000,000	29,661,654	59.3%	19,711,779	39.4%			626,567	1.3%	
(5)영 업 손 익 {(3)−(4)}		07	99,000,000	89,338,346	90.2%	10,288,221	10.4%			△626,567	△0.6%	
(6)영 업 외 수 익	개별분	08	20,500,000							20,500,000	100%	
	공통분	09										
	계	10	20,500,000							20,500,000	100%	
(7)영 업 외 비 용	개별분	11	20,000,000	10,000,000	50%					10,000,000	50%	
	공통분	12	20,000,000	11,729,323	58.6%	7,769,423	38.8%			501,254	2.6%	개별손금
	계	13	40,000,000	21,729,323	54.3%	7,769,423	19.4%			10,501,254	26.3%	
(8)각사업연도소득 또는설정전소득 {(5)+(6)−(7)}		21	79,500,000	67,609,023	85.0%	2,518,798	3.2%			9,372,179	11.8%	
(9)이 월 결 손 금		22	5,000,000	4,252,139	85.0%	158,415	3.2%			589,446	11.8%	
(10)비 과 세 소 득		23										
(11)소 득 공 제 액		24										
(12)과 세 표 준 {(8)−(9)−(10)−(11)}		25	74,500,000	63,356,884	85.0%	2,360,383	3.2%			8,782,733	11.8%	

210㎜×297㎜(신문용지 54g/㎡(재활용품))

■ 법인세법 시행규칙 [별지 제8호 서식(갑)] (2024.3.22. 개정) (4쪽 중 제1쪽)

사업연도	2024.1.1. ~ 2024.12.31.	공제감면세액 및 추가납부세액합계표(갑)	법 인 명	㈜수진
			사업자등록번호	

1. 최저한세 적용제외 공제감면세액

	① 구 분	② 근 거 법 조 항	코드	③ 대상세액	④ 감면(공제)세액
세액감면	⑩1 창업중소기업에 대한 세액감면(최저한세 적용제외)	「조세특례제한법」 제6조 제7항 외	11O		
	⑩2 해외자원개발투자배당 감면	「조세특례제한법」 제22조	103		
	⑩3 수도권과밀억제권역 외 지역이전 중소기업 세액감면 (수도권 밖으로 이전)	「조세특례제한법」 제63조	169		
	⑩4 공장의 수도권 밖 지역이전 세액감면	「조세특례제한법」 제63조의2 제2항 제1호	108		
	⑩5 본사의 수도권 밖 지역이전 세액감면	「조세특례제한법」 제63조의2 제2항 제2호	109		
	⑩6 영농조합법인 감면	「조세특례제한법」 제66조	104		
	⑩7 영어조합법인 감면	「조세특례제한법」 제67조	107		
	⑩8 농업회사법인 감면(농업소득)	「조세특례제한법」 제68조	11B		
	⑩9 행정중심복합도시 등 공장이전에 대한 조세감면	「조세특례제한법」 제85조의2 제3항	11A		
	⑪0 위기지역 내 창업기업 세액감면(최저한세 적용제외)	「조세특례제한법」 제99조의9	11N		
	⑪1 해외진출기업의 국내복귀에 대한 세액감면(철수방식)	「조세특례제한법」 제104조의24 제1항 제1호	11F		
	⑪2 해외진출기업의 국내복귀에 대한 세액감면(유지방식)	「조세특례제한법」 제104조의24 제1항 제2호	11H		
	⑪3 고도기술수반사업 외국인투자 세액감면	「조세특례제한법」 제121조의2 제1항 제1호	186		
	⑪4 외국인투자지역내 외국인투자 세액감면	「조세특례제한법」 제121조의2 제1항 제2호 또는 제2호의5	187		
	⑪5 경제자유구역내 외국인투자 세액감면	「조세특례제한법」 제121조의2 제1항 제2호의2	188		
	⑪6 경제자유구역 개발사업시행자 세액감면	「조세특례제한법」 제121조의2 제1항 제2호의3	157		
	⑪7 제주투자진흥기구의 개발사업시행자 세액감면	「조세특례제한법」 제121조의2 제1항 제2호의4	158		
	⑪8 기업도시 개발구역내 외국인투자 세액감면	「조세특례제한법」 제121조의2 제1항 제2호의6	159		
	⑪9 기업도시 개발사업의 시행자 세액감면	「조세특례제한법」 제121조의2 제1항 제2호의7	160		
	⑫0 새만금사업지역내 외국인투자 세액감면	「조세특례제한법」 제121조의2 제1항 제2호의8	11J		
	⑫1 새만금사업 시행자 세액감면	「조세특례제한법」 제121조의2 제1항 제2호의9	11K		
	⑫2 기타 외국인투자유치를 위한 조세감면	「조세특례제한법」 제121조의2 제1항 제3호	167		
	⑫3 외국인투자기업의 증자의 조세감면	「조세특례제한법」 제121조의4	172		
	⑫4 기술도입대가에 대한 조세면제(국내지점 등)	법률 제9921호 조세특례제한법 일부개정법률 부칙 제77조	173		
	⑫5 제주첨단과학기술단지 입주기업 조세감면(최저한세 적용제외)	「조세특례제한법」 제121조의8	181		
	⑫6 제주투자진흥지구등 입주기업 조세감면(최저한세 적용제외)	「조세특례제한법」 제121조의9	182		
	⑫7 기업도시개발구역 등 입주기업 감면(최저한세 적용제외)	「조세특례제한법」 제121조의17 제1항 제1·3·5호	197		
	⑫8 기업도시개발사업 등 시행자 감면	「조세특례제한법」 제121조의17 제1항 제2·4·6호	198		
	⑫9 아시아문화중심도시 투자진흥지구 입주기업 감면(최저한세 적용제외)	「조세특례제한법」 제121조의20 제1항	11C		
	⑬0 금융중심지 창업기업에 대한 감면(최저한세 적용제외)	「조세특례제한법」 제121조의21 제1항	11G		
	⑬1 동업기업 세액감면 배분액(최저한세 적용제외)	「조세특례제한법」 제100조의18 제4항	11D		
	⑬2 사회적기업에 대한 감면	「조세특례제한법」 제85조의6	11L		
	⑬3 장애인 표준사업장에 대한 감면	「조세특례제한법」 제85조의6	11M		
	⑬4 첨단의료복합단지 입주기업에 대한 감면(최저한세 적용제외)	「조세특례제한법」 제121조의22 제1항1호	17A		
	⑬5 국가식품클러스터 입주기업에 대한 감면(최저한세 적용제외)	「조세특례제한법」 제121조의22 제1항2호	17B		
	⑬6 연구개발특구 입주기업에 대한 감면(최저한세 적용제외)	「조세특례제한법」 제12조의2	17C		
	⑬7 감염병 피해에 따른 특별재난지역의 중소기업에 대한 감면	「조세특례제한법」 제99조의11	17D		
	⑬8 기회발전특구 창업기업 등에 대한 법인세 등의 감면(최저한세 적용제외)	「조세특례제한법」 제121조의33	1D1		
	⑬9 소 계		170		
세액공제	⑭0 외국납부세액공제	「법인세법」 제57조	101		
	⑭1 재해손실세액공제	「법인세법」 제58조	102		
	⑭2 신성장·원천기술 연구개발비세액공제(최저한세 적용제외)	「조세특례제한법」 제10조 제1항 제1호	16A		
	⑭3 국가전략기술 연구개발비세액공제(최저한세 적용제외)	「조세특례제한법」 제10조 제1항 제2호	10D		
	⑭4 일반 연구·인력개발비세액공제(최저한세 적용제외)	「조세특례제한법」 제10조 제1항 제3호	16B		
	⑭5 동업기업 세액공제 배분액(최저한세 적용제외)	「조세특례제한법」 제100조의18 제4항	12D		
	⑭6 성실신고 확인비용에 대한 세액공제	「조세특례제한법」 제126조의6	10A		
	⑭7 상가임대료를 인하한 임대사업자에 대한 세액공제	「조세특례제한법」 제96조의3	10B		
	⑭8 용역제공자에 관한 과세자료의 제출에 대한 세액공제	「조세특례제한법」 제104조의32	10C		
	⑭9 소 계		180		
⑮0 합 계(⑬9 + ⑭9)			110		

210mm×297mm[백상지 80g/㎡ 또는 중질지 80g/㎡]

2. 최저한세 적용대상 공제감면세액 (4쪽 중 제2쪽)

① 구 분		② 근 거 법 조 항	코드	③ 대상세액	④ 감면세액
세액감면	⑮1 창업중소기업에 대한 세액감면(최저한세 적용대상)	「조세특례제한법」 제6조 제1~6항	111		
	⑮2 창업벤처중소기업 세액감면	「조세특례제한법」 제6조 제2항	174		
	⑮3 에너지신기술 중소기업 세액감면	「조세특례제한법」 제6조 제4항	13E		
	⑮4 중소기업에 대한 특별세액감면	「조세특례제한법」 제7조	112	6,705,000	1,161,666
	⑮5 연구개발특구 입주기업에 대한 세액감면 (최저한세 적용대상)	「조세특례제한법」 제12조의2	179		
	⑮6 국제금융거래이자소득 면제	「조세특례제한법」 제21조	123		
	⑮7 사업전환 중소기업에 대한 세액감면	「조세특례제한법」 제33조의2	192		
	⑮8 무역조정지원기업의 사업전환 세액감면	「조세특례제한법」 제33조의2	13A		
	⑮9 기업구조조정 전문회사 주식양도차익 세액감면	법률 제9272호 조세특례제한법 일부개정법률 부칙 제10조 · 제40조	13B		
	⑯0 혁신도시 이전 등 공공기관 세액감면	「조세특례제한법」 제62조 제4항	13F		
	⑯1 수도권과밀억제권역 외 지역이전 중소기업 세액감면 (수도권 안으로 이전)	「조세특례제한법」 제63조	116		
	⑯2 농공단지입주기업 등 감면	「조세특례제한법」 제64조	117		
	⑯3 농업회사법인 감면(농업소득 외의 소득)	「조세특례제한법」 제68조	119		
	⑯4 소형주택 임대사업자에 대한 세액감면	「조세특례제한법」 제96조	13I		
	⑯5 상가건물 장기임대사업자에 대한 세액감면	「조세특례제한법」 제96조의2	13N		
	⑯6 산림개발소득 감면	「조세특례제한법」 제102조	124		
	⑯7 동업기업 세액감면 배분액(최저한세 적용대상)	「조세특례제한법」 제100조의18 제4항	13D		
	⑯8 첨단의료복합단지 입주기업에 대한 감면 (최저한세 적용대상)	「조세특례제한법」 제121조의22	13H		
	⑯9 기술이전에 대한 세액감면	「조세특례제한법」 제12조 제1항	13J		
	⑰0 기술대여에 대한 세액감면	「조세특례제한법」 제12조 제3항	13K		
	⑰1 제주첨단과학기술단지 입주기업 감면 (최저한세 적용대상)	「조세특례제한법」 제121조의8	13P		
	⑰2 제주투자진흥지구등 입주기업 감면 (최저한세 적용대상)	「조세특례제한법」 제121조의9	13Q		
	⑰3 기업도시개발구역 등 입주기업 감면 (최저한세 적용대상)	「조세특례제한법」 제121조의2 제1항 제1·3·5호	13R		
	⑰4 위기지역 내 창업기업 세액감면 (최저한세 적용대상)	「조세특례제한법」 제99조의9	13S		
	⑰5 아시아문화중심도시 투자진흥지구 입주기업 감면 (최저한세 적용대상)	「조세특례제한법」 제121조의20 제1항	13T		
	⑰6 금융중심지 창업기업에 대한 감면 (최저한세 적용대상)	「조세특례제한법」 제121조의21 제1항	13U		
	⑰7 국가식품클러스터 입주기업에 대한 감면 (최저한세 적용대상)	「조세특례제한법」 제121조의22 제2항	13V		
	⑰8 기회발전특구 창업기업 등에 대한 법인세 등의 감면(최저한세 적용대상)	「조세특례제한법」 제121조의33	1C1		
	⑰9 소 계		130	6,705,000	1,161,666

210mm×297mm[백상지 80g/㎡ 또는 중질지 80g/㎡]

(4쪽 중 제3쪽)

	① 구 분	② 근 거 법 조 항	코드	⑤전기 이월액	⑥당기 발생액	⑦ 공제 세액
세액공제	⑱0 중소기업 등 투자세액공제	구 「조세특례제한법」 제5조	131			
	⑱1 상생결제 지급금액에 대한 세액공제	「조세특례제한법」 제7조의4	14Z			
	⑱2 대·중소기업 상생협력을 위한 기금출연 세액공제	「조세특례제한법」 제8조의3 제1항	14M			
	⑱3 협력중소기업에 대한 유형고정자산 무상임대 세액공제	「조세특례제한법」 제8조의3 제2항	18D			
	⑱4 수탁기업에 설치하는 시설에 대한 세액공제	「조세특례제한법」 제8조의3 제3항	18L			
	⑱5 교육기관에 무상 기증하는 중고자산에 대한 세액공제	「조세특례제한법」 제8조의3 제4항	18R			
	⑱6 신성장·원천기술 연구개발비세액공제(최저한세 적용대상)	「조세특례제한법」 제10조 제1항 제1호	13L			
	⑱7 국가전략기술 연구개발비세액공제(최저한세 적용대상)	「조세특례제한법」 제10조 제1항 제2호	10E			
	⑱8 일반 연구·인력개발비세액공제(최저한세 적용대상)	「조세특례제한법」 제10조 제1항 제3호	13M			
	⑱9 기술취득에 대한 세액공제	「조세특례제한법」 제12조 제2항	176			
	⑲0 기술혁신형 합병에 대한 세액공제	「조세특례제한법」 제12조의3	14T			
	⑲1 기술혁신형 주식취득에 대한 세액공제	「조세특례제한법」 제12조의4	14U			
	⑲2 벤처기업등 출자에 대한 세액공제	「조세특례제한법」 제13조의2	18E			
	⑲3 성과공유 중소기업 경영성과급 세액공제	「조세특례제한법」 제19조	18H			
	⑲4 연구·인력개발설비투자 세액공제	구 「조세특례제한법」 제25조 제1항 제1호	134			
	⑲5 에너지절약시설투자 세액공제	구 「조세특례제한법」 제25조 제1항 제2호	177			
	⑲6 환경보전시설 투자 세액공제	구 「조세특례제한법」 제25조 제1항 제3호	14A			
	⑲7 근로자복지증진시설투자 세액공제	구 「조세특례제한법」 제25조 제1항 제4호	142			
	⑲8 안전시설투자 세액공제	구 「조세특례제한법」 제25조 제1항 제5호	136			
	⑲9 생산성향상시설투자세액공제	구 「조세특례제한법」 제25조 제1항 제6호	135			
	⑳0 의약품 품질관리시설투자 세액공제	구 「조세특례제한법」 제25조의4	14B			
	⑳1 신성장기술 사업화를 위한 시설투자 세액공제	구 「조세특례제한법」 제25조의5	18B			
	⑳2 영상콘텐츠 제작비용에 대한 세액공제(기본공제)	「조세특례제한법」 제25조의6	18C			
	⑳3 영상콘텐츠 제작비용에 대한 세액공제(추가공제)	「조세특례제한법」 제25조의6	1B8			
	⑳4 초연결 네트워크 시설투자에 대한 세액공제	구 「조세특례제한법」 제25조의7	18I			
	⑳5 고용창출투자세액공제	「조세특례제한법」 제26조	14N			
	⑳6 산업수요맞춤형고등학교등 졸업자를 병역이행 후 복직시킨 중소기업에 대한 세액공제	「조세특례제한법」 제29조의2	14S			
	⑳7 경력단절 여성 고용 기업 등에 대한 세액공제	「조세특례제한법」 제29조의3 제1항	14X			
	⑳8 육아휴직 후 고용유지 기업에 대한 인건비 세액공제	「조세특례제한법」 제29조의3 제2항	18I			
	⑳9 근로소득을 증대시킨 기업에 대한 세액공제	「조세특례제한법」 제29조의4	14Y			
	㉑0 청년고용을 증대시킨 기업에 대한 세액공제	「조세특례제한법」 제29조의5	18A			
	㉑1 고용을 증대시킨 기업에 대한 세액공제	「조세특례제한법」 제29조의7	18F			
	㉑2 통합고용세액공제	「조세특례제한법」 제29조의8	18S			
	㉑3 통합고용세액공제(정규직 전환)	「조세특례제한법」 제29조의8	1B4			
	㉑4 통합고용세액공제(육아휴직 복귀)	「조세특례제한법」 제29조의8	1B5			
	㉑5 정규직근로자 전환 세액공제	「조세특례제한법」 제30조의2	14H			
	㉑6 고용유지중소기업에 대한 세액공제	「조세특례제한법」 제30조의3	18K			
	㉑7 중소기업 고용증가 인원에 대한 사회보험료 세액공제	「조세특례제한법」 제30조의4 제1항	14O			
	㉑8 중소기업 사회보험 신규가입에 대한 사회보험료 세액공제	「조세특례제한법」 제30조의4 제3항	18G			
	㉑9 전자신고에 대한 세액공제(납세의무자)	「조세특례제한법」 제104조의8 제1항	184			
	㉒0 전자신고에 대한 세액공제(세무법인 등)	「조세특례제한법」 제104조의8 제3항	14I			
	㉒1 제3자 물류비용 세액공제	「조세특례제한법」 제104조의14	14E			
	㉒2 대학 맞춤형 교육비용 등 세액공제	구 「조세특례제한법」 제104조의18 제1항	14I			
	㉒3 대학등 기부설비에 대한 세액공제	구 「조세특례제한법」 제104조의18 제2항	14K			
	㉒4 기업의 경기부 설치운영비용 세액공제	「조세특례제한법」 제104조의22	14O			
	㉒5 동업기업 세액공제 배분액(최저한세 적용대상)	「조세특례제한법」 제100조의18 제4항	14L			
	㉒6 산업수요맞춤형 고등학교 등 재학생에 대한 현장훈련수당 등 세액공제	구 「조세특례제한법」 제104조의18 제4항	14R			
	㉒7 석유제품 전자상거래에 대한 세액공제	「조세특례제한법」 제104조의25	14P			
	㉒8 금 현물시장에서 거래되는 금지금에 대한 과세특례	「조세특례제한법」 제126조의7 제8항	14V			
	㉒9 금사업자와 스크랩등사업자의 수입금액의 증가 등에 대한 세액공제	「조세특례제한법」 제122조의4	14W			
	㉓0 우수 선화주 인증 국제물류주선업자 세액공제	「조세특례제한법」 제104조의30	18M			
	㉓1 소재·부품·장비 수요기업 공동출자 세액공제	「조세특례제한법」 제13조의3 제1항	18N			
	㉓2 소재·부품·장비 외국법인 인수세액 공제	「조세특례제한법」 제13조의3 제3항	18P			
	㉓3 선결제 금액에 대한 세액공제	「조세특례제한법」 제99조의12	18O			
	㉓4 해외자원개발투자에 대한 과세특례	「조세특례제한법」 제104조의15	1B6			
	㉓5 통합투자세액공제(일반)	「조세특례제한법」 제24조	13W			
	㉓6 통합투자세액공제(신성장·원천기술)	「조세특례제한법」 제24조	13X			
	㉓7 통합투자세액공제(국가전략기술)	「조세특례제한법」 제24조	13Y			
	㉓8 임시통합투자세액공제(일반)	「조세특례제한법」 제24조	1B1			
	㉓9 임시통합투자세액공제(신성장·원천기술)	「조세특례제한법」 제24조	1B2			
	㉔0 임시통합투자세액공제(국가전략기술)	「조세특례제한법」 제24조	1B3			
	㉔1 문화산업전문회사 출자에 대한 세액공제	「조세특례제한법」 제25조의7	1B7			
	㉔2 소 계		149			
㉔3 합 계(⑰9 + ㉔2)			150		6,905,000	1,161,666
㉔4 공제감면세액 총계(⑮0 + ㉔3)			151			1,161,666

210mm×297mm[백상지 80g/㎡ 또는 중질지 80g/㎡]

(4쪽 중 4쪽)

① 구 분	② 근 거 법 조 항	코드	⑤	⑥	⑦
㉔5 기술도입대가에 대한 조세면제	법률 제9921호 조세특례제한법 일부개정법률 부칙 제77조	183			
㉔6 간주·간접 외국납부세액공제	「법인세법」 제57조 제3항·제4항·제6항	189			

■ 조세특례제한법 시행규칙 [별지 제2호 서식] (2024.3.22. 개정)

세액감면(면제)신청서

※ 제3쪽의 작성방법을 읽고 작성해 주시기 바랍니다. (4쪽 중 제1쪽)

접수번호	접수일	처리기간 즉시

❶ 신청인	① 상호 또는 법인명 (주)수진	② 사업자등록번호
	③ 대표자 성명	④ 생년월일
	⑤ 주소 또는 본점 소재지 (전화번호:)	
❷ 과세연도	2024 1월 1일부터 2024 12월 31일까지	

❸ 신청 내용

구 분	근거법령	코드	⑥ 감면율	⑦ 대상세액	⑧ 감면세액	⑨ 한도충족 감면세액
⑩ 창업중소기업에 대한 감면(최저한세 적용제외)	영 제5조 제26항	11O				
⑩ 창업중소기업에 대한 감면(최저한세 적용대상)	영 제5조 제26항	111				
⑩ 창업벤처중소기업에 대한 감면	영 제5조 제26항	174				
⑩ 에너지신기술중소기업에 대한 감면	영 제5조 제26항	13E				
⑩ 중소기업에 대한 특별세액감면	영 제6조 제8항	112	20% (10%)	1,161,666	1,161,666	1,161,666
⑩ 기술이전에 대한 감면	영 제11조 제6항	13J				
⑩ 기술대여에 대한 감면	영 제11조 제6항	13K				
⑩ 연구개발특구 입주기업에 대한 세액감면(최저한세 적용제외)	영 제11조의2 제8항	17C				
⑩ 연구개발특구 입주기업에 대한 세액감면(최저한세 적용대상)	영 제11조의2 제8항	179				
⑪ 고용창출형창업기업에 대한 감면	영 제27조의2 제4항(2007.2.28. 대통령령 제19888호로 개정되기 전의 것)	190				
⑪ 사업전환 중소기업에 대한 감면	영 제30조의2 제7항	192				
⑪ 무역조정지원기업의 사업전환에 대한 감면	영 제30조의2 제7항	13A				
⑪ 혁신도시 등 이전 공공기관에 대한 감면	영 제58조 제11항	13F				
⑪ 공장의 지방이전에 대한 세액감면(중소기업의 수도권 안으로 이전)	영 제60조 제8항(구 영 제60조 제5항 포함)	116				
⑪ 수도권과밀억제권역 밖으로 이전하는 중소기업 세액감면(수도권 밖으로 이전)	구 영 제60조 제5항	169				
⑪ 공장의 지방이전에 대한 세액감면(수도권 밖으로 이전)	영 제60조 제8항(구 영 제60조의2 제13항 포함)	108				
⑪ 본사의 수도권 밖 이전에 대한 세액감면	영 제60조의2제16항(구 영 제60조의2 제13항 포함)	109				
⑪ 농공단지입주기업 등에 대한 감면	영 제61조 제7항	117				
⑪ 영농조합법인에 대한 면제	영 제63조 제7항	104				
⑫ 영어조합법인에 대한 면제	영 제64조 제8항	107				
⑫ 농업회사법인에 대한 감면(농업소득)	영 제65조 제5항	11B				
⑫ 농업회사법인에 대한 감면(농업소득 외의 소득)	영 제65조 제5항	119				
⑫ 사회적기업에 대한 감면	영 제79조의7	11L				

210mm×297mm[백상지 80g/㎡ 또는 중질지 80g/㎡]

(4쪽 중 제2쪽)

구 분	근거법령	코드	⑥ 감면율	⑦ 대상세액	⑧ 감면세액	⑨ 한도충족 감면세액
⑫④ 장애인표준사업장에 대한 감면	영 제79조의7	11M				
⑫⑤ 행정중심복합도시 · 혁신도시 공장이전에 대한 감면	법 제85조의2 제6항	11A				
⑫⑥ 소형주택 임대사업자에 대한 감면	영 제96조 제8항	13I				
⑫⑦ 상가건물 장기 임대사업자에 대한 감면	영 제96조의2 제5항	13N				
⑫⑧ 위기지역 내 창업기업 세액감면 (최저한세 적용제외)	영 제99의8 제6항	11N				
⑫⑨ 위기지역 내 창업기업 세액감면 (최저한세 적용대상)	영 제99의8 제6항	13S				
⑬⓪ 감염병 피해에 따른 특별재난지역의 중소기업에 대한 감면	영 제99조의10 제5항	17D				
⑬① 산림개발소득에 대한 감면	영 제102조	124				
⑬② 해외진출기업의 국내복귀에 대한 감면 (철수방식)	영 제104조의21 제12항	11F				
⑬③ 해외진출기업의 국내복귀에 대한 감면 (유지방식)	영 제104조의21 제12항	11H				
⑬④ 제주첨단과학기술단지입주기업에 대한 조세감면(최저한세 적용제외)	영 제116조의14 제5항	181				
⑬⑤ 제주첨단과학기술단지입주기업에 대한 조세감면(최저한세 적용대상)	영 제116조의14 제5항	13P				
⑬⑥ 제주투자진흥지구 · 제주자유무역지역 입주기업에 대한 감면(최저한세 적용제외)	영 제116조의15 제7항	182				
⑬⑦ 제주투자진흥지구 · 제주자유무역 지역 입주기업에 대한 감면(최저한세 적용대상)	영 제116조의15 제7항	13Q				
⑬⑧ 제주투자진흥지구 개발사업시행자에 대한 감면	영 제116조의15 제7항	158				
⑬⑨ 기업도시 · 지역개발사업구역 등 창업 · 사업장 신설기업에 대한 감면(최저한세 적용제외)	영 제116조의21 제7항	197				
⑭⓪ 기업도시 · 지역개발사업구역 등 창업 · 사업장 신설기업에 대한 감면(최저한세 적용대상)	영 제116조의21 제7항	13R				
⑭① 기업도시 · 지역개발사업구역 등 개발사업 시행자에 대한 감면	영 제116조의21 제7항	198				
⑭② 아시아문화중심도시 입주기업에 대한 감면 (최저한세 적용제외)	영 제116조의25 제6항	11C				
⑭③ 아시아문화중심도시 입주기업에 대한 감면 (최저한세 적용대상)	영 제116조의25 제6항	13T				
⑭④ 금융중심지 창업 · 사업장신설기업에 대한 감면 (최저한세 적용제외)	영 제116조의26 제9항	11G				
⑭⑤ 금융중심지 창업 · 사업장신설기업 대한 감면 (최저한세 적용대상)	영 제116조의26 제9항	13U				
⑭⑥ 첨단의료복합단지 입주 의료연구개발기관 등에 대한 감면(최저한세 적용제외)	영 제116조의27 제6항	17A				
⑭⑦ 첨단의료복합단지 입주 의료연구개발기관 등에 대한 감면(최저한세 적용대상)	영 제116조의27 제6항	13H				
⑭⑧ 국가식품클러스터 입주기업에 대한 감면 (최저한세 적용제외)	영 제116조의27 제6항	17B				
⑭⑨ 국가식품클러스터 입주기업에 대한 감면 (최저한세 적용대상)	영 제116조의27 제6항	13V				
⑮⓪ 기회발전특구의 창업기업 등에 대한 법인세 등의 감면(최저한세 적용제외)	영 제116조의36 제8항	1D1				
⑮① 기회발전특구의 창업기업 등에 대한 법인세 등의 감면(최저한세 적용대상)	영 제116조의36 제8항	1C1				
⑮② 기타		164				
⑮③ 세액감면 합계		1A4		1,161,666	1,161,666	1,161,666

210mm×297mm[백상지 80g/㎡ 또는 중질지 80g/㎡]

(4쪽 중 제3쪽)

❹ 지역특구 입주기업 감면한도 계산내용((108), (109), (118), (128), (129), (134)~(151)에 대해 적용)
- (118)은 2019.1.1 이후 개시하는 과세연도부터 적용하되, 2019.1.1. 이전 입주기업은 제외함 (A방식)
  (128), (129)는 2018.1.1 이후 지정 또는 선포된 위기지역의 지정일 또는 선포일이 속하는 과세연도의 과세표준을 2019.1.1 이후 신고하는 경우부터 적용함(A방식)
- (108), (109) (134)~(151)의 경우 2019.1.1 이후 개시하는 사업연도분부터는 A 방식에 의해 한도를 계산하되, 2019.1.1 이전에 해당 지역에 입주한 기업은 B 방식(종전규정)에 의해 한도를 계산함

⑩ 직전 과세연도까지의 감면세액 누계 * 감면받은 과세연도 / 감면세액 : (　/　), (　/　), (　/　), (　/　), (　/　)				
전체 감면한도 계산				
A	⑪ 해당 과세연도까지의 사업용고정자산 투자누계액			
	⑫ 투자기준 감면한도 (⑪ × 50%)			
	⑬ 고용기준 감면한도 [해당 과세연도의 감면대상사업장의 상시근로자 수 × 1,500만원(청년 상시근로자와 서비스업을 하는 감면대상사업자의 상시근로자의 경우에는 2,000만원)]			
	⑭ 해당 과세연도까지의 총감면한도 (⑫ + ⑬)			
B	일반기업		서비스업	
	⑮ 해당 과세연도까지의 사업용고정자산 투자누계액		⑲ 일반감면한도 (=⑱)	
	⑯ 투자기준 감면한도 (⑪ × 50%)		⑳ 고용기준 감면한도 (Min [ⓐ, ⓑ]) ⓐ 상시근로자 수 × 2,000만원 ⓑ 투자누계액(⑮ × 100%)	
	⑰ 고용기준 감면한도 (Min [ⓐ, ⓑ]) ⓐ 상시근로자 수 × 1,000만원 ⓑ 투자누계액(⑮ × 20%)			
	⑱ 해당 과세연도까지의 총감면한도 (⑯+⑰)		㉑ 해당 과세연도까지의 총감면한도 (Max [⑲, ⑳])	
㉒ 해당 과세연도의 감면한도 (⑭ - ⑩) 또는 (⑱ - ⑩) 또는 (㉑ - ⑩)				

❺ 중소기업특별세액감면 감면한도 계산

구 분	해당(직전) 과세연도의 매월 말 현재 상시근로자 수												㉓ 합계	㉔ 개월수	㉕상시 근로자수 (=㉓÷㉔)
	월	월	월	월	월	월	월	월	월	월	월	월			
해당 과세연도															㉖
직전 과세연도															㉗

감면한도계산 : 1억원 − 500만원 × 상시근로자 수 감소인원

감면한도 (상시근로자 감소 적용전)	상시근로자 수 감소인원당 차감액	㉘상시근로자 수 감소인원(㉖-㉗)	㉙감면한도 (1억원 − 500만원 × ㉘)
1억원	500만원		

❻ 사회적기업·장애인 표준사업장에 대한 감면한도 계산

구 분	해당 과세연도의 매월 말 현재 상시근로자 수												㉚ 합계	㉛ 개월수	㉜상시 근로자수 (=㉚÷㉛)
	월	월	월	월	월	월	월	월	월	월	월	월			
해당 과세연도															㉝

감면한도계산 : 1억원 + 2000만원 × (취약계층 또는 장애인)의 상시근로자 수

감면한도 (상시근로자 적용전)	상시근로자 수 인원당 증가액	㉜상시근로자 수	㉝감면한도 (1억원 + 2000만원 × ㉜)
1억원	2000만원		

210mm×297mm[백상지 80g/㎡ 또는 중질지 80g/㎡]

(4쪽 중 제4쪽)

「조세특례제한법」 및 같은 법 시행령에 따라 위와 같이 세액감면(면제)을 신청합니다.

2025년 3월 31일

신청인 ㈜수진 (서명 또는 인)

세무서장 귀하

작 성 방 법

1. 신청 내용별로 "⑥ 감면율"란, "⑦ 대상세액"란과 "⑧ 감면세액"란을 적습니다.
2. "⑥ 감면율"란을 작성할 때 법령의 개정에 따라 종전의 규정 또는 개정규정을 적용받는 경우 등에는 해당 감면율을 적습니다.
3. "⑦ 대상세액"란에는 최저한세액 적용 전의 감면세액을 적습니다.
4. "⑧ 감면세액"란에는 "⑦ 대상세액"에서 최저한세액 적용에 따른 감면 배제세액을 뺀 금액을 적습니다.
5. "⑨ 한도충족 감면세액"란에는 "⑧ 감면세액"과 "⑰ 해당 과세연도의 감면한도" 중 적은 금액을 적습니다.
5. 법령에 따른 첨부서류는 세액감면(면제)신청서를 제출할 때 함께 제출해야 합니다.
6. 법령의 개정으로 종전의 규정 또는 개정규정에 따라 세액감면(면제)을 받는 경우에는 해당 법령의 조문순서에 따라 공란 등에 별도로 적습니다.
7. ❹ 지역특구 입주기업 감면한도계산시 서비스업이란 「조세특례제한법 시행령」 제23조 제4항에 따른 서비스업을 의미합니다.
8. 근거법령란에서 "법"은 「조세특례제한법」, "영"은 「조세특례제한법 시행령」을 뜻하며, "구 영"은 2021.2.17. 대통령령 제31444호로 개정되기 전의 것을 말합니다.

210mm×297mm[백상지 80g/㎡ 또는 중질지 80g/㎡]

■ 법인세법 시행규칙 [별지 제8호 서식 부표 2] (2021.3.16. 개정) (앞쪽)

사업연도	2043. 1. 1. ~ 2024.12.31.	공제감면세액계산서(2)	법 인 명	(주)수진
			사업자등록번호	

① 구 분		근거법 조 항	② 계산명세	③ 감면대상 세액	④ 최저한세 적용감면 배제금액	⑤ 감면세액 (③－④)	⑥ 적용사유 발생일
조세특례제한법	중소기업에 대한 특별세액감면	조특법 제7조	6,705,000× 63,356,884 / 74,500,000 ×20%	1,140,423		1,140,423	
			6,705,000× 2,360,383 / 74,500,000 ×10%	21,243		21,243	
합 계				1,161,666	※	1,161,666	

210mm×297mm[백상지 80g/㎡ 또는 중질지 80g/㎡]

4. 수도권 밖으로 공장을 이전하는 기업에 대한 세액감면(조특법 63)

(1) 감면대상

다음의 요건을 모두 갖춘 내국인(공장이전기업)이 공장을 이전하여 2022.12.31.(공장을 신축하는 경우로서 공장의 부지를 2022.12.31.까지 보유하고 2022.12.31.이 속하는 과세연도의 과세표준 신고를 할 때 이전계획서를 제출하는 경우에는 2025.12.31.)까지 사업을 개시하는 경우에는 이전 후의 공장에서 발생하는 소득(공장이전기업이 이전 후 합병 · 분할 · 현물출자 또는 사업의 양수를 통하여 사업을 승계하는 경우 승계한 사업장에서 발생한 소득은 제외)에 대하여 법인세를 감면한다. 다만, 부동산업, 건설업, 소비성서비스업, 무점포판매업 및 해운중개업을 경영하는 내국인인 경우에는 그러하지 아니하다(조특법 63 ①).

① 수도권과밀억제권역에 3년(중소기업은 2년) 이상 계속하여 공장시설을 갖추고 사업을 한 기업일 것

② 공장시설의 전부를 수도권(중소기업은 수도권과밀억제권역) 밖으로 이전할 것

③ 다음의 어느 하나에 해당하는 경우 다음의 구분에 따른 요건을 갖출 것

가. 중소기업이 공장시설을 수도권 안(수도권과밀억제권역은 제외한다)으로 이전하는 경우로서 본점이나 주사무소(본사)가 수도권과밀억제권역에 있는 경우 : 해당 본사도 공장시설과 함께 이전할 것

나. 중소기업이 아닌 기업이 광역시로 이전하는 경우 :「산업입지 및 개발에 관한 법률」제2조 제8호에 따른 산업단지로 이전할 것

(2) 감면기간 및 감면세액

1) 공장 이전일 이후 해당 공장에서 최초로 소득이 발생한 과세연도(공장 이전일부터 5년이 되는 날이 속하는 과세연도까지 소득이 발생하지 아니한 경우에는 이전일부터 5년이 되는 날이 속하는 과세연도)의 개시일부터 다음의 구분에 따른 기간 이내에 끝나는 과세연도 : 소득세 또는 법인세의 100% 감면

① 수도권 등 다음의 지역으로 이전하는 경우 : 5년

> ㉠ 당진시, 아산시, 원주시, 음성군, 진천군, 천안시, 춘천시, 충주시, 홍천군(내면은 제외) 및 횡성군의 관할구역
>
> ㉡「수도권정비계획법」제6조 제1항 제2호 및 제3호에 따른 성장관리권역 및 자연보전권역

② 수도권 밖에 소재하는 광역시 등 다음의 지역으로 이전하는 경우

> ㉠ 수도권 밖에 소재하는 광역시의 관할구역
> ㉡ 구미시, 김해시, 전주시, 제주시, 진주시, 창원시, 청주시 및 포항시의 관할구역

㉮ 위기지역, 「지방자치분권 및 지역균형발전에 관한 특별법」에 따른 성장촉진지역 또는 인구감소지역“성장촉진지역등”)으로 이전하는 경우 : 7년

㉯ ㉮에 따른 지역 외의 지역으로 이전하는 경우 : 5년

③ ① 또는 ②에 따른 지역 외의 지역으로 이전하는 경우

㉮ 성장촉진지역등으로 이전하는 경우 : 10년

㉯ ㉮에 따른 지역 외의 지역으로 이전하는 경우 : 7년

2) 1)에 따른 과세연도의 다음 2년[1) ② ㉮ 또는 1) ③ ㉯에 해당하는 경우에는 3년] 이내에 끝나는 과세연도 : 소득세 또는 법인세의 50% 감면

(3) 감면세액의 추징

다음에 해당하는 때에는 해당 사유가 발생한 사업연도의 과세표준신고시 ①은 폐업일 등으로 부터 소급하여 3년 이내 ②와 ③은 추징사유발생일부터 소급하여 5년 이내의 감면세액과 이자상당 가산액(1일 25/100,000)을 법인세로 납부하여야 한다.

① 공장을 이전하여 사업을 개시한 날부터 3년 이내에 그 사업을 폐업하거나 법인이 해산한 때(합병 · 분할 또는 분할합병으로 인한 경우를 제외)

② 위 ‘감면요건’에 따라 공장을 수도권(중소기업은 수도권과밀억제권역) 밖으로 이전하여 사업을 개시한 경우에 해당하지 아니한 경우

③ 감면기간 중에 수도권(중소기업은 수도권과밀억제권역)에 이전공장 생산제품과 같은 제품을 생산하는 공장을 설치한 경우

④ 감면을 적용받은 중소기업이 다음 사유가 발생한 경우에는 발생일이 속하는 사업연도부터 감면하지 아니한다(조특법 63조 ⑧).

1. 「중소기업기본법」의 규정에 의한 중소기업외의 기업과 합병하는 경우
2. 유예기간 중에 있는 기업과 합병하는 경우
3. 실질적인 독립성의 요건을 갖추지 못하게 되는 경우
4. 창업일이 속하는 사업연도 종료일부터 2년 이내의 사업연도 종료일 현재 중소기업기준을 초과하는 경우

㈜ 수도권 밖 이전의 경우를 제외하고 최저한세 적용대상이며. 농어촌특별세 과세됨

5. 수도권 밖으로 본사를 이전하는 법인에 대한 세액감면(조특법 63의2)

다음의 요건을 모두 갖추어 본사를 이전하여 2025.12.31.(본사를 신축하는 경우로서 본사의 부지를 2025.12.31.까지 보유하고 2025.12.31.이 속하는 과세연도의 과세표준신고를 할 때 이전계획서를 제출하는 경우에는 2028.12.31.)까지 사업을 개시하는 법인(본사이전법인)은 감면대상소득(이전 후 합병 · 분할 · 현물출자 또는 사업의 양수를 통하여 사업을 승계하는 경우 승계한 사업장에서 발생한 소득은 제외)에 대하여 법인세를 감면한다. 다만, 부동산업, 건설업, 소비성서비스업, 무점포판매업 및 해운중개업을 경영하는 법인인 경우에는 그러하지 아니하다(조특법 63의2 ①).

(1) 세액감면 요건

① 수도권과밀억제권역에 3년 이상 계속하여 본사를 둔 법인일 것
② 본사를 수도권 밖으로 정하는 바에 따라 이전할 것
③ 이전본사 투자금액 및 근무인원 요건
가. 사업용자산에 대한 투자합계액이 10억원 이상일 것
나. 이전본사 근무인원이 20명 이상일 것

(2) 감면대상소득 : ①의 금액에 ②의 비율과 ③의 비율을 곱하여 산출한 금액에 상당하는 금액

① 해당 과세연도의 과세표준에서 토지 · 건물 및 부동산을 취득할 수 있는 권리의 양도차익 및 대통령령(조특령 60의2)으로 정하는 소득을 뺀 금액
② 해당 과세연도의 수도권 밖으로 이전한 본사(이전본사)의 근무인원이 법인전체 근무인원에서 차지하는 비율
③ 해당 과세연도의 전체 매출액에서 대통령령으로 정하는 위탁가공무역에서 발생하는 매출액을 뺀 금액이 해당 과세연도의 전체 매출액에서 차지하는 비율

(3) 감면기간 및 감면세액

상기 4. (2)와 동일

(4) 감면세액의 추징

감면을 적용받는 본사이전법인이 다음의 어느 하나에 해당하는 경우에는 그 사유가 발생한 과세연도의 과세표준신고시 ①은 폐업일 등으로 부터 소급하여 3년 이

내 ②~④는 추징사유발생일부터 소급하여 5년 이내 감면세액과 이자상당가산액을 법인세로 납부하여야 한다.

① 본사를 이전하여 사업을 개시한 날부터 3년 이내에 그 사업을 폐업하거나 법인이 해산한 경우. 다만, 합병 · 분할 또는 분할합병으로 인한 경우에는 그러하지 아니하다.

② 대통령령으로 정하는 바에 따라 본사를 수도권 밖으로 이전하여 사업을 개시하지 아니한 경우

③ 수도권에 본사를 설치하거나 대통령령으로 정하는 기준 이상의 사무소를 둔 경우

④ 제1항에 따른 감면기간에 대통령령으로 정하는 임원 중 이전본사의 근무 임원수가 수도권 안의 사무소에서 근무하는 임원과 이전본사 근무 임원의 합계 인원에서 차지하는 비율이 100분의 50에 미달하게 된 경우

(5) 이전 후 업종이 추가된 경우

수도권과밀억제권역에 본사를 두고 3년 이상 제조업을 영위하던 법인이 본사를 지방으로 이전한 후 도소매업을 추가하여 영위한 경우 이전 후 추가한 도소매업에서 발생한 소득은 「조세특례제한법」 제63조의2에 따른 감면대상 소득에 해당하는 것(기재부 조세특례제도과-578, 2018.7.23.; 서면법령법인-3664, 2018.7.24.)이라는 기재부의 유권해석에 대하여 2015.12.15. "한국표준산업분류상의 세분류를 기준으로 이전 전의 본사에서 영위하던 업종과 이전 후의 본사에서 영위하는 업종이 같아야 한다"가 신설(종전은 ⑩, 현재는 ⑤)됨에 따라 2016.1.1. 이후부터는 이전 후 업종이 추가된 경우 추가된 업종에서 발생한 소득에 대해서는 감면이 배제된다는 주장이 있을 수 있다. 저자의 판단으로는 상기 기재부의 유권해석이 법 개정 이후 나온 것이며 업종의 동일성 요건과 감면소득의 범위는 별개의 판단대상이라고 보아 감면대상소득으로 판단되나 이에 대한 과세관청의 유권해석은 2016년 이후 사업연도부터는 감면대상소득에 해당되지 않는다 하여(서면법인-2005, 2020.2.27.) 논란이 계속되고 있다(조특법 63의2 ⑤).

1) 감면대상이라는 해석

① 기획재정부 조세특례제도과-578, 2018.7.23.

수도권과밀억제권역에 본사를 두고 3년 이상 제조업을 영위하던 법인이 본사를 지방으로 이전한 후 도소매업을 추가하여 영위한 경우 이전 후 추가한 도소매

업에서 발생한 소득은 「조세특례제한법」 제63조의2에 따른 감면대상 소득에 해당함.

② 서면법령법인－3664, 2018.7.24.
수도권에서 지방으로 이전한 후 업종을 추가한 경우 추가한 업종에서 발생한 소득은 「조세특례제한법(2002.12.11. 법률 제6762호로 일부개정된 것)」 제63조의2에 따른 감면대상 소득에 해당함.

2) 감면대상이 아니라는 해석
수도권과밀권역에 본사를 두고 3년 이상 도소매업을 영위하던 법인이 본사를 지방으로 이전한 후 제조업을 추가 영위하는 경우, 이전 후 추가한 제조업에서 발생하는 소득은 「조세특례제한법」(2015.12.15. 법률 13560호로 일부 개정된 것) 제63조의2(법인의 공장 및 본사를 수도권 밖으로 이전하는 경우 법인세 등 감면)에 따라 2016.1.1. 이후 개시하는 사업연도부터 감면대상소득에 해당하지 아니하는 것임(서면법인－0298, 2020.3.9.; 서면법인－2005, 2020.2.27.)

VI. 법인세법상 세액공제

(최저한세 대상 및 농어촌특별세 과세대상이 아님)

1. 외국납부세액공제

외국납부세액공제제도는 국외지점 등 소득발생 원천지국과 본점 소재지국 모두에서 각기 법인세를 부과하는 것에 따른 국제적 이중과세방지를 위한 것으로서 내국법인의 각 사업연도의 과세표준금액에 국외원천소득이 포함되어 있는 경우로서 그 해외지점 등의 국외원천소득에 대하여 외국법인세액을 납부하였거나 납부할 것이 있는 경우에는 다음 (1)에 따른 금액 내에서 외국법인세액을 해당 사업연도의 산출세액에서 공제할 수 있다(법법 57 ①). 이때 외국납부세액공제대상세액은 외국에서 납부하였거나 납부할 외국법인세액(가산세 및 가산금은 제외)을 말하며 조세조약에 따른 비과세・면제 및 제한세율의 규정에 따라 계산한 세액을 초과하는 세액은 공제대상에서 제외된다(법령 94).

(1) 외국납부세액공제방법

① 원칙 : 다음 산식의 금액을 한도로 하여 내국법인의 법인세 산출세액에서 공제

$$\text{외국납부세액 공제 한도액} = \text{법인세 산출내역} \times \frac{\text{국외원천소득 중 과세표준에 산입된 금액}}{\text{법인세 과세표준}}$$

1. 국외원천소득 중 국외원천소득에서 발생한 '공제액 등'(이월결손금 · 비과세소득 및 소득공제)을 제외한 과세표준에 산입된 금액에 의해 공제한도액을 계산하며, 공제액 등의 국외원천소득 발생 여부가 불분명한 경우에는 [공제액 등×(국외원천소득/각사업연도소득)]으로 함(법령 94 ⑥).
2. 공제한도초과액은 향후 10년간 이월하여 이월된 사업연도의 공제한도범위 내에서 공제받을 수 있음(법법 57 ②).
3. 법인세 산출내역 : 토지 등 양도소득에 대한 법인세 및 미환류소득에 대한 법인세 제외
4. 외국납부세액은 '법인세비용'으로 계상하며, 세액공제 적용시 손금불산입함.
5. 국외원천소득 중 과세표준에 산입된 금액은 국외원천소득에서 직 · 간접비용을 차감한 금액을 말하며 직 · 간접비용은 소득원천지국에서 비용으로 차감되지 않은 관련비용으로서 국외원천소득에 직접관련된 비용과 국외원천소득과 그 외의 소득별로 구분할 수 없는 공통비용을 법규칙 제76조 제6항을 준용하여 안분계산한 간접비용을 말한다(법령 94).
6. '5.' 적용시 납세자가 선택시 연구개발비 등의 국외원천소득 대응비용의 계산은 법칙 47에 의한 방법을 적용할 수 있다.

② 예외 : 조세특례제한법 그 밖의 법률에 의한 세액면제 · 감면을 적용받는 경우(법령 94 ②, 법칙 47)

$$\text{외국납부세액 공제 한도액} = \text{법인세 산출세액} \times \frac{\text{국외원천소득 중 과세표준에 산입된 금액}^{*} - \left(\text{면제·감면대상 국외원천소득} \times \text{면제·감면비율}\right)}{\text{법인세 과세표준}}$$

③ 국별한도적용

외국납부세액공제의 한도를 계산함에 있어서 국외사업장이 2개 이상의 국가에 있는 경우에는 국가별로 구분하여 이를 계산하는 방법 또는 국가별로 구분하지 아니하고 일괄하여 계산하는 방법 중 법인이 선택하여 적용할 수 있었으나, 2015.1.1. 이후 개시하는 사업연도분부터는 국가별로 구분하여 계산하는 방법만을 적용하여야 한다(법령 94 ⑦, 2015.2.3. 개정).

주) 2개 이상의 국가에 국외사업장이 있는 경우 외국납부세액공제(통칙 57－94…1)

④ 이월공제

외국정부에 납부하였거나 납부할 외국법인세액이 해당 사업연도의 공제한도금

액을 초과하는 경우 그 초과하는 금액은 해당 사업연도의 다음 사업연도 개시일부터 10년 이내에 끝나는 각 사업연도(이월공제기간)로 이월하여 그 이월된 사업연도의 공제한도금액 내에서 공제받을 수 있다. 다만, 외국정부에 납부하였거나 납부할 외국법인세액을 이월공제기간 내에 공제받지 못한 경우 그 공제받지 못한 외국법인세액은 이월공제기간의 종료일 다음 날이 속하는 사업연도의 소득금액을 계산할 때 손금에 산입할 수 있다(법법 57 ②).

공제한도금액을 초과하는 외국법인세액 중 국외원천소득대응비용과 관련된 외국법인세액(가.의 금액에서 나.의 금액을 뺀 금액을 말한다)에 대해서는 이월공제규정을 적용하지 않는다. 이 경우 해당 외국법인세액은 세액공제를 적용받지 못한 사업연도의 다음 사업연도 소득금액을 계산할 때 손금에 산입할 수 있다(법령 94 ⑮).

가. 법령 94 ② 각 호 외의 부분 전단에 따라 산출한 법법 57 ① 적용되는 국외원천소득을 기준으로 계산한 공제한도금액

나. 공제한도금액

(2) 간접외국납부세액공제

내국법인의 각 사업연도 소득금액에 외국자회사(해외현지법인)로부터 받는 이익배당이나 잉여금의 분배액(=수입배당금액)이 포함되어 있는 경우에 해당 수입배당금액에 대응하는 다음 산식에 따라 계산한 금액은 세액공제되는 외국법인세액으로 본다(법법 57 ④). 단 법법 18의4에 따른 익금불산입의 적용대상이 되는 수입배당금액에 대해서는 이을 적용하지 않는다(법법 57 ⑦).

단 법법 18의4에 따른 익금불산입의 적용대상이 되는 수입배당금액에 대해서는 이을 적용하지 않는다(법법 57 ⑦).

외국자회사는 내국법인이 직접 외국자회사의 의결권 있는 발행주식총수 또는 출자총액의 100분의 10(「조세특례제한법」 제22조에 따른 해외자원개발사업을 하는 외국법인의 경우에는 100분의 5를 말한다) 이상을 해당 외국자회사의 배당기준일 현재 6개월 이상 계속하여 보유(내국법인이 적격합병, 적격분할, 적격물적분할, 적격현물출자에 따라 다른 내국법인이 보유하고 있던 외국자회사의 주식등을 승계받은 때에는 그 승계 전 다른 내국법인이 외국자회사의 주식등을 취득한 때부터 해당 주식등을 보유한 것으로 본다)하고 있는 법인을 말한다(법령 94 ⑨).

이는 국제간 이중과세의 조정을 위한 제도이며, 내국법인의 해외지점과 현지법인

간의 과세형평을 맞추고 해외현지법인으로부터의 배당금 국내유입을 촉진시키기 위한 것이기도 하다.

① 세액공제되어진 간접외국납부세액은 내국법인의 익금산입사항이다(법 15 ② 2호).

② 수입배당금에 대하여 해당 외국법률 또는 조세조약에 의한 원천징수세액의 회계처리

(차)	현금및현금성자산	×××	(대) 배 당 금 수 익	×××
	법인세비용*	×××		

* 법인세비용에 계상된 원천징수세액은 직접외국납부세액으로서 손금불산입(기타사외유출) 사항이며, 이 경우의 원천징수세액은 기납부세액(당기법인세자산)이 아닌 외국납부세액공제 대상임.

2011.12.31.이 속하는 사업연도 분부터 조세조약의 체결 유무 및 그 조약에서의 간접외국납부세액공제의 허용 여부에 불구하고 간접외국납부세액공제의 적용이 가능하다.

외국자회사의 각 사업연도 소득금액에 외국자회사의 수입배당금액(＝외국손회사로부터 받는 이익의 배당이나 잉여금의 분배액)이 포함되지 아니한 경우의 간접외국세액공제해당액은 다음과 같다(법령 94 ⑧ 1호).

$$\text{세액공제액 또는 손금산입액} = \text{외국자회사의 해당 사업연도 법인세액} \times \frac{\text{수입배당금액}}{\text{외국자회사의 해당 사업연도 소득금액} - \text{외국자회사의 해당 사업연도 법인세액}}$$

① 외국자회사의 해당 사업연도의 법인세액

상기 계산식에서 외국자회사의 해당 사업연도 법인세액은 다음 각 호의 세액으로서 외국자회사가 외국납부세액으로 공제받았거나 공제받을 금액 또는 해당 수입배당금액이나 제3국(본점이나 주사무소 또는 사업의 실질적 관리장소 등을 둔 국가 외의 국가를 말한다) 지점 등 귀속소득에 대하여 외국자회사의 소재지국에서 국외소득 비과세·면제를 적용받았거나 적용받을 경우 해당 세액 중 100분의 50에 상당하는 금액을 포함하여 계산한다.

가. 외국자회사가 외국손회사로부터 지급받는 수입배당금액에 대하여 외국손회사의 소재지국 법률에 따라 외국손회사의 소재지국에 납부한 세액

나. 외국자회사가 제3국의 지점 등에 귀속되는 소득에 대하여 그 제3국에 납부한 세액

② 수입배당금의 발생순서

상기 계산산식에서 수입배당금액(외국자회사가 외국손회사로부터 지급받는 수입배당금액을 포함한다)은 이익이나 잉여금의 발생순서에 따라 먼저 발생된 금액부터 배당되거나 분배된 것으로 본다.

③ 세액공제선택시

상기 계산금액을 세무조정시 익금산입(기타처분)하고 상기 '(1)'에 의한 외국납부세액공제금액을 계산함.

가. 외국납부세액 = 직접외국납부세액 + 간접외국납부세액

나. 한도액 = 산출세액 × $\dfrac{\text{국외원천소득}^{주)}\text{ 중 과세표준에 산입된 금액}}{\text{과세표준}}$

주) 직접외국납부세액 발생대상 국외원천소득 + 간접외국납부세액

중/점/사/항/ 외국자회사

내국법인이 직접 외국자회사의 의결권 있는 발행주식총수 또는 출자총액의 10% 이상[주)](해외자원개발사업(조특법 22) 경영 외국법인은 5% 이상)을 해당 외국자회사의 배당기준일 현재 6개월 이상 계속하여 보유하고 있는 외국법인을 말한다(법법 57 ⑤, 법령 94 ⑨).

사례 13

수진㈜의 프랑스소재 외국자회사 ㈜보아로부터의 배당금수익이 다음과 같은 경우 외국납부세액공제 및 간접외국납부세액공제액의 계산

지분율	자회사소득금액	자회사외국법인세액	배당금수익	비 고
5%	10억원	2억원	4억원	조세조약체결

1. 배당금수익에 대하여 해당 외국에서 10% 세율로 원천징수
2. 배당금수익관련을 제외한 수진㈜의 각 사업연도소득금액 10억원
3. 수진㈜은 이월결손금 · 비과세소득 · 소득공제 및 기타 세무조정사항 없음

(해답)

1. 배당금수익에 대한 회계처리

(차) 미수금	360,000,000	(대) 배당금수익	400,000,000
법인세비용	40,000,000		

2. 세무조정

① 각 사업연도 소득금액의 계산

수진㈜ 각 사업연도 소득금액	1,000,000,000	
+ ㈜보아로부터의 배당금수익	400,000,000	
− 법인세비용(위 '1.')	40,000,000	1,500,000,000
+ 간접외국납부세액	100,000,000 주1)	
+ 법인세비용(외국법인세액)	40,000,000 주2)	

주1) 간접외국납부세액공제 $= 2억원 \times \dfrac{4억원}{10억원 - 2억원} = 1억원$(익금산입사항)

주2) 외국납부세액공제되는 외국법인세액은 손금불산입사항임(이 경우의 원천징수세액은 당기법인세자산으로서의 기납부세액이 아님에 유의)

② 법인세 산출세액의 계산

2억원×9%+13억원×19%=265,000,000원

③ 외국납부세액공제액의 계산

가. 국외원천소득

4억원+1억원=5억원

나. 외국납부세액

직접외국납부세액 40,000,000 + 간접외국납부세액 100,000,000 = 140,000,000원

다. 외국납부세액공제한도액

$$산출세액 \times \frac{국외원천소득}{과세표준} = 265,000,000 \times \frac{500,000,000}{1,500,000,000} = 88,333,333$$

라. 외국납부세액공제

당기의 외국납부세액 140,000,000원 중 한도액인 88,333,333원만 공제하고 차액 51,666,667원은 차기로 이월한다.

[별지 제8호 서식 부표 5] (2021.3.16. 개정) (3쪽 중 제1쪽)

사 업 연 도	2024. 1. 1. ~ 2024.12.31.	공제감면세액계산서(5)	법 인 명	㈜수진
			사업자등록번호	

1. 외국납부세액공제 적용방법 (선택한 방법의 [ ] 에 V표 합니다.)

[ ] 예

[ ] 아니오

2. 국가별 세액공제 총괄명세 ('1. 외국납부세액공제 적용'에서 '예'를 선택한 경우만 작성)

(단위 : 원)

① 연번	② 국가명	③국가 코드		당기 공제대상 세액 ④전기 이월액	⑤당기 외국납부세액 발생액	⑥국가별 공제한도	⑦당기 실제 세액공제액	⑧이월 배제액	⑨차기 이월액
1	프랑스	F	R		140,000,000	88,333,333	88,333,333		51,666,667
2									
3									
4									
5									
6									
7									
8									
9									
10									
합 계					140,000,000	88,333,333	88,333,333		51,666,667

3. 손금산입 명세 ('1. 외국납부세액공제 적용'에서 '아니오'를 선택한 경우만 작성)

(단위 : 원)

구분	금액
⑩ 매출원가 계상	
⑪ 판매비와 일반관리비에 계상	
⑫ 제조원가에 계상	
⑬ 그 밖의 계정과목에 계상	
⑭ 세무조정에 의한 손금산입	
합계(⑩+⑪+⑫+⑬+⑭)	

첨부서류	외국납부세액의 증빙서류, 감면근거(발생국가 관련법령, 조문) 등

210mm×297mm[백상지 80g/㎡ 또는 중질지 80g/㎡]

■ 법인세법 시행규칙 [별지 제8호 서식 부표 5의 2] (2021.3.16. 개정)

(앞쪽)

사 업 연 도	2024. 1. 1. ~ 2024.12.31.	국가별 외국납부세액공제 명세서	법 인 명	
			사업자등록번호	

※ 본 서식은 국외원천소득(결손)이 발생한 각 국가별로 구분하여 각각 작성해야 합니다.

1. 국외원천소득(결손) 발생국가

① 국가명		② 국가코드	F	R

2. 공제한도 계산

(단위 : 원)

구 분		금 액
③ 국외원천소득 대응 비용 차감 전 국외원천소득		500,000,000
④ 국외원천소득에 대응하는 비용 등		
⑤ 국외원천소득 대응 비용 차감 후 국외원천소득(③ − ④)		500,000,000
감면되는 국외원천 소득	⑥ 국외원천소득 중 「조세특례제한법」 등에 따른 감면적용대상금액	
	⑦ 감면비율	
	⑧ 차감되는 감면 국외원천소득(⑥ × ⑦)	
⑨ 외국납부세액 공제대상 국외원천소득(⑤ − ⑧)		500,000,000
⑩ 기준 국외원천소득(결손국가가 없는 경우=⑨, 있는 경우 작성방법 참조)		500,000,000
공제한도	⑪ 산출세액	265,000,000
	⑫ 과세표준	1,500,000,000
	⑬ 공제한도(⑪ × ⑩ / ⑫)	88,333,333
당기공제 대상세액	⑭ 전기 이월액	
	⑮ 당기 외국납부세액 발생액	140,000,000
	⑯ 당기 공제대상 세액(⑭ + ⑮)	
이월 배제액	⑰ 한도초과액(⑮ − ⑬, 음수인 경우 영(0))	51,666,667
	⑱ 이월배제 대상 외국납부세액	
	⑲ 이월배제 외국납부세액(⑰와 ⑱ 중 작은 금액)	
⑳ 차기 이월액(⑯ − ⑬ − ⑲, 음수인 경우 영(0))		51,666,667

3. 공제세액 계산

(단위 : 원)

㉑ 사업연도	㉒ 당초 외국납부세액 발생액	㉓ 전기 누적 공제액	㉔ 당초 이월배제액	㉕ 당기 공제대상 세액 (㉒ − ㉓ − ㉔=⑯)	㉖ 당기 실제 세액공제액 (합계≤⑬)	㉗ 이월 배제액 (⑲)	㉘ 차기이월액 (㉕ − ㉖ − ㉗)
당 기	140,000,000			140,000,000	88,333,333		51,666,667
합 계				140,000,000	88,333,333		51,666,667

210mm×297mm[백상지 80g/㎡ 또는 중질지 80g/㎡]

2. 재해손실세액공제

천재지변 및 화재 등 재해로 인하여 총자산가액의 20% 이상이 상실되고 재해발생일로부터 3개월 이내에 신청한 경우 법인세액에 재해상실비율(상실된 자산가액/상실된 총자산가액)을 곱한 금액을 세액공제(상실된 자산가액을 한도로 함)한다(법법 58).

3. 사실과 다른 회계처리에 기안한 경정에 따른 세액공제

분식회계에 의해 과세표준 및 세액을 과다하게 계상하여 경정청구를 통한 경정을 받은 경우 이를 즉시 환급하지 않고 매년 과다납부세액의 20% 한도로 법인세액에서 공제한다(법법 58의3 ①).

VII. 조세특례제한법상 세액공제

세액공제	이월공제
1. 상생결제 지급금액에 대한 세액공제(조특법 7의4)	
2. 상생협력을 위한 기금 출연등에 대한 세액공제(조특법 8의3)	
3. 연구・인력개발비에 대한 세액공제(조특법 10)	
4. 기술혁신형 합병에 대한 세액공제(조특법 12의3)	
5. 기술혁신형 주식취득에 대한 세액공제(조특법 12의4)	
6. 벤처기업 등에의 출자세액공제(조특법 13의2)	
7. 소재・부품・장비 전문기업에의 출자・인수시 세액공제(조특법 13의3)	
8. 성과공유 중소기업의 경영성과금에 대한 세액공제(조특법 19 ①)	
9. 통합투자세액공제(조특법 24)	
10. 영상콘텐츠 제작비용에 대한 세액공제(조특법 제25의6)	10년
11. 문화산업전문회사에의 출자에 대한 세액공제(조특법 25의7)	
12. 산업수요맞춤형고등학교 및 특성화고 등 졸업자의 군 전역 후 복직 중소기업에 대한 세액공제(조특법 29의2)	
13. 근로소득 증대기업 세액공제(조특법 29의4)	
14. 고용을 증대시킨 기업에 대한 세액공제(조특법 29의7)	
15. 통합고용세액공제(조특법 29의8)	
16. 고용유지중소기업 세액공제(조특법 30의3)	
17. 중소기업 사회보험료 세액공제(조특법 30의4)	

세액공제	이월공제
18. 상가임대료 인하 임대사업자에 대한 세액공제(조특법 96의3) 19. 상용근로소득 간이지급명세서제출 세액공제(조특법 104의5) 20. 전자신고에 대한 세액공제(조특법 104의8) 21. 해외자원개발투자 세액공제(조특법 104의15) 22. 운동경기부 설치・운영 세액공제(조특법 104의22) 23. 석유제품 전자상거래에 대한 세액공제(조특법 104의25) 24. 우선 선화주 인증 화주기업에 대한 세액공제(조특법 104의30) 25. 용역제공자에 관한 과세자료 제출 세액공제(조특법 104의32)	10년

1. 최저한세 적용 여부 : 중소기업의 연구・인력개발비 세액공제 및 19를 제외하고는 모두 최저한세 적용대상이다.
2. 농어촌특별세 비과세 : 위 3, 17, 18, 20은 농어촌특별세가 비과세되며, 나머지 세액공제는 과세된다.
3. 최저한세의 적용으로 인하여 공제받지 못한 이월세액을 그 다음 사업연도에 공제받을 수 있음에도 공제받지 않은 경우 이월공제기간 이내에는 공제가능함(기준법령법인-134, 2021.8.5.)
4. 고용세액공제
   ① 통합고용세액공제로 통합・단순화
   종전의 고용증대 세액공제(조특법 29의7), 사회보험료 세액공제(조특법 30의4), 경력단절여성 세액공제(조특법 29의3 ①), 정규직 전환 세액공제(조특법 30의2), 육아휴직 복귀자 세액공제(조특법29의3 ②)는 2023.1.1. 이후 개시하는 사업연도분부터 통합고용세액공제(조특법 29의8)로 통합・단순화
   ② 2023년 및 2024년 사업연도 분에 대해서는 기업이 당기분 공제는 통합고용세액공제(조특법 29의8)와 기존 고용증대 세액공제(조특법 29의7) 및 사회보험료 세액공제(조특법 30의4) 중 선택하여 적용 가능하고 추가공제는 고용증대세액공제 등을 적용한다(조특법 127 ⑪).

「조세특례제한법」상 세액공제는 일정한 투자행위 및 기술개발 등을 촉진하기 위한 조세정책적인 목적으로 투자액 또는 지출액의 일정비율에 해당하는 금액을 **산출세액에서 직접 공제한다.**

1. 통합투자세액공제

㈜ 최저한세 적용대상이며, 농어촌특별세 과세

(1) 공제대상

소비성 서비스업㈜과 부동산임대 및 공급업외의 사업을 영위하는 내국법인이 ① 기계장치 등 사업용 유형자산, ② ①에 해당하지 않는 유형자산과 무형자산으로서 조특령 제21조 제3항에 해당하는 자산에 투자하는 경우이다(조특법 24 ①, 조특령

21 ①).

㈜ 소비성 서비스업(조특령 29 ③)
1. 호텔업 및 여관업(「관광진흥법」에 따른 관광숙박업 제외)
2. 주점업((일반유흥주점업, 무도유흥주점업 및 「식품위생법 시행령」 제21조에 따른 단란주점 영업만 해당하되, 「관광진흥법」에 따른 외국인 전용 유흥음식점업 및 관광유흥음식점업은 제외)

㈜ 2021.12.31.까지 투자완료분에 대해서는 종전세액공제 선택 가능
2021.12.31.까지 투자를 완료하는 경우(조특법 25의7에 따른 투자는 2020.12.31.까지)에는 종전세액공제(조특법 5조, 25조, 25의4, 25의5, 25의7)와 통합투자세액공제 중 선택하여 적용 가능하나 투자자산별로 기존세액공제와 통합투자세액공제를 선택하여 적용하는 것은 인정되지 않음.

(2) 공제대상자산

1) 기계장치 등 사업용 유형자산(조특법 24 ①, 조특령 21 ②, 조특칙 12)

기계장치 등 사업용 유형자산이 공제대상 자산에 해당한다. 다만 건축물등 조특법 시행규칙 별표 1에 해당하는 사업용 유형자산은 제외한다.

통합투자세액공제가 배제되는 건축물 등 사업용 유형자산(조특칙 별표 1)

구 분	구조 또는 자산명
1	차량 및 운반구, 공구, 기구 및 비품
2	선박 및 항공기
3	연와조, 블록조, 콘크리트조, 토조, 토벽조, 목조, 목골모르타르조, 철골·철근콘크리트조, 철근콘크리트조, 석조, 연와석조, 철골조, 기타 조의 모든 건물(부속설비를 포함한다)과 구축물

2) 1)에 해당하지 아니하는 유형자산과 무형자산으로서 다음에 해당하는 자산(조특법 24 ①, 조특령 21 ③, 조특칙 12)

① 연구·시험, 직업훈련, 에너지 절약, 환경보전 또는 근로자복지 증진 등의 목적으로 사용되는 사업용 자산으로서 다음에 해당하는 자산

㉠ 연구·시험 및 직업훈련시설

공구 또는 사무기기 및 통신기기, 시계·시험기기 및 계측기기, 광학기기 및 사진제작기기 및 「법인세법 시행규칙」 별표 6의 업종별 자산의 기준내용연수 및 내용연수범위표의 적용을 받는 자산

㉡ 다음에 해당하는 에너지절약 시설

「에너지이용 합리화법」 제14조 제1항에 따른 에너지절약형 시설투자(에너지절약전문기업이 대가를 분할상환 받은 후 소유권을 이전하는 조건으로 같은 법 제25조에 따라 설치한 경우 포함)·에너지절약형 기자재 및

「물의 재이용 촉진 및 지원에 관한 법률」 제2조 제4호에 따른 중수도

㉢ 환경보전시설(조특칙 별표 2)

㉣ 다음 어느 하나에 해당하는 근로자복지 증진 시설

무주택 종업원(출자자인 임원은 제외한다)에게 임대하기 위한 「주택법」에 따른 국민주택규모의 주택, 종업원용 기숙사, 장애인 · 노인 · 임산부 등의 편의 증진을 위한 시설 또는 장애인을 고용하기 위한 시설로서 별표 3에 따른 시설, 종업원용 휴게실, 체력단련실, 샤워시설 또는 목욕시설(건물 등의 구조를 변경하여 해당시설을 취득하는 경우를 포함), 종업원의 건강관리를 위해 「의료법」 제35조에 따라 개설한 부속 의료기관, 「영유아보육법」 제10조 제4호에 따른 직장어린이집

㉤ 안전시설(조특칙 별표 4)

㊟ 공구, 기구, 비품, 건축물과 구축물은 통합투자세액공제대상이 되는 사업용 유형자산에 해당하지 않지만 연구 · 시험, 직업훈련, 에너지 절약, 환경보전 또는 근로자복지 증진 등을 위해 사용하는 경우에는 통합투자세액공제 적용 가능

② 운수업을 경영하는 자가 사업에 직접 사용하는 차량 및 운반구 등으로 다음에 해당하는 자산

㉠ 운수업을 주된 사업으로 하는 중소기업

차량 및 운반구(「개별소비세법」 제1조 제2항 제3호에 따른 자동차로서 자가용 제외)와 선박

㉡ 어업을 주된 사업으로 하는 중소기업 : 선박

㉢ 건설업 : 「지방세법 시행규칙」 제3조에 따른 기계장비

㉣ 도매업 · 소매업 · 물류산업 : 유통산업합리화시설(조특칙 별표 5)

㉤ 「관광진흥법」에 따라 등록한 관광숙박업 및 국제회의기획업

건축물과 해당 건축물에 딸린 시설물 중 「지방세법 시행령」 제6조에 따른 시설물

㉥ 「관광진흥법」에 따라 등록한 전문휴양업 또는 종합휴양업

「관광진흥법 시행령」 제2조 제1항 제3호 가목 및 제5호 가목에 따른 숙시설, 전휴양시설(골프장 시설 제외) 및 종합유원시설업의 시설

㉦ 중소기업이 해당 업종의 사업에 직접 사용하는 소프트웨어[27]

---

27) 다만, 인사, 급여, 회계 및 재무 등 지원업무에 사용하는 소프트웨어, 문서, 도표 및 발표용자료 작성 등 일반 사무에 사용하는 소프트웨어, 컴퓨터 등의 구동을 위한 기본운영체제(Operating System) 소프트웨어는 제외

㈜ 1. 차량운반구, 선박, 건물과 구축물, 소프트웨어는 통합투자세액공제대상이 되는 사업용 유형자산에 해당하지 않지만 운수업, 어업, 관광숙박업, 전문휴양업 등이 목적사업을 위해 사용하는 경우에는 통합투자세액공제 적용 가능
2. LNG의 보관・저장 및 반입・반출 등을 위한 저장탱크(중고품 제외)를 취득하여 창고업을 영위하는 경우, 해당 LNG저장탱크는 조특법 제24호에 따른 통합투자세액공제대상에 해당함(사전법령법인-0446, 2021.4.7.).

③ 중소기업 및 중견기업이 취득한 다음의 자산(특수관계인으로부터 취득한 자산은 제외)

㉮ 내국인이 국내에서 연구・개발하여 「특허법」에 따라 최초로 설정등록받은 특허권

㉯ 내국인이 국내에서 연구・개발하여 「실용신안법」에 따라 최초로 설정등록받은 실용신안권

㉰ 내국인이 국내에서 연구・개발하여 「디자인보호법」에 따라 최초로 설정등록받은 디자인권

(3) 공제세액(조특법 24 ①, 조특령 21 ④, 조특칙 12의2)

1) 기본공제 금액

① 신성장・원천기술 및 국가전략기술을 사업화하는 시설외 공제대상 자산에 투자하는 경우

투자금액 × 공제율

㉠ 중소기업 : 10%

㉡ 중견기업㈜1 : 5%

㉢ 대기업 : 1%

② 신성장・원천기술을 사업화하는 시설㈜2에 투자하는 경우

투자금액 × 공제율

㉠ 중소기업 : 12%

㉡ 중견기업㈜1 : 6%

㉢ 대기업 : 3%

③ 국가전략기술을 사업화하는 시설㈜3에 투자하는 경우

투자금액 × 공제율

㉠ 중소기업 : 25%

㉡ 중견기업[주1] : 15%

㉢ 대기업 : 15%

[주1] 상생결제 지급금액에 대한 세액공제의 중견기업범위(조특령 6의4 ①)와 동일함(조특법 7의4 ①)

[주2] 신성장 · 원천기술의 사업화를 위한 시설

① 신성장 · 원천기술 사업화시설
조특법 시행규칙 별표 6에 따른 시설(별표 6 신성장 · 원천기술을 사업화하는 시설)로서 조특령 제9조 제12항에 따른 신성장 · 원천기술심의위원회의 심의를 거쳐 기획재정부장관과 산업통상자원부장관이 공동으로 인정하는 시설

② 조특법 시행규칙 별표 7 제6호 가목 1) 및 2)의 기술이 적용된 5세대 이동통신 기지국(이와 연동된 교환시설을 포함)을 운용하기 위해 필요한 설비로서 「전기통신사업 회계정리 및 보고에 관한 규정」 제8조에 따른 전기통신설비 중 같은 조 제1호, 제2호 및 제6호에 따른 교환설비, 전송설비 및 전원설비

[주3] 국가전략기술의 사업화를 위한 시설
조특법 시행규칙 별표 7의2에 따른 시설로서 연구개발세액공제기술심의위원회의 심의를 거쳐 기획재정부장관과 산업통상자원부장관이 공동으로 인정하는 시설

2) 추가공제금액

① 추가공제세액

해당 사업연도에 투자한 금액이 해당 사업연도의 직전 3년간 연 평균 투자 또는 취득금액을 초과하는 경우에는 그 초과하는 금액의 100분의 3에 상당하는 금액을 추가로 공제한다. 다만, 추가공제 금액이 기본공제 금액을 초과하는 경우에는 기본공제 금액의 2배를 그 한도로 한다.

> ① 공제금액 : (해당 연도의 투자금액 − 직전 3년간 연평균 투자 또는 취득금액) × 3%
> ② 한도액 : 기본공제금액의 2배

② 직전 3년간 연평균 투자금액

3년간 연 평균 투자금액의 계산은 다음 계산식에 따라 계산하며, 내국인의 투자금액이 최초로 발생한 사업연도의 개시일부터 세액공제를 받으려는 해당 사업연도 개시일까지의 기간이 36개월 미만인 경우에는 그 기간에 투자한 금액의 합계액을 36개월로 환산한 금액을 해당 사업연도의 개시일부터 소급하여 3년간 투자한 금액의 합계액으로 본다(조특령 21 ⑧). 3년간 연평균 투자금액이 없는 경우에는 추가공제금액이 없는 것으로 한다(조특령 21 ⑨).

$$\text{직전 3년간 연평균 투자금액} = \frac{\text{해당 사업연도의 개시일부터 소급하여 3년간 투자한 금액의 합계액}}{3} \times \frac{\text{해당 사업연도의 개월 수}}{12}$$

(4) 공제시기

통합세액공제대상 자산에 대한 투자가 2개 이상의 사업연도에 걸쳐서 이루어지는 경우에는 그 투자가 이루어지는 사업연도마다 해당 사업연도에 투자한 금액에 대하여 세액공제를 적용한다(조특법 24 ②).

㊟ ① 2020.12.31.이 속하는 사업연도 전에 투자를 개시하고, ② 종전세액공제(조특법 5조, 25조, 25의4, 25의7)를 받지 않은, ③ 조특령 21조에 해당하는 내국법인이 2개 이상의 사업연도에 걸쳐서 투자하는 경우에는 투자를 완료한 날이 속하는 사업연도에 모든 투자가 이루어진 것으로 본다.

(5) 추 징

통합투자세액공제를 받은 법인이 5년 이내의 기간 중 다음의 기간 내에 그 자산을 다른 목적으로 전용하는 경우에는 공제받은 세액공제액 상당액에 공제받은 사업연도의 과세표준 신고일의 다음 날부터 다른 목적으로 전용한 날이 속하는 사업연도의 과세표준신고일까지의 기간에 대해 10만분의 22의 율을 적용한 이자상당가산액을 가산하여 법인세로 납부하여야 한다(조특법 24 ③) 이 경우 해당세액은 「법인세법」에 따라 납부하여야 할 세액으로 본다.

2. 연구·인력개발비에 대한 세액공제(조특법 10)

(1) 용어정의(조특법 2 ①)

① "연구개발"이란 과학적 또는 기술적 진전을 이루기 위한 활동과 새로운 서비스 및 서비스전달체계를 개발하기 위한 활동을 말하며, 다음의 활동(조특령 1의2)을 제외한다.

1. 일반적인 관리 및 지원활동
2. 시장조사, 판촉활동 및 일상적인 품질시험
3. 반복적인 정보수집 활동
4. 경영이나 사업의 효율성을 조사·분석하는 활동

5. 특허권의 신청·보호 등 법률 및 행정 업무
6. 광물 등 자원 매장량 확인, 위치 확인 등 조사·탐사 활동
7. 위탁받아 수행하는 연구활동

㈜ 연구소의 연구원이 자체연구개발과 수탁연구개발을 함께 수행하는 경우에는 구분경리 또는 안분계산하여 자체 연구개발관련 인건비는 세액공제대상으로 함. 단, 일반관리활동 등을 함께 수행하는 경우에만 안분하지 않고 인건비 전액은 공제대상에서 제외됨. 이와 달리 납품의뢰에 따른 연구개발 관련비용은 당연 공제대상에 해당함.

8. 이미 기획된 콘텐츠를 단순 제작하는 활동
9. 기존에 상품화 또는 서비스화된 소프트웨어 등을 복제하여 반복적으로 제작하는 활동

㈜ 2020년 이후부터 상기 8. 및 9.의 공제대상에서 제외되는 활동을 콘텐츠에서는 단순제작활동, 소프트웨어에서는 복제제작활동만을 연구개발활동에서 제외하는 방식으로 개정하여 공제대상이 넓어졌음에 유의하여야 함(해당 산업분야 : 영화, 음악, 게임, 방송, 출판, 인쇄, 만화, 애니메이션 등). 이때 창작개발을 하는 직원들도 연구소 또는 전담부서등 소속직원이어야 하며 전업적으로 창작업무를 수행하여야 할 것이며 학위 등 자격요건이 없어도 되며 연구요원으로 신고되지 않았어도 회사의 조직도상 연구소 소속이면 공제대상인원에 해당됨.

② "인력개발"이란 내국인이 고용하고 있는 임원 또는 사용인을 교육·훈련시키는 활동을 말한다.

(2) 공제대상 및 공제율

내국법인의 연구개발 및 인력개발비에 대한 비용(정부출연금으로 지출한 비용 제외)이 발생한 경우, 다음 구분에 의한 금액을 합한 금액을 법인세에서 공제한다.

1) 2024년 12월 31일까지 발생한 신성장·원천기술연구개발비

신성장·원천기술연구개발비(신성장R&D비용) × 공제율(가+나)주)

주) 가. 기업유형별 비율
① 중소기업 : 30%
② 그 밖의 기업 : 20%(코스닥상장중견기업 25%)

나. $\dfrac{\text{신성장R\&D비용}}{\text{해당 사업연도의 수입금액}}$ × 3배(10% 한도, 코스닥상장중견기업 15% 한도)

2) 2024년 12월 31일까지 발생한 국가전략기술연구개발비

국가전략기술연구개발비 × 공제율(가+나)㈜

㈜ 가. 기업유형별 비율
① 중소기업 : 40%
② 그 밖의 기업 : 30%

나. $\dfrac{\text{국가전략기술연구개발비}}{\text{해당 사업연도의 수입금액}}$ × 3배(10% 한도)

3) 일반연구・인력개발비

신성장・원천기술연구개발비 및 국가전략기술연구개발비에 해당하지 아니하거나 위 1) 및 2)를 선택하지 아니한 경우에는 조특령 [별표 6]의 연구・인력개발비에 대하여 다음 '①'과 '②' 중에서 선택(Max ①, ②)하는 금액을 공제한다. 다만, 해당 사업연도의 개시일부터 소급하여 4년간 일반연구・인력개발비가 발생하지 아니하거나 직전 사업연도에 발생한 일반연구・인력개발비가 해당 사업연도의 개시일부터 소급하여 4년간 발생한 일반연구・인력개발비의 연평균 발생액보다 적은 경우에는 '②'에 해당하는 금액을 공제한다.

다음 '①'과 '②' 중 큰 금액을 선택한다.

① 해당 사업연도에 발생한 일반연구・인력개발비가 직전 사업연도에 발생한 일반연구・인력개발비를 초과하는 경우 그 초과하는 금액의 25%(중견기업 40%, 중소기업 50%)

> (해당 사업연도에 발생한 일반연구・인력개발비 − 직전 사업연도에 발생한 일반연구・인력개발비)×25%[주](중견기업 40%, 중소기업 50%)

다만, 해당 사업연도의 개시일부터 소급하여 4년간 일반연구・인력개발비가 발생하지 아니하거나 직전 사업연도에 발생한 일반연구・인력개발비가 해당 사업연도의 개시일부터 소급하여 4년간 발생한 일반연구・인력개발비의 연평균 발생액보다 적은 경우에는 ②에 해당하는 금액으로 한다.

- 일반연구・인력개발비가 직전 사업연도에 최초로 발생한 경우에도 증가분 방식(①)을 적용할 수 있다(서면법령법인−1782, 2021.3.5.).

② 해당 사업연도에 발생한 일반연구・인력개발비 × 다음공제율

가. 중소기업인 경우 25%

나. 중소기업이 중소기업유예기간 경과 후 중소기업에 해당하지 아니하게 된 경우에는

㉠ 최초로 중소기업에 해당하지 아니하게 된 사업연도의 개시일부터 3년 이내에 끝나는 사업연도까지 : 15%

㉡ '㉠'의 기간 이후부터 2년 이내에 끝나는 사업연도까지 : 10%

다. 중견기업[주1)]이 나.에 해당하지 아니하는 경우 : 8%

라. '가'부터 '다'까지의 어느 하나에 해당하지 아니하는 경우 : 다음 계산식에 따른 비율(2%를 한도로 한다)

Min[㉠, ㉡]
㉠ 0%(2016.12.31.까지 2%, 2017.12.31.까지 1%) + 일반연구 · 인력개발비 /해당 사업연도의 수입금액[주2] × 1/2
㉡ 2%

주1) 중견기업 : 직전 3년간 평균매출액은 5천억원 미만으로 하여 적용함(조특령 9 ② 4).
외부회계감사시 매출액의 계산에 있어 전기 감사인과 당기 감사인과의 의견불일치가 발생하여 한국공인회계사 조정협의회의 결론에 따라 당기감사인의 의견이 타당하다고 판단되어 회사가 당초 신고했던 직전 3개 사업연도의 매출액을 소급하여 변경공시한 경우 중견기업으로서 연구 · 인력개발비 세액공제규정을 적용시 변경 공시한 매출액을 기준으로 직전 3개 사업연도의 매출액의 평균금액이 5천억 미만인지를 판단하는 것임(사전법령법인-816, 2020.12.21.)
주2) 수입금액 : 기업회계기준에 따라 계산한 매출액

주 1. 2017.1.1. 개시사업연도부터 세액공제대상 축소(법 10 및 144, 영 별표 6)
2. 세액공제대상 중 연구관리직원의 인건비를 제외함, 즉 연구전담요원 및 연구보조원의 인건비만 세액공제대상에 해당
3. 설립일로부터 5년 이내에 발생한 중소기업의 연구 · 인력개발비 세액공제액은 10년간 이월공제 허용
4. 2012.1.1. 이후 개시 사업연도부터 중소기업의 경우에만 최저한세 적용대상이 아니며 농어촌특별세 비과세

보충설명 소급하여 4년간 발생한 일반연구 · 인력개발비의 연평균 발생액(조특령 9 ⑤)

(① / ②) × 해당 사업연도의 개월수[주] / 12
주) 1개월 미만인 경우의 사업연도 개시월은 산입, 종료월은 불산입(조특령 9 ⑦)

① 해당 사업연도 개시일부터 소급하여 4년간 발생한 일반연구 · 인력개발비의 합계액
② 해당 사업연도 개시일부터 소급하여 4년간 일반연구 · 인력개발비가 발생한 연도의 수 (그 수가 4 이상인 경우 4로 함)

사례	Ⅰ	Ⅱ	Ⅲ
1차연도	100	100	0
2차연도	0	0	0
3차연도	0	0	0
4차연도	0	100	0
해당연도	200	300	400
직전4년간 연평균	100 ÷ 1년 = 100	200 ÷ 2년 = 100	-

1. 사례 Ⅰ
직전 4년간 연평균발생액은 100이고 증가발생액(해당 사업연도 발생액 200 - 직전 사업연도 발생액 0)은 200이나 직전 사업연도 발생액(0)이 직전 4년간 연평균발생액보다 적어 세액공제는 증가금액기준을 적용할 수 없고 당기발생액기준을 적용하여야 함
세액공제 = 200 × 25%(중소기업 전제) = 50
2. 사례 Ⅱ
직전 사업연도 발생액(100)이 직전 4년간 연평균발생액(100)보다 적지 않으므로 세액공제는 증가금액기준과 당기발생액기준을 선택하여 적용함

세액공제 = MAX(①, ②) = 100
① 증가금액기준 : (300 − 100) × 50%(중소기업 전제) = 100
② 당기발생액기준
300 × 25% = 75

3. 사례 Ⅲ
직전 4년간 연평균발생액이 없으므로 당기발생액기준을 적용함
세액공제액 = 400 × 25%(중소기업 전제) = 100

(3) 신성장 · 원천기술연구개발비 및 국가전략기술연구개발비의 범위(조특령 9 ③ · ⑦, 조특칙 7 ②)

① 자체 연구개발의 경우 : 다음 각 목의 비용

가. 조특칙 7 ①의 연구소 또는 전담부서에서 별표 7에 따른 신성장 · 원천기술 분야별 대상기술 및 별표 7의2에 따른 국가전략기술의 연구개발업무에 종사하는 연구원 및 이들의 연구개발업무를 직접적으로 지원하는 사람에 대한 인건비. 다만, 조특칙 7조 ③ 각 호에 해당하는 인건비는 제외한다(조특칙 7조 ④).

나. 신성장 · 원천기술연구개발업무 및 국가전략기술연구개발업무를 위하여 사용하는 견본품, 부품, 원재료와 시약류 구입비

② 위탁 및 공동연구개발의 경우 : 조특칙 7 ⑥에서 정하는 기관에 신성장 · 원천기술연구개발업무 및 국가전략기술연구개발업무를 위탁(재위탁을 포함)함에 따른 비용(전사적 기업자원 관리설비, 판매시점 정보관리설비 등 기업의 사업운영 · 관리 · 지원활동과 관련 시스템 개발을 위한 위탁비용은 제외) 및 이들 기관과의 공동연구개발을 수행함에 따른 비용

(4) 구분경리 등

① 일반연구 · 인력개발비와 신성장 · 원천기술연구개발비, 국가전략기술연구개발비를 각각 별개의 회계로 구분경리(區分經理)하여야 하며, 신성장 · 원천기술연구개발비, 국가전략기술연구개발비가 일반연구 · 인력개발비와 공통되는 경우에는 해당 비용을 전담 연구인력 인건비를 기준으로 일반 또는 신성장 등 연구 · 인력개발비로 안분한다(조특법 10 ④, 조특령 9 ⑬).

② 연구개발계획서, 연구개발보고서(전체 R&D) 및 연구노트(신성장 등 R&D만) 등을 작성하여 5년간 보관해야 한다(2020.1.1. 이후 개시연도부터 적용).

③ 지출한 연구개발비가 신성장・원천기술연구개발비, 국가전략기술연구개발비에 해당되는지 여부에 관한 사항을 심의하기 위하여 기획재정부장관 및 산업통상자원부장관이 공동으로 운영하는 연구개발세액공제심의위원회를 둔다(조특령 9 ⑮).

④ 확정기여형 퇴직연금보험료는 근로계약이 종료되는 때에 지급하는 퇴직급여 성격이 있으므로 해당 사업연도의 연구・인력개발에 직접적으로 대응하는 비용으로 보기 어려우므로 연구 및 인력개발비에 대한 세액공제 대상 인건비에 해 당되지 않음(조심 2020서126, 2020.2.12.)

⑤ 4대 사회보험(국민연금, 건강보험, 고용보험, 산재보험) 보험료의 사용자부담분은 세액공제대상 인건비에 해당된다(2024.2.29. 조특령 별표6 개정).

3. 고용을 증대시킨 기업에 대한 세액공제(조특법 29의7)

2018.1.1. 이후 개시하는 사업연도부터 조특법 제26조(고용창출투자세액공제)와 조특법 제29의5(청년고용을 증대시킨 기업에 대한 세액공제) 규정이 일몰 종료하였으나, 신규 일자리 창출에 대한 지원을 강화하기 위하여 이 두 규정을 통합 및 재설계하여 조특법 제29의7(고용을 증대시킨 기업에 대한 세액공제)을 신설하였다.

㊟ 최저한세 적용대상이며, 농어촌특별세 과세

(1) 공제대상 및 공제세액

내국법인(조특령 제29조 ③에 따른 소비성서비스업은 제외)이 2024.12.31.이 속하는 사업연도까지의 기간 중 해당 사업연도의 상시근로자의 수가 직전 사업연도의 상시근로자의 수보다 증가한 경우에는 다음에 따른 금액을 더한 금액을 해당 사업연도와 해당 사업연도의 종료일로부터 1년(중소・중견기업은 2년)이 되는 날이 속하는 사업연도의 법인세에서 공제한다(조특법 29의7 ①).

① 청년등 상시근로자(청년 정규직 근로자, 장애인 근로자, 60세 이상인 근로자 등)의 증가한 인원수(증가한 상시근로자의 인원수를 한도로 함) × 대기업 400만원(수도권 밖은 500만원), 중견기업 800만원(수도권 밖은 900만원), 중소기업은 다음의 금액

㉠ 수도권 내의 지역에서 증가한 중소기업의 경우 : 1,100만원

㉡ 수도권 밖의 지역에서 증가한 중소기업의 경우 : 1,200만원(2021・2022년은 1,300만원)

② 청년등 상시근로자 외의 상시근로자의 증가한 인원수(증가한 상시근로자의 인원수를 한도로 함) × 0원(중견기업 450만원, 중소기업은 다음의 금액)

㉠ 수도권 내의 지역에서 증가한 중소기업의 경우 : 700만원

㉡ 수도권 밖의 지역에서 증가한 중소기업의 경우 : 770만원

중견기업에 해당하는 내국법인이 조세특례제한법 제29조의7(고용증대세액공제) 제1항 각 호에 따른 세액공제를 적용받은 후 다음 사업연도 이후에 규모의 확대(매출액의 증가) 등으로 중견기업에 해당하지 않더라도 제2항에 따른 공제세액 추징 사유에 해당하지 않는 경우(상시 근로자가 감소하지 않음) 해당 사업연도의 법인세에서 공제받은 금액을 해당 사업연도의 종료일부터 2년이 되는 날이 속하는 사업연도까지의 법인세에서 공제한다(서면법령법인 - 487, 2020.9.28.).

조세특례제한법 제29조의7 제1항 제1호에 따른 고용증대세액공제를 적용받던 거주자가 영위하던 사업을 동법 제32조(법인전환에 대한 양도소득세의 이월과세) 제1항에 따라 법인으로 전환하면서 전환법인과 사업의 포괄양수도 계약을 체결하고 그 사업에 관한 일체의 권리와 의무를 포괄적으로 양도 및 양수한 경우로서 거주자가 고용증대세액공제를 받은 사업연도의 종료일부터 2년이 되는 날이 속하는 사업연도의 종료일까지의 기간 중 청년 등 상시근로자의 수가 공제를 받은 직전 사업연도에 비하여 감소하지 아니한 경우 전환법인은 거주자로부터 승계받은 고용증대 세액공제를 적용받을 수 있다(사전법령법인 - 432, 2021.5.11.).

(2) 고용감소의 경우 세액공제 배제

위 (1)에 따라 세액공제를 받은 내국법인이 최초로 공제를 받은 사업연도의 종료일부터 2년이 되는 날이 속하는 사업연도의 종료일까지의 기간 중 다음의 사유가 발생하는 경우 감소한 사업연도부터 세액공제를 적용하지 아니한다(조특법 29의7 ②).

① 전체 상시근로자의 수가 최초로 공제를 받은 사업연도에 비하여 감소한 경우 감소한 사업연도부터 위 (1)의 ①, ②의 세액공제

② 청년등 상시근로자의 수가 최초로 공제를 받은 사업연도에 비하여 감소한 경우 감소한 사업연도부터 위 (1)의 ①의 세액공제

(3) 고용감소 공제세액 추징

상기 (2)에 따라 세액공제가 배제되는 경우 다음의 구분에 따라 계산한 금액을 해당 사업연도의 과세표준을 신고할 때 법인세로 납부하여야 한다(조특법 29의7 ②

후단, 조특령 26의7 ⑤).

1) (1)에 따라 최초로 공제받은 사업연도의 종료일부터 1년이 되는 날이 속하는 사업연도의 종료일까지의 기간 중 최초로 공제받은 사업연도보다 상시근로자 수 또는 청년등 상시근로자 수가 감소하는 경우 : 다음의 구분에 따라 계산한 금액(해당 사업연도의 직전 1년 이내의 사업연도에 (1)에 따라 공제받은 세액을 한도로 한다)

① 상시근로자 수가 감소하는 경우 : 다음의 구분에 따라 계산한 금액

㉠ 청년등 상시근로자의 감소한 인원 수가 상시근로자의 감소한 인원 수 이상인 경우 : 다음의 계산식에 따라 계산한 금액

> (최초로 공제받은 사업연도 대비 청년등 상시근로자의 감소한 인원 수㈜ − 상시근로자의 감소한 인원 수) × {(1)의 ①의 금액 − (1)의 ②의 금액} + (상시근로자의 감소한 인원 수 × (1)의 ①의 금액)

㈜ 최초로 공제받은 사업연도에 청년등 상시근로자의 증가한 인원 수를 한도로 한다.

㉡ 그 밖의 경우 : 다음의 계산식에 따라 계산한 금액

> (최초로 공제받은 사업연도 대비 청년등 상시근로자의 감소한 인원 수㈜ − 상시근로자의 감소한 인원 수) × {(1)의 ①의 금액 − (1)의 ②의 금액} + (상시근로자의 감소한 인원 수 × (1)의 ①의 금액)

㈜ 상시근로자의 감소한 인원 수를 한도로 한다.

② 상시근로자 수는 감소하지 않으면서 청년등 상시근로자 수가 감소한 경우 : 다음의 계산식에 따라 계산한 금액

> 최초로 공제받은 사업연도 대비 청년등 상시근로자의 감소한 인원 수㈜ × {(1)의 ①의 금액 − (1)의 ②의 금액}

㈜ 최초로 공제받은 사업연도에 청년등 상시근로자의 증가한 인원 수를 한도로 한다.

2) (1)에 따라 최초로 공제받은 사업연도의 종료일로부터 2년이 되는 날이 속하는 사업연도의 종료일까지의 기간 중 최초로 공제받은 사업연도보다 상시근로자 수 또는 청년등 상시근로자 수가 감소하는 경우 : 다음의 구분에 따라 계산한 금액(위 1)에 따라 계산한 금액이 있는 경우 그 금액을 제외하며, 해당 사업연도의 직전 2년 이내의 사업연도에 (1)에 따라 공제받은 세액의 합계액을 한도로 한다)

① 상시근로자 수가 감소하는 경우 : 다음의 구분에 따라 계산한 금액

㉠ 청년등 상시근로자의 감소한 인원 수가 상시근로자의 감소한 인원 수 이상인 경우 : 다음의 계산식에 따라 계산한 금액

> (최초로 공제받은 사업연도 대비 청년등 상시근로자의 감소한 인원 수㈜ - 상시근로자의 감소한 인원 수) × {(1)의 ①의 금액 - (1)의 ②의 금액} × 직전 2년 이내의 사업연도에 공제받은 횟수 + {상시근로자의 감소한 인원 수 × (1)의 ①의 금액 × 직전 2년 이내의 사업연도에 공제받은 횟수}

㈜ 최초로 공제받은 사업연도에 청년등 상시근로자의 증가한 인원 수를 한도로 한다.

㉡ 그 밖의 경우 : 최초로 공제받은 사업연도 대비 청년등 상시근로자 및 청년등 상시근로자 외 상시근로자의 감소한 인원 수(상시근로자의 감소한 인원 수를 한도로 한다)에 대해 직전 2년 이내의 사업연도에 공제받은 세액의 합계액

② 상시근로자 수는 감소하지 않으면서 청년등 상시근로자 수가 감소한 경우 : 다음의 계산식에 따라 계산한 금액

> 최초로 공제받은 사업연도 대비 청년등 상시근로자의 감소한 인원 수㈜ × {(1)의 ①의 금액 - (1)의 ②의 금액} × 직전 2년 이내의 사업연도에 공제받은 횟수

㈜ 최초로 공제받은 사업연도에 청년등 상시근로자의 증가한 인원 수를 한도로 한다.

주 최초로 공제받은 사업연도의 종료일 현재 29세 이하인 사람은 이후 사업연도에도 29세 이하인 것으로 보아 청년등 상시근로자 수를 계산한다(조특령 26의7 ⑥).

③ 고용증대세액공제 계산 시 전체 청년등 상시근로자 수가 감소한 경우에는 수도권 외 지역의 청년등 상시근로자 수가 증가하였더라도 청년 등 외 상시근로자 수가 증가한 것으로 보아 고용증대세액을 계산한다(서면법령법인-4043, 2020.12.14.).

(4) 수도권 내 · 외에 사업장이 있는 경우

수도권 내 · 외에 위치한 다수의 사업장을 가지고 있는 내국법인의 전체 상시근로자 수가 직전 사업연도 대비 증가(수도권 내 · 외 모두 증가)한 경우로서 수도권 내 · 외를 포함한 전체 청년등 상시근로자 수는 감소하였으나 수도권 외의 지역에서 청년등 상시근로자 수가 증가한 경우, 해당 내국법인은 수도권 내 · 외를 구분하여 증가한 상시근로자 수의 인원 수 한도를 적용하되, 수도권 외 청년등 상시근로자 수 증가분에 대하여는 청년등 상시근로자 외 상시근로자 수가 증가한 것으로

보아 고용증대세액공제액을 계산하는 것임(서면법령법인-4043, 2020.12.14.)

1) 사 례

① 2019년 상시근로자수 : 수도권 내 100, 수도권 외 12 총 112명

② 2018년 상시근로자수 : 수도권 내 90, 수도권 외 10 총 100명

전 체 10명 증가 2명 증가 12명 증가

③ 청년등 근로자수 증감 : 수도권 내 -5, 수도권 외 1 총 -4

④ 청년등 외 근로자수 증감 : 수도권 내 15, 수도권 외 1 총 16

2) 고용증대세액공제액 계산

① 수도권 내 공제액

청년등 외 근로자수가 15명 증가하였으나 청년등 근로자수가 5명 감소하였으므로 총 증가 수 10명을 한도로 수도권 내 청년등 외 공제액인 1인당 700만원을 곱하여 70,000,000원이 세액공제액이 됨

② 수도권 외 공제액

청년등 근로자수도 1명 증가하였고 청년등 외 근로자수도 1명 증가하여서 총 2명이 증가하였으나 전체 청년등 근로자수는 감소하였으므로 수도권 외의 청년등 근로자수 증가는 청년등 외 근로자 수에 합산하여 총 2명의 증가인원 수에 수도권 외의 청년등 외 공제액인 770만원을 곱하여 15,400,000원이 세액공제액이 됨

③ 총 공제세액 : 85,400,000원

(5) 상시근로자 등의 개념 및 계산

1) 상시근로자

상시근로자는 「근로기준법」에 따라 근로계약을 체결한 내국인 근로자로 한다. 다만, 다음의 어느 하나에 해당하는 사람은 제외한다(조특령 26의7 ②, 같은령 23 ⑩).

① 근로계약기간이 1년 미만인 근로자. 다만, 근로계약의 연속된 갱신으로 인하여 그 근로계약의 총 기간이 1년 이상인 근로자는 상시근로자로 본다.

② 「근로기준법」 제2조 제1항 제8호에 따른 단시간근로자. 다만, 1개월간의 소정근로시간이 60시간 이상인 근로자는 상시근로자로 본다.

③ 「법인세법 시행령」 제42조 제1항에 해당하는 임원

④ 해당 기업의 최대주주 또는 최대출자자(개인사업자의 경우에는 대표자)와 그 배우자

⑤ ④에 해당하는 자의 직계존비속(그 배우자를 포함) 및 「국세기본법 시행령」 제1조의2 제1항에 따른 친족관계인 사람

⑥ 「소득세법 시행령」 제196조에 따른 근로소득원천징수부에 의하여 근로소득세를 원천징수한 사실이 확인되지 아니하고, 다음의 어느 하나에 해당하는 금액의 납부사실도 확인되지 아니하는 자

㉠ 「국민연금법」 제3조 제1항 제11호 및 제12호에 따른 부담금 및 기여금

㉡ 「국민건강보험법」 제69조에 따른 직장가입자의 보험료

2) 청년등 상시근로자

청년등 상시근로자란 다음의 어느 하나에 해당하는 청년 정규직 근로자와 장애인 근로자를 말한다(조특령 26의7 ③).

① 15세 이상 29세 이하인 사람 중 다음의 어느 하나에 해당하는 사람을 제외한 사람. 다만, 해당 근로자가 병역을 이행하는 경우에는 그 기간(6년 한도)을 현재 연령에서 빼고 계산한 연령이 29세 이하인 사람을 포함한다.

㉠ 「기간제 및 단시간근로자 보호 등에 관한 법률」에 따른 기간제근로자 및 단시간근로자

㉡ 「파견근로자보호 등에 관한 법률」에 따른 파견근로자

㉢ 「청소년보호법」 제2조 제5호에 따른 업소에 근무하는 같은 조 제1호에 따른 청소년

② 「장애인복지법」의 적용을 받는 장애인과 「국가유공자 등 예우 및 지원에 관한 법률」에 따른 상이자

③ 5.18민주화운동 부상자와 고엽제후유의증환자로서 장애등급판정을 받은 자

3) 상시근로자 수, 청년등 상시근로자 수의 계산

위 (1)~(3)의 규정을 적용할 때 상시근로자 수, 청년등 상시근로자 수는 다음의 구분에 따른 계산식에 따라 계산한 수(1/100 미만의 부분은 없는 것으로 한다)로 한다(조특령 26의7 ⑦).

① 상시근로자 수 :

$$\frac{\text{해당 사업연도의 매월 말 현재 상시근로자 수의 합}}{\text{해당 사업연도의 개월수}}$$

② 상시근로자 수 계산의 유의사항(조특령 26의7 ⑧, 같은령 23 ⑪)

㉠ 1개월간의 소정근로시간이 60시간 이상인 근로자로서 상시근로자에 해당하는 경우 : 근로자 1명을 0.5명으로 계산

㉡ 다음의 지원요건을 모두 충족하는 경우에는 0.75명으로 계산

가. 해당 과세연도의 상시근로자 수(위 ㉠의 근로자는 제외)가 직전 과세연도의 상시 근로자 수(위 ㉠의 근로자는 제외)보다 감소하지 아니하였을 것

나. 상시근로자와 시간당 임금(「근로기준법」 제2조 제1항 제5호에 따른 임금, 정기상여금, 명절상여금 등 정기적으로 지급되는 상여금과 경영성과에 따른 성과금을 포함), 그 밖에 근로조건과 복리후생 등에 관한 사항에서 「기간제 및 단시간근로자 보호 등에 관한 법률」 제2조 제3호에 따른 차별적 처우가 없을 것

다. 시간당 임금이 「최저임금법」 제5조에 따른 최저임금액의 130%(중소기업 120%) 이상일 것

③ 청년등 상시근로자 수 :

$$\frac{\text{해당 사업연도의 매월 말 현재 청년등 상시근로자 수의 합}}{\text{해당 사업연도의 개월수}}$$

④ 해당 사업연도에 창업 등을 한 경우

상시근로자 수 등을 계산할 때 해당 사업연도에 창업 등을 한 내국법인의 경우에는 다음의 구분에 따른 수를 직전 또는 해당 사업연도의 상시근로자 수 등으로 본다(조특령 26의7 ⑨, 같은령 23 ⑬).

㉠ 창업(법 제6조 제9항 제1호부터 제3호까지의 규정에 해당하는 경우는 제외)한 경우의 직전 사업연도의 상시근로자 수 : 0

㉡ 조특법 제6조 제9항 제1호(합병 · 분할 · 현물출자 또는 사업의 양수 등을 통하여 종전의 사업을 승계하는 경우는 제외)부터 제3호까지의 어느 하나에 해당하는 경우의 직전 사업연도의 상시근로자 수 : 종전 사업, 법인전환 전의 사업 또는 폐업 전의 사업의 직전 사업연도 상시근로자 수

㉢ 다음의 어느 하나에 해당하는 경우의 직전 또는 해당 사업연도의 상시근로자 수 : 직전 사업연도의 상시근로자 수는 승계시킨 기업의 경우에는 직전 사업연도 상시근로자 수에 승계시킨 상시근로자 수를 뺀 수로 하고, 승계한 기업의 경우에는 직전 사업연도 상시근로자 수에 승계한 상시근로자 수를 더한 수로 하며, 해당 사업연도의 상시근로자 수는 해당 사업연도 개시일에 상시근로자를 승계시키거나 승계한 것으로 보아 계산한 상시근로자 수로 한다.

가. 해당 사업연도에 합병 · 분할 · 현물출자 또는 사업의 양수 등에 의하여

종전의 사업부문에서 종사하던 상시근로자를 승계하는 경우

나. 조특령 제11조 제1항에 따른 특수관계인으로부터 상시근로자를 승계하는 경우

㈜ 최저한세 적용대상, 농어촌특별세 과세대상이다.

보 론	고용증대기업 세액공제제도

Ⅰ. 법규정

1. 조특법 제29의7(고용을 증대시킨 기업에 대한 세액공제)
2. 조특령 제26의7
3. 별제 제10호의8 서식

Ⅱ. 법해설

1. 2018사업연도부터 적용(최저한세 적용대상, 농특세과세)
2. 해당사업연도 상시근로자 수(30명) > 직전사업연도 상시근로자 수(20명)
(= 최초공제받은 사업연도)
   (1) 청년등상시근로자 수 증가(4명) + 청년등외상시근로자 수 증가(6명)
      ① 청년등상시근로자 수 증가(4명)분 세액공제(2021 · 2022 적용분)
      대기업 : 400만원(수도권 밖 500만원)
      중견기업 : 800만원(수도권 밖 900만원)
      중소기업 : 1,100만원(수도권 밖 1,300만원)
      ② 청년등외상시근로자 수 증가(6명)분 세액공제
      대기업 : -
      중견기업 : 450만원
      중소기업 : 700만원(수도권 밖 770만원)
      ③ 전제 : 수도권 안 중소기업
      ④ 세액공제액
      4 × 11,000,000 + 6 × 7,000,000 = 86,000,000
   (2) 청년등상시근로자 수 증가(12명) - 청년등외상시근로자 수 감소(2명)
   상시근로자 수 증가분(10명)을 한도로 (1). ① 적용
      ① 전제 : 수도권 안 중소기업(앞으로 모든 사례는 동일전제)
      ② 세액공제액
      10 × 11,000,000 = 110,000,000
   (3) 청년등외상시근로자 수 증가(12명) - 청년등상시근로자 수 감소(2명)
   상시근로자 수 증가분(10명)을 한도로 (1). ② 적용
   10 × 7,000,000 = 70,000,000

(4) 세액공제요건

① 당해연도의 상시근로자 수가 전년도 상시근로자 수보다 증가한 경우에 세액공제가 적용되며 이에는 다음 3가지 유형이 있음

② 청년등 증가 + 청년등외 증가

③ 청년등 증가 - 청년등외 감소
(상시근로자 수 증가분을 한도로 적용)

④ 청년등외 증가 - 청년등 감소
(상시근로자 수 증가분을 한도로 적용)

(5) 상시근로자 수 계산

① (청년등)상시근로자 수 계산은 매월 말 현재 (청년등)상시근로자 수 합계를 12로 나누어 계산하며 소수점 2자리 미만은 절사함

② 상시근로자 수 - 청년등상시근로자 수 = 청년등외상시근로자 수

③ 창업 등의 경우는 조특령 제23조 제13항 준용
(창업의 경우 직전사업연도의 상시근로자 수는 "0"임)

④ 월말 입사자 · 퇴사자는 상시근로자 수에 합산하여 계산

⑤ 최초 공제받은 사업연도에 청년등상시근로자 해당자는 이후에도 동일하게 계산함(기준법령법인 - 135, 2021.8.20.)

⑥ 상시근로자
근로기준법에 따라 근로계약을 체결한 내국인 근로자를 말하며 다음의 자는 제외함
가. 근로계약이 1년 미만인 근로자
나. 근로기준법 제2조 제1항 제9호에 따른 단시간근로자
다. 법인세법시행령 제40조 제1항의 임원
라. 해당기업의 최대주주자(개인사업자는 대표자)와 그 배우자
마. '라.'에 해당하는 자의 직계존비속 및 국세기본법 시행령상 친족

⑦ 청년등 상시근로자
상시근로자 중 다음에 해당하는 청년, 장애인 및 60세 이상자
가. 15세 이상 29세 이하인 자(병역기간 제외, 최대 6년)
나. 장애인, 상이자, 5 · 18민주화운동부상자, 고엽제후유의증자
다. 근로계약체결일 현재 60세 이상 자

3. '2.'의 세액공제액 적용기한(중소 · 중견기업은 3년간, 대기업은 2년간 적용. 단, 동 기간내에 상시근로자 수가 최초적용 사업연도의 상시근로자 수보다 감소시는 적용중단 · 추징세액납부. 상시근로자 수는 증가하였지만 최초 적용 사업연도의 청년등상시근로자를 청년등외상시근로자로 보아 청년등외상시근로자 증가분에 대한 추가공제를 계속 적용하며(조세특례제도과 - 909, 2023.8.28.) 청년등상시근로자 수 감소분에 대하여는 추징세액납부)

(1) 2. 다음사업연도 상시근로자 수(35명) > 최초적용 사업연도 상시근로자 수(30명)

1) 다음사업연도 청년등상시근로자 수 > 최초적용 청년등상시근로자 수

	2020	2021(최초)	2022
상시근로자	20	30	35
청년등	6	10	12
청년등외	14	20	23

① 2022년에 2021년분에 대한 세액공제 동일적용(청년등 4명 + 청년등외 6명)
4 × 11,000,000 + 6 × 7,000,000 = 86,000,000
② 2022년분 세액공제적용(청년등 2명 + 청년등외 3명)
2 × 11,000,000 + 3 × 7,000,000 = 43,000,000

2) 1)과 동일 + 청년등외는 감소

	2020	2021(최초)	2022
상시근로자	20	30	35
청년등	6	10	16
청년등외	14	20	19

① 2022년에 2021년분에 대한 세액공제 동일적용(청년등 4명 + 청년등외 6명)
4 × 11,000,000 + 6 × 7,000,000 = 86,000,000
(청년등외의 감소분에 대한 추징세액없음)
② 2022년분 세액공제적용(청년등 5명 : 실지 증가는 6명이나 상시근로자 수 증가분 5명을 한도로 적용)
5 × 11,000,000 = 55,000,000

3) 다음사업연도 청년등상시근로자 수 < 최초적용 청년등상시근로자 수

	2020	2021(최초)	2022
상시근로자	20	30	35
청년등	6	10	8
청년등외	14	20	27

① 2022년의 2021년분에 대한 추가세액공제
가. 전체 상시근로자는 증가하고 청년등은 감소하였으므로 2021년 청년등을 청년등외로 보아 2022년 추가공제시 청년등외의 세액공제를 적용받음
10(상시근로자 전체를 청년등외로 본건임) × 7,000,000 = 70,000,000
나. 2022년 청년등상시근로자 수 감소분은 추징세액적용(조특령 26의7 ⑤ 1호 나. 적용)
2 × (11,000,000 − 7,000,000) = 8,000,000
② 2022년분 세액공제적용(청년등외 5명 : 실지 증가는 7명이나 상시근로자 수 증가분 5명을 한도로 적용)
5 × 7,000,000 = 35,000,000

저자주 **추징세액의 검토**

1. 세액공제의 추징에 대한 상세설명은 다음 4.에서 설명

2. 추징세액의 기본방침

최초공제받은 사업연도 이후 2년안에 상시근로자 및 청년등상시근로자가 감소한 경우의 추징세액계산의 기본원리는 상시근로자 등이 감소한 연도의 인원수를 최초공제받은 연도의 인원수로 하여 최초연도의 공제세액을 계산하고 기 공제받았던 세액공제금액과의 차이를 추가공제 및 세액추징액으로 하는 것임. 단, 모든 경우에 이의 기본원리가 적용되는 것은 아님에도 유의하여야 함

(1) 기본자료

	2020	2021(최초)	2022
상시근로자	20	30	28
청년등	6	10	9
청년등외	14	20	19

(2) 2022사업연도의 세액공제액 적용

① 2022년의 상시근로자수가 2021년보다 감소하였으므로 2022년분에 대한 세액공제는 없음

② 2021년 세액공제분 추징액(조특령 26의7 ⑤ 1호 가. 2)적용)

1 × 11,000,000 + 1 × 7,000,000 = 18,000,000

(3) 기본원리검토

① 2021년 최초공제액

4 × 11,000,000 + 6 × 7,000,000 = 86,000,000

② 2022년 인원을 2021년 인원으로 전제시 공제해당액

3 × 11,000,000 + 5 × 7,000,000 = 68,000,000

③ ①과 ②의 차액 = 18,000,000(추징세액과 동일)

3. 상기 3) ① 추가공제액에 대한 논란

상기 3)의 사례는 최초공제받은 사업연도 이후의 사업연도에 상시근로자 수는 증가하였지만 청년등상시근로자 수는 감소(청년등외상시근로자 증가 수가 더 많음)하여 2022년에 청년등의 추가공제는 적용받지 못하고 감소인원수에 대한 추징세액 8,000,000을 납부하고, 청년등외상시근로자수는 증가하였으므로 최초공제받은 사업연도(2021년 적용)의 청년등외 추가공제분을 공제받는 사례이다. 다음 4.의 국세청 해석(현재는 삭제)에서는 최초사업연도(2021년)에 청년등외로 공제받았던 42,000,000(6 × 7,000,000)을 공제받으라는 주장이었고 실지 많은 기업들이 이대로 추가공제를 적용하였다. 이에 대하여 다음 5. 및 6.에 의한 기재부 유권해석이 2023년에 나와 국세청의 해석과 다른 세액공제금액(2021년의 청년등을 청년등외로 보아 10 × 7,000,000 = 70,000,000 공제)이 계산되므로 이에 대한 경정청구를 통해 세액을 환급받으시기 바란다. 즉 전체 상시근로자 수는 증가하였지만 청년등의 수가 감소하여 최초공제받은 연도의 청년등 공제분은 공제받지 못하고 청년외 분만 공제가능하므로 청년등의 감소인원을 청년등외로 보아 추가공제시 청년등외의 공제액을 (기존 6명 + 청년등 공제못받는 최초연도 인원 수 4명) × 7,000,000 = 70,000,000으로 하여야 한다는 기재부의 유권해석이다.

4. 상기 3.에 대한 국세청의 유권해석(사전법규법인 - 343, 2022.10.13., 현재는 다음 5.의 기재부 유권해석에 따라 폐기됨)
   1) 사실관계
      ① 신청법인은 수도권 내 중소기업임
      ② 근로자의 수

구 분	2019년	2020년	2021년
청년등 상시근로자	5명	9명	8명
청년등 외 상시근로자	3명	2명	6명
전체 상시근로자	8명	11명	14명

      ③ 신청법인은 2020사업연도에 고용증대세액공제 3,300만원(3 × 11,000,000)의 세액공제를 적용받았음
   2) 회신
      조세특례제한법 제29조의7 제1항에 따라 법인세를 최초로 공제받은 사업연도(2020)의 다음 사업연도(2021) 중 상시근로자의 수 및 청년등 상시근로자 외 상시근로자는 증가하고 청년등 상시근로자의 수는 감소한 경우 2021사업연도에 같은 조 제1항 제1호를 적용하지 아니하되, 같은 조 제1항 제2호에 따라 최초로 공제를 받은 세액은 공제를 받을 수 있는 것이나 귀 법인의 경우, 2020사업연도에 같은 조 제1항 제2호에 따라 최초로 공제를 받은 세액이 없으므로 2021사업연도에는 추가로 공제를 받을 세액이 없는 것입니다. 또한 조세특례제한법 제29조의7 제2항 후단에 따라 같은 법 시행령 제26조의7 제5항 제1호 나목에 따라 계산 한 금액을 2021사업연도의 과세표준을 신고할 때 법인세로 납부하여야 하는 것임
5. 기획재정재부의 유권해석(조세특례제도과 - 215, 2023.3.6.)
   (1) 내국인이 해당 과세연도의 청년 등 상시근로자 증가인원에 대해 조세특례제한법 제29조의7 제1항 제1호에 따른 세액공제를 적용받은 후 다음 과세연도에 청년 등 상시근로자의 수는 감소(최초 사업연도에는 29세 이하였으나 이후 사업연도에 30세 이상이 되어 청년 수가 감소하는 경우 포함)하였으나, 전체 상시근로자의 수는 유지되는 경우, 잔여 공제연도에 대해서는 제29조의7 제1항 제2호의 공제액을 적용하여 공제 가능함.
   (2) 상기 4. 사례의 계산을 기재부 유권해석을 적용한 경우의 세액공제액 계산
      1) 2020사업연도
         청년등이 증가한 수는 4명이나 청년등외의 수가 1명이 감소하여 전체인원이 3명 증가한 것이므로 3 × 11,000,000 = 33,000,000원의 세액공제를 적용받음
      2) 2021사업연도
         ① 2020년분 세액공제액
            가. 2021년에 청년등이 감소하여 2020년분의 청년등 세액공제는 적용받을 수 없으며 추징세액의 계산으로 1 × (11,000,000 - 7,000,000) = 4,000,000원의 세액을 납부함

나. 2020년 청년등외 분에 대한 세액공제는 2020년에 청년등외의 수가 감소하여 적용받지 못했으나 2021년 및 2022년 잔여공제기간에 대하여는 청년등 증가인원을 청년등외의 인원수로 합산하여 청년등외의 수가 3명(11명 − 8명) 증가한 것으로 보아 3 × 7,000,000 = 21,000,000원을 세액공제로 적용받을 수 있다는 주장임

② 2021년분 세액공제액

3(14 − 11) × 7,000,000 = 21,000,000원

6. 기획재정부 유권해석(조세특례제도과 − 906,2023.8.28.)

질의 1. 최초 고용증대세액공제 적용시, 청년을 청년 외로 보아 세액공제를 적용할 수 있는 지 여부

답변 : 청년 외로 선택 적용가능

질의 2. 최초공제 적용 이후 과세연도에 상시 근로자 수는 증가하였으나, 청년은 감소한 경우 추가공제 계산방법

답변 : 청년을 청년 외로 보아 추가공제 적용

질의 3. 2018년 최초 공제를 받은 경우로서 2020년보다 2021년 상시근로자 수가 더 많이 감소한 경우 2021년 추가납부세액 계산 방법

답변 : 2020년 추가납부세액을 한도로 추가납부

---

(2) 2. 다음다음사업연도 상시근로자 수(38명) > 최초적용 사업연도 상시근로자 수(30명)

1) 다음다음사업연도 청년등상시근로자 수 > 최초적용 사업연도 청년등상시근로자 수

	2020	2021(최초)	2022(최초)	2023
상시근로자	20	30	35	38
청년등	6	10	12	13
청년등외	14	20	23	25

① 2023년의 2021년분에 대한 세액공제 동일적용(청년등 4명 + 청년등외 6명)

4 × 11,000,000 + 6 × 7,000,000 = 86,000,000

② 2022년분 세액공제적용(청년등 2명 + 청년등외 3명)

2 × 11,000,000 + 3 × 7,000,000 = 43,000,000

③ 2023년분 세액공제적용(청년등 1명 + 청년등외 2명)

1 × 11,000,000 + 2 × 7,000,000 = 25,000,000

2) 다음다음사업연도 청년등상시근로자 수 > 최초적용 사업연도 청년등상시근로자 수
(2023년분) (2021년분)

다음다음사업연도 청년등상시근로자 수 < 최초적용 사업연도 청년등상시근로자 수
(2023년분) (2022년분)

	2020	2021(최초)	2022(최초)	2023
상시근로자	20	30	35	38
청년등	6	10	16	15
청년등외	14	20	19	23

① 2023년의 2021년분에 대한 세액공제 동일적용(청년등 4명 + 청년등외 6명)
4 × 11,000,000 + 6 × 7,000,000 = 86,000,000

② 2023년의 2022년분에 대한 세액공제

가. 청년등이 감소하였으므로 2022년분 청년등 세액공제분(청년등만 6명 증가하였으나 상시근로자 수 증가분 5명을 한도로 적용) 적용안되고 청년등을 청년등외로 보아 추가공제 적용
5(35 − 30) × 7,000,000 = 35,000,000

나. 2023년 청년등상시근로자 수 감소분은 추징세액적용(조특령 26의7 ⑤ 1호 나. 적용)
1 × (11,000,000 − 7,000,000) = 4,000,000

③ 2023년분 세액공제적용(청년등외 3명 : 실지 증가는 4명이나 상시근로자 수 증가분 3명을 한도로 적용)
3 × 7,000,000 = 21,000,000

3) 다음다음사업연도 청년등상시근로자 수 < 최초적용 사업연도 청년등상시근로자 수
(2023년분) (2021년분)
다음다음사업연도 청년등상시근로자 수 < 최초적용 사업연도 청년등상시근로자 수
(2023년분) (2022년분)

	2020	2021(최초)	2022(최초)	2023
상시근로자	20	30	35	38
청년등	6	10	8	7
청년등외	14	20	27	31

① 2022년의 2021년 및 2022년분에 대한 세액공제
상기 3. (1). 3) 참조

가. 2021년분에 대한 세액공제

ㄱ. 청년등은 감소하였으므로 2021년분 세액공제분 중 청년등을 청년등외로 보아 청년등외 세액공제분을 적용받음
10 × 7,000,000 = 70,000,000

ㄴ. 2022년 청년등상시근로자 수 감소분은 추징세액적용(조특령 26의7 ⑤ 1호 나. 적용)
2 × (11,000,000 − 7,000,000) = 8,000,000

나. 2022년분 세액공제적용(청년등외 5명 : 실지 증가는 7명이나 상시근로자 수 증가분 5명을 한도로 적용)
5 × 7,000,000 = 35,000,000

② 2023년의 2021년분 세액공제

가. 2022년에 이미 청년등상시근로자 수가 최초공제사업연도인 2021년 청년등상시근로자 수보다 감소하였으므로 2023년에는 2021년분 청년등을 청년등외로 보아 청년등외분에 대한 세액공제를 적용받음

10 × 7,000,000 = 70,000,000

나. 2023년의 청년등상시근로자 수 감소분에 대한 추징세액(조특령 26의7 ⑤ 2호 나. 적용)

2021년대비 감소 3 × (11,000,000 − 7,000,000) × 공제횟수 1 − 2022년 추징세액 8,000,000 = 4,000,000

③ 2023년의 2022년분 세액공제(청년등외 5명)

5 × 7,000,000 = 35,000,000

④ 2023년분 세액공제(청년등외 3명 : 실지 증가는 4명이나 상시근로자 수 증가분 3명을 한도로 공제)

3 × 7,000,000 = 21,000,000

4. 세액공제의 추징(조특법 29의7 ②)

(1) 추징대상(모든 기업 동일적용)

1) 최초공제받은 사업연도 이후 2년의 사업연도에 상시근로자 수가 감소한 경우 다음의 3가지 유형이 있음

① 청년등상시근로자수 감소 + 청년등외상시근로자수 감소 = 상시근로자수감소

가. 최초공제 다음사업연도인 경우(최초연도 공제받은 세액을 한도로 추징)

조특령 26의7 ⑤ 1호 가. 2) 적용

"[최초공제 사업연도 대비 청년등상시근로자 감소인원(상시근로자의 감소 인원수 한도) × 11,000,000] + [최초공제 사업연도 대비 청년등외 상시근로자 감소인원(상시근로자의 감소인원수 한도) × 7,000,000]"

나. 최초공제 다음다음사업연도인 경우(직전 2년간 공제받은 세액을 한도)

조특령 26의7 ⑤ 2호 가. 2) 적용

"최초공제 사업연도 대비 청년등상시근로자 및 청년등외 상시근로자의 감소인원수(상시근로자의 감소인원수 한도)에 대해 직전 2년간 공제받은 세액의 합계액"

② 청년등상시근로자수 증가 + 청년등외상시근로자수 감소 = 상시근로자수감소

상기 '① 가.' 및 '나.'와 동일규정

③ 청년등상시근로자수 감소 + 청년등외상시근로자수 증가 = 상시근로자수감소

가. 최초공제 다음사업연도인 경우(최초연도 공제받은 세액을 한도로 추징)

조특령 26의7 ⑤ 1호 가. 1) 적용

"[최초공제 사업연도 대비 청년등상시근로자 감소인원(최초공제 사업연도 청년등상시근로자의 증가인원수 한도) − 상시근로자의 감소인원수] × (11,000,000 − 7,000,000) + (상시근로자 감소인원수 × 11,000,000)"

나. 최초공제 다음다음사업연도인 경우(직전 2년간 공제받은 세액을 한도)

조특령 26의7 ⑤ 2호 가. 1) 적용

"[최초공제 사업연도 대비 청년등상시근로자 감소인원(최초공제 사업연도 청년등

상시근로자의 증가인원수 한도) − 상시근로자의 감소인원수] × (11,000,000 − 7,000,000) × 직전 2년간 공제받은 횟수 + (상시근로자 감소인원수 × 11,000,000 × 직전 2년간 공제받은 횟수)”

2) 최초공제받은 사업연도 이후 2년의 사업연도에 상시근로자 수는 감소하지 않고 청년등상시근로자의 수가 감소한 경우

① 청년등상시근로자수 감소 + 청년등외상시근로자수 증가 = 상시근로자수증가

② 최초공제 다음사업연도인 경우(최초연도 공제받은 세액을 한도로 추징)
조특령 26의7 ⑤ 1호 나. 적용
“최초공제 사업연도 대비 청년등상시근로자 감소인원(최초공제 사업연도 청년등상시근로자의 증가인원수 한도) × (11,000,000 − 7,000,000)”

③ 최초공제 다음다음사업연도인 경우(직전 2년간 공제받은 세액을 한도)
조특령 26의7 ⑤ 2호 나. 적용
“최초공제 사업연도 대비 청년등상시근로자 감소인원(최초공제 사업연도 청년등상시근로자의 증가인원수 한도) × (11,000,000 − 7,000,000) × 직전 2년간 공제받은 횟수”

(2) 다음사업연도 상시근로자수(28명) < 최초공제사업연도 상시근로자수(30명)
(2022년) (2021년)

1) 기본자료

	2020	2021(최초)	2022(최초)
상시근로자	20	30	28
청년등	6	10	?
청년등외	14	20	?

2) 2022년 청년등상시근로자 수 감소(3명) > 상시근로자수 감소(2명)[(1) 1) ③ 가. 사례]

① 청년등상시근로자 수 7명(감소 3명)

② 청년등외상시근로자 수 21명(증가 1명)

③ 조특령 26의7 ⑤ 1호 가. 1) 적용

④ 추징세액
(3 − 2) × (11,000,000 − 7,000,000) + 2 × 11,000,000 = 26,000,000

3) 2022년 청년등상시근로자 수 감소(1명) + 청년등외상시근로자수 감소(1명)
[(1) 1) ① 가. 사례]

① 청년등상시근로자 수 9명(감소 1명)

② 청년등외상시근로자 수 19명(감소 1명)

③ 조특령 26의7 ⑤ 1호 가. 2)적용

④ 추징세액
1 × 11,000,000 + 1 × 7,000,000 = 18,000,000

4) 2022년 청년등상시근로자 수 증가(1명) + 청년등외상시근로자수 감소(3명)
[(1) 1) ② 사례]

① 청년등상시근로자 수 11명(증가 1명)

② 청년등외상시근로자 수 17명(감소 3명)

③ 조특령 26의7 ⑤ 1호 가. 2)적용

④ 추징세액

2 × 7,000,000 = 14,000,000

(3) 다음다음사업연도 상시근로자수 < 최초공제사업연도 상시근로자수
(2023년) (2021년, 2022년)

1) 기본자료

	2020	2021(최초)	2022(최초)	2023
상시근로자	20	30	35	27
청년등	6	10	12	9
청년등외	14	20	23	18

2) 2023년의 2021년분 세액공제분 적용

① 2023년의 상시근로자수가 2021년보다 감소하였으므로 2021년분 세액공제는 2023년에 적용되지 못함

② 2021년분 추징세액(조특령 26의7 ⑤ 2호 가. 2) 적용)[(1) 1) ① 나. 사례]

가. 감소한 청년등 인원수에 대해 직전 2년간 공제받은 세액

11,000,000 + 11,000,000 = 22,000,000

나. 감소한 청년등외 인원수에 대해 직전 2년간 공제받은 세액

14,000,000 + 14,000,000 = 28,000,000

③ 2022년분 추징세액(조특령 26의7 ⑤ 1호 괄호 및 가. 2)적용)[(1) 1) ① 가. 사례]

가. 감소한 청년등 인원수에 대한 추징세액

2022년대비 감소인원수는 3명이나 2022년에 실지 공제받은 인원수는 2명이므로 추징세액은 2명분에 대해 적용함(최초연도 공제받은 세액을 한도로 추정)

2 × 11,000,000 = 22,000,000

나. 감소한 청년등외 인원수에 대한 추징세액

2022년대비 감소인원수는 5명이나 2022년에 실지 공제받은 인원수는 3명이므로 추징세액은 3명분에 대해 적용함

3 × 7,000,000 = 21,000,000

(4) 다음다음사업연도 상시근로자수 < 최초공제사업연도 상시근로자수
(2023년) (2021년, 2022년)

1) 기본자료

	2020	2021(최초)	2022(최초)	2023
상시근로자	20	30	28	25
청년등	6	10	9	8
청년등외	14	20	19	17

2) 2022사업연도의 세액공제액 적용

① 2022년의 상시근로자수가 2021년보다 감소하였으므로 2022년분에 대한 세액공제는 없음

② 2021년 세액공제분 추징액(조특령 26의7 ⑤ 1호 가. 2) 적용)[(1) 1) ① 가. 사례]

$1 \times 11{,}000{,}000 + 1 \times 7{,}000{,}000 = 18{,}000{,}000$

3) 2023사업연도의 세액공제액 적용

① 2023년의 상시근로자수가 2022년보다 감소하였으므로 2023년분에 대한 세액공제는 없음

② 2021년 세액공제분 추징액(조특령 26의7 ⑤ 2호 괄호 및 가. 2)적용)

[(1) 1) ① 나. 사례]

$(2 \times 11{,}000{,}000 + 3 \times 7{,}000{,}000) - 2)$ ② 추징액 $= 25{,}000{,}000$

(5) 최초공제 2019년 상시근로자 수(청년등 감소, 청년등외 증가) > 2021년 상시근로자 수

2019년에 고용이 증가(청년은 3명 감소, 청년외는 38명 증가)함에 따라 고용증대세액공제를 적용(청년외 공제 35명만 적용)받은 중견기업이 2020년에 2019년보다 상시근로자 수가 감소하였으나 사후관리 1년 유예되어 2019년에 공제받은 세액을 추가 납부하지 않았으며, 2021년에는 2019년보다 상시근로자 수가 감소(청년도 13명 감소, 청년외도 13명 감소 총 26명 감소)하였음.

상기의 경우 2021년에 추가납부세액의 계산은 청년을 청년외로 보아 전체감소인원에 대해 추가납부($26 \times 7{,}000{,}000 = 182{,}000{,}000$)함(서면법규법인 - 108, 2023.9.4.).

이때 2020년보다 2021년에 상시근로자 수가 더 많이 감소한 경우 2021년의 추가납부세액은 2020년 추가납부세액을 한도로 추가납부함(서면법규인 - 3938, 2023.9.5.).

5. 세액공제받은 2018 · 2019사업연도 상시근로자수 및 청년등상시근로자수
> 2020사업연도 상시근로자수 및 청년등상시근로자수

이 경우 조특법 29의7 ②에 따라 추징세액을 납부하여야 하지만 동조 ⑤에 따라 2020년에는 추징세액규정을 적용하지 않고 2018년분은 2021년까지(중소 · 중견기업만 적용), 2019년분은 2022년까지(중소 · 중견기업적용, 대기업은 2021년까지 적용) 3년간 추가공제 및 추징세액규정(대기업포함)을 적용한다.

6. 5. 적용시 2021년 세액공제적용 비교연도

2020년에 상시근로자가 감소하여도 추징세액을 납부하지 않았지만 2021년의 세액공제적용 비교대상연도는 2020년으로 함(서면법인 - 4611, 2021.8.13.)

7. 4.에 의한 세액추징의 경우 농어촌특별세의 환급 및 경정청구시 추가납부

① 상기 4.에 의해 공제받았던 세액을 추가납부하는 경우에는 농어촌특별세의 환급대상에 해당한다. 그러므로 법인세의 추가납부(추징사유 발생 사업연도의 법인세신고 · 납부시 별지 제3호서식 제133번란(감면분추가납부세액)에 추징세액을 기재하여 납부)시 농어촌특별세의 환급신청(실지로는 농어촌특별세의 납부시 이를 차감하여 납부함)을 통해 농어촌특별세를 환급받아야 한다.

② 농어촌특별세법 제12조(환급)

농어촌특별세의 과오납금 등(감면을 받은 세액을 추징함에 따라 발생하는 환급금을 포함한다)에 대한 환급은 본세의 환급의 예에 따른다.

③ 법인세 경정청구(고용증대 세액공제 적용누락) 인용 결정에 따라 감면된 법인세에 대한 농어촌특별세를 납부하는 경우, 과다 납부된 법인세를 농어촌특별세의 기납부세액으로 공제(농어촌특별세의 납부지연가산세는 부과되지 않음)되는 것임(서면법규기본 - 2550, 2023.5.24.; 조

세정책과－1197, 2023.5.23.; 조제정책과－699, 2014.9.26.).

8. 고용증대 세액공제관련 주요 유권해석 등

(1) 고용증대세액공제 해당금액 중 최저한세에 미달하여 공제받지 못한 금액을 이월한 후 상시 근로자수가 최초로 공제를 받은 사업연도에 비하여 감소한 경우 추징해당금액은 공제받은 금액을 한도로 법인세를 납부하고 나머지 금액은 이월된 세액공제액에서 차감하는 것임(서면법인－5929, 2021.7.29.).

<분 석>

1. 2018년 고용증대세액공제 해당액 4.9억원
   최저한세 적용으로 1.1억원 공제, 3.8억원 이월
2. 2019년 고용감소로 추가 납부세액 2.1억원 발생
3. 2019년 1.1억원 납부하고 나머지 1억원을 이월공제세액에서 차감

(2) 고용증대세액공제적용에 있어 2020년 상시근로자의 수가 2019년보다 감소하였으나 유예규정에 의해 추가납부세액을 납부하지 않은 경우 2021년의 상시근로자 수가 2020년 상시근로자의 수보다 증가한 경우(2019년 상시근로자의 수보다는 적음) 20241년에 고용증대세액공제가 적용되는 것임(서면법인－4611, 2021.8.13.) .

(3) 사업연도 중 30세가 되는 청년근로자를 고용한 후 다음 사업연도에 전체 상시근로자 등의 감소로 추가납부세액 계산시 청년근로자 수는 최초로 공제받은 사업연도 매월 말 현재 청년근로자에 해당한 자는 이후 사업연도에도 동일한 매월말 현재 청년근로자로 보아 청년근로자를 계산함(기준법령법인－135, 2021.8.20.).

<분 석>

1. 2018.1.1. 고용된 29세 청년근로자가 2018.4.1. 에 30세가 된 경우
   (1) 2018년 1월 ~ 3월 까지 청년근로자 : 3/12 = 0.25명
   (2) 2018년 4월 ~ 12월 까지 청년외근로자 : 9/12 = 0.75명
2. 2019년도
   (1) 2019년 1월 ~ 3월 까지 청년근로자 : 3/12 = 0.25명
   (2) 2019년 4월 ~ 12월 까지 청년외근로자 : 9/12 = 0.75명

(4) 2018년, 2019년도 사업연도분 세액공제 적용시 증가한 상시근로자 인원 한도 적용 여부

① 연혁

고용증대세액공제(조특법 29의7)는 2018년부터 시행된 것으로 2018년, 2019년 당시 법률에는 공제세액 계산시 증가한 인원수 한도규정이 없다가 2019.12.31. 법률 제16835호로 상시근로자 증가한 인원수 한도규정이 신설되었다.

② 2018년, 2019년 사업연도에도 증가한 인원수 한도 적용(2022.5.4. 기획재정부 유권해석)

2018년, 2019년 사업연도에도 증가인원수 한도가 적용되는지 여부에 대해 2022.5.4. 기획재정부는 2018년, 2019년 사업연도에도 증가인원수 한도가 적용되는 것으로 해석하였다(기획재정부 조세특례제도과－322, 2022.5.4.; 서면법규법인－0488, 2022.5.10.).

다만, 법률 제16835호 부칙 제1조에서는 개정 법률을 2020.1.1.부터 시행하는 것으로 규정하고 있고, 부칙 제17조에서 고용증대세액공제의 경우 사후관리만 이 법 시행 이후 과세표준을 신고하는 분부터 적용하는 것으로 규정하고 있고 최근 ③ 조세심판원의 결

정에서 2018년 · 2019년에는 한도규정이 적용되지 않는다 결정하였다.

③ 청구법인은 2019년 고용증대세액공제를 적용시 청년등상시근로자 외 상시근로자 증가인원 16.92명에 대한 세액공제를 적용받지 않고 전체 상시근로자 증가인원 10.5명에 대한 세액공제를 적용받았음. 청구법인은 이를 16.92명에 대한 세액공제를 적용하여 달라는 경정청구를 제기하였으나 처분청은 기획재정부 유권해석(조세특례제도과-322, 2022.5.4.)에 따라 고용증대세액공제는 증가한 전체 상시근로자의 인원수를 한도로 계산하여야 하므로 경정청구를 거부하였고 조세심판원은 2019년 당시에는 쟁점규정에 증가한 상시근로자의 인원 수를 한도로 한다는 규정이 없었고 이를 규정한 법률 제16835호의 개정 부칙에서 동 개정규정은 2020년 1월 1일부터 시행한다라고 규정되어 있으므로 처분청은 청구법인의 경정청구를 수용하여야 한다 결정함(조심 2023부6839, 2023.7.21.).

(5) 중견기업에 해당하는 내국법인이 세액공제를 적용받은 후 다음 사업연도 이후에 규모의 확대 등으로 중견기업에 해당하지 않더라도 제2항에 해당하는 추징사유에 해당하지 않는 경우(상시근로자가 감소하지 않음) 해당사업연도의 법인세에서 공제받은 금액을 2년간 법인세에서 공제함(서면법령법인-487, 2020.9.28.).

(6) 조세특례제한법 제29조의7 제1항 제1호에 따른 고용증대세액공제를 적용받던 거주자가 영위하던 사업을 동법 제32조(법인전환에 따른 양도소득세의 이월과세) 제1항에 따라 법인으로 전환하면서 전환법인과 사업의 포괄양수도 계약을 체결하고 그 사업에 관한 일체의 권리와 의무를 포괄적으로 양도 및 양수한 경우로서 거주자가 고용증대세액공제를 받은 사업연도의 종료일부터 2년이 되는 날이 속하는 사업연도의 종료일까지의 기간 중 청년 등 상시근로자의 수가 공제를 받은 직전 사업연도에 비하여 감소하지 아니한 경우 전환법인은 거주자로부터 승계받은 고용증대세액공제를 적용받을 수 있음(사전법령법인-432, 2021.5.11.).

(7) 고용증대세액공제를 적용함에 있어 분할신설법인의 직전사업연도와 당해연도의 상시근로자 수 계산은 직전 사업연도의 상시근로자 수는 분할 시에 승계한 상시근로자 인원수 만큼 상시근로자 수를 가산하여 분할 이전부터 근로하는 것으로 보아 계산하는 것이고, 해당사업연도의 상시근로자 수는 승계한 상시근로자를 해당 사업연도 개시일부터 근로한 것으로 보는 것임(서면법인-3242, 2020.10.29.).

(8) 직전 사업연도에 29세인 청년 정규직 근로자가 해당 사업연도에 30세 이상이 되는 경우 청년 등 상시근로자 수 계산시는 포함하지 않고, 추징세액계산시는 최초로 공제받은 사업연도에 청년등 상시근로자에 해당한 자는 이후 사업연도에도 청년등 상시근로자로 보아 청년 등 상시근로자 수를 계산하는 것임(서면법인-6004, 2021.3.15.).

(9) 수도권 내 · 외에 위치한 다수의 사업장을 가지고 있는 내국법인의 전체 상시근로자 수가 직전 사업연도 대비 증가(수도권 내 · 외 모두 증가)한 경우로서 수도권 내 · 외를 포함한 전체 청년등 상시근로자 수는 감소하였으나 수도권 외의 지역에서 청년등 상시근로자 수가 증가한 경우, 해당 내국법인은 수도권 내 · 외를 구분하여 증가한 상시근로자 수의 인원수 한도를 적용하되, 수도권 외 청년등 상시근로자 수 증가분에 대하여는 청년등 상시근로자 외 상시근로자 수가 증가한 것으로 보아 고용증대세액공제액을 계산하는 것임(서

면법령법인 – 4043, 2020.12.14.).

(10) 법인세 경정청구(고용증대 세액공제 적용누락) 인용 결정에 따라 감면된 법인세에 대한 농어촌특별세를 납부하는 경우, 과다 납부된 법인세를 농어촌특별세의 기납부세액으로 공제되는 것임(서면법규기본 – 2550, 2023.5.24.; 조세정책과 – 1197, 2023.5.23.; 조제정책과 – 699, 2014.9.26.).

(11) 청구법인은 2019년 고용증대세액공제를 적용시 청년등상시근로자 외 상시근로자 증가인원 16.92명에 대한 세액공제를 적용받지 않고 전체 상시근로자 증가인원 10.5명에 대한 세액공제를 적용받았음. 청구법인은 이를 16.92명에 대한 세액공제를 적용하여 달라는 경정청구를 제기하였으나 처분청은 기획재정부 유권해석(조세특례제도과 – 322, 2022.5.4.)에 따라 고용증대세액공제는 증가한 전체 상시근로자의 인원수를 한도로 계산하여야 하므로 경정청구를 거부하였고 조세심판원은 2019년 당시에는 쟁점규정에 증가한 상시근로자의 인원 수를 한도로 한다는 규정이 없었고 이를 규정한 법률 제16835호의 개정 부칙에서 동 개정규정은 2020년 1월 1일부터 시행한다라고 규정되어 있으므로 처분청은 청구법인의 경정청구를 수용하여야 한다 결정함(조심 2023부6839, 2023.7.21.).

(12) 고용증대세액공제 기획재정부 유권해석(조세특례제도과 – 906,2023.8.28.)

질의 1. 최초 고용증대세액공제 적용시, 청년을 청년 외로 보아 세액공제를 적용할 수 있는 지 여부

답변 : 청년 외로 선택 적용가능

질의 2. 최초공제 적용 이후 과세연도에 상시 근로자 수는 증가하였으나, 청년은 감소한 경우 추가공제 계산방법

답변 : 청년을 청년 외로 보아 추가공제 적용

질의 3. 2018년 최초 공제를 받은 경우로서 2020년보다 2021년 상시근로자 수가 더 많이 감소한 경우 2021년 추가납부세액 계산 방법

답변 : 2020년 추가납부세액을 한도로 추가납부

(13) 2019년에 고용이 증가(청년은 3명 감소, 청년 외는 38명 증가)함에 따라 고용증대세액공제를 적용(청년 외 공제 35명만 적용)받은 중견기업이 2020년에 2019년보다 상시근로자 수가 감소하였으나 사후관리 1년 유예되어 2019년에 공제받은 세액을 추가 납부하지 않았으며, 2021년에는 2019년보다 상시근로자 수가 감소(청년도 13명 감소, 청년외도 13명 감소 총 26명 감소)하였음.

상기 경우 2021년에 추가납부세액의 계산은 청년을 청년 외로 보아 전체감소인원에 대해 추가납부함(서면법규법인 – 108, 2023.9.4.).

4. 통합고용세액공제 신설(조특법 29의8, 조특령 26의8)

종 전

고용지원 관련 세액공제 제도

1. 고용증대 세액공제(29의7) : 농특세 과세
   : 고용증가인원 × 1인당 세액공제액

구 분	공제액(단위 : 만원)			
	중소 (3년 지원)		중견 (3년 지원)	대 (2년 지원)
	수도권	지방		
상시근로자	700	770	450	-
청년 정규직, 장애인, 60세 이상 등	1,100	1,200	800	400

* 청년 연령범위(시행령) : 15~29세

2. 사회보험료 세액공제(30의4) : 농특세 비과세
   : 고용증가인원 × 사용자분 사회보험료 ×공제율

구 분	중소(공제율)
상시근로자 (2년 지원)	50%**
청년*, 경력단절여성 (2년 지원)	100%

* 청년 연령범위(시행령) : 15~29세
** 전기통신업, 인쇄물 출판업 등의 서비스업종을 영위하는 기업은 75%

3. 경력단절여성 세액공제(29의3 ①) : 농특세 과세
   : 경력단절여성 채용자 인건비 × 공제율

구 분	공제율	
	중소	중견
경력단절여성 (2년 지원)	30%	15%

4. 정규직 전환 세액공제(30의2 삭제)
   : 정규직 전환 인원 × 공제액
   * 전체 상시근로자 수 미감소 시

개 정

"통합고용세액공제"로 통합 · 단순화 : 농특세 과세

1. 적용대상 : 모든 기업*
   * (제외) 소비성 서비스업

2. 기본공제
   : 고용증가인원(전체 상시근로자*의 증가인원 수 한도) × 1인당 세액공제액
   * 상시근로자의 범위 : 고용증대세액공제 요건과 동일

구 분	공제액(단위 : 만원)			
	중소 (3년 지원)		중견 (3년 지원)	대 (2년 지원)
	수도권	지방		
상시근로자	850	950	450	-
청년 정규직, 장애인, 60세 이상, 경력단절여성 등	1,450	1,550	800	400

(1) 우대공제 대상인 청년 연령범위* 확대, 경력단절여성을 우대공제 대상에 추가
   * 청년 정규직 연령범위 : 15~34세
   ** 일부 서비스업종 우대는 폐지

(2) 공제 후 2년 이내 상시근로자 및 청년 등 상시근로자 수*가 감소하는 경우 공제금액 상당액을 추징
   * 상시근로자의 수 및 추징세액 계산방법 : 고용증대세액공제의 계산방법과 동일

(3) 적용 제외대상 특수관계인의 범위
   해당 기업의 최대주주 또는 최대출자자와 국세기본법에 따른 친족관계인 사람

3. 추가공제

① 정규직 전환 · 육아휴직 복귀자 인원 × 공제액
   * 전체 상시근로자 수 미감소 시

구 분	공제액(단위 : 만원)	
	중소	중견
정규직 전환자	1,300	900

종 전

구 분	공제액(단위 : 만원)	
	중소	중견
정규직 전환자 (1년 지원)	1,000	700

5. 육아휴직 복귀자 세액공제(29의 3 ②)

: 육아휴직 복귀자 인건비 × 공제율

* 전체 상시근로자 수 미감소 시

구 분	공제율	
	중소	중견
육아휴직 복귀자 (1년 지원)	30%	15%

개 정

구 분	공제액(단위 : 만원)	
	중소	중견
(1년 지원)		
육아휴직 복귀자 (1년 지원)		

② 전환일·복귀일로부터 2년 이내 해당 근로자와의 근로관계 종료 시 공제금액 상당액 추징

4. 적용기한

(1) 기본공제

2025.12.31.이 속하는 사업연도까지

(2) 정규직 전환 추가공제

2023.6.30. 현재 고용 중인 기간제근로자 및 단시간근로자를 2024.12.31.까지 정규직 근로자로 전환하는 경우

(3) 육아휴직 복귀 추가공제

2025.12.31.까지 복직시키는 경우

〈적용시기〉 2023.1.1. 이후 개시하는 사업연도 분부터 적용

* 2023년 및 2024년 사업연도 분에 대해서는 기업이 '통합고용세액공제'와 기존 '고용증대 및 사회보험료 세액공제' 중 선택하여 적용 가능(중복 적용 불가 : 조특법 127 ⑪)

저자주

1. 고용증대세액공제 및 사회보험료세액공제와 통합고용세액공제의 선택 적용

2023년부터 신설된 통합고용세액공제(조특법 29의8)와 종전 규정인 고용증대세액공제(조특법 29의7)의 중복적용 여부에 대하여 조특법 제121조 제11항에서 통합고용세액공제는 고용증대세액공제 또는 중소기업의 사회보험료공제를 적용받지 아니한 경우에만 적용한다고 규정하여 중복적용을 배제하고 있습니다. 그러나 국세청의 유권해석(서면법인-1263, 2023.6.8.)에서 2023년에 2022년분의 고용증대세액공제 추가분공제를 적용하고 2023년분의 통합고용세액공제 당기분공제를 적용(고용증대세액공제와 선택 적용가능)한다는 국세청의 해석이 나왔으므로 상기 조특법 제121조 제11항의 규정과 상관없이 동 해석의 내용대로 세액공제를 적용하여야 할 것입니다.

국세청의 유권해석은 다음과 같습니다.

중소기업인 내국법인이 2022.12.31.이 속하는 사업연도에 대해 조특법 제29의7(고용증대세액공제)에 따라 세액공제를 받은 경우, 2023.12.31.이 속하는 사업연도와 2024.12.31. 이 속하는 사업연도까지 조특법 제29의7 규정을 적용하여 세액공제 하는 것임. 또한, 2023.12.31.(또는 2024.12.31.)이 속하는 사업연도의 상시근로자 수가 직전 사업연도보

다 증가한 경우, 해당 사업연도에는 조특법 제29의7(고용증대세액공제)과 동법 제29의8(통합고용세액공제) 중 어느 하나를 선택하여 세액공제를 적용하고 이후 사업연도의 추가 공제시에도 당초 선택한 공제방법을 적용하는 것임(서면법인-1263, 2023.6.8.)

2. 경력단절여성 세액공제는 적용기한이 2022.12.31.로 종료되었으므로 2023.1.1. 경력단절여성의 증가 인원 수에 대해서는 조특법 29의8 ①의 통합고용세액공제를 적용하여야 한다. 기업이 상기 1.에 따라 고용증대세액공제를 선택한 경우에는 경력단절여성에 대한 통합고용세액공제를 적용할 수 없음에 유의하여야 한다.

3. 정규직전환 세액공제와 육아휴직 복귀자 세액공제는 2022.12.31.로 종료되었으므로 조특법 29의8 ③·④의 통합고용세액공제를 적용하여야 한다.

---

5. 성과공유제 중소기업의 경영성과급 세제지원(조특법 19, 조특령 17)

(1) 성과공유 중소기업 경영성과급 세액공제

① 대상 : 성과공유 중소기업*

* 「중소기업 인력지원 특별법」 제27조의2에 따라 경영성과급 지급 등을 통해 근로자와 성과를 공유하고 있거나 공유하기로 약정한 중소기업

- 상시근로자 수 감소시 적용배제

② 공제액 : 근로자에게 지급하는 경영성과급*의 15%

* 임원, 총급여 7천만원 이상인 자 제외

③ 중복배제 : 근로소득 증대 세액공제와 중복적용 배제

④ 적용기한 : 2024.12.31.

(2) 상시근로자의 범위

① 「근로기준법」에 따라 근로계약을 체결한 내국인* 근로자

* 조특법상 내국인(소득세법상 거주자, 법인세법상 내국법인)

② 제외되는 근로자 : 근로계약기간이 1년 미만인 근로자, 단시간 근로자, 임원, 최대주주 및 총급여 7천만원 이상인 근로자

(3) 상시근로자의 수 계산방법

$$\frac{\text{해당 사업연도의 매월말 현재 상시근로자 수의 합}}{\text{해당 사업연도의 개월 수}}$$

(4) 세액공제 대상 경영성과급의 범위

「중소기업 인력지원 특별법 시행령」 제26조의2 제1항 제1호에 따른 성과급*

* 중소기업과 근로자가 경영목표 설정 및 그 목표 달성에 따른 성과급 지급에 관한 사항을 사전에 서면으로 약정하고 이에 따라 근로자에게 지급하는 성과급

(5) 세액공제 신청방법

과세표준 신고시 세액공제신청서를 납세지 관할 세무서장에게 제출

VIII. 공제 · 감면세액의 중복적용 배제

1. 「조세특례제한법」상 투자세액공제 등의 중복적용 배제

내국법인이 투자한 자산에 대하여 수탁기업에 설치하는 시설에 대한 투자세액공제(조특법 8의3 ③), 통합투자세액공제(조특법 24) 및 고용창출투자 세액공제(조특법 26)가 동시에 적용되는 경우와 동일한 사업연도에 성과공유 중소기업의 경영성과급 세액공제(조특법 19 ①)와 근로소득 증대기업 세액공제(조특법 29의4), 고용창출투자 세액공제(조특법 26)와 청년고용증대기업 세액공제(조특법 29의5), 고용창출투자세액공제(조특법 26)와 중소기업 사회보험료 세액공제(조특법 30의4)가 동시에 적용되는 경우에는 각각 그 중 하나만을 선택하여 적용받을 수 있다(조특법 127 ②).

2. 「조세특례제한법」상 기한부 면제 · 감면 등과 세액공제의 중복적용 배제

내국법인이 **동일한 사업연도**에 「조세특례제한법」상 다음 ①~⑤의 법인세감면과 ⑥~⑰의 세액공제를 동시에 적용받을 수 있는 경우에는 그 중 하나만을 선택하여 적용받을 수 있다. 다만, 제6조 제7항에 따라 법인세를 추가로 감면받는 경우에는 고용을 증대시킨 기업에 대한 세액공제(조특법 제29의7) 또는 통합고용세액공제(조특법 29의8)를 동시에 적용하지 아니한다(조특법 127 ④).

① 감면 등의 기한이 정하여진 **기한부 면제 · 감면** : 창업중소기업 등에 대한 세액감면(조특법 6), 연구개발특구 입주 첨단기술기업 등에 대한 세액감면(조특법 12의2), 공공기관의 혁신도시 등 이전에 대한 세액감면(조특법 62 ④), 수도권 밖으

로 공장을 이전하는 기업에 대한 세액감면(조특법 63), 수도권 밖으로 본사를 이전하는 법인에 대한 세액감면(조특법 63의2 ②), 농공단지입주기업 등 세액감면(조특법 64), 사회적기업 및 장애인 표준사업장에 대한 세액감면(조특법 85의6 ①·②), 위기지역 창업기업에 대한 세액감면(조특법 99의9 ②), 감염병 피해에 따른 특별재난지역의 중소기업에 대한 세액감면(조특법 99의11), 해외진출기업의 국내복귀에 대한 세액감면(조특법 104의24 ①), 제주첨단과학기술단지 입주기업 세액감면(조특법 121의8), 제주투자진흥지구·제주자유무역지역 입주기업에 대한 세액감면(조특법 121의9), 기업도시개발구역 등의 창업기업 등에 대한 세액감면(조특법 121의17), 아시아문화중심도시 투자진흥지구 안 입주기업 등 세액감면(조특법 121의20 ②), 금융중심지 창업기업 등 세액감면(조특법 121의21 ②), 첨단의료복합단지 입주기업에 대한 세액감면(조특법121의22 ②), 중소기업간 통합(조특법 31 ④·⑤) 및 현물출자·사업양수도방법에 의한 법인전환(조특법 32 ④)시 감면의 승계

② 중소기업특별세액감면(조특법 7)

③ 영농조합법인에 대한 면제(조특법 66 ①)

④ 영어조합법인에 대한 면제(조특법 67 ①)

⑤ 농업회사법인에 대한 면제·감면(조특법 68 ①)

⑥ 상생협력을 위한 기금 출연 등에 대한 세액공제(조특법 8의3)

⑦ 벤처기업 등에의 출자에 대한 과세특례(조특법 제13조의2)

⑧ 통합투자세액공제(조특법 24)

⑨ 영상콘텐츠 제작비용에 대한 세액공제(조특법 25의6)

⑩ 고용창출투자세액공제(조특법 26)

⑪ 중소기업 사회보험료 세액공제(조특법 30의4) (상기 '②' 제7조와 동시에 적용되는 경우 제외)

⑫ 제3자물류비용에 대한 세액공제(조특법 104의14)

⑬ 해외자원개발 투자 및 출자 세액공제(조특법 104의15)

⑭ 운동경기부 설치·운영 세액공제(조특법 104의22)

⑮ 석유제품 전자상거래에 대한 세액공제(조특법 104의25)

⑯ 금사업자 및 스크랩 등 사업자의 수입금액증가 등에 대한 세액공제(조특법 122의4 ①)

⑰ 금 현물시장 이용금액 세액공제(조특법 126의7 ⑧)

3. 감면규정간의 중복적용 배제

내국법인의 동일한 사업장에 대하여 동일한 사업연도에 다음의 감면 중 2 이상이 적용될 수 있는 경우에는 그 중 하나만을 선택하여 적용받을 수 있다(조특법 127 ⑤).

① 창업중소기업 등에 대한 세액감면(조특법 6)
② 중소기업특별세액감면(조특법 7)
③ 연구개발특구 입주 첨단기술기업 등에 대한 세액감면(조특법 12의2)
④ 중소기업간의 통합시 통합법인에 승계되는 기한부 감면(조특법 31 ④ · ⑤)
⑤ 현물출자 · 사업양수도방법에 의한 법인전환시 승계되는 기한부 감면(조특법 32 ④)
⑥ 사업전환중소기업 및 무역조정지원기업 세액감면(조특법 33의2)
⑦ 공공기관의 혁신도시 등 이전에 대한 세액감면(조특법 62 ④)
⑧ 수도권 밖으로 공장을 이전하는 기업에 대한 세액감면(조특법 63)
⑨ 수도권 밖으로 본사를 이전하는 법인에 대한 세액감면(조특법 63의2)
⑩ 농공단지입주기업 등 세액감면(조특법 64)
⑫ 위기지역 창업기업에 대한 세액감면(조특법 99의9 ②)
⑬ 감염병 피해에 따른 특별재난지역의 중소기업에 대한 세액감면(조특법 99의11)
⑭ 해외진출기업의 국내복귀에 대한 세액감면(조특법 104의24 ①)
⑮ 외국인투자기업 세액감면(조특법 121의2 · 121의4)
⑯ 제주첨단과학기술단지 입주기업 세액감면(조특법 121의8)
⑰ 제주투자진흥지구 · 제주자유무역지역입주기업에 대한 세액감면(조특법 121의9 ②)
⑱ 기업도시개발구역 등의 창업기업 등에 대한 세액감면(조특법 121의17 ②)
⑲ 아시아문화중심도시투자진흥지구안 입주기업 등 세액감면(조특법 121의20 ②)
⑳ 금융중심지 창업기업 등 세액감면(조특법 121의21 ②)
㉑ 첨단의료복합단지 입주기업에 대한 세액감면(조특법 121의22 ②)

4. 사업장별 구분경리의 경우 중복적용 허용

위 '3'을 적용할 때 세액감면을 적용받는 사업과 그 밖의 사업을 구분경리(조특법 143)하는 경우로서 그 밖의 사업에 세액공제 규정이 적용되는 경우에는 해당 세액감면과 공제는 중복지원에 해당하지 아니하므로(조특법 127 ⑩) 사업장별로 세액감면과 세액공제를 각각 적용할 수 있다.

5. 통합고용세액공제(조특법 29의8) ①은 고용증대세액공제(조특법 29의7) 또는 중소기업 사회보험료세액공제(조특법 30의4)를 받지 아니한 경우에만 적용한다(조특법 127 ⑪).

6. 수도권과밀억제권역 투자에 대한 세액공제 배제

법인이 수도권과밀억제권역에서 투자하는 경우 다음과 같이 투자세액공제를 적용하지 아니한다.

(1) 1989.12.31. 현재 사업영위 내국법인 및 1990.1.1. 이후 사업개시(이전) 중소기업의 증설투자에 대한 적용 배제

1) 1989.12.31. 이전부터 수도권과밀억제권역에서 계속하여 사업을 경영하고 있는 법인과 1990.1.1. 이후 수도권과밀억제권역에서 새로 사업장을 설치하여 사업을 개시하거나 종전 사업장(1989.12.31. 이전에 설치된 사업장을 포함)을 이전하여 설치하는 중소기업("1990년 이후 중소기업 등"이라 함)이 수도권과밀억제권역에 있는 해당 사업장에서 사용하기 위해 취득하는 **사업용 고정자산**에 대한 다음의 **증설투자**에 대하여는 통합투자세액공제(조특법 24)를 적용하지 아니한다(조특법 130 ①).
다만, 조특령 124 ②에 의한 산업단지 또는 공업지역에서 증설투자를 하는 경우 및 조특령 124 ③에 의한 사업용 고정자산을 취득하는 경우에는 그러하지 아니한다.

2) **증설투자**는 다음을 말하므로(조특령 124 ①) 일반기업·중소기업 모두 1989년 이전 설치 사업장의 수도권과밀억제권역에서의 기존 사업용 고정자산을 대체하기 위한 투자는 투자세액공제의 적용이 가능하며, 1990년 이후 설치된 중소기업의 대체투자는 지역제한 없이 투자세액공제가 허용되는 것임.
① 공장*인 사업장의 경우 : 사업용 고정자산을 새로이 설치함으로써 해당 공장의 연면적**이 증가되는 투자

* 공장 : 「산업집적활성화 및 공장설립에 관한 법률」 제2조 제1호에 의한 공장(건축물 또는 공작물, 물품제조공정을 형성하는 기계·장치 등 제조시설과 그 부대시설을 갖추고 제조업을 영위하기 위한 사업장을 말함)

** 해당 공장의 연면적 : 공장부지면적 또는 공장부지 안에 있는 건축물 각층의 바닥면적을 말하며, 식당·휴게실·목욕실·세탁장·의료실·옥외체육시설 및 기숙사 등 종업원의 후생복지증진에 공여되는 시설의

면적과 대피소·무기고·탄약고 및 교육시설의 면적은 해당 공장의 연면적에 포함하지 아니함.

② '①'의 공장 외의 사업장인 경우 : 사업용 고정자산을 새로이 설치함으로써 사업용 고정자산의 수량 또는 사업장의 연면적이 증가되는 투자

3) 산업단지·공업지역(조특령 124 ②).

① 「산업입지 및 개발에 관한 법률」상의 산업단지

② 「국토의 계획 및 이용에 관한 법률」 제36조 제1항 제1호의 규정에 의한 공업지역 및 같은법 제51조 제3항의 지구단위계획구역 중 산업시설의 입지로 이용되는 구역

4) 사업용 고정자산(조특령 124 ③)

① 디지털방송을 위한 프로그램의 제작·편집·송신 등에 사용하기 위하여 취득하는 방송장비

② 「전기통신사업 회계정리 및 보고에 관한 규정」 제8조에 따른 전기통신설비 중 같은 조 제1호부터 제3호까지 및 제5호에 따른 교환설비, 전송설비, 선로설비 및 정보처리설비

③ 조특령 제21조 제3항 제1호에 해당하는 다음의 자산

연구·시험, 직업훈련, 에너지 절약, 환경보전 또는 근로자복지 증진 등의 목적으로 사용되는 사업용자산으로서 기획재정부령으로 정하는 자산

④ 기획재정부령으로 정하는 사업용 고정자산(조특칙 54)

가. 조특칙 제13조의10 제3항 및 제4항 중 어느 하나에 해당하는 시설

나. 별표 11에 따른 의약품 품질관리 개선시설

저자주

세액공제 배제대상에 대한 보충자료[1989.12.31. 현재 사업영위 내국법인(일반기업·중소기업) 및 1990.1.1. 이후 사업개시 중소기업의 수도권과밀억제권역 투자]

1. 대체투자의 경우 통합투자세액공제 적용가능(증설투자는 적용배제)
2. 산업단지 또는 공업지역에서의 증설투자는 통합투자세액공제 적용
3. 수도권과밀억제권역 내 증설투자인 경우에도 통합투자세액공제 적용가능 자산

㉠ 디지털방송을 위한 프로그램의 제작·편집·송신 등에 사용하기 위하여 취득하는 방송장비

㉡ 「전기통신사업 회계정리 및 보고에 관한 규정」 제8조에 따른 전기통신설비 중 같은 조 제1호부터 제3호까지 및 제5호에 따른 교환설비, 전송설비, 선로설비 및 정보처리설비

㉢ 연구・시험, 직업훈련, 에너지 절약, 환경보전 또는 근로자복지 증진 등의 목적으로 사용되는 사업용자산으로서 조특법 시행규칙 12조에서 규정하는 자산(공구, 사무기기도 가능)
㉣ 에너지절약시설, 신에너지 및 재생에너지를 생산하기 위한 시설을 제조하는 시설
㉤ 의약품 품질관리 개선시설

---

(2) 일반법인의 1990.1.1. 이후 설치 사업장의 증설 및 대체투자에 대한 적용 배제

중소기업이 아닌 일반법인이 1990.1.1. 이후 수도권과밀억제권역에서 새로 사업장을 설치하여 사업을 개시하거나 종전 사업장을 이전하여 설치하는 경우 수도권과밀억제권역에 소재하는 해당 사업장에서 사용하기 위해 취득하는 **사업용 고정자산**에 대해서 통합투자세액공제를 적용하지 아니한다. 다만, 상기 (1)의 4)에 해당하는 사업용 고정자산을 취득하는 경우에는 그러하지 아니한다(조특법 130 ②).

이익잉여금처분계산서

제 4 부

I. 의 의

"이익잉여금처분계산서"는 이익잉여금의 처분사항을 명확히 보고하기 위한 재무보고서이며, "결손금처리계산서"는 결손금의 처리사항을 명확히 보고하기 위한 재무보고서이다.

II. 기본구조

1. 기본구조

이익잉여금처분계산서 및 결손금처리계산서의 기본구조는 다음과 같다.

이익잉여금처분계산서	결손금처리계산서
Ⅰ. 미처분이익잉여금	Ⅰ. 미처리결손금
Ⅱ. 임의적립금 등의 이입액	Ⅱ. 결손금처리액
Ⅲ. 이익잉여금처분액	Ⅲ. 차기이월미처리결손금
Ⅳ. 차기이월미처분이익잉여금	

2. 재무제표 명칭

"이익잉여금처분계산서" 또는 "결손금처리계산서"의 명칭사용은 다음과 같이 한다.

① 미처분이익잉여금이 계상된 경우

이익잉여금 처분 여부과 관계없이 "이익잉여금처분계산서"의 명칭을 사용한다.

② 미처리결손금이 계상된 경우

가. 결손금을 전부 보전하고 이익잉여금을 처분한 경우

"이익잉여금처분계산서"의 명칭을 사용한다.

나. 결손금을 보전하지 않거나 일부 또는 전부만 보전한 경우
"결손금처리계산서"의 명칭을 사용한다.

③ 직전 회계연도와 다른 명칭이 사용되어야 하는 경우
해당 회계연도를 기준으로 명칭을 사용한다.

III. 이익잉여금처분계산서 구성 항목

1. 미처분이익잉여금

① 의의

"미처분이익잉여금"은 전기이월미처분이익잉여금(또는 전기이월미처리결손금)에 회계정책의 변경으로 인한 누적효과(비교재무제표의 최초회계기간 직전까지의 누적효과), 중대한 전기오류수정손익(비교재무제표의 최초회계기간 직전까지의 누적효과), 중간배당액 및 당기순이익(또는 당기순손실)을 가감하여 산출하며, 금액이 양수(+)인 경우를 말한다.

1. 전기이월미처분이익잉여금(또는 전기이월미처리결손금) 2. 회계정책변경누적효과 3. 중대한 전기오류수정 4. 중간배당액 5. 당기순이익(또는 당기순손실)

② 전기이월미처분이익잉여금(또는 전기이월미처리결손금)

비교표시되는 전기 이익잉여금처분계산서 또는 결손금처리계산서의 "차기이월미처분이익잉여금(또는 차기이월미처리결손금)"으로 한다.

③ 회계정책 변경의 누적효과

회계정책을 변경함에 따라 산출된 누적효과 중 비교표시 재무제표상의 최초 회계기간 이전의 회계기간에 대한 수정사항만을 말한다.

④ 전기오류수정

중대한 오류수정에 해당되는 누적효과 중 비교표시 재무제표상의 최초 회계기간 이전의 회계기간에 대한 수정사항만을 말한다.

⑤ 중간배당액

상법 제462조의 3 등 관련 법률에 의한 중간배당(또는 분기배당)액을 말한다.

⑥ 당기순이익(또는 당기순손실)

당기 손익계산서에 계상된 당기순이익(또는 당기순손실)로 한다.

2. 임의적립금 등의 이입액

이익잉여금 처분에 의해 적립한 임의적립금 등을 당기 이익잉여금처분에 충당하기 위해 이입하는 경우 해당 금액을 말하며, 이에 대한 회계처리는 다음과 같다.

(차)	임의적립금주)	×××	(대)	미처분이익잉여금	×××

주) 예시인바, 임의적립금의 실제 명칭을 사용하여 회계처리한다.

3. 이익잉여금처분액

"이익잉여금처분"이란 회사가 손익거래를 통해 얻은 이익잉여금을 주주총회를 통해 그 귀속자를 결정하는 것으로 다음과 같이 구분하여 표시한다. 이하 이에 대해 살펴보기로 한다.

1. 이익준비금
2. 기타법정적립금
3. 이익잉여금처분에 의한 상각 등
4. 배당금
5. 임의적립금

① 이익준비금 적립

상법에 의해 회사는 그 자본금의 1/2에 달할 때까지 매 결산기의 이익배당액의 1/10 이상의 금액을 이익준비금으로 적립하여야 한다(상법 458). 이러한 이익준비금은 자본전입 또는 결손보전에만 사용할 수 있다.

② 기타법정적립금 적립

종전의 재무구조개선적립금이 폐지되었다. 따라서 현재는 기타법정적립금은 없다.

③ 이익잉여금처분에 의한 상각 등

가. 주식할인발행차금 상각액

주식할인발행차금은 주식발행초과금과 상계하고 미상계된 잔액으로서 이익잉여금처분으로 상각되지 않은 금액은 향후 발생하는 주식발행초과금과 우선적으로 상계한다.

나. 자기주식처분손실 잔액

자기주식처분손실은 자기주식처분이익과 상계한 후 잔액으로서 이익잉여금처분으로 상각되지 않은 금액은 향후 발생하는 자기주식처분이익과 우선적으로 상계한다.

다. 감자차손 잔액

감자차손은 감자차익과 상계한 후 잔액으로서 이익잉여금처분으로 상각되지 않은 금액은 향후 발생하는 감자차익과 우선적으로 상계한다.

④ 배당금

당기에 처분할 배당액으로 금전에 의한 배당과 주식에 의한 배당으로 구분하여 기재하고, 주식의 종류별 주당배당금액, 액면배당률, 배당성향, 배당액의 산정 내역을 주석으로 기재한다(문단 2.90).

⑤ 임의적립금

정관의 규정 또는 주주총회의 결의로 적립된 금액으로서 사업확장적립금, 감채적립금, 배당평균적립금, 결손보전적립금 및 세법상 적립하여 일정기간이 경과한 후 환입될 준비금 등으로 한다.

⑥ 회계처리

이익잉여금 처분에 대한 회계처리는 다음과 같다.

(차)	미처분이익잉여금	×××	(대)	이익준비금	×××
				기타 법정적립금[주1)]	×××
				주식할인발행차금	×××
				배당건설이자	×××
				자기주식처분손실	×××
				감자차손	×××
				자기주식[주2)]	×××
				미지급배당금	×××
				미교부주식배당금	×××
				임의적립금[주1)]	×××

주1) 예시인바, 기타법정적립금 및 임의적립금의 실제 명칭을 사용하여 회계처리한다.
주2) 이익에 의해 상환하기로 한 상환주식을 말한다.

4. 차기이월미처분이익잉여금

"차기이월미처분이익잉여금"은 미처분이익잉여금과 이익잉여금 등의 이입액의 합계액에서 이익잉여금처분액을 차감하여 산출한다.

5. 일반기업회계기준에 따른 이익잉여금처분계산서 양식

일반기업회계기준 제2장「재무제표의 작성과 표시 I」에 따른 이익잉여금처분계산서 양식은 다음과 같다.

이익잉여금처분계산서

제 × 기	20××년 ×월 ×일부터 20××년 ×월 ×일까지	제 × 기	20××년 ×월 ×일부터 20××년 ×월 ×일까지
처분예정일	20××년 ×월 ×일	처분확정일	20××년 ×월 ×일

기업명 : (단위 : 원)

구 분	당 기		전 기	
미처분이익잉여금[주1)]		×××		×××
전기이월미처분이익잉여금	×××		×××	
회계정책변경의 누적효과[주2)]	×××		×××	
자기주식취득	(×××)		(×××)	
전기오류수정[주2)]	×××		×××	
중간배당액	(×××)		(×××)	
당기순이익(또는 당기순손실)	×××		×××	
임의적립금 등의 이입액		×××		×××
×××적립금	×××		×××	
×××적립금	×××		×××	
합 계		**×××**		**×××**
이익잉여금처분액		×××		×××
이익준비금	×××		×××	
기타법정적립금	×××		×××	
주식할인발행차금상각액	×××		×××	
배당금[주3)]	×××		×××	
현금배당				
주당배당금(률) 보통주 : 당기 ××원(%)				
전기 ××원(%)				
주당배당금(률) 우선주 : 당기 ××원(%)				
전기 ××원(%)				
주식배당				
주당배당금(률) 보통주 : 당기 ××원(%)				
전기 ××원(%)				
주당배당금(률) 우선주 : 당기 ××원(%)				
전기 ××원(%)				
사업확장적립금	×××		×××	
감채적립금	×××		×××	
………				
차기이월미처분이익잉여금		×××		×××

주1) 미처리결손금이 계상되었으나 결손금을 보전하고 이익잉여금처분이 있는 경우에는 "미처리결손금"으로 하며, 재무제표 명칭은 "이익잉여금처분계산서"로 한다.

주2) 비교 재무제표의 최초회계기간 직전까지의 누적효과를 말한다.

주3) 배당수익률, 배당성향, 배당액의 산정내역은 주석으로 기재한다.

저자소개

■ **이항수 공인회계사**

- 한국외국어대학교 경영학과 졸업
- 삼일 · 신한 · 삼덕회계법인 근무
- 대한상공회의소 세무회계 상담역
- 국세청 국세심사위원회 위원
- 한국외국어대학교 Global경영대학 겸임교수
- 국세청 국세법령해석 심의위원

▷ **현 재**

- 한국공인회계사회 연수원 강사
- AIFA경영아카데미 대표강사
- 이나우스아카데미 강사
- 세무회계사무소 대표

▷ **저 서**

- 신고대비 법인결산과 세무조정 · 신고실무
- 함께하는 연말정산실무
- K-IFRS 계정과목별 회계처리 및 세무실무
- 원천징수실무
- IFRS 재무회계실무
- 일반기업회계기준 재무회계실무
- 연결재무제표의 이해와 실무

■ **황정원 세무사**

- 부경대학교 졸업
- 성균관대 IMBA 석사 졸업
- 세무회계 정원 세무사
- 부산세무사고시회 선임재무이사
- 부산지방세무사회 연구연수부이사
- 서부산세무서 나눔세무사
- 납세자보호담당관
- 영도구청 주민참여예산위원
- 부산지방국세청 국선대리인

▷ **경 력**

- KS세무법인 세무사
- 세무법인 형설지공 부산지점 세무사
- 부산경영아카데미 재무회계강의
- 동서대학교 회계세무학과 강의

2024 일반기업 법인결산과 세무조정실무

-일반기업회계기준 주요 계정과목별 회계처리와 세무실무

2021년 4월 23일 초판 인쇄
2022년 4월 8일 2판 발행
2023년 4월 7일 3판 발행
2024년 4월 22일 4판 발행

저자와의 협의하에 인지생략

저 자 이항수, 황정원
발 행 인 곽한영
발 행 처 경제법륜사
서울특별시 중구 동호로11길 58
등 록 1993.9.28 제2-1620호
전 화 02-2236-0064~5
F A X 0303-0236-0064
홈페이지 http://only2top.co.kr

ISBN 979-11-91980-25-7 93320

정가 **78,000원**

※ 본 실무서는 완전성이 항상 보장되는 것은 아니기 때문에 적용결과에 대하여 당사가 책임지지 아니합니다.

따라서 실제 적용할 경우에는 충분히 검토하시고 저자 또는 전문가와 상의하시기 바랍니다.